La batalla de Madrid

crítica contrastes

Jorge M. Reverte

La batalla
de Madrid

Crítica
Barcelona

Ayudante de documentación:
Diana Plaza Martín

Los lectores pueden contactar con el autor en
labatallademadrid@hotmail.com

Primera y segunda edición: septiembre de 2004
Tercera edición: noviembre de 2004

Diseño de la cubierta: © Pedro Arjona
Realización de mapas: Estudi Farrés
Fotocomposición: Pacmer, S. A.

© 2004, Jorge Martínez Reverte
© 2004 CRÍTICA, S. L., Diagonal, 662-664, 08034 Barcelona
e-mail: editorial@ed-critica.es
http://www.ed-critica.es
ISBN: 84-8432-557-1
Depósito legal: B. 44.191-2004
Impreso en España
2004 - A & M Gràfic, Santa Perpètua de Mogoda (Barcelona)

A Pacho Fernández Larrondo y a Carmen Martín, por su increíble generosidad.

A Luz Rodríguez, Manolo García y Paco Oña. Yo sé por qué.

A mis sobrinos Ismael, Álvaro, Daniel, Javier y Pablo Martínez; Ignacio y Jorge D'Olhaberriague; Miguel y Javier Santos; Jaime Bowen; Juan Manuel Fernández, Manuel y Álvaro Reverte, Agustín Tena y Jacobo Solares; Luis y Miguel Fonseca; Nicola y Pablo Antonakoglou; Jorge Paramio; Jon Onaindía; Andrés Arjona; Manu Freire; Marco Krahe; Auxias Lobatón; Tomás Grau; Sergi y Jan Vilanova; Alfredo Deaño; Carlos y Javier Corominas. Porque los libros sobre guerras no son sólo para chicas.

A Manolo, María Reyes, Fernando, Paloma y Fátima Reverte.

A Mari Celi, Elena y Antonio Castro.

Muchos agradecimientos, algunas explicaciones y una amenaza

*H*E PUESTO EN ESTE LIBRO EXIGENCIA Y ESFUERZO. *Espero que también algo de talento. A los lectores, las dos primeras cosas les tienen que ser indiferentes porque lo que quieren es que un libro de historia se lea bien y les informe con rigor. Es ahí donde la existencia de talento es necesaria. Que a uno le cueste más o menos terminar un trabajo no es importante para quien disfruta o padece el resultado.*

A mí me fascina la idea que los griegos antiguos tenían sobre la historia. La consideraban una variante de la poética, o sea, de la narración. Siguiendo sus sabias concepciones, he hecho una apuesta literaria. Una apuesta que acompaña un trabajo de documentación intenso y extenso para el que he gozado del apoyo de una persona tan trabajadora y eficaz como Diana Plaza.

El aspecto documental de la historia es una de sus facetas más apasionantes. Sobre todo cuando uno descubre datos nuevos, que no han sido utilizados antes por otros colegas y arrojan luz nueva sobre algún hecho que sigue sin ser desvelado en sus motivaciones o protagonismos.

No puedo evitar sentir una inmensa satisfacción cuando me topo con uno de esos documentos. En los archivos de la CNT, por ejemplo, dormían un sueño prolongado actas de reuniones cruciales cuyo estudio proporciona una forma distinta de interpretar la acción de los anarquistas durante los días de la defensa de Madrid. Y sobre algo más: el confuso episodio de las sacas. Creo honradamente que la consulta de esos archivos y el testimonio de un protagonista como Gregorio Gallego me han permitido contar bajo una nueva luz aquellos hechos. A Gregorio Gallego y a los que cuidan los papeles de la CNT, por tanto, va mi primer agradecimiento.

También a la eficiencia y amabilidad de quienes trabajan en el Archivo Histórico Nacional, donde encontré muchas cosas pero, sobre todo, una

carta aún inédita de Vicente Rojo que sirve para conocer mejor al perso-
naje. Y mi agradecimiento también a los funcionarios del Servicio Históri-
co Militar de Ávila, donde reposa la historia de muchas unidades franquis-
tas que tienen gran presencia en este libro.

Desde luego, siempre estaré agradecido a la Fundación Pablo Iglesias,
cuyos archivos merecen seguir siendo estudiados. Algo que hacen fácil quienes
trabajan allí.

La Hemeroteca de Madrid ha sido también una fuente importante de
documentación.

Mi agradecimiento a todas las personas e instituciones que velan por
esos documentos no me impide, sino que me obliga a reclamar que se ins-
tituya, de una vez, un centro único en el que puedan estudiarse los archi-
vos de la historia de nuestra guerra civil y el franquismo.

Pienso que la historia reciente no puede hacerse bien sin hablar con quie-
nes la vivieron. Algunas veces porque de este modo un dato se valora me-
jor. Y todas las veces porque sin la emoción es imposible reconstruir de
veras lo que sucedió. ¿Se puede decir que Madrid era una ciudad dispara-
tada donde convivían el pánico y la alegría sin oír hablar a quienes sentían
eso? En cierta ocasión, mi amiga Mercedes Cabrera me señaló lo trascen-
dente que era para narrar la historia que los personajes, en el momento de
la entrevista con el investigador, volvieran a los hechos como si los estu-
vieran viviendo de nuevo.

Esa constatación se produce, para mí al menos, en cada página de este
libro. Las vidas, las visiones particulares de los protagonistas, no son
anécdotas, sino esencia de lo que se cuenta. Son muchos, por suerte, y con
todos ellos tengo una enorme deuda.

Todos excepto uno han dado su nombre completo. Me he dado a mí
mismo la licencia de incluir la historia del testigo que no ha deseado apa-
recer con su filiación completa porque me consta, por lo que le he cono-
cido y por otros testimonios complementarios, que lo que me ha contado
refleja la verdad. Se trata de Juan B., teniente de regulares. Él tiene sus ra-
zones para ello y yo he de respetarlas aunque no las comparta.

En todos los casos, las personas a las que he entrevistado junto con Dia-
na Plaza han mantenido el mismo comportamiento de gran decencia y
dignidad: no han pretendido justificarse, sino contar lo que sucedía ante
sus ojos. Para quien recaba esos testimonios, nada puede ser mejor que
eso. Así, lo único que he hecho con ellos ha sido cambiar el tiempo verbal
para adecuarlo a una narración que se construye en presente para conse-
guir tensión y agilidad. Las fechas en que se incluye cada una de las par-
tes de un testimonio están contrastadas. Puede ser que en algún caso haya

un error de pocos días, fruto de las lógicas vacilaciones de la memoria sobre hechos transcurridos hace más de sesenta años, pero esos posibles errores nunca son relevantes para alterar la verdad sobre los acontecimientos.

Definir el ámbito temporal de lo aquí contado ha sido otra decisión difícil. He llegado a la conclusión de que la batalla de Madrid comienza después de la caída de Toledo porque hasta entonces no hubo en la ciudad una conciencia real de que las tropas de Franco se acercaban. Desde el punto de vista de los atacantes, ése es también el momento en que se desarrolla la conciencia de que ha llegado la hora del asalto a la ciudad; o sea, el final de la guerra imprevista.

El asalto directo acaba el 24 de noviembre. Pero aún se producen algunas maniobras que conservan el estilo de ese asalto. Una vez intentado el corte de comunicaciones de Madrid con la Sierra, durante el mes de enero, comienza otro tipo de guerra. Una guerra de grandes ejércitos y movimientos amplios. Se produce un cambio de naturaleza en el conflicto. Las batallas del Jarama y Guadalajara también pretenden liquidar la resistencia de la capital. Por eso muchos historiadores y tratadistas militares las incluyen dentro de la batalla de Madrid. Pero ya forman parte de la guerra grande. Y los madrileños las perciben de forma distinta. Creo que tienen una entidad menos urbana, menos apegada a la propia ciudad. Por ello, me he decidido a poner fin a la narración en ese punto. Aunque esta decisión pueda resultar discutible, en ningún caso es demasiado trascendente.

Al final de la narración de cada día incluyo los partes de guerra emitidos por cada uno de los bandos contendientes. Evidentemente, su lectura no es, ni mucho menos, imprescindible para seguir el desarrollo de los hechos. Pero puede ser de cierta utilidad para quienes tengan la curiosidad, constante u ocasional durante la lectura, de comprobar la forma en que se narran los hechos por cada una de las partes implicadas. Para no atosigar a ningún lector, he eliminado los partes que no tienen que ver con los teatros de operaciones en torno a Madrid y también los del Ministerio de la Marina y del Aire de la zona republicana, muy repetitivos en cuanto a la información respecto a los generales.

La denominación de «franquistas» para los partes de las fuerzas rebeldes es la más apropiada, desde mi punto de vista, desde el 1 de octubre. He evitado el término «nacional» que se daban a sí mismos los alzados porque provocaría confusión con los nacionalistas vascos o catalanes. En cualquier caso, el término franquista expresa a la perfección el carácter institucional que se dio a sí mismo ese bando.

Vuelvo a los agradecimientos, que se convierten en devoción al citar a todos los que me han animado a continuar hablando sobre nuestra guerra. Mi mujer, Mercedes Fonseca, y Mario Martínez, mi hijo; mis hermanos; mis amigos Socorro Thomás, Cristina Solares, Miguel Gómez, Pedro Arjona...

Con estos dos últimos tengo, además, una gran deuda. Miguel Gómez me ha ayudado con su sabiduría de editor y fotógrafo a seleccionar imágenes que añaden información al libro. Pedro Arjona ha trabajado con la sobrecubierta hasta la extenuación para conseguir un resultado que a mí me parece brillante.

Con Mercedes Cabrera y mi hermano Javier estoy en deuda, como siempre, por su lectura crítica, que ha mejorado el manuscrito.

Los generosos comentarios de historiadores profesionales como Santos Juliá, Joan Maria Thomás, Enrique Moradiellos, Javier Tusell, Pablo Martín Aceña, Andreu Mayayo y Miguel Martorell sobre mi anterior libro, La batalla del Ebro, *han influido mucho para que me decidiera a continuar estudiando y escribiendo sobre la guerra civil.*

Pacho Fernández Larrondo me ha brindado un gran trabajo de años en localización de fotografías y la entrada libre a su espléndido archivo. Su rigor, que también afecta a algunos detalles del texto, habrá contagiado algo a este libro. Espero.

En cuanto a las fotografías, éstas son, en su mayoría, muy poco conocidas. La mayor parte pertenece a Sisito Espiga, que siguió para el diario Política *el desarrollo diario de la guerra en Madrid. De estas fotografías, que yo sepa, sólo se conservan las copias en papel de unos cuatrocientos originales. Ignoro dónde pueden estar —si es que se han conservado— los negativos. El resto proviene del archivo de Pacho Fernández Larrondo, adquirido a lo largo de muchos años. Su origen es casi siempre incierto porque los autores no figuran al dorso. Parecen ser obra de corresponsales extranjeros, algunos de los cuales trabajaban para la extinta agencia Keystone.*

Lucía Martín, Antonio del Valle, Antonio Morato y Martín Ramos me han ayudado sin saberlo haciendo que los a veces agobiantes fines de semana en que me he encerrado a escribir en Bustarviejo se convirtieran durante algunas horas en deliciosos ratos de vino, charla y risas.

Y también lo han hecho mis editores, Gonzalo Pontón y Carmen Esteban, que han vuelto a apostar por mí. Por mi parte, les digo que yo seguiré apostando por ellos.

Ésa es la amenaza: tengo la intención de escribir, al menos, un libro más sobre la guerra civil. Al tiempo.

Viene un tropel de moros y legionarios

Mar Cantábrico

FRANCIA

Gijón
Oviedo ○
Santander ○   ○ Bilbao
Galicia
Asturias
Logroño ○   Pamplona
Burgos ○   Huesca ○
Aranda   Soria   Cataluña
Valladolid ○   ○ Zaragoza
Segovia   ○ Sigüenza
Salamanca ○   Aragón
Escorial ○   ○ Guadalajara
Ávila ○   ⊚ MADRID   ○ Teruel
Castilla   Toledo
Talavera ○   Cuenca
Cáceres ○   La Mancha   Valencia ○
Badajoz ○   Ciudad Real ○   Albacete ○
Extremadura   Levante
N. Sra. de
la Cabeza
Andalucía   Córdoba ○   Jaén ○
Sevilla ○   Granada ○   Islas Baleares
Cádiz ○   Málaga ○   Mar Mediterráneo
Algeciras

PORTUGAL

MARRUECOS ESP.

ARGELIA

MARRUECOS

FRENTE GENERAL
A PRINCIPIOS
DE NOVIEMBRE DE 1936

*H*ACE SÓLO SEIS DÍAS QUE HA EMPEZADO EL OTOÑO *y en el paisaje de Madrid aún no se percibe el declive de los calores continentales que son propios del centro de España. En muchos sitios se ha recogido ya la uva que ofrecerá quince grados a quien quiera machacarse el paladar con ellos. Los campesinos toledanos y madrileños, en este año de 1936, han aventado el trigo y han terminado las labores de la trilla hace muchas semanas. Incluso han tenido tiempo para exterminar a los curas y los terratenientes que no se han escapado, antes de colgarse una escopeta al hombro y marcharse con las milicias al frente, pensando que van a detener al ejército que amenaza con acabar con la revolución que les ha dado el manejo de las tierras.*

Por el campo que circunda Madrid corren tempestades revolucionarias y vientos de miedo. Un rumor de pasos africanos se acerca sin que la determinación de los milicianos voluntarios, el valor personal, pueda detenerlos.

En la ciudad, la capital de España, la vida transcurre entre el regocijo de la victoria del 19 de julio contra los sublevados de los cuarteles de la Montaña y Carabanchel y el espanto de los que cada día se van a la cama pensando que alguien va a venir a buscarles para reventarles la vida a tiros.

Madrid es, más que nunca, una ciudad llena de contradicciones. Centro político de España, vertedero de lo peor y lo mejor que hay en el país. Madrid ya no es la corte que desprecian Josep Pla y Manuel Azaña. Pero tampoco es la claridad del cambio social. En sus cafés, en las terrazas de la Gran Vía, se acomodan los intelectuales revolucionarios autóctonos y los que vienen de una gran parte del mundo para discutir sobre los errores del gobierno de Largo Caballero o la inoportunidad de los anarquistas catalanes al proclamar la revolución. Esos cafés que están servidos por dirigentes de la CNT emboscados desde hace años como camareros de esmoquin y frecuentados por putas de tres al cuarto que quieren contar que son milicianas y vienen de pelear contra los requetés de Mola que presionan en la Sierra. En Chicote se paga, a veces, con vales de un sindicato. No está Perico, su dueño, que se ha fugado para acompañar a Franco con la imposible misión de prepararle un cóctel porque el general sublevado es abstemio. Ni están los clientes habituales de Los Gabrieles, los toreros y putas que acompañaban al ex dictador, Miguel Primo de Rivera, en sus inacabables juergas.

En Madrid ha surgido una nueva ciudad, aunque no se ha consolidado, donde los funcionarios que han hecho sufrir y reír a los industriales catalanes durante años ya no se hacen notar porque no se lleva la corbata. Ni está la corte nefasta de condes y marqueses que paseaba el palmito por la Castellana y Serrano para envidia de señoritos de poca monta.

Madrid es un hervidero de insensateces. Hombres y mujeres con el pañuelo al cuello, rojinegro o rojo, que hacen asambleas, se incautan de fábricas, sueñan con la revolución, aprenden a leer con voluntarios herederos de la Institución Libre de Enseñanza y se exaltan con la conciencia de que el mundo está cambiando, de que ellos mismos son los que lo cambian.

Algunos de ellos forman parte de comités que deciden sobre la vida y la muerte de sus vecinos y detienen a quien les place para pedirle la documentación. Otros se van al frente de día y vuelven por la noche a dormir a casa. Otros piensan que la amenaza de los sublevados que se dejan guiar por Mola y Franco es seria y se organizan en torno a las milicias que salen de los ateneos libertarios, de los centros republicanos, de las casas del pueblo socialistas o de los radios del partido comunista. Van a combatir al frente y, en demasiadas ocasiones, no vuelven. Los mejores, los más valientes, caen por centenares en el camino que conduce desde Talavera a Toledo al paso de las tropas africanas sublevadas.

Otros muchos madrileños se esconden por la noche en sus casas, o están en cárceles inseguras, pero siempre más tranquilizadoras que las checas, de las que no es fácil salir más que para recibir un tiro en la nuca.

Madrid es una loca fiesta, una algarabía de revolución donde los alquileres bajan a la mitad por orden del gobierno y la carne sube al doble por las órdenes del mercado, que esta vez es negro. Una ciudad donde puede no pagarse en un restaurante siempre que se firme un vale de un sindicato. En la que hay hombres que van a los burdeles con el fusil colgado del hombro y un vale por el servicio. Y donde se traman venganzas para cuando retornen los jóvenes de camisa azul que pudieron escaparse a tiempo.

Cada mañana aparecen algunos cadáveres, a los que los niños llaman besugos porque tienen los ojos salidos de las órbitas, en la Pradera de San Isidro, en los Altos del Hipódromo, en Fuencarral, en las tapias de la Almudena, en la Guindalera. Y hay algunas coartadas en forma de disparos esporádicos de lo que el sublevado general Mola ha bautizado como la «quinta columna», el mejor de los pretextos para liquidar al adversario que se esconde.

Pero aún no hace frío. Ni ha habido ningún bombardeo serio. Ni siquiera hay hambre de veras.

Madrid espera con ligereza lo que vaya a suceder con el tropel de moros y legionarios que ha arrollado las defensas republicanas en Talavera. Los muertos se lloran en los barrios populares; incluso en las grandes avenidas, como sucede con el anarquista italiano Fernando de Rosa, o con el héroe aviador Félix de Urtubi, que ha caído al suelo después de embestir a un enemigo en pleno combate.

Los milicianos madrileños, los catalanes, los alicantinos, los andaluces o gallegos que han acudido para salvar la República, mueren en los frentes. Pero la ciudad no quiere asumirlo. Los obreros enviados para hacer fortificaciones cavan con desgana las trincheras sólo hasta medio cuerpo y en los patios de vecinos se discute sobre los alimentos que es posible conseguir en los mercados negros o blancos.

La ciudad no parece darse cuenta de lo que se le avecina. Y eso que ya han caído centenares de sus hijos en el frente. Sólo se podría percibir el horror en la «ciudad clandestina» que forman los que esperan el triunfo de Franco. Los defensores de la República, los supuestos defensores, olvidan en la calle a quienes dan la cara en tierras de Toledo y son aplastados cada día por los experimentados soldados franquistas, que los cazan campo a través cuando se sienten desbordados por los flancos y alguno lanza el grito «¡Que nos copan!».

27 de septiembre

FRANCISCO FRANCO ES UN HÉROE DE LAS GUERRAS AFRICANAS y el más joven de los generales del ejército español. Desde que el 18 de julio se alzó contra la República, lleva algo más de dos meses guerreando por la península, camino de Madrid.

Franco es desde hace una semana el jefe del grupo de generales rebeldes que tomaron las armas, autoorganizados en torno a la Junta de Defensa Nacional. El día 21 de septiembre, a instancias sobre todo del general jefe de la aviación rebelde, Alfredo Kindelán, se celebró en una finca de reses bravas de los hermanos Pérez Tabernero, cerca de Salamanca, una reunión que le otorgó la jefatura de los alzados. A la reunión asistieron los generales Miguel Cabanellas, Gonzalo Queipo de Llano, Andrés Saliquet, Fidel Dávila, Emilio Mola, Luis Orgaz, Germán Gil Yuste, Alfredo Kindelán y Francisco Franco, además de los coroneles de Estado Mayor, Federico Montaner y Fernando Moreno.

En el transcurso de las discusiones se ha alcanzado un acuerdo: es preciso que haya un jefe claro, identificable, que pueda decidir en casos de conflicto de mando. Ya se han producido algunos roces importantes. El general Mola detesta abiertamente al coronel Juan Yagüe, íntimo amigo de Franco y jefe de las columnas que avanzan hacia Toledo con el objetivo final en Madrid. La misma situación se repite con el general Varela, que ha conseguido la sustitución de Juan Yagüe, disimulada como debida a una enfermedad. Pero ha habido roces de mayor trascendencia: Queipo de Llano no acepta con docilidad el mando de Franco sobre el ejército africano. El resultado del fallido golpe de Estado del 18 de julio ha dado lugar a dos ejércitos: el del norte, al mando de Mola, y el del sur, al mando de Queipo, aunque bajo la batuta de Franco. Y a un tercero que aumenta sus efectivos de forma continua: el de África, que Franco asume directamente.

Pero Queipo de Llano no goza de la simpatía de casi nadie. Y la diplomacia particular de Franco ha conseguido que se manifieste de forma cristalina el apoyo de Benito Mussolini, el Duce, que gobierna la Italia dominada por el fascismo y envía con generosidad armas al general Franco, a quien reconoce, mientras que no acepta a la propia Junta de Defensa Nacional.[1] El hermano de Franco, el teniente coronel de Ingenieros de la Armada, Nicolás Franco, y el coronel Juan Yagüe, liberado de forma transitoria de sus deberes militares, desempeñan la tarea de convencer a todos los miembros de la Junta de que ese deseado jefe mayor es Franco.

Después de la reunión, Franco ha tomado una importante decisión política: aplazar el ataque a Madrid hasta después de hacerse con Toledo, donde hay mil guardias civiles y soldados sitiados por milicias cenetistas y comunistas que esperan su liberación. Un pequeño paréntesis en su triunfal camino hasta la capital. Algunos de sus camaradas le reprochan la decisión. Emilio Mola, el general que ha dirigido la sublevación del norte, desde Navarra, es el teórico de la rebelión. Según su doctrina, todo se acabará en el momento en que Madrid caiga. Los movimientos de las tropas de Franco, que manda el ejército de África que se dirige hacia la capital, están diseñados según esa doctrina. Sólo que se han desviado para tomar Toledo. Una pérdida de tiempo que a Franco le parece una minucia si se compara con la inyección de moral que el levantamiento del cerco va a provocar en su campo.

Además, se plantea alguna otra objeción a su movimiento desde el punto de vista militar. Yagüe opina que el movimiento de asalto a Madrid se debe producir desde el norte, que es menos abrupto.

El foso del Manzanares, que ha sido canalizado, permitirá a los republicanos montar una defensa eficaz desde el noroeste hasta el sur. Por el contrario, si los sublevados se dejaran caer desde la Sierra, no habría graves obstáculos naturales que se les interpusieran en su camino hasta el centro de la ciudad. La detención de las tropas de Mola, que se ha producido en la Sierra, podría ser enmendada por el ejército de África si se incorporara a ese frente.

Franco ha ejercido su autonomía con firmeza. El 3 de agosto inició la marcha sobre Madrid con sus tropas africanas en contra del itinerario previsto por Mola y aceptado por otros muchos militares. El más corto pasaba por Despeñaperros; el más largo, por Mérida y Badajoz. Eligió este último por tres razones: es un camino con pocos obstáculos naturales, por él se alcanza la unificación de las fuerzas insurrectas mucho antes y se cierra la frontera portuguesa para tener el flanco cubierto. Cuando tomó la decisión no había ejército enemigo que le pudiera cortar el paso en Despeñaperros. Pero eso nadie lo podía saber con certeza. Desde el punto de vista de la rapidez, era claramente el mejor camino. Pero una sola columna leal que hubiera mantenido la disciplina y la profesionalidad podría haber contenido a sus aguerridas tropas.

Franco ha sido cauto, sí. Y ahora se ve que su idea ha dado frutos. La marcha apenas ha desgastado al ejército expedicionario y Madrid se acerca. Pero, ¿qué sucederá con la semana que ha perdido al haberse desviado a Toledo? ¿No dará eso tiempo a los republicanos para mejorar su sistema de defensa?

Franco conoce la respuesta: liberar Toledo tiene un componente político importante. Toledo es ya un mito en la zona insurrecta. Si lo consigue, su prestigio crecerá de forma exponencial. Entonces será el jefe indiscutible de los rebeldes. Franco toma decisiones militares controvertidas, pero gana batallas. Además, en su juicio siempre está el factor político. Ese factor, combinado con el primero, puede hacerle ganar guerras.

Desde el palacio de Los Golfines de Arriba, en Cáceres, el general que ya es jefe de los que se han rebelado en julio espera el desenlace del asalto a Toledo.

En el gobierno legal, que preside Francisco Largo Caballero desde el 4 de septiembre, el avance se considera preocupante pero todavía no existe una alarma seria. En torno a Toledo hay miles de hombres mandados por el general Asensio Torrado que pueden detener ese avance y, además, terminar de una vez por todas la toma del Alcázar cuyo sitio ha costado muchas bajas y grandes recursos. Allí hay cientos de hombres de las distintas columnas organizadas por partidos políticos y sindicatos que podrían estar cerrando el paso a los fascistas, pero se desgastan en continuos y alocados asaltos contra la fortaleza.

Asensio Torrado ha tomado el mando de las tropas republicanas tras la caída de Talavera de la Reina. Pero sus acciones no han supuesto ninguna mejora en la eficacia de la resistencia. Aún no han pasado dos meses desde que la columna del teniente coronel Barrón, la primera que salió de Sevilla hacia Madrid, emprendió su marcha, y las fuerzas enemigas ya han recorrido más de quinientos kilómetros, en un penoso camino sin apenas apoyo motorizado que sólo se ha ido interrumpiendo para eliminar, de forma sistemática, las sucesivas columnas que han intentado interponerse en su camino.

Largo Caballero, sin embargo, continúa confiando en este general. No considera que sea su falta de competencia lo que falla, sino la indisciplina, la falta de formación militar, el caos que reina en las columnas. Asensio le presenta continuamente planes de ofensivas que fracasan una tras otra porque no hay un ejército sino montoneras de voluntarios que actúan, con la casi única excepción de los comunistas del Quinto Regimiento, a su arbitrio y discuten las órdenes de los jefes militares, llegando a votar, en algunos casos, si se ataca o se retrocede.

Largo Caballero cuenta, sin embargo, con algunos factores positivos: en el mes corto que lleva al frente del gobierno ha logrado unificar a las fuerzas republicanas con las de izquierda y los sindicatos en torno a una voluntad de resistencia. No obstante, en el terreno público contrasta la distinta actitud de dos fuerzas revolucionarias: los comunistas y los anarquistas. Los primeros le ofrecen un apoyo constante e incondicional que se expresa en cualquier aspecto de la guerra: sus columnas son disciplinadas y sus militantes no hablan de hacer la revolución, sino de ganar la guerra. Los segundos renquean y hacen ofertas disparatadas con las que pretenden encubrir sus propias contradicciones. La CNT propone integrarse en un Consejo Nacional de Defensa con el único objetivo de que ese organismo no se llame gobierno, como sucede en Cataluña.

Los partidos republicanos, Izquierda Republicana y Unión Republicana, hacen un ejercicio de generosidad importante: se entregan al esfuerzo de guerra renunciando a su condición de fuerzas que, en teoría, deberían llevar la iniciativa, definitivamente perdida a principios de septiembre, cuando Azaña tuvo que encargar a Largo Caballero la formación de un nuevo gobierno. Pero la calle manda, el Estado se ha derrumbado y las Milicias son lo único que lo sostiene. Los republicanos asumen la situación y aceptan un papel secundario sin quejas: apenas tienen milicias, ni programa que poner sobre la mesa. Les basta con preservar la legalidad republicana por mucho que ésta se vea rota de forma permanente en la calle. Al menos, la letra de la legalidad.

En el Estado Mayor de Largo Caballero se hacen planes atropellados para reconstruir el ejército que ha salido pulverizado del fallido golpe de Estado. No todos los defensores del gobierno ayudan en esta tarea. Los milicianos no quieren oír hablar de una institución que consideran reaccionaria en sí misma. La puesta en pie de un nuevo ejército necesita de un gran trabajo de convencimiento dirigido a los partidos políticos y las centrales sindicales.

Mientras se aborda ese delicado asunto, hay que parar a los invasores africanos. Todos saben que su objetivo es Madrid, que consideran que, al ganar Madrid, habrán ganado la guerra. Sin embargo, en el campo leal, las opiniones están divididas. Los republicanos, los comunistas y los anarquistas piensan y defienden a través de su prensa que hay que evitar por todos los medios que los africanos tomen la capital. Algunos militares profesionales y una parte del partido socialista y el gobierno creen que la idea de abandonar Madrid, en el caso de que Asensio no logre derrotar antes a los rebeldes, es sensata: Madrid es un gran estómago. Y, además, es indefendible. Su perímetro es demasiado grande y no se puede rodear de trincheras eficaces en poco tiempo.

Los generales Asensio Torrado y Pozas opinan que sería mejor dejar entrar a los facciosos en territorio hostil y lanzar una fuerte ofensiva desde el Tajo y el Jarama con el propósito de envolver sus vanguardias rompiendo sus delgadas líneas de abastecimiento.

Pero esta noche hay novedades de Toledo.

PARTE FRANQUISTA
Ejército expedicionario
Continúa la operación sobre Toledo. Vencen las columnas las resistencias enemigas y en un brioso ataque entran en la plaza, se apoderan de ella y se unen a los heroicos defensores del Alcázar, sitiados por los rojos desde los comienzos del Movimiento Nacional.

Las fuerzas rojas dejaron en nuestro poder más de trescientos muertos, un importante depósito de municiones y numerosos prisioneros.

PARTE REPUBLICANO
A las nueve y veinticinco horas de la mañana
Frente del centro. En los sectores de la Sierra se percibe algún cañoneo de nuestras baterías sobre las posiciones enemigas. Una pequeña columna facciosa se ha infiltrado por el flanco derecho de las fuerzas leales que operaban sobre Torrijos ocupando algunas posiciones ventajosas. En el resto de este sector las fuerzas republicanas han realizado a plena satisfacción los cometidos a ellas confiados y el enemigo ha sido en ciertas zonas del mismo duramente castigado. Desde las primeras horas de la mañana nuestra aviación ataca Torrijos, Maqueda y Talavera del Tajo.
A las tres de la tarde
Frente del centro. En los sectores de la Sierra, ligero cañoneo. Un trimotor faccioso que bombardeaba nuestras trincheras de Guadarrama ha sido tocado por la artillería antiaérea leal. En el sector del Tajo el enemigo presiona desde Torrijos e intenta hacer retroceder a las fuerzas leales que protegen las comunicaciones de Toledo con el norte y el sur. Las tropas de la República se baten heroicamente resistiendo los desesperados ataques de los soldados facciosos. Dos aviones rebeldes han bombardeado Toledo, siendo puestos en fuga por la artillería antiaérea que protege la ciudad.
A las diez y media de la noche
Frente del centro. Durante toda la tarde el enemigo ha atacado con gran violencia nuestras posiciones del sector de Toledo y las tropas leales han hecho algunas operaciones de ataque de flanco, con buenos resultados.

Una infiltración rebelde a través de la carretera de Bargas a la general ha sido duramente castigada por la infantería. La artillería de Toledo ha bombardeado intensamente a la columna facciosa que procedente de Torrijos se dirigía a Toledo. La aviación enemiga ha bombardeado nuevamente algunos barrios de la ciudad, siendo ahuyentada con fuego de artillería y ametralladoras antiaéreas.

28 de septiembre

E N MADRID HAY MÁS QUE RUMORES sobre la suerte de Toledo. Los periódicos, como siempre, cuentan las verdades a medias, pasadas por la censura. Pero los madrileños ya han aprendido a leer entre líneas. El eufemismo con el que las autoridades se refieren a la situación en la ciudad es muy expresivo: las tropas leales se han retirado en orden y han establecido una línea de defensa en las inmediaciones de la ciudad. O sea, que Toledo ha caído.

Gregorio Martínez tiene veintiún años y está parado. Trabajaba como taquígrafo en la agencia de noticias Febus, filial del diario *El Sol*, pero a primeros de agosto todos aquellos que no fueron considerados leales al gobierno fueron despedidos. Del periódico, fundado por Nicolás María de Urgoiti, se han hecho cargo los trabajadores. Los comunistas controlan ahora su línea editorial. Gregorio tampoco ha conseguido mantener el empleo circunstancial de los fines de semana para comunicar telefónicamente las noticias de Madrid a *La Vanguardia* de Barcelona. Las cinco pesetas que le daban por cada una de esas jornadas se han esfumado. Gregorio ya no puede aportar nada al hogar familiar. Ha pasado a ser una carga. Su hermana Araceli, que tiene una pequeña academia de corte y confección, es la única que lleva dinero a casa, donde viven Clotilde, su madre, y sus hermanas Amelia y Pilar. Además de Gregorio, claro.

El hermano mayor de Gregorio, Daniel, que era redactor de la agencia, también fue despedido, pero se las ha apañado para enrolarse en una unidad de milicias mandada por un redactor de *El Sol*. Daniel es simpatizante de Falange Española pero ha logrado que sus inclinaciones políticas no sean notorias. Aunque no tiene empleo, al menos tiene seguridad. Para los tiempos que corren, no es poco. Ser identificado como falangista en Madrid es, en esos días, un seguro de muerte.

Gregorio y Daniel forman parte de la legión de los «desafectos» a la República. Eso, fuera de la Administración, no tiene por qué provocar represalias laborales. Las leyes contra la desafección afectan a militares y funcionarios públicos.[2] Pero en la práctica los madrileños que entran en esa categoría están condenados a quedarse en la calle. La calle, un lugar donde se corren riesgos. Para circular con tranquilidad por ella hay que tener algún carné, de un sindicato, de un partido o de algún organismo de la Administración. Los controles son arbitrarios, cualquier miliciano de cualquier partido político o sindicato puede pedir la documentación a un transeúnte y, si no le satisface la pinta o la actitud del requerido, puede detenerle. A partir de ahí, todo puede suceder.

Gregorio no duda de la veracidad de lo que se oculta tras la noticia oficial de que las columnas de milicianos se defienden en torno a Toledo. Hasta los periodistas más bisoños son capaces de interpretar con acierto las ambiguas fórmulas que recogen los partes diarios emitidos desde la sede de la Telefónica, donde se controlan los contenidos de la prensa.

Las tropas de África han asaltado la ciudad y la han tomado en pocas horas. Las bajas propias son enormes. Los hombres han huido en desbandada. Los pocos que se han quedado a presentar batalla han sido exterminados.

A Gregorio no le alegran esas nuevas porque no puede evitar ponerle cara a los muertos. Conoce a muchos de los que están en el frente. No comparte su ideología, pero con algunos de ellos le une la amistad o la simpatía personal. Pero sí se alegra de la cercanía de las tropas de Franco. Piensa que las tropas sublevadas no tardarán en entrar en Madrid y el orden se restablecerá sobre la orgía de muerte y destrucción en que está sumida la ciudad.

Al contrario que su hermano Daniel, Gregorio no simpatiza con ningún partido político. Se siente lejos de casi todas las posturas que se manifiestan por la calle en forma tan ruidosa y de las que han tenido que pasar a la clandestinidad. Si unos meses antes se hubiera tenido que describir a sí mismo, habría dicho que era un azañista tibio. Pero la visión de los *fiambres* tirados por las calles, la obscena violencia que se percibe en cada esquina y el haber asistido al espectáculo de unos milicianos exhibiendo la cabeza del general sublevado López Ochoa, que fue sacado por la fuerza del hospital donde convalecía, fusilado y después mutilado por un grupo de salvajes, le hicieron pasarse espiritualmente al otro bando. Al general López Ochoa le cortaron los genitales y las orejas antes de seccionarle la cabeza y ensartarla en el palo de una escoba para hacer el triunfal paseo por las calles de Madrid. Su delito no era pequeño para las turbas: había participado en la represión de la insurrección de Asturias en 1934. De ahí la saña con la que se emplearon con su cuerpo.

Desde el día en que vio la cabeza del general ensartada en el palo de la escoba, Gregorio desea la victoria de Franco, aunque por sus mientes no se pasa la idea de participar en el conflicto; quiere quedarse fuera, si es que eso es posible en el turbulento Madrid del recién comenzado otoño.[3]

El general Varela, jefe de las columnas rebeldes que han conseguido liberar el Alcázar, la fortaleza que los republicanos han intentado vanamente tomar durante más de dos meses, envía a la una de la tarde al general Franco, jefe de los alzados, un parte con los resultados de la batalla. Las bajas sufridas por las fuerzas propias ascienden a cerca de dos centenares, entre muertos y heridos. Las bajas causadas a los milicianos de la República suman seiscientos muertos y, además, se les ha incautado importante material: cuatro cañones de los calibres 70 y 75, más de mil fusiles, dos cañones antiaéreos y diecisiete motos.[4]

Lo cierto es que la toma de Toledo ha sido una tarea sencilla para las fuerzas rebeldes. Las columnas de tabores de Regulares y banderas de la Legión han hecho huir con facilidad, salvo en contadas ocasiones, a los milicianos de las columnas de Asensio y Ricardo Burillo. Para el ejército africano se ha vuelto a repetir la situación de encontrarse con hombres que pelean con valor durante unas horas y, cuando se sienten desbordados, huyen como conejos. El teniente Luis Lahuerta Ciordia, que manda una sección de la 1 compañía del II tabor de Regulares de Tetuán, ha sido el primero en contactar con el coronel Moscardó al llegar a las defensas del Alcázar.[5] El capitán Karl Tiede, de la 19 compañía de la 5 bandera de la Legión, llega con un poco de retraso. Los regulares se le han adelantado.

Teodoro Prado es uno de los milicianos que defendían Toledo del asalto de los franquistas y atacaban el Toledo del coronel Moscardó, sitiado en el Alcázar. Teodoro es de la UGT y desde los primeros días del levantamiento militar se apuntó a las milicias del sindicato. Él no es uno de esos milicianos de la retaguardia que se dedican a buscar fascistas por la calle. Él es de los que han decidido ir a dar la cara al frente, a ponerse delante de los moros y los legionarios para defender Madrid y la República. Igual que han hecho sus dos hermanos. Los tres son comunistas.

Teodoro ha tenido que abandonar Toledo a toda prisa. La llegada de los primeros tabores de Regulares, mandados por Mohamed El Mizzian, ha tomado por sorpresa a los hombres de la columna del coronel Ricardo Burillo. Todo ha sucedido muy rápido. En pocas horas, los sitiadores han pasado a ser sitiados. Se ha oído el demasiado frecuente grito «¡Que nos copan!», y las filas de los hombres valientes, capaces de asaltar sin protección los muros de la Academia de Infantería, capaces de enfrentarse a las balas de los defensores que se parapetan tras las ruinas, se han disuelto en pocos minutos.

No es sólo el miedo a ser copados. Los combatientes voluntarios que nutren las filas de los leales a la República tienen un miedo especial a los moros. Como si sus balas fueran distintas de las que disparan los legionarios o los falangistas. Las historias de crueldad, de mutilaciones de cadáveres, corren de boca en boca entre los milicianos. Cuando les han visto avanzar, con sus característicos uniformes, se ha producido un arrebato de pánico colectivo y se han batido en una retirada en franco desorden.

Teodoro ha acabado en el Tajo. Lo ha tenido que atravesar nadando. Algunos compañeros suyos han muerto ahogados. Teodoro Prado conseguirá llegar a sus filas, reunirse con los compañeros que han escapado e intentan reconstruir una nueva línea de defensa.[6]

El último grupo de milicianos en abandonar Toledo ha sido el de Enrique Líster, un comunista que manda el Quinto Regimiento, y se ha quedado con treinta hombres hasta el final. El resto de sus fuerzas se ha ido marchando, casi todos en buen orden.

Atrás han quedado algunos grupos de resistentes, parapetados en los edificios del Seminario, la Diputación y los Maristas. Los legionarios de la 1 bandera y los moros del II tabor de Melilla se dedican a «limpiar» la ciudad de esos valientes y desesperados hombres aislados. Algunos se suicidan. Otros arrojan hasta su última granada y disparan su última bala antes de caer cosidos a tiros o abrasados por el fuego. La resistencia dura un par de días. Los últimos en caer son los anarquistas que se han encerrado en el edificio de los Maristas. Los legionarios de la 5 bandera lo queman con los defensores dentro.[7]

Los heridos del hospital, con los que se ha quedado un puñado de cenetistas, son exterminados mediante granadas de mano por las tropas victoriosas.

En el parte de bajas no se habla de prisioneros ni de heridos. No hay piedad en la «liberación» de Toledo.

Un periodista norteamericano, Wep Miller, le contará más tarde a Claude Bowers, embajador de Estados Unidos en España, que ha visto en la calle numerosos muertos con la cabeza cortada. Los moros que van por las casas asesinando y saqueando intentan venderle joyas que acaban de sacar de una vivienda particular.[8]

Otro Teodoro, de apellido Mora, dirigente de la CNT de la Construcción de Madrid, ha quedado atrás. Los que le seguían y han logrado salvarse no saben decir si está muerto o prisionero. Mora es un gigantón, valiente hasta la temeridad, a quien se le ocurrió que lo que más temían los moros eran las armas blancas y constituyó una centuria de navajeros. Hace pocos días se infiltró con sus hombres armados de navajas en las líneas enemigas. No ha vuelto.[9]

Juan de Mata es un joven católico que ha pasado el tiempo del asedio del Alcázar ocupado en rescatar obras de arte puestas en peligro por los combates y los saqueos de milicianos incultos. Junto con su primo Cecilio y algún otro amigo han llegado a recuperar, incluso, la única escultura del Greco, un Cristo yacente, que estaba medio enterrada entre escombros. La tarea ha sido una iniciativa de varios alumnos de los jesuitas animados por su profesor, don Enrique, y amparados por el Ayuntamiento republicano, que ha proporcionado a los jóvenes unos salvoconductos de validez incierta. Los voluntarios han hecho su trabajo en condiciones terribles, pasando por calles en las que aparecen cadáveres. Juan recuerda los «paseos» que se han hecho en la calle del Tránsito, el lugar favorito de los milicianos de la retaguardia para cumplir con el rito del tiro en la nuca.

Esa mañana, Juan se ha asomado con temor a la calle, pero un legionario le ha tranquilizado: «Ya ha pasado todo, pueden ustedes salir a la calle». Sabe enseguida que los sitiados del Alcázar ya están en sus casas, «salvo algunos pocos que han ido a tomar venganza por lo sucedido a su familia».

Juan está pensando en hacerse de Falange, como su hermano menor, Tino, y ser periodista. Su físico le impide participar en acontecimientos bélicos como soldado, pero no contarlos.

Como casi todos los chavales de su edad, Juan es curioso. Y hace una semana asistió al intento de volar el Alcázar. Los toledanos sabían que se iba a hacer volar un extremo de la fortaleza, porque las autoridades habían avisado de que se mantuvieran alejados. Juan y sus amigos se fueron por la puerta del Cambrón esquivando las patrullas, cruzaron el paseo Recaredo y se metieron entre huertas y durmieron en un pajar. Luego, antes de la amanecida, se pusieron de nuevo en marcha: cruzaron la carretera de Ávila, después la de Madrid, rodearon Buenavista y buscaron una altura en Pinedo. Desde allí, la vista del Alcázar era perfecta.

Vieron primero el bombardeo de la artillería y sus escasos efectos sobre los escombros. Más tarde, a las siete, se hizo el silencio. A la hora en punto, la fenomenal explosión bajo el torreón. Un volcán de fuego arrancó la mole de piedra del suelo. Una nube de humo y polvo lo cubrió todo. Juan y su primo Cecilio no eran los únicos mozalbetes que contemplaban fascinados el espectáculo. Sobre todo cuando vieron subir a los milicianos, sin soltar el fusil, tirando bombas de mano. Y desplegarse la bandera roja sobre el montículo de escombros. Luego, los hombres cayendo, más explosiones, el ruido de la fusilería y el cambio de bandera por la monárquica.

A partir de ese día, los toledanos ya sabían que los franquistas se acercaban desde Maqueda. Y muchos de los que habían vivido asustados se atrevieron a salir de nuevo a la calle.

Juan ha visto huir a los milicianos, corriendo por la calle Santa Úrsula, camino del barco *Pasaje* a toda prisa. A otros, cuando ya han llegado los legionarios de Heli Rolando de Tella, comandante de la 5 bandera de la Legión, los ha visto convertidos en cadáveres, los ojos dilatados con una mirada congelada de espanto, las heridas sin secar. Hay decenas de cadáveres en la calle de la Trinidad, en la Cuesta de la Ciudad. La sangre, aún fresca, corre por los desaguaderos.

Juan visita el Alcázar para contemplar el lugar de la heroica gesta. Su amigo Villarreal le narra con detalle el momento de la liberación y le muestra el enorme socavón que ha hecho la mina que él vio reventar unos días antes. Cerca del socavón, arracimados frente a un muro y vigilados, ve a los rehenes que Moscardó ha mantenido durante el asedio confinados en un sótano. Emocionado aún, cuando comienza a bajar camino de Zocodover, ve que en el Miradero hay unos treinta prisioneros a los que se hace subir hasta el hueco dejado por la mina. Juan escucha las ráfagas de ametralladora, que no sólo acaban con los prisioneros recién cogidos, sino con los rehenes que han pasado los dos meses de sitio encerrados en el cuartel. Les fusilan al borde del embudo dejado por la última mina para que sus cuerpos caigan rodando al fondo. Todo un símbolo.[10]

Esta vez no han sido las hordas comunistas o anarquistas. Han sido los suyos. Juan vuelve a casa avergonzado y humillado. Moscardó ha dejado de ser para él el héroe al que, como todos los suyos, aclamaba.[11]

El día entero transcurre en una orgía de sangre en toda la ciudad. Moros, legionarios, falangistas, paisanos y guardias civiles se emplean a fondo en la tarea de matar por todos los procedimientos imaginables a los rojos que han caído en sus manos. Bombas, pistolas y bayonetas se usan sin descanso.

La sangre de los republicanos corre por las calles como el agua de la lluvia.

PARTE FRANQUISTA

Ejército expedicionario

La situación general continúa mejorando, contribuyendo a ello la actuación de las columnas de este ejército y el resonante éxito logrado ayer con la ocupación de Toledo por el ejército expedicionario de Marruecos.

PARTE REPUBLICANO

A las nueve de la mañana

Frente del centro. En los sectores de la Sierra, absoluta tranquilidad. Las columnas rebeldes procedentes de Torrijos y Maqueda han avanzado en el sector de Toledo y nuestras tropas se han visto obligadas a replegarse, operación que se ha hecho con el mayor orden, retirando hombres y material de guerra. La línea de fortificación de nuestras tropas ha quedado establecida en las inmediaciones de Toledo y nuestra artillería bombardea desde ella las concentraciones rebeldes.

A las tres de la tarde

Frente del centro. En los frentes de la Sierra hay absoluta tranquilidad. Nuestras posiciones de la carretera de la Cañada, en las proximidades de este pueblo, rechazaron al enemigo situado en Herradón, infligiéndole grandes pérdidas. A las diez de la mañana nuestras tropas atacan Bargas con fuego de artillería y ametralladora.

La artillería facciosa ha bombardeado durante algunas horas nuestras posiciones de Las Navas y San Bartolomé, siendo contestada por nuestras piezas con buenos resultados. Un intento de avance de la artillería facciosa ha sido cortado por nuestras milicias con enérgica actuación rápidamente.

A las diez de la noche

Nuestra artillería ha hecho fuego en Guadarrama durante una hora y media sobre un emplazamiento enemigo sin ser contestada. En Villaluenga ha sido cortado por nuestras tropas un avance fascista y la artillería leal ha bombardeado durante toda la tarde las posiciones enemigas de Bargas. Cinco aparatos leales han atacado a última hora de la tarde Torrijos, Maqueda y Bargas.

29 de septiembre

FRANCISCO FRANCO VE HOY CUMPLIDO SU SUEÑO en forma de decreto, el número 138 de los emitidos por la Junta de Defensa Nacional, el organismo creado el 24 de julio por los generales que se sublevaron contra la República. El decreto, que firma el más antiguo de ellos, el general Miguel Cabanellas, nombra a Franco jefe de gobierno del Estado español y generalísimo de las fuerzas nacionales de Tierra, Mar y Aire. Al propio tiempo, la Junta se autodisuelve.

La unidad de mando en la zona rebelde es ya un hecho que mañana conocerán todos los responsables de la rebelión. No todos los que componen la Junta están de acuerdo en conceder tan grandes poderes al nuevo jefe supremo de la sublevación, pero la votación ha dado un resultado abrumador. El más reticente ha sido el propio presidente de la Junta y el firmante del decreto, el general Cabanellas, quien ve en Franco un hombre demasiado ambicioso del que no se podrán deshacer una vez aupado al poder.

En torno al decreto se han producido movimientos que han llegado a poner en peligro la cohesión de los conjurados. El general monárquico y jefe de la aviación, Alfredo Kindelán, ha desoído las presiones de Cabanellas debido a su creencia en que estos poderes son temporales. Emilio Mola se ha quitado de en medio en la disputa porque ni tiene tantas ambiciones ni ha conseguido encandilar a sus compañeros africanistas. Queipo de Llano, menos aún. Algunos le consideran un payaso pese a su espectacular victoria en Andalucía en los primeros días de la rebelión; sus excesos verbales y su fama de alcohólico no le convierten en un hombre ejemplar. Fidel Dávila, monárquico como Kindelán, no entra en las apuestas, como tampoco el resto de los componentes de la Junta, los generales Saliquet, Germán Gil Yuste, Orgaz y Valdés Cavanilles y los coroneles Federico Montaner y Fernando Moreno Calderón.

Por fuera, el impetuoso coronel Juan Yagüe ha desarrollado una maniobra intimidatoria acordada con el otro agente «externo» de Franco, su hermano Nicolás. La reunión de la Junta que ha servido para nombrar a Franco ha tenido lugar en el mismo sitio donde se celebró la del 21 de septiembre: en la finca de los ganaderos Pérez Tabernero, que ha sido vigilada y rodeada por unas centurias de Falange y de Requeté. Sin ningún disimulo, los aguerridos milicianos han mostrado su deseo de que de esa reunión no salga una solución distinta. Juan Yagüe, oficialmente enfermo, está en realidad apartado del mando de las columnas que se dirigen a Madrid por orden de Emilio Mola, con quien mantiene unas relaciones que, a veces, están al borde de la violencia.[12] La «enfermedad» de Yagüe le viene a Franco como un hecho providencial: el coronel se puede dedicar a allanarle el camino. Su entusiasta entrega a la causa del nombramiento de Franco ha tenido su anuncio en Cáceres, donde el general ha sido aclamado la tarde anterior por una multitud jubilosa a la que ha saludado desde el palacio de Los Golfines de Arriba. Yagüe no se ha cortado y ha comunicado a la muchedumbre la noticia: Franco asumirá todos los poderes del Estado.[13]

Allí los legionarios han gritado «¡Viva la muerte!» y han cantado el *Cara al sol* y el *Oriamendi*, y la multitud ha jaleado con interminables «¡Franco, Franco!» la aparición del general en uno de los balcones. Yagüe, coreado por teléfono por Millán Astray, ha buscado el momento del almuerzo para contar a los dubitativos generales lo que piensa la gente en la zona «nacional» sobre quién debe encabezar los destinos de la patria.[14]

Miguel Cabanellas ha ido directo a Burgos, desde donde ha emitido el decreto que ha redactado el catedrático José Yanguas Messía. Pero en los próximos días, la larga mano de Nicolás Franco introducirá una sutil corrección semántica al texto: su hermano no será jefe del gobierno del Estado, sino jefe del Estado, y no habrá ninguna referencia temporal a su mandato. Dejará de haber una situación extraordinaria y ésa será la perpetua consideración de Franco, que ya nunca será juzgado ni controlado por poderes terrenales. En su persona concurren todos los poderes de una manera natural. La España franquista tiene ya un solo ejército y una sola autoridad política. Algunos periódicos de los partidarios de los rebeldes anuncian el nombramiento como «Jefe del Estado» y sin mencionar la temporalidad del mandato.[15] Las cuestiones relacionadas con la prensa las lleva Millán Astray, un general veterano de las guerras africanas, compañero y amigo de Franco, a quien le faltan un brazo y un ojo y tiene una mejilla cruzada por una terrible cicatriz. Todas esas señales de viejos combates le dan un aire feroz de pirata pendenciero que él acentúa con juramentos frecuentes y amenazadoras menciones a España. En sus labios cada mención a la patria suena como un cañonazo.

Los generales monárquicos que han colaborado en el nombramiento de Franco pagarán caro su favor: la asunción por el Caudillo de sus poderes como jefe del Estado elimina de un plumazo la posible restauración automática de la monarquía que estos generales desean. Pero Franco ha sido hábil, nunca ha dicho que considere ilegítima la monarquía. Se ha callado, no ha cometido el mismo error que Emilio Mola, quien se ha granjeado para siempre la hostilidad de los monárquicos al expulsar de España al heredero del trono, Juan de Borbón, que en agosto pretendió unirse a la columna de García Escámez bajo el pseudónimo de Juan López. Mola le amenazó con que, si volvía a entrar en España, le haría fusilar «con todos los honores que a su elevado rango correspondan».[16]

Es un día decisivo para la monarquía. Los alfonsinos han caído en el garlito montado por Nicolás Franco y Juan Yagüe. Y los carlistas pierden a su rey, Alfonso Carlos de Borbón, atropellado por un coche en Viena. No acaban ahí las desgracias monárquicas: otro Borbón, el príncipe Carlos, muere en Elgoibar luchando con su unidad de requetés.[17]

En el otro lado, las cosas van algo más despacio en lo que se refiere a la unidad del mando. No es poca la tarea que Largo Caballero ha hecho entre bambalinas para avanzar en esa dirección. Realmente, el Estado republicano ha saltado por los aires desde julio y el control sobre los recursos de guerra o los aparatos policiales y de Justicia avanza con mucha dificultad. No sólo faltan recursos para imponer una organización eficiente: además existe una oposición frontal de los pequeños poderes que se han creado de forma espontánea por todas partes.

Hace un par de semanas, el gobierno logró emitir un decreto por el que se eliminaba en parte la arbitrariedad de las acciones en la retaguardia. Se han prohibido las actuaciones de milicias incontroladas y se han formado, con carácter transitorio, las Milicias de Vigilancia de la Retaguardia, dependientes en teoría del Ministerio de la Gobernación, a cargo de Ángel Galarza. Los milicianos que pertenezcan a ellas procederán, obligatoriamente, de los sindicatos y partidos políticos que «juntos luchan contra los rebeldes». Con este decreto, que ilegaliza a todos los demás grupos espontáneos que ejercen la justicia por su cuenta, el gobierno intenta acabar con los «paseos». Un mes antes se crearon los Tribunales Populares para intentar el control sobre las severísimas y arbitrarias condenas impuestas en las checas a los enemigos de la República.[18] Eso ha habido que negociarlo: en los Tribunales Populares figuran tres profesionales de la Magistratura y catorce jurados que no suelen actuar llevados por la piedad. Al menos, los profesionales exigen que haya pruebas para aceptar cargos. Algo es algo.

La cuestión militar requiere incluso un mayor esfuerzo. En agosto se comenzó a regularizar a los combatientes con una buena razón: el sueldo de diez pesetas diarias que cobran los milicianos encuadrados por sindicatos y partidos. Esa medida ha sido tan tímida que, aunque a quienes no respondan a esa condición no se les paga el sueldo, pueden conservar sus armas.[19]

Hoy se da un paso de gigante en la reorganización del ejército leal: los jefes, oficiales y clases de Milicias pasan a formar parte de la escala activa del ejército. La Inspección General de Milicias decidirá quién podrá hacerlo y quién no. La disposición entrará en vigor el 10 de octubre en el ejército del Centro y el 20 en el resto del país. Quienes no deseen pasar a formar parte del que será el ejército del Pueblo causarán baja en la actividad combatiente.[20] La sencillez del decreto es tanta como la dificultad de su aplicación en algunas zonas. Los anarquistas que ocupan el frente de Aragón no lo van a aceptar con facilidad. Los nacionalistas vascos, tampoco. La República tiene siempre dificultades para convertirse en un Estado eficiente. El adelanto de la fecha para el ejército del Centro es revelador: crece la conciencia de que Madrid se halla en un serio peligro.

Jaime Renart no ha cumplido aún los dieciséis años. Le faltan tres meses. Hace muy poco tiempo que ha acabado el bachillerato en el Instituto Calderón, un centro heredero de la Institución Libre de Enseñanza donde le ha dado clases de francés Antonio Machado, aunque el padre de Jaime piensa que el nivel que ha conseguido de su alumno no debe de ser muy alto.

El padre de Jaime es republicano hasta la médula, como lo es también la madre, Purificación, enfermera puericultora. En la casa se lee mucho y se compran periódicos como *El Sol* y *Claridad*.

El estallido de la sublevación les sorprendió veraneando en una finca llamada «Quinta de los pinos», en la Dehesa de la Villa, donde tenían unas habitaciones alquiladas. Jaime se presentó de inmediato a la FUE, la Federación Universitaria Escolar, organización de estudiantes de izquierda, que ocupó el palacio de la duquesa de San Luis, en la calle San Bernardino. Pronto se organizó allí un batallón con los chavales de bachillerato.

El batallón no ha hecho demasiadas cosas hasta ahora. Jaime ha invertido sus ánimos de voluntario en cuidar a niños refugiados de los que vienen de Toledo y Extremadura. Les ha enseñado a cantar *El conde Olinos* y otras piezas semejantes. También les ha distraído con algunas lecciones de baile; él, que es un destacado torpe en ambas materias.

Pero Toledo ha caído y la amenaza del ejército franquista es ya una realidad. Los refugiados llegan a Madrid por miles y cuentan atrocidades.

También hablan, los que han combatido, de la caballería mora, que se convierte en un mito madrileño, una suerte de monstruo casi invencible que se acerca cortando cabezas con alfanjes.

Madrid comienza a desperezarse ante esa amenaza. Los del batallón Pérez Carballo son demasiado jóvenes para que se les envíe al frente. Pero son lo suficientemente adultos como para cavar trincheras. Y se les destina a Pozuelo. Todos los días abandonan la trasera del palacio de la duquesa para ir por la carretera de La Coruña hasta el pueblo; allí les dan picos y palas para que abran zanjas que sirvan de refugio en caso de que se produzca el terrible acontecimiento de que el enemigo llegue a las puertas de Madrid.[21]

El nombre del batallón en el que se ha encuadrado Jaime es especialmente conmovedor para los republicanos. Francisco Pérez Carballo, un madrileño de veinticinco años, era gobernador de La Coruña cuando se produjo la sublevación, y un hombre fiel al gobierno que no pudo enfrentar con éxito la rebelión. Lo mataron enseguida, tras un simulacro de juicio, junto con dos militares que le acompañaron en la desesperada defensa de la legalidad: el comandante Quesada y el capitán Tejero.

La mujer de Pérez Carballo, Juana Capdevila, era también madrileña y licenciada en Filosofía y Letras. Estaba embarazada. La detuvieron y tuvo un aborto en la cárcel, al enterarse de la muerte de su marido. Alguien se apiadó de ella y fue puesta en libertad. Pero en el mes de agosto, unos falangistas la detuvieron de nuevo, la violaron y la asesinaron.[22]

De esas cosas hay noticia en Madrid, lo que no contribuye a apaciguar la represión brutal y enloquecida en la retaguardia republicana.

Hay una tregua engañosa tras la toma de Toledo por los franquistas. Las tropas de Varela disfrutan de un descanso, mientras el jefe supremo de su bando goza de sus estrenados laureles.

El periodista Jesús Izcaray, reportero de guerra del diario *Ahora*, está en las posiciones avanzadas del teniente coronel Mena, un militar fiel a la República que ha abandonado su retiro para servir en el frente conduciendo una de las columnas que intentan oponerse al avance de Varela. Mena luce unos grandes mostachos blancos que le dan un aire de otra época.

Mena le pasa los prismáticos a Izcaray para que pueda ver a los moros, que están a medio kilómetro de distancia. Hoy no ha sucedido nada en el sector. Lo único destacable ha sido que un miliciano ha logrado hacer blanco en un moro. Eso es todo lo que ha ocurrido desde el amanecer.

Los milicianos se tumban en las cunetas con las guerreras desabrochadas, los que las tienen. Otros se acercan a un improvisado bar donde les surten de gaseosas y café enviados desde Madrid.

—¿Le gusta a usted esta paz? —pregunta Izcaray.
—Mañana se lo diré —responde Mena atusándose el mostacho.[23]

No hay que ser un lince para saber que la tregua será muy corta.

En Aranjuez, un pueblo ribereño donde los reyes de España tenían hermosas residencias, han recalado los restos de numerosas unidades fugitivas. En la avenida de plátanos que conduce al palacio, los milicianos vivaquean, calientan sus someras raciones en pequeñas hogueras. Los jefes de los grupos se suben sobre piedras para reunir a sus hombres a gritos:
—¡Columna Águilas!
—¡Batallón Pi y Margall!
—¡Milicia segoviana!
—¡Grupo de deportistas!

Los deportistas han desaparecido. Eran una orgullosa agrupación de atletas que se creía capaz de parar a los fascistas con sus músculos. Otros discuten con los jefes para que les dejen volver a Madrid. Ricardo Burillo se desgañita, discute, amenaza, intenta poner orden en esa enloquecida montonera que parece no saber ya por qué combate.[24]

De un paisano no se hace un soldado en un día. Mucho menos, de un paisano cuya ideología le hace despreciar al ejército. Los hombres que forman las unidades que van al frente odian en muchos casos a los oficiales que les mandan, aunque su presencia indique que se han mantenido fieles a la República.
Sólo los guardias de asalto, los guardias civiles que han permanecido del lado de la legalidad, mantienen la disciplina imprescindible, cuando no están trufados de milicianos que ponen en cuestión cada orden. Las escasas unidades formadas por soldados que estaban haciendo el servicio militar no están al completo y en ellas se manifiesta también el espíritu revolucionario que desautoriza a los jefes y las maneras de mandar del ejército.
Las compañías y batallones de «Acero», salidas del banderín de enganche que ha montado el PCE bajo el nombre de Quinto Regimiento, tienen mayor disciplina. Para entrar en las compañías de Acero hace falta estar bien de salud, saber algo del arte militar, estar recomendado por alguna organización antifascista y comprometerse a obedecer una disciplina rígida. Los primeros voluntarios proceden de las Milicias Antifascistas Obreras y Campesinas, las MAOC, que el PCE ha ido formando desde hace más de dos años.

Los del Quinto Regimiento pueden elegir en asamblea a sus cabos, sargentos y oficiales pero, una vez lo han hecho, deben obedecerles ciegamente.[25] Su primer combate lo han librado el 4 de agosto en la sierra de Guadarrama.

Entre estos hombres se comienza a forjar una cierta organización que se parece a un ejército. No son necesariamente comunistas, pero sus jefes sí lo son. Y sus principales organizadores obedecen la disciplina del partido y la de la Komintern. El jefe militar es Enrique Líster, que ha recibido formación militar en la URSS, en la Academia Frunza. El comisario político, Carlos Contreras, es un agitador profesional enviado directamente desde Moscú a España en 1934. Su nombre verdadero es Vittorio Vidali. Se le conoce también sencillamente como Carlos, o como el comandante Carlos. Ha estado en México y en la URSS, de donde ha podido escapar con bien de la sospecha de ser enemigo de Stalin.

En el centro de Madrid, en la Gran Vía, aún se vive un ambiente que, a veces, hace pensar que la guerra está lejos. El hotel Florida o el Gran Vía le parecen a Pietro Nenni una torre de Babel donde se reúne gente de todas las procedencias: desde delegados de las internacionales obreras, como él, hasta contrabandistas de armas que intentan buscar recomendaciones para ofrecer sus mercaderías a los miembros del gobierno republicano. Están, además, los aviadores de André Malraux, los hombres que le han acompañado como voluntarios para luchar, a bordo de una veintena de aviones sin dotación de armas comprados en Francia, contra la aviación franquista.

Unos son voluntarios. Los demás, mercenarios. Éstos cobran sueldos astronómicos, que ascienden a veinticinco mil francos al mes, auténticas fortunas que dan mucho de sí en una ciudad donde el mercado negro no ha desaparecido del todo.

Malraux es un escritor comprometido, además de aviador, y su figura no despierta el entusiasmo de algunos de los aviadores republicanos, sobre todo de los comunistas.[26] Pero, ¿cómo atacar a un hombre que ha dejado atrás un confortable lugar en París a cambio de una plaza segura en esa ruleta de la muerte que son los combates aéreos? Los mercenarios son imprescindibles ahora, cuando la República aún no tiene una aviación consistente. Tanto como los voluntarios.

Entre esos voluntarios que se juegan la vida a diario están algunos italianos, como Giordano Viezzoli, hombre de singular arrojo, y Chiaramonte, que es también escritor, como su jefe, Malraux.

Entre los franceses destaca Abel Guidez, una especie de bohemio que fascina a sus interlocutores. Guidez es uno de los pilotos de los que no han venido por dinero. Su valor en el combate es casi legendario en Madrid. Sale a diario a buscar a las columnas franquistas para bombardearlas y quebrar su avance. Él es quien se encargó, a principios de agosto, de traer a España desde París a un misterioso personaje: Miguel Martínez, un comunista mexicano de intensa trayectoria revolucionaria que acompañará durante muchos meses a un importante periodista ruso en su estancia en España, al enviado de *Pravda* y de Stalin, Mijail Koltsov, un simpático, expansivo y poderoso periodista y agente secreto ruso que lleva ya unos meses en España. Koltsov será el confidente de Martínez.[27]

Viezzoli y Guidez morirán sobre el cielo español.

Después de volar, los pilotos mercenarios, los que no son como Viezzoli y Guidez, cenarán como todos los que pululan por los hoteles de la Gran Vía: en los restaurantes madrileños que siempre tienen qué ofrecer a quien tiene dinero para pagar, y pasarán algunas horas sentados en las terrazas de un Madrid que todavía no se ha sacudido el sofocante calor del verano.

La mitad de las farolas están pintadas de azul para no dar ventajas a los aviones que puedan atacar de noche. La otra mitad arroja una luz cegadora. La desidia de alguien ha dejado la tarea a medias.

En esas terrazas de la Puerta del Sol o de Alcalá, Alberti, María Teresa León, Bergamín y Corpus Barga comparten mesa con Malraux, con Mijail Koltsov, o con Georges Soria, corresponsal del periódico comunista *L'Humanité*. Y comentan con pasión los hechos del día, ajenos a los horrores que los madrileños menos privilegiados viven ya en su propia carne. Los que mueren en el frente víctimas de un ejército entrenado y eficiente, y los que mueren en la retaguardia víctimas de un terror arbitrario.[28]

La Pradera de San Isidro, uno de los lugares donde los madrileños de los barrios populares se suelen concentrar para sus festividades y celebraciones de domingo, es uno de los sitios preferidos por los que se encargan de liquidar a los fascistas. Cientos de personas van cada mañana a ver los cadáveres. El espectáculo que ofrecen esos visitantes, entre los que abundan los niños, es casi tan macabro como la propia visión de los cadáveres.

Los anarquistas saben que a sus militantes se les atribuye la mayoría de esas muertes nocturnas. El director general de Seguridad, Manuel Muñoz, ha llamado a Gregorio Gallego e Isidro Albert, que son dos destacados sindicalistas del Ateneo Libertario de Carabanchel, para que le ayuden a acabar con los «paseos» en la Pradera. Gallego y Albert le han dicho que eso no es sólo cosa de anarquistas, que hay que investigar en el Comité de Salud Pública del Círculo de Bellas Artes que es donde están representadas todas las tendencias políticas del Frente Popular. Además, argumentan que no tienen fuerza para impedir por las armas que los que cometen esos actos sigan realizándolos.

Se desata una fuerte discusión sobre el asunto en una reunión de dirigentes anarquistas. Gregorio Gallego, Isabelo Romero y otros están radicalmente en contra de que se siga administrando esa forma de justicia. A Gallego le importa sobremanera, además, la romería de mujeres y niños que acude cada mañana a ver los muertos. Amor Nuño, un anarquista de actitudes viscerales que forma parte de los comités de defensa, considera, sin embargo, que la justicia expeditiva robustece «la moral revolucionaria del pueblo y le compromete en la lucha a vida o muerte que tenemos entablada».[29]

A lo más que se comprometen en su posible colaboración con la dirección general de Seguridad es a tomar cartas en el asunto para que se investigue en Bellas Artes, la mayor de las llamadas «checas» de Madrid.

Gregorio Gallego es secretario del Campamento de Milicias Libertarias del puente de Toledo. No es la única vez que ha tenido que negociar con el director general de Seguridad en relación con asuntos de orden público. Hace unas semanas trajo a varias monjas desde Toledo para preservar su seguridad, muy amenazada por los incontrolados de la ciudad. Cuando pidió ayuda a la dirección le contestaron que la mejor fórmula era llevarlas a la cárcel.

Fuera de la cárcel o de las sedes diplomáticas no hay posibilidad de garantizar la vida de nadie.

PARTE FRANQUISTA
Ejército del Norte
La columna Marzo ocupa La Parrilla y Baloechaba, que domina la vía férrea entre Sigüenza y Moratilla, donde ésta se intercepta.
Línea Pozancos-Barbatona avanza 1.000 metros de las fortificaciones de Sigüenza, alcanzando el ferrocarril.

PARTE REPUBLICANO
A las nueve y cuarto de la mañana
Frente del centro. En los sectores de la Sierra, tranquilidad. En Guadarrama se ha hecho algún fuego de artillería contra los facciosos, y un pequeño puesto avanzado enemigo, con dos ametralladoras y ocho hombres, ha caído en una emboscada preparada por nuestros soldados.
En Navalperal las fuerzas republicanas han rechazado una vez más el ataque enemigo, produciéndole muchos daños. Varias veces en el curso de la tarde de

ayer, el enemigo se ha visto obligado a replegarse ante el espíritu arrollador de nuestra infantería.

Las tropas republicanas han luchado con gran espíritu y arrojo en Bargas. Nuestra posición de Olías ha sido furiosamente atacada por un fuerte contingente y quince aparatos de bombardeo facciosos. Nuestras tropas han reaccionado con admirable valentía, rechazando en tres ocasiones sucesivas al enemigo y obligándole, por último, a retirarse. Los cazas leales han puesto en huida a la pequeña escuadra aérea facciosa. El pueblo de Villamiel, en la zona de Santa Cruz del Retamar, ha sido conquistado por nuestras tropas.

A las tres de la tarde

En la Sierra, ligero cañoneo de nuestra artillería. Una sección de caballería mora ha sido rechazada por nuestras tropas de Navalperal, dejando siete muertos y dos prisioneros.

En el sector del Tajo nuestras tropas luchan con gran espíritu en Olías y Bargas, rechazando los desesperados ataques del enemigo, el cual ha sufrido numerosas bajas sin lograr sus objetivos. Nuestra aviación ha atacado con buenos resultados algunas concentraciones en Torrijos y Maqueda.

A las diez de la noche

Frente del centro. En Paredes de Buitrago nuestra artillería ha cañoneado por espacio de dos horas los emplazamientos de las piezas facciosas. En Guadarrama, ligero tiroteo y fuego de ametralladora.

Desde media mañana se ha combatido con intensidad en San Bartolomé de Pinares, retirándose el enemigo con bastantes pérdidas. Nuestras tropas en Navalperal han neutralizado también con éxito otro intento de avance enemigo en el empalme de la carretera de la Cañada con la de Ávila. La aviación republicana ha bombardeado y disuelto una sección de caballería rebelde.

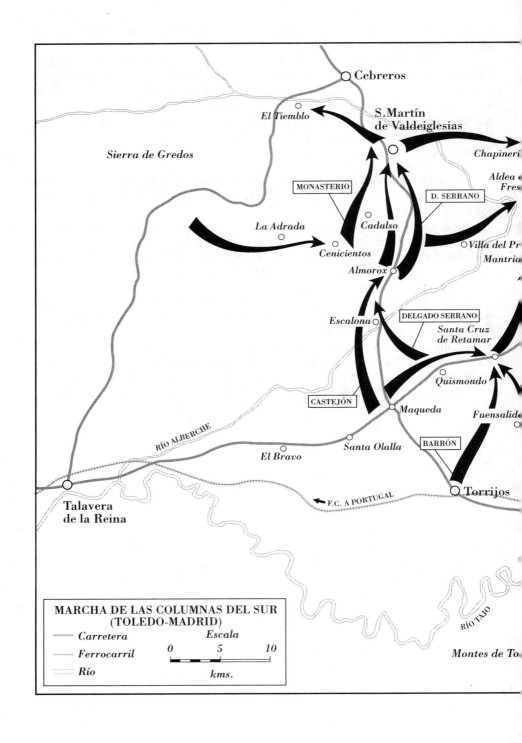

Cebreros

S.Martín
de Valdeiglesias

El Tiemblo

Chapinerí

Sierra de Gredos

Aldea
Fres

MONASTERIO

D. SERRANO

La Adrada

Cadalso

Cenicientos

Villa del Pr

Mantria

Almorox

Escalona

DELGADO SERRANO

Santa Cruz
de Retamar

CASTEJÓN

Quismondo

Maqueda

Fuensalid

RÍO ALBERCHE

Santa Olalla

BARRÓN

El Bravo

F.C. A PORTUGAL

Talavera
de la Reina

Torrijos

RÍO TAJO

Montes de To

**MARCHA DE LAS COLUMNAS DEL SUR
(TOLEDO-MADRID)**

——— *Carretera*

┄┄┄ *Ferrocarril*

——— *Río*

Escala

0   5   10

kms.

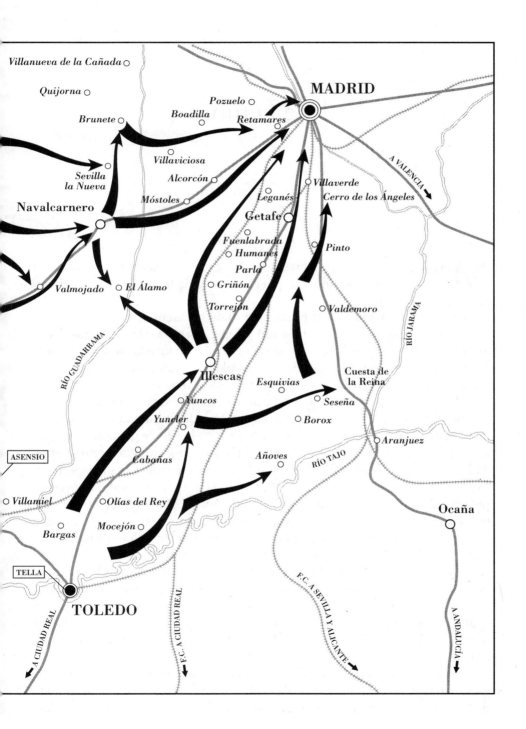

Villanueva de la Cañada

Quijorna

Brunete

Pozuelo

Boadilla

Retamares

MADRID

A VALENCIA

Villaviciosa

Sevilla
la Nueva

Alcorcón

Villaverde
Cerro de los Ángeles

Navalcarnero

Móstoles

Leganés

Getafe

Fuenlabrada

Humanes

Pinto

Valmojado

El Álamo

Parla

Griñón

RÍO JARAMA

Torrejón

Valdemoro

RÍO GUADARRAMA

Cuesta de
la Reina

Illescas

Esquivias

Yuncos

Seseña

Yuncler

Borox

ASENSIO

Cabañas

Añoves

Aranjuez

RÍO TAJO

Ocaña

Villamiel

Olías del Rey

Mocejón

Bargas

TELLA

TOLEDO

A CIUDAD REAL

F.C. A CIUDAD REAL

F.C. A SEVILLA Y ALICANTE

A ANDALUCÍA

1 de octubre

MADRID, LAS «HORDAS ROJAS DE MADRID»[30], es el enemigo de una raza de españoles que no quiere morir y de la civilización occidental a la que atacan.

Franco pone a Madrid en primer plano de su discurso de toma de posesión como jefe de gobierno del Estado y generalísimo de los ejércitos. Unos amplios poderes que le ha entregado el general Cabanellas en nombre de la Junta de Defensa Nacional, que asiste en pleno al acto, celebrado en el palacio de la División Militar, en la plaza de Alonso Martínez de Burgos.

El que para la prensa es aún «el dictador», aunque será «caudillo» en veinticuatro horas, quiere darle al acto una solemnidad limitada en los uniformes. Viste el de campaña, con las botas altas y el fajín de general, pero con la camisa cuartelera asomando por encima de su guerrera de combatiente. Millán Astray y Nicolás Franco se han encargado de montar un espectáculo callejero que le satisfaga y muestre a todo el mundo el amplio apoyo popular que su causa y su nombramiento provocan. Por toda la ciudad castellana se despliegan las banderas monárquicas, que sirven, además, para cubrir la decencia de las mujeres que se asoman a los balcones para saludar a los militares rebeldes sin tener que mostrar sus piernas.

«Ponéis en mis manos a España. Mi paso será firme, mi pulso no temblará y yo procuraré alzar a España al puesto que le corresponde conforme a su historia y al que ocupó en época pretérita ... Me tengo que encargar de todos los poderes ... Para esta obra os tengo a todos y tengo a esta Junta, que seguirá a mi lado para llegar a una España libre ... una España española.»[31]

Los jubilosos partidarios del nuevo generalísimo celebrarán el hallazgo literario de la «España española». Ni siquiera el rector de la Universidad de Salamanca, Miguel de Unamuno, quiere advertir el rimbombante pleonasmo. Está ocupado, junto con otros nueve rectores de distintas universidades del territorio controlado por los rebeldes, en la redacción de una carta a los embajadores de Argentina, Uruguay y Portugal ante la Sociedad de Naciones. En la misiva se ensalza la actitud del argentino «por haber comprendido en esta hora solemne nuestra liberación».[32]

Mientras transcurre la ceremonia de exaltación de Franco a la jefatura del Estado, el censor de prensa del Ministerio de Estado republicano, Arturo Barea, acude llevado por un amigo a visitar un palacio donde se han refugiado docenas de personas que huyen del mismo pueblo, Novés, en Toledo. Todos los retretes están rotos. La gente no sabe cómo funcionan las cosas y huele a excrementos y orines de una manera insoportable. Hay perros moviéndose por la sala, niños que berrean sin que nadie les haga caso, mujeres que se pelean mientras tienden ropa o lavan pañales y a los barrotes de una cama de hierro está atada una cuerda que sujeta una cabra. El amigo de Barea le explica que nadie se ocupa de ellos, que todos los días vienen unos milicianos que les dan vales de comida y ya está.[33]

Cada día llegan a Madrid cientos de personas que huyen de los franquistas a su paso por Extremadura y Toledo, trayendo con ellos relatos espantosos de crímenes y expolios. Los milicianos les buscan alojamiento en palacios requisados y en los sótanos de grandes edificios como el de la Telefónica. Pero en la ciudad no hay capacidad para afrontar el gigantesco éxodo.

Las historias que vienen con ellos provocan estallidos de odio entre quienes les reciben. En Ciempozuelos, Antonio Díaz del Moral, que es un hombre de derechas y lleva varios días detenido, es sacado de la cárcel del pueblo. Lo llevan al embarcadero de reses bravas y lo revuelcan por el fango; luego, lo cuelgan de las axilas y lo bajan a uno de los chiqueros, donde un toro le cornea a gusto. Cansados los verdugos del espectáculo, lo sacan y un voluntario llamado Primo García le corta las orejas. Lo que queda de Antonio es arrastrado por un coche hasta un olivar. Allí, lo cuelgan de un árbol y lo rematan a tiros. El fusilamiento casi parece un acto piadoso.[34]

Antonio Gil Sastre tiene trece años y ya ha asistido a un registro en su casa de la plaza de las Salesas número 2. Hace unas semanas, un policía de verdad se presentó acompañado de dos milicianos. No hicieron demasiado destrozo. Sólo se llevaron, entre gestos de desaprobación, el sable de su tío, militar en África, que ha muerto hace dos años.

Pero hoy el asunto se presenta más feo. Los cinco milicianos —entre ellos una mujer— que se han presentado de improviso, como siempre, parecen ir a tiro hecho. Son de la FAI; llevan el pañuelo rojo y negro al cuello.

La familia Gil ha celebrado, como todos los días, una misa clandestina en su casa acompañados por algunos vecinos, cuatro o cinco. Pepe, el cura, monta la capilla sobre una cómoda que hay en el salón. Antonio es muy ducho en las artes de monaguillo, que ha aprendido en el colegio de los Agustinos, y ha ayudado en la ceremonia. Todos tienen miedo cuando la celebran, pero es más fuerte su devoción que el pánico.

Los invasores saben qué buscan, no es una visita al azar. Debe de tratarse de un soplo de alguien del barrio. De la portera no, porque es muy buena persona, aunque sea medio analfabeta. No ha delatado a nadie de la casa.

Sin ninguna contemplación, los milicianos han reunido a toda la familia en el salón, a los padres, Ángel y Asunción, a los tres hermanos, al tío Pepe y a la abuela. Uno se ha quedado vigilándoles mientras los demás lo ponen todo patas arriba.

El tío Pepe era párroco de la iglesia de Santa Bárbara hasta que tuvo que esconderse cuando se produjo el intento de golpe de Estado del 18 de julio. La iglesia está al lado de su casa, en la plaza de las Salesas, y es la que frecuentaban José María Gil Robles y José Antonio Primo de Rivera. Es un barrio de gente acomodada.

Mientras los milicianos lo registran todo, Antonio observa cómo su tío le hace gestos de inquietud con los ojos sin atreverse a mover un músculo. Antonio le sigue con atención y se fija en que la mirada del cura le indica el reloj de péndulo, detrás del cual hay una cajita que contiene las hostias que usa para dar la comunión a sus clandestinos feligreses cotidianos.

En un descuido del vigilante, Antonio coge las hostias y se las guarda en el pantalón. Sabe que a su tío le inquieta más el destino de las formas consagradas que su propia vida.

Los milicianos siguen con su registro durante un largo tiempo, que a todos los rehenes se les hace eterno. Se llevan todo lo que les apetece, incluso la medallita de la primera comunión de Antonio. Cuando acaban, se llevan al cura y al padre del chico entre empujones e insultos. Como despedida, uno de los milicianos coge la capillita portátil de la abuela, una capillita que iba desfilando de dos en dos días por las casas de algunos conocidos, y la estampa contra el suelo.

Desde ese día, todos los conocidos de la familia, los que asistían a diario a las misas clandestinas, comienzan a rezar por su cuenta. Al día siguiente, Antonio llevará las hostias que con tanta habilidad se ha guardado en el bolsillo a unas monjas que están refugiadas en la calle Blanca de Navarra. Están bendecidas y las monjas las recibirán con devoción.[35]

A nadie de la familia se le pasa por la cabeza denunciar el saqueo de las pequeñas cosas que se han llevado los milicianos, que ni siquiera se han identificado, salvo por el pañuelo. Hacer una denuncia sería una insensatez, desde luego. ¿Ante quién presentarla?

Pepe Gil nunca saldrá de la checa. Lo fusilarán. Es uno de los millares de religiosos que están muriendo en una ola de vandalismo que es un crimen contra la humanidad. En los tres primeros meses de guerra, más del diez por ciento de los curas españoles serán pasados por las armas. La prensa cenetista llama a completar ese trabajo. Andreu Nin, el líder del POUM, ha afirmado: «La clase obrera ha resuelto el problema de la Iglesia sencillamente, no dejando en pie ninguna de ellas».[36]

Unos días más tarde saldrá un decreto de Gobernación que intenta regularizar los registros. Según ese nuevo reglamento, tiene que haber testigos y se responsabiliza a los porteros de denunciar a las autoridades a quienes cometan tropelías y abusos.[37] Una grave responsabilidad que recae sobre un colectivo que tiene en Madrid miles de servidores. Muchos de ellos enrolados en las Milicias, muchos de ellos portadores del odio de clase que ha ayudado a que la guerra se desate con tanta ferocidad. Las Milicias de Investigación Criminal, creadas y dirigidas por el tipógrafo socialista Agapito García Atadell, utilizan sus servicios, que dan grandes frutos, para capturar falangistas escondidos.

En la casa de Olegario Trapero, situada en el número 39 de la calle de Riego, en pleno barrio de Delicias, que es la casa de un modesto carpintero, tramoyista de espectáculos teatrales, también hay portero, de nombre Marino. Pero es alguien de filiación insólita para su lugar en la sociedad: es un cedista de Gil Robles. El hombre ha visto su cabeza en riesgo con el triunfo de la izquierda sobre los sublevados en Madrid. No ha tenido mejor idea que afiliarse al partido comunista, donde ahora expenden los carnés con facilidad, y ha conseguido un puesto de vigilante en la cárcel Modelo. Ningún vecino se ha molestado en denunciarle, pese a que muchos son de ideología izquierdista, como José, el padre de Olegario, que es un republicano de izquierda afiliado también a la CNT porque no le gustan los comunistas, que abundan cada vez más en la UGT. En eso, Marino ha tenido suerte.

Olegario sabe que el portero de su casa se ha convertido en un hombre de especial severidad con los presos que antes eran sus colegas ideológicos. Pero va a salvar la vida con el cambio de chaqueta. Luego, al acabar la guerra, la salvará por intercesión de un pariente, pero sufrirá con gran dureza los rigores de la represión franquista. Los suyos no le considerarán «de los nuestros», y sufrirá los rigores de la justicia, la prisión y la tortura.[38]

De la piedad de ciertos porteros surge la seguridad para algunos perseguidos. A la familia de Josefina Ferro, que vive en la calle de Serrano, en pleno barrio de Salamanca, la ha salvado varias veces la intervención del suyo. Es un hombre sin ninguna cultura, afiliado a la UGT, que ha estado varias semanas yendo y viniendo a combatir en Toledo. Las noches siempre las ha pasado en casa, y es durante la noche cuando se suelen producir la mayoría de los registros. Por eso ha podido defender a esa familia monárquica a la que tiene un aprecio personal. Él siempre se ha mostrado valedor de la familia.[39]

En Madrid se siguen produciendo muchos registros, detenciones y ejecuciones arbitrarios pese a los esfuerzos legislativos y organizativos del gobierno. Jaime Renart, que quiere pelear cuanto antes contra los fascistas, comparte con sus camaradas el desprecio por los que son denominados con el vergonzoso apelativo de «milicianos de la retaguardia». A las diez de la mañana ha visto cómo dos de ellos, con el pañuelo rojinegro al cuello, sacaban a un hombre vestido con traje y corbata de su casa, en Santa Engracia, en el barrio de las casas de militares. Jaime no sabe qué pretenden esos hombres, pero se arrepentirá toda la vida de no haberlo preguntado. Se imagina lo peor, que le van a dar «el paseo».[40]

Un desprecio y un asco equivalentes a los de Jaime Renart los experimenta, en el otro bando, Juan de Mata, el chaval toledano que se presenta hoy en las oficinas del periódico *Imperio*, diario falangista del frente de Madrid. Juan va a cumplir su sueño de trabajar en un medio impreso, encargándose de la información local. Su fervor falangista, sin embargo, se quiebra todos los días cuando ve el desfile que organiza «el siniestro Planas de Tovar», que saca a diario de la cárcel a un grupo de prisioneros a los que mete en un «triste furgón cogido al enemigo en Illescas, que con el número 17 pertenecía a la flota de repartidores de reses del matadero de Madrid a las carnicerías de la capital, y en él los lleva a fusilar a las tapias del cementerio». El uso de un camión propio para el transporte de carne no parece casual.

Juan se asquea también de los primeros nombramientos para la Alcaldía y la Diputación. «Dos de los terratenientes más significados, a quienes en la ciudad se les conoce y se les teme de siempre», unos caciques que se hacen llamar a sí mismos defensores del Alcázar y que muchos toledanos conocen por «defendidos del Alcázar».[41] Desde el diario que hereda la cabecera del periódico interno del asedio llamado, cómo no, *El Alcázar*, se emprende una línea editorial de tono reaccionario que se atreve, incluso, a poner en cuestión al coronel Yagüe, falangista ardoroso. Todavía existe en la zona franquista una cierta pugna interna entre facciones, que Franco va a apaciguar muy pronto.

En Barcelona se pone de manifiesto la importancia que Stalin da a la guerra española. Un personaje legendario de la revolución rusa llega a la ciudad con el nombramiento de cónsul general. Se trata de Antonov-Ovseenko, el bolchevique que encabezó ni más ni menos que las tropas que tomaron el Palacio de Invierno. Ovseenko pertenece a la vieja guardia y es muy popular en la Unión Soviética. Le acompaña una delegación tan nutrida como eficaz, que incluye a su esposa Sofía, una mujer de altura intelectual indiscutible.

El significado de la llegada de Ovseenko a Barcelona es muy importante en estos momentos. El periodista y escritor, además de agente secreto y amigo de Stalin, Ilya Ehrenburg, ha informado a Moscú de forma detallada sobre las difíciles relaciones que existen entre el gobierno de la República y el de la Generalitat y, además, sobre los problemas que para el esfuerzo de guerra crea la visión peculiar que tienen los anarquistas catalanes sobre cómo solucionar el conflicto. La llegada del cónsul constituye un gran motivo de alegría para Lluís Companys, que recibirá sus credenciales en un par de días. Es una forma de halagar a un gobierno que, aunque no consigue controlar su área de influencia, por el enorme peso de los anarquistas en la calle y las fábricas, al menos obtiene una repercusión internacional nada desdeñable. La importancia de la misión es muy señalada en la prensa soviética.

Antonov-Ovseenko no tiene el rango de embajador, lo que habría sido un insulto para la República, pero sí la misma importancia diplomática que Marcel Rosenberg, el titular de la representación oficial en Madrid, llegado a la capital de la República unos meses antes. Las relaciones entre ambos países se han visto restablecidas en agosto, tras casi diecinueve años de una hostilidad que comenzó con la caída de los zares y el establecimiento del régimen soviético. Después de la revolución, a nadie le ha preocupado mucho en España mantener relaciones con un país tan lejano y exótico. Los soviéticos no han mostrado un interés mucho mayor, salvo por lo que se refiere al control de un partido comunista que ha tenido una implantación minúscula hasta las elecciones de febrero. En ese terreno, sí ha habido interés por parte de los rusos: en 1931 expulsaron a la dirección comunista de Bullejos de la Internacional Comunista y comenzaron a «cuidar» a la nueva generación, la que ahora dirige el partido en España. Por la escuela Lenin o la academia Frunza han pasado todos los actuales dirigentes del PCE: José Díaz, Jesús Hernández, Antonio Mije, Manuel Hurtado, Dolores Ibárruri y Enrique Líster.[42]

La representación rusa en España tiene gran importancia. La Unión Soviética es casi el único país que defiende de una manera franca los argumentos de la República en los foros internacionales. De la URSS espera el gobierno republicano las armas imprescindibles para combatir a los rebeldes, que ya disfrutan de una considerable ayuda procedente de Alemania e Italia.

El gobierno de la República, que es absolutamente consciente de que las relaciones con la URSS son trascendentales, no actúa, sin embargo, con la suficiente consistencia en la acción recíproca.

Ayer salió de la estación de Atocha con destino a Moscú Marcelino Pascua, un catedrático de medicina discípulo de Juan Negrín y, como él, socialista moderado. Pascua, que es un hombre brillante desde el punto de vista científico, ya estuvo en la Unión Soviética en 1932, estudiando el sistema sanitario en las zonas rurales. Pero Pascua, al contrario que sus colegas Rosenberg y Ovseenko, no lleva tras de sí un aparato serio de apoyo. Viaja solo. Ni siquiera una secretaria; ni siquiera alguien capaz de ejercer las funciones de agregado comercial. No tiene sede en Moscú. Allí le esperan unas habitaciones en el Hotel National, muy cercano a la plaza Roja, reservadas por el Comisariado de Negocios extranjeros soviético. Toda la infraestructura de la que va a disfrutar en Moscú, desde la nueva sede de la embajada hasta el coche, pasando por la secretaria, le será graciosamente cedida por las autoridades moscovitas.

Con ese bagaje, Pascua tiene que desarrollar la más importante de las misiones diplomáticas republicanas: conseguir armas y suministros, y controlar las remesas de oro que servirán para pagar esos servicios. Pascua disfrutará de un trato de auténtico privilegio en Moscú, hasta el punto de tener un fácil acceso a Stalin, Kaganovich, Voroshilov y Molotov, la cúpula del Estado. Pero la falta de medios le hundirá en largos períodos de profunda desesperación acentuados por el hecho dramático de que toda su familia está en la zona franquista.

Es difícil sobrevalorar la importancia de estas nuevas relaciones entre España y la URSS. Desde el día 9 de septiembre funciona en Londres un comité encargado de supervisar el cumplimiento del compromiso de no intervención en la guerra de España. El Comité de No Intervención lo forman veintiséis países. Hay una ausencia clamorosa, la de Portugal: el dictador Salazar no tiene la menor intención de dar cuenta a nadie de su apoyo a los franquistas.

Para los republicanos, el funcionamiento del Comité ha sido una verdadera tragedia: desde el día 15 de septiembre, el subcomité, formado por Inglaterra, Alemania, Italia, la Unión Soviética, Bélgica, Checoslovaquia, Francia y Suecia, no ha hecho en la práctica otra cosa que escamotear las pruebas que denuncian el apoyo descarado de Alemania e Italia a Franco. No existe ningún mecanismo sancionador previsto en sus competencias. Sólo Checoslovaquia y la URSS claman contra el cinismo internacional que supone la inoperancia del Comité.

El gobierno republicano de Largo Caballero ha cambiado la orientación de su política exterior tras los numerosos y fallidos intentos de denunciar el apoyo descarado de Mussolini y Hitler a los rebeldes. Ahora, Julio Álvarez del Vayo, el ministro de Estado, se dirige a la Sociedad de Naciones, donde insiste en el argumento de mayor peso: los países democráticos han proclamado un embargo de compra de armas a un gobierno legítimo, equiparándolo con el que han montado los facciosos en Burgos. Los gobiernos fascista y nazi fingen la misma actitud, pero aprovisionan descaradamente a Franco.

La debilidad de los gobiernos democráticos llega a un punto escandaloso cuando Suecia propone una política común sobre ventas de armas a terceros. Portugal ha hecho un pedido de explosivos a una empresa sueca y el gobierno teme que su destino sea España. El Comité decide que se le permita hacer la compra a Portugal pero con la advertencia de que su uso será para su propio ejército.

Álvarez del Vayo ha solicitado en vano a la Sociedad de Naciones el levantamiento del embargo. Sus esfuerzos son agotadores: ha llevado un informe exhaustivo sobre las ayudas en armas para los franquistas. Pero la Sociedad de Naciones se ha negado a publicarlo. El informe, al final, lo ha publicado el propio gobierno español y ha entregado copias a todos los representados en el Comité. Una comisión independiente de personalidades inglesas lo ha tomado en serio y ha puesto en marcha una investigación que hoy acaba sus trabajos.

Las conclusiones del Comité son contundentes: «El avituallamiento de los rebeldes en material de guerra no ha cesado después de la firma de No Intervención, ni por parte de Alemania ni de Italia ... Italia ha tomado medidas que significan la ocupación de Mallorca por sus fuerzas armadas ... Una actividad muy intensa de los rebeldes se deja sentir igualmente en Portugal de acuerdo con las autoridades locales, sin que los insurgentes se tomen la molestia de proceder a la más ligera ocultación de sus actividades ... el enlace entre las fuerzas rebeldes del norte y del sur ha sido efectuado por territorio portugués».

«Frente a las fuerzas rebeldes bien equipadas, las milicias del gobierno legal de España se encuentran hoy en dificultad por falta de armas modernas y, en ciertos casos, por falta de armas de todas clases y de municiones.»[43]

Lord Plymouth, presidente del Comité de No Intervención, no hace mayor caso de los resultados de la investigación, que le presenta el ex jefe del Estado Mayor del Aire, McKinoon. Se limita a dar una copia a los representantes italiano y alemán. Su respuesta es muy expresiva. Grandi le comentará a Anthony Eden que un informe así podría ser interpretado como una prueba de que Inglaterra se inclina a favor de Rusia y la España comunista.[44]

La prensa madrileña concede una enorme importancia a los avatares de la política exterior. En las portadas de todos los periódicos aparece cada día un relato de las gestiones de Álvarez del Vayo. Sin embargo, la presencia de Marcelino Pascua en la Unión Soviética recibe un tratamiento pacato. En *El Liberal*, la presentación de cartas credenciales se da en la página cinco.[45]

PARTE FRANQUISTA
Ejército del Norte
La columna Marzo ocupa las fortificaciones exteriores de Sigüenza, llamadas El Otero, Monte Mirón, Cerro San Cristóbal, Cuesta del Moral y La Quebrada, haciendo huir al enemigo a la desbandada y castigándole desde nuestras posiciones de Moratilla.

PARTE REPUBLICANO
A las nueve y media de la mañana
Frente del centro. En el sector de Somosierra, ligero tiroteo entre nuestras avanzadillas y los puestos facciosos. Las tropas leales han continuado manteniendo sus posiciones de San Bartolomé de Pinares a pesar del intenso fuego que sobre ellas hicieron la artillería y aviación rebeldes. Los sectores de Olías y Bargas han sido objeto igualmente de bombardeo por la aviación enemiga.
A las tres de la tarde
Las milicias de San Bartolomé de Pinares han rechazado un nuevo y violentísimo ataque de las tropas coloniales rebeldes, que han tenido que retirarse.
Nuestras posiciones de Santa Cruz de Retamar fueron bombardeadas por la aviación facciosa sin consecuencias.
En Olías ha cedido la fuerza rebelde y las tropas republicanas han atacado y perseguido algunos puestos avanzados enemigos.

La aviación republicana ha bombardeado durante toda la mañana el sector del Tajo ocupado por los sediciosos.

A las diez y cuarto de la noche

En los sectores de la Sierra, tranquilidad. En Navalperal y San Bartolomé de Pinares, nuestras columnas han rechazado con éxito dos intentos de ataque facciosos. La artillería les castiga duramente, impidiéndoles avanzar. Una infiltración enemiga por el ala izquierda de este sector ha sido cortada con fuego intenso de ametralladora, ocasionando bastantes bajas a los atacantes y obligándoles a replegarse.

6 de octubre

H OY SE REANUDA, TRAS UNA SEMANA DE ASUETO para la reorganización y descanso de las tropas, la ofensiva de Franco sobre Madrid. También hoy se publica en *La Gaceta de Madrid* la puesta en vigor del Estatuto Vasco votado por las Cortes republicanas reunidas en Valencia.

Los diputados republicanos gallegos no pueden evitar una cierta tristeza al ver que los nacionalistas vascos han conseguido su estatuto. El proyecto de estatuto para Galicia se quedó en las Cortes el 16 de julio. Y no se ha vuelto a hablar de él. Los galleguistas Alfonso Castelao y Ramón Suárez Picallo están en la capital desde entonces. Galicia cayó de inmediato en manos de los sublevados y ha sido imposible volver.[46] Los diputados que no pudieron salir han sido fusilados por eso: por ser diputados republicanos. Es un delito suficiente para recibir la última pena en el campo franquista.

En todo caso, hay mucho que hacer en Madrid. Desde luego, permanecer atentos para discutir en cuanto sea posible la concesión de la autonomía gallega por el Parlamento.

Además, Castelao y Suárez han participado en la constitución de las milicias gallegas que luchan por la República. Forman parte de ellas muchos campesinos que estaban de temporeros para la siega en Castilla, y marineros del contingente del Ministerio de Marina.

Los novecientos hombres que forman el batallón han combatido en Torrijos, donde sufrieron muchas bajas pero resistieron bien los ataques de los tabores de Regulares que se dirigían a Toledo. Desde ahí, fueron enviados para reorganizarse a Morata de Tajuña. Son hombres de todas las ideologías: socialistas, republicanos, comunistas, anarquistas, pero han decidido en bloque, después de una votación democrática, ingresar en el Quinto Regimiento, la unidad de milicias mejor organizada en Madrid.

Al mando del batallón está el capitán Manuel López Iglesias, un militar con experiencia en la guerra de África que estaba en situación de retiro cuando se inició la sublevación; y el comisario político es un comunista, Santiago Álvarez, también elegido por votación.[47]

Alfonso Castelao es un hombre infatigable y lleno de talento. Escribe, dibuja, arenga. Y negocia sin descansar. Un prototipo de intelectual comprometido, un agitador con el mismo aire y los mismos impulsos que los románticos del siglo XIX.

Franco, por su parte, comienza a darle una nueva forma administrativa a la zona bajo su dominio. Desde su nombramiento como caudillo hace una semana, dio la orden de que el *Boletín* de la Junta de Defensa Nacional se convirtiera en *Boletín Oficial del Estado* (BOE), nombre más adecuado a las nuevas jerarquías. El de hoy explica ya la rudimentaria organización de su Estado. No hay gobierno, sino una Junta Técnica que tiene carácter provisional. El presidente es el general Fidel Dávila, también jefe del Estado Mayor del ejército. Los principales componentes de la Junta son militares, incluido el secretario general del jefe del Estado, Nicolás Franco, que es teniente coronel de Ingenieros de la Armada. Sólo hay un civil desempeñando un cargo relevante: el de Relaciones Exteriores, que ocupa el embajador Francisco Serrat. José María Pemán, el poeta monárquico y católico, ocupa la Secretaría de Cultura y obtiene así un reconocimiento formal a su deseo de ser el hombre de la retórica del nuevo régimen.[48]

No hay ningún representante de Falange en la Junta. Y sí muchos monárquicos, fundamentalmente alfonsinos.

El auténtico hombre fuerte es Nicolás Franco, hermano del Caudillo, quien se encarga de garantizar el funcionamiento de un gobierno que está absolutamente personalizado en la figura del jefe. Un jefe que ha prohibido que sus partidarios más entusiastas le llamen dictador. Prefiere el título de «caudillo», más próximo a los de «duce» o «führer».[49]

Hoy, que es el día en que ha dado comienzo la que considera definitiva ofensiva sobre Madrid, Franco invita a una cena en su cuartel general de Salamanca al consejero de la embajada alemana en Lisboa, el conde Du Moulin-Eckart. El consejero le lleva un mensaje personal de Hitler para felicitarle por su nombramiento de jefe del Estado. El mensaje es un telegrama dirigido por el Führer a Du Moulin-Eckart en el que explica que no ha contestado a la notificación del nombramiento de Franco por temor a que en el extranjero se interpretara como un reconocimiento prematuro del gobierno de Burgos. Cuando Madrid caiga, Alemania hará ese reconocimiento.[50]

Franco le hace una exposición de sus necesidades de armamento. Necesita cañones antiaéreos, artillería de campaña y antitanque, además de tanques y ametralladoras. Y tranquiliza al enviado del Führer sobre sus intenciones: cuando gane la guerra, los privilegios de la aristocracia y la Iglesia no serán restaurados. Le asegura que tomará Madrid muy pronto. Todo será más fácil si Hitler le apoya con nuevo armamento. Y se extiende en criticar la debilidad de los carros que ha recibido de Mussolini, los Ansaldo, que tienen un blindaje muy liviano y sólo van armados con ametralladoras. Él quiere algo más poderoso.[51]

Desde el primer momento, Hitler ha sido generoso con Franco, pese a que su política hacia España no es la mayor de sus preocupaciones. Alemania e Italia han salvado a los sublevados con la rápida entrega de material aéreo que ha permitido pasar a las tropas africanas el Estrecho. Pero la contienda se prolonga y Franco necesita más material.

Las críticas que hace a los italianos forman parte de su repertorio de astucias. Aunque controla su zona con mano de hierro, su posición sigue siendo muy débil. Carece de fuerza para negociar con Italia y Alemania, por ejemplo. Toda su política exterior pende de un hilo: de las buenas relaciones de hombres como el duque de Alba o Luis Bolín, por ejemplo, que sirven para mantener a Gran Bretaña muy distanciada de la República. La política de No Intervención que le favorece no ha sido un éxito diplomático de su bando, sino el resultado de la correlación de fuerzas en Europa.

Las quejas sobre los italianos son enormemente injustas. Los alemanes proporcionan ayuda, pero dejan claro que toda se tiene que pagar, a través de materias primas o dinero. En cambio, Mussolini deja ver que el pago no será un problema. Pero no sólo eso: el material italiano que se ha recibido hasta el momento es de mayor calidad. Los bombarderos Savoia Marchetti son mejores que los lentos Ju-52; los Fiat son mejores que los Heinkel.

Y Mussolini tiene una política clara de ayuda a Franco. Ya es la tercera vez que interviene contra la República. En 1932 y 1934 con ayuda financiera. Ahora, con armas. Eso sí, el dictador italiano mantiene una actitud arrogante. Los envíos de tropas, por ejemplo, que ya se están gestando, ni siquiera los consulta con Franco. Y tampoco sus planes de mantener las bases aéreas y navales en Baleares para consolidar sus proyectos de control del Mediterráneo son consultados con el Caudillo.[52]

Por un decreto que no ha llegado a publicarse, Largo Caballero ha creado hace unos días la Junta de Defensa de Madrid en la que están representadas todas las organizaciones que se oponen al levantamiento militar.

La razón de tanta cautela la justifica Largo Caballero en que no se debe sembrar la alarma. Pero la situación es grave.

Gregorio Gallego es el representante nombrado por la Federación Local de Sindicatos Únicos de la CNT. Tiene apenas veinte años, como muchos de los representantes de las otras organizaciones sindicales o políticas que han sido convocadas por el presidente del gobierno.

A Gallego y a todos sus compañeros les tienen que dar explicaciones de la situación militar personas como el general Masquelet, que es jefe de la Casa Militar del presidente de la República, Manuel Azaña; el general Castelló, jefe de la 1 división orgánica; el general Asensio, jefe del TOCE, y otros militares de alta graduación.

El jefe del gobierno no se extiende mucho: el enemigo se acerca y a ese avance se le oponen unas fuerzas desmoralizadas, algunos mandos irresponsables y unas fortificaciones ridículas. Madrid tiene una defensa difícil.

Masquelet, que es el autor del plan de fortificaciones, hace un análisis certero: Madrid no es Verdún, es una ciudad muy vulnerable y de fácil asedio. ¿Cómo se puede defender con una red de zanjas que llegan a medio cuerpo y sin un ejército organizado?

Castelló hace una exposición caótica entre gestos extraños y sin parar de rascarse la cabeza. Pero todos oyen su frase:

—Madrid es una ciudad abierta.

—¡Pues la cerramos y santas pascuas! —es el espontáneo comentario de uno de los jóvenes representantes.

La desolación va cundiendo entre los presentes. Pero Asensio se encarga de levantarles la moral: si Madrid está dispuesta a defenderse, el enemigo no tendrá fuerza para tomarla. Necesitaría un ejército de más de cien mil hombres. La clave está, para empezar, en mejorar las fortificaciones, para lo que se requiere el concurso entusiasta de los sindicatos movilizando a todos sus militantes, en elevar la moral y la organización del ejército, por otro lado, y, por último, en evitar el corte de comunicaciones con Levante y la Sierra. Para eso basta con tener dos puntos de resistencia infranqueables: uno en la Sierra y otro en el sur del Tajo.

Cuando Largo Caballero se retira, dejando como presidente de la Junta a Carlos Rubiera, un hombre de la izquierda socialista, los presentes se quedan para redactar un llamamiento a la población que no sea angustioso pero sí lo suficientemente grave como para moverla. El final del manifiesto es sintomático: «Ha llegado el momento de transformar la consigna de "No pasarán" en la de "Morir antes que retroceder"».

Carlos Giorla, comunista, se permite hacer una ironía sobre la incompetencia de Asensio. Rubiera le responde, airado, que, en los próximos días, puede que el ejército franquista sea desbaratado gracias a la ofensiva que planean Largo Caballero y Asensio.

La Junta sólo tiene un carácter consultivo, no ejecutivo. Pero comienza a actuar recabando información. Madrid es un caos. No existe un censo de reservas de alimentos, por ejemplo. La desidia de algunos responsables ha llegado a tal extremo que Gallego, en sus indagaciones, se entera de que la cosecha de trigo de la Sagra y de Castilla la Nueva ha sido comprada por valencianos y catalanes ante la pasividad de las autoridades centrales.[53]

Los entusiastas representantes de partidos y sindicatos se enfrentan al pesimismo de casi todos los militares con decisión. Les llama especialmente la atención la actitud del general Castelló. Llegan a comentar entre ellos que está loco.

No se equivocan mucho. Castelló intentará suicidarse unos días después. Su hermano ha sido fusilado por milicianos a su mando, que no han comprendido su estrategia militar y han supuesto que es un traidor.

PARTE FRANQUISTA
7 división. Sin novedad.

PARTE REPUBLICANO
A las nueve y veinticinco de la mañana
Frente del centro. En los sectores de la Sierra, ligero tiroteo sin consecuencia. El enemigo ha reanudado esta mañana el ataque a nuestras líneas en Navalperal. Un contraataque de las tropas republicanas obliga a los facciosos a replegarse con bastantes pérdidas. Nuestra artillería no deja de hacer fuego sobre las concentraciones rebeldes y nuestras ametralladoras han sido una valla para los facciosos, que no han podido rebasar ni una sola vez en este sector.

Maqueda, Bargas y Olías no acusan modificación alguna, registrándose únicamente paqueos sin importancia y la presentación en las primeras horas de la mañana de dos soldados del Tercio, desertores.

A las tres de la tarde
Somosierra y Navacerrada no acusan alteración ni movimiento alguno. En Guadarrama nuestras avanzadas hostilizan los puestos enemigos y con fuego de cañón logran desmontar dos piezas del adversario.

Un fuerte contingente enemigo ha intentado esta mañana un movimiento envolvente sobre nuestras posiciones de Santa Cruz de Retamar, siendo rechazado y viéndose obligado a retroceder.

En el resto del sector del Tajo no se ha operado, limitándose nuestras tropas a pequeños movimientos de tanteo y descubierta.

A las diez de la noche

Nuestras avanzadas de Somosierra han hostilizado con fuego de fusilería y ametralladora los puestos enemigos. Uno de ellos, donde está emplazada una ametralladora, ha sido capturado por nuestros soldados. Navacerrada y Guadarrama acusan tranquilidad.

La artillería leal del sector de Navalperal ha tirado en el curso de la tarde, con gran precisión, sobre las posiciones facciosas. Una de nuestras avanzadas ha capturado tres moros perdidos en la acción de ayer.

Santa Cruz de Retamar ha sido violentamente atacada por una columna enemiga y nuestras tropas resistieron con valentía, obligando al enemigo a replegarse.

7 de octubre

EL GENERAL JOSÉ ASENSIO TORRADO ES JEFE del llamado Teatro de Operaciones del Centro de España (TOCE) desde que se produjo la derrota de Talavera. En él deposita muchas esperanzas Largo Caballero, tantas como para entregarle la responsabilidad del frente donde se está jugando todo. Asensio es diplomado de Estado Mayor.

Pese a su cualificación, no ha sido capaz de frenar el avance de las tropas de Varela. Y la toma de Toledo, con la facilidad con la que lo ha conseguido el ejército franquista, no le da muy buena fama en la retaguardia. Los comunistas empiezan a desconfiar de él.

Los planes del general republicano son ambiciosos. Hace cinco días ha dado una orden por la que señala el objetivo de todas las que emite su cuartel general esos días: quiere reconquistar Toledo. Sus fuerzas sobre el papel no son pocas.

Hoy, en un informe, se recoge el despliegue general de sus columnas, que se sitúan enfrente del avance enemigo. En El Escorial está la columna del teniente coronel Rubio, que cuenta con 3.825 hombres y veintiuna ametralladoras. A su izquierda, por Robledo de Chavela y Las Navas, la columna del teniente coronel Mangada, con 6.932 hombres, ocho piezas de artillería y veinte ametralladoras. Situadas a continuación, las fuerzas del comandante López-Tienda, en Cenicientos y Escalona, con 3.454 hombres, cuatro piezas de artillería, cuatro carros de combate y diecinueve ametralladoras. Por último, en el sector norte, está la columna Del Rosal, en Sotillo de la Adrada, con 2.430 hombres y siete cañones.

En el sector sur de su dispositivo, con base en Valmojado, se halla la columna Sánchez Plaza, con 3.414 hombres y diez cañones. Con base en Olías, en la misma carretera de Toledo, está la columna del coronel Mena, que cuenta con 2.850 hombres y seis cañones. En el extremo izquierdo del dispositivo, la columna de Ricardo Burillo, que toca el río Tajo, tiene 2.000 hombres y diez cañones.[54]

Las fuerzas del recién nombrado jefe del ejército del Norte franquista, el general Emilio Mola, están divididas también en dos sectores, norte y sur. Por el norte, operan las columnas de Nevado, Merlo, Santa Pau, Cebollino y Rada. Entre todas ellas suman unos quince batallones de infantería y caballería y ocho baterías, además de algunos carros de asalto. La calidad de estas tropas no es muy alta. En total, reúnen dos tabores de Regulares, varios batallones y escuadrones de tropas de reemplazo y unidades dispersas de milicias de Falange y Requeté. Unos cinco mil combatientes.

En el sector sur, que manda el general Varela, se concentra la fuerza fundamental de los atacantes. La columna del teniente coronel Carlos Asensio, con el I y el III tabores de Regulares de Tetuán y la 6 bandera del Tercio, con una batería del 75. La segunda columna está al mando del teniente coronel Fernando Barrón, compuesta por el I y II tabores de Melilla y la 1 bandera del Tercio, con otra batería del 75. La tercera la manda el teniente coronel Delgado Serrano, con los II y III tabores de Alhucemas, la 4 bandera del Tercio y una batería del 105. La columna número cuatro le corresponde al comandante Castejón y está compuesta por la 5 bandera del Tercio, el II tabor de Ceuta, un batallón de voluntarios carlistas de Sevilla y una batería del 105. A estas columnas se les suma la de caballería del coronel Monasterio con seis escuadrones de sables, uno de ellos de regulares, dos compañías de marineros y algunas unidades menores. También tiene una batería del 75.

Entre las cinco columnas, suman unos diez mil hombres. Más de la mitad son mercenarios marroquíes. El resto de las de infantería son mercenarios de la Legión. Tan sólo hay un batallón de voluntarios, de requetés sevillanos organizados por Fal Conde, además de los cinco escuadrones de caballería que son de reemplazo, con algún refuerzo marroquí.

En la reserva hay unos ocho batallones más y tres baterías del 105 y el 75. Unos cinco mil hombres.

La composición de estas columnas básicas es siempre la misma desde que se inició la marcha de Franco hacia Madrid. Las unidades de choque las forman dos tabores de Regulares por cada uno de la Legión. Las tropas de reemplazo no cuentan apenas. Las milicias de voluntarios tienen un papel muy secundario.

La estrategia de acercamiento a Madrid por parte de Mola es muy atrevida, en apariencia, porque sus suministros y comunicaciones dependen de unas líneas muy estrechas. Desde las estribaciones más occidentales de Gredos se producen infiltraciones frecuentes de partidas de milicianos. Pero ni Mola ni Franco quieren perder velocidad en su avance hacia Madrid. Ni eso, ni potencia de fuego. Son conscientes de que la punta de lanza de su asalto la forman las tropas más fogueadas que hay en España, las mejor entrenadas y con mayor disciplina. No quieren dedicar ni un solo hombre de las fuerzas africanas a controlar comunicaciones, cubrir flancos o proteger puentes. Para eso están las milicias de voluntarios, los soldados de reemplazo y los guardias civiles que se han pasado a los sublevados. Un contingente de unidades móviles se encarga de proteger el delgado hilo que une a la vanguardia africana con Sevilla.

Mientras Asensio elabora planes de ofensiva para recuperar Toledo, que suelen quedar en agua de borrajas, Mola da instrucciones para que en los siguientes días su dispositivo del norte ocupe la línea Navalperal-Hoyo de Pinares-Cebreros-El Tiemblo, formando una cabeza de puente sobre el río Alberche y liberando la carretera de Aldeavieja a Cebreros. Las fuerzas del sur tienen que avanzar hasta ocupar Maqueda, Torrijos y Villamiel para luego dirigirse hasta la línea Cebreros-El Tiemblo-San Martín de Valdeiglesias. El objetivo primordial es capturar el puente sobre el Alberche en la carretera de Ávila a Toledo. A la columna de Monasterio se le encarga limpiar parte de las sierras del Cabezo y San Vicente.[55]

Las operaciones comenzaron ayer. El centro de los combates ha sido Santa Cruz de Retamar, donde los milicianos se han fortificado en una doble línea de trincheras con alambradas y nidos de ametralladoras. Ha sucedido lo de casi siempre: las buenas fortificaciones ideadas por el general Carlos Masquelet han aguantado lo que los milicianos han aguantado sin sentirse rodeados. La tantas veces repetida maniobra de flanqueo del ejército de África sigue sin encontrar antídoto entre las tropas indisciplinadas de los voluntarios republicanos, cuyos jefes se desesperan teniendo que discutir cada orden con sus subordinados y enfrentándose a algo peor que el fuego enemigo: a los milicianos huyendo en desbandada, pasto fácil de las ametralladoras de moros y legionarios que los diezman un día tras otro.

Esta vez les toca al teniente coronel Del Rosal y al comandante López-Tienda soportar la desbandada de sus tropas. La situación llega a ser angustiosa. En la columna de Del Rosal están más de la mitad de los grupos de defensa confederal, la flor y nata de los milicianos anarquistas de Madrid, que se encuentran al borde de ser cercados por la pinza enemiga.

Cipriano Mera es un dirigente de la CNT de la Construcción de Madrid y uno de esos hombres capaces de casi todo. En los primeros días de la rebelión encabezó una columna que logró estabilizar el frente en Cuenca para garantizar las comunicaciones de Madrid con Levante. Él es quien mantiene la calma y logra romper el cerco, aunque a costa de sufrir un gran número de bajas. Junto a él, el comandante Urbano Orad de la Torre, un militar profesional de ideología socialista, contiene a los milicianos que huyen empujados por el pánico para ayudar a las tropas cercadas.

La desbandada la observa una comisión de cenetistas que tiene como misión explicar a los jefes de las columnas el sentido de todos los cambios que se producen en la reorganización, en la creación, del nuevo ejército popular. Entre ellos está Gregorio Gallego, miembro de la Junta de Defensa de Madrid.[56]

La comisión ha estado por la mañana visitando al general Julio Mangada en su chalé de Hoyo de Pinares. Mangada les ha hecho una de sus famosas exposiciones sobre la vida sana. Se ha extendido sobre las propiedades de la soja y su capacidad de producir proteínas. Con la plantación masiva de soja puede desaparecer el problema de la alimentación en España. Mangada es, además de militar, esperantista, profesor de gimnasia (que hace practicar a sus hombres completamente desnudos) e higienista. Su grado de general se lo han concedido sus propios hombres por aclamación, llevándole a hombros hasta la Puerta del Sol después de una exitosa escaramuza. Sus acciones llenas de audacia no dejan de salir en la prensa republicana. Llegó con su columna casi hasta Ávila, aunque tuvo que deshacer el camino porque, una vez allí, no sabía cómo seguir. También realiza acciones excéntricas como hacerse abastecer por avión de las verduras que necesita para mantener una dieta equilibrada. Es una leyenda en Madrid.

Pero su estrella comienza hoy a decaer. El enemigo no entiende de medidas higiénicas y ha propinado un severo varapalo a todas las tropas de la Sierra. La figura de Mangada se irá difuminando poco a poco.

La columna de Del Rosal será enviada a la sierra de Albarracín para ser reorganizada en los próximos días.

Los decretos no bastan para construir un ejército de verdad como el que tienen los rebeldes.

El sistema de fortificaciones diseñado por el general Carlos Masquelet pretende que en torno a Madrid haya cuatro líneas concéntricas de resistencia de carácter discontinuo cuyos puntos fuertes estén en los cruces de carreteras más importantes. El primer cinturón lo definen Villamanta, Navalcarnero, El Álamo, Batres, Serranillos, Griñón, Torrejón de la Calzada, Torrejón de Velasco y Valdemoro. La distancia de la capital es de unos treinta kilómetros.

El segundo cinturón lo definen Brunete, Villaviciosa, Móstoles, Fuenlabrada y Pinto. Están a unos veinte kilómetros de media de Madrid.

El tercero, que no se ha avanzado apenas, lo conforman Villaviciosa de Odón, Leganés y algunos puntos más hasta llegar al Cerro de los Ángeles.[57]

Por último, ya mordiendo las lindes de la ciudad, hay fortificaciones en marcha en Pozuelo, la Casa de Campo, Campamento, Carabanchel, Villaverde y Vallecas.

El grado de terminación de las líneas es muy variable. En torno a Navalcarnero, por ejemplo, se ha culminado un buen trabajo. En otros lugares, algunas zanjas apenas llegan a la cintura de los defensores.

El periodista Jesús Izcaray llega a Illescas. El coche que le lleva tiene que parar a menudo porque la carretera está repleta de fugitivos que marchan hacia Madrid. Muchos van en carros tirados por mulas que se dejan el resuello a cada metro. Sobre los carros se apila una cantidad inverosímil de muebles y cachivaches. A veces, ancianos que no pueden casi andar.

En uno de los carros viaja una mujer tumbada. Izcaray pregunta qué le pasa.

—Pues le pasa que tiene ochenta años y no sabemos cuántas enfermedades. Pero ha dicho que no quiere morirse rodeada de moros.

Uno de sus nietos, el mayor, murió en la guerra de África. Una guerra que está en la memoria de todos los españoles. Una guerra en la que la mutilación del enemigo estaba a la orden del día, donde no había piedad por ninguna de las dos partes.[58]

Franco no sólo ha traído a la península a las mejores tropas de todo el ejército, a las únicas fogueadas y con capacidad de maniobra. Además, ha traído con ellas el miedo cerval, indefinido, casi atávico. Legionarios y moros van juntos con carta blanca para actuar a su libre albedrío.

Se cuentan historias de violaciones que los oficiales que mandan las tropas africanas niegan con rotundidad. Ya ha habido casos de moros fusilados en el acto por haber participado en actos de violencia sexual, y de eso presumen los mandos franquistas. Incluso se ha dado la orden de que los moros no practiquen un ritual terrible: la castración de los cadáveres de los enemigos abatidos. Pero la publicidad de estas medidas disciplinarias sólo va hacia la retaguardia franquista. No tiene el menor sentido eliminar temores en la retaguardia roja.

PARTE FRANQUISTA

Ejército del Norte

En el día de ayer las columnas que, al mando del general Varela, operan en el sector de Toledo ocuparon, rompiendo la resistencia tenaz del enemigo fuertemente atrincherado, los pueblos de Quismondo, Santa Cruz de Retamar, Portillo, Fuensalida y Huesca, causando al enemigo fuertes bajas y apoderándose de gran cantidad de material de todas clases. En el territorio de la 7 división y en su sector norte, nuestras fuerzas ocuparon La Adrada, en la carretera de Arenas de San Pedro a San Martín de Valdeiglesias.

En el día de hoy y en el territorio de la 7 división las columnas que operan a las órdenes del general Varela, en el sector de Toledo, han ocupado Escalona y Amorox, cogiendo al enemigo nueve coches ligeros, gran número de camiones, un camión cargado de dinamita, caballos de un escuadrón enemigo que fue totalmente destruido. Los rojos abandonaron en el campo ciento cincuenta muertos.

Al comandante militar de Santa Cruz de Retamar, ocupado ayer, se le encontró una cantidad elevada de dinero.

Nuestra aviación ha cooperado con el avance de nuestras columnas del sector de Navalperal, bombardeando intensamente los atrincheramientos enemigos que han sido destruidos.

Sin más novedad hasta la hora de cierre de este boletín.

PARTE REPUBLICANO

A las nueve de la mañana

Frente del centro. En toda la Sierra, tranquilidad. Navalperal anuncia fuerte tiroteo entre nuestras avanzadas y escaso fuego de artillería realizado por fuerzas contra algunas pequeñas concentraciones enemigas.

Los otros sectores de este frente no acusan alteración, limitándose nuestras tropas a ligeros contactos con las avanzadas enemigas, sin consecuencia de importancia.

A las tres de la tarde

En los sectores de la Sierra, absoluta tranquilidad, ligero cañoneo de nuestras baterías en las primeras horas de la madrugada.

Una pequeña columna enemiga ha atacado nuestras posiciones del sector de Sotillo, siendo fácilmente rechazada y habiéndosele capturado cuatro prisioneros con armamento.

Nuestra aviación bombardea con intensidad todas las posiciones facciosas de todo este sector.

A las diez de la noche

Las columnas facciosas siguen presionando sin éxito sobre Escalona, Sotillo de la Adrada y Navalperal. Nuestras tropas sostienen con brío los desesperados ataques rebeldes. La aviación leal coopera con gran eficacia en la acción de las tropas de tierra.

En los sectores de la Sierra nuestras baterías cañonean con intermitencia las posiciones facciosas sin apenas ser contestadas.

8 de octubre

«ANTE DIOS, HUMILLADO, SOBRE LA TIERRA VASCA en pie y bajo el roble de Vizcaya, en el recuerdo de mis antepasados, juro cumplir mi mandato con entera fidelidad.»

José Antonio Aguirre se convierte hoy en el presidente provisional del País Vasco. Los concejales populares le han votado por abrumadora mayoría en la casa de Juntas de Guernica. Su carácter provisional se debe a una realidad ineludible: el País Vasco está dividido por la guerra. De las tres provincias que lo componen según la ley, dos de ellas están en manos de los franquistas. El ejército del general Emilio Mola controla Guipúzcoa y Álava y se encuentra a las puertas de Vizcaya.

El primer Estatuto rige casi sólo para los vizcaínos que se han quedado en el lado republicano. Porque desde Navarra otros muchos vizcaínos se han encuadrado en las tropas de requetés y falangistas que han ido tomando, al principio con una facilidad excesiva, las tierras alavesas, la frontera de Irún, lo que ha dejado aislado todo el frente del norte, y Guipúzcoa. Mientras jura y hace pública la composición de su gobierno, que incluye a un amplio abanico de fuerzas políticas, Aguirre es consciente de la situación desfavorable en que se encuentra, y expone un sencillo programa que está marcado por la guerra. Hay que conseguir la victoria.

En Madrid, los vascos nacionalistas reciben con el natural alborozo la noticia. Hay tres clases de vascos en la capital. Por un lado, los «marxistas», que componen socialistas, comunistas y anarquistas, que se han enrolado en las Milicias Vascas organizadas en septiembre por un comunista llamado Lizárraga, aunque ahora las manda el coronel navarro Emilio Alzugaray. No todos sus miembros son vascos; hay también voluntarios de otras provincias del norte, como Santander y Asturias.

Están también los aristócratas y los españolistas de clase alta que han sido sorprendidos por la guerra en Madrid. Desde luego, se esconden, como corresponde hacer ahora a cualquier derechista que tenga dos dedos de frente. El escritor Rafael Sánchez Mazas, falangista y amigo de José Antonio Primo de Rivera, es uno de ellos. Pasará casi toda la guerra, hasta su captura, en la embajada de Chile, leyendo a sus aburridos compañeros de refugio las cuartillas de su mejor novela, *Rosa Krüger*.[59]

Y, por fin, los nacionalistas del PNV. Entre ellos destaca Jesús de Galíndez, un estudiante que tiene piso en Madrid, en la calle Goya. Galíndez, apoyado por un numeroso grupo de nacionalistas, colaborará a partir de ahora en constituir la Delegación de Euskadi en Madrid, que sustituye al Comité del PNV. Su trabajo fundamental es el de establecer servicios de protección para los vascos nacionalistas, *abertzales* que pueden correr riesgos en la insegura ciudad, además de formar la guardia personal de Manuel de Irujo, el ministro sin cartera del gobierno de Largo Caballero. Los voluntarios avalan a los hombres y mujeres de la «raza» que estén suficientemente cubiertos por la garantía de, al menos, dos nacionalistas. Eso les permite actuar con fuerza en las checas y prisiones de Madrid, donde sus peticiones suelen ser atendidas, aunque no siempre.

Pronto, y a instancias de Irujo, sus actividades se ampliarán para proteger a todo tipo de vascos. Y sobre todo a religiosos de cualquier procedencia; podrán salvar a varios centenares de ellos por el sencillo procedimiento de darles salvoconductos en los que se asegura que son personas que respetan las leyes de la República.

Ser vasco en Madrid significa, con mucha frecuencia, salvarse de la represión. Es lo que le ha sucedido a un religioso de las Escuelas Cristianas, al que llevaron a fusilar a los Altos del Hipódromo tras haberse curado de una grave herida en el vientre causada por sus captores. Al formar el pelotón, se le ocurrió decir:

—Soy vasco. Los curas vascos estamos a favor del gobierno.

Los del pelotón se lo pensaron y lo llevaron a la checa de Fomento. Allí, uno de los policías, también vasco, llamado Andrés de Urresola, decidió internarle en un asilo.

Urresola será uno de los responsables de las sacas de noviembre.

Pero la pertenencia a la «raza» puede con casi todo.[60]

El general Asensio Torrado, jefe del TOCE, ordena una contraofensiva para recuperar San Martín de Valdeiglesias. Para ello se monta una nueva columna que reemplace a las derrotadas de López-Tienda y de Del Rosal, que a duras penas reagrupan a sus hombres dispersos por la zona. Ambas columnas han quedado, momentáneamente, fuera de combate.

La nueva columna la manda el comandante Eduardo Quintana y cuenta con casi dos mil hombres. Su misión le acaba resultando excesiva. Se contenta con taponar el hueco creado entre Navas del Rey, Pelayos de la Presa y Aldea del Fresno.

Para los franquistas todo va saliendo a pedir de boca. El enemigo cede terreno con mayor rapidez de lo previsto por Mola.

Una orden del Ministerio de la Guerra ha convocado a todos los militares retirados para que se presenten en la Casa de la Moneda. La intención es cristalina: si un militar no está trabajando a las órdenes de la República es que no es leal, porque, en caso contrario, se habría presentado para encuadrarse en las fuerzas gubernamentales.

La decisión es realmente difícil. No acudir a la convocatoria significa, con casi total seguridad, acabar ante el paredón en caso de ser detenido. Pero acudir también puede significar la detención inmediata. Porque la mayoría de los convocados están en edad de combatir. Son hombres que han dejado el uniforme aprovechando la ley que el presidente Azaña promulgó para adelgazar el hinchado ejército español y depurarlo de oficiales desafectos.

La mayoría de los que se presentan acabarán en la cárcel Modelo. Y la mayoría de ellos morirá en Paracuellos.

PARTE FRANQUISTA
Situación a las doce horas
Ejército del Norte:
7 división. Se han ocupado la cota 1.300 y otra loma inmediata a Navalperal, donde el enemigo hacía gran resistencia. Se le han cogido muertos.
La columna Monasterio se encuentra a un kilómetro de Sotillo de la Adrada.
Situación a las veinte horas
Ejército del Norte:
7 división. En el día de hoy nuestras columnas han ocupado Navalperal de Pinares, fuertemente atrincherado y defendido por el enemigo, al que se infligió duro castigo, cogiéndole un importante depósito de municiones y más de 800.000 cartuchos y diverso material.
Las columnas que marchan sobre Madrid, y que operan en la provincia de este nombre, han ocupado la importante posición de San Martín de Valdeiglesias, castigando duramente al enemigo que huyó ante la presencia de nuestras tropas, abandonando numerosos muertos, heridos y material.
5 división. En el frente de Guadalajara se ha ocupado Sigüenza, también fuertemente defendida por el enemigo, al que se cogieron más de doscientos muertos y mucho material, todavía no catalogado.

PARTE REPUBLICANO

A las nueve de la mañana

Frente del centro. Navalperal es objeto de otro violento ataque faccioso a base de empleo de artillería, infantería, caballería y aviación sin que nuestras líneas hayan podido ser rebasadas por virtud del heroísmo de nuestros milicianos. El enemigo sufre en este ataque innumerables bajas debidas al intensísimo y certero fuego de nuestras secciones de ametralladora y la aviación leal aumenta, si cabe, el entusiasmo de las tropas leales con operaciones audaces y de gran riesgo.

En el sector de Olías las tropas republicanas han ocupado el pueblo de Yunquillos.

A las tres de la tarde

En el sector de la Sierra la artillería leal cañonea las posiciones enemigas. En el sector de Navalperal las milicias de la República resisten con arrojo y valentía el intenso ataque faccioso.

En dos ocasiones han roto en contraofensiva el frente enemigo. Nuestras secciones de ametralladoras, bien emplazadas, causan a los rebeldes innumerables bajas y la artillería bate con precisión los emplazamientos enemigos.

A las diez de la noche

En Somosierra nuestras baterías hicieron fuego por espacio de algunas horas sobre los puestos enemigos sin ser contestadas.

Un pequeño convoy faccioso ha sido incendiado al norte de Paredes de Buitrago.

En Guadarrama, tranquilidad.

Continúa la presión enemiga sobre nuestras posiciones del sector de Navalperal, valientemente contenida por las milicias republicanas. El ala izquierda de este sector ha realizado un pequeño movimiento táctico para descongestionar el ataque rebelde. La artillería y aviación leales han operado durante todo el día de ayer, neutralizando la acción desesperada de las fuerzas enemigas.

9 de octubre

En el sector de Olías se espera el ataque de los fascistas de un momento a otro. La artillería dispara incansable desde Bargas, ablandando las posiciones y anunciando el próximo avance.

Allí están a la espera los hombres del batallón de Cuenca, que hoy han sostenido unas escaramuzas con las avanzadas de regulares. Y una fuerza de guardias de asalto.

Esos guardias de asalto, con su gorra ladeada y su aire un poco de jaquetón, son unos buenos tipos de guerra.

—Funcionan bien —dicen los oficiales profesionales con laconismo.

Lo que no dicen es que van quedando pocos.[61]

Entre los milicianos que toman posiciones en el pueblo los hay de todas partes. El periodista Jesús Izcaray habla con un asturiano, uno de los hermanos Cartagena, veterano de las luchas en Asturias, que lleva la cintura ceñida por un buen surtido de cartuchos de dinamita. Cartagena no es de ningún partido, pero siempre ha sido revolucionario. Le da lo mismo pelear aquí, cerca de Toledo, que en cualquier otra parte.

—¡Qué más da! Ahora, que soy más tonto que Dios, porque siempre me agacho tarde.

Otro de los personajes que destaca en el enjambre multicolor es Juan Contreras, que afirma que su profesión es la de orador. Antes de la guerra echaba pláticas en los pueblos y luego recomendaba a los vecinos que le escuchaban un mejunje reconstituyente. Cuando había hecho el negocio, continuaba con exhortaciones a luchar por el pan y la libertad. Juan pide al capitán que le deje hablar a los hombres. Si le escuchan, con el poder de convicción que tiene, dejará de haber desbandadas.

Un tumulto interrumpe las incursiones sociológicas de Izcaray. Un montón de milicianos celebra ruidoso una victoria. Han matado a unos moros que iban de descubierta y han caído en una emboscada. Les entierran a cien metros de allí, para que no huelan.[62]

Matar moros es un placer doble. Son enemigos, y son moros.

Al puerto de Barcelona llega un barco procedente de Marsella. Es el *Ciudad de Barcelona*, que ha traído a trescientos voluntarios europeos que vienen a España a formar un ejército nuevo, inédito en la historia de la humanidad: las brigadas internacionales. La gran mayoría de ellos son franceses comunistas o socialistas. Pero hay muchos centroeuropeos, casi apátridas, expulsados de sus países por las dictaduras afines en su ideología a los nazis alemanes.

El buque descarga y vuelve a Marsella en busca de nuevos contingentes. Su siguiente viaje acabará en Alicante, más cerca de la ciudad donde se deben concentrar los voluntarios, Albacete. En el castillo de Figueras se seguirán reuniendo los que vienen por tierra.

Éstos vienen en tren, desde París hasta Perpiñán. Luego, el paso por los Pirineos, Figueras y, como destino final, también Albacete, en donde se van a entrenar y encuadrar.

A lo largo de la guerra vendrán unos treinta y cinco mil hombres. Más de cuatro mil quedarán enterrados en España. Muchos más quedarán heridos o mutilados.

En la reunión de la Komintern del 18 de octubre se aprobará con retraso, quizá para cubrir con un acto formal lo que ya es un hecho, «proceder al reclutamiento de voluntarios que tengan experiencia militar, para ser enviados a España, entre los obreros de todos los países». No todos, ni mucho menos, tienen esa experiencia militar. Tampoco todos son obreros. De algunos países, como Inglaterra, el número de universitarios, escritores y poetas que se enrola es insólito.

Luigi Longo es un comunista italiano y uno de los principales responsables de la organización de esta avalancha de voluntarios. Ha trabajado en Francia para establecer, en colaboración con los partidos de izquierda, las bases de Perpiñán y Marsella, así como los itinerarios de los hombres que cada día salen de París en número de treinta o cuarenta hacia España.

En Figueras, Longo se encuentra a quinientos hombres atascados en el castillo. Están aburridos, ansiosos de incorporarse al frente. Nadie sabe ni adónde tienen que ir, ni cómo, ni de qué manera se les puede dar de comer. Longo va a Barcelona a pedir ayuda a los camaradas del PSUC. Se necesitan trenes y provisiones. La dificultad está en convencer a las autoridades catalanas. Si los voluntarios fueran a quedarse para combatir en Cataluña «todo se resolvería más fácilmente».[63]

Longo emprende un nuevo viaje. Esta vez a Madrid, para contactar con los responsables del Quinto Regimiento. Hay que actuar con rapidez. Los quinientos hombres deben salir cuanto antes de Figueras porque se esperan nuevas remesas de inmediato.

PARTE FRANQUISTA

Situación a las doce horas
Ejército del Norte:
7 división. Se amplían los informes facilitados en el boletín, día de ayer, a las veinte horas, sobre la toma por nuestras fuerzas del pueblo de San Martín de Valdeiglesias. En esta operación se han cogido veintidós guardias civiles prisioneros, veintisiete camiones, diez coches ligeros, dos piezas sobre camiones de 75, tren de municiones, 1.500 disparos de artillería, un quirófano. Ardió el seminario que era el depósito de municiones del enemigo.

PARTE REPUBLICANO

A las nueve y cuarto de la mañana
Frente del centro. En Somosierra, cañoneo intermitente sobre algunos emplazamientos del enemigo. Una de nuestras avanzadas ha sorprendido al traslado de las fuerzas de un parapeto, castigándolas y produciéndoles doce muertos.

La presión enemiga en el sector de Navalperal continúa con la misma intensidad, manteniéndose la lucha en un terreno de gran dureza. Las tropas de la República se defienden bravamente y el fuego de cañón no cesa desde las primeras horas de la mañana.

En los sectores de Bargas y Olías, ligero tiroteo entre las dos líneas sin importancia.

A las tres de la tarde
En Buitrago se ha iniciado a primeras horas de la mañana un intenso cañoneo contra algunas posiciones facciosas localizadas en el curso de la noche.

Los otros sectores de este frente anuncian ligeros tiroteos de nuestras avanzadas con los puestos rebeldes sin alteración alguna de la situación de las fuerzas.

A las diez y cuarto de la noche
Nuestras baterías han apagado el fuego de las piezas enemigas sobre Buitrago. Durante la tarde, ligero tiroteo de ambas avanzadas.

En el sector de Navalperal cede el ataque faccioso, y nuestras tropas han realizado los movimientos tácticos indicados por el mando con absoluta precisión.

10 de octubre

E<small>L CONDE</small> G<small>ALEAZZO</small> C<small>IANO, YERNO DE</small> M<small>USSOLINI</small> y hombre clave en la política exterior del dictador italiano, se reúne con Hermann Göring, uno de los personajes más cercanos a Hitler, el dictador alemán. La reunión tiene por objeto profundizar en las relaciones entre ambos regímenes. Los italianos tienen una obsesión en su política exterior: el Mediterráneo. Los alemanes, el Báltico. Se trata de acordar una política de «manos libres» para cada uno en su zona de influencia deseada.[64]

Ciano le explica a su interlocutor que Italia no tiene ambiciones territoriales en España, salvo quizá las islas Baleares y Ceuta. La zona de expansión imperialista soñada por Mussolini es África, y para ello es preciso dominar el Mediterráneo.

Göring afirma que Alemania no desea nada de España, excepto asegurar algunos intereses económicos como la provisión de minerales, fundamentalmente de Huelva, donde las inversiones inglesas son muy importantes.

La conversación fluye de modo que para ambos es evidente que la victoria de Franco es muy importante. Esa victoria significaría privar a Francia de un aliado al sur y a Inglaterra de una ingente fuente de recursos naturales, que controla casi en régimen de monopolio.

Para ambos países, los objetivos de largo plazo pasan por vencer a la entente Francia-Gran Bretaña, la gran enemiga que puede cortar sus sueños expansionistas. Una política común que debe ser disfrazada de anticomunismo. Ciano ya había dicho unas semanas antes, en una reunión previa, que «España es la primera trinchera contra la entente anglo-francesa».[65]

El gobierno inglés cae de forma sorprendente en la trampa, pese a los numerosos ejemplos que indican que el eje Berlín-Roma en plena construcción

amenaza también sus intereses. Los conservadores ingleses temen a los revolucionarios españoles que están quemando todas las iglesias y expropian
a los empresarios, matan curas y militares y no obedecen a las normas de
ningún gobierno. Siempre que se guarden las formas, es decir, que no haya
una intervención abierta en España, se puede preservar la paz. Franco no repugna a los conservadores ingleses. Les repugna menos que los anarquistas y los comunistas. Los republicanos y socialistas moderados no tienen
cancha real, posibilidades de mantener un régimen democrático. Y España no es nada, salvo las minas. De lo que se trata es de que España quede aislada, que no contagie ni se alíe con nazis o fascistas en una posible futura
confrontación.

Para lord Plymouth, Hitler puede quedar saciado con su creciente influencia sobre Austria y el centro de Europa, que tiene que mantenerle alejado de los italianos, siempre celosos de las apetencias alemanas sobre el otro
lado de los Alpes. En cuanto a Mussolini, bastará con dejarle algunos caramelos en el Mediterráneo para evitar su alianza con Hitler. Mientras los
coqueteos entre Mussolini y Hitler se reduzcan a oponerse al bolchevismo,
los intereses británicos están protegidos, incluso favorecidos. No es malo
para Inglaterra que Alemania plante cara a la Unión Soviética.

Las reuniones van a seguir durante todo el mes. En Roma, Göring pro-
fundiza con los italianos en los fines comunes del eje anticomunista. Sobre
España se llega a un acuerdo que tiene tres puntos: coordinar los esfuerzos
de ayuda militar a Franco, reconocer su régimen en cuanto caiga Madrid y
prevenir los intentos de creación de un Estado catalán por los franceses.[66]

Donde hay miseria nunca han faltado las prostitutas. Y en Madrid la ha
habido y la sigue habiendo. Las diez pesetas diarias que cobran todos los
hombres que se han apuntado a cualquiera de las milicias que el gobierno intenta militarizar, a algunos les dan para mucho. Los milicianos de la retaguardia, a los que tanto desprecian los que se mueven en las trincheras y
a los que tanto temen los franquistas agazapados en sus casas, hacen que flo-
rezca el mercado de la carne en la capital.

Ése es uno de los motivos que dan a las calles de Madrid un absurdo aire
de fiesta mientras sobre la ciudad se cierne la sombra del ejército africano.
Ese aire que provoca el desprecio de algunos responsables políticos hacia
los muchos «milicianos de opereta» que deambulan de madrugada por el
centro con un fusil al hombro o un pistolón a la cintura acompañados de
mujeres de risa fácil, de taberna en taberna. Un espectáculo que rompe con
la imprescindible moral de combate que hay que insuflar a la población. Sobre todo, un espectáculo que indigna especialmente a los cientos de mujeres

que se han incorporado a la lucha con un fusil en la mano. O con un cartucho de dinamita. Como Rosario Sánchez Mora, que es natural de Villarejo de Salvanés y pertenece a las JSU. Su padre es presidente de Izquierda Republicana en el pueblo. Rosario se alistó en las primeras horas de la rebelión en un batallón que acudió al norte de la Sierra, a la zona de Buitrago, para contener a las tropas de Mola. Allí, un cartucho de dinamita le reventó la mano derecha. A Rosario la llaman «chacha» sus compañeros, pero Miguel Hernández le escribirá un poema en el que le cambiará ese nombre por otro más heroico, lleno de connotaciones míticas, porque la dinamita es el arma que los mineros asturianos han usado desde 1934, «Rosario la dinamitera»:

Rosario, dinamitera,
sobre tu mano bonita
celaba la dinamita
sus atributos de fiera.

Nadie al mirarla creyera
que había en su corazón
una desesperación
de cristales, de metralla
ansiosa de una batalla,
sedienta de una explosión.

Era tu mano derecha
capaz de fundir leones,
la flor de las municiones
y el anhelo de la mecha.
Rosario, buena cosecha,
alta como un campanario,
sembrabas al adversario
de dinamita furiosa
y era tu mano una rosa
enfurecida, Rosario.[67]

Rosario no ha querido que otras mujeres de su pueblo se incorporen con ella al frente empujadas por su ejemplo. No quiere ser responsable de la muerte de ninguna compañera. Sólo de las del enemigo. De un enemigo al que odia porque avasalla al pueblo. Porque está harta de miseria y de injusticia.

Rosario detesta a esas mujeres que van de taberna en taberna o a las trincheras a «presumir o a mujerear».[68]

Quedan ya muy pocas mujeres combatiendo en el frente. Algunas están todavía en el batallón gallego que manda Manuel López Iglesias, incluido en el Quinto Regimiento. Esperanza Rodríguez Gómez, una campesina, ha llegado a ser oficial de la 4 compañía del batallón. Y allí seguirá incluso en los más duros combates, los que se prolonguen hasta mediados de noviembre.[69]

El general Asensio da una orden que puede resultar chocante, dada la situación de sus columnas y la catastrófica moral de sus hombres: las tropas situadas al norte de Toledo, que manda el coronel Ricardo Burillo, atacarán Toledo de noche. Para reforzar a Burillo, se le asigna una parte del destacamento del comandante valenciano Uribarry, otro de los veteranos de la invasión de Mallorca, y algunas pequeñas unidades de la columna del teniente coronel Mena. Se trata de apoderarse de la fábrica de armas y de algunos barrios extremos de la ciudad.

Entre las unidades que van a participar en la acción está una nueva columna de nombre evocador, «Amor y Libertad», cuyos quinientos hombres ha reclutado el dirigente anarquista Amor Nuño entre los mejores líderes sindicalistas.

Asensio piensa que un golpe rápido y por sorpresa como ése puede hacer que el enemigo tenga que detener su avance. Pero la guarnición franquista está bien establecida y con posiciones consolidadas que se centran en dos cabezas de puente: Alcántara y San Martín.

«La acción carece de toda trascendencia.»[70]

Un nuevo fracaso del jefe del TOCE, que sigue elucubrando con ofensivas para las que carece de ejército por mucho que tenga miles de hombres dispuestos a morir. No hay conteo de bajas en el lado republicano. Asensio sigue enviando hombres y más hombres al degolladero. Los muertos del adversario los cuentan los franquistas por centenares. Los moros y legionarios se recrean ametrallando a los milicianos que huyen a campo abierto. Es una sangría sin fin que se alimenta de milicianos madrileños, catalanes, valencianos, alicantinos, extremeños, andaluces, que siguen llegando a la capital para que les envíen a la muerte, que resisten bien mientras sienten sus espaldas a cubierto pero que huyen al primer síntoma de pánico del compañero de trinchera.

Con los cuerpos exánimes, con los cientos de prisioneros que son tratados a capricho por los vencedores, unos fusilados, los otros vejados y enviados a la retaguardia, quedan miles de fusiles, camiones repletos de munición, piezas de artillería. Los hombres de Varela capturan cada día un botín considerable.

El Quinto Regimiento sigue suministrando tropas al combate que devora las existencias de hombres de Madrid. Leopoldo de Luis ha dejado de dar clases a los hijos de los milicianos del batallón Pasionaria en el que ha ingresado hace unos días. No se puede distraer ningún esfuerzo: el que pueda llevar un fusil, lo lleva. En su primer combate, le parece oír el canto de unos pájaros que no le resultan familiares y pregunta a un compañero por su naturaleza:

—No son pájaros. Son balas.

Con ese equívoco comienza su estancia en el frente. Algo muy adecuado para un poeta en ciernes.

Leopoldo ha ingresado en el Quinto Regimiento porque es de izquierdas, aunque no comunista. Lo ha hecho con un grupo de amigos porque les consta que son los batallones más organizados, los que mejor pueden hacer frente a la rebelión fascista. El golpe le sorprendió cuando estaba preparando su ingreso en Magisterio. No en vano es hijo de un institucionista amigo de Fernando de los Ríos. Leopoldo conoce, además, a poetas que tienen evidentes inclinaciones sociales, como Miguel Hernández.

En esta mañana soleada oye ese canto de las balas y ve, por primera vez, un tanque. Los carros italianos que preceden a la infantería y se encargan de tirar abajo las alambradas. [71]

PARTE FRANQUISTA

Situación a las veinte horas

Ejército del Norte:

7 división. En el día de ayer se llevó a cabo la ocupación de Berracos y Hoyo de Pinares con muy escasa resistencia por parte del enemigo. En este último pueblo la población civil recibió a nuestras fuerzas con grandes muestras de júbilo. Otras columnas ocuparon hoy Cebreros, con alguna resistencia por parte del enemigo, al que se recogieron treinta muertos, El Tiemblo, Escarabajosa y Fresnedilla.

PARTE REPUBLICANO

A las diez menos cuarto de la mañana

Frente del centro. Los distintos sectores de la Sierra acusan tranquilidad con ligeros tiroteos de nuestras avanzadas.

En el sector de Navalperal-Cebreros nuestra artillería realiza desde primeras horas de la mañana un fuego intenso sobre las posiciones enemigas. Los facciosos contestan, sin gran energía, al ataque de nuestras fuerzas.

En el sector del Tajo, contacto de avanzadillas y fuego intenso de nuestras ametralladoras con un pequeño contingente rebelde al sur del sector de Bargas.

A las tres de la tarde

En Buitrago, absoluta tranquilidad.

Guadarrama anuncia fuerte cañoneo de nuestras baterías contra las posiciones facciosas, contestando con debilidad.

En el sector de Navalperal-Cebreros nuestras avanzadas mantienen fuerte tiroteo sin consecuencias y la aviación realiza numerosos vuelos de reconocimiento.

A las diez de la noche

Nuestra artillería ha bombardeado en Paredes de Buitrago una concentración facciosa de Piñueca y Madarcos, poniéndola en dispersión. Durante toda la noche se ha sostenido desde nuestras posiciones intenso fuego de mortero y ametralladora.

En la zona de Robledo de Chavela ha tenido lugar un ligero encuentro sin resultados. Nuestras tropas conservan y fortifican sus posiciones en todo este sector, con ligero fuego de artillería y mortero.

11 de octubre

L A DURA PUGNA ENTRE EL GOBIERNO y las organizaciones milicianas que intentan mantener el privilegio de impartir justicia directa contra los emboscados de la quinta columna, provoca situaciones aberrantes desde el punto de vista jurídico.

La República sigue siendo un Estado de Derecho que no ha abolido ninguna de las disposiciones que protegen a los ciudadanos de la arbitrariedad de los poderes políticos o los *de facto*. Sin embargo, el desmoronamiento de sus instituciones obliga a tomar medidas de gobierno que responden a esa situación fluctuante en que el poder está en realidad en manos cambiantes. Los tribunales populares han puesto en marcha una justicia rápida que complace en parte la necesidad de afrontar una situación de excepción y el hambre de revancha de algunos sectores políticos. Pero eso no basta. Hay muchas conductas que son imposibles de combatir desde la letra de la ley.

Todavía llevará varias semanas la tarea de disciplinar la retaguardia republicana, de ordenar la terrible represión que se ejerce sin garantías. El odio anida con firmeza en el corazón de casi todos los españoles. En Madrid se sabe que en la plaza de toros de Badajoz han sido fusilados dos mil defensores de la ciudad en el plazo récord de dos días. Y se cuenta que el diputado socialista Andrés y Manso fue toreado, banderilleado y estoqueado para disfrute de la derecha pacense, aposentada en las gradas del coso.[72]

Las noticias de las matanzas y de su carácter sádico han partido de algunos periodistas extranjeros. Sobre todo del portugués Mário Neves, que ha estado allí y ha podido ver centenares de cuerpos tirados por las calles, abrasados al borde de las fosas comunes. En Madrid se ha sabido el comentario de Yagüe, el jefe de la columna que ha ido asesinando a su paso a todos los republicanos, dictado por un corresponsal inglés a su periódico: «No pensará usted que iba a dejar cuatro mil hombres en la retaguardia».

Las proclamas radiofónicas de Queipo de Llano, que nadie contiene porque es casi un virrey en su zona del sur, no hacen más que acentuar ese odio. Queipo dice cosas como que si la cosecha de aceitunas va mal no hay que preocuparse porque al entrar en Madrid los franquistas abrirán en canal a Indalecio Prieto y «habrá aceite suficiente para abastecer a toda España».[73] Rafael Alberti ha compuesto sobre él, para la revista *El Mono Azul*, un romance que tiene, esta vez, un comienzo ingenioso acorde con la prosa del general:

> Atención, Radio Sevilla,
> Queipo de Llano es quien ladra.

PARTE FRANQUISTA
Situación a las doce horas
Ejército del Norte:
7 división. Se tienen detalles más concretos de las operaciones realizadas ayer en el límite de las provincias de Ávila y Madrid. En El Tiemblo fueron recogidos por nuestras tropas quince muertos al enemigo. Se presentaron en nuestras filas un sargento y ocho individuos de la guardia civil.
Entre el material cogido al enemigo figuran diez camiones, gran cantidad de víveres y una caja conteniendo alhajas, producto de los robos realizados por los rojos. Entre los pueblos ocupados hay que incluir Higuera de las Dueñas.
Noticias hasta las veinte horas
Ejército del Norte:
7 división. Completando las noticias dadas en el parte de las doce horas del día de hoy, hay que señalar que la columna del coronel Monasterio ocupó ayer también el pueblo de Casillas. Otras columnas han ocupado en el día de hoy, en operaciones complementarias, los pueblos de Cadalso, Rozas y Belabustán.

PARTE REPUBLICANO
A las nueve de la mañana
Ligero tiroteo en el curso de la noche desde nuestras posiciones de Paredes de Buitrago.
Desde nuestros emplazamientos del sector Navalperal-Cebreros se hace bastante fuego de artillería contra algunas concentraciones facciosas, y los puestos avanzados de nuestras líneas hostilizan constantemente con eficacia las posiciones adversarias.

A las tres de la tarde

Frente del centro. En los sectores de la Sierra, tranquilidad. Navalperal-Cebreros anuncia algún tiroteo con las avanzadas rebeldes, sin modificación alguna de la situación de fuerzas. En el sector del Tajo la artillería leal ha cañoneado por espacio de dos horas las posiciones facciosas de Bargas.

A las diez de la noche

En los sectores de la Sierra, tiroteo sin importancia.

Durante toda la tarde ha habido intenso tiroteo en el sector de Algor, sin que haya dado lugar a modificación alguna de las posiciones ni se haya producido encuentro.

12 de octubre

HOY LOS MANDOS MILITARES REPUBLICANOS tienen que estar exultantes. Ha llegado a Cartagena el segundo barco ruso con armamento. Esta vez se trata de una carga llena de calidad y prometedora para el ejército que está en plena formación. El *Komsomol* lleva a bordo cincuenta carros de combate T-26 y cuarenta vehículos blindados, entre otros suministros.

La descarga se hace en medio de un cierto caos. Los soldados soviéticos que acompañan el material y tienen la misión de enseñar a los españoles a manejarlo carecen de intérpretes, y contemplan con asombro el descuido con que los estibadores militarizados del puerto tratan mercancías tan delicadas. Pero el problema no se acaba ahí: no saben qué hacer con el material, adónde hay que llevarlo, y nadie les entiende.

Krivoshein, el coronel jefe de la unidad de T-26, el carro de combate más moderno de Europa, copia de un carro inglés fabricado por Vickers, consigue por fin, tras una gran pérdida de tiempo y esfuerzos gestuales, saber que su destino es Archena, un pueblo murciano situado a unos noventa kilómetros del puerto. La misión de sus soldados es instruir a los españoles. Los expertos rusos en blindados no tienen órdenes de combatir, sólo de enseñar.[74]

Mientras los carros de combate son descargados en el puerto de Cartagena, el consejero de la embajada soviética en Londres y representante ante el Comité de No Intervención, Samuel Kagan, presenta su enésima carta de denuncia de la ayuda que los alemanes e italianos prestan a Franco. En sus cartas, dirigidas a lord Plymouth, Kagan advierte de que, si el Comité no obliga a Portugal, Alemania e Italia a cesar esta ayuda, la Unión Soviética se va a sentir liberada de la obligación de respetar el acuerdo.[75] Un acuerdo que ya no respeta porque sus tanques y aviones están siendo desembarcados en Cartagena. Pero el Comité de No Intervención se ha convertido en un foro en el que campea la mentira. Plymouth es quien gobierna ese cinismo con descaro. Toma nota de la protesta de Kagan y le dice que preguntará a los portugueses si es cierto que por su territorio pasan suministros de armas. En unos días, le responderá que no hay pruebas materiales de la acusación soviética.

Lo cierto es que Italia y Alemania cosechan de forma escandalosa éxito tras éxito en este terreno: Inglaterra ha presionado a Francia para que cierre la frontera con España y corte las primeras ventas de armamento. La política de apaciguamiento de Hitler y de suave atracción sobre Mussolini que ha diseñado el Foreign Office perjudica de forma rotunda los intereses republicanos. A un gobierno legítimamente constituido a través de las urnas se le niega el derecho a comprar armas en el extranjero. Sólo la Unión Soviética, entre las grandes potencias, responde a sus peticiones de ayuda que, en todo caso, realiza con el mayor de los secretos posible. Otros países, como Checoslovaquia y México, apoyan la causa republicana, pero en menor grado.

Hoy es el Día de la Raza, fecha que recuerda la llegada de Colón a las costas de América. En ambas zonas se le da una gran importancia a una conmemoración que pretende siempre realzar los lazos históricos entre España y los países de América Latina.

Miguel de Unamuno es el rector de la Universidad de Salamanca. Su nombramiento tenía carácter vitalicio, pero Manuel Azaña, presidente de la República, le ha desposeído de él por haber sumado sus fuerzas intelectuales a las de los franquistas. Franco le ha vuelto a reponer en el cargo. Y, en calidad de rector, preside en nombre de Franco el acto ensalzador de la Raza que se celebra en el Paraninfo en presencia de la mujer del Caudillo, Carmen Polo, del general Millán Astray, fundador de la Legión, del obispo de Salamanca, Enrique Pla y Deniel, y del poeta favorito de Franco, José María Pemán.

Las intervenciones repletas de formas retóricas fascistas e imperiales retumban en el recinto. Se habla de la anti-España, de la defensa de la civilización cristiana, de los catalanes y los vascos que se resisten a aceptar la idea patriótica de los franquistas.

El rector reacciona en un tono de ira apenas contenido: «Se ha hablado aquí de guerra internacional en defensa de la civilización cristiana; yo mismo lo hice otras veces. Pero no, la nuestra es sólo una guerra incivil que no deja lugar para la compasión. Se ha hablado también de catalanes y vascos,

llamándoles anti-España; pues bien, con razón pueden ellos decir otro tanto. Y aquí está el señor obispo, catalán, para enseñaros la doctrina cristiana que no queréis conocer, y yo, que soy vasco, llevo toda mi vida ense-
ñándoos la lengua española que no sabéis...».

Millán Astray reacciona airado, mientras sus hombres aprestan las armas y alguien grita «¡Viva la muerte!», el lema legionario. Su ímpetu lleva
al general a no poder articular palabra. Unamuno aprovecha el silencio
estremecido de quienes asisten a un acto con presumible destino trágico y
vuelve a hacer uso del verbo: «Acabo de oír el grito necrófilo de "viva la
muerte". Esto me suena lo mismo que "muera la vida" ... esta ridícula pa-
radoja me parece repelente ... el general Millán Astray es un inválido. No es
preciso decirlo en tono más bajo. Es un inválido de guerra. También lo fue
Cervantes. Pero los extremos no sirven como norma. Desgraciadamente
hay hoy en día demasiados inválidos. Y pronto habrá más si Dios no nos
ayuda. Me duele pensar que el general Millán Astray pueda dictar las normas de psicología de las masas. Un inválido que carezca de la grandeza es-
piritual de Cervantes ... suele sentirse aliviado viendo cómo aumenta el número de mutilados alrededor de él ... El general quisiera crear una España
nueva, creación negativa sin duda, según su propia imagen. Y, por ello, de-
searía una España mutilada».

La descalificación que sufre el responsable de propaganda franquista le
hace reaccionar con furia ya incontenida:

—¡Muera la inteligencia!

El obispo Pla y Deniel guarda silencio, a pesar de la apelación que le ha
hecho Unamuno.

Pemán, no. El poeta intenta templar los rugidos salvajes que brotan de
las gargantas de los escoltas del general:

—¡No, viva la inteligencia, mueran los malos intelectuales!

Unamuno vuelve a hablar, con la mayor de las solemnidades:

—¡Éste es el templo de la inteligencia y yo soy su supremo sacerdote!
Vosotros estáis profanando su sagrado recinto ... Venceréis, pero no con-
venceréis, porque convencer significa persuadir. Y para persuadir necesitáis
algo que os falta: razón y derecho en la lucha.

La tragedia no se consuma pese a que algunos falangistas están dispuestos a liquidar allí mismo el frágil cuerpo del anciano rector. Suena incluso
el chasquido de un subfusil al montarlo su dueño. Los gritos amenazadores
de la distinguida concurrencia menudean. La mujer del Caudillo saca a Unamuno de la sala tomándole del brazo.

Ahí se acaban las gentilezas. Desde mañana, Unamuno de nuevo dejará de ser rector de la Universidad de Salamanca y tendrá que permanecer

en su casa bajo arresto domiciliario. Hace dos semanas denunció las atrocidades que cometen los rojos. Es ya un proscrito en las dos zonas. Uno más entre el creciente pelotón que se apunta a una España de nadie. Sus visitas ocasionales al Caudillo, que tiene su despacho muy cerca del rectorado, se acaban. Ya no podrá volver a mediar por su amigo, el pastor protestante Atilano Coco, que será fusilado el 8 de noviembre por ser masón, ni por Bilbao, para que no sea bombardeada por la aviación franquista.

Franco guardará de él un recuerdo envenenado por haber roto uno de los pocos ejemplos de tolerancia que caben en su zona. Y hará una poco caritativa interpretación de sus encuentros: según el Caudillo, Unamuno le ha visitado en octubre para rogarle que su aviación no ataque Bilbao, a lo que Franco le ha contestado que siempre lo hace todo procurando causar el menor daño posible. «Se lo agradezco —le dice el todavía rector, según Franco—, pues tengo en Bilbao dos casas y no me agradaría que me las destrozasen.»[76]

Las menciones a Cataluña y el País Vasco no son casuales. En el entorno de Franco existe un odio que se manifiesta abiertamente contra vascos y catalanes por su condición de separatistas. Un odio que se hace evidente ante el solo sonido de una palabra en catalán que es recibida con irritada resignación por los falangistas, los carlistas, los de la Lliga que se han sumado a la rebelión. Ese odio se extenderá muy pronto contra Madrid. Habrá quien propugne que la capitalidad se traslade a Valladolid o Sevilla.[77]

Un cronista tan presto a proporcionar satisfacciones a su señor como Sánchez del Arco, corresponsal de *ABC* en el frente, titulará una de sus columnas con el expresivo «Madrid ya no es España». Sánchez del Arco lo describe con fiereza de plumífero entregado: «España se bate en Madrid, no ya por ella sino por la mejor Europa, con las hordas asiáticas. Un tristísimo azar ha hecho que en el alegre corazón de España, que era Madrid, se libre la batalla. Madrid no es nuestro, pertenece a unos hombres de extraños, de oblicuos ojos, de negra entraña, que tienen en sus garras la blanca presa que cogieron por la traición tricolor de aquel abril».[78]

En Andalucía, la celebración del día tiene algún toque surrealista. Por Radio Sevilla, la que usa el general Queipo de Llano para lanzar sus largas diatribas llenas de obscenidades contra los enemigos, Abdeljalak Torres, líder nacionalista marroquí, se encuentra junto al gran visir formando parte de una delegación marroquí en la Fiesta de la Raza. Las atenciones de los generales franquistas a los moros que les han sido fieles se hacen cada vez más evidentes. El argumento no puede ser más llamativo: los musulmanes marroquíes y los cristianos españoles combaten juntos contra los «sin Dios». El enemigo común son los marxistas, los hombres que no creen.

Torres, que ha estado a punto de ser fusilado por su militancia, que ha hecho propaganda contra el alistamiento de las fuerzas marroquíes para luchar en España, está ya «ablandado» por las promesas del astuto coronel Beigbeder. Y asume el discurso de la lucha común.[79]

Es muy compleja la construcción de una ideología positiva para la participación de los moros en el ejército franquista. En la memoria de todos los españoles están las crueles guerras africanas, las fotos de los muertos de Annual, de las matanzas del Barranco del Lobo, las narraciones sobre mutilaciones y crueldades sin cuento. Y las fotos de los legionarios mostrando orgullosos las cabezas cortadas de rifeños rebeldes, o ristras de orejas de seguidores de Abdel Krim.

Las damas de la alta sociedad sevillana han bordado figuras del Sagrado Corazón para pegarlas en las guerreras de alguna unidad de regulares. Pero siguen siendo moros que vienen a matar españoles.

En Marruecos hay que hacer los mismos discursos en los actos públicos. Pero esas arengas no son necesarias en las *kábilas* donde se recluta a los mercenarios. Los moros se apuntan a las unidades de regulares o a las Mehal-las porque les ofrecen salarios de doscientas pesetas al mes, una garrafa de aceite y un pan al día. En el norte de Marruecos se ha producido la peor sequía en muchos años y no hay para comer.

Ésta no es la única razón, aunque sea poderosa. El odio a los españoles es igual de importante o más. El odio a quienes han arrasado sus aldeas, han fusilado a los hombres y han secuestrado el ganado. La *razzia*, forma de guerra salvaje que se practica en la zona, ha sido también aplicada en los años pasados por las tropas legionarias en Marruecos. Según su ley, está todo permitido para castigar al rebelde: la violación de las mujeres, la mutilación de los genitales de los hombres, el asesinato, el robo, el incendio. Los rifeños odian a los españoles y vienen a matarlos, bajo las órdenes de los españoles y a cambio de dinero.

Ésa es la empresa común contra los sin Dios.[80]

Luigi Longo ha conseguido por fin algunos resultados de las frenéticas gestiones que le han llevado de un lado a otro para resolver el atasco de voluntarios en Figueras. Líster y Carlos, los jefes del Quinto Regimiento, le han enviado a Albacete, donde la organización militar comunista tiene una base de entrenamiento. La ciudad está señalada como la que tiene que recibir a los hombres, pero allí nadie sabe nada. Un febril día de trabajo acaba con un pequeño triunfo: se consiguen locales para quinientos hombres, que es el primer contingente a punto de llegar. Se extiende paja sobre el suelo, se limpia a contrarreloj. Sólo hay espacio para quinientos y en los siguientes días van a llegar muchos más. Pero Longo se tranquiliza: *À chaque jour sa peine*. Al menos, hay solución para lo más urgente.[81]

El general Mola rectifica sus objetivos en función de la marcha de las operaciones. Las cosas le van bien a su ejército, salvo por la resistencia que las tropas de la Sierra ofrecen. La facilidad con que sus tropas baten a las del sur de Madrid se vuelve dificultad, obstinación en los frentes del oeste y el norte que guarecen tropas comunistas de la primera hornada del Quinto Regimiento.

No se espera a que el norte y el oeste cedan. Pero el plan incluye que la caballería de Monasterio maniobre por el flanco derecho, pegada al Tajo, y su tarea de limpieza de las sierras no ha acabado. Las columnas del sur asumirán el protagonismo del ataque, como ha sucedido desde el principio, aunque tienen que esperar unos días para hacerlo con garantía de éxito. Por tanto, incumbe a las tropas del sector norte hacer un nuevo esfuerzo en Guadarrama. La instrucción a las columnas de Rada y Santa Pau es tomar Robledo de Chavela como paso previo a que se desencadene un ataque conjunto de los dos sectores.[82]

PARTE FRANQUISTA
7 división. Poca actividad en el frente de Somosierra, donde se pasaron a nuestras líneas dos pastores con trescientas cabezas de ganado.

PARTE REPUBLICANO
A las nueve de la mañana
Frente del centro. Tranquilidad en toda la Sierra. En Paredes de Buitrago se ha presentado, huyendo del campo enemigo, un requeté.
El sector de Navalperal-Cebreros comunica ligeros tiroteos de fusil y ametralladora sin cambio de situación de fuerzas.
Nuestras tropas han atacado con gran violencia las posiciones facciosas que defienden Bargas, obligando al enemigo a un repliegue. La artillería leal cañonea con bastantes resultados la concentración enemiga que defiende.
A las tres de la tarde
No se ha operado en todo este frente. Nuestras baterías cañonean las posiciones facciosas de Bargas y los puestos avanzados, manteniendo intenso fuego de fusil y ametralladoras con los rebeldes.
A las diez de la noche
Los sectores de la Sierra anuncian completa actividad.

Nuestra artillería ha bombardeado durante toda la tarde las posiciones enemigas de Bargas, cruzando intenso fuego de ametralladora con las avanzadas. Las fuerzas que ocupan la finca Mir han sido atacadas por su flanco derecho por una patrulla rebelde con ametralladoras y morteros; el combate ha durado dos horas, viéndose obligado el enemigo a replegarse después de abandonar dieciocho muertos y seis heridos.

13 de octubre

En Londres no todo es desdén hacia la situación española. No todos los hombres piensan de España lo mismo que los dirigentes conservadores. Un escritor envía un despacho a las autoridades militares de Granada: «H. G. Wells, presidente del Pen Club de Londres, desea con ansiedad noticias de su distinguido colega Federico García Lorca y apreciará grandemente la cortesía de una respuesta».

Wells consigue que la respuesta sea rápida. El gobernador militar de Granada es muy conciso: «Ignoro lugar hállase D. Federico García Lorca. Firmado: Coronel Espinosa».[83]

Es posible que el coronel Espinosa diga la verdad. Es posible que no haya preguntado siquiera en qué barranquera reposa el cadáver de Lorca.

Todavía no se ha producido en el bando franquista ninguna reacción de vergüenza ante el asesinato del poeta «maricón», como le llaman sus ejecutores a voces por Granada. Unos meses después, en una entrevista concedida a un periodista inglés, Franco dirá que «en Granada no se ha matado a ningún poeta».[84]

Su íntimo amigo, también andaluz y también homosexual, Luis Cernuda, no duda ya de su muerte; nadie en Madrid lo hace. A Federico lo han matado unos falangistas feroces porque era

> Verdor en nuestras tierras áridas
> y azul en nuestro oscuro cielo.[85]

Algo que no sólo tiene que ver con la inquina social y política. Detrás de la muerte de Lorca y de tantos otros, Cernuda ve una especie de maldición incrustada en la esencia de España:

El odio y la destrucción perduran siempre
sordamente en la entraña;
toda hiel sempiterna del español terrible,
que acecha lo cimero
con su piedra en la mano.

Esa consideración, que excluye el protagonismo esencial de lo político,
le llevará a perder la confianza de los más fundamentalistas de los poetas
que gobiernan la Alianza de Intelectuales Antifascistas. Esa desconfianza le
llevará, incluso, a intuir el peligro.

El oficio de escritor es muy peligroso en ambos bandos. El marqués de
Quintanar escribe una crónica de su encuentro en Lisboa con el escritor aus-
triaco antifascista Stefan Zweig. Ambos han charlado un largo rato acoda-
dos en la banda del vapor *Almanzora* mientras contemplaban una admirable vista de Lisboa en la desembocadura del Tajo. El marqués dice que
Zweig no podía creer las historias de sangre que oía sobre muertos y sobre la destrucción de Toledo. Quintanar le da detalles al tiempo que le
dice que es preciso «matar a Azaña, que es un engendro de Satán». Junto
con él, hay que exterminar sin piedad a toda «una colección de intelectuales traidores y de asesinos profesionales para que España pueda volver
a vivir dignamente y cumplir su misión de centinela de Occidente».[86]

El verbo «exterminar» se utiliza con profusión en las dos retaguardias.
Y, en ocasiones, son poetas los que mandan matar a otros poetas con quienes, quizás, han compartido alguna vez tertulia y café. José Bergamín le
preparó en agosto el ataúd a Juan Ramón Jiménez, espetándole lindezas
como «gusano» y «babosa» en las páginas de *Claridad*, órgano de prensa
caballerista. A Juan Ramón le habían ofrecido la presidencia de la Alianza de Intelectuales Antifascistas, pero él la había rechazado. Su contribución a la causa de la República prefería hacerla desde el silencio. Con su
mujer, Zenobia, se dedicó a adoptar niños huérfanos de guerra a los que
atendían con sus propios recursos. Un día, buscando una cunita en una
guardería, un miliciano le quiso detener. Jiménez pidió al propio presidente
Azaña que le dejara salir de España. Cipriano de Rivas Cherif, el cuñado
de Azaña, lo arregló todo en un día. De esa manera pudo mantener su re-
chazo a que Alberti le pusiera una guardia comunista.[87]
Antonio Machado también estuvo a punto de ser detenido en esos días
turbulentos de la primera hora. Le confundieron con un cura en un café.
También Machado rechazó la presidencia de la Alianza. Bergamín se quedó
como único candidato. Alberti, de secretario.[88]

Rafel Alberti escribe, desde el confort de su palacio requisado, un largo poema que presiente, o quizás anuncia, o quizá prescribe, la muerte de los adversarios que han visto sus bibliotecas destruidas, sus hogares violados:

> ¡Palacios, bibliotecas! Esos libros tirados
> que la yerba arrasada recibe y no comprende,
> esos descoloridos sofás desvencijados,
> que ya tan sólo el frío los usa y los defiende;
> estos inesperados
> retratos familiares
> en donde los varones de la casa, vestidos
> los más innecesarios jaeces militares, nos contemplan, partidos,
> sucios, pisoteados,
> con ese inexpresable gesto fijo y oscuro
> del que al nacer ya lleva contra su espalda el muro
> de los ejecutados ...[89]

Tan rimbombante y belicosa poesía no se le contagiará nunca a Juan Ramón Jiménez pues piensa que la poesía no puede escribirse en medio de la guerra: «El poeta callará acaso en la guerra porque otras circunstancias graves e inminentes le cojen el alma y la vida».[90]

Antonio Machado sí caerá en esa tentación, aunque sólo en ésa, porque no se dejará llevar por la del lujo y el poder en que se desenvuelven Bergamín y Alberti. Aun así, durante la guerra escribe algunos de sus más discutidos poemas, como el que dedicará a Líster en 1938. Sentía que tenía que hacer algo por la República. Pero de ahí a participar en las bacanales del palacio de los Heredia Spínola, donde se celebran bailes de disfraces en los que Luis Cernuda se viste de caballero calatravo, León Felipe de duque Nicolás y Alberti y María Teresa León con cualesquiera de los trapos que encuentren en los armarios de los marqueses...

En el palacio se han hallado más de mil camisas que han ido a parar al Socorro Rojo. Pero los intelectuales que administran el edificio se han reservado para uso y disfrute propio los más de cuatrocientos trajes que cuelgan de sus vestidores. Los ha visto el escritor chileno Luis Enrique Délano.[91] Octavio Paz recordará también esas fiestas bacanales que llevarán en una ocasión a Miguel Hernández a insultar a los Alberti. En las calles de Madrid, mientras, la gente muere y mata después de haber leído los solemnes poemas revolucionarios que les incitan al asesinato.

La orgía de sangre que empapa España ha llevado a otros a exiliarse, como al mayor de los filósofos, José Ortega y Gasset, uno de los referentes intelectuales de la República, junto con Pérez de Ayala y Gregorio Marañón.

Los tres acabarán apoyando a Franco, arrepentidos de su colaboración con el final de la Monarquía y el alumbramiento del régimen democrático. A la marcha de Ortega han contribuido también José Bergamín y otros de su misma militancia entusiasta: desde la prensa republicana, en agosto se le comenzó a recordar que José Antonio Primo de Rivera le admiraba. De ello se infería que Ortega era un inspirador del fascismo español. Y de ahí él dedujo, con razón sobrada, que tenía que irse de España.

Marañón todavía sigue hoy en Madrid y finge más que profesa solidaridad con la República. Desde Montevideo, el doctor Mussio Fournier le invita a presidir la inauguración del Instituto de Endocrinología. El doctor Marañón le responde con un escueto telegrama: «Agradecidísimo honrosa distinción. Mi deber de español es quedarme en España».[92]

Los hijos de Marañón se alistan voluntarios en las filas franquistas. Como los de Ortega y Pérez de Ayala.

Los hijos de Miguel de Unamuno, que ahora se esconde en su casa de Salamanca de las iras de sus hasta hace poco entusiastas seguidores falangistas, se alistan en el ejército republicano.

PARTE FRANQUISTA
Sin más novedad digna de mención hasta el momento de cerrar este boletín.

PARTE REPUBLICANO
A las diez de la noche
Frente del centro. En Somosierra, un golpe de mano de nuestras tropas ha copado un puesto avanzado enemigo con diez hombres y su dotación. Nuestras baterías de Guadarrama cañonean los emplazamientos rebeldes.

En el sector de Bargas la artillería leal hizo fuego durante toda la tarde sobre las posiciones enemigas, sin ser contestada.

14 de octubre

LORENZO PORTERO TIENE APENAS DOCE AÑOS. Ha venido con su familia, huyendo del avance de los franquistas, desde Torrijos, donde tienen fincas. Su familia es de derechas, salvo el padre, que es de Izquierda Republicana. Eso hace que no deseen esperar la llegada de las tropas de Varela. En el pueblo se ha quedado sólo su hermano José, al que le da más miedo irse en un camión al que pueden bombardear los alemanes o los italianos que esperar su destino escondido en la casa.

De la familia de Lorenzo ya ha desaparecido mucha gente. El último, su hermano Luis, que era uno de los jefes de Falange de Toledo y había tenido la mala suerte de aparecer en una fotografía de *Ahora* con una pistola en la mano. La fotografía es realmente comprometedora porque fue tomada el día en que unos pistoleros falangistas mataron al teniente Castillo en julio.

Unos milicianos han llegado a la casa donde están refugiados, en la calle Molino de Viento número 23, una bocacalle de la del Pez. Luis está escondido en un altillo bien camuflado. Los milicianos que preguntan por él no se conforman con la negativa de los padres. Y amenazan con llevárselos a ellos si Luis no aparece.

Lorenzo se asoma al altillo:

—Luis, que si no bajas, matan a papá.

Luis se ha entregado.

Lorenzo vivirá toda su vida con el peso de haber entregado a su hermano. Piensa que lo van a matar.[93]

Quien también piensa que le van a matar si no se va es el obispo de Vitoria, Mateo Múgica, a quien el cardenal Gomá intenta liberar de responsabilidades ante el general Fidel Dávila, el presidente de la Junta Técnica del Estado que asiste a Franco en la gobernación de su zona.

Múgica ha condenado —cómo no— las atrocidades que se han cometido contra religiosos en la zona republicana, pero ha cometido un pecado que no compensa en absoluto lo hecho: ha abogado por la sana autonomía de los vascos. O sea que, en la poco flexible interpretación que la derecha española hace del asunto, es un separatista. Junto con «rojo», «separatista» es lo peor que se puede ser a ojos de los franquistas.

El obispo ha intentado calmar los ánimos con otra declaración: «Católicos vascos, oíd: no podéis de ninguna manera cooperar ni poco ni mucho, ni directa ni indirectamente al quebranto del ejército español y cuerpos auxiliares, requetés, falangistas y milicias ciudadanas que, enarbolando la auténtica bandera bicolor, luchan por la religión y por la patria».[94]

Pero no es suficiente. No basta con que Múgica pida que no se luche contra Franco y los suyos. Su desliz ha sido excesivo.

Mateo Múgica se va. A reunirse en Roma con otro obispo, el catalán Vidal i Barraquer, cardenal y obispo de Tarragona, que ha salvado la vida gracias a los esfuerzos de militantes de Esquerra Republicana pero que no reniega de la autonomía de Cataluña.[95]

Como no reniegan los grandes financieros de Franco, Juan Ventosa i Calvell y el notorio Francesc Cambó. Hace cuatro días, Ventosa le ha hecho llegar a Franco una carta de adhesión. Y Cambó ya ha hecho mucho por financiar compras de armas para los franquistas. Ambos son miembros de la Lliga Regionalista y en cierto modo precursores del autonomismo de una parte de la derecha catalana. Pero han tomado parte por la rebelión. En Cataluña, sus militantes que no han podido escapar son exterminados. Las gentes que siguen a Cambó no son pocas: en algunas zonas de Cataluña representan hasta el cuarenta por ciento de los votos. Pero ésa es una exigua minoría frente al otro sesenta por ciento que se alinea con la República y el Estatut bajo la hegemonía de Esquerra Republicana.

Los lliguistas se incorporarán a Falange impulsados por Cambó y Ventosa, incapacitados para constituir unas milicias propias no sólo por su reducido número, sino porque en el lado franquista habría sido imposible mantener cualquier toque regionalista sin despertar la ira de los militares.

En el seno de Falange, los catalanes adheridos al franquismo encontrarán el único sitio donde se les dé algún aliento.[96]

PARTE FRANQUISTA

Ejército del Norte

Hasta la hora de cerrar esta información no hay ninguna novedad digna de mención.

PARTE REPUBLICANO

A las nueve de la noche

Frente del centro. Desde las primeras horas de la mañana nuestras baterías hacen intenso fuego en Paredes de Buitrago. A última hora de la tarde ha sido capturado por un golpe de mano un puesto avanzado faccioso de doce hombres.

El enemigo ha intentado en el transcurso de la tarde un avance sobre Aldea del Fresno en el sector de Navalperal-Cebreros. Nuestras tropas reaccionan logrando contener el ataque por sorpresa y consolidando sus posiciones.

15 de octubre

E L PRESIDENTE DEL GOBIERNO REPUBLICANO, Francisco Largo Caballero, hace entrega en Moscú, a través del embajador Marcelino Pascua, de una carta en la que pide que el gobierno soviético acceda a mantener en depósito, en el Comisariado del Pueblo para las Finanzas, una
cantidad de unas quinientas toneladas de oro. La respuesta será muy
rápida porque los rusos tienen en Madrid, ya en funcionamiento, una co-
nexión directa por radio con Moscú.

Los motivos de la decisión no son sólo de seguridad. Es cierto que los
franquistas se acercan a Madrid, pero la cueva de la Algameca, en la base
de Cartagena, donde está el oro desde el mes de septiembre, es el lugar
más seguro de la República. Se trata de conseguir que las reservas de oro
se conviertan en divisas que permitan comprar en el mercado internacional
todo tipo de armas y suministros imprescindibles para continuar la guerra. Desde luego, eso incluye las compras a la propia URSS, en las que ya
se han consumido unas cincuenta toneladas de oro; algo más de cincuenta millones de dólares.[97]

La petición de Largo Caballero tiene un carácter de alto secreto. Pero
es del dominio público que la República ha enviado dinero al exterior
para comprar armas. Y a Burgos han llegado noticias de que el oro está
en Cartagena a través de los consejeros del Banco de España que se han
evadido a «zona nacional». Aún no ha salido una onza de oro camino de
Moscú, pero los rumores de que el oro se va a mover invaden Cartagena.
Los agentes rusos en España se quejan de continuo de la falta de discreción de los españoles.

Por eso es más que una coincidencia que el mismo día en que se produce la demanda de Largo Caballero, Franco haga un llamamiento «a los

gobiernos de todas las naciones» para protestar contra «la expoliación sin precedentes que realiza el llamado gobierno de Madrid al disponer libremente de las reservas nacionales de oro». La nota de Franco señala que el oro gastado excede las necesidades de compra de armamento, y que la intención de su traslado consiste en «restar recursos al gobierno nacional que pronto se instalará en Madrid». La contradicción es más que evidente: el oro no puede gastarlo un gobierno como el republicano, pero resta recursos al que va a llegar. Franco, imbuido de su papel de caudillo, amenaza en su nota, que convierte en una bravata, con tomar represalias comerciales contra aquellos países que acepten oro español.[98]

El asunto del oro es rocambolesco. También es secreto, en teoría, que esté en la Algameca. Pero un consejero del Banco de España, Martínez de Fresneda, ha ido informando puntualmente al ex subgobernador y colaborador de Franco, Pedro Pan, de todos los avatares relacionados con el tesoro. El secreto no atañe sólo a los franquistas. Importa también por los temores a que los anarquistas quieran hacerse con él. Por ello, su traslado a Cartagena lo realizaron contingentes de carabineros y de milicianos socialistas muy escogidos.[99]

Los temores no son infundados. Gregorio Gallego, del Comité de Defensa de la CNT, ha oído en diversas ocasiones hablar en los órganos de la CNT de que hay que hacer algo para controlar las reservas del Banco de España. Pero, que él sepa, no se ha puesto en marcha ningún plan concreto para asaltar el Banco. Quienes, como él, han visto las medidas de seguridad, dejan de lado toda elucubración al respecto.[100]

A Madrid llegan noticias de que los sitiados de Sigüenza han caído. Más de trescientos voluntarios de una columna anarquista que había quedado cercada en la catedral hace una semana. Entre los cercados había un centenar de mujeres, milicianas voluntarias.

El jefe de la columna, Feliciano Benito, hace cinco días logró romper el cerco junto con ciento cincuenta hombres. Y se presentó ante el jefe del sector, el coronel Francisco Jiménez Orge, para dar cuenta de la situación. Pero no se puede hacer nada.

Jiménez Orge, un militar de sesenta años fundador de la Unión Militar Republicana Antifascista (UMRA), no es, para su fortuna, sospechoso de nada. Porque Benito le acusa de inane y burocrático. Benito se empeñó en defender Sigüenza contra la opinión del militar, como si quisiera emular a Moscardó. Los hechos han dado la razón a Jiménez Orge.

De la suerte de los trescientos resistentes de la catedral no se sabrá nada. Pero la marcha de la guerra no augura más que horror.

A pesar de este desastre, Benito continuará su carrera militar. Llegará a ser comisario del Cuarto Cuerpo del ejército republicano.[101]

PARTE FRANQUISTA
Ejército del Norte

7 división. En las operaciones llevadas a cabo en el día de ayer en el sector de Toledo-Navalperal han sido ocupadas, además de Aldea del Fresno, a que se hizo referencia en el boletín de ayer, Pelayo y un desfiladero que domina el Alberche, de gran importancia para el desarrollo de las futuras operaciones. También fue ocupado Villa del Prado.

En este frente fueron derribados ayer dos aparatos enemigos.

7 división. En el sector de Ávila se ocupó Valdequemada, ya en la provincia de Madrid. Otras columnas en el sector sur ocuparon Chapinería, Navas del Rey y Méntrida, causando muchas bajas al enemigo. En Toledo se han presentado en nuestras líneas un capitán, dos tenientes y ochenta guardias civiles.

La guarnición de Toledo repelió el ataque enemigo e hizo reacción ofensiva ocupando el campamento de los Alijares, en donde el enemigo abandonó ciento cuarenta muertos. En esta operación fue derribado un avión de caza Dewoitine pilotado por un extranjero, que fue hecho prisionero.

PARTE REPUBLICANO
A las nueve de la noche

Frente del centro. En el sector de Navalperal-Cebreros continúa la presión enemiga, contenida por los valientes milicianos. En Las Navas fue cortado un intento de avance de la caballería facciosa con fuego de cañón y ametralladora.

Nuestras tropas han rechazado igualmente un contingente rebelde que operaba en el sector de Olías-Bargas.

16 de octubre

POR FIN HAY UN MANDO ÚNICO EN EL EJÉRCITO de la República. Francisco Largo Caballero, jefe del gobierno y ministro de la Guerra, hace una comunicación pública a través de órdenes circulares en las que se informa de que asume el mando supremo de las fuerzas republicanas. La orden especifica que el Estado Mayor deja de ser un órgano ejecutivo para convertirse en consultivo y auxiliar del mando, o sea, del ministro. La autoridad de la que se inviste Largo Caballero es inequívoca.[102]

En el seno de la República ha ido creciendo de modo imparable la conciencia de que el ejército que la defiende debe estar sometido a un mando único. La realidad se ha ido imponiendo. Desde el bando comunista siempre se ha mantenido esa petición. Y más desde las filas republicanas o socialistas moderadas, partidarias de un mayor orden republicano. Las mayores resistencias las han protagonizado los socialistas partidarios de Largo Caballero; los anarquistas, sobre todo los que controlan el frente de Aragón, y los nacionalistas vascos, celosos del mando en su territorio, donde el presidente Aguirre se ha hecho nombrar jefe del ejército.

Indalecio Prieto lo había reclamado en agosto desde las páginas de *El Sol*.[103] El diario *Claridad*, que es declaradamente caballerista, lo había hecho en las mismas fechas, corrigiendo su anterior línea partidaria de un ejército miliciano.[104] La propia Generalitat catalana hizo hace pocos días una enérgica petición: «Mando único, coordinación de todas las unidades combatientes, creación de las milicias obligatorias y refuerzo de la disciplina».[105]

Hay hoy otra gran novedad para el ejército de la República: la creación del Comisariado de Guerra. Los comisarios políticos van a estar en todas las unidades, con las funciones esenciales de dar moral combatiente a las tropas, de asegurar el funcionamiento de los suministros, de educar a los soldados en la defensa de los valores republicanos. Los comisarios tienen muchas funciones, aunque de ellas se eliminan teóricamente todas aquellas que puedan interferir en la organización y en la toma de decisiones puramente militares.[106]

Los comisarios serán fundamentales en la organización del ejército popular. Proceden de ideologías muy diversas, tantas como las que apoyan a la República. Sin embargo, los comunistas conseguirán tener un papel preponderante en la institución. Ellos han sido los que han mostrado mayor insistencia en la creación de esa figura que ha tenido gran influencia en la eficacia de las unidades salidas del Quinto Regimiento. Vittorio Vidali, Carlos, es su comisario.

La idea del comisariado no viene de la revolución de 1917. Viene de más lejos, de la época de la Revolución Francesa, cuando Carnot aplicó el remedio a una necesidad apremiante: la de crear un ejército regular que se tenía que basar en oficiales poco seguros. La tarea del *représentant en mission* de 1794, de agitación política y galvanizadora de los combatientes, la perfeccionó Trotski en 1918. Pero de Trotski no conviene hablar en estos tiempos. Sólo lo hacen los del POUM.

Máximo Huete es uno de ellos, y le han encuadrado en una unidad que no es, en absoluto, regular: es uno de los que, internamente, se llaman «comisarios-bombero» y cuya función consiste, en esencia, en acudir a los lugares donde hay desbandadas para reunir de nuevo a los hombres y darles, otra vez, moral de combate. Donde se producen «chaqueteos», allí está Huete, junto a Eduardo Belmonte, Ángel Solá y Arsenio Otero, todos militantes de las JSU.

Huete está afiliado al partido socialista, el PSOE, y tiene que ir un día sí y otro también al frente para contener a los milicianos que huyen despavoridos del enemigo, de la caballería mora que apenas existe pero que tiene una presencia muy importante en la guerra.[107]

PARTE FRANQUISTA
Ejército del Norte
7 división. En el sector norte continúa desarrollándose la maniobra iniciada para vencer la resistencia que el enemigo opone en Robledo de Chavela.

En el sector sur han sido ocupados por nuestras columnas los pueblos de Valmojado y Casarrubios. El enemigo abandonó en el campo doscientos treinta muertos y se le cogieron doscientos fusiles y dos ametralladoras antiaéreas.

División de Soria. Continúa la clasificación del material cogido al enemigo al rendirse la catedral de Sigüenza en el día de ayer.

Aviación. Nuestra aviación ha actuado brillantemente en el día de hoy. En los diferentes frentes han sido derribados ocho aparatos enemigos e incendiados cuatro en aeródromos.

PARTE REPUBLICANO

A las nueve de la noche
Frente del centro. En los sectores de la Sierra, tranquilidad.

Las líneas de fuego de Robledo de Chavela han sido fuertemente atacadas en el día de hoy con fuego de artillería y aviación y llegándose en tres ocasiones al cuerpo a cuerpo. Las tropas leales resistieron valientemente la acometida rebelde conservando sus posiciones. Dos grandes aparatos facciosos han sido acometidos en el día de ayer por la artillería antiaérea en este sector.

Nuestras posiciones de Algor han sido seriamente atacadas por la artillería e infantería rebeldes, contenidas por la enérgica resistencia de las milicias.

En esta zona ha sido derribado otro aparato faccioso.

17 de octubre

DEL NORTE NO CESAN DE LLEGAR LAS MALAS NOTICIAS para los republicanos. La columna de Martín Alonso, que Franco ha reforzado con varias unidades africanas, ha conseguido enlazar con el coronel Aranda. Para los franquistas se trata, en lógica, de una excelente nueva: la liberación de Oviedo permite la vuelta al frente de Madrid de los tabores de Regulares y banderas de la Legión que se necesitan con urgencia para proseguir la ofensiva contra la capital.

Las nuevas procedentes de la Sierra tampoco son buenas. Las columnas de Rada y Santa Pau, en un ataque combinado, han cumplido las órdenes de Mola y han logrado tomar Robledo de Chavela. Los combates han sido muy encarnizados por lo abrupto del terreno, apto para la defensa, y el mal tiempo, que dificulta las maniobras. La columna Mangada ha presentado una resistencia seria y ha realizado contraataques constantes. Pero la potencia de los franquistas ha conseguido desmontar la defensa, aunque la retirada se ha hecho con orden.

Más al sur, el general Varela da la orden de que se pase el río Alberche. Lo hacen las columnas de Asensio, Delgado Serrano y Castejón, lo mejor del ejército africano, al mando del coronel Yagüe, que ha regresado al frente tras superar la falsa indisposición que le alejó de él. Franco está asentado en el poder en Salamanca y ya no necesita sus favores de pistolero de retaguardia. Y Varela transige.

Se produce el efecto dominó: caen en manos de los franquistas Villa del Prado, Aldea del Fresno, Navas del Rey, Chapinería, Valmojado y Casarrubios del Monte. Además, Cabañas de la Sagra y Añover del Tajo. La caballería de Monasterio toma Mocejón.

Desde el aire, el as de la aviación franquista, el comandante Joaquín García Morato, pilotando su Fiat 3-51 biplano, colabora con los caballistas de Monasterio. Les ve haciendo una maniobra envolvente, intentando capturar a los milicianos que inician la retirada. Morato pica bajo y ametralla una y otra vez a los que se retiran. Cada vez que hace una pasada, los fugitivos se echan a tierra, perdiendo unos minutos preciosos. Eso da tiempo a la caballería para culminar su maniobra de pinza. Doscientos republicanos caen prisioneros en la acción, «una de las que más emoción» han proporcionado al piloto.[108]

García Morato es un ídolo en el bando franquista. Tiene en su haber nueve derribos de aviones enemigos. Con su Fiat, casi en solitario, ha realizado una eficaz labor de defensa de Córdoba en las primeras semanas. Allí se ha convertido en un héroe local; los ciudadanos lo persiguen y le tributan constantes homenajes. Ha participado en numerosos combates y ametrallamientos de fuerzas de tierra. Además, ha volado ya sobre Madrid en misiones de ataque.

Desde las semanas inciales del golpe formó, junto con los pilotos italianos que comenzaron a llegar con los Fiat a Vigo a primeros de agosto, una escuadrilla que se ha hecho con la supremacía del aire en los frentes. En ella está el que ya apunta como un as de la aviación fascista, Gian Lino Baschirotto, que en septiembre disfrutó derribando algunos Nieuport 52 y Dewoitine 371, mucho más lentos y peor armados que los Fiat. También está Vincenzo Patriarca, el único piloto mercenario norteamericano en las filas franquistas. Patriarca está ahora cautivo en territorio republicano, tras haber caído el 13 de septiembre en manos de las tropas de la República. A Patriarca le derribó un piloto legendario de los republicanos, el vitoriano Félix Urtubi quien, antes de caer al suelo con su Nieuport tocado, embistió al piloto norteamericano y logró que se desplomara con él. Urtubi murió. Patriarca se ha salvado del fusilamiento gracias a su pasaporte norteamericano.

El 25 de septiembre, Baschirotto participó también, junto con otro español, Ángel Salas Larrazábal, en el derribo de un bombardero Potez 540 que llevaba el lema «Aquí te espero», pilotado por los hombres que habían atacado el crucero *Canarias* sólo un día antes. Uno de ellos era el capitán Joaquín Mellado, director de la compañía Líneas Postales Españolas.[109]

Morato, el as indiscutible de los pilotos rebeldes, es falangista y tiene una estrecha relación con Franco. Los pilotos cumplen en ambos bandos una función doble: la de combate y la propagandista. Su escuadrilla mixta de italianos profesionales y españoles está considerada como la mejor. Desde el otro lado, desde Madrid, los ciudadanos les ven como asesinos.

PARTE FRANQUISTA

Ejército del Norte

La actividad de nuestras columnas durante la jornada de hoy ha sido grande y de resultados positivos.

En el sector norte de la 7 división se ha ocupado Robledo de Chavela y en el del sur Olías del Rey, Mocejón, Cabañas de la Sagra y Añover del Tajo, consiguiendo un avance de nuestras líneas en varios kilómetros con dirección a Madrid.

Estos éxitos contribuyen a dar, si cabe, mayor estabilidad a la situación actual, que hoy es inmejorable.

En la retaguardia de la zona ocupada por el ejército del Norte no ocurre novedad.

PARTE REPUBLICANO

A las nueve de la noche

Frente del centro. El enemigo atacó con gran violencia las posiciones de Olías, realizando nuestras tropas un movimiento de maniobra y logrando así contener la agresión. La aviación rebelde ha bombardeado durante varias horas a nuestras columnas sin lograr quebrantar la moral de nuestros milicianos que luchan en este sector.

Nuestras posiciones en Robledo de Chavela han sido igualmente objeto de un intenso ataque por parte de la caballería y aviación rebeldes.

18 de octubre

L OS DESASTRES CONTINUOS QUE SUFREN las tropas republicanas hacen mella en sus jefes. Cada vez es mayor la conciencia, asumida por casi todas las fuerzas políticas, de que es preciso tener un ejército bien organizado para hacer frente al temible ejército colonial que se acerca a Madrid matando milicianos por miles y capturando todo el material bélico que se consigue suministrar a las milicias.

El Estado Mayor Central da hoy la orden a la Inspección General de Milicias para que se formen las primeras seis brigadas mixtas. Cada una de ellas contará con unos cuatro mil hombres, organizados en cuatro batallones de infantería y un número variable de apoyo artillero, de ametralladoras y servicios según las disponibilidades. Las brigadas se crean dependiendo de la División Orgánica de Albacete, a las órdenes del coronel Segismundo Casado.

Para mandar la primera se nombra a Enrique Líster, un militante del PCE que ha asistido a cursos de formación militar en la Unión Soviética y se ha destacado en las tareas de creación del Quinto Regimiento madrileño. Tiene su base en Alcalá de Henares. Los hombres tienen también esa procedencia.

La segunda brigada está al mando del comandante de milicias Jesús Martínez de Aragón, un abogado vitoriano. Sus fuerzas se componen fundamentalmente de voluntarios extremeños.

La tercera la forman carabineros al mando de José María Galán, hermano del héroe sublevado en Jaca. Galán deja el frente de Somosierra para asumir la nueva responsabilidad.

La cuarta brigada la manda un oficial profesional, el capitán de infantería Eutiquiano Arellano. Sus hombres provienen del ejército.

La quinta es también de carabineros. Su jefe es un comandante del cuerpo, Fernando Sabio.

Por fin, la sexta, con sede en Murcia, la manda Miguel Gallo Martínez, un hombre de larga trayectoria revolucionaria, compañero de Fermín Galán en Jaca, que ha estado también peleando en la sierra de Madrid. Sus tropas son militares de reemplazo.

Líster, Arellano y Galán son miembros del partido comunista, que ve así reconocida su decisiva participación en la organización de milicias durante los primeros días del conflicto.

Pocos días después se decretará, sin que ello se refleje en publicaciones oficiales para no dar información al enemigo, la formación de las brigadas internacionales XI y XII mandadas por Kléber y Lukács y, de forma inmediata, la de otras diez brigadas, más tres internacionales suplementarias. Los números romanos se utilizan para designar las internacionales. Las brigadas españolas se numerarán hasta el 25, dejando libres los números comprendidos entre el 7 y el 10, que se supone van a corresponder al ejército del Norte, algo que resultará complicado por la compleja correlación de fuerzas que se produce entre el mando republicano y los nacionalistas vascos. A las reticencias de los nacionalistas no les van a la zaga las surgidas entre los cantonalistas asturianos y cántabros.[110]

En poco tiempo, la reorganización, o mejor dicho, la creación del ejército de la República que ha comenzado Largo Caballero va a suponer la puesta en marcha de un contingente de ochenta mil hombres encuadrados y entrenados. Los primeros de ellos acudirán a finales de octubre a defender Madrid.

Pero mientras este ejército se pone en pie, los republicanos tienen que seguir luchando con las columnas de milicianos. Hoy, Varela lanza una nueva ofensiva basculando el ataque al flanco derecho. Le toca operar a la columna Barrón, escoltada por el flanco por el coronel Monasterio y apoyada por una nueva columna, la del comandante José Ramón Pujalte, que acaba de llegar al frente. Tras veinticuatro horas de combate, que se inicia a tres kilómetros de Toledo, las fuerzas de Barrón toman Illescas, que está a menos de cuarenta kilómetros de Madrid. Monasterio, por la derecha, se hace con varios pueblos más de la margen derecha del Tajo, entre ellos uno de nombre simbólico: Azaña. Las fuerzas republicanas vuelven a huir en desbandada desde Illescas hacia la retaguardia.

La columna de Pujalte, que se queda en reserva tras apoyar a la de Barrón, está formada por el I tabor de Regulares de Larache, un tabor de la Mehal-la jalifiana también de Larache, y un batallón de Argel formado por soldados de reemplazo, además de una batería del 75. El batallón de Argel es el primero integrado por soldados de reemplazo que se suma a las fuerzas de choque africanas. Se da otra novedad importante: la incorporación de fuerzas de la Mehal-la jalifiana, que son dependientes del jalifa; es decir, que forman parte del ejército marroquí dependiente del sultán. Aunque España ejerce un protectorado sobre Marruecos, se mantiene un simulacro de soberanía que esta utilización rompe descaradamente.

José Asensio ve cómo sus líneas de defensa van cayendo una tras otra. Después del avance de hoy, que los franquistas no pueden explotar por falta de reservas suficientes, su línea queda establecida en un cinturón de un radio de entre treinta y cuarenta kilómetros en torno a la capital, con un entrante en cuña en Illescas. La columna Mangada, que manda ahora el comandante Manuel Márquez, está en Santa María de la Alameda; la de López-Tienda está en Brunete, aunque tan desorganizada que precisa el apoyo de una nueva columna, al mando de Eduardo Martín González, con casi dos mil hombres; en Navalcarnero está la de Sánchez Plaza; en Yuncos la del teniente coronel Mena, y en Algodor, la de Ricardo Burillo.

Asensio les ordena contraatacar en todo el frente. Las columnas lo hacen con tanta dureza como ineficacia.

Illescas ha caído.

La noticia le llega al gobierno de Madrid en un momento ciertamente inoportuno. El presidente de la República, Manuel Azaña, comparte con el gobierno la sesión matinal del estreno de un film soviético. Es en el cine Capitol, en la plaza de Callao. Una enorme muchedumbre aclama a los dirigentes republicanos. Y un satisfecho Jesús Hernández, ministro de Instrucción Pública, que patrocina el acto, recibe uno a uno a los políticos.

La película es del director ruso Vishnievski, y trata sobre los marinos de Kronstadt, sobre Petrogrado, sobre la disciplina que los comisarios soviéticos consiguen imponer entre los marinos, venciendo sus tendencias anarquistas y convirtiéndolos en un ejército disciplinado del pueblo capaz de vencer a los blancos. Al público no le hace falta mucha imaginación para comprender las similitudes con la situación de Madrid. Hay aplausos, vítores, exclamaciones de ira y de conmiseración según los avatares que se van narrando.

A media proyección, alguien le comunica a Azaña que ha caído Illescas. El presidente se levanta de su asiento y se marcha, convocando un consejo de ministros extraordinario. Le acompañan su fiel Giral, Indalecio Prieto y Juan Negrín, el ministro de Hacienda.

Sin más dilación, Manuel Azaña emprende viaje hacia Levante. Abandona Madrid.[111]

En la sala, cuando acaba la película, la orquesta que ha acompañado la proyección ataca *La Internacional*. El público la corea.

Petrogrado se ha salvado.

Illescas no.

El Pleno Nacional de la CNT logra llegar a un acuerdo. Las reticencias de los anarquistas catalanes a entrar en el gobierno español se han disuelto. No sólo porque ellos mismos ya han entrado en el gobierno catalán, sino porque entre los anarquistas cala la idea de que no se puede dejar a los comunistas el campo libre. La hostilidad entre unos y otros no es menor: para los anarquistas, la Revolución de Octubre ha traído a la URSS una dictadura a secas. La política comunista de Frentes Populares no les merece ninguna confianza. Tarde o temprano los comunistas intentarán hacerse con el poder y reeditar la experiencia bolchevique en España.

Tres hombres salen elegidos para negociar con Largo Caballero la posible incorporación y sus condiciones: Horacio Prieto, secretario general del Comité Nacional, Juan López y Pedro Falomir, secretario de la Federación Nacional de Obreros Ferroviarios.[112]

El presidente de la República, según todos los que le conocen, está deprimido. Todo lo contrario que José Enrique Varela, jefe del sector sur que ha tomado Illescas. Su humor es excelente. Tanto, que intenta aprovechar el hecho de que la línea telefónica que une el pueblo con la red general sigue abierta para hablar con Largo Caballero, fingiéndose un oficial republicano. No lo consigue, pero entre los suyos la chanza es muy celebrada.

Azaña está camino de Benicarló. Viajan con él José Giral y Manuel Irujo. Desde allí irán a Barcelona por deseo del gobierno. Francisco Largo Caballero debe de estar pensando en la posibilidad de que el gobierno se marche a Valencia. Y no desea coincidir demasiado con el presidente.

PARTE FRANQUISTA
Ejército del Norte
7 división. En el sector norte se rechazó otro ataque enemigo a Robledo de Chavela, haciéndole importantes bajas.

En el sector sur fue ocupado por nuestras tropas el pueblo de Illescas, causando al enemigo cuatrocientos muertos y cogiéndole una batería de tres piezas y numerosas municiones. En esta operación fueron derribados dos aparatos rojos.

PARTE REPUBLICANO

A las nueve de la noche

Frente del centro. En Somosierra, cañoneo intermitente sin consecuencias.

La artillería enemiga bombardea nuestras posiciones de Guadarrama desde las primeras horas del día, siendo contestada con fuego intenso de nuestras tropas, cuyos disparos han destruido un emplazamiento rebelde.

Las tropas fascistas continúan sus desesperados ataques sobre nuestras líneas del sector de Robledo de Chavela. Igualmente ha sido objeto de intenso bombardeo de aviación y artillería la columna leal del sector Olías-Bargas, que resiste con valentía las reiteradas agresiones enemigas.

En el sector de Sigüenza, las tropas leales han iniciado a primeras horas de la mañana un violento ataque, infligiendo a los rebeldes un duro castigo.

El enemigo se repliega precipitadamente, abandonando posiciones de importancia y bastante material de guerra. Las milicias de la República combaten con admirable entusiasmo y valentía.

19 de octubre

CUANDO MARCELINO DOMINGO SE DESPIERTA, el *Queen Mary* está parado; amanece sobre Nueva York, su primer destino en un viaje que será agotador, de punta a punta de los Estados Unidos de América. Domingo ha sido invitado a hacer una gira por el país a fin de atraer a la causa de la República a los norteamericanos, que tienen una imagen de la situación española muy mediatizada por la prensa más derechista: en España gobiernan los comunistas, se asesina a los curas y el país se fragmenta por los impulsos nacionalistas. Se trata, desde luego, de una imagen basada en hechos reales, pero exagerados y no contrastados con las acciones de los generales rebeldes.

Marcelino Domingo es presidente de Izquierda Republicana y ha sido, por muy poco tiempo, ministro de Estado en el gobierno de José Giral cuando se produjo la sublevación. Ha realizado ya algunas misiones internacionales. Junto con La Pasionaria, Jiménez de Asúa y otros políticos destacados, hace algunas semanas intentó convencer a los dirigentes franceses del Frente Popular para que apoyaran a la República y abandonaran la torcida neutralidad emanada de la doctrina de No Intervención acuñada por la diplomacia inglesa. Fue en vano. A pesar de las lágrimas de comprensión de Léon Blum, Francia cerró la frontera al tráfico de armas que podría haber compensado la venta que Alemania e Italia habían comenzado a hacer, desde el inicio de la sublevación, a Franco.

Pero en París conoció, con motivo de una reunión del Comité Mundial contra la Guerra y el Fascismo, a un activista llamado McLeod que le convenció para que presionara al gobierno republicano de hacer esta gira. Por fin, el embajador en París, Luis de Araquistáin, el hombre que compró las primeras armas en agosto, le ha comunicado hace una semana que debía hacer el viaje sin demora.

La política exterior de la República discurre en una sucesión de fiascos. No es sólo la actitud de Francia e Inglaterra. Es también la de Estados Unidos. El presidente demócrata, Franklin D. Roosevelt, practica un «embargo moral» que también perjudica claramente al gobierno legítimo. Mientras las petroleras surten a Franco, no existe posibilidad de comprar armas para el ejército republicano.

Durante un mes, Marcelino Domingo recorrerá universidades, centros cívicos y sedes de sindicatos para pregonar la justeza de la lucha republicana. Los resultados serán alentadores en el terreno personal gracias al calor de los miles de norteamericanos y canadienses que le escuchen. Pero desastrosos en el terreno diplomático. No habrá ningún cambio de política hacia España. El *lobby* católico que encabeza el senador Joseph Kennedy es muy poderoso y las noticias de asesinatos de religiosos son constantes.[113]

A Domingo le queda un consuelo: su viaje ayuda a que unos miles de jóvenes, escritores, trabajadores, estudiantes y desempleados, se inscriban en las brigadas internacionales que ha montado la Komintern. El guionista Alvah Bessie es uno de ellos; Jim Lardner, otro. Más escritores y periodistas americanos se incorporarán poco a poco a España para dar cuenta de lo que sucede en el país y ayudar a crear la imagen de la última guerra romántica, algo que sólo puede ocurrírsele a un entusiasta de la acción. Ernest Hemingway y John Dos Passos, entre ellos. El primer jefe del batallón Lincoln, como se llamará la primera unidad norteamericana de las brigadas, Robert Hale Merriman, irá a España desde Moscú, adonde ha ido para conocer el sistema soviético, que no le complacerá especialmente.

A marchas forzadas, sin descansar un minuto, se trabaja en la base de Los Alcázares, en Murcia, en el montaje de treinta aviones II-5. Son cazas muy ligeros y rápidos con un diseño peculiar: el morro está casi incrustado en el fuselaje.

Han sido desembarcados en Cartagena hace unos días. Y con ellos vienen los pilotos que los tripularán y los ingenieros y mecánicos que deben montarlos y encargarse del mantenimiento.

Ignacio Hidalgo de Cisneros, jefe de la aviación republicana, está eufórico. Con ellos podrán hacer frente a los Fiat que les han barrido del cielo. La aviación franquista bombardea Madrid con absoluta impunidad. Nada puede oponérsele. Quizás estos aviones rusos de último modelo.[114]

Con el ánimo menos soliviantado, Manuel Azaña se instala en Barcelona, adonde ha ido para acogerse a la hospitalidad catalana, aunque en su calidad de presidente de la República. Azaña se ha hecho acompañar por José Giral y Manuel de Irujo, un republicano y un nacionalista vasco. Ambos son hombres piadosos en el sentido más noble del término. Ambos ministros comparten con el presidente su sentimiento de que la guerra ha de tener un final que no implique necesariamente el exterminio del contrario. Azaña está claramente deprimido por el avance de las tropas franquistas hacia Madrid. Durante muchos meses ni siquiera escribirá su diario. Y tardará algún tiempo en hacer alguno de esos discursos que elevan el ánimo de los ciudadanos por su calidad literaria y su altura moral. Sus enemigos dicen que está asustado.

PARTE FRANQUISTA
Ejército del Norte
7 división. En el sector norte, los rojos atacaron la pasada noche nuestra posición del Puerto del Descargadero, siendo rechazados. Dejaron abandonados en el campo quince muertos.

En el Guadarrama fue atacada hoy la casa de las Campanillas, siendo repelido el ataque.

Se conocen detalles más concretos de las operaciones realizadas en el día de ayer en esta división. En el ataque que el enemigo llevó a cabo en la zona de Robledo de Chavela-Chapinería, abandonó en el campo 320 muertos y se le cogieron 210 fusiles, 4 ametralladoras, 46 cajas de municiones de fusil y 85 ametralladoras.

En el sector sur fueron ocupados, además de Illescas, citado en el boletín de ayer, los pueblos de Palomeque, Cedillo, Azaña, Pantoja, Alameda de la Sagra y Añover del Tajo.

PARTE REPUBLICANO
A las nueve de la noche
Frente del centro. Somosierra y Paredes de Buitrago comunican absoluta tranquilidad. Una pequeña columna de Guadarrama comunica un pequeño avance llegando hasta Casa de Campanillas, que es ocupada y haciendo cuatro bajas al enemigo.

Nuestras tropas de Las Navas han iniciado en la madrugada de hoy una incursión por Cerro Cartagena, sorprendiendo a un fuerte contingente faccioso que se retira precipitadamente dejando sobre el campo más de cien bajas, 82 fusiles, 4 ametralladoras, gran cantidad de municiones y 36 prisioneros. La actuación brillante del batallón Largo Caballero ha sido el principal factor de esta victoria, siendo a destacar el heroico comportamiento de su oficialidad, especialmente del capitán Carlos Avileida, muerto gloriosamente en esta acción.

El enemigo ha atacado con furia nuestras posiciones de Añover de Tajo, durando el combate más de cuatro horas. Las tropas leales conservan su línea intangible. Dos escuadrillas de aviones bombardean durante dos horas a los facciosos de Algor, con magníficos resultados.

En las primeras horas del día inician las tropas republicanas un avance por el sector de Sigüenza, entablándose un fuerte combate que duró varias horas con fases alternativas. A última hora de la tarde, nuestras tropas habían avanzado ligeramente sobre sus posiciones primitivas.

20 de octubre

LARGO CABALLERO, QUE HA TOMADO EL MANDO DEL EJÉRCITO y ha encuadrado a las milicias en la disciplina militar, no puede olvidar, sin embargo, que es preciso negociar con los partidos para que su posición sea sólida. Además, en su quehacer sigue habiendo una cierta desconfianza hacia los militares, pese a que muchos de ellos han dado pruebas sobradas de lealtad a la República.

En su nuevo organigrama, el Estado Mayor incorpora a civiles y, lo que es más sorprendente, incluso a extranjeros. El ubicuo agente de la Komintern, Carlos Contreras-Vittorio Vidali aparece como jefe de la primera sección, la de Organización. Y Emilio Kléber figura en la sección tercera, de Operaciones, aunque en pocos días dejará el cargo para dirigir la XI brigada internacional.

Vittorio Vidali, el comisario del Quinto Regimiento, no sólo ha sido uno de los principales organizadores de las disciplinadas milicias comunistas. Es, además, uno de los teóricos fundamentales que permiten a Largo Caballero crear el nuevo ejército. Sus artículos en el periódico diario del Quinto Regimiento, *Milicia Popular,* han servido para dar armas de convicción a los comunistas y al propio gobierno en el debate sobre el tipo de organización armada que hay que oponer al avance franquista.

La cuestión más importante que Vidali ha desarrollado es la de la necesidad de la disciplina. Lo que ha planteado el problema fundamental del ejército republicano: el respeto a los oficiales. Vidali-Contreras ha explicado a los comunistas que lo que diferencia a un oficial revolucionario de uno fascista es la relación con los soldados, no su capacidad técnica. Y sus órdenes deben ser obedecidas; jamás analizadas por comités. Las estruendosas victorias del pueblo en armas contra los sublevados en casi todas las grandes ciudades habían creado entre los milicianos la falsa sensación de que el valor y la determinación eran suficientes para vencer a un ejército. El avance del ejército africano carga de razón a Contreras. Su capacidad de organización ha brillado también en el desarrollo de las acciones culturales que se desarrollan por toda la retaguardia. Un auténtico modelo para todos. De su mano se han organizado las proyecciones de películas en la inmediata retaguardia, como *Kronstadt*, *Tchapaiev* o *El acorazado Potemkin*, que sirven para enardecer a los soldados. Y no es menor otra de sus acciones: la puesta en marcha en el mismo frente del bachillerato abreviado para los milicianos.[115] En el bando franquista se ven películas muy distintas. La más popular es *Tres lanceros bengalíes*. No es casual que su acción se centre en una aventura con tropas coloniales.

El teniente coronel de infantería Vicente Rojo ocupa el segundo lugar en el escalafón, tras el también teniente coronel Manuel Estrada. Rojo está hoy en el frente, a punto de entrar en combate con sus hombres en la carretera de Toledo.[116] Asensio ha organizado la que será su última ofensiva: el intento de toma de Illescas.

Desde esa noche, Jaime Renart ha decidido quedarse a dormir en el convento reconvertido en cuartel donde se acantona su batallón de bachilleres. Lo ha tenido que hacer utilizando todas sus artes de convicción, porque sus padres se oponen a que, a su edad, se meta de lleno en una guerra que causa cada vez más muertes.

En Madrid se respira la muerte. Hay ejecuciones diarias que raras veces asoman a los periódicos pero sí se narran y se multiplican en voz baja. Y de todas partes fluyen las espantosas noticias de lo que dejan tras de sí las tropas rebeldes en su avance.

Jaime se ha visto acorralado por la presión de sus padres y ha tenido que recurrir a un argumento decisivo: les ha llevado paseando desde su casa de la calle de Ponzano hasta la estación de metro de Quevedo. Allí abajo acampan cientos de personas que tienen el miedo y la desesperación grabados a fuego en la mirada. Son los refugiados, a los que hay que meter donde se pueda.

En Madrid va creciendo una ciudad subterránea.

Los padres de Jaime no saben oponerse a la decisión de su hijo, que cada vez está más próximo al Partido Comunista.[117]

PARTE FRANQUISTA
Ejército del Norte
7 división. El enemigo atacó Illescas, siendo repelido el ataque por nuestras

fuerzas, que causaron a aquél muchos muertos, cuyo número no se ha podido fijar todavía.

PARTE REPUBLICANO

A las nueve de la noche

Frente del centro. En Somosierra y Paredes de Buitrago, ligera acción de nuestra artillería.

En Guadarrama, un golpe de mano de un pequeño grupo de milicianos da por resultado la captura de un pequeño grupo enemigo de diez hombres con dos ametralladoras.

Nuestras fuerzas realizan al noroeste de Robledo de Chavela una incursión, produciendo al enemigo veintitantas bajas y quedando en nuestro poder seis prisioneros.

Tres fuertes columnas leales han iniciado en las primeras horas de la mañana de hoy un gran ataque en el sector del Tajo. El enemigo, tras una resistencia enérgica en la primera fase de la operación, se repliega con muchas bajas. Nuestra aviación actuó con cierta eficacia.

En el sector de Sigüenza, la artillería facciosa cañonea la posición de La Cabrera, no teniendo lugar durante el día de hoy movimiento importante en tropas de esta zona.

21 de octubre

EL AVANCE DE LOS REBELDES NO SE DETIENE más que para tomar leves respiros. Por la carretera de Toledo, los tabores de Regulares han alcanzado Illescas hace dos días. El pueblo forma un saliente incrustado en el frente enemigo, por lo que se puede realizar una maniobra envolvente que reviente sus defensas. El general Asensio convoca al teniente coronel Vicente Rojo, al coronel Ildefonso Puigdengolas y a Juan Modesto, al mando de tres columnas, para intentar retomar la población.

Rojo ha sido nombrado segundo jefe del Estado Mayor Central, pero es posible que ni siquiera conozca su nombramiento porque está embebido en los combates. De coordinar la acción de la unidad tan apresuradamente formada se ocupa el comandante Orad de la Torre, uno de los protagonistas de la toma en el mes de julio del Cuartel de la Montaña. A Rojo le corresponde atacar por el flanco izquierdo. Por el oeste lo hace Modesto. En las primeras horas caen Carranque y Ugena y las tropas comienzan a envolver la población, defendida por la columna Barrón, que cuenta con dos tabores de Regulares y una bandera de la Legión, además de un buen apoyo artillero. Los asaltantes duplican en número a los defensores moros y legionarios, pero éstos saben resistir bien, aunque sufren uno de los más duros castigos desde que iniciaron su avance en Sevilla. Barrón cuenta trescientas bajas en sus filas.

Asensio consigue una efímera gloria. El *ABC* comunica en sus crónicas: «Los augurios son excelentes; nuestras tropas inician la ofensiva. Madrid ya no espera al enemigo: va en su busca».[118]

Mientras se produce el ataque, la columna de Tella, apoyada por la caballería de Monasterio, toma Navalcarnero. Un nudo de comunicaciones realmente importante, a treinta kilómetros de Madrid, donde los milicianos apenas ofrecen resistencia. A la enésima voz de «copo» se retiran en desbandada, abandonando la triple línea de trincheras que envuelve el pueblo por el norte, oeste y sur. Una de las alambradas estaba, además, conectada a un cable de alta tensión. Y había tres baterías del 75, 105 y 155, dos cañones antiaéreos y varios blindados. Un imponente sistema de defensa que se ha desmoronado como si fuera de arena y en cuya construcción se habían aplicado cientos de voluntarios de las brigadas de fortificaciones siguiendo el diseño de Masquelet y las instrucciones del coronel Francisco Ardid.

En la toma de Navalcarnero aparecen por primera vez en el frente del centro los carros italianos Ansaldo, de poco más de tres toneladas y armados de ametralladoras. De la villa toma su nombre la compañía de carros que participa en la operación. Su capitán, Oreste Fortuna, veterano de la primera guerra mundial, resulta herido allí.

Los republicanos sufren doscientos muertos, por veinte de los franquistas.

Los del III tabor de Regulares de Tetuán han contado ciento veinticinco muertos y han tomado casi doscientos prisioneros. A cambio sólo han sufrido veinte bajas. La combinación entre las armas ha funcionado a la perfección. Las dos compañías que han realizado el asalto y han tomado, relevándose, las trincheras de vanguardia y las de segunda línea, lo han hecho protegidas por el fuego de la aviación, de la artillería y bajo el amparo de los carros.[119] Los oficiales comprueban con satisfacción que las instrucciones del mando son acertadas: los rojos no pueden soportar las maniobras de envolvimiento.

También han participado, pero en la defensa, dos compañías de las Milicias Vascas del coronel Alzugaray. Es su primer combate oficial. Y allí cae el capitán navarro Frutos Vida. Otro de sus capitanes, el vizcaíno Azkoaga, le seguirá muy pronto. Un tercer capitán, el tenor donostiarra Sansinenea, llegará a mandar el batallón.[120]

Sansinenea no es el único tenor que desempeña un papel destacado en la guerra. En el otro lado, Miguel Fleta presta sus servicios más entusiastas a Franco.

Navalcarnero está en Madrid y se asemeja a los pueblos toledanos del norte. Grandes extensiones de viña garnacha, olivos y trigo. Rebaños de ovejas churras. Un pueblo de la meseta castellana, con inviernos gélidos y veranos atosigantes, donde la mayoría de los hombres malvivían de los parcos jornales que los señoritos tenían a bien pagarles después de haberles seleccionado uno a uno cada mañana en la plaza del pueblo. Un pueblo que tiene una iglesia donde se casó Felipe IV. Allí hay un altar de plata que nadie ha destrozado pese a que el odio se haya desbordado tras el levantamiento de los militares. En julio y agosto se ha visto a grupos de milicianos arrastrando por las calles empedradas cuerpos sin vida de latifundistas.

La toma de Navalcarnero la lamenta especialmente Arturo Barea, que controla desde la Telefónica las crónicas de los corresponsales extranjeros a sus periódicos. Barea ha pasado una parte de su infancia en el pueblo, adonde le llevaban en diligencia en un viaje interminable que duraba casi una jornada desde Madrid.[121]

Pero la pérdida se llora especialmente en Alicante. Dos compañías completas del batallón alicantino han desaparecido.

Es posible que una de las dos muchachas, de apenas veinte años, a las que interroga el comandante Mohamed El Mizzian con el periodista americano John Whitaker como testigo, forme parte del contingente de Levante. Una lleva un carné sindical en su chaqueta de cuero; la otra dice que no tiene filiación política ninguna. Cuando el comandante moro ha acabado de sonsacarles información, las conduce personalmente hasta el edificio que ha albergado una escuela y se las entrega a los cuarenta mercenarios que están allí descansando. Los hombres las reciben con un coro de gritos. El periodista protesta, indignado, al oficial. Pero éste sonríe forzadamente y le «tranquiliza»:

—No vivirán más de cuatro horas.[122]

PARTE FRANQUISTA

Ejército del Norte

6 división. En el sector norte se ocuparon unas lomas que dominan el pueblo de Las Navas del Marqués que tenemos bajo nuestro fuego.

En el frente de Madrid se llevó a cabo un importantísimo avance sobre el campo atrincherado de Navalcarnero, ocupándose las tres líneas de atrincheramiento que rodeaban el pueblo.

El enemigo huyó a la desbandada ante el empuje de nuestras columnas, que le infligieron durísimo castigo, dejando en el campo numerosos muertos.

Aviación. Ha actuado intensamente en todos los frentes, cooperando a la acción de las columnas y realizando otros servicios de gran importancia.

Entre Illescas y Getafe nuestra caza ha derribado dos cazas rojos, uno caído en el mismo campo de Getafe y un Loiré que cayó en las inmediaciones de aquél. Se ha visto alejarse, con incendio de un motor, a un Potez rojo.

También ha sido atacado por nuestra caza un globo cautivo que había en Getafe, el cual, roto el cable de amarre, marchó a la deriva. Fue visto posteriormente por otra patrulla de caza a 4.500 metros de altura sobre Escalona. Alcanzado por los disparos, fue perdiendo altura dirigiéndose hacia el oeste.

PARTE REPUBLICANO

A las nueve de la noche

Sector del centro. En los sectores de la Sierra, fuego intermitente de nuestras baterías.

Las milicias de Las Navas son atacadas a primeras horas de la mañana con resultado negativo. El enemigo presiona, en cambio, con más intensidad el lugar meridional de este sector, entablándose un gran combate que ha finalizado a la caída de la tarde; nuestras tropas lucharon con valentía para neutralizar la enérgica acción de las tropas rebeldes.

El enemigo ha intentado un avance por Torres de Sabiñán y Mirabueno, en el sector de Sigüenza. Las fuerzas leales contraatacan furiosamente destruyendo el contingente faccioso y capturándole prisioneros y material de guerra.

22 de octubre

LOS VOLUNTARIOS INTERNACIONALES CONVOCADOS por la Internacional Comunista para luchar por la causa de la República están concentrados ya por centenares en Albacete. La decisión del gobierno de aceptar su incorporación al nuevo ejército republicano ha sido tomada hace tiempo por la propia fuerza de los hechos. Pero hoy se consuma oficialmente. Una delegación formada por el italiano Luigi Longo, el francés Pierre Rebière y el polaco Wisniewski se reúne con Largo Caballero para solicitarle autorización para la formación de unidades de voluntarios. La reunión ha sido aconsejada por José Díaz a Longo[123] para no provocar tensiones innecesarias.

Los comisionados se ponen «a disposición del gobierno republicano y a las órdenes de su Estado Mayor para combatir contra los generales rebeldes y el fascismo español e internacional ... de acuerdo todos en no hacer bandería de España por ninguna de las corrientes, sino únicamente por la causa republicana y antifascista que a todos nos une». Los soldados internacionales no llevarán banderas distintas a las de las unidades españolas. Su bandera será la de la República. Y en su guerrera no lucirán otra distinción que la estrella de tres puntas. Son unidades del ejército popular.

Albacete está repleto de internacionales desde hace diez días. Es la primera comunicación oficial al gobierno de que se está constituyendo un ejército de ese tipo. Largo Caballero recibe con frialdad y distancia a los comisionados. Pero no puede rechazar una ayuda semejante. El poder del Quinto Regimiento es un hecho con el que tiene que lidiar, aunque no le guste. Les remite a Diego Martínez Barrio, que es el delegado del gobierno para constituir las seis primeras brigadas. Él se encargará de suministrarles armamento y provisiones.

Hoy se hace oficial la existencia de las brigadas. Tendrá que pasar un año, sin embargo, para que se publique su estatuto. De forma irónica, su adscripción al ejército de la República se hará «en sustitución de la Legión Extranjera». El Estado republicano apenas se está recomponiendo, pero la burocracia ya usa sus guiños y su picaresca presupuestaria.[124]

Desde el principio de la guerra, la República ha recibido la ayuda de voluntarios de muchas nacionalidades. En los primeros momentos, se constituyeron pequeñas unidades con los participantes en las Olimpiadas Populares de Barcelona, un evento que respondía a la organización en Berlín por parte del gobierno nazi de la Olimpiada oficial. Los atletas se apuntaron en gran número a las milicias de todo tipo que se crearon en el territorio republicano.

En Aragón ha combatido una centuria formada por ingleses bajo el nombre del escritor alemán Thomas Mann, completamente enfrentado al régimen hitleriano. Uno de sus organizadores, el poeta John Cornford, está ahora en Albacete. También comenzó a combatir en Aragón Nino Nanetti, que lucha ya en el frente de Guadarrama y será nombrado jefe de la 35 brigada mixta. Y los alemanes de la centuria Thaelmann, encabezados por Hans Beimler, en Albacete.

Beimler, comisario político de la brigada que mandará el general Kléber, tiene algo más de cuarenta años. Ha participado en su juventud en la revolución de 1918 en Alemania, y en la insurrección fracasada de 1921, por la que estuvo dos años en la cárcel. En 1930 fue elegido diputado. Hitler le metió en un campo de concentración de trágico nombre, Dachau. Pero logró escapar de allí y escribir la primera denuncia pública sobre los campos de exterminio nazis. Está en España desde finales de julio.[125]

Los primeros batallones de la brigada que van a constituir los alemanes están formados por «hombres indestructibles» como Beimler.[126] Han conocido la guerra, las huelgas, las luchas callejeras, la clandestinidad, la prisión, la tortura, la miseria, la emigración forzada en los turbulentos años del primer tercio del siglo en Europa. No tienen una gran formación militar, pero sí una fe revolucionaria a toda prueba.[127] Con ellos hay algunos ingleses como Esmond Romilly, sobrino del gran enemigo del comunismo, Winston Churchill.

En Madrid también están, desde que cayó Irún a principios de septiembre, los voluntarios de las centurias Gastone Sozzi y Comuna de París, italianos y franceses, y los polacos, húngaros y búlgaros de las agrupaciones Dabrowski y Rakosi. Todos ellos se retiraron combatiendo hasta la frontera francesa y volvieron a España a continuar la pelea.[128]

Pero ahora es muy distinto. No por lo que se refiere a los combatientes. Todos ellos responden a los mismos tipos sociales: sindicalistas o activistas políticos muy motivados, fervientes antifascistas, educados en el internacionalismo, que interpretan la lucha de los izquierdistas españoles como su propia lucha. Lo que cambia es la forma de reclutamiento. Ahora es más sistemática, está alejada del voluntarismo que ha llevado, por ejemplo, a los cubanos que residían en Madrid y se reúnen en el hostal La Cubana de la calle del Carmen a sumarse a las filas del Quinto Regimiento o a la toma del Cuartel de la Montaña antes de que hubiera el menor amago de ejército popular.

La Internacional Comunista ha abierto un banderín de enganche que colma todas las aspiraciones de los que luchan por la revolución universal. Con un elemento añadido de gran importancia: no se exige la militancia comunista y se defiende un sistema democrático frente a la agresión fascista. La Internacional Socialista, sin embargo, no está a la altura. En su seno, y para gran disgusto del PSOE, hay discrepancias que impiden la unidad de acción para apoyar a la República española que, para más inri, está gobernada por una coalición que presiden los socialistas. Los laboristas ingleses y los socialistas franceses apoyan personalmente la lucha de sus camaradas españoles, pero no toman una decisión corporativa que les implique en una unidad de acción con los comunistas. La Internacional Obrera Socialista se ha negado a ello a primeros de octubre. La dependencia de Léon Blum de la política británica de No Intervención ha sido un factor clave para esta negativa.

Las brigadas internacionales que hoy se crean oficialmente se nutren, sobre todo, de combatientes comunistas, pero también de socialistas de muchos países. Por los pasos catalanes de la frontera con Francia, cientos de hombres se van incorporando a la llamada de Dimitrov, el dirigente comunista búlgaro que se ha cubierto de gloria luchando contra los nazis.

Desde París, los encuadra Josif Broz, «Tito», que será el gran héroe de Yugoslavia contra los nazis. En la frontera les reciben comisionados de la Internacional como el omnipresente comandante Carlos.

En Albacete están esperándoles hombres como Luigi Longo y, sobre todo, André Marty, un hombre implacable, duro hasta la crueldad. Los dos son funcionarios de la Komintern y realizan una tarea de selección muy cuidadosa porque no están dispuestos a que haya infiltraciones entre los voluntarios.

Los voluntarios son de cincuenta naciones distintas. Sobre todo franceses, que alcanzarán la cifra de diez mil. Habrá dos mil alemanes, más de un millar de austriacos, dos mil ingleses y llegarán dos mil quinientos norteamericanos. Y abundan los polacos y húngaros, que son, como los alemanes, hombres que no pueden volver a su país, donde están condenados a muerte por los regímenes fascistas que los gobiernan.

La variopinta procedencia de los hombres provoca, o más bien agudiza, problemas de organización. ¿Cómo manejarse con decenas de lenguas distintas? Resulta inevitable encuadrarles en unidades que concentren al máximo los idiomas. John Cornford, Bernard Knox y los otros ingleses que se han adelantado a sus compatriotas en llegar a España, se integran en la agrupación franco-belga. No entienden casi nada de español.

Los obreros franceses de la Renault y la Citroën de París se afanan en reparar automóviles requisados que les llegan en un estado lamentable. Otros se desesperan intentando montar un buen servicio de correos, imprescindible para mantener la moral de las tropas. Y hay que hacer un profundo trabajo político. Puede ser que entre los voluntarios haya espías enviados por las organizaciones fascistas. Los más fieles a Stalin incluyen en esta categoría a los voluntarios trotskistas.

Pero en esta preocupación no todo es paranoia estaliniana. En ocasiones, los traidores lo son de verdad. El francés Henri Dupré está integrado en la brigada francesa. Está con él una veintena más de miembros de La Cagoule, una organización terrorista de extrema derecha. Su misión consiste en entorpecer la acción de los internacionales. Una vez conseguida la confianza del propio André Marty, Dupré busca el lugar donde pueda hacer más daño:

> Me he reservado un deber personal: la dirección de dos servicios, el de los trenes de combate, sean de municiones o de armas, y el de intendencia, que se ocupa de la alimentación y de los forrajes.
> Sin tren de combate y sin intendencia, no hay combatientes. Tren de combate e intendencia son los pulmones de la tropa.[129]

Dupré conseguirá, entre otras acciones, sabotear las treinta y seis ametralladoras que lleva el 9 batallón italiano de la XIII brigada en su primera acción en el frente de Córdoba. Logrará infiltrarse en el Estado Mayor de Kléber y se escapará de España en 1937. En 1950 será ejecutado en Francia por sus actividades a favor de los nazis durante la ocupación.[130]

Marty, que es quien le ha dado acceso a los puestos de mayor confianza, no tiene mucha vista. El hombre que se ganará el apodo de «el carnicero de Albacete» se mueve cambiando de chófer de forma constante, sin llevar horarios. Y nombra para cada función a personas de su más estricta fidelidad aparente. De Marty es la frase «nada de mujeres y, sobre todo, de aventureros». Pero lleva a su compañera, a la que hace responsable de la sanidad internacional... hasta que Pauline se fuga con un oficial español.

Lo que resulta más costoso es convencer a los hombres de que no necesariamente toda decisión debe tomarse después de discutirla en asambleas. Los voluntarios son hombres curtidos, de fuerte tradición política, y reclaman discusión para que se tome cualquier decisión de cualquier tipo. El caldo de cultivo en el que han caído no puede ser, además, peor. La cultura de los soldados españoles durante esos primeros meses de guerra está aún muy influida por las decisiones asamblearias. Para Luigi Longo y André Marty, este objetivo es fundamental: hay que convencer a los voluntarios de que la guerra exige disciplina, de que los jefes no deben ser elegidos por los soldados. De que, en el frente, el oficial debe obtener una obediencia ciega.[131]

Los voluntarios internacionales no se enfrentan sólo a la más o menos liviana persecución fronteriza de las autoridades francesas. Los anarquistas españoles, que controlan en gran parte Cataluña, se oponen a veces a la incorporación de los comunistas a la lucha en España.

Eduardo Mangada es un niño, sobrino del coronel Julio Mangada, que lucha en la sierra de Madrid. Viaja en un convoy médico de las brigadas internacionales que logra cruzar la frontera francesa con destino a Valencia. Su padre es médico y su madre enfermera. El convoy es detenido antes de llegar a Figueras por el fuego de un destacamento anarquista, que les tirotea durante dos días hasta que son rescatados por fuerzas gubernamentales.[132]

Hay órdenes directas de la FAI de impedir el paso a los comunistas por la frontera. Órdenes «a los delegados de frontera para que no permitan el paso de voluntarios». Llega a haber mil de ellos detenidos en la frontera.[133]

La FAI, Federación Anarquista Ibérica, es la organización más política entre todas las que responden al credo libertario. Fue fundada hace nueve años en Valencia con el ambicioso objetivo de unificar a todas las fuerzas anarquistas. Durante años, la represión de la derecha ha ayudado a que se convierta en una organización de extrema violencia, comandada por hombres de acción como Durruti, Ascaso, García Oliver y muchos otros.

Los anarquistas de la frontera que han recibido las instrucciones de la FAI tienen, como casi todos los libertarios, una gran prevención hacia los disciplinados voluntarios comunistas, «los chinos», que vienen a luchar junto a ellos. Pero no sólo vienen ellos. Hay muchos socialistas en las brigadas, aunque son casi de segunda fila.

En París, en la Maison de la Mutualité, se reúnen las direcciones de la Federación Sindical Internacional y la de la Internacional Obrera Socialista. De sus dicusiones surge un llamamiento para intensificar la ayuda a la República.

Según las conclusiones de esa reunión, el tratado de No Intervención ha sido un fracaso debido a las constantes infracciones de los nazis y los fascistas en su abierto apoyo moral y material a Franco. El acuerdo «ha quedado destruido por los aviones, por los tanques y por los cañones entregados por los Estados fascistas a la sedición militar española».

El gobierno conservador inglés no va a cambiar de rumbo, como señala el Partido Laborista, porque «el perro no se come al perro y los conservadores ingleses, pese a su formal respeto de la democracia, no dudan ni un momento cuando se trata de elegir entre Largo Caballero y Franco».

En Francia, las posibilidades de acción de la clase obrera son más vastas, pero el gobierno de Léon Blum está atado de pies y manos porque sus socios radicales harían hundirse el Frente Popular si los socialistas se decidieran por abrir la frontera a los suministros que la República demanda con angustia.

Queda la URSS. Los socialistas llaman a formar un solo bloque tras España y la Unión Soviética: «Llegamos a un punto culminante de la lucha entre el fascismo y antifascismo que ha pasado ya del plano nacional al internacional. O nos enfrentamos resueltamente con el enemigo, sin ceder ante el chantaje del miedo, o con España perderemos, tal vez para algunas generaciones, las posibilidades de construir una Europa libre y socialista».[134]

Una declaración solemne de impotencia. Los socialistas no son capaces de conseguir que aquellos gobiernos que presiden se vuelquen en ayuda del país donde se decide la lucha entre el fascismo y el antifascismo.

Al general Asensio Torrado se le ha acabado el tiempo. La ofensiva sobre Illescas ha sido un nuevo fracaso. A Asensio no le ha salido bien ni una sola operación. Los comunistas le llaman «el general de las derrotas». Largo Caballero, que ha sufrido muchas presiones para apartarle del mando, ya ha tenido que ceder, aunque le mantiene como subsecretario de la Guerra. El nuevo jefe del TOCE es el general de caballería Sebastián Pozas. El general Miaja pasa a ocupar su puesto, como jefe de la 1 división orgánica de Madrid, un empleo de carácter fundamentalmente burocrático.

Sebastián Pozas ha sido un hombre clave en la resistencia a la sublevación. Estaba al mando de la Guardia Civil cuando se produjo el levantamiento y a él se debe que la mitad del cuerpo permaneciera leal a la República. Él ha sido quien le ha cambiado el nombre por el de Guardia Nacional Republicana. También desempeñó un papel fundamental en Madrid, entregando armas a las milicias para desbaratar la rebelión de los cuarteles de la ciudad.

Pozas es uno de los miles de españoles que viven situaciones desgarradoras. Su hermano menor, el teniente coronel de infantería Gabriel Pozas, se unió a los sublevados el 17 de julio en Pamplona y es ahora el ayudante del general Mola. Los dos hermanos están frente a frente en la sangrienta pugna por Madrid.[135] No es un caso único: el jefe de la aviación republicana, el coronel Ignacio Hidalgo de Cisneros, tiene un hermano también militar que es oficial en una de las brigadas de voluntarios navarros. La sublevación ha partido al ejército español en dos mitades. La única diferencia entre una y otra es que en el lado franquista lucha el único ejército que era realmente operativo en julio, el de África.

La guerra civil no sólo enfrenta hermanos contra hermanos en sentido figurado. Hay muchos hermanos de sangre que se obstinan en matarse entre sí.

PARTE FRANQUISTA
Ejército del Norte
7 división. En el frente de Ávila se han ocupado Las Navas del Marqués y se prosiguen las operaciones de limpieza de la bolsa de El Escorial.

En el frente Aranjuez-Illescas ha sido rechazado un ataque enemigo sobre este último pueblo. Se le hicieron numerosísimas bajas vistas.

División de Soria. En el frente de Guadalajara, en dirección a Madrid, se ha llevado a cabo un importante avance, ocupándose brillantemente todos los objetivos y cogiendo al enemigo numerosos muertos y municiones.

Actividad de la aviación. La aviación bombardeó en varios frentes concentraciones enemigas e hizo los reconocimientos y servicios ordenados.

Como caso excepcional se consigna que en el día de hoy no se derribó ningún aparato al enemigo.

PARTE REPUBLICANO
A las nueve de la noche
Frente del centro. En Somosierra, ligero tiroteo de fusil y ametralladora con las avanzadas enemigas.

Por un golpe de mano de nuestros milicianos de Villamanta se logró la captura de dos camiones y una ametralladora.

La aviación rebelde bombardeó Móstoles y las posiciones de todo este sector.

En las primeras horas de la mañana, el enemigo emprendió una fuerte ofensiva contra Catalina y La Cabrera, del sector de Sigüenza. Las fuerzas leales realizaron un violentísimo contraataque, destrozando con fuego de artillería y ametralladora dos escuadrones de caballería fascista. El enemigo ha dejado en el campo 125 bajas en esta acción.

23 de octubre

En Berlín, Hitler cierra en secreto el solemne pacto anti-Komintern que firma con Japón. Italia, que actúa de forma más descarada que Alemania en la guerra española, se retrae, sin embargo, de la firma. Mussolini no quiere provocar demasiados recelos en Gran Bretaña. Pese a ello, consigue de Hitler un protocolo también secreto. El dictador alemán reconoce ante Ciano que el Mediterráneo es en realidad «un mar italiano».[136]

El acuerdo germano-japonés se hará público a fin de mes. No así el protocolo que concede a Mussolini sus deseos marítimos.

Hoy, Franco hace un estreno. Los aviones alemanes Junker 52, pilotados por aviadores de la Legión Cóndor y por españoles, bombardean Getafe y Madrid. En Madrid pretenden dañar instalaciones importantes como la estación del Norte y la Compañía del Gas. Pero en Getafe quieren sólo sembrar el terror. Las bombas caen en el centro del pueblo.

Desde el comienzo de la guerra hasta hoy no había habido más que una incursión aérea, la noche del 27 de agosto. Otro Ju-52, en el que volaba como observador el as de la aviación franquista, Joaquín García Morato, arrojó algunas bombas sobre el Ministerio de la Guerra desde una altura de 500 metros. Fue una acción de sorpresa que las autoridades consideraron aislada.

Ya ha habido bombardeos importantes sobre ciudades republicanas, por lo que no se podía descartar la posibilidad de que se produjeran sobre Madrid. Para evitarlo se dispone de muy pocos medios. Apenas hay artillería antiaérea y la aviación propia es muy inferior a la franquista. Queda la defensa pasiva: las sirenas de los motoristas que avisan a la población. Pero de nuevo la sorpresa ha sido total.

Para conseguir que haya menos posibilidades de defensa, la caza franquista ha derribado dos globos de observación en la Casa de Campo.

En la decisión franquista de utilizar los bombardeos contra la población civil agrupada en ciudades pesa una convicción, la ya anunciada por el italiano Giulio Douhet hace unos años en el sentido de que «el terror contra los civiles podrá convertirse en el futuro en un medio para doblegar la voluntad del adversario».[137]

Los aliados italianos y alemanes de Franco consideran que es una buena solución. El jefe de la aviación franquista, Alfredo Kindelán, reconocerá que también Franco lo piensa.[138]

En la estación del Norte se concentran los doscientos integrantes del batallón ferroviario encuadrado en la columna Comuna de París. Los ferroviarios llevan tiempo haciendo la instrucción, aprendiendo a manejar el fusil, a tirar granadas y, sobre todo, fortificando las instalaciones de la estación, un lugar vital para la ciudad. Cuando los aviones pasan, volando a muy baja altura y comienzan a caer las bombas, las defensas saltan por los aires, el tejado se derrumba con estrépito, los tabiques se hunden, y nubes de polvo y humo lo cubren todo. Un soldado maneja desde la terraza central una ametralladora de pequeño calibre. No se inmuta al paso de los aviones, no se retira de su puesto, y desgrana sin cesar las cintas de la máquina contra los aparatos que siguen pasando con impunidad sobre las instalaciones. El hombre se convierte en un ejemplo para todos. Ha aguantado en su puesto con firmeza, defendiendo el trabajo de los doscientos integrantes de la unidad.[139]

Desde hoy, se ha acabado el colegio para muchos niños en Madrid. Olegario Trapero no volverá a pisar las aulas del grupo escolar Miguel de Unamuno. Su padre se lo impide para evitar el riesgo de un bombardeo. Olegario seguirá estudiando en casa. Con algunos libros y el periódico. El centro de enseñanza se seguirá llamando así, a pesar de que Unamuno esté con Franco y de que haya sido desposeído, de manera solemne, de todos los honores que la República le ha concedido. Quizá la burocracia. En estos momentos, en Madrid no hay mucho tiempo para dedicarse a esas cosas. Y, además, el colegio ya casi no funciona porque muchos niños han dejado de ir. Cuando las clases se suspendan definitivamente, las instalaciones del grupo escolar se utilizarán como almacén de víveres. Al final de la guerra, los vencedores lo reconvertirán en un campo de concentración.[140]

Para otros, se ha acabado la guerra al tiempo que la vida. En Preciados, en Fuencarral, en la calle de la Luna, caen las bombas. De una cola formada por mujeres que intentaban comprar alimentos, «sólo quedan trozos de carne quemada, hacinamiento de cadáveres».[141] La frase de resistencia acuñada por La Pasionaria, «preferimos ser viudas de héroes antes que esposas de cobardes», pierde su sentido en las calles. Las mujeres son las que caen allí destrozadas por la metralla.

Unas colas que se vuelven trágicas pero que crean su propia picaresca, muy madrileña. Lorenzo Portero coge la costumbre de ponerse el primero cada vez que las mujeres huyen despavoridas por una alarma. Eso le cuesta muchos pescozones.[142]

Por la noche, vuelven los aviones a soltar su carga de bombas. A partir de ese día, salir a la calle es salir «a una oquedad, un pozo de sombra, un túnel permanente».[143] Hay que dormir vestido, presto a levantarse a la primera señal de alarma, que dan en cada casa los vecinos encargados de hacer las guardias. Ya no hay serenos que dispongan de las llaves de las viviendas y puedan despertar a sus habitantes. Su eliminación ha sido obligada para asegurar que nadie puede entrar a hacer un registro sin la orden correspondiente.

No todas las noticias son de sangre. Ya se sabe en Madrid que cuatro mujeres de la familia del ministro sin cartera, Manuel Irujo, han sido canjeadas y han pasado a Francia. Entre ellas está su madre.

Es el primer canje que se produce entre las dos zonas. En ambos lados hay prisioneros que son auténticos rehenes y que van a ser utilizados como moneda de cambio. La familia de Miaja está en Melilla, donde el gobernador franquista ha amenazado con matar a todos aquellos que están en sus manos como se produzca un solo bombardeo.

En el lado republicano no siempre se consigue controlar la situación de los no combatientes. La única vía que tienen para sentirse del todo seguros quienes están muy claramente señalados como simpatizantes de Franco es la de refugiarse en una embajada. Hay entre siete y ocho mil personas hacinadas en las representaciones diplomáticas que los admiten. Cuando la Cruz Roja Internacional consiga mediar para que haya canjes, los que estén en la lista saldrán con un salvoconducto desde Madrid hasta Valencia, donde embarcarán con dirección a Marsella en buques ingleses o argentinos casi siempre.

La columna del teniente coronel Barrón, que ha defendido durante cuatro días la zona de Illescas, contabiliza trescientas bajas como resultado de los combates. Los números indican que algo está cambiando. Los franquistas no están acostumbrados a perder tantos hombres en combate con los milicianos.[144]

Mientras las bombas caen en los barrios populares de la ciudad, la prensa franquista da cuenta de que Franco ha encargado a José María Pemán «la simpática misión de dar oportunamente a España la noticia de la toma de Madrid».[145]

No todas las misiones son tan simpáticas. Quedan muchas cosas por atar en el bando franquista. Entre otras, las relaciones del nuevo poder del Generalísimo con sus partidarios armados. Las milicias falangistas y requetés suman entre una cuarta parte y un tercio de los efectivos de combate de los sublevados. En muchos casos, los milicianos falangistas y carlistas combaten en primera línea. En otros, y sobre todo en el frente más activo, el del centro, permiten a los militares que se dediquen al frente porque ellos se ocupan de la seguridad y la «limpieza» de la retaguardia. Desde el principio del levantamiento, cada uno de los voluntarios cobra tres pesetas diarias con cargo a las arcas del gobierno de Burgos. Y los oficiales que mandan las fuerzas son de carrera.

La Junta Central Carlista de Guerra envía hoy, desde Pamplona, una carta a Franco en la que pide que se formen unidades de requetés que tengan mandos propios, que se formen unidades mixtas con artillería y otras armas, y que se equipare la situación de oficiales y suboficiales a la de los del ejército.

El cuartel general de Franco no coincide en absoluto con la propuesta, sobre todo por lo que se refiere a la oficialidad. Los requetés, como los falangistas, seguirán creando unidades de tipo batallón con el nombre de banderas, los suboficiales podrán ser de esa extracción ideológica, pero los oficiales serán militares designados por el ejército.[146]

Franco sabe que aún está por resolver esa cuestión, que ya complicó el propio levantamiento, cuando los carlistas hicieron que se retrasase la fecha en más de una ocasión discutiendo con el republicano Emilio Mola sobre la obediencia de sus huestes a los generales.[147]

En la petición de los carlistas, como en las ansias de los falangistas, hay una reivindicación de que se plasme su poder en las nuevas estructuras, primitivas, que monta Nicolás Franco. Las manifestaciones políticas de sus organizaciones están muy limitadas, una vez exprimidas las vociferantes expresiones patrióticas. Sus dirigentes no pueden hablar de la forma en que se debe construir el nuevo Estado, por ejemplo, en una acción «unitaria» que los militares han impuesto. No pueden existir discrepancias políticas públicas en la zona controlada por Franco, por muy legítimas que éstas sean. Desde el 25 de septiembre, la Junta de Defensa Nacional ha prohibido toda propaganda política, incluso la que persigue los «más altos móviles».[148]

Carlistas y falangistas desean que su presencia se manifieste en una especie de ejércitos paralelos, aunque estén subordinados al mando supremo, que sustituyan esa falta de discrepancia política. Cuando se acabe el poder «temporal» de Franco, las milicias serán la palanca de lanzamiento de sus propuestas.

Las otras milicias, muy minoritarias, no dan al Caudillo la menor preocupación.

PARTE FRANQUISTA

Ejército del Norte

Sin novedad en todos los frentes de la zona de este ejército.

Actividad de la aviación. La hubo en todos los frentes, bombardeando los objetivos que el mando había señalado. Dos globos que el enemigo tenía en la Casa de Campo han sido atacados e incendiados por nuestros aparatos. Parece que no se trata de globos cautivos pues después de destruidos se pudieron apreciar restos de estructuras metálicas.

El enemigo no ha dado muestras de actividad aérea en toda la jornada del día de hoy.

PARTE REPUBLICANO

A las nueve de la noche

Frente del centro. En los sectores de la Sierra, tranquilidad, sólo alterada por el ligero tiroteo con las avanzadillas.

Nuestra artillería ha sostenido un fuerte duelo con las baterías facciosas en el sector occidental de este frente. Una importante concentración enemiga atacó con fuego de fusil y ametralladora a las columnas leales de la zona de Illescas, siendo rechazada sin que hayan alterado las posiciones.

Una escuadrilla de aparatos enemigos ha intentado en dos ocasiones el bombardeo de los alrededores de Madrid, siendo rápidamente ahuyentada por el fuego de las baterías antiaéreas que defienden la ciudad.

24 de octubre

MIRALCAMPO ES EL NOMBRE DE LA FINCA QUE TENÍA EL CONDE de Romanones en Guadalajara. La finca sigue existiendo, pero ahora ya no es del conde. Está ocupada por la CNT, que la explota y surte de frutas y verduras a los camiones que vienen a buscar productos alimenticios para Madrid.

En la finca está destinado por la organización Roque Arjona, un valiente miliciano del barrio de Las Ventas de Madrid que, incapacitado para combatir a causa de un fuerte reuma que casi le impide moverse, desempeña funciones administrativas. Roque atiende al apodo de «Roquito el bien hecho» porque tiene un cuerpo de buenas proporciones, aunque de muy reducido tamaño. Dolores González, su compañera, piensa que el apelativo está bien puesto aunque ella le llama sólo Roquito.

Roquito le da al flamenco. Tiene amigos gitanos y pasa con ellos estupendos ratos cantando. Uno de ellos está en la cocina con Dolores, Roquito y su hermana Francisca. Y les pide la atención debida para cantar unas coplas: «Coloca petardos y el puñal. / No tengas conciencia que tanto canalla mata tu cuerpo sin piedad, / sin piedad. / Con las armas en la mano los penales y las cárceles he de abrir, / y liberar a nuestros hermanos...».

Francisca, asustada de los petardos y los puñales, le pregunta:

—¿Todo eso vais a hacer?

—¡No, mujer, eso no se hace, por Dios!

A muchos cenetistas les espanta la violencia revolucionaria que practican sus camaradas.[149]

El gobierno de la República recibe con alguna inquietud la noticia de que la Generalitat ha publicado un decreto por el que disuelve el Comité de Milicias Antifascistas para proceder a la militarización de las milicias catalanas.

Hasta ahí, todo va en consonancia con la doctrina ya clara del gobierno en el sentido de avanzar en la dirección de formar un ejército profesionalizado y de mando único. El problema consiste en que se nombra a Vicente Guarner como jefe del Estado Mayor, un militar de evidente ideología nacionalista. Su nombramiento no ha sido consultado con el Ministerio de la Guerra.

La aparente adecuación de las autoridades catalanas a las necesidades de la defensa común, que se había plasmado sólo unos días antes en la reclamación pública y oficial de un solo ejército y una coordinación a todos los niveles, se desmorona por momentos. Pero la República aún no tiene capacidad para reclamar nada. Si acaso, para pedir. ¿Con qué fuerza puede intervenir el gobierno en Cataluña para frenar una alteración tan evidente de la Constitución y del Estatuto si apenas puede controlar a las milicias del centro?

PARTE FRANQUISTA
Ejército del Norte
7 división. Nuestras tropas, continuando su avance victorioso hacia Madrid, han ocupado Borox, Esquivias y Seseña.

El enemigo, que se presentaba por oleadas llegadas en columnas de camiones de Madrid, ha sufrido grandes pérdidas, cogiéndosele más de trescientos muertos, entre ellos un teniente coronel y varios oficiales, así como ametralladoras, camiones, carros blindados, fusiles y municiones.

Se ha dado el caso, que demuestra hasta qué punto llegan los rojos en sus bajezas y canalladas, de haberse cogido prisioneras varias muchachas de porte distinguido a las que habían obligado a ir al frente y que de rodillas pedían a nuestras fuerzas amparo y protección que, naturalmente, se les concedía.

Actividad de la aviación. Se han efectuado bombardeos en los lugares ocupados por las guardias, posiciones y núcleos enemigos, así como las vías de comunicación con los frentes, causándoles importantes bajas.

PARTE REPUBLICANO
A las diez menos cuarto de la noche
Frente del centro. En los sectores de la Sierra, cañoneo de la artillería leal sobre algunas concentraciones enemigas.

Las tropas facciosas presionan sobre nuestras posiciones de las zonas de Santa María de la Alameda y Torrejón de la Calzada.

Asimismo han atacado con caballería y fuego de ametralladora a las fuerzas que operan en el sector de Toledo, siendo rechazadas después de un combate de algunas horas.

Varias patrullas de caballería propia han actuado por Sonseca, capturando víveres, municiones y siete prisioneros.

25 de octubre

En la Sierra, el combate arrecia. Las unidades del ala izquierda franquista hacen todos los esfuerzos por avanzar en dirección a Madrid. Pero la resistencia de los hombres de Mangada es feroz. Al norte de Navalcarnero, en la zona de Sevilla la Nueva, la columna de López Tienda sufre también fuertes ataques.

López Tienda es uno de los hombres que participaron, junto al capitán Bayo, en la frustrada toma de Mallorca. Después de la aventura, que estuvo a punto de desatar un serio conflicto entre el gobierno y la Generalitat, se vino el 9 de septiembre a Madrid al frente de la columna Llibertat formada casi enteramente por catalanes, comunistas y ugetistas, aunque no falta alguna compañía de anarquistas de Pestaña. Y, desde luego, los ochenta italianos de la Gastone Sozzi, los franceses de la centuria Comuna de París y los cuarenta eslavos de la Dabrowski. Su columna es ahora una de las más nutridas entre las que defienden Madrid. Tiene más de cinco mil hombres que vienen ya de otras procedencias. Hay guardias civiles, voluntarios extremeños y comunistas de Madrid.

En Madrid hay muchos voluntarios catalanes. Las reticencias y malentendidos que se producen entre el gobierno central y el de Companys no tienen un reflejo abstencionista entre los combatientes. En Barcelona corre ya el eslogan movilizador «Cataluña se defiende en Madrid», que apoyan incluso anarquistas como Durruti.

Buenaventura Durruti es un anarquista nacido en León que encabeza las tropas que han ocupado casi todo el campo aragonés tras haber sido los protagonistas de la defensa de la República en los primeros días de la rebelión franquista. Durruti es un mito, no sólo para los suyos, sino para todos los republicanos de izquierda. Controla el frente de Aragón con sus milicias pero es incapaz de tomar las ciudades. A primeros de octubre estuvo en Madrid para pedirle a Largo Caballero más armas con las que conquistar esas ciudades defendidas precariamente por falangistas y guardias civiles apoyados por algunas unidades del ejército de Mola. Pero Largo Caballero no le concedió nada.[150] Durante esa visita secreta, a la que le condujo Malraux en su avioneta, supo que su hermano Pedro, de filiación falangista, había muerto en la cárcel Modelo, defendiéndose con lo que tuvo a mano. Durruti odia lo que su hermano representa, pero no puede evitar un homenaje:

—Al menos, ha muerto como un hombre.

Otro de sus ocho hermanos, Manuel, también falangista, ha muerto a manos de sus correligionarios en León por negarse a pasar una prueba que demostrara de forma inequívoca su espíritu nacionalsindicalista.[151]

Desde primeros de septiembre, los voluntarios de López Tienda han luchado en el frente de Talavera. Lo mismo hacen los de la columna anarquista mandada por el portugués Alejandrino Dos Santos. A lo largo de octubre, se han incorporado a la brigada de López Tienda y, después, a la de Líster, los hombres de la columna vasco-catalana formada por comunistas y socialistas residentes en la ciudad, gentes de muchas procedencias, incluidos castellanos viejos, más de seiscientos voluntarios del POUM y otros tantos de Tierra y Libertad anarquistas. Y un millar de guardias civiles de Barcelona mandados por el coronel Escobar, el hombre que contribuyó de forma decisiva al triunfo de la República sobre los sublevados en Barcelona.[152]

Es posible que nunca haya habido una compenetración tan estrecha entre ambas ciudades.

Los catalanes no abundan, en cambio, en la otra zona. Los carlistas de Cataluña tenían un gran contingente de hombres preparados para la insurrección el 18 de julio. Pero el fracaso les llevó a la casi desaparición física: los seis mil milicianos carlistas fueron detenidos o dispersados, unos cuantos cientos se han pasado y forman el Tercio de Montserrat. Los falangistas son muchos menos. Hay cuatro centurias y una bandera que luchan en el norte de Burgos, en Espinosa de los Monteros, al mando político de José María Fontana.

Los falangistas catalanes cantan una canción facilona:

> En los montes de Espinosa
> hay una fuente que mana
> sangre de los catalanes
> que murieron por España.

Algunos se sorprenden de que el jefe nacional, Manuel Hedilla, les permita hablar entre ellos en catalán.[153] Es lo más que consiguen. Pronto, ni eso. Ser catalán está mal visto en el gobierno de Burgos. Incluso a los financieros de las revueltas, como Ventosa, se les aguanta de mal grado. Hedilla actúa de otra manera. Tiene un secretario catalán, Sallarachs, que le hace los discursos y a quien obliga a rehacerlos porque no son lo bastante austeros. Y con los vascos tiene una espléndida relación: él ayudó a montar la columna de Sagardia para la campaña del norte.

De Alicante, de Valencia, de Albacete, de Valdepeñas. Las columnas de voluntarios van cubriendo el frente y sustituyendo a todos los que caen.

Del frente de Somosierra, ya estabilizado, el general Mola va sacando tropas para reforzar el ejército que va a tener todo el protagonismo en la lucha por Madrid.

Los del 1 batallón de Bailén son, casi todos, requetés navarros y estudiantes riojanos. Menos de una cuarta parte de los efectivos son del primitivo contingente de reemplazo. Juan Urra, que era párroco del pueblo navarro de Mirafuentes y se presentó voluntario el mismo 18 de julio, es el capellán de la 4 compañía del batallón. Urra ya ha visto mucho en los meses que lleva de guerra. Ha visto, entre otras cosas, morir a los hermanos Miralles, los voluntarios monárquicos de Renovación Española. Y ha colaborado con entusiasmo en la movilización de mozos voluntarios de la zona de Estella.

Están en la zona de Peguerinos, en Cabeza Renales, un pico de 1.800 metros de altura en el que acampan junto a una batería del 7,5. Esta noche, la unidad va a dar un golpe de mano. El capitán de la 1 compañía, Luis Navarro, lo conduce. Por un evadido de la otra zona ha conocido la contraseña de los centinelas rojos: «Firmes en su puesto: septiembre». El objetivo es tomar dos ametralladoras con las que el enemigo les acribilla.

Félix Martelo es uno de los requetés que se infiltran en las líneas enemigas y puede ver cómo los hombres duermen al aire libre, tirados en una pradera, arrebujados en sus mantas. Cuando salta el muro de protección, tira una piedra y despierta a un miliciano. Ninguno se da cuenta de que el otro es un enemigo. Martelo se atreve incluso a pedirle que le ayude a reponer la piedra en su sitio. Todo parece ir bien pero, en un momento, el miliciano se da la vuelta como si nada pasara y comienza a despertar a sus camaradas. Le ha alertado el paso de más requetés.

El capitán Navarro dispara al aire dos veces. Es la señal. Las tres secciones que asaltan las trincheras actúan con suerte desigual. La principal, la del capitán, logra su objetivo: captura las ametralladoras y se lleva prisioneros.

Los de la segunda sección topan con una fuerte resistencia. Los rojos reaccionan con rapidez y les tirotean hasta obligarles a retroceder. Son guardias de asalto.

El sargento Joaquín González sostiene un duelo singular con uno de los guardias. A veinte metros uno de otro, se encaran de pie apuntándose con los fusiles y vacían los cargadores. Con la última de sus balas, González consigue hacer blanco en el enemigo y lo derriba.

El grupo de protección agota sus proyectiles de mortero mientras los compañeros se retiran. La caballería intenta explotar el éxito aparente, pero recibe tanto fuego que tiene que volver grupas.

El golpe acaba con bastantes muertos por ambos lados. Los requetés se traen veinticuatro prisioneros.

Urra le da a uno de los que estaban en la retaguardia la noticia de que su mejor amigo ha muerto.

—A eso hemos venido.[154]

En el sector sur del avance franquista, el general José Enrique Varela espera a que se produzca la voladura del ferrocarril, a la altura de Seseña. Desde ahí, vuelve para pernoctar en Talavera. Las tropas de Varela han capturado hoy a tres periodistas, dos norteamericanos y un inglés, y a un empleado de la embajada inglesa que paseaban por las cercanías de Aranjuez, convencidos de que estaban en un frente tranquilo. Tal es la rapidez con la que algunos días avanza el contingente africano. Los anglosajones son enviados a Salamanca para que el cuartel general de Franco decida su destino.

No es la única captura curiosa que han conseguido hoy las tropas de Varela: también ha caído en sus manos el camión de la banda municipal de Madrid.[155]

PARTE FRANQUISTA
Ejército del Norte
5 división. En el frente de Guadalajara, nuestras tropas ocuparon Algora y monte Picarón, cogiendo al enemigo catorce muertos, cajas de municiones, bombas y un camión blindado.

Se han pasado a nuestras filas un oficial, cinco sargentos, tres soldados y veintiún guardias civiles.

7 división. En el sector norte y en el frente de Las Navas del Marqués se ha llevado a cabo un importante avance, derrotando al enemigo, al que se ocuparon todas sus posiciones. Dejó en nuestro poder 265 muertos y 23 prisioneros, cogiéndole, además, dos ametralladoras y mucho armamento aún sin clasificar.

En el sector sur, las columnas que operan en aquel sector han avanzado hasta la carretera y ferrocarril, cortando las comunicaciones con Aranjuez y sur de España. Al enemigo se le cogieron trescientos muertos, entre ellos un capitán y dos oficiales. Entre los prisioneros figura un redactor de la United Press.

Actividad de la aviación. La aviación cumplió en el día de hoy todas las misiones que le fueron encomendadas, resaltando entre ellas el bombardeo de la estación de Aranjuez y puente de la vía férrea, y el corte de la línea de Aranjuez a Chinchilla.

PARTE REPUBLICANO

A las diez menos veinticinco de la noche

Frente del centro. La aviación rebelde realiza algunos vuelos sobre nuestras posiciones de Canencia, Paredes, Gascones, Borox y Santa María de la Alameda. Nuestras posiciones de Peguerinos han sufrido un fuerte ataque faccioso, rechazado después de un combate de varias horas. Nuestras tropas, dotadas de gran espíritu, resistieron los furiosos embates de las vanguardias enemigas.

En el sector de Sigüenza, las milicias operan hasta lograr la ocupación de la posición de Algora, batiendo eficazmente el fuerte emplazamiento enemigo situado en el cerro de San Cristóbal.

26 de octubre

E L ESTALLIDO DE UNA BOMBA DE AVIACIÓN provoca un estampido seco, que ensordece a quienes se encuentran cerca del lugar de la explosión, y un súbito desplazamiento de aire. Luego comienza el fragor de las paredes que se derrumban por la onda expansiva, en un tiempo que se hace eterno. El polvo lo invade todo hasta hacer que la vista se nuble. Si son incendiarias, el estampido es menor y la onda expansiva tiene un carácter menos violento. Pero el fuego prende con rapidez en todos los materiales que son combustibles. El calor reemplaza a todas las demás sensaciones muy pronto.

Las bombas de aviación las anuncian los motores de los aparatos que las sueltan sobre la ciudad. Ninguna de ellas suena antes de reventar. Quien no tema su caída porque está lejos de la trayectoria presumible, las puede ver bajando con un balanceo que les da una apariencia de juguetes frágiles.

Ahora, los madrileños aprenden cada día cómo es el estampido de las bombas fabricadas en Alemania e Italia. Muchos no pueden contarlo después.

En el café Lyon d'Or, muy cerca de la Puerta de Alcalá, se siguen celebrando tertulias de carácter político o literario. El diputado gallego Emilio González López es uno de los asiduos. Allí se consumen las horas entre café y café hablando de lo humano y lo divino. En el caldeado ambiente del establecimiento flota el humo de los cigarrillos porque ya casi no hay quien se fume un puro.

Y flota algo más: libélulas, mariposas y saltamontes que van de una mesa a otra impulsados por sus poderosas patas.

A Madrid no sólo han llegado campesinos. Con ellos han llegado millones de insectos, quizá prendidos en sus ropas, aun en forma de larvas.

Quizás huyendo también de los cañonazos. Puede que los insectos sean republicanos.[156]

En Archena, los esfuerzos de los instructores rusos en el uso de los carros T-26 dan resultados muy precarios. Se relacionan con los alumnos por señas, ante la falta de traductores. El único hombre que habla una lengua franca es el capitán Pavel Arman.

Todo va demasiado lento. Por el contrario, Franco avanza demasiado deprisa hacia Madrid. La situación es angustiosa. Tanto, que las órdenes de abstenerse de entrar en combate que han recibido los soviéticos se cambian. Es urgente enviar los carros a Madrid. Las tripulaciones soviéticas se complementarán con los alumnos más aventajados entre los españoles; éstos harán de cañoneros.

Al capitán Pavel Arman le toca en suerte mandar la primera compañía, formada por quince carros, que sale de inmediato hacia la capital, montada sobre camiones.[157]

PARTE FRANQUISTA
Ejército del Norte
7 división. El enemigo intentó atacar Robledo de Chavela, saliendo nuestras tropas a su encuentro, haciéndole huir desordenadamente y cogiéndole un importante material que aún no ha sido clasificado.

División de Soria. En el frente de Sigüenza se han pasado a nuestras filas sesenta guardias civiles.

Actividad de la aviación. La aviación actuó en todos los frentes cumpliendo las misiones que se le habían encomendado. Entre ellos hay que destacar el bombardeo del aeródromo de Barajas en el que se vieron tres grandes aparatos y tres pequeños fuera de los barracones. Se incendiaron estos materiales y quedaron ardiendo los barracones y depósitos de gasolina.

PARTE REPUBLICANO
A las nueve y cuarto de la noche
Frente del centro. En el sector de Guadarrama se ha sostenido durante todo el día intenso fuego de artillería y ametralladora. Una batería rebelde ha sido reducida al silencio por el fuego afortunado de nuestros cañones.

El enemigo continúa presionando por el sector sureste de la zona de Toledo sin modificación apreciable en la línea de contacto con nuestras tropas.

Una columna leal realiza una operación afortunada en la zona de Navazuela, ocupando posiciones ventajosas.

Una escuadrilla de aparatos rebeldes bombardeó Cruz Verde, Santa María de la Alameda y Villasequilla.

27 de octubre

LOS COMBATES EN LOS QUE PARTICIPA VICENTE ROJO en torno a Illescas duran ya cuatro días. Las columnas republicanas van alcanzando una mayor capacidad de lucha, pero en ocasiones todavía se producen flaqueos catastróficos.

Por fin, las tropas de Tella y Barrón logran romper el semicerco de Illescas por el centro del dispositivo. Ha facilitado la maniobra un error del comandante Orad de la Torre, que ha desplazado un batallón de su lugar, dispuesto por Rojo, y ha dejado debilitado el frente.[158] La rotura del frente permite a las tropas africanas alcanzar Torrejón de Velasco y Seseña.

El coronel Ildefonso Puigdengolas intenta detener una desbandada de milicianos en la carretera de Toledo. Son hombres de la columna de Fernández Cavada que han echado a correr cuando ha sonado, una vez más, el grito de «¡que nos copan!». Puigdengolas acaba de ser nombrado jefe de la Agrupación de Columnas del Centro y va acompañado de su jefe de Estado Mayor, el capitán Ángel Lamas.

Con los soldados en desbandada va un capitán de milicias al que Puigdengolas reprende por su cobardía. El capitán le responde que la retirada es una orden de Fernández Cavada, pero el coronel le ordena que detenga la huida. Discuten y Puigdengolas acaba sacando su pistola, que dispara contra el desobediente. Los milicianos abren fuego a su vez y acaban con la vida del coronel. Lamas salva la vida de milagro.[159]

La versión oficial dirá que Ildefonso Puigdengolas ha muerto en un bombardeo, seguramente para evitar la desmoralización de la retaguardia. El coronel había sobrevivido a la pérdida de Badajoz y, tras escapar a través de Portugal, había logrado llegar a Barcelona, desde donde pidió su reincorporación al frente del centro.

La muerte de un oficial a manos de sus propios soldados no es un caso aislado en esos días turbulentos en que aún no está claro, en todas las unidades de milicianos, quién manda.

Juan Modesto se ve por un momento aislado de sus hombres y se apresura a unirse a ellos en Griñón. Están casi cercados, pero estos hombres no ceden al pánico y organizan una retirada serena. Logran llegar a Humanes y allí contener el frente. Pero Griñón es ya de los franquistas, como Torrejón de Velasco y Torrejón de la Calzada.

Las instrucciones para la entrada en Madrid se distribuyen ya entre las columnas que van a hacer el esfuerzo principal. La primera instrucción se refiere a la prensa: «Queda terminantemente prohibido se unan a las columnas que operan sobre Madrid paisanos, incluso periodistas, sin que lleven una autorización especial del Generalísimo o del general jefe del ejército del Norte ... La entrada en Madrid estará prohibida hasta que el mando la autorice».

Tras las tropas de vanguardia, la orden señala que pasarán las unidades de la guardia civil y de milicias auxiliares para que se hagan cargo inmediatamente de las comisarías de distrito. El mando de las comisarías estará, sin embargo, a cargo de un oficial del ejército. Ni falangistas ni requetés tendrán otro papel que el de comparsas.

La forma en que las tropas de ocupación —como las llama Mola— se van a desenvolver no carecerá de contundencia: lo primero, hay que liberar a los presos que, «según informes», residen en la cárcel Modelo, en la calle de Hortaleza, en Porlier y en Fomento.

De inmediato, se desarmará a todas las fuerzas militares y de orden público que no se hayan sumado con anticipación al Movimiento. También se expulsará a todos los funcionarios de policía que hayan prestado servicio a los rojos, y se detendrá a todos los funcionarios de Correos y Telégrafos, cualquiera que sea su ideología. Igual medida se tomará con el consejo de administración del Banco de España y con el personal que se ocupaba de la custodia de las cajas donde se guardaba el oro. Los periódicos tradicionales se devolverán a sus dueños. Los demás serán precintados para evitar que ningún grupo político adicto al Movimiento se apropie de ellos.

Todos los detenidos serán conducidos a los campos de concentración que señale el jefe militar, «pudiéndose formar con todo este personal cuadrillas para recogida y enterramiento de cadáveres, así como para el saneamiento de la población».[160]

Barrer calles, cavar tumbas y recoger cadáveres. Es lo que les espera a los defensores que queden vivos si Franco entra en la capital.

PARTE FRANQUISTA

7 división. En los frentes de Madrid se han llevado a cabo importantísimos avances que han dado como resultado la ocupación de Griñón, Torrejón de Velasco y Torrejón de la Calzada, cogiéndose al enemigo más de doscientos prisioneros, diez cañones y gran cantidad de material.

En el frente de El Escorial, se han ocupado posiciones importantísimas donde el enemigo dejó 54 muertos, 15 ametralladoras, más de 300 fusiles, una instalación completa de rayos X y mucho material diverso. En este frente se han derribado dos aviones enemigos, uno de los cuales ardió en el aire y del otro se vio descender en paracaídas a su piloto.

Actividad de la aviación. Nuestra aviación se mostró activa en todos los frentes, especialmente en el de Madrid, donde se derribaron los dos aviones de que antes se hace mención. Se han bombardeado los puentes sobre el Tajo en Fuentidueña y la carretera de Chinchón y Villatobas.

PARTE REPUBLICANO

A las nueve de la noche

Frente del centro. Somosierra comunica tranquilidad. En nuestras líneas se han presentado tres soldados desertores.

Las baterías de Guadarrama mantuvieron un duelo de varias horas con las posiciones enemigas, sin consecuencias importantes por nuestra parte.

Sobre Peguerinos ha tenido lugar un fuerte ataque fascista valientemente contenido por los milicianos que, con fuego de artillería y ametralladora, han logrado conservar sus posiciones. Asimismo, han sido objeto de fuerte presión rebelde nuestras posiciones de la zona de Parla, que ha sido atacada con extraordinario lujo de artillería y aviación.

La aviación rebelde bombardeó Santa María de la Alameda, la Cruz Verde, Navazuela y nuestras posiciones del sector de Sigüenza. La nuestra actuó sobre Talavera y ocasionó estragos de consideración en el aeródromo establecido por los rebeldes en aquel sector.

28 de octubre

EL PRESIDENTE DEL GOBIERNO, FRANCISCO LARGO CABALLERO, se siente hoy protagonista de la historia. Y lanza dos arengas públicas que transmite la radio. Una de ellas va dirigida al pueblo de Madrid:

> ¡Pueblo de Madrid! ¡Combatientes del frente! Llegó la hora del esfuerzo decisivo. Los ataques del enemigo se estrellarán contra nuestra voluntad de vencer ... El gobierno, estrechamente unido a los combatientes del frente, les conjura a proseguir su lucha heroica, a no ceder un solo palmo de terreno ... Disciplina férrea, ni un paso atrás ... ¡Al ataque! Por la liberación definitiva de Madrid, fortaleza suprema de la lucha mundial contra el fascismo![161]

La segunda arenga es para las fuerzas armadas del ejército del Centro. Aunque parece, simultáneamente, dirigida al ejército franquista, a quien anunciaría una ofensiva y pondría en guardia:

> ... ¡Escuchadme, camaradas! Mañana, 29 de octubre, al amanecer, nuestra artillería y nuestros trenes blindados abrirán fuego contra ellos. Enseguida, aparecerá nuestra aviación, lanzando bombas contra el enemigo y desencadenando el fuego de sus ametralladoras. En el momento del ataque aéreo, nuestros tanques van a lanzarse sobre el enemigo por el lado más vulnerable, sembrando el pánico en sus filas ... ¡Ahora tenemos tanques y aviones, adelante camaradas del frente, hijos heroicos del pueblo trabajador! ¡La victoria es nuestra![162]

La información que da Largo Caballero en su arenga no sólo sirve para inflamar los ánimos de los combatientes republicanos. También es útil para que los soldados franquistas se preparen a recibir el ataque. El servicio de información de Franco no tenía noticia de que el ejército republicano tuviera ya en servicio tanques rusos, los T-26 desembarcados en Valencia unas semanas antes, aunque sí ha recibido noticia de que se ha desembarcado material pesado en Cartagena.

No hay muchos precedentes en la historia militar de una muestra tan clara de incompetencia: señalar al enemigo la fecha y la hora de una ofensiva y detallar, además, el armamento que se va a utilizar. Cualquier oficial que hubiera revelado detalles como éstos habría sido fusilado de manera fulminante. Pero Largo Caballero es presidente del gobierno y también ministro de la Guerra. ¿Quién puede llevarle al paredón?

La información que tan generosamente brinda Largo Caballero, anunciando la fecha y la utilización de aviones y tanques, confirma el contenido de una orden de operaciones capturada por las vanguardias del coronel Félix Monasterio, que han dado un golpe de mano cerca de Aranjuez y han capturado al capitán Nicolás Eguaras con toda la documentación encima. Varela conoce inmediatamente el contenido de la orden, aunque no le concede gran fiabilidad.[163] Quizá porque le parece excesivo tener tanta ventaja.

PARTE FRANQUISTA

7 división. Sector norte: en el frente de El Escorial se prosiguió el avance, ocupándose por nuestras tropas varias alturas importantes. Se hicieron al enemigo numerosas bajas y se pasaron a nuestras filas quince guardias civiles. Sector sur: se ocuparon por nuestras columnas los pueblos de Batres y El Álamo.

División de Soria. En el frente de Guadalajara se llevó a cabo un importante avance, cayendo sobre las concentraciones rebeldes a las que se hicieron más de cien muertos y se cogieron veinticuatro prisioneros, setenta fusiles, muchas municiones y otro material. Un escuadrón de seguridad que se presentó en el terreno del combate fue puesto en desordenada fuga por nuestras tropas.

Actividad de la aviación. Por noticias posteriores a las veinte horas de ayer, se sabe que el número de aparatos derribados en dicho día por nuestra aviación fue el de cuatro y no dos como se hizo constar en el boletín correspondiente.

En la pasada noche, nuestra aviación bombardeó, con gran eficacia, el aeródromo rojo de Los Alcázares, produciendo en el mismo incendios de consideración.

PARTE REPUBLICANO

A las nueve y media de la noche
Frente del centro. En Somosierra, tranquilidad.

A primera hora de la tarde se presentaron en nuestras líneas un cabo y tres soldados procedentes del campo enemigo.

En Cinco Villas, intenso cañoneo durante la mañana sin consecuencia para la situación de fuerzas. Nuestras tropas han obligado al enemigo a retirar sus emplazamientos de artillería y ametralladora de Umbrías, en la zona de Robledo de Chavela, adentrando asimismo nuestras vanguardias en la zona de Humanes.

Por Peguerinos se ha logrado una rectificación ventajosa del frente, rechazando dos ataques sucesivos de las columnas rebeldes.

La aviación enemiga ha actuado en este sector durante la mañana.

Las tropas de la República ocuparon a las seis horas y quince minutos la estación de Algodor.

29 de octubre

Francisco Largo Caballero no ha mentido. A las seis y media de la mañana, los quince carros de combate T-26 del capitán Arman entran en Seseña, localidad que creen, por error, en poder de las fuerzas republicanas. La tarea de Arman es servir de vanguardia en la operación que dirige Enrique Líster, al mando de la 1 brigada mixta; es decir, abrir paso a la infantería y romper en profundidad el frente enemigo.

A la entrada de Seseña hay un grupo de soldados en torno a un cañón. Arman asoma la cabeza por la torreta y les pide, en francés, que despejen el camino para dejar paso a sus tanques. Uno de los soldados le pregunta:

—¿Italiano?

Arman comprende que se trata de un destacamento franquista, vuelve a meterse en el interior del carro y ordena al cañonero que dispare. En pocos minutos, el pueblo es un caos. Los regulares de la Mehal-la de Melilla y los soldados del batallón de marinería se desbandan ante la potencia de fuego de esos nuevos monstruos que antes no han visto. Los regulares han llegado hace apenas unas horas, de madrugada, y casi no han pegado ojo. Es su primera entrada en combate después de un largo viaje que comenzó en Dar-Quebdani el día 4.[164]

Entre los franquistas que ocupan el pueblo hay un escuadrón de caballería mora, parte de la de Monasterio, que intenta retirarse pero que queda embotellado cerca de la plaza. Los tanques disparan. Los caballos «se encabritan arrojando a los jinetes moribundos y cayendo ellos mismos unos sobre otros. En pocas decenas de segundos se forma un montón tupido de cuerpos de caballo y de hombre, de feces rojos, de blancos chales árabes de muselina».[165]

Luego les toca el turno a los cañones, que son aplastados metódicamente.

Los carros siguen avanzando en dirección a Esquivias, donde topan con los carros ligeros italianos. Semion Osadchii e Igor Egorenko tripulan uno de los carros rusos y son los primeros en destruir un blindado italiano, un carro ligero Ansaldo sin cañón.

Durante un largo tiempo, los T-26 se enseñorean de la zona, aunque la resistencia de los franquistas se monta con rapidez. La artillería reacciona, y moros y legionarios se movilizan a toda prisa. Muchos de ellos caen, pero otros les sustituyen. La aviación republicana no ha hecho acto de presencia. Tampoco la infantería de Líster. Los tanquistas se han entregado a una victoria que parece fácil y se han olvidado de esperar a los infantes. Tampoco éstos parecen haber reaccionado con rapidez. No existe la menor coordinación entre las distintas armas.

Por fin, Arman da la orden de volver. Pero la acción ya no es tan sencilla como el primer asalto por sorpresa. Entre las casuchas de Seseña, los oficiales de caballería y de regulares inventan una forma de liquidar a las moles de acero que les diezman. Con botellas de gasolina envueltas en un trapo que hace las funciones de mecha, atacan a los carros, que llevan las torretas abiertas porque sus sistemas de visibilidad son muy deficientes.[166] La clave de la eficacia de este ingenioso sistema está en que los vehículos llevan unos rodillos de goma sobre los cuales gira la cremallera que los hace avanzar. La gasolina quema los rodillos y el tanque se queda paralizado.

Tres carros arden con sus ocupantes abrasados en el interior, cuatro rusos y cuatro españoles. Los moros se arrojan rápidamente «sobre la fortaleza en llamas, impidiendo la salida de sus conductores y servidores» para que perezcan abrasados o se suiciden.[167] Hay, además, seis heridos graves. Uno de ellos es Osadchii, que es enviado urgentemente al hospital de sangre instalado en el hotel Palace. Allí morirá unos días después, incapaz de recuperarse de las espantosas quemaduras provocadas por las bombas de gasolina. Osadchii recibirá el honor póstumo de ser declarado «héroe de la Unión Soviética».

Arman vuelve a la retaguardia, pese a las cuantiosas bajas que ha tenido su columna, eufórico. En su informe dice que ha conseguido destruir dos tanques enemigos, trece cañones, dos baterías, dos vehículos cargados de tropas de infantería y seis vehículos de la Legión cargados de oficiales; además, los blindados han dispersado o liquidado a seiscientos hombres, dos escuadrones de caballería y han capturado un cañón. Una gran victoria obtenida en su primer combate.[168]

Los jefes de Arman hacen una valoración menos entusiasta. Es cierto que se trata de una victoria, pero también de «un desastre táctico». Se ha perdido el veinte por ciento de los tanques y no se ha logrado el principal objetivo de la operación: romper el frente enemigo.[169] Enrique Líster responsabiliza del fracaso a la falta de coordinación táctica. Los soldados no saben seguir a los carros y los carristas han avanzado olvidándose de la infantería.[170]

Entre los infantes olvidados se ha hallado Jesús Izcaray, que hace compatible su papel de periodista con el de fusilero. Hoy ha avanzado más de un kilómetro, cuerpo a tierra cada pocos metros, junto a un muchacho madrileño, albañil de profesión, que no ha parado de hablar mientras las balas silbaban por encima de sus cabezas y las granadas de artillería reventaban a su alrededor. El chico le cuenta que él no ha hecho otra cosa que pasar hambre. Jesús Izcaray le intenta distraer de su fijación con un escueto: «Cuando se acabe la guerra, será distinto». No ha conseguido sino que se pregunte eso durante horas:

—¡A ver si ahora podemos comer!

Al final del día, Izcaray deja la línea para volver a Torrejón de la Calzada y enviar su crónica. La noticia es que han avanzado diez kilómetros pero no se ha podido tomar Seseña. «Mañana sí... Mañana será otro día... Tenemos armas. Hay que vocearlo para que todo el mundo se entere. Al frente han llegado más hombres. Mañana...»[171]

Los artilleros y tanquistas italianos han recibido una terrible lección. Tres tanques lanzallamas han conseguido acabar con uno de los tanques rusos, pero porque estaba inmovilizado. Uno de ellos está mandado por Pietro Barresi, que muere abrasado en su vehículo. Su compañía está al mando de un capitán español de artillería, Vidal-Quadras, hombre que estaba retirado antes del 18 de julio.[172]

Los franquistas aprenderán de la experiencia. La artillería antitanque alemana de 37 milímetros será, a partir de ese momento, utilizada con mayor profusión. Las primeras piezas salieron de Talavera de la Reina el día 22 y se urge a que se dote con un número mayor de esos cañones a las tropas de choque. Los carros italianos, dotados sólo de ametralladoras, que apenas sirven para enfrentarse a la infantería y siempre que sea en campo abierto, tienen un uso limitado a partir de ahora: cuando haya más fortificaciones y los rojos haya enseñado sus potentes carros. También comienzan a usarse con mayor rigor los cañones antitanque italianos que acaban de llegar: un total de cincuenta y cuatro cañones de 65 milímetros, poco eficaces frente a los T-26.[173]

Aunque hayan tenido suerte con la improvisación de los moros que han usado las bombas de gasolina, el resultado de un combate no puede volver a confiarse ni a la suerte ni a un arma tan primitiva.

Ninguno de los dos bandos da cuenta en sus partes de la catástrofe sufrida por la caballería de Monasterio frente a los carros, que han barrido a los caballos con enorme facilidad. Una experiencia absurda que repetirá la caballería polaca frente a los blindados alemanes en septiembre de 1939.[174]

Los primeros aviones procedentes de la Unión Soviética han entrado también hoy en combate. Son treinta bombarderos ligeros que se conocerán por el nombre de «katiuskas». El jefe de las nuevas escuadrillas es un general, Yakov Smushkievich, que atiende por el alias de «Douglas». Entre los pilotos hay algunos que llevan varias semanas en España como voluntarios. Dos de ellos, Prokofiev y Proskurov, son ases de la aviación soviética que han participado en una gesta señalada, el raid Moscú-Vladivostok.[175]

Las nuevas armas comienzan a aparecer en el frente de Madrid. Los servicios secretos franceses, posiblemente los mejor informados en la península, toman buena nota de todo lo que sucede. Pero comienzan a mostrar cierta alarma sobre los acontecimientos en el bando franquista. Hoy llega al Estado Mayor un informe de «buenas fuentes» que ha tomado datos de Salamanca, Burgos, Pamplona y San Sebastián:

> Desde hace dos o tres semanas, el gobierno de Franco recibe una cantidad enorme de armamento italiano y alemán. A tal punto que algunos jefes de Estado Mayor de Franco piensan que Italia y Alemania arman a España con vistas a una guerra internacional próxima ... Su aviación cuenta actualmente con entre 350 y 380 aviones italianos y alemanes de los más modernos ... En el cuartel general de Franco hay una cuarentena de oficiales alemanes ... han llegado a Cádiz 300 tanques...[176]

En Francia, la hipótesis de que se busque ahora la guerra internacional no la cree nadie. Pero no se descarta que, en caso de un futuro conflicto europeo, Franco pueda tomar partido por los alemanes.

PARTE FRANQUISTA
Ejército del Norte
7 división. En el frente de El Escorial prosiguió el avance con resistencia por parte del enemigo, al que se ocasionaron numerosas bajas y se le ocuparon importantes posiciones.
En el frente de Torrejones y Seseña, el enemigo, formado por grandes contingentes de milicianos que marchaban protegidos por cuarenta carros de combate rusos servidos por personal de la misma nacionalidad, intentaron llevar a cabo un ata-

que a nuestras líneas, siendo materialmente diezmados y dejando abandonados en el campo varios centenares de muertos. Fueron capturados por nuestras tropas tres carros de combate.

La aviación actuó brillantemente, llevando a cabo intensas acciones en los frentes y retaguardias enemigos, que tuvieron felicísimos resultados.

En el día de hoy, y como excepción, no hay noticias hasta la fecha de haber derribado ningún avión enemigo.

División de Soria. En el frente de Guadalajara se llevó a cabo un avance y se siguió la persecución contra el enemigo iniciada en el día de ayer.

PARTE REPUBLICANO

A las nueve de la noche

Frente del centro. En los sectores de la Sierra, absoluta tranquilidad.

La artillería facciosa ha bombardeado sin eficacia nuestras posiciones de Cinco Villas, Cruz Verde y Santa María de la Alameda.

Nuestras tropas han realizado una brillante operación que duró gran parte del día, ocupando Seseña (estación) y Torrejón de la Calzada.

Las escuadrillas leales terminan el día de hoy con una magnífica jornada. Además de contribuir con gran eficacia al avance de nuestras columnas sobre Seseña, Torrejón de Velasco y Torrejón de la Calzada, han destruido un gran convoy enemigo que marchaba hacia Navalcarnero; otra columna de veinte camiones al sur de Griñón y un tercer grupo de vehículos, con víveres y municiones, que se dirigía a Santa Cruz de Retamar. Entre Illescas y Aranjuez los aviadores de la República entablaron combate con seis cazas enemigos, derribando uno marca Fiat.

Todos estos servicios se realizaron sin bajas ni accidente alguno por nuestra parte.

30 de octubre

EN CUALQUIER OTRO PAÍS, EN CUALQUIER OTRA SITUACIÓN, la acción habría parecido estrambótica, pero en la España republicana se llega a considerar normal casi todo: hace ya tres meses y medio que ha comenzado una guerra y, hasta hoy, el gobierno no ha procedido a la movilización obligatoria de los ciudadanos. Ya es hora. El Ministerio de la Guerra ordena por un decreto la militarización de todos los ciudadanos varones de entre veinte y cuarenta y cinco años de edad, que deberán incorporarse a las tareas que se les indique cuando sean reclamados. La llamada explica que las Milicias ya han sido militarizadas por disposición espontánea de los partidos y sindicatos afectos al régimen. Esa medida se extiende ahora a todos los ciudadanos sin excepción.[177]

La situación es peculiar. La República hace referencias a la victoria definitiva sobre los facciosos. Pero no declara el estado de guerra, lo que significaría reconocer a los rebeldes el estatus de combatientes. Sería concederles un derecho de beligerancia. No se trata de una cuestión sólo semántica. El Comité de No Intervención se basa en la consideración de ambos contendientes como iguales. La baza diplomática de la República se sustenta por entero sobre la negación de esta presunta igualdad: hay un gobierno legítimo, surgido de las urnas en febrero de 1936, y un «grupo de traidores que tienen tras de sí millares de moros mercenarios trasladados en masa desde Marruecos y las hordas militares de fascistas alemanes e italianos recientemente desembarcados en España».[178]

En Getafe, los aviones de Franco, los Ju-52, han bombardeado el centro urbano, que carece de interés militar. Sesenta niños han muerto al caer una bomba en una escuela:

Están colocados en filas
como linternas de papel que han caído
después de una noche de tormenta
apagadas en el seco aire de la mañana.[179]

Muy pronto la aviación rebelde va a alcanzar un gran poderío. El almirante Canaris ha recibido hoy instrucciones para comunicar a Franco que va a tener rápidamente nuevas remesas de armas. En una semana, cuando el ejército franquista emprenda el definitivo asalto sobre Madrid, contará con una cincuentena de bombarderos nuevos y otros tantos aviones de caza. Además, dispondrá de tanques ligeros Mark-1 y Mark-2 y tres baterías de cañones antiaéreos, proyectores para seguimiento de aviones, equipos de comunicaciones y más baterías antitanque del calibre 37.

La gran noticia para Franco está envuelta en un desagradable paquete: todos los aviones, los tanques y la artillería alemana quedarán bajo el mando de un general también alemán, Hugo von Sperrle, asistido por Wolfram von Richthofen como jefe de Estado Mayor. Ambos sólo dependerán del propio Generalísimo, al que aconsejarán sobre el uso eficiente de las armas. La HISMA, compañía de comercio exterior alemana creada para camuflar la ayuda militar y canalizar sus contrapartidas, consigue al mismo tiempo un contrato con Minas de Hierro del Rif para la provisión de casi un millón de toneladas de mineral a lo largo de un año.[180]

Lo mejor de ese material es la artillería. La antitanque ya se ha probado con éxito. Los cañones de la de campaña son rápidos y potentes. En cuanto a los aviones, no son de la última generación que pone a punto la industria alemana. Y los tanques no son mejores que los italianos que han sido barridos en Illescas hace unos días. Un solo T-26 ruso ha dejado fuera de combate once carros franquistas.

La Legión Cóndor ya se está desplegando. Miles de hombres pertenecientes a ella están concentrados en el puerto de Hamburgo para iniciar su viaje a Cádiz. Sus mandos utilizan nombres falsos, como hacen los rusos, para mantener la ficción de que no hay tropas regulares en España, algo prohibido por el Comité de No Intervención. El término de «legión» es muy necesario a esos efectos: se supone que son voluntarios que vienen a España a luchar al margen de la voluntad del gobierno de Hitler.[181]

La Columna de Hierro se hizo tristemente famosa tras su incursión en Valencia y Castellón el 1 de octubre, donde arrasaron con la misma saña juzgados civiles y locales de alterne, después de abandonar sin permiso el frente de Teruel. Hoy, su «prestigio» aumenta. Uno de sus jefes, Ariza González, ha muerto en un incidente. Sus camaradas piensan que tal vez se trate de una represalia de militantes socialistas en venganza por la muerte de Pardo Aracil, víctima de los hombres de la columna el día que invadieron Valencia.

La protesta se vuelve motín. Unidades militares al mando de comunistas les cercan en la plaza de Tetuán. Suenan los fusiles y las ametralladoras. Hay cincuenta muertos entre los anarquistas. No falta quien afirma que los muertos llegan al centenar y medio largo.

Tras este desastre, la columna discute públicamente si ha de aceptar su incorporación al ejército popular o disolverse. El gobierno ha encontrado un buen sistema para acabar con su resistencia sin tener que recurrir a más violencia: el decreto por el que no se recibirán haberes para los que no estén integrados en la estructura militar republicana. La Columna de Hierro se irá disolviendo poco a poco, en medio de largas discusiones sobre el Estado y el ideal anarquista. Acabará en la 83 brigada mixta. Algunos de sus miembros, como los de la columna de Del Rosal, se incorporarán a la 82, al mando del muralista y comunista mexicano David Alfaro Siqueiros, uno de los fervientes estalinistas que más harán en los años venideros por matar a Trotski.[182]

A Siqueiros le parece que los anarquistas aceptan con menor disgusto estar en unidades mandadas por mexicanos que por rusos a causa del aura que la revolución mexicana tiene entre sus filas.[183]

Quizá los hombres de la Columna de Hierro no saben aún que hace sólo cinco días el pleno del Comité Nacional de la CNT ha facultado a su secretario general, Horacio Prieto, para que negocie con Largo Caballero la forma de relación de los anarquistas con el gobierno.

Dirigentes anarquistas, como el secretario nacional David Antona, se están replanteando ya desde hace tiempo la revisión de sus rígidas posturas antialiancistas. Orobón Fernández, que ha estado en Alemania y ha visto el ascenso de Hitler mientras los socialistas y los comunistas se destrozaban entre sí, clama por la entrada en la política. La alianza sindical es el paso primero. Algo que gusta a Largo Caballero, aunque el jefe del gobierno no puede estar esperando cruzado de brazos a que los anarquistas culminen su eterno proceso de discusión.

Ese proceso de discusión comenzó con el momento de la rebelión. Los anarquistas madrileños aceptaron, en algunos casos, la necesidad de la disciplina y la presencia de «técnicos militares», como llaman a los profesionales del ejército para no tener que aceptarles así como así al frente de las unidades.

«Mítines en las fábricas, conferencias en los ateneos y centros de barriada, charlas en los frentes, intervenciones radiofónicas...» Hay que justificar el cambio de táctica y convencer a los que empiezan a perder la confianza en la victoria y dudan de la revolución prometida.[184]

Los catalanes han decidido por su cuenta hace ya un mes entrar en el gobierno de la Generalitat. Lo único que han impuesto es que se cambie la palabra «gobierno» por la de «consejo», y han disuelto el Comité de Milicias Antifascistas, que era el auténtico poder en Cataluña. Esta decisión ha dejado a los anarquistas madrileños las manos libres para pactar con Largo Caballero.

En Madrid los anarquistas siguen movilizando a la población y enviando hombres al frente. Pero su peso real disminuye frente a organizaciones más disciplinadas como la de los comunistas del Quinto Regimiento. Los órganos de la CNT se desesperan clamando por armas. Desde mediados de mes está lista una columna de tres mil hombres probados, la España Libre, que, sencillamente, espera fusiles.[185]

Las organizaciones militares de socialistas y republicanos, que contribuyen con la misma generosidad de sus militantes, pasan también a segundo plano de forma imperceptible. No pueden competir con la eficacia de los comunistas organizados en torno al Quinto Regimiento. Además, se corre el rumor de que el nuevo armamento que llega de la URSS va a parar a las unidades del PCE.

El presidente de la República, Manuel Azaña, sigue en Barcelona, casi encerrado en su residencia de Montserrat. Sus apariciones públicas no menudean. Azaña se siente preterido, además de inmerso en una cruel depresión. El gobierno actúa al margen de sus consejos. De cuando en cuando amenaza con dimitir. Y, sobre todo, no confía en que la victoria de la República sea posible. Su única esperanza está puesta en el Comité de No Intervención de Londres. No porque le parezca que su política sea correcta, sino porque piensa que cabe la posibilidad de que esa política cambie.

Por eso, Azaña ha enviado a Londres al rector de la Universidad de Barcelona, Bosch Gimpera, con la misión de conseguir una entrevista al más alto nivel que sea posible con el gobierno inglés. Bosch no tiene muchos contactos y recurre, por indicación del presidente de la República, al embajador de la República, Pablo de Azcárate, para confiarle el contenido de su misión y pedirle que se la facilite.

Pablo de Azcárate se niega. Y comunicará al gobierno español el incidente. Un embajador de España no puede hacer nada que le implique en una actividad clandestina para su gobierno, al que debe ser leal. La misión va contra la política gubernamental, que consiste en resistir y buscar el apoyo de la Unión Soviética. Además, de conocerse, sólo puede revelar que la República se encuentra en una situación de extrema debilidad, lo que obraría justo en la dirección contraria a la deseada por Azaña, favoreciendo la inhibición franco-británica.[186]

La misión fracasa. Pero Azaña no cejará en su empeño, apoyado por el lejano aliento de un hombre desprovisto de poder, Julián Besteiro, y de algunos políticos nacionalistas. Azcárate ignora si, pese a su negativa, Bosch logra encontrar algún interlocutor por otros medios.

La misión del embajador es realmente dificultosa. Ha tenido que tomar posesión de su cargo por el súbito abandono del anterior embajador. Y no ha hecho sino aguantar desplantes de un cuerpo diplomático que es hostil a la causa republicana. No acaban ahí sus cuitas: los conservadores en el poder prefieren a Franco. Y el propio gobierno inglés, que no puede manifestar una excesiva simpatía pública por alguien como el Caudillo que encabeza una rebelión contra un régimen democrático y tiene un bagaje ideológico tan próximo a los fascistas, sí actúa pensando que la mayor garantía para sus intereses es la victoria de los rebeldes.

El gobierno de Léon Blum, que es el que más decepciona a los republicanos con su política de no intervención, actúa, así, por presiones de los británicos. A Azcárate no le consta, pero ha sido esa presión la que ha motivado la abstención de Francia pese al descarado apoyo de alemanes e italianos a los franquistas. Los ingleses le han hecho una advertencia muy cruda a Blum: si Francia abre sus fronteras y apoya a la República, Inglaterra se desentenderá de su suerte en caso de que eso provoque un conflicto con Alemania.[187]

Además, los intereses mineros de Inglaterra están en Huelva, en poder de Franco, que no pone objeciones a las propiedades inglesas, mientras que en Cataluña se expropian las fábricas británicas.

Hoy, las noticias del frente hacen que se derrumben todos los optimismos «y la desesperación y la tristeza se adueñan de los medios oficiales. Ya nadie duda de que el fascismo llegará a Madrid. Ya nadie niega que en sus calles habrá de librarse una batalla decisiva para la suerte del mundo...».[188]

PARTE FRANQUISTA

Ejército del Norte

7 división. En el frente de Somosierra algunas fuerzas enemigas uniformadas de guardias civiles y asalto intentaron una escaramuza. Nuestras fuerzas salieron en su persecución haciéndoles bastantes muertos, que abandonaron en el campo, y trayéndose bastante ganado y algunos prisioneros. En el frente de Madrid continuaron hoy los intentos de ataque del enemigo delante de Griñón y Torrejón de la Calzada. Fue rechazado, haciendo a los rojos bastantes bajas y quedando así deshecha la ofensiva tan pregonada por el enemigo como decisiva para la suerte de sus armas y después de haber recibido los tanques y aviones rusos en que tantas ilusiones habían puesto.

División de Soria. En el frente de Guadalajara continuó el avance de nuestras columnas, que ocuparon la sierra de la Muela. El enemigo abandonó bastantes muertos y se le cogieron fusiles, municiones, un *truck* blindado, depósitos de víveres y vestuario. Se presentaron en nuestras filas seis guardias civiles y algunos grupos de paisanos.

Actividad de la aviación. Hoy se puede decir, como la mayoría de los días, que se han derribado esta mañana en el frente de Madrid tres aviones Potez de procedencia francesa, cayendo uno en nuestras filas, en las cercanías de Navalcarnero, otro incendiado en el aire y el tercero en las líneas enemigas cerca de Getafe. También fue derribado sobre Torrelaguna un aparato de caza marca Boeing.

PARTE REPUBLICANO

A las diez de la noche

Frente del centro. En los sectores de la Sierra, ligero cañoneo.

Las tropas republicanas han ultimado en el sector del Tajo la operación afortunada iniciada ayer, consolidando sus posiciones.

Se ha combatido con poca intensidad en la parte derecha de la zona de Aranjuez, replegándose el enemigo.

31 de octubre

EL GENERAL MOLA, JEFE DEL EJÉRCITO FRANQUISTA del Norte, da desde su cuartel en Ávila una orden reservada al general Varela en la que se expresa muy bien la sensación que domina los estados mayores franquistas, la inquietud del propio Franco ante los informes que indican que el enemigo se reorganiza, que las tropas del gobierno resisten cada vez mejor, tienen más moral y están mejor armadas: «La situación internacional y la inmediata ayuda que el enemigo espera recibir del extranjero obliga a precipitar el avance sobre Madrid y su ocupación, teniendo en cuenta que un simple retraso puede acarrear perjuicios considerables».[189]

La orden incluye severas advertencias sobre el orden de las columnas y el uso de la artillería antitanque «para evitar sorpresas de la índole de la ocurrida el día 29 en Esquivias y Seseña, que pudo acarrear funestas consecuencias. En el sector sur hay medios suficientes para hacer fracasar tan pronto iniciado cualquier ataque con carros de combate».

El simple retraso al que se refiere Mola ya se ha producido un mes antes, cuando Franco decidió tomar Toledo y liberar a los defensores del Alcázar. Una semana que algunos de sus partidarios consideraron mucho tiempo, aunque la toma de la ciudad sirviera de catalizador para el encumbramiento del Caudillo a la cima de su poder.

En el ánimo de Franco aún palpita la idea esencial de Mola sobre el alzamiento: si cae Madrid, la victoria será rápida. Por ello, todos los esfuerzos se vuelcan en el avance sobre la capital. La caída de Oviedo a manos de sus tropas ha servido para engrosar las fuerzas africanas con la vuelta de los tabores de Regulares y la bandera del Tercio que se destinaron a la liberación de Aranda y sus compañeros de sitio. Los demás frentes están «dormidos». En Aragón se contiene con facilidad y economía de fuerzas a los anarquistas catalanes; en Andalucía, Queipo de Llano mantiene una situación ventajosa después de haber ganado para su causa la zona minera de Peñarroya; en el País Vasco y el resto del frente norte, los batallones republicanos se atrincheran sin muchas posibilidades de recibir refuerzos. La ofensiva sobre Madrid tiene un carácter de comodidad sólo alterado por esos indicios de que los republicanos se están armando y mejoran su organización y su moral.

Casi nadie en su Estado Mayor le discute a Franco que la prioridad es Madrid. Uno de los pocos en hacerlo es el teniente coronel Barrón, que le pone de manifiesto que las tropas con las que se asedia la capital son muy exiguas, que con esos efectivos se trata de una empresa desesperada. Franco responde a Barrón: «Dejemos que Varela lo intente. Siempre ha tenido mucha suerte. La conquista de Madrid es psicológicamente muy importante».[190] Franco no sólo está pensando en la suerte que tiene Varela o en la *baraka* que sus tropas moras les atribuyen a ambos. Está pensando en que es posible que aún se produzca la acostumbrada desbandada de los milicianos ante el empuje de sus fuerzas. Y sigue pensando que, con la toma de Madrid, la guerra puede terminar en días o semanas, según la teoría de Emilio Mola.

En el lado gubernamental se vive un dilema estratégico. La pérdida de Madrid sería una catástrofe moral, está claro, pero muchos consideran que la defensa de la ciudad es imposible. No hay tiempo para que entre en funcionamiento el nuevo ejército que se forma a partir de las recién creadas brigadas mixtas, y el material moderno llega con excesiva lentitud. Francisco Largo Caballero, asesorado por el general Asensio, ahora subsecretario de la Guerra, es partidario de esa visión, que lleva a considerar que lo mejor es dejar la ciudad a Franco para, una vez en marcha el nuevo ejército, pasar a la contraofensiva y derrotarle de manera definitiva. Asensio piensa que la utilización de las nuevas brigadas según estén dispuestas, su uso en pequeñas dosis, no servirá para otra cosa que para quemarlas. Para él es «imposible defender Madrid»,[191] y así se lo ha dicho a Largo Caballero y a Prieto. Puede ser que el general Pozas, su sustituto en el TOCE, piense lo mismo.

La experiencia de los militares que aconsejan al presidente es muy negativa: desde que Franco comenzó su marcha sobre la capital se ha ido enviando al frente una unidad tras otra sin que su organización estuviera completa. Eso ha provocado una serie de catástrofes que han pasado una gran factura: las milicias han sufrido unas treinta y cinco mil bajas en estos meses. Han muerto en el frente más de quinientos oficiales profesionales. Se han perdido decenas de miles de fusiles y cientos de ametralladoras. Un precio muy caro, aunque fuera imprescindible pagarlo, porque el ejército, como todas las estructuras del Estado, quedó destruido el 18 de julio. Pero ahora no es necesario seguir pagando de esta manera. Ya existe un embrión de ejército, ya hay armamento en los puertos republicanos a la espera de su montaje, ya se cuenta con un cuerpo de oficiales profesionales y de milicias que se han ganado el respeto de los soldados. ¿Por qué tirar esa oportunidad a la basura en función de una defensa que tiene un carácter simbólico más que utilidad estratégica?

Las fuerzas que Franco ha conseguido reunir para atacar Madrid desde el oeste y el sur suman ya nueve columnas. Las cinco primeras están al mando de Asensio, Barrón, Delgado Serrano, Castejón y Tella, que ha sustituido al coronel Pujalte, herido el día 17. Hay dos nuevas, las 6 y 7, que aún no tienen jefe; la 8, del teniente coronel Maximino Bartomeu, y la 9, de Monasterio, que sigue reforzándose. Las tres recién creadas incorporan nuevas unidades de mercenarios marroquíes y de la Legión, pero sólo una por columna. Los restantes dos batallones que las forman son ahora de voluntarios requetés y falangistas y algún batallón de reemplazo. Hay un batallón de carlistas sevillanos, otro de falangistas canarios, otro de falangistas del norte de Marruecos y tres de reemplazo. Pero en ninguna de las columnas falta el batallón mercenario que garantiza la agresividad y eficacia en el asalto.

Estas fuerzas se encuentran respaldadas por las guarniciones de Toledo, Talavera, Torrijos y San Martín de Valdeiglesias, compuestas por más tabores marroquíes y batallones de falangistas. Además, están las reservas generales formadas por dos compañías de carros alemanes e italianos, una de ametralladoras antiaéreas, cinco secciones de cañones alemanes anticarro del 37, dos grupos anticarro italianos del 65, tres baterías del 105 y dos del 155. Se cuenta también con un total de casi doscientas piezas de artillería, casi todas ellas de campaña, del 75, adscritas a cada columna, de gran facilidad de uso y movilidad.

Si a estos hombres se les suman los de las fuerzas de la Sierra, establecidas ya casi definitivamente a la defensiva, hay veinte mil hombres que se preparan para el último asalto.

El nuevo general jefe del TOCE, Pozas, sigue con sus problemas organizativos con las columnas. Unos seis mil quinientos hombres defienden la Sierra, encuadrados en las columnas de Rubio y Mangada. Luego están las de Martín González, con dos mil; la de López Tienda, reconstituida y reforzada, con casi cinco mil y basada en Brunete, bajo el mando del teniente coronel Luis Barceló, que ha sido inspector general de Milicias; la del coronel Antonio Escobar, con tres mil hombres situados en la carretera de

Extremadura; las del norte de Illescas, que han perdido a su jefe, el coronel Puigdengolas, con más de siete mil hombres; y, por fin, la de Ricardo Burillo, con el refuerzo de los valencianos de Uribarry, y la columna de Bueno.

Hay casi veintisiete mil soldados republicanos que están apoyados por otras unidades en formación. Son muchos hombres, pero con muchas limitaciones militares. En muchas unidades, la moral está por los suelos.

A Madrid apenas afluyen armas, porque se entregan a las brigadas mixtas en formación, aunque siguen llegando columnas de voluntarios de casi todas partes.

Los asesores rusos, los comunistas y gran parte de los combatientes de primera línea opinan que hay que defender Madrid a toda costa. El ataque sobre Seseña y Esquivias ha sido una demostración de esta voluntad. En el frustrado movimiento han participado sólo tropas comunistas, la brigada de Líster con el apoyo de Ricardo Burillo y los tanques rusos. Sin embargo, André Marty, el jefe principal de las brigadas, ha aleccionado a los voluntarios internacionales en la plaza de toros de Albacete: «Hay impacientes que querrían precipitarse al frente inmediatamente. Ésos son criminales. Cuando la primera brigada internacional entre en acción, lo hará con hombres perfectamente entrenados y con buenos fusiles».[192]

El entrenamiento de los hombres se hará a toda prisa. Las brigadas ni siquiera tienen jefes suficientes, oficiales preparados que puedan conducir a los hombres al combate en las mejores condiciones. Hay algunos veteranos de la primera guerra mundial o de la Legión Extranjera francesa entre sus filas, pero no abunda la experiencia militar. Y cuando la hay no suele pasar del grado de sargento.

El hombre que mandará la XIV brigada, el polaco nacionalizado soviético Karol Swierczewski, cuyo nombre de guerra es «Walter», ha combatido en el ejército rojo contra los zaristas en 1919. En las brigadas coincide con un ruso «ex-blanco», el coronel Essemontovski. Ambos saben que han sido enemigos, pero sus relaciones son muy cordiales, y la experiencia del blanco será aprovechada.

George Nathan es uno de los primeros voluntarios ingleses en llegar a Albacete. También tiene experiencia militar. Nathan es judío y homosexual y llegará a mandar media brigada. Un hombre de gran valor, y un dandi que despertará las suspicacias de los más obcecados dirigentes de las brigadas y pasará un auténtico calvario, apartado del mando y con riesgo de su vida, hasta que sus propios hombres le salven, cuando reivindiquen sus servicios. Nathan tiene la peligrosa costumbre de dirigirse a sus subordinados olvidando el término «camaradas», que cambia por el de «ladies».[193] Alguien como André Marty, que reclama en voz alta que «ni mujeres ni aventureros entre nosotros», no puede simpatizar con un personaje así.

Si en el bando franquista la sospecha de homosexualidad es monstruosa, en el republicano se tolera malamente y sólo en muy discretos ambientes intelectuales.

Cernuda, que admiraba literariamente a Lorca y compartía con él la condición de homosexual, se encontrará en pocos meses con el detonante que le lleve a abandonar España para siempre y su voluntario compromiso con la República. En la revista *Hora de España*, que se está preparando ya en Valencia por iniciativa de Rafael Dieste y que será el más abierto y libre de los medios literarios durante toda la guerra, a Cernuda le censurarán una elegía compuesta para Lorca. Los versos eliminados no llevan a ninguna interpretación confusa:

> Aquí la primavera luce ahora.
> Mira los radiantes mancebos,
> que vivo tanto amaste,
> efímeros pasar junto al fulgor del mar.
> Desnudos cuerpos bellos que se llevan
> tras de sí los deseos
> con su exquisita forma, y sólo encierran
> amargo zumo, que no alberga su espíritu
> un destello de amor ni de alto pensamiento.

A Cernuda le enfurece no sólo ese brutal corte que oscurece la memoria verdadera de su amigo asesinado, sino la moralina burguesa que hace que se alteren así las cosas. Algo que lleva al extremo la torpe nota que explica, sin haber sido pactada con Cernuda, la mutilación: «Por desearlo así su autor, la versión aquí publicada del anterior poema es incompleta. Si algún día se reunieran en un volumen las *Elegías españolas*, entre las cuales figura, allí se restablecería el texto original».[194]

La mutilación puede tener que ver también con el machismo que inunda el esfuerzo bélico de hombres que cultivan su valor, que son ensalzados por poseer las virtudes que adornan al guerrero español. De Durruti se cuenta con un punto de admiración que ha dejado Barcelona limpia de homosexuales antes de irse al frente de Aragón.

Ramiro Ledesma Ramos, jefe de las Juntas de Ofensiva Nacional Sindicalista, JONS, es fusilado por un pelotón de milicianos de retaguardia en el cementerio de Aravaca. Ledesma ha sido sacado de madrugada de la cárcel de Ventas, junto con el pensador derechista Ramiro de Maeztu y otras treinta personas más, con el pretexto de un traslado a la cárcel de Chinchilla. La orden de excarcelación la ha dado el director general de Seguridad, Manuel Muñoz.[195]

Tras la muerte de Ledesma, cuya organización se había fundido en una sola con la Falange Española de Primo de Rivera, sólo queda con vida uno de los importantes dirigentes de los movimientos fascistas españoles: José Antonio Primo de Rivera, encarcelado en Alicante desde principios de año. Antes que Ledesma, Onésimo Redondo resultó muerto en combate en la pugna por la sierra de Madrid en los primeros días de la rebelión, en un encuentro con tropas del coronel Mangada. El 22 de agosto murió asesinado en la cárcel Modelo José María Albiñana, jefe del Partido Nacionalista Español. Con él fueron acribillados a tiros varios destacados falangistas, como el héroe de la aviación Julio Ruiz de Alda y el hermano del fundador, Fernando Primo de Rivera.

Los falangistas, que son la base de una buena parte de las milicias franquistas, son viejos enemigos de casi todos los integrantes de las milicias republicanas. Con ellos, sobre todo con los comunistas, se las han visto a tiros y a puñetazos en las calles y en la universidad. En el ánimo de los comunistas no está sólo el rencor contra un enemigo arrojado y violento. Hay algo más: las filas de Falange se han visto en muchos casos nutridas por gentes que provenían del PCE. A los falangistas les complace especialmente este tipo de captación porque sus enemigos declarados destacan por su disciplina y combatividad. ¿Qué mejor trofeo que un comunista reconvertido? Uno de los mártires de Falange, Matías Montero, asesinado por un militante de la UGT antes de la guerra, había sido simpatizante comunista.[196]

Por ello no hay piedad en la retaguardia con sus miembros. Y Madrid, como Barcelona y tantas otras ciudades republicanas, en esos momentos es un lugar enormemente inseguro.

Muerto Ledesma, y con Primo de Rivera aislado en Alicante, la jefatura de Falange en Madrid la ejerce, desde la cárcel, Raimundo Fernández Cuesta, al que asiste Manuel Valdés Larrañaga, el auténtico jefe de la que ya apunta como la única organización de resistencia antirrepublicana en el interior de Madrid: la Falange clandestina.

Durante los días 2 y 3 de noviembre se producirán un total de setenta y seis fusilamientos más en Aravaca. Una treintena de los asesinados serán militares.[197]

PARTE FRANQUISTA

7 división. Sector sur: fuerzas de caballería efectuaron un reconocimiento hacia las márgenes del río Tajo y Tajuña, acusando existencia del enemigo.

A las catorce horas fuerzas enemigas atacaron Seseña sin consecuencias.

División de Soria. Frente de Somosierra: el enemigo intentó anteayer un débil ataque al centro e izquierda, iniciando su avance hacia Gandullas con fuerzas de la Guardia Civil y Asalto apoyadas por artillería; fue enérgicamente rechazado, causándole bajas vistas.

Frente de Sigüenza. Se han ocupado por nuestras fuerzas la sierra de la Muela, al este de Viana, y las alturas que dominan Baides y Aragosa, con escasa resistencia del enemigo, que abandonó en su huida cadáveres y material.

Nuestra caballería efectuó un reconocimiento hasta el pueblo de Navalporto, sin novedad.

PARTE REPUBLICANO

A las diez y cuarto de la noche

Frente del centro. En los sectores de la Sierra, completa tranquilidad.

En un reconocimiento realizado en la zona de Seseña ha sido volado un gran depósito de municiones enemigo.

Varios aparatos rebeldes han realizado algunos vuelos sobre Valdemoro, Aranjuez y Santa María de la Alameda.

En el sector de Sigüenza, un escuadrón de caballería fascista, apoyado por infantería, ha atacado Candejas de la Torre, siendo rechazado después de dejar en el campo treinta y tantos muertos y varios prisioneros.

A última hora, la aviación enemiga ha realizado un vuelo de reconocimiento sobre Madrid, bombardeando en el kilómetro 15 de la carretera de Arganda sin resultados.

1 de noviembre

JUAN MODESTO ESTÁ AGAZAPADO JUNTO A SUS HOMBRES del batallón Octubre a la espera de que los enemigos que se despliegan ante ellos se acerquen lo suficiente como para que el fuego sea eficaz. Desde sus posiciones al sur de Parla pueden ver los pequeños tanques Ansaldo desplazándose por la carretera mientras los soldados moros van desplegándose, moviéndose con parsimonia, conscientes de que los pocos disparos que suenan no son eficaces.

Los hombres miran a Modesto, que espera la orden de fuego que no llega. Sobre todo, los sirvientes de los tres fusiles ametralladores de fabricación rusa que acaban de llegar. Otros combatientes se dedican a amarrar de cuatro en cuatro las bombas de mano para arrojarlas contra las cadenas de los pequeños blindados cuando estén ya encima.

Se trata de una nueva forma de combatir en la que la serenidad puede sobre el temperamento fogoso. Modesto siente que sobre él caen las miradas de todos sus soldados, mudos e impacientes. Cuando el enemigo está a la distancia que considera adecuada, Modesto se incorpora y agota un peine de su fusil sobre un oficial, que se desploma herido. Es la señal, y los fusiles ametralladores comienzan a disparar. Varios hombres caen y el enemigo detiene su avance.

Modesto empieza a celebrar el éxito de la sorpresa, la modesta y efímera victoria, cuando siente una «picadura de fuego» que le entra por el costado derecho, a la altura de la cintura, lo atraviesa y se le incrusta en el hueso contrario derribándole de golpe. Antes de que le retiren nombra a su sustituto.

En el puesto de primeros auxilios de Fuenlabrada, el médico decide enviarle a Madrid porque no tiene los medios para intervenirle. Y es evacuado en un coche del batallón Thaelmann al Hospital Obrero de Maudes.

Modesto será conducido a Albacete y no volverá a Madrid hasta que esté formada la brigada mixta cuyo mando se le va a confiar, la número 18, e, inmediatamente, a principios de enero, también la 4 división.[198] Modesto será el oficial procedente de milicias que alcance el mayor grado dentro del ejército de la República, llegando a mandar un cuerpo de ejército en 1938.

Al anochecer, el batallón gallego se retira de Valdemoro. La maniobra no es fácil porque las tropas de Varela les atacan por la retaguardia después de envolver su flanco derecho. Los hombres lo hacen hacia Morata de Tajuña, manteniendo el orden y la disciplina. Sus contrincantes son los regulares del II tabor de la Mehal-la jalifiana de Melilla, dentro de la agrupación de fuerzas del comandante Alonso.

El comisario Santiago Álvarez está orgulloso de esta disciplina que tanto ha costado conseguir. Hace muy pocos días ha tenido que intervenir con energía porque el batallón recibió tres pares menos de alpargatas de los ochocientos que tenían que haber llegado desde Madrid. Los hombres y las mujeres se amotinaron en protesta. Pero ya no suceden esas cosas.[199]

Enrique Líster, el jefe de la 1 brigada, está inmerso, con el resto de sus batallones, en el combate. Los aviones ametrallan en vuelo rasante, la artillería les machaca y se pueden ver de cerca las siluetas de los infantes enemigos precedidas por los carros italianos. Pero tiene un problema suplementario: se le han presentado para dar ánimos a las tropas, José Díaz, Dolores Ibárruri, Pedro Checa, Antonio Mije, Antón y Codovilla. La plana mayor del PCE. Su acción consigue el objetivo porque los hombres reaccionan con entusiasmo ante la presencia de los líderes políticos. Pero distrae efectivos para el combate. Para Líster es un auténtico quebradero de cabeza el trabajo de mantenerlos vivos, de evitar que resulten heridos o muertos. La maniobra de cerco que realizan los regulares puede resultar incluso peor: la directiva del PCE puede caer en pleno en manos de los franquistas. Es difícil imaginar una catástrofe peor para el partido y para la defensa de la ciudad.

Al anochecer, cuando se ordena el repliegue general de la brigada, se vuelven a usar las bombas de mano porque el enemigo está a pocos metros.

Líster se ha quedado sin jefe de Estado Mayor. No ha sido a causa de las bombas enemigas, sino de un «repliegue» voluntario decidido personalmente por el mismo jefe. Es Ramón J. Sender, un escritor que, por haber sido oficial de complemento, llegó a ser el responsable de la planificación.

Sender es hombre muy conocido. Es un escritor de prestigio que ya ha cosechado importantes éxitos y ha narrado como pocos (también lo ha hecho Indalecio Prieto en sus crónicas periodísticas) la dureza de la guerra de África. Sender arrastra además una terrible experiencia personal: su mujer ha sido asesinada en la retaguardia franquista. La han fusilado por la denuncia de un cuñado celoso.

Sender se ha ido a su casa de Madrid sin consultar con Líster. De allí se marchará al día siguiente a la sede del Quinto Regimiento, donde le quitarán las insignias de comandante que se le han colgado. Líster y los suyos pensarán que ha desertado y ha llegado a la conclusión de que sus compañeros han muerto o han sido hechos prisioneros en Valdemoro. Su situación no resulta nada airosa y acabará marchándose a Barcelona y, después, a París, para no volver a España sino muchos años después.

En el exilio, Sender escribirá una novela, *Contraataque,* en la que intentará buscar una explicación a su acto y descalificará a algunos combatientes que sí han aguantado. Por ejemplo, a un asesor soviético, Batov, quien, mientras él se ha dado la vuelta, continúa disparando a los carros enemigos con un cañón del 7,5. Batov será gravemente herido en combates posteriores y en la segunda guerra mundial será nombrado dos veces «héroe de la Unión Soviética». Para Líster, Sender será siempre un cobarde.[200]

En todo caso, Sender es un hombre que arrastra una historia trágica. Hay quien le puede comprender.

En Parla, las tropas republicanas hacen prisionero a un soldado italiano, Luigi Corsi Siliberta. Su captura y su confesión proporcionan la primera evidencia testimonial de que Mussolini está ayudando no sólo con material, sino también con hombres, al bando franquista. Siliberta llegó a Vigo el 28 de septiembre, junto con más de ciento cincuenta militares más y un cargamento de carros Ansaldo, treinta y ocho cañones antitanque del 65, veinticinco mil proyectiles de artillería, cinco mil perforantes anticarro y cuatro estaciones de radio. La tropa está al mando del capitán Fortuna. Siliberta declara a sus interrogadores que ha venido obligado. Los suyos piensan que ha desertado.[201] Es uno de los italianos que han combatido contra los tanquistas de Arman en torno a Seseña.

La ayuda italiana a Franco proseguirá durante todo el mes. Hasta finales de noviembre llegarán a Vigo veinte tanquetas más, más de cincuenta cañones, cincuenta morteros, un centenar de ametralladoras, setenta mil granadas, ciento veinte mil proyectiles de artillería y dieciséis millones de cartuchos de fusil. La misión militar que observa el desarrollo de las operaciones la dirige Mario Roatta, un general especialmente querido por Mussolini y que ha sido jefe de los servicios de espionaje italianos.[202]

En la reunión del Comisariado, que preside el ministro Álvarez del Vayo, se plantea la cuestión de los ocho mil fascistas encerrados en las cárceles. Koltsov, que está presente, se emplea a fondo en denunciar que entre ellos hay tres mil militares, que hay que tomar medidas. Álvarez del Vayo, ante la presión de los asistentes, se retira y vuelve al poco rato:

—Caballero reconoce la importancia del problema y ha encargado de la evacuación de los detenidos al ministro del Interior, Ángel Galarza.[203]

PARTE FRANQUISTA

7 división. En el frente sur de las columnas que van sobre Madrid se ha llevado a cabo un importante avance de más de dieciséis kilómetros de profundidad, ocupando los pueblos de Sevilla la Nueva, Villanueva de Perales y Brunete, habiéndole cogido al enemigo ciento ochenta muertos, sesenta y cuatro prisioneros, doscientos fusiles, nueve ametralladoras de construcción francesa y dos cañones del 75.

En el frente de Parla el enemigo intentó un ataque, reaccionando ofensivamente las columnas de aquel sector con tal empuje que ocasionaron al enemigo trescientos muertos, cogiéndole un tanque ruso de catorce toneladas y numerosos armamentos aún no clasificados.

División de Soria. Las columnas que operan al sur de Sigüenza han ocupado Torremocha de Jadraque y posiciones importantes a la orilla derecha del Pulce.

Actividad de la aviación. La aviación cumplió brillantemente las misiones que le fueron encomendadas, cooperando así al éxito de las operaciones de hoy.

PARTE REPUBLICANO

Frente del centro. En los sectores de la Sierra, absoluta tranquilidad.

Por la zona sur del sector del Tajo nuestras tropas han iniciado esta mañana un avance, ocupando varias posiciones dominantes sobre el sur de Fuenlabrada.

Una columna enemiga, con elementos de combate de todas clases, ha atacado fuertemente nuestras posiciones de Condejas de la Torre y Villaseca de Henares, siendo briosamente rechazada.

La demostración enemiga sobre el pueblo de La Toba ha determinado un contraataque de las tropas leales, que termina con la ocupación de este lugar, después de haber ocasionado al enemigo numerosas bajas.

La aviación facciosa bombardeó Alcalá de Henares, sin resultado. La nuestra actuó en el día de hoy en todos los sectores de este frente con eficacia.

2 de noviembre

DOLORES GONZÁLEZ HA DEJADO A ROQUITO, «el Bien Hecho», en la finca de Miralcampo. Ella tiene que visitar a su hermano Rafael, que está encuadrado en la columna anarquista de Del Rosal. Le han herido gravemente en un brazo y está en el hospital de la Cruz Roja, cerca de Cuatro Caminos.

Dolores está llegando en el tranvía cuando comienza un ataque de la aviación franquista. Los cazas ametrallan los transportes públicos, que se detienen, y la gente corre en busca de refugio azuzada por los conductores. Dolores ve caer a fugitivos atravesados por las balas de grueso calibre de los Fiat. Un balazo de ametralladora de un avión es la muerte casi segura.

Cae mucha gente antes de dar con un lugar seguro para hurtar el cuerpo de la trayectoria asesina de los proyectiles. Dolores tiene suerte y consigue llegar a un portal, en donde se esconde para librarse del horror.

Cuando pasa el ataque, entra en el hospital y ve a su hermano con el brazo vendado, mortificado por el dolor, aguantándolo en medio del sufrimiento que surge de cada una de las camas del amplio espacio repleto de espantosas mutilaciones. Allí donde el sonido del dolor es peor que la visión de la sangre.

A los heridos del frente se les unen en las grandes salas los heridos del que ya es otro frente más: los de la ciudad que espera.[204]

Los partes de guerra tienen un cierto aire de rutina en la notificación de la caída de una población tras otra en manos de los hombres de Varela.

Anteayer, Humanes, Parla y Valdemoro; Villamantilla, Villanueva de Perales, Brunete y Sevilla la Nueva, ayer. Hoy, Villaviciosa de Odón, Móstoles, Fuenlabrada y Pinto.

En la retirada de Móstoles, el comandante de la columna catalana, López-Tienda, muere al bajar de su coche. El subfusil se le cae al suelo y una bala le atraviesa. Le sustituirá en el mando el teniente coronel Barceló, comunista.[205]

El general Pozas traza un plan para recuperar la iniciativa. Se trata de operar desde Aranjuez, a la derecha del despliegue enemigo, cubierta por la caballería, para cortar la carretera de Toledo. Otras fuerzas atacarán desde el norte para confluir con las primeras en la carretera. Pozas no escatima medios. Y tiene el apoyo de un total de cuarenta carros T-26, todos los que hay en Archena. Un despliegue de blindados que nunca se ha visto antes en España.

Esta vez el fracaso no es de Asensio, sino de quienes le han denostado con más fuerza, los comunistas, y los asesores militares soviéticos. Ya no se puede hablar, a partir de ahora, de frente organizado, sino de avance frenado por las propias necesidades de coordinación de las vanguardias franquistas. Hay unidades que dan la cara por todas partes, pero la defensa de Madrid es un caos. Las tropas de Varela se mueven con rapidez, de un lado a otro, escogiendo el lugar de la confrontación.

En la retaguardia comienza a producirse, sin embargo, un fenómeno de gran envergadura. Los protagonistas son los responsables de los Ateneos Libertarios, de los radios del PCE, de las Casas del Pueblo socialistas, de los locales de la CNT y la UGT. «Los que huyen de los frentes se van a encontrar en la red de parapetos y barricadas que cierran los suburbios con grupos de mujeres vociferantes que los van a llamar cobardes y los van a desarmar ... Bailes, cafés y lugares de esparcimiento son asaltados, y todos los que reúnen las mínimas condiciones para fortificar y combatir son metidos en los camiones como carnaza y llevados a las fortificaciones o a centros de reclutamiento.»[206]

La Junta de Defensa se reúne por última vez. Largo Caballero no acude y la preside en su lugar Álvarez del Vayo. En el orden del día hay tres cuestiones urgentes que tratar: la evacuación de la población civil, la quinta columna y la organización de la defensa. Álvarez del Vayo transmite un mensaje derrotista y hace una alusión directa a la necesidad de que el gobierno evacúe la ciudad.

Isabelo Romero, representante de la CNT, toma la palabra a continuación y hace un alegato que provoca estupefacción. No se puede hablar de otra cosa que de la defensa de la ciudad. Y de ella no se tienen que ir más que los viejos, los enfermos, los ancianos y los niños. En cuanto a la marcha del gobierno, su intervención es casi una amenaza: la CNT ha tomado todas las medidas para evitar que se camufle la deserción con la evacuación, y las va a aplicar a rajatabla.

—Si ha llegado la hora de morir, moriremos, pero esta vez no van a ser los trabajadores los únicos que paguen los platos rotos...

No se puede hablar más claro. Los comunistas son los únicos que, con timidez, intentan defender la necesidad de obedecer las órdenes del gobierno.

Cuando se entra en el asunto de la quinta columna, la discusión se vuelve más acre. Hay todo tipo de propuestas. Los anarquistas quieren que se les evacúe y se les obligue a hacer trabajos forzados lejos del frente, además de negociar con las embajadas para que, a cambio de garantías, entreguen a todos los refugiados que se hacinan en ellas.

Los reunidos calculan que los fascistas pueden reunir en Madrid hasta veinticinco mil hombres decididos a luchar contra la República.

Hay quien habla de dejar al pueblo que resuelva el asunto. La alusión no puede ser menos feliz porque el recuerdo de los paseos está demasiado en carne viva. Los comunistas insinúan que habría que liquidar a los presos susceptibles de incorporarse al ejército rebelde.

La reunión se suspende sin que se haya adoptado ninguna solución.

La amenaza de la CNT sobre su actitud en caso de que se produzca la marcha del gobierno queda flotando en el aire.[207]

PARTE FRANQUISTA

Ejército del Norte

5, 6 y 8 divisiones y división de Soria. Sin novedades dignas de mención.

7 división. En el sector del sur de esta división fueron ocupados los pueblos de Pinto y Fuenlabrada.

En el día de ayer, y en este sector, fueron hechos doscientos cincuenta prisioneros, extremo no mencionado en el boletín correspondiente.

Actividad de la aviación. Nuestra aviación ha cumplido en el día de hoy las misiones que se le habían señalado, cooperando eficazmente con sus bombardeos a la ocupación de los dos pueblos citados en la 7 división.

En Talavera fueron vistos, a las 14.30 horas, dos aviones de bombardeo rojos por dos cazas nuestros que se encontraban en el aire. Éstos los atacaron, desapareciendo uno de los rojos en las nubes y cayendo el otro, incendiado, próximo a Talavera, al sur del Tajo.

PARTE REPUBLICANO

Frente del centro. Las columnas rebeldes continúan su fuerte presión por la zona norte del sector del Tajo. Nuestras tropas, convenientemente atrincheradas, resisten heroicamente los desesperados ataques fascistas.

En los sectores de la Sierra, tranquilidad absoluta.

Tres aviones propios bombardearon en Talavera del Tajo un tren que desembarcaba tropas.

En Matillas, sector de Sigüenza, nuestro tren blindado obligó a retroceder a otro enemigo, poniendo en huida a dos escuadrones de caballería facciosa.

Los aviadores fascistas han atacado en el día de hoy Alcalá de Henares y Getafe, causando ligeros daños materiales.

A las diez de la noche

Persiguiendo, como siempre, objetivos exclusivamente militares, la aviación leal dedicó sus actividades de hoy, desde las siete de la mañana hasta última hora de la tarde, a atacar concentraciones, campamentos, convoyes y tropas en marcha en el sector sur de Madrid. La jornada comenzó con bombardeo de una caravana de coches ligeros. Más tarde fueron bombardeados dos convoyes, constituidos cada uno de ellos por más de cincuenta camiones. La aviación de caza enemiga, testigo de este ataque, rehusó el combate con nuestros aparatos.

En Illescas se lanzaron bombas sobre un tren que conducía tropas.

El último servicio consistió en bombardear con éxito una columna de motoristas.

3 de noviembre

L A ORDEN ES URGENTE Y SE HACE VÍA TELETIPO: las brigadas mixtas tienen que incorporarse al frente de Madrid.[208]

Mientras, las fuerzas de tanques del coronel Krivoshein comienzan a moverse, según el plan trazado por Pozas, contra las líneas que han alcanzado los franquistas en Valdemoro, Torrejón de Velasco y Pinto. Las fuerzas de infantería que tienen que apoyar el ataque incluyen ya a la 1 brigada mixta, que está al mando de Líster.

La coordinación entre los carros y la infantería vuelve a fallar. La artillería franquista se ceba en los tanques de Krivoshein. Cuatro de ellos quedan envueltos en llamas en tierra de nadie. Hay muchos muertos, de nuevo.

Ahora el fracaso es de Pozas. Y de los asesores soviéticos, que se desesperan por la dificultad de coordinar las acciones entre las columnas y entre la infantería y los blindados.[209]

Los moros del II tabor de la Mehal-la jalifiana de Larache número 3, y los del grupo de Regulares de Alhucemas se jactan con razón de la captura de dos carros de combate que pueden ser reutilizados contra sus antiguos dueños.[210] La moral entre los franquistas es excelente.

«España ha sido siempre el más infortunado de los países, y ahora está viviendo una dura lucha para librarse de los bolcheviques, que han tomado su siempre execrable gobierno. Pero mis amigos me escriben que los jóvenes están irreconocibles en su energía y disciplina, y que pronto veremos una nueva España tan vigorosa como en la Edad Media. Y, por supuesto, España no estaría sola en esta transformación.»[211]

George Santayana es uno de los más respetados filósofos y críticos literarios del mundo anglosajón, pese a que mantiene con orgullo sus raíces españolas. Acaba de publicar una de sus obras cumbre, *The Last Puritan*. Y todavía ve con simpatía el fascismo italiano que ha traído el orden al país. Detesta la anarquía, detesta el comunismo. Y tiene serias objeciones que hacerle al sistema democrático anglosajón.

Desde una perspectiva nada convergente, sí coincide en algunos puntos con Ezra Pound, el único escritor norteamericano que se apuntará a las filas del fascismo.

Todavía hay muchos intelectuales europeos que ven en la guerra que se libra en España únicamente un intento nacional por librarse del comunismo. Y en el auge del nazismo y el fascismo, una reacción contra la plaga bolchevique.

Franco, para Santayana, representa sobre todo el orden. Algo que está siendo destruido desde hace años en España por los republicanos.

Mijail Koltsov se ha tenido que mudar a unos apartamentos del hotel Palace que han quedado fuera del hospital de sangre. Su idea de la situación es muy pesimista. Largo Caballero —le parece— se inclina cada vez más por la tesis de Asensio de que es preferible abandonar Madrid, dejársela al enemigo y emprender una ofensiva con el nuevo ejército que envuelva por el sureste y deje aislados a los atacantes.

Eso le preocupa. Pero aún le preocupa más otro asunto: sigue habiendo ocho mil presos fascistas en las cárceles, y nadie se ha preocupado de llevárselos pese a que Galarza ha recibido la orden. Al menos, eso dijo Vayo en la reunión del Comisariado.[212]

La columna de la CNT España Libre recibe por fin las armas que lleva muchos días reclamando. Y parte de inmediato en dirección a Fuenlabrada. Los moros atacan furiosamente en Leganés.

Ramos, el comandante de la columna, que era maestro antes de la guerra, cae en los primeros combates con nueve balazos en el cuerpo. Ha salido de la trinchera, a cuerpo descubierto, intentando cazar un tanque para dar ejemplo de acometividad a sus hombres.

Al menos, las columnas anarquistas han conseguido parar a los franquistas en la zona de Sigüenza. Por el noreste no va a poder avanzar el enemigo. Lo han hecho, sobre todo, los hombres de la columna de Del Rosal. Les ha enviado allí alguien que tiene un aura de misterio entre los propios anarquistas, Eduardo Val, que dirige el Comité Regional de Defensa, el principal centro de decisiones del movimiento libertario desde mediados de septiembre.

Val es un tipo singular. Su oficio es el de camarero, y muchos miembros de la aristocracia y la política podrían reconocerle si le vieran porque ha servido, vestido de esmoquin, innumerables banquetes en el Ritz o el Palace, los dos hoteles más elegantes de Madrid. Tiene una sonrisa gentil y ligeramente irónica que encaja bien con el perfil del que ha sido clandestino hasta poco antes del 18 de julio, cuando dirigía los grupos anarquistas de sabotaje y combate callejero. Ni siquiera Gregorio Gallego, que le conoce de muchas reuniones, había llegado a saber su condición de jefe de estos grupos violentos.

Val es «misterioso, elusivo y poco aficionado a las confidencias». Y su actitud despierta recelos entre los más importantes dirigentes de la CNT. Horacio Prieto, el secretario general de la Confederación, y David Antona, secretario de Madrid, forman parte de la legión de los desconfiados. Antona llega a expresarlo de forma cruda: «¿No estaremos creando un cierto pretorianismo que interfiera la libertad de los sindicatos?».[213]

Pero son tiempos de guerra. Tiempos de militares. Val es un hombre de guerra, un personaje curtido en la clandestinidad, en la confrontación. De él han emanado las órdenes que han llevado a los milicianos anarquistas a uno u otro frente. A sus órdenes ha estado Cipriano Mera al comienzo de la guerra, parando la rebelión en Cuenca. Y es él quien ha creado las columnas que se baten por cada rincón de Madrid.

El hombre de la sonrisa irónica, que servía cenas elegantes en los hoteles de lujo, es también quien guarda con el mayor celo la independencia de las milicias libertarias. Porque nada es descartable ahora en Madrid, en España. Quién sabe si la CNT y la FAI tendrán que hacerse con el poder en un momento dado, como los anarquistas catalanes lo hicieron a principios de agosto a través de su Comité de Milicias, auténtico gobierno de Cataluña hasta el 27 de septiembre. Su disolución la viven algunos como un grave retroceso revolucionario. Como viven también muchos la discusión sobre la entrada en el gobierno, que se hace a la chita callando, en pequeñas reuniones: piensan que es un grave error.

Es la permanente preocupación libertaria desde hace unos meses: la alternativa entre hacer primero la revolución o ganar la guerra antes de emprenderla.

Juan Lario está en el recién creado batallón Capitán Benito. Forma parte de la columna de José María Galán, que ha llegado de la Sierra. De setecientos hombres que eran, han vuelto cuatrocientos capaces de combatir. Les han mezclado con los restos de otro batallón muy diezmado, el Río Tinto, que forman voluntarios de Huelva, gentes que vienen combatiendo desde primeros de agosto, que han huido en muchas ocasiones, pero que se han fajado tantas veces con moros y legionarios que son ya combatientes muy experimentados.

Juan es delineante y su aspiración antes de que se produjera la sublevación era la de llegar a ser aparejador de obras. Pero en agosto dejó su trabajo y se unió a las tropas que pararon a Mola en Somosierra. Lo hizo sin comunicárselo a sus padres, para que no intentaran impedirlo.

Ya está fogueado, pero la vuelta al barrio le provoca tristeza. Las mujeres se acercan a él y le cuentan de los que han muerto. Le dan todo tipo de buenos deseos para que él no caiga como tantos otros.

Juan se siente afortunado. Tiene dos días de permiso. Ve a su alrededor a los vecinos de su barrio. Inquietos por la cercanía de los franquistas. Pero no se quieren ir. No se van.[214]

PARTE FRANQUISTA
Ejército del Norte
5 y 6 divisiones y división de Soria. Escasa actividad en sus frentes y sin novedades dignas de mención.

7 división. En el día de hoy ha continuado el avance en los alrededores de Madrid, llegando las columnas del sector sur hasta Móstoles, que ocuparon, rebasándolo en dirección a Alcorcón. Igualmente ha sido ocupada Villaviciosa de Odón.

Actividad de la aviación. En el aire fueron derribados en el día de ayer tres aparatos de bombardeo rusos y no uno, como se dijo en el boletín correspondiente. Del aparato incendiado que se citaba ayer se arrojó uno de los tripulantes que se estrelló al desgarrársele el paracaídas. En el día de hoy fueron derribados otros dos aparatos rusos cuyos pilotos quedaron prisioneros de nuestras tropas.

PARTE REPUBLICANO
A las diez y veinte de la noche
Frente del centro. En Guadarrama se han presentado seis evadidos de Segovia. En los demás sectores de la Sierra, ligero paqueo.

Tres columnas enemigas han atacado fuertemente a las fuerzas leales del sector suroeste de Madrid, obligándolas a una ligera rectificación de posiciones que se ha realizado sin pérdidas de importancia.

Por la zona de Aranjuez, nuestras tropas han realizado un movimiento envolvente sobre Torrejón de Velasco y Seseña, causando a las fuerzas fascistas grandes daños.

En las primeras horas de la mañana
En las cercanías de Torrejón de Velasco fue bombardeada una columna de infantería y camiones que ocupaban en la carretera una longitud de dos kilómetros.

A diez kilómetros de Valdemoro fue bombardeado un convoy constituido por sesenta camiones.

En Parla e Illescas se bombardean concentraciones de tropas.

A las dos de la tarde

Una de nuestras patrullas aéreas bombardeó con gran precisión concentraciones de tropas enemigas en Parla y Humanes. La estación de Illescas fue incendiada.

La misma patrulla bombardeó en Seseña y en Illescas a gran número de camiones. Tres cazas enemigos, que presenciaron esta operación, no se decidieron a atacar a nuestros aparatos.

A las ocho de la noche

Los últimos servicios de nuestra aviación fueron los siguientes:

Una escuadrilla bombardeó concentraciones enemigas en Illescas, Griñón y Torrejón de Velasco, contribuyendo al avance de nuestras tropas de tierra, a las que precedían tanques, hacia Illescas.

Otra patrulla bombardeó un convoy de camiones cerca del puente próximo a la estación de Pinto. Dos bombas de cien kilos cayeron sobre el convoy y otras dos del mismo peso, en el puente.

Otra escuadrilla bombardeó posteriormente un convoy, compuesto por camiones, cerca de la carretera de Torrejón de la Calzada y, asimismo, una concentración enemiga en las inmediaciones de Griñón.

Por último, otra patrulla bombardeó convoyes y concentraciones enemigas en Illescas, en Yeles y en Yuncos.

Todos nuestros aparatos regresaron sin novedad a sus bases.

4 de noviembre

DESDE LA PERIFERIA DE MADRID SE PUEDE OÍR el estampido de los cañones. Alcorcón, Leganés y Getafe, incluido su aeropuerto militar, caen de forma casi simultánea. Son poblaciones situadas en un cinturón a menos de veinte kilómetros de la capital. Se oye la artillería, casi puede olerse a quienes la acompañan.

Víctor Ruiz Albéniz, que firma sus crónicas para Radio Nacional con el sobrenombre africano de «El Tebib Arrumi» (es decir, «el médico cristiano», nombre con el que era conocido en las minas del Rif, donde había ejercido la medicina), puede ver desde la trinchera, sin necesidad de prismáticos, Madrid, su ciudad que «es nuestra ya. No se puede dudar». El periodista telegrafía su crónica esta noche desde Navalcarnero y se lamenta en ella del comportamiento de los dirigentes rojos: «¿Esperarán estos insensatos a que se nos colme la paciencia y caiga sobre Madrid la justa furia de nuestros combatientes? ... ¡Madrid querido! ¡Madrid que encierras a mi madre y a mis hijos! ¿Será posible que las crueldades de unos insensatos te condenen a la más sangrienta y cruel destrucción?».[215]

Víctor Ruiz Albéniz es, posiblemente, el cronista de guerra más querido de Franco, a quien el periodista no ahorra elogios tal y como es frecuente en estos momentos. Todavía no compite con él Manuel Aznar, que está en Valladolid esperando a que le fusilen o le liberen sus amigos franquistas, que le han apresado por haber dirigido el periódico *El Sol* entre 1931 y 1932, un diario de ideología liberal fundado por Nicolás María de Urgoiti en 1917 y hoy incautado. A Aznar le acompañará la suerte y se salvará del fusilamiento por obra de sus muchas influencias. Se ha escapado de la zona roja durante el verano, después de pasar las primeras semanas de la guerra disfrazado de miliciano y levantando el puño. Es un artista de la simulación y el cambio de rumbo. También fue, hace años, un seguidor ferviente de Sabino Arana, el padre del nacionalismo vasco. Por todos estos motivos muchos falangistas no le quieren, aunque sí es apreciado en el entorno del propio Franco, al que acompañará en sus campañas dentro de unos meses, haciendo de cronista oficial.[216]

Menos suerte tendrá Ruiz Albéniz, que perderá trágicamente a uno de los hijos que le esperan en Madrid, Alberto.[217]

La entrada de las columnas franquistas en Getafe no se ve acompañada por manifestaciones de júbilo. Hace cuatro días que un bombardeo de la aviación ha dejado al pueblo casi sin niños: sesenta han muerto en la escuela por la metralla lanzada por la Legión Cóndor.

En los arrabales de Madrid, por la puerta de Toledo, las caravanas de civiles entorpecen el movimiento de las columnas de milicianos que van a reforzar a las desmoralizadas tropas que, en ocasiones, se confunden con los paisanos que huyen. Para estos hombres que retroceden empujados por el pánico ya no hay la menor simpatía ni comprensión. Son desarmados inmediatamente y detenidos.

La avalancha de miles de refugiados que huyen de la guerra, que huyen de los franquistas porque temen sus represalias, supera con creces el número de madrileños que se ha decidido a abandonar la ciudad. No hay dónde alojarlos. Casas particulares vacías, sí, pero también familias que se ofrecen voluntarias para acogerlos, e incluso andenes del metro.

Con las gentes vienen algunos colchones cargados, a veces, a lomos de alguna caballería, máquinas de coser, hatillos de ropa, alguna silla de anea. Bien poca cosa. Y rostros que los fotógrafos captan en toda su trágica intensidad. Y rumores que se extienden por la ciudad a velocidad increíble. Los moros vienen. Madrid se va tiñendo de un pánico sombrío.

Nadie se ha ocupado de cortar los teléfonos. En esos momentos de terrible caos es posible llamar por teléfono a Leganés, Carabanchel o Getafe y hablar con el enemigo. ¿Quién puede ocuparse de ello? Ni siquiera los jefes de las columnas saben de veras dónde se encuentran sus unidades.

La toma de la ciudad es inminente. El *ABC* de Sevilla lo explica de forma muy elocuente: «Estamos a 4,60 pesetas de taxi de Madrid».[218]

El diputado gallego Emilio González López, que vive en la Casa de las Flores, en pleno barrio de Argüelles, descubre lo próximos que están a Madrid los franquistas porque, a primera hora de la tarde, un obús cae a su lado en la calle Alberto Aguilera. No le sucede nada, ni se producen más heridos. Sólo un escaparate de las famosas Mantequerías Leonesas cae hecho añicos.[219] Un obús que no ocasiona grandes daños. Es un simple mensajero de lo que se aproxima.

Domingo Malagón también se dirige a Madrid, pero no lo hace huyendo de los moros, sino para enfrentarse a ellos con su compañía, la 8 de Acero, formada por campesinos cordobeses, media docena de franceses voluntarios y «los Palomos». Ellos no tienen ya miedo a ningún fascista, porque les han parado.

Los de la compañía llevan un par de meses en la Sierra, donde han logrado contener a los fascistas que vienen del norte. Y Madrid, según les dicen cuando reciben la orden de traslado, se defiende hoy desde Madrid.

Malagón tiene diecinueve años y es voluntario, como todos sus compañeros del Colegio de Huérfanos de la Paloma, donde él estudiaba tercer curso de Bellas Artes. El peregrino apelativo «los Palomos» les viene de su colegio. Se incorporaron al Quinto Regimiento a principios de agosto, desfilando en perfecto orden, vestidos con mono azul, con una manta enrollada al cuerpo en bandolera y un palo que hacía las veces de fusil. El comunista italiano Prodi, al ver a los muchachos, los reclamó para su unidad, que iba camino de Peguerinos:

—Yo quiero a ésos.

Prodi murió en los primeros combates. Les dejó su recuerdo de valor y un himno:

> Adelante el batallón de Acero,
> hijos del pueblo son los que van en él
> con valentía y espíritu justiciero
> contra el fascismo tirano y cruel.
> ...
> Nuestra bandera es la republicana
> y nuestro brazo la defenderá.
> España entera es la que reclama:
> ¡A luchar, a luchar, a luchar!

Mediada la tarde, «los Palomos» llegan a Aravaca, y ocupan unas trincheras que son inservibles porque les llegan por la cintura. Y tienen que empezar por mejorar esas inútiles defensas. Domingo conoce a Justo López de la Fuente, que es el jefe de su sector y el hombre que mandará en pocas semanas la 36 brigada mixta. Pero también conoce a muchos hombres que vienen, asustados, corriendo desde Extremadura. No hay forma de retenerlos.

Justo López intenta averiguar hasta dónde han llegado los fascistas, pero ningún fugitivo es capaz de precisar nada. Sólo huyen. Con Domingo y otros cuatro «Palomos» se va hacia Boadilla y comprueba que allí no hay nadie. Por la noche, forma la 8 compañía, ocupan el pueblo, establecen una línea de defensa. Duermen en el Palacio, un edificio neoclásico repleto de obras de arte.

Uno de los campesinos cordobeses se queda mirando un cuadro de la Virgen con el niño que a Domingo le parece que puede ser de Murillo o de algún pintor italiano de la época.

—¡La puta virgen! —exclama, y le arroja un machete.

—Maldito seas —le dice Domingo—, has cometido un crimen de lesa arte. ¿Tú sabes qué es eso? Aunque sea una virgen, a pesar de que tú no seas creyente, como yo, eso es arte puro, es historia, y nosotros estamos aquí para salvar eso, tenemos que luchar para salvar eso.

—¡Fascista! —le grita el campesino, poco receptivo a los discursos de un estudiante de bellas artes.

No llegan a las manos porque intervienen «los Palomos». Justo López dispone que al campesino se lo lleven a Madrid para evitar más incidentes.[220]

Franco ha avisado a los madrileños a través de sus emisoras de Salamanca o Burgos de que deben rendirse, de que no deben presentar resistencia a sus tropas. De lo contrario, sufrirán las consecuencias.

Por si acaso el mensaje no ha quedado claro, hoy se produce el primer bombardeo masivo de la ciudad. Las bombas que arrojan los Junker alemanes caen por toda la ciudad. No sólo en la zona del Ministerio de la Guerra o la Telefónica, sino sobre las casas particulares.

Hoy, Madrid consigue un triste título: es la primera ciudad en la historia que comienza a recibir bombardeos aéreos sistemáticos y masivos. El de hoy es sólo el primero de una larga serie de ataques que tiene como objetivo atemorizar a la población civil, obligarla a volver la espalda al gobierno republicano y a abandonar a los combatientes que, aún desorganizados, luchan en los mal montados parapetos.

En la calle de Riego caen cuatro bombas a las ocho de la tarde. Una impacta en el cine Delicias, en la calle Tortosa. Otra revienta cerca de la casa de Olegario Trapero. Todos los vecinos de la casa se refugian en el piso bajo, avisados por las sirenas de alarma aérea, pegados al muro de carga del edificio. Uno de los vecinos se mete debajo de una cama. Ni la familia de Olegario ni los demás ocupantes de la casa van nunca al refugio. Se quedan ahí, esperando que pase el ataque. Las bombas de aviación y los obuses de artillería serán ya visitantes asiduos del barrio de las Delicias.

Sofía, la madre de Olegario, es una sencilla ama de casa. Pero se niega a seguir las órdenes de evacuación que el gobierno pregona ya intensamente. No sólo no se van a ir a Levante. Ni siquiera van a dejar el barrio. Sofía y las vecinas de la calle lo dicen en voz alta: «No pasarán. Hasta con aceite hirviendo les vamos a echar». El «No pasarán» que se comenzó a vocear desde los periódicos comunistas se ha convertido en un grito que muchos madrileños de barrios como el de Delicias adoptan como suyo.[221]

El miedo a los moros. El miedo a las bombas de los aviones. En la ciudad se percibe miedo.

Un miedo que consigue lo que las autoridades no han logrado: acelerar la evacuación de la población civil. Una orden que ha sido sistemáticamente desobedecida hasta ese momento. Una media de seis mil personas por día, mujeres, niños, ancianos, se encamina ahora hacia Levante, colapsando las estaciones del ferrocarril y las carreteras.

La familia del teniente de milicias Emiliano Lara sale hacia Valencia. Lo hace por tren. En la estación de Atocha se hacinan las familias de los que se quedan a combatir o a abrir zanjas. Con un escaso equipaje envuelto en mantas o embutido en maletas de cartón. Los rostros desesperados de miles de personas. Los niños que reflejan perplejidad en sus miradas o sueltan lágrimas a borbotones en el trasiego de las mujeres que se despiden de la ciudad sin saber si van a volver a ver nunca más a sus hombres, que quedan atrás. En el sereno rostro de los ancianos que preferirían no afrontar un viaje.[222]

Otros, como la familia de Olegario Trapero, se quedan firmes en su casa de la calle Riego. La madre de Olegario dice que ésa es su casa y de ahí no la saca nadie.[223]

Madrid se divide entre los que gritan «No pasarán» y los que desean con toda su alma que pasen cuanto antes.

PARTE FRANQUISTA

Ejército del Norte

7 división. Sector sur. El día de hoy ha sido una jornada brillantísima para las tropas nacionales. El enemigo había concentrado toda su atención y contingentes numerosos en la línea Alcorcón-Leganés-Getafe, con grandes atrincheramientos y lo que llamaba poderoso material recientemente venido de Rusia y que pregonaba había de darle la victoria. Comenzó el encuentro por un ataque de los rojos, en las primeras horas de la madrugada, sobre nuestras posiciones de la derecha, que fue rechazado con gran violencia por nuestras tropas, apoderándose éstas de cuatro carros de asalto y de numerosísimos muertos. Iniciose, acto seguido, el avance de todo nuestro frente, que, en brioso y decidido ataque, fue ocupándole al

enemigo sus trincheras y posiciones, rebasando los objetivos señalados, persiguiendo al enemigo en su huida y obligándole a abandonar numeroso material y varios centenares de muertos, cuyo número no puede precisarse por estar materialmente sembrado el campo de cadáveres. En esta fase de la operación, otro intento de reacción enemigo fue deshecho por nuestras tropas, que se apoderaron de otros cuatro potentes carros rusos de combate con los que se llevaba a cabo la reacción. Alcorcón, Leganés y Getafe, a las puertas de Madrid y enlazados con el centro de la capital por tranvía urbano, jalonan la línea alcanzada por nuestras tropas, cuya moral y alto espíritu son excelentes.

Actividad de la aviación. La aviación cumplió los objetivos que se le habían señalado, cooperando brillantemente a los éxitos conseguidos.

PARTE REPUBLICANO

A las diez menos cuarto de la noche

Frente del centro. En la zona sur del sector de Madrid, el enemigo sigue presionando fuertemente. Nuestras tropas resisten al empuje de las fuerzas fascistas, habiéndose replegado por las zonas de Alcorcón y Móstoles.

A la una de la tarde

A primera hora de la mañana nuestra aviación bombardeó un convoy de camiones en Humanes, en Moraleja, una concentración de tropas enemigas, que disponía de dos tanques, y en Arroyomolinos, otras concentraciones enemigas más una posición de artillería camuflada.

A las tres de la tarde

Nuestros aparatos de caza, en la primera salida que hicieron ayer sobre Madrid, consiguieron incendiar en el aire a un biplano enemigo. Otro aparato igual cayó, arrojándose un tripulante con paracaídas; un Heinkel alemán fue alcanzado con los proyectiles de nuestros cazas. Por la manera de volar parecía marchar averiado. Un Junker fue incendiado en el aire, y otros dos Junker más huyeron rápidamente en el ataque de dos cazas nuestros.

Todos nuestros aparatos de ataque regresaron indemnes a su base.

A las diez de la noche

Esta tarde, a diversas horas, fueron bombardeadas por nuestra aviación, en las proximidades de Navalcarnero, tres columnas enemigas que acudían en refuerzo de los facciosos que atacaban en primera línea.

En Alcorcón fueron bombardeadas asimismo algunas posiciones enemigas, incluso algunas baterías de artillería.

En Móstoles fueron atacadas por nuestros aparatos diversas concentraciones.

Una escuadrilla nuestra, constituida por diez cazas, salió en busca del enemigo, dando vista a una patrulla de Junkers, que huyó. Sin embargo, uno de los aparatos alemanes fue alcanzado por nosotros y probablemente cayó en las líneas enemigas.

5 de noviembre

C UANDO LA NIEBLA YA SE HA DESPEJADO, la 8 compañía de Acero se prepara para hacer una descubierta. Ocupan Boadilla, pero la línea de defensa se organizará mejor si se forma en una loma orientada hacia Villaviciosa de Odón. Aún no se ha producido el menor contacto con el enemigo, pero todos saben que «está ahí». No hay ya nadie que se interponga entre los que avanzan y los que les esperan atrincherados en los pueblos que rodean Madrid. Sólo algunos civiles rezagados cargados de colchones y sillas de palo.

Justo López se lleva a sus «Palomos» henchidos de moral para conocer la situación. Hay una casa antes de subir la loma, vacía, abandonada por sus habitantes, y un árbol muy grande. La finca tiene un huerto, gallinas y cerdos. Los milicianos cogen tallos de coliflor para comerlos después. Alguien se les ha adelantado con las coliflores. Y prosiguen la marcha. Al llegar a la altura del árbol, empiezan los disparos. También les atacan con morteros. Los fascistas ya han llegado.

Al menos han averiguado eso. Y se comen los tallos de las coliflores.[224]

El cabo Montes, junto con su escuadra, pasa por el puente sobre el Manzanares. Todo el batallón Ferroviario ha sido destinado a una misión en la Casa de Campo. Sus doscientos hombres tienen que «recuperar» milicianos desperdigados en su huida de las tropas de Varela. Hay que esperar la noche, «desplegar a la altura del lago, avanzar lentamente y en silencio». Los hombres a los que van a recuperar están desmoralizados y vagan por los bosques de encinas, sin afeitar, hambrientos, sin armas. Hay que pararles, identificarles y llevarles hasta la retaguardia para conseguir que sean, de nuevo, combatientes capaces de hacer frente al enemigo. Es un ejército de fantasmas que se han desligado de sus unidades por miedo, por desconcierto, por cansancio, incapaces ya de pelear y de correr.

De madrugada, cumplida la misión, los ferroviarios ocupan un pabellón de la exposición de ganado. Duermen con el correaje puesto, el fusil al lado y la dotación de municiones completa. Están de buen humor. Gastan bromas, aunque el rumor de los combates se hace más cercano. Al día siguiente repetirán la misma misión. No sobran los hombres que sepan manejar las armas y, sobre todo, que tengan experiencia en el combate, aunque la marcha de la guerra les haya conducido a la desesperación momentánea.[225]

El gobierno republicano se remodela. Por fin, la situación de emergencia que vive el país obliga a los anarquistas y cenetistas a aceptar lo que les demandan las demás fuerzas políticas. No es la primera experiencia: ya lo han hecho en Cataluña, donde mandan aunque no ejercen el poder político. En el seno de la República su influencia está ajustada a su peso en la calle, en las fábricas y en las organizaciones de masas, pero no en la esfera política. Largo Caballero construye, con no pocos esfuerzos, lo más parecido a un gobierno de unidad nacional, un gobierno de emergencia. Tres de los más destacados miembros de la CNT ocupan las carteras de Justicia, Sanidad e Industria. Se trata de Juan García Oliver, Federica Montseny y Juan Peiró. Además, Largo Caballero se procura el apoyo explícito de nacionalistas vascos y catalanes con la incorporación de Manuel de Irujo y Jaime Aiguadé. La República vive su momento de mayor unidad interna, aunque no estén resueltas ni mucho menos las rencillas que separan a unos y otros. Indalecio Prieto no acepta la cartera de Guerra porque «si Madrid se pierde, la responsabilidad sería mía y, si resiste, la victoria será de los anarcosindicalistas».[226]

En todo caso, el nuevo gobierno tiene carácter histórico. Es la primera vez que los anarquistas aceptan algo así.

No ha sido fácil, una vez que los libertarios han cambiado su terca postura. Una vez negociada su participación, el presidente de la República se ha resistido. No soporta la idea de que un ex pistolero de la FAI como García Oliver sea ministro de Justicia. Pero ha tenido que ceder a las presiones de Largo Caballero.[227] Azaña siente una terrible animadversión contra los anarquistas, sobre todo contra los faístas. Aunque es muy distinta su visión de García Oliver de la que tiene sobre otros líderes libertarios, como Cipriano Mera.[228]

Hay una ausencia residual, la de un pequeño partido que reclama su parte en la dirección de la guerra: el POUM. Un partido que ha tenido un cierto protagonismo en Cataluña, que tiene buenas relaciones con la facción más radical de la CNT y que exige la puesta en marcha de un proceso revolucionario. Los comunistas lo tildan de fascista. El origen de tan dura descalificación está en el origen trotskista del POUM. Y Trotski es el enemigo mortal de Stalin, el principal dirigente de la Unión Soviética. En los demás grupos políticos, el POUM no despierta muchas simpatías. Sus dirigentes se hartan de decir en público que no apoyan a esa república burguesa, que hay que hacer ya la revolución. Y eso significa declarar que, por ejemplo, los republicanos sobran.

Y una ausencia que no hace ruido, aunque es muy significativa, la del socialista Besteiro, el hombre más votado en las últimas elecciones, el político más querido por los madrileños.

El enemigo pisa ya los Carabancheles y Getafe. Una de las primeras disposiciones, dictada por el departamento de Gobernación es la publicación de un bando que dicta severas medidas de disciplina para la población. Cualquier acto que implique espionaje, subversión, señales luminosas, tenencia de aparatos emisores de radio, difusión de rumores perjudiciales y un largo etcétera, pasa a formar parte de los castigados por el Código de Justicia Militar. Son actos de traición, lo que implica juicios sumarísimos, y su comisión supone un alto porcentaje de posibilidades de sufrir la pena de muerte.[229]

Los bombardeos diarios, a los que la población se va acostumbrando pese a sus terribles secuelas de muerte y destrucción, no tienen por qué detenerse hoy. Pero algo sucede. Las sirenas de las motos comienzan a sonar. Y se divisan a dos mil metros de altura los Ju-52, que vienen a descargar las toneladas de bombas que forman la ración de hoy.

La calle está llena de gente que espera a los aviones como si se tratara del encierro de un pueblo, con el cuerpo a medias sacado de los portales, prestos a buscar refugio cuando el toro se acerque demasiado.

Pero se produce algo desacostumbrado. Del este vienen otros aviones. Son diminutos y rápidos. Entablan combate con los aviones franquistas, tan sorprendidos como los madrileños, que acaban volviendo grupas y retirándose. Los aviones nuevos, los que no se conocen, hacen unas piruetas bajando el vuelo para que los ciudadanos los puedan ver mejor.

Cuando los Junker se retiran sin haber cumplido su misión, los curiosos comienzan a aplaudir, a tirar gorros al aire.

—¡Son rusos!

Los que lo afirman, aciertan. Las primeras escuadrillas de «chatos», pilotadas por voluntarios soviéticos al mando del general Yakov Smushkievich, «Douglas», han sido desplegadas cerca de Madrid. Bombardear la ciudad ya no será gratis. Los pilotos soviéticos tienen las mismas instrucciones que sus enemigos italianos y alemanes: deben llevar falsos nombres y no delatarse en ningún momento en caso de caer prisioneros.

Los nuevos cazas republicanos anuncian a los italianos y alemanes que su orgullosa supremacía en el aire se ha acabado. Los Polikarpov I-15 son más rápidos y maniobreros que los Fiat. Los italianos cuentan con una ventaja: sus dos ametralladoras del calibre 12,7 son más potentes que las del 7,62 que llevan los rusos, lo que significa que pueden hacer un fuego de mayor precisión y desde una distancia mayor. Los franquistas los llamarán Curtiss por su parecido con los aviones norteamericanos de ese nombre.

Y los madrileños toman la costumbre de quedarse a ver los combates cuando se producen y participar con vítores o lamentos en el resultado de cada derribo. Cada vez más, los aviones franquistas recurrirán al bombardeo nocturno.

Los partes de guerra se vuelven más y más literarios al narrar las hazañas de la nueva aviación republicana. Y en el mando franquista cala una preocupación. No sólo se ha producido un choque con un enemigo imprevisto, hábil y bien armado. El aeródromo de Talavera ha sido bombardeado. Varios aviones han sido destruidos en tierra. La hazaña la han protagonizado otros aviones rusos, de bombardeo ligero, los Natachas.

Los albiñanistas son pocos. El Partido Nacionalista Español del doctor Albiñana nunca ha conseguido una gran implantación. Su ideología es fuerte: se trata de un partido fascista de propuestas extremas, pero su mensaje político es tan frágil que casi ha desaparecido una vez muerto su jefe, asesinado en la cárcel Modelo el 22 de agosto, y los militantes se han visto abocados a pasar desapercibidos en la marea de voluntarios falangistas y requetés que surgen de cualquier esquina.

En Burgos se ha constituido una compañía de albiñanistas que cuenta con ciento cuarenta hombres y una organización precaria. Los mandos de la compañía son provisionales y su encuadramiento se hace, de manera también provisional, en un tercio de requetés, El Alcázar. Los jóvenes fascistas no le hacen demasiados ascos a esta adscripción. No les repugna desfilar bajo el lema de «Dios, patria y rey», sobre todo cuando no aparece por ninguna parte la palabra «fueros».

Los hombres, poco versados aún en las artes militares, se afanan en mostrar un aire marcial mientras marchan hacia la estación, donde tomarán un tren que les conduzca a Toledo, primera etapa para el soñado momento de incorporarse a la toma de Madrid. Los brazos suben con energía, intentando emular el movimiento de los legionarios al ritmo de un aire de zarzuela, de *Las corsarias*:

> Allá por la tierra mora,
> allá por tierra africana,
> un soldadito español,
> de esta manera cantaba:
>
> «Como el vino de Jerez
> y el vinillo de Rioja
> son los colores que forman
> la banderita de España, la banderita española...»

José María Gárate es uno de los que desfilan aunque no se acaba de encontrar a gusto con una musiquilla tan frívola. Con sus compañeros de armas comparte, sin embargo, la exaltada alegría de acercarse a la capital. Todos están ansiosos por ser de los primeros en entrar, en tomar la ciudad, en cuyos arrabales se encuentran ya las tropas africanas que manda el general Varela.[230]

En Albacete se vive una tensión similar. Los hombres de la XI brigada internacional se preparan a marchas forzadas para acudir en ayuda de las tropas republicanas que defienden Madrid de los ataques de los franquistas. Los hombres aún no están listos, pero la situación es angustiosa. Franceses, belgas, alemanes, austríacos, húngaros, se adiestran febriles en el manejo de las armas rusas que Stalin ha enviado hace pocas semanas a la República.

De las nuevas brigadas que el ejército leal a la República ha puesto en marcha, sólo se les ha adelantado la primera, la de Enrique Líster, que ya está en posición cerca de Madrid, a unos cuantos kilómetros al sureste de la capital, aunque no dependen todavía del mando de la ciudad, sino del ejército del Centro.

Cuando el día cumple, hay quince mil hombres apostados alrededor de la ciudad. Las opciones que sus mandos tienen son limitadas. Una primera, pasar el Manzanares por Villaverde y atacar por Vallecas y Vicálvaro. Otra, pasar el río por Puerta de Hierro y entrar en la ciudad por la Dehesa de la Villa. La tercera, fijar a los republicanos en el sur y atacar por la Casa de Campo y la Ciudad Universitaria hasta llegar a Cuatro Caminos.

El general Varela opta por la tercera. Mola y Yagüe se muestran contrarios. A Yagüe le parece la peor de las opciones.[231]

Lo cierto es que ambos habían perdido ya su opción cuando Franco decidió desviar a las tropas que se dirigían a Madrid, una vez tomada Maqueda, para liberar a los sitiados del Alcázar de Toledo. Su avance rápido hacia la capital habría provocado, según Mola, un desplazamiento de las defensas de la Sierra hacia el centro, y las tropas del norte habrían entrado en Madrid de forma arrolladora. Yagüe tenía una doctrina menos elaborada, guiada sólo por el factor tiempo: continuar, empujando a los milicianos en desbandada, habría provocado el colapso de las defensas.

Pero Franco optó por tomar Toledo. Y Franco no confía demasiado en las milicias y los soldados de reemplazo de Mola, que han sido contenidos por los mismos soldados que huyen de las tropas africanas.

Además, una vez asentado en el poder, al que le ha aupado su control sobre los efectivos africanos, ¿por qué va Franco a dejar que tome Madrid una tropa de falangistas, requetés y soldados de reemplazo? Aún no ha llegado el momento en que controle de forma absoluta a las milicias de todo tipo que apoyan el alzamiento. Madrid tiene que caer en manos de sus tropas más genuinas. A mayor gloria del Caudillo.

Juan Lario se incorpora a las nueve de la noche al cuartel donde está su batallón, el Capitán Benito. Ha pasado el día acompañando a su madre y su hermana y viendo más mujeres vestidas de luto que le han seguido deseando suerte y le reclaman que tenga «mucho cuidado».

¿Cómo se tiene «mucho cuidado» en la guerra?

A las diez de la noche les dan la orden de subir a los camiones. Se van a Pozuelo de Alarcón. Desde Francos Rodríguez, por Cuatro Caminos, el puente de San Fernando y la Cuesta de las Perdices. Con los faros apagados para no despertar el apetito del enemigo.

Juan aprenderá en los próximos días una ley de la guerra: «matar hombres para que no le maten a uno».[232]

PARTE FRANQUISTA
Ejército del Norte
7 división. En el frente de Guadarrama nuestras fuerzas ocuparon Fresnedillas con poca resistencia. Además, se rectificaron algunas posiciones logrando hacer al enemigo bastantes bajas.

División de Soria. En el frente de Somosierra se notó más actividad que en días anteriores. El enemigo intentó un ataque, siendo rechazado en el frente de Buitrago, en donde se le ocasionaron más de ciento cincuenta bajas.

Actividad de la aviación. En las primeras horas de la mañana de hoy tuvo lugar un encuentro aéreo entre nueve aviones nuestros y catorce rojos de procedencia rusa. Por nuestra parte perdimos un avión, salvándose el piloto en paracaídas y cayendo en zona enemiga. Los rojos tuvieron que lamentar la pérdida de siete cazas que cayeron a tierra a las vistas de Madrid y de un gran aparato Potez de bombardeo.

En los demás frentes la aviación llevó a cabo felizmente las misiones que se le habían confiado.

PARTE REPUBLICANO

A las nueve y media de la noche

Frente del centro. Durante la mañana de hoy se ha atacado a las tropas fascistas del sector de Buitrago después de un movimiento rápido y envolvente, con auxilio de artillería y aviación, que hicieron felizmente. Un contraataque de nuestras columnas cortó la retirada a los rebeldes, infligiéndoles un duro castigo.

En el sector de Guadarrama, fuerte duelo de artillería.

Por el sector sur de Madrid nuestras tropas contienen el ataque desesperado de las fuerzas fascistas, habiendo verificado dos contraataques de flanco con buenos resultados. La actividad de la artillería enemiga es constante.

A las cuatro de la tarde

En los diversos combates aéreos librados sobre Madrid y sus alrededores durante la mañana de hoy fueron derribados por nuestros aviones de caza cinco aparatos enemigos. De uno de ellos, el caza italiano Fiat número 348, se lanzó con paracaídas un piloto de nacionalidad italiana apellidado Piccoli, a quien ha sido necesario amputarle una pierna. Se ha recogido el cadáver de otro piloto, al parecer de la misma nacionalidad.

Según declaración prestada por Piccoli en el reciente bombardeo que se hizo en el aeródromo de Talavera nuestra aviación destruyó por completo cinco aviones, averiando considerablemente otros cuatro.

Una de nuestras patrullas de bombardeo, formada por cuatro aviones, lanzó veinticuatro bombas de cien kilos sobre una gran columna enemiga que marchaba en dirección a Leganés. Los pilotos pudieron comprobar que todas las bombas cayeron entre la tropa enemiga, en cuyas filas causaron un número enorme de bajas.

Otra columna facciosa que tenía longitud aproximada de un kilómetro y que se dirigía de Fuenlabrada a Leganés, sufrió también los terribles efectos de las bombas lanzadas por nuestros aparatos.

Igualmente fue bombardeado, en la estación de Fuenlabrada, un tren militar, al que alcanzaron dos bombas. Asimismo ha sido bombardeada con éxito una batería que los facciosos tenían camuflada en el frente.

A las ocho de la noche

Entre Navalcarnero y Móstoles, muy cerca del ferrocarril, una de nuestras patrullas de aviación observó la presencia de ocho tanques y varios camiones sobre los que lanzó varias bombas muy bien dirigidas.

Sobre las trincheras que hay al este de Fuenlabrada, en las que se observaba gran movimiento de personal, se lanzaron dos bombas.

Al oeste de Pinto, en las trincheras, se lanzaron otras dos bombas. Otras dos fueron lanzadas sobre camiones que marchaban de Navalcarnero a Guadarrama.

Una concentración enemiga en Humanes fue bombardeada, así como las trincheras al este de dicho pueblo.

El cuartel de artillería de Getafe fue bombardeado con gran precisión.

A las diez de la noche

El último de los servicios realizados durante la brillantísima jornada de hoy por la aviación leal fue en el frente de Villaviciosa de Odón, donde se bombardeó con plena eficacia una concentración enemiga. Las bombas incendiaron un número considerable de camiones que conducían tropas y efectos.

Todos los objetivos conseguidos hoy por la aviación leal a la República han sido, como los anteriores, exclusivamente militares, contrastando este proceder con el de la aviación enemiga, que sigue realizando ataques alevosos a ciudades abiertas, como el de la madrugada última en Alicante, y en el cual han concurrido circunstancias muy significativas.

No pasarán

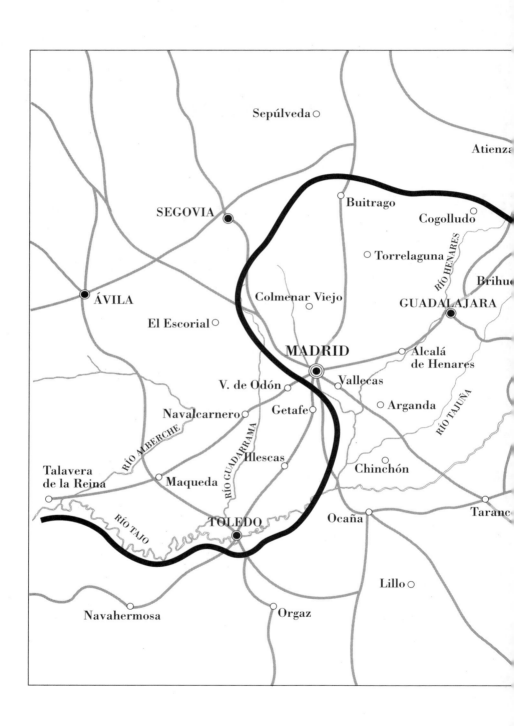

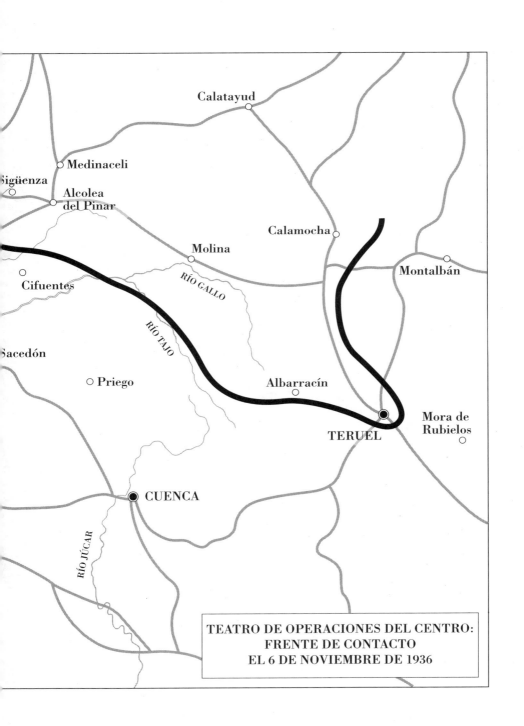

Calatayud

Medinaceli

Sigüenza

Alcolea
del Pinar

Calamocha

Montalbán

Molina

RÍO GALLO

Cifuentes

RÍO TAJO

Sacedón

Priego

Albarracín

Mora de
Rubielos

TERUEL

CUENCA

RÍO JÚCAR

**TEATRO DE OPERACIONES DEL CENTRO:
FRENTE DE CONTACTO
EL 6 DE NOVIEMBRE DE 1936**

EN NOVIEMBRE HACE SIEMPRE MUCHO FRÍO EN MADRID. *Y la niebla se fija en las someras aguas del río sin que nada pueda arrancarla.*

El segundo envite les ha salido más caro a los franquistas. Desde que salieron de Toledo, hace treinta días, eufóricos de triunfo y borrachos de gloria, han recorrido sesenta kilómetros. Y han venteado algún aire de derrota en Illescas, en Seseña y Esquivias. El enemigo que tienen enfrente se ha hecho más correoso, más duro, más disciplinado. Y tiene armas que no se conocían en España, como los carros rusos que han desbaratado alguna pequeña unidad de la caballería de Monasterio.

Pero, al fin y al cabo, el ejército franquista ha llegado a Madrid. Está a sus puertas. Sólo queda un empujón, una nueva desbandada, el impulso que provoque otra vez el pánico y abra una brecha por la que se cuelen las vanguardias de moros y legionarios para que, después, penetren las oleadas de falangistas, requetés y guardias civiles que devuelvan a la capital la hegemonía de una de sus muchas almas, oculta en los sótanos del barrio de Salamanca o encerrada en las prisiones de Porlier, San Antón o la Modelo. El alma que no ha podido ser exterminada.

Hay combatientes franquistas que se asoman por encima de los parapetos y contemplan la ciudad iluminada en la noche por las llamas intentando adivinar dónde se encuentran sus familias, sus hijos, sus madres. Ellos tienen que tomar Madrid a sangre y fuego si es preciso. El anticipo del fuego lo entregan los aviones que siembran la muerte sin elegir a las víctimas. El ansia de quienes miran el asombroso espectáculo de las bombas se multiplica al pensar en los lugares donde revientan las cargas. Pueden estar abatiendo a sus hijos.

Sobre los otros madrileños, que son la mayoría, se ciernen terribles amenazas. Ya no son sólo rumores, de castigo y limpieza, de fuego y depuración. El rumor se ha vuelto aviso. Si no se rinden, si no abandonan, no habrá piedad. Avisos de destrucción, de ruina. Avisos de paredón y tiro de gracia.

La ciudad entera se siente amenazada.

En esta madrugada hay quienes se levantan de la cama urgidos por la voz que anuncia un «ya han llegado». No hubo tiempo para dejar las casas de los Carabancheles porque cada uno de los treinta días que han tardado iba a ser el luminoso inicio de la victoria, del aplastamiento de la tropa facciosa. Nadie les ha dicho nunca que se vayan, que dejen sus hogares, los colchones y la foto de la boda sobre el aparador que mancillarán los moros o reventará la metralla.

La ciudad está atónita. ¿Ya han llegado?

No es preciso contestar a la pregunta porque las bocas de los cañones suplantan a las de los hombres. El fuego de la artillería no se conoce aún en Madrid, aunque se va a conocer muy pronto, y las improvisadas tertulias callejeras incorporarán a su acervo de asuntos una compleja retahíla de calibres y frecuencias de tiro. No será raro encontrar la voz, autorizada por el uso del énfasis exacto, que un pepinazo es del 155.

Por debajo de la discusión estratégica está el latido de los barrios. No existe en Vallecas o en Usera la discrepancia sobre si Madrid se defiende mejor desde dentro o desde fuera. Cada ciudadano tiene otra cosa en la cabeza. Si han llegado, habrá que hacer algo. Pero irse, no. ¿Y quién se atreve a exhibir mansedumbre?

Todas las almas madrileñas que habitan en los barrios populares discuten en las calles. Y construyen imaginarios colectivos de aceite hirviendo que cae desde las ventanas y puñaladas traperas que aniquilan combatientes. Una memoria del 2 de mayo, en el que se descabalga a los mamelucos y se les rebana la garganta. Mujeres de rompe y rasga se agrupan en corros para excitarse las imaginaciones.

Brillos de navajas que contrastan con el gesto opaco que exhiben los milicianos espantados, exhaustos de bravear, hartos de huir, perdido el orgullo tabernario que les hizo sacar pecho y echarse al campo despreciando a los que sabían combatir: si hay valor, no hace falta más.

En los despachos de la guerra se cuecen estrategias urgentes. En las sedes de los partidos y los sindicatos se pactan treguas internas y reclutas de voluntarios. Pero en la calle no. En la calle se cuece una negativa.

¿Ya han llegado?

No pasarán.

El eslogan feliz que ha clamado por la resistencia de los hombres que iban al frente, comienza a tomar cuerpo en las esquinas.

Las bombas de los aviones fallan a veces. Pero quienes las tiran saben adónde tienen que llegar: a esos corrillos de mujeres descaradas que escupen a la cara a los derrotistas. A las sedes donde los antes encogidos dependientes de comercio se agrupan y sacan el pecho de una manera distinta. Han dejado la fanfarronería atrás. Tienen miedo, saben que pueden morir.

Pero no quieren que pasen. Su destino queda en sus propias manos y en las de dos militares que se rodean de mozalbetes a los que apenas les ha salido la barba.

En noviembre, en Madrid hace siempre mucho frío. La niebla se fija en las someras aguas del río. No la mueven ni los pepinazos del 155.

6 de noviembre

L A CRÓNICA DEL DÍA QUE ESCRIBE EN *LA LIBERTAD* el periodista republicano Lázaro Somoza se titula «Vencer o morir». Somoza ha escrito su artículo después de ir al frente en tranvía. Diez céntimos le ha costado el billete.[1]

El asalto para conquistar posiciones de partida con vistas a la ocupación de Madrid empieza a las siete de la mañana. Los regulares del III tabor de Tetuán salen desde Alcorcón, localidad que tomaron ayer. Desde las siete, las compañías se dedican a efectuar el despliegue. Están los efectivos al completo, reforzados por tres secciones de ametralladoras, una por compañía. A las ocho se inicia el contacto. A las once ya han tomado el aeródromo de Cuatro Vientos. Luego, caen el campamento de Carabanchel y se logra el contacto con la columna de su derecha. Eso permite maniobrar para coger al enemigo del revés. La 6 bandera de la Legión ataca de frente y los regulares hacen fuego de cobertura con todas las ametralladoras en línea. Los milicianos se retiran en franca desbandada. A las cuatro de la tarde se hacen con la Escuela de Equitación. Todo Campamento es de Tella.[2]

Las bombas caen sin cesar sobre Madrid. No a todo el mundo le sientan igual. Antonio Gil, por ejemplo, las recibe con alegría, pese a que caen tres obuses al lado de su casa, en la plaza de las Salesas. Seguramente iban destinados a la Telefónica. Desde la calle de Barquillo, Antonio curiosea el bombardeo que sufre el gran edificio, el más alto de Madrid. Y siente gran euforia. En su casa piensan que los franquistas van a entrar.

Pero la euforia no es bastante para protegerse. El miedo afecta mucho más a los adultos que a los niños. Por ejemplo, el tío Manolo, que vive en la calle Barquillo, va todas las noches, desde que empezaron los bombardeos, a dormir con su familia a la estación del metro de Banco.[3]

En el puente de Toledo, las bombas comienzan a caer a las nueve de la mañana. Hasta ese momento, la evacuación se iba haciendo con orden. Desde que caen los primeros proyectiles, el éxodo de los vecinos es caótico. Cientos de personas con los enseres más absurdos a cuestas se desplazan hacia el centro de la ciudad. Entre los fugitivos se emboscan milicianos que huyen espantados.

La poetisa anarquista Lucía Sánchez Saornil está con un grupo de mujeres, que pronto se llamarán «Mujeres Libres», entregada a la tarea de devolverles al frente llamándoles cobardes. Por si acaso, lleva una pequeña pistola del 6,35. Ya han muerto muchos en enfrentamientos con fugitivos:[4]

> Por las puertas de Toledo
> va en aluvión la canalla
> en busca del enemigo:
> ciegos los ojos de lágrimas,
> prietos los dientes de ira,
> chocando al aire las armas.
> ¡Madrid, Madrid, mi Madrid!
> Haremos una muralla
> de carne humana y de fuego
> y a ver qué guapo la salta.

Ante los argumentos de las mujeres, los hombres se dejan encuadrar en nuevas unidades o vuelven a las suyas de procedencia.

Las balas perdidas llegan a las calles. A Pepita, prima de Gregorio Gallego, que está embarazada de cuatro meses y trabaja en el Campamento de Milicias anarquista, una bala le perfora el vientre.

Entre la muchedumbre hay incluso rebaños de ovejas. Pastores que huyen de los franquistas y no quieren dejar atrás su más querida propiedad. Una propiedad que es bien recibida por las autoridades. En Madrid no hay apenas carne. Los rebaños se dirigen hacia el norte, hacia Fuencarral, donde el padre de Mila Ramos tiene el suyo, o a la Ciudad Lineal, donde los ve Miguel Martorell. No hay muchos pastos en Madrid. Pero nadie se ocupa de incautar los rebaños.[5]

A las diez de la mañana, el general Varela da su orden de operaciones para el día 7: se trata de que las tropas a su mando fijen una robusta base de partida para la entrada en la capital. La filosofía de la operación es la ya definida: fijar al enemigo al sur para atacar por el oeste. Es la lógica, basada en la dirección de marcha que llevan las columnas. Pero además es la sensata, porque es la que evita pasar por las barriadas populares, a través de núcleos urbanos abigarrados con callejuelas repletas de enemigos del franquismo, que defienden sus casas y sus familias.

Entre el puente de Segovia y el de la Princesa se hará un ataque de distracción que desplace las defensas enemigas a esa zona. Cuando eso se produzca, la masa de maniobra se situará a lo largo de la línea que va de la Ciudad Universitaria a la plaza de España. Por la izquierda, el avance de esta masa de maniobra estará protegido por la columna de Castejón, que tendrá que tomar un arco definido por el kilómetro 3 del ferrocarril Madrid-Irún y el hospital Clínico, ocupando el cerro de Garabitas y parte de la Casa de Campo.

A la columna de Asensio le corresponde ocupar la zona de Rosales y Princesa, desde el Parque del Oeste.

A la de Delgado Serrano, el resto de la zona de Princesa, la calle de Ferraz y la plaza de España.

Barrón tiene la misión de entretener al enemigo por los Carabancheles y avanzar hasta el puente de Segovia. Tella asegura el flanco derecho del ataque central por el noreste de Carabanchel.

Una vez tomadas estas posiciones, y en los días consecutivos, las tropas asaltantes tienen que ocupar ya la ciudad por sectores. La columna de Asensio penetrará por Alberto Aguilera, Sagasta, Génova, Colón y Goya, ya en pleno barrio de Salamanca. Delgado Serrano ha de entrar por la Gran Vía hasta alcanzar O'Donnell, por Alcalá. A Barrón le corresponde la calle Mayor, la plaza Mayor, Atocha y Pacífico. Tella debe entrar por la calle Ferrocarril y Santa María de la Cabeza. A Castejón, por fin, le corresponderá entrar por Cuatro Caminos y llegar a la Castellana.

A cada una de las cinco columnas de asalto, además de sus baterías del 75, se le agregan tres piezas antitanque del 37. Y hay cinco baterías del 65 y cuatro del 105 y 155 para el uso conjunto, a disposición del mando. Con cada agrupación de artillería pesada, acompañarán a las fuerzas ametralladoras antiaéreas. Por último, cada columna tiene asignada una sección de zapadores para favorecer el paso de las dos compañías de carros ligeros y los ocho carros blindados disponibles.

A media mañana, los chavales del escuálido batallón Pérez Carballo terminan la instrucción. «¡Derecha, izquierda, media vuelta, ar!» Se la han tomado, como todos los días, a cuchufleta. ¿Cómo darle trascendencia a ese juego absurdo que se desarrolla en el patio del convento de la calle Fuencarral esquina con Divino Pastor? Como en todas las citas similares que se organizan a lo largo y ancho de Madrid, a los sargentos instructores les resulta muy difícil conseguir el respeto de su voluntaria audiencia. Hay risas cuando alguien pierde el paso, cuando otro da la media vuelta por el lado contrario. El sentido del deber está muy enraizado en todos los voluntarios, pero cualquiera de ellos guarda en su fuero interno la conciencia de que está ahí porque quiere, y eso implica que si quiere se puede ir. Y son niños; muchos de ellos, como Jaime Renart, no han cumplido aún los diecisiete años.

En todo caso, las evoluciones del batallón, al ritmo de los gritos guturales del instructor, son más llevaderas que la dura tarea de hacer trincheras en Pozuelo a la que se han aplicado durante las últimas semanas. La cercanía de las tropas franquistas ha obligado al mando a entrenar a todos los hombres disponibles. Las tareas de fortificación se han quedado para profesionales de la albañilería. Para esos hombres que parecen incansables y siempre tienen las uñas comidas por el yeso.

El jefe del batallón les hace formar y les comunica, con aire solemne, que se van al frente, que ya han llegado a las puertas de Madrid:

—Chicos, nos vamos al frente.

—¿Al frente? ¿Y el fusil, qué pasa con el fusil? —Ni siquiera han practicado su manejo.

—¡Ah, del fusil no os preocupéis, siempre cae alguien!

Ya hay menos risas entre las filas de los mozalbetes. Esa tarde estarán en el frente. Van al barrio de Usera, encuadrados en la columna Prada.[6]

El jefe de su columna, el coronel Adolfo Prada, ha sido uno de los militares que se han puesto desde el primer momento a las órdenes del gobierno legal de la República. Prada, profesor de la Escuela de Infantería durante ocho años, piensa que Franco y sus generales están cometiendo un error:

—Ahora tendría que suspender a estos alumnos. Madrid hay que tomarla por el norte. Como hizo Napoleón.[7]

También está en Usera, a las órdenes de Prada, el batallón Pasionaria. Leopoldo de Luis ya ha visto algunos combates. Ya sabe lo que es disparar y transportar esas enormes máquinas ametralladoras que les destrozan el hombro a los servidores. Hoy, en el puente de la Princesa, ve por primera vez la caballería mora que acompaña a Monasterio. Es sólo una avanzadilla y la rechazan con facilidad. Un alivio, porque para Leopoldo ver cómo los caballos se acercan al galope es mucho peor que ver un tanque. Le dan mucho más miedo.[8]

A las once se reúne el Consejo de Ministros presidido por Francisco Largo Caballero. Hoy se estrenan en él los anarquistas para discutir una decisión difícil: abandonar la capital. Lo de que el enemigo está a las puertas ha dejado de ser una metáfora. Está de verdad a las puertas. La discusión llega a ser agria. Los cuatro anarquistas y los dos comunistas se oponen porque opinan que la marcha supondría la aceptación de la derrota, dejar a los madrileños solos, hundir la escasa moral de resistencia que queda en la ciudad. Los anarquistas piden que conste en acta su voto en contra. Pero Indalecio Prieto se niega: esa decisión hay que tomarla por unanimidad, para que después no haya héroes y villanos. Los razonamientos de Largo y Prieto son lógicos: los asesores militares directos del presidente, que encabeza el general Asensio, piensan que Madrid no se puede defender más que si se produce un milagro. Y los republicanos no creen en milagros. Los comunistas ceden. Los anarquistas piden tener una reunión a solas. Discuten en privado y resuelven aceptar la decisión colectiva. Largo Caballero da la instrucción de que, a partir de ese momento, los ministros deben abandonar Madrid y dirigirse a Valencia con «absoluta reserva».[9]

A la salida del consejo, a las cuatro de la tarde, el ministro de Instrucción Pública, el comunista Jesús Hernández, atiende a los periodistas:

—Ha sido un consejo netamente militar. Se ha examinado la situación militar y se han tomado las medidas necesarias en relación con la misma.

Pero ha habido mucho más. El presidente del gobierno hace llamar a José Miaja Menant, el general que fue durante veinticuatro horas ministro de la Guerra en los primeros momentos de producirse el golpe y uno de los que favorecieron el reparto de armas al pueblo. Miaja no es un hombre que goce de prestigio como gran estratega, y ocupa el cargo de jefe de la 1 división orgánica. Un puesto burocrático, de organización y encuadramiento.

Largo Caballero recibe a Miaja en su despacho del palacio de Buenavista. No hay un solo papel sobre la mesa. Le hace una pregunta retórica:

—¿Qué ocurriría si el gobierno abandonase Madrid?

—El gobierno debió marcharse antes, cuando era oportuno. Sigo creyendo que no debe permanecer en Madrid, pero no sé cuáles serán las consecuencias de un traslado que tiene todos los caracteres de una huida.[10]

No hace ni siquiera tres semanas que el presidente de la República abandonó la ciudad. Se han hecho algunas chanzas a su costa, jugando con su carácter miedoso. Todas esas chanzas, y las declaraciones triunfalistas de los servicios de propaganda, han hecho que los madrileños confíen en que, mientras el gobierno se quede, la situación no es catastrófica.

La marcha puede convertirse en el detonante de una derrota sin paliativos. La moral puede quedar por los suelos. Los madrileños no necesitan comprar periódicos para saber que las tropas de Varela empujan en los suburbios. Los tiros y los cañonazos se encargan de comunicarlo de forma sencilla y contundente. Y de los madrileños depende, ya que no hay ejército, que Madrid resista.

A las siete menos cuarto, cuando cae la tarde, el presidente del Consejo toma su coche y parte hacia Valencia. Su última orden se la ha dado a Miaja: tiene que defender Madrid. Recibirá instrucciones en un plazo inmediato. Su última palabra antes de salir es para un periodista que le pregunta si tiene algo que decir:

—¡Nada![11]

Fuera, el cañoneo aumenta. Jesús de Galíndez, representante del gobierno vasco en Madrid, ve «bandadas de milicianos barbudos y tostados por el sol» que, huidos del frente, maldicen por las calles y plazuelas. No hay duda: el enemigo ha llegado.

Galíndez ha conseguido, con ayudas importantes de otros vascos que viven en Madrid, ocupar una gran parte de un edificio en la calle Serrano número 109, esquina con Diego de León. Las dos banderas vascas que ondean en sus mástiles son ahora una mala recomendación. A la casa acuden muchos vascos en busca de refugio. Y los voluntarios se arman con lo que tienen por si hay que defender el edificio, en caso de que entren los franquistas en Madrid. Tres milicianos anarquistas que protegen a un grupo de evacuadas en el piso superior se acercan a Galíndez para concertar esa defensa. Ellos tienen dos escopetas y una pistola; los nacionalistas vascos, seis pistolas y un rifle.[12] Un arsenal que, posiblemente, no intimidaría a Varela si llegara a conocer su existencia.

No todos huyen o se quedan defendiendo lo suyo, su raza. Cuando llega a la primera línea, Jaime Renart siente miedo. Hay un fuego de fusilería muy intenso, pero no se puede saber de dónde viene porque ya es de noche. A él y a sus camaradas del batallón Pérez Carballo les colocan en un escalón inmediato a la trinchera que marca el comienzo de la línea republicana. Detrás de ellos está la Guardia de Asalto. Y se cumple la amenaza de la mañana: a la media hora de esperar con el miedo y el frío metidos en el cuerpo, a Jaime le toca tomar el fusil de uno que ha caído. Poco después, cae muy cerca de donde él está un compañero de bachillerato, «el Majo», un chaval de los barrios bajos que presumía de haber bebido agua en el Cerrillo y de haber estudiado en Puerta Cerrada. Con esas frases resumía su profundo carácter de madrileño castizo.

Esa noche caen dos chicos más del batallón, pero sus compañeros no retroceden. Aguantan su primer combate como si fueran veteranos. Es que se trata de Madrid.

Jaime combate con camisa de seda y zapatos de señorito. Lo de la camisa tiene su explicación: tiene tres y ese día le ha tocado ésa, la que está limpia. Lo de los zapatos también, porque los precarios combatientes no reciben ningún equipo. Todavía no existe capacidad ninguna en el lado republicano para uniformar a los combatientes de las Milicias. Jaime se va a pasar más de un mes allí, en Usera, pegando tiros con camisa de seda y zapatos de ciudad. El frente en el que combate no es el más duro. El esfuerzo enemigo es allí de distracción. De cuando en cuando se puede identificar a algún soldado de los de enfrente. No hay ni moros ni legionarios. Otras veces, de noche, alguno que está de guardia cree verlos, y grita:

—¡Cabo de guardia, que veo cabezas!

Suenan los disparos de fusil durante unos minutos, y vuelve la calma.[13]

A la compañía de Domingo Malagón no le va mucho mejor. El jefe del sector decide esta tarde tomar la loma desde la que fueron tiroteados ayer. Va la 8 al completo. Al pie de la loma los hombres van desplegados, sin que se perciba la presencia de los que les tirotearon hace algo más de veinticuatro horas. De forma brusca se desata el fuego. Esta vez es muy intenso. De fusilería y de mortero. Y empiezan a aparecer legionarios. El acercamiento a la loma está muy mal planificado. En unos minutos se produce una escabechina. Los hombres caen en la retirada porque no hay donde protegerse. Muchos cadáveres se van quedando atrás mientras sus compañeros retroceden, impotentes para recogerlos. Domingo Malagón lo hace, parando de cuando en cuando para disparar a los que les acosan, escondiéndose detrás de matorrales y corriendo de nuevo. Los legionarios no parecen tener miedo; ellos bajan de la loma sin agacharse. Domingo les dispara, pero no consigue dar a ninguno. Él y otro compañero recogen a un herido a pesar del riesgo. No se puede dejar a nadie atrás, porque todos saben que los van a rematar si los cogen. Cuando consigue llegar a las trincheras propias, Domingo siente un fuerte dolor en la espalda. Mientras retrocedía con el herido a cuestas no lo ha notado, pero le han dado un tiro. Se los llevan a él, a otros dos «Palomos» y a dos heridos leoneses al hospital de la Cruz Roja en Cuatro Caminos.

La 8 compañía de Acero ha sufrido un fuerte castigo. Domingo pasará unas semanas en un hospital en Denia antes de volver a la lucha en Madrid. En su Madrid. Domingo es del barrio de Chamberí.[14]

Los internacionales de la XI brigada se acercan a Madrid. Están ya en Vicálvaro. La brigada la forman los batallones Comuna de París, el Dabrowski y el batallón alemán Thaelmann que manda Hans Kahle, un comunista que ha sido oficial durante la primera guerra mundial. Hoy les llega a los alemanes la noticia de que los nazis han asesinado al dirigente comunista Edgard André tras un juicio que ha sido una farsa. Deciden tomar su nombre para el batallón.[15]

A pocos kilómetros de Madrid, en Getafe y más lejos, en Talavera de la Reina, se ha instalado un nervioso cortejo. Alberto Alcocer va a ser, por decisión de Franco, el nuevo alcalde de la ciudad. Van con él todos los nuevos concejales, todo el personal que renovará la alcaldía, ordenanzas incluidos.[16] En Navalcarnero, forma la corte de justicia que se hará cargo de la represión, barrio por barrio.

El alcalde virtual no puede llegar todavía para ocupar su sillón en la Casa de la Villa. La ciudad está sin alcalde. Porque el titular, Pedro Rico, se ha marchado en dirección a Valencia, junto con la comitiva que traslada a casi todo el gobierno y muchos funcionarios. Pedro Rico no ha contado con nadie para tomar la decisión de huir, que es lo que realmente hace.

Tras él quedan en Madrid, sin moverse, atentos a su deber de regidores, hombres templados como Julián Besteiro o Rafael Henche.

Pero al alcalde le espera una desagradable sorpresa al pasar por Tarancón. El pueblo está controlado por las milicias anarquistas de la columna de Del Rosal que vienen del frente de Sigüenza[17]. Los milicianos del puesto de Tarancón están al mando de Villanueva, uno de los más relevantes miembros de los grupos de acción de la CNT, compañero de cárcel de Cipriano Mera. Villanueva es uno de los supervivientes de Sigüenza.[18]

Largo Caballero y los primeros coches han pasado sin novedad. Pero cuando los milicianos se dan cuenta de que es todo el gobierno el que va en dirección a Valencia, les obligan a bajar de los vehículos. Los ministros Juan López y Juan Peiró, miembros de la CNT, son obligados a dar media vuelta. Pedro Rico corre la misma suerte. A Julio Álvarez del Vayo le humillan y le insultan. Los milicianos llegan a amenazar a los ministros con fusilarles allí mismo por cobardes.[19] Del control de sus compañeros han conseguido librarse Juan García Oliver y Federica Montseny. Pero la FAI valenciana presionará a la ministra para que vuelva a Madrid, cuando apenas ha deshecho las maletas para instalarse en la residencia que le ha cedido Rosenberg, el embajador soviético, con quien mantiene unas excelentes relaciones para escándalo de muchos de sus compañeros anarquistas.[20]

Villanueva habla con Eduardo Val. Val, muy a su pesar, le ordena que deje pasar a todos los miembros del gobierno. Pero no desmonta el control.[21] El diálogo con el secretario del Comité de Defensa ha sido muy descarnado:

—Tengo aquí a cuatro ministros que huían de Madrid, ¿qué hago con ellos?

—Dejarlos en libertad.

Para hacerlo ha exigido una orden escrita de Val. Val accede, y Villanueva obedece. Por su gusto, les habría fusilado.[22]

El alcalde Rico, que es objeto de chanzas crueles del pueblo madrileño por su obesidad, atribuida a un apetito desproporcionado, se vuelve también objeto de burla por su cobardía. Vuelve a Madrid, pero se asila en la embajada de México en lugar de asumir su responsabilidad. Un hombre como él, que ha menudeado sus participaciones en mítines donde se jalea la resistencia hasta el último hombre. Hace apenas tres semanas, soltó un vibrante discurso en un mitin del Comité de Madrid del Frente Popular en el que señaló que «en estos momentos basta con tener serenidad, porque Madrid tiene una salud robusta ... Los caminos de la Historia no se pueden cerrar, y tan necio será quien lo sospeche como el republicano que crea que, después de este movimiento, la República podrá volver a las épocas ingenuas. Digamos lo que dijo Nelson en Trafalgar: "Que cada cual cumpla con su deber"».[23]

El alcalde ha perdido la serenidad y se ha olvidado de cuál es su deber.

Julián Besteiro, ex presidente de las Cortes Constituyentes, ha sido el candidato más votado en las elecciones del 16 de febrero pese a no haber hecho campaña. La Agrupación Socialista Madrileña había votado previamente las candidaturas, y Francisco Largo Caballero «barrió» a Besteiro. Sin embargo, el sistema de votación por listas abiertas acabó dando un resultado abrumador para Besteiro: más de doscientos veinticuatro mil votos, muchos de ellos de personas ajenas al PSOE.[24]

Besteiro se queda en Madrid pese a que ya no hace política, pese a que hace mucho tiempo que se ha desmarcado de la línea predominante en el PSOE. En 1934 se opuso a la conspiración revolucionaria, y siempre ha insistido en la necesidad de la pureza de los medios sobre los fines. Es un exigente defensor de las vías parlamentarias para cambiar la sociedad. No comparte en absoluto la parte que a los socialistas les corresponde en haber desencadenado el proceso de violencia que vive España, pero se siente solidario con los madrileños que le han votado. Desde el gobierno se harán todos los esfuerzos, se realizarán todas las presiones para que marche a Valencia. Pero él se va a negar siempre a ceder. Ni a huir, ni a mejorar su dieta, que es la misma que la del resto de sus conciudadanos. A su tarea humanitaria le deben la vida muchos hombres, como Joaquín Ruiz Jiménez, refugiado en la legación diplomática de Panamá, o el profesor falangista Julio Martínez de Santa Olalla y sus hermanos, a los que ha rescatado de la misma checa de Fomento.[25]

A Besteiro no le asustan las bombas, le asusta «el desprecio de la vida humana que veo por todas partes ... el estallido de las bombas, que nos tiene deshechos los nervios, me afecta menos que las descargas de fusilería y los disparos de pistola que escucho por la madrugada desde mi casa».[26] Se lo confiesa a su amigo, el también socialista Juan Simeón Vidarte. Besteiro vive en el barrio de El Viso, al norte de Madrid, donde los descampados se prestan a las ejecuciones nocturnas.

La deserción de Rico se cubrirá en un par de días, el domingo día 8, cuando se constituya el nuevo ayuntamiento encabezado por Cayetano Redondo. Julián Besteiro, Rafael Henche y Wenceslao Carrillo serán, entre otros, los hombres que lo administren.

Ellos se quedan, como se queda Julián Zugazagoitia, director de *El Socialista*, otro de esos muchos hombres a quienes repugna la violencia, esa «crueldad fanática que tiende al exterminio del discrepante y del desafecto». A él también le apremian sus amigos para que se marche:

—No puedo. Necesito quedarme. ¿A qué compañero le digo que ... su vida es menos valiosa que la mía?[27]

A los anarquistas que realizan controles de carreteras o de calles en muchas ciudades, como Madrid, todavía no hay fuerza que sea capaz de meterles en cintura. La CNT no tiene en Madrid o en Castilla la misma fuerza que en Cataluña, donde controla las calles, pero sigue siendo una fuerza más que respetable. El número de milicianos anarquistas rivaliza con el de otras tendencias como la UGT, que es la primera central obrera de la capital.

Mientras los anarquistas que están en el gobierno aceptan la disciplina, la necesidad de la unidad del ejército, muchos militantes de base, incluso responsables de columnas, se muestran claramente hostiles. *Solidaridad Obrera* afirma que «la autoridad del gobierno será restablecida y se fortalecerá por el cambio de residencia». La CNT-FAI de Madrid saluda con alborozo a la ciudad «libre de ministros».[28]

El alcalde virtual de Madrid no es el único que espera nervioso el momento de su gloria. El corresponsal de *L'Illustration*, el periodista francés

Jean Clair-Guyot, que sigue a las tropas de Varela, escribe: «A la hora en que transcribo estas notas, no sólo el ejército de Franco puede contemplar la imponente masa de la capital española, sino que sus vanguardias ya alcanzan los barrios extremos de la ciudad. La victoria decisiva es inminente». Su colega y compatriota Léon Bailby ofrece un diagnóstico similar: «No se puede hacer nada contra esta verdad evidente. Madrid será tomada muy pronto. Y eso será la victoria final de los nacionales».[29]

El corresponsal de la agencia Hearst Universal News Service, H. R. Knickerbocker, llega a la apoteosis anticipatoria: en su crónica de hoy describe el recibimiento entusiasta de las multitudes al triunfador general Franco. Hay en su crónica un magnífico apunte «del natural», un perrillo que sigue al cortejo ladrando de alegría. El prestigio del periodista no quedará muy en alto.[30]

Los periodistas que están en Madrid, que no han aceptado los consejos de los funcionarios que se van para que les acompañen a Valencia, aprovechan la circunstancia. El departamento de censura está desmantelado. El jefe de la Sección de Prensa del Ministerio de Estado, Luis Rubio Hidalgo, es uno de los que hacen las maletas, y ha dejado instrucciones a uno de sus subordinados, Arturo Barea, para que se marche cuando pueda. Rubio Hidalgo está tan convencido de que los franquistas van a entrar como los propios franquistas.

—El gobierno espera que se mantenga usted en su puesto hasta el último momento.

Rubio piensa que contra los alemanes, los italianos, los moros, los tanques y los aviones, nada pueden hacer media docena de milicianos. Y le da instrucciones muy precisas a Barea:

—No tiene usted que hacer nada. A las nueve, cuando se acabe su turno, cierra usted la oficina y se va a casa, y haga usted lo que le parezca mejor para salvar el pellejo.

Barea se queda con esas instrucciones tan precisas, dos meses de sueldo para que se bandee, el sueldo del ordenanza y de los dos ciclistas, y un fajo de fotografías de niños muertos en el bombardeo de Getafe, que se iban a utilizar como arma de propaganda, pero se han vuelto peligrosas. A quien le cojan con esas fotos, los franquistas le vuelan los sesos. Pero Barea se las lleva.

Barea acabará desobedeciendo las órdenes de su jefe, y montará de nuevo el servicio por cuenta de la Junta de Defensa. Los corresponsales extranjeros tienen sólo unas horas para enviar crónicas que no pasan la censura. Pero las aprovechan.[31]

En todas las dependencias oficiales sucede lo mismo: se vacían sin que nada las llene. El ubicuo Mijail Koltsov va recorriendo ministerios sin encontrar a nadie hasta que llega al de la Guerra; allí, Miaja ha empezado a reaccionar.

Miaja, el hombre en el que nadie confía, está en el despacho de Largo Caballero en el palacio de Buenavista, tras la mesa vacía de papeles y repleta de timbres conectados con despachos que no responden. Un ordenanza pide permiso para entrar y cierra las puertas de los balcones para cumplir con las normas de seguridad contra los bombardeos. Luego, entra el general Sebastián Pozas, jefe del TOCE. Cada uno de ellos tiene en las manos un sobre en el que hay una orden: «Para abrir a las seis de la mañana».[32]

Los dos se ponen de acuerdo: les han encargado defender Madrid y el enemigo está a las puertas. Desobedecen la orden y abren los sobres de forma simultánea. El contenido está trucado. A Pozas le han dado las órdenes para Miaja y a Miaja las de Pozas. Quien las ha metido debía tener mucha prisa por marcharse. Y ninguna para que los generales puedan cumplir con su cometido.

A Miaja le dan una instrucción sencilla: le encargan «la defensa de la capital a toda costa» y le nombran presidente de una Junta de Defensa que tendrá que constituir con representantes de partidos políticos y sindicatos. En las instrucciones hay algo contradictorio: le indican que si la defensa de la capital es imposible, se retire hacia Cuenca, a la línea que le marque Pozas, y lleve con él todo lo que pudiera servir al enemigo. El «a toda costa» revela una determinación que se compadece mal con los planes de retirada. La orden de abrir el sobre a las seis de la mañana, el trueque de sus órdenes con las de Pozas, son datos que podrían interpretarse hasta como un sabotaje.

Los primeros movimientos de Miaja son rápidos. Forma su equipo: como ayudante tiene al teniente coronel José Pérez Martínez; como jefe de Estado Mayor llama al teniente coronel Vicente Rojo, ayudado a su vez por los comandantes José Fontán y Manuel Matallana. El comandante de milicias Servando Marenco le servirá de enlace con los jefes de las columnas. Cuenta, además, con el consejo de Vladimir Yefimovich Goriev, agregado militar de la embajada soviética y su consejero particular.[33]

Goriev lleva en España desde el verano y está a las órdenes directas de Jan Antonovich Berzin, el jefe de la misión militar soviética en España, que ha llegado al país hace pocas semanas. Goriev es un hombre respetuoso y discreto. Nada que ver con el expansivo Koltsov, que provoca muchas veces la ira de los españoles con su desmedido afán de protagonismo.

El equipo comienza a trabajar de manera febril. Lo primero, desde luego, es saber cómo está la situación de la defensa. Marenco se encarga de reclamar la inmediata presencia de los jefes de cada una de las fuerzas. Inmediatamente, Miaja reclama que sean localizados los secretarios de los sindicatos y partidos políticos.

Mientras el Estado Mayor va ordenando la información de que se dispone sobre despliegue de columnas, parque de municiones y cobertura de los huecos de la defensa, llegan los jefes de las columnas: Mena, Líster, Valentín González, Álvarez Coque, Martínez de Aragón, Galán, Prada, Barceló, Perea... Cuando están todos, Miaja se dirige a ellos en un tono épico:

—¡El gobierno se ha ido! Ha llegado el momento de ser hombres. ¿Me entienden? De ser hombres, ¡machos!... Si hay alguno que no se sienta capaz de morir, más le vale decirlo ahora...

Nadie responde. Todos esperan en una actitud que encaja con el dramatismo de la hora. Todos los hombres llevan meses combatiendo, muchas veces con más voluntarismo que profesionalidad. Miaja rompe esa voluntariedad y marca su autoridad:

—Era lo que esperaba de ustedes. Pasen por el Estado Mayor a recibir órdenes. ¡Buenas noches y mucha suerte![34]

Por el paseo del Prado abajo, una comitiva de hombres desarmados desfila en dirección a Atocha. Son los trabajadores de la construcción. Van a la segunda línea, a esperar a que los que resisten en la primera vayan cayendo para tomar su fusil.

En los teatros de Madrid se reúnen los sindicatos. Los barrenderos, en el Español; los fígaros, los peluqueros, en la Zarzuela; los de artes gráficas, en la Comedia. El batallón de Leones Rojos, en el Calderón. Y se juntan también los dependientes de ultramarinos y los metalúrgicos. Esta misma noche van a ir al frente.[35]

Las órdenes llegan también a los cenetistas: metalúrgicos, a las siete en el sindicato; uso y vestido, a las ocho; gráficos, de guardia en los talleres; gastronómicos, a las cinco.[36]

A las diez y veinte de la noche, Koltsov llega a la sede del PCE. Cada uno sabe lo que tiene que hacer. Todos tienen una tarea encomendada. La de Mije es muy especial: él se tiene que encargar de montar el aparato clandestino por si los fascistas logran su objetivo. Da instrucciones a los jefes de los comités de fábrica, a los responsables de los radios comunistas. Está muy tranquilo. Cuando ve a Koltsov, le guiña un ojo:

—Es hora de ahuecar el ala.[37]

Lo dice un hombre que no se va a marchar en ningún caso.

El general Sebastián Pozas llega con su Estado Mayor a Tarancón. Allí se topa con los anarquistas de la columna de Del Rosal, que siguen sin atender a órdenes ni amenazas para despejar el camino a los que se van a Valencia. Pozas decide regresar a Madrid y deja a su jefe de Estado Mayor, Ramiro Otal, instalándose en una casona. El capitán Recaredo Vilches se va a Villarejo de Salvanés y encuentra unos blindados, con los que vuelve a Tarancón. Con ellos, resuelve la situación. El camino a Valencia queda despejado.[38]

Y el de Madrid parece estarlo también para Varela.

Han llegado.

Pero no se encuentran la ciudad vacía. El pánico que ha podido con la cúpula no ha llegado a la base de la ciudad. Así lo percibe el teniente coronel Rojo, que manda llamar con urgencia a todos los jefes y oficiales disponibles en Madrid para recomponer con su colaboración un sistema de defensa. Largo Caballero y Asensio se han marchado dejando una instrucción de defensa a toda costa, pero ninguna organización, ningún plan. Sólo el nombramiento de quien ha de dirigir la ciudad en su esfuerzo. Eso, y al pueblo leal a la República, que percibe que tiene que defender lo suyo. Su ciudad.[39]

Las unidades están tan descabaladas que urge, sobre todo, saber dónde está situada cada una, quién la manda y con qué efectivos cuenta. Asensio y Largo Caballero han dejado Madrid de tal manera que la 1 brigada, que está defendiéndose en el entorno del Cerro de los Ángeles, recibe la orden del general Pozas de replegarse a Tarancón para esperar órdenes allí. A las protestas de Líster, Pozas le responde que Madrid no es lo fundamental, que lo que cuenta para un militar son los hombres y las armas. De ambas cosas se carece. Y le urge:

—Si no andamos rápidos, lo más seguro es que mañana a estas horas nos hayan fusilado a todos, y nosotros dos, por motivos diferentes, seremos los primeros.

Pero Líster, que sabe que controla un frente desguarnecido y comparte la decisión comunista de defender Madrid a toda costa, se marcha a la sede del PCE, en la calle de Serrano número 5, y les explica a sus camaradas que él piensa que debe quedarse. El buró político acepta sus argumentos: debe replegarse, pero no a Tarancón, sino a la línea Vaciamadrid-Arganda, para cegar el paso a Entrevías y Vallecas.[40]

La distribución de fuerzas la van haciendo los aparatos militares de los comunistas y los anarquistas. El comandante Carlos, desde el Quinto Regimiento, Eduardo Val, desde el Comité de Defensa. Miaja y Rojo no controlan aún la situación. Se tapan huecos como se puede. No hay ningún general que defienda Madrid hoy. Sólo «unas columnas destrozadas, desmoralizadas por los repliegues, sin elementos y sin decisión».[41]

PARTE FRANQUISTA
Ejército del Norte
7 división. En el frente de Guadarrama y en el pueblo de Fresnedillas hubo una escaramuza en la que se cogieron al enemigo dos ametralladoras y algunos muertos.

En el frente de Madrid, nuestras tropas ocuparon el campamento de Retamares, el de Carabanchel, el pueblo de Carabanchel Alto y la estación y pueblo de Villaverde, quedando Madrid dentro del alcance de nuestra artillería.

El enemigo fue muy duramente castigado, pues abandonó en nuestro poder más de trescientos muertos y ciento cincuenta prisioneros, entre ellos un teniente coronel, siete oficiales y veinte guardias de asalto.

También se cogió al enemigo, durante el combate, bastante material, entre el que se destacan tres tanques rusos, con los que tenemos ya en nuestro poder quince del mismo modelo.

División de Soria. En el frente de Sigüenza nuestras columnas ocuparon Mandayona y Mirabueno, quedando dos kilómetros al norte de Almadrones.

Actividad de la aviación. Nuestra aviación de caza ha entablado combate con la enemiga, derribándole dos aviones entre Leganés y Madrid.

PARTE REPUBLICANO
A las diez de la noche
Frente del centro. En Somosierra, los rebeldes, quebrándose sin duda por el fuerte contraataque de las fuerzas leales habido en el día de ayer, no han disparado un solo tiro contra nuestras posiciones.

Por el sector de Madrid sur, las columnas rebeldes continúan su presión desesperada a pesar de la heroica resistencia del ejército republicano. En el día de hoy, nuestra artillería ha cañoneado sin cesar las fuerzas enemigas y dos contraataques de nuestra infantería, neutralizando el avance de las tropas mercenarias fascistas.

En la salida, a primera hora de la mañana, una escuadrilla nuestra encontrose, a la altura de Vicálvaro, con tres cazas Fiat que intentaron atacarla inútilmente. La escuadrilla bombardeó una columna de camiones que marchaba por la carretera de Leganés a Carabanchel, así como tres tanques enemigos, a la altura del kilómetro 12, que intentaron ocultarse.

Durante el segundo servicio, nuestros aviones, entre las 10.20 y las 11.55, permanecieron sobre Madrid hora y media, sin encontrar aviación enemiga, a la que buscaban para presentarle combate.

En otro servicio a última hora de la tarde, fue derribado por nuestros cazas un aparato de bombardeo alemán marca Junker.

Las malas condiciones atmosféricas no permitieron una acción más intensa a nuestros aparatos.

7 de noviembre

MANUEL REVERTE NO SABE BIEN QUÉ HORA ES cuando suenan los cerrojos y las puertas se abren con brusquedad. La sala que alberga a decenas de presos, que descansan en colchonetas sobre el suelo, lleva ya muchas horas en penumbra. Él, como casi todos sus compañeros de infortunio, no tiene reloj. Se lo quitaron al ingresar en la cárcel, la de Porlier, situada en la calle de Torrijos, en pleno barrio de Salamanca. Manuel lleva allí varias semanas y no es la primera vez que su sueño se ha visto alterado por la presencia repentina de los milicianos de guardia. Pero esta vez parece que se trata de algo más importante. Lo notan todos los presos. Con los milicianos que hacen de vigilantes viene un paisano que debe de ser policía. Y lee nombres en voz alta. Muchos nombres. Los aludidos se mueven con un andar inseguro. La hora hace pensar que su destino va a ser el peor de los imaginables. A nadie se le pasa por la cabeza que le vayan a poner en libertad de madrugada. Uno de los milicianos ha dicho que los nombrados se preparen para su traslado a la cárcel de Alcalá, pero tampoco se hace muy creíble el argumento, aunque quizá... Los bombardeos que sufre la ciudad pueden justificar que los traslados se hagan de noche.

Y cada uno de los nombrados se dirige hacia la puerta con una mirada de incertidumbre, con miedo en los ojos. Alguno hace un leve gesto, aprieta el brazo del vecino de lecho. Pero todos se van mansamente a afrontar su destino, su traslado.

Los que se quedan miran con piedad a los que marchan, pero seguramente todos, como le sucede a Manuel, van soltando un suspiro de alivio al comprobar que el nombrado es otro. En teoría, Manuel no tiene nada que temer porque su presencia en la cárcel es más fruto de la casualidad que de otra cosa. Le detuvieron unos milicianos cuando registraron su casa en busca de su hermana María, militante de Renovación Española, que se había refugiado en casa de unas amigas cuando se produjo el fracaso del alzamiento en Madrid. Al no encontrarla, los milicianos le llevaron a él y a su hijo, también de nombre Manuel, con el aviso de que no serían liberados hasta que la buscada se entregara voluntariamente. María se entregó unos días después y está en la cárcel de mujeres de la plaza del Conde de Toreno, pero la liberación de Manuel y su hijo no se produjo.

En unos minutos, el trámite está cumplido. Los milicianos avisan con severidad de que se guarde silencio. Las luces se apagan y nadie se atreve a decir ni una palabra. Apenas se oye algún leve cuchicheo, un sollozo.

La «saca» ha terminado por esa noche en la prisión de Porlier. Pero Manuel ya no pegará ojo. Su nombre no está en la lista, pero no hay ninguna razón para pensar que no lo esté en una ocasión próxima.[42]

La escena se repite con pocas variantes en otras dos cárceles madrileñas, en la de San Antón, situada en la calle de Farmacia, y en la Modelo, a pocos cientos de metros del frente. Desde ésta, los presos pueden oír los estampidos de los cañones que bombardean la ciudad. Hay una saca generalizada de presos en Madrid. Unos quinientos hombres son excarcelados y conducidos en autobuses y camiones por milicianos de Vigilancia de Retaguardia a las inmediaciones de Torrejón, San Fernando o Paracuellos, a unos treinta kilómetros de la capital por la carretera de Barcelona.

A las ocho de la mañana, Ricardo Aresté Yebes pasa, como todos los días, muy cerca del lugar conocido como Balcón de Madrid. Se dirige a su trabajo en la Cooperativa Popular de Paracuellos del Jarama. Desde el camino oye el ruido familiar de las descargas de fusilería. Nada tiene de especial porque abajo, en el arroyo de San José de Paracuellos, hay un campo de tiro. Pero le llaman la atención los gritos que se entremezclan con las descargas. Ricardo se asoma y ve cómo de tres autobuses de dos pisos, de los que se utilizan en Madrid para el transporte público de viajeros, grupos de milicianos van sacando a numerosos hombres, a los que fusilan. Más tarde, ve llegar otros dos autobuses, de los que descienden cincuenta y cinco presos más, con los que se sigue el mismo procedimiento.[43]

Desde el amanecer, durante toda la mañana, las descargas son incesantes en la zona. Unos quinientos cincuenta presos son fusilados esta mañana sin juicio. Los milicianos de retaguardia son los encargados de hacerlo. La orden ha partido de la Dirección General de Seguridad, desde el

Departamento de Orden Público. Se han encargado de su buen fin tres policías comunistas, Andrés Urresola, Agapito Sáinz y Álvaro Marasa.

Durante muchos días, hasta el 4 de diciembre, se producirán nuevas sacas seguidas de fusilamientos que acabarán con la vida de más de dos mil presos. La mayoría de ellos son militares, políticos notorios, o religiosos. La diferencia con los «paseos» o las matanzas indiscriminadas de agosto es clara: hay en estas acciones una intervención directa de la autoridad republicana, de personas responsables en cargos oficiales. Porque los que vienen a buscar a los presos llevan listas y exhiben placas oficiales de la policía. Esta vez no son los militantes anarquistas de la CNT-FAI los que han actuado por su cuenta, impartiendo su particular justicia revolucionaria. Los comunistas son quienes controlan esas áreas.[44]

En Madrid se ha comenzado a ensayar un nuevo tipo de crimen que sustituye al crimen sin Estado del verano y principios de otoño. Pero, ¿quién ha ordenado las sacas?

La decisión política no ha pasado por la Junta de Defensa, que ni siquiera existe aún. Hay un vacío de poder en la ciudad sin gobierno, que prepara las maletas, y una Junta que no se ha constituido.

También hay una obsesión, que demuestran día tras día en sus escritos el comandante Carlos y el corresponsal ruso Mijail Koltsov: hay que impedir a toda costa que los franquistas liberen a los prisioneros, sobre todo a los militares, para evitar la contingencia de que consigan construir un cuerpo de ejército con los oficiales que pudieran liberar de la cárcel Modelo en caso de tomar Madrid.

Un nombre corre entre muy pocos enterados. Es el de Miguel Martínez. Un nombre exageradamente vulgar en España. Mijail Koltsov dice que de él parte la orden. ¿Quién es Martínez? Se sabe muy poco de él. Según Koltsov, es un comunista mexicano. Para el periodista Colodny, también: se llama Enrique de Malraux y «ha hecho seis revoluciones». Enrique Castro Delgado piensa que es búlgaro. Martínez ha dado la orden. Y Martínez forma parte del Quinto Regimiento. Es uno de los principales responsables del Comisariado del Ejército Popular. Un hombre del que jamás se sabrá toda la verdad. Un perfecto agente de la discreta Komintern. Casi tan importante como Carlos, pero sin ninguna vena exhibicionista. Cabe la posibilidad de que no exista. Quizás es un cómodo nombre que oculta una voluntad colectiva de quienes controlan políticamente el Quinto Regimiento, los hombres de Stalin. Quizás es el propio Koltsov, y Martínez una creación literaria del agente-periodista para encubrir sus propias acciones.[45]

La orden del exterminio de los presos y los medios para realizarla proceden del Quinto Regimiento. De los hombres que lo controlan directamente y han sido enviados a Madrid por el Kremlin. Dentro de muy pocos años, Stoyan Minev («Stepanov»), que será el delegado de la Komintern en España desde abril de 1937 hasta el final de la guerra, se lo contará con frialdad a Stalin: el partido comunista ha comprendido la importancia de la quinta columna, ha sacado sus conclusiones y ha llevado a cabo, en un par de días, todas las operaciones necesarias para limpiar Madrid de quintacolumnistas.[46]

Koltsov, o Koltsov-Martínez, escribe en su diario que el mexicano fue en la noche de ayer al Comité Central y volvió a preguntarle a Checa, que estaba haciendo todos los preparativos para la resistencia, que qué había de la evacuación de los fascistas detenidos. Checa informó de que no se había hecho nada y ya era tarde.

—No hay por qué evacuar a los ocho mil, entre los que hay mucha gente inofensiva, morralla. Es necesario elegir a los elementos más peligrosos y mandarlos a la retaguardia a pie, en grupos pequeños, de doscientos hombres.

—Se escaparán —le responde Mije.

—No se escaparán. Que se encargue de la escolta a los campesinos; serán, sin duda alguna, mucho más seguros que la guardia de la cárcel, tan sobornable. Y si una parte se escapa, al diablo con ella, luego se les puede echar el guante otra vez. Lo importante es no hacer entrega de esos cuadros a Franco. Por pocos que se logre mandar —dos mil, dos mil quinientos— ya será algo. Que se lleven por etapas hasta Valencia.

Checa ha reflexionado y ha hecho un gesto de asentimiento. Ha destacado para ese trabajo a tres camaradas, que han ido a tres cárceles. Son Urresola, Sáinz y Marasa.

Koltsov escribe en su diario que los presos son llevados hasta Arganda y describe su terror cuando les llaman por sus nombres y les hacen agruparse en los patios, porque piensan que los van a fusilar. Con los llamados va un inspector para organizar las etapas.[47]

Pero los llamados no pasan de Paracuellos. Koltsov lo sabe, como Miguel Martínez y el inspector que acompaña a cada una de las expediciones.

Hoy, en Madrid, si se tiene poder en las milicias, todo es realizable sin que haya otra autoridad capaz de impedirlo.

La ilusoria seguridad que habían tenido muchos presos al pasar a las cárceles y evitar las checas, se ha quebrado hoy. Durante un mes, las cárceles de Madrid se convertirán en la sala de espera para el fusilamiento de muchos presos. Sin juicio, sin cumplimentar el trámite de los Tribunales Populares que «sólo» condenan a muerte a un diez por ciento de los incriminados.[48]

Las sacas tienen su contrapartida en las órdenes que comienzan a emanar de la consejería de Orden Público. Santiago Carrillo da la orden de que se clausuren las checas que se han constituido en la figura que resume el horror para los partidarios de Franco en la ciudad. Algunas de ellas se resistirán durante un tiempo a aceptar la disolución, como la anarquista del cine Europa, cuyo cierre tendrán que hacer las fuerzas de asalto. Los libertarios no aceptan que el Estado les obligue a entregar sus parcelas de poder, ni en el ejército ni en la industria, ni en la represión.

Uno de los más célebres chequistas es el tipógrafo Agapito García Atadell. No sólo es el fundador de las Milicias de Investigación Criminal, sino que a sus órdenes han actuado dos brigadillas que han llegado a alcanzar notoriedad entre el público madrileño, que han sido aplaudidas en muchas ocasiones por la prensa por su eficaz acción contra la quinta columna. La brigada del Amanecer actuaba poco antes del alba para encontrar a sus víctimas en pleno sueño.

Atadell se ha marchado de Madrid. Tiene razones para ello: se acercan los franquistas, desde luego; pero, sobre todo, porque bajo su aparente actividad política de entusiasmo depurador, él y sus dos lugartenientes, Luis Ortuño y Pedro Penabad, se han dedicado a extorsionar a los detenidos para obtener dinero y joyas en abundancia. El control progresivo que las instituciones republicanas empiezan a ejercer sobre los mecanismos de represión les ha liquidado el negocio.

La institución que dirige le ha servido para justificar un viaje muy importante con destino a Marsella. Los tres jerifaltes de la brigada se han marchado a Francia sin ninguna intención de volver. Tras ellos han dejado muchos cadáveres y algunos supervivientes que piensan que les pueden servir de algo en caso de apuro, como la hermana de Gonzalo Queipo de Llano, Rosario, a la que han dado un trato espléndido mientras la han tenido detenida, a fin de tener buenas relaciones en caso de apuro.[49]

Con ellos viaja un importante tesoro en especie. Piensan llegar a América para disfrutarlo allí.[50]

En la sede de la Junta de Defensa nadie ha dormido. Todos saben que el ejército enemigo va a intentar el asalto a Madrid en cualquier momento puesto que sus tropas están desplegadas en un generoso semicírculo que envuelve la capital desde el noroeste hasta el sureste, desde Majada-honda hasta Vallecas.

Los jefes de las columnas ya están en sus puestos. A las tres de la ma-drugada, los representantes de los sindicatos y partidos han recibido de Miaja la información sobre sus deberes y la orden de que designen repre-sentantes para la Junta de Defensa, que deberá organizar todos los aspec-tos de la vida ciudadana. Además, los partidos y los sindicatos tienen que movilizar a todos sus afiliados para que acudan a donde sean necesarios, para que obedezcan al mando único, para que continúen haciendo las obras de fortificación, para que repongan las bajas de la primera línea con más hombres. Y para que entreguen al mando los fusiles y las municiones que acaparan. Las armas deben ser usadas con un criterio militar, no de bandería.

Miaja se acuesta vestido a las cuatro de la mañana. Ordena que le des-pierten a las seis. Su Estado Mayor sigue trabajando.[51]

Hay que organizar la defensa intentando adivinar las intenciones del general Varela.

La idea que predomina es la de que Varela va a hacer un ataque por el sur y suroeste de la ciudad, entre los puentes de Segovia y de Toledo. A las 3.30 horas de la madrugada, la orden de Rojo consiste en «sostenerse a toda costa sobre la línea ocupada para contener y quebrantar al contrario». Esa línea la ocupan las columnas de Barceló, Clairac, Escobar, Mena y Pra-da, desplegadas de derecha a izquierda, desde Majadahonda hasta la ca-rretera de Andalucía. Y se espera la llegada de la 3 brigada mixta y la brigada internacional, además de la 1 brigada, la de Líster.

Rojo pretende resistir el envite y atacar por el Cerro de los Ángeles con la brigada internacional, apoyada por la de Líster. Pero si la situación se complica, ésta deberá desplazarse al puente de Toledo, donde está el ba-tallón presidencial que manda el capitán José María Enciso. El puente de Toledo es el centro del dispositivo de defensa.

El flanco hacia el Jarama lo cubre la columna de Bueno para evitar un desbordamiento por la izquierda.

Su primera experiencia de fuego no ha sido vana. Jaime Renart se ha sorprendido en la madrugada del día 7 viendo que los forúnculos que le tor-turaban han desaparecido. El miedo hace milagros.[52]

Al sur de Madrid hace un día frío, claro, soleado.

Jaime no puede atender hoy los rumores que circulan por Madrid por-que el combate no cesa. Al igual que sus compañeros, no sabe que el go-bierno se ha marchado. Y no puede leer lo que otros madrileños hacen

Agosto de 1936. El Alcázar de Toledo, ya en ruinas, va a sufrir una nueva explosión. Es el último intento republicano por tomar la fortaleza.

28 de septiembre de 1936. Escuálidos, hambrientos, sucios, los defensores del Alcázar son liberados por moros y legionarios seguros de que van a ganar la guerra en pocas semanas.

30 de septiembre de 1936, Toledo. Franco ha conseguido tomar la ciudad para afianzar su liderazgo. A partir de ahora, será «generalísimo». En la fotografía, con el coronel Moscardó y el general Varela.

Principios de octubre de 1936, provincia de Toledo. Según avanzan, las tropas franquistas toman cientos de prisioneros. Los milicianos aún no saben luchar en campo abierto.

22 de octubre de 1936, Navalcarnero. Una patrulla de regulares enfila la carretera que conduce a Madrid. Les quedan menos de treinta kilómetros para llegar.

Finales de septiembre de 1936, Guadarrama. En la Sierra madrileña,
las columnas milicianas consiguen contener a los franquistas de Mola.

Principios de octubre de 1936, Sierra de Guadarrama. Los milicianos tienen
muchas bajas. Todavía hay muchas mujeres entre las columnas republicanas.

Principios de octubre de 1936, Casa de Campo, probablemente.
Aún hay *paseos* en Madrid. La fotografía no se publica porque
la censura el gobierno. Es la peor imagen de la República.

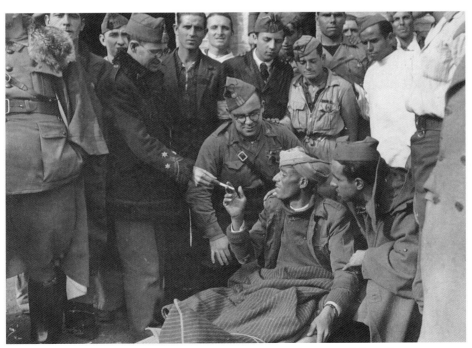

Principios de octubre de 1936, estación de ferrocarril de Talavera.
Un caíd, suboficial moro, herido en combate, es evacuado.

Octubre de 1936, Madrid. Al norte de la ciudad, algunos ganaderos mantienen sus rebaños.

Octubre de 1936, Madrid. La ciudad sigue viendo cómo sus cafés están abarrotados de milicianos que, muchas veces, pagan con vales de los sindicatos.

Octubre de 1936, Madrid. Por la Puerta del Sol desfilan artilugios imposibles e inútiles que fabrican los metalúrgicos en los talleres incautados.

Octubre de 1936, Mercado de la Cebada, Madrid. A la ciudad siguen llegando suministros del campo.

Octubre de 1936, Madrid. Entierro del niño Manolito Muñoz,
víctima de un bombardeo.

Octubre de 1936, Madrid. Por la Gran Vía desfilan las milicias camino del
frente. Los milicianos marchan con aire de fiesta. Siguen pensando
que el valor es suficiente para contener al enemigo.

Principios de octubre de 1936, Santa Cruz de Retamares. Los pueblos de la provincia van cayendo uno tras otro en manos de los franquistas.

Octubre de 1936. Los partidos políticos intentan levantar la moral de la población con actos como este festival, organizado por Izquierda Republicana.

Octubre de 1936, Getafe. El aeródromo de Getafe en una imagen de unas maniobras en 1935. Al fondo, el Cerro de los Ángeles.

Octubre de 1936, Madrid. Las tabernas siguen llenas de milicianos de aire retador que atienden más a la retaguardia que al frente.

21 de octubre de 1936, Navalcarnero. Las eficaces y valerosas tropas moras se aprestan a tomar el pueblo. Les basta un asalto.

Octubre de 1936, parque del Oeste. Los obreros del canal de Lozoya
contribuyen a excavar trincheras.

18 de octubre de 1936, Illescas. Las mujeres huyen antes de que entren los
franquistas. Temen las atrocidades que se atribuyen a los moros.

Octubre de 1936, estación de Atocha. La muchedumbre recibe a los niños madrileños recuperados de las colonias veraniegas de Suances gracias a la mediación de la Cruz Roja Internacional. Muchos de ellos emprenderán un nuevo éxodo, esta vez hacia Levante y Cataluña.

Octubre de 1936, estación de Atocha. Los niños serán repartidos por el territorio que controla la República. Los mayores muestran en su mirada la desazón, el miedo.

Octubre de 1936, palacio de Buenavista, plaza de Cibeles. Los bombardeos son todavía esporádicos. Los muertos son honrados con desfiles.

Octubre de 1936, calle de Sagasta.
Hay desabastecimiento,
pero en la calle se vende de todo.

3 de noviembre de 1936, Alcorcón. Los legionarios están a diecisiete kilómetros
de Madrid. La ciudad comienza a despertar de su letargo.

4 de noviembre, Getafe. Han tomado el aeródromo y el pueblo.
Las bajas comienzan a ser numerosas entre los legionarios.

4 de noviembre, Getafe. Las tropas moras pueden observar Madrid a simple
vista. Hoy celebran la captura de un carro ruso T-26.

6 de noviembre de 1936, Madrid. Los hombres acuden
a los parapetos enviados por partidos y sindicatos.
Cuando uno cae, otro coge su fusil.

8 de noviembre de 1936, teatro Monumental. Bajo las bombas de la aviación
y la artillería franquista, La Pasionaria utiliza su encendida oratoria.
Ella encarna el «No pasarán».

con asombro: el diario *Política*, de Izquierda Republicana, publica una especie de consigna diaria en la parte superior izquierda de su cabecera. Hoy, la consigna tiene un toque misterioso que provoca, en medio de la trágica situación, una reacción de hilaridad: «El clima de Levante atrae estos días a muchos turistas de Madrid. Pero si regresan, la temperatura madrileña les hará sentir sus rigores». La Junta de Defensa, sin constituir, no tiene todavía autoridad ni tiempo para reprender a los redactores que, aunque han obedecido la orden de no publicar aún la noticia, no se han podido resistir a hacer el comentario. A la censura se le ha escapado la hiriente referencia a la marcha del gobierno.[53]

Renart forma parte de las fuerzas que resisten los ataques de la columna del teniente coronel Barrón que, junto con la de Tella, tienen la misión de llevar a la zona el máximo de efectivos enemigos. Los de Barrón llegan al hospital militar de Carabanchel y a la plaza de toros de Vistalegre, mientras Tella avanza sobre el barrio de Zofio. Pero no es fácil. La 8 bandera de la Legión se encuentra con «un laberíntico campo de trincheras y cada casa convertida en un baluarte desde el que se hostiliza con ametralladoras».[54]

La lucha es durísima. Los milicianos resisten casa por casa. Defienden cada palmo de terreno sin la desesperación de otras veces. Son más tenaces y mas fríos en el combate. Y la lucha ciudadana, donde es más difícil maniobrar, les favorece.

A pesar de las muchas bajas, sigue habiendo hombres que esperan, en segunda línea, a que caiga un compañero para recoger su arma. Hombres para parar el asalto, como dice la propaganda. Hay escasez de todo.

Hoy, los combatientes comienzan a parecerse a esos que, en palabras tomadas de Jorge Manrique, define Antonio Machado como los hombres que son «pueblo en armas, quienes "ponen al tablero su vida por su ley", se juegan esa moneda única —si se pierde no hay otra— por una causa hondamente sentida ... todos estos milicianos parecen capitanes, tanto es el noble señorío de sus rostros».[55]

Miaja se ha multiplicado en sus funciones de presidente de una Junta que aún no existe. Pero sus órdenes dicen que tiene que crearla. El aspecto militar está cubierto por Rojo y sus colaboradores. Pero no es menos importante el político, y Miaja lo sabe. Hay que organizar la retaguardia, hacer que los servicios de la ciudad funcionen, para garantizar la resistencia. ¿Dónde se busca a los hombres que tienen que cumplir las funciones que son obligadas para un organismo de excepción? El general hace dos intentos. El primero, en el Comisariado. El segundo, con los comunistas, que son los mejor organizados. Los movimientos son lógicos. En el Comisariado hay representantes de todos los partidos políticos que, más que apoyar al gobierno, rechazan a los franquistas. En el PCE controlan el Quinto Regimiento, el centro de reclutamiento y formación más eficaz entre todos los que han formado milicias.

Desde el Comisariado se han enviado mensajes a todas las fuerzas políticas para que nombren a sus representantes. En el PCE encuentra Miaja el espíritu que necesita: los comunistas desean poner a sus órdenes un ejército que gane la guerra a los franquistas dentro de los valores que inspiran a los militares profesionales. No hay equívocos en su actitud.

Cuando Miaja se despierta del corto sueño que le ha permitido reponer fuerzas, atiende a la situación militar que controla Rojo. Luego, a las once de la mañana, se reúne con la primera de las comisiones que formarán su Junta. Sólo faltan los anarquistas. Pero están todos los demás. Como no están todos, no se hace una reunión formal. Basta con iniciar los trabajos imprescindibles. Mije queda encargado de la consejería de Guerra, es decir, de las relaciones con las tropas que forman el Quinto Regimiento.

Santiago Carrillo, secretario general de las Juventudes Socialistas Unificadas y que acaba de ingresar hoy en el PCE, se hace con Orden Público. Los comunistas, que responden con todo su aparato al llamamiento de Miaja, controlan los dos aspectos fundamentales de la defensa de la ciudad: el militar y el de orden público. La quinta columna es una obsesión. Fue creada por Mola o Queipo de Llano, tanto da: en cualquier caso, creada por los manifiestos incendiarios de los propagandistas de Franco. A esa quinta columna se van a dedicar los mayores esfuerzos. Pero también a acabar con la arbitrariedad de las checas, donde se imparte una peculiar justicia. Una de las primeras decisiones de Carrillo es la de disolver la más importante, la de Fomento,[56] llamada así porque está en esa calle madrileña, que es el Comité Provincial de Investigación Pública creado por el recién «evacuado» Manuel Muñoz, director general de Seguridad de la República. En sus sótanos han pasado angustias cientos de madrileños desafectos. Nadie sabe cuántos han desaparecido, cuántos han sido ejecutados después de un juicio severo y sin garantías. La disolución de esta checa es el anuncio de la desaparición de todos los centros de detención arbitrarios que hay en Madrid. Muchas decenas, repartidas por la geografía de la ciudad. Casi todas ellas dependientes de la CNT y del PCE, aunque no se libran los socialistas y republicanos de participar en su creación y control.

El PSOE, siguiendo su costumbre de atender con descuido según qué cosas, envía a dos militantes de base a la reunión, Fernando Frade y Máximo de Dios.[57]

En la cárcel Modelo se ha vuelto a producir una nueva saca. El mismo ritual de ayer, sólo que bajo el estampido de los cañones que da esperanzas a los presos. Los suyos se acercan, no hace falta que nadie se lo diga. Es el estampido pero también el gesto nervioso de sus guardianes. Los que son llamados piensan que su traslado les aleja de la inminente liberación.

Unas horas más tarde, el médico de la cárcel pasa consulta. Gabriel Rebollo Dicenta ya ejercía el cargo antes. Y ha conocido y tratado a numerosos presos. Algunos de ellos fueron liberados tras los sucesos del 23 de agosto, cuando se produjo un supuesto motín, un incendio y el asesinato de más de veinte presos en el patio. Cuando acaba su trabajo diario, sale del recinto, en el coche de un diplomático noruego, Werner. Pero unos milicianos, entre los que se encuentra el anarquista Felipe Emilio Sandoval, uno de esos hombres que fueron liberados y se unieron a la FAI, lo detienen y lo asesinan.[58]

El doctor Rebollo tenía la confianza de las autoridades del Frente Popular. Su muerte se debe, seguramente, a algún enfrentamiento mantenido con Sandoval antes de que la misericordia de los anarquistas liberara a todos los presos comunes para reconducir sus vidas. No siempre se reconducen. Y, desde luego, la máxima liberadora no puede aplicarse a los fascistas.

De fuentes impensadas hace pocas semanas surge algún armamento. Faustino Cordón es un químico de Cáceres que ingenia artefactos explosivos para el Quinto Regimiento. Ha venido de París, donde ha realizado estudios, para defender a la República. En Francia se ha hecho un buen científico y comunista. Sus convicciones se han fortalecido al volver, porque en su pueblo de Cáceres los franquistas han fusilado a su hermano Antonio. No le ha costado nada decidirse a entrar en el Quinto Regimiento, a petición del comandante Carlos, para hacerse cargo de la fabricación de explosivos. Lo que sí le ha sucedido es que se ha llevado algún disgusto, como el de Toledo, donde la desidia y la falta de organización han hecho que los franquistas capturen miles de granadas y, sobre todo, la estampadora de cartuchos.

Faustino baja esta noche, en medio de las bombas y los disparos, a la estación del Norte, junto con su amigo Ignacio Bolívar y un chófer, a buscar una partida de granadas que hay allí. Le parece que está en tierra de nadie. En esos momentos, en Madrid, nadie sabe qué pasa en ninguna parte.[59]

De la estación han salido hace horas los milicianos que la ocupan y protegen. Los del batallón ferroviario se movilizan a las seis de la mañana. El teniente coronel que está al mando del sector ordena que las diez muchachas que forman parte de la unidad vuelvan al cuartel en la estación del Norte. Las mujeres milicianas, que han luchado en la Sierra y en Talavera, ya casi no tienen presencia en la primera línea. Sobre los ferroviarios comienzan a caer las bombas de la artillería franquista. Y abren fuego por primera vez, en su primer combate. Están desplegados en guerrilla, ocupando un frente de medio kilómetro, apoyados en las tapias de la Casa de Campo, a poco más de un kilómetro de la puerta del Ángel. A su derecha, la carretera de Extremadura; a su izquierda, un batallón de Artes Gráficas.

El cabo Montes observa por encima de las tapias los combates en los que participan algunos tanques T-26 que apoyan a una columna de milicias anarquistas. Los ataques y los contraataques se suceden durante todo el día.

Montes y sus compañeros carecen de parapetos. Se protegen de forma ilusoria tras los matorrales, o se tumban en una ondulación del terreno, o disparan desde un árbol. Los proyectiles de la artillería rasgan el aire y revientan con estrépito veinte o treinta metros a su espalda. El aire se adensa con el humo de las explosiones, de la vegetación chamuscada, de los incendios que queman los árboles. El ambiente es sofocante.

Las primeras líneas de defensa retroceden ante el empuje de la artillería y la infantería enemigas. Son los moros. Pero la retirada es ordenada, se pierden pocos metros y siempre con disciplina. Algo ha cambiado entre las tropas de la República.

El cabo Montes se vuelve y contempla Madrid, que se le aparece grande, majestuoso y le resulta, no sabe por qué, inconquistable.

Hasta que llega la noche, los ferroviarios pelean, disparan, soportan el feroz bombardeo. Poco a poco, se va haciendo el silencio. Cesa el fuego de la artillería. Se oyen algunos disparos aislados.[60]

En Altobuey, en Cuenca, no se oyen disparos. El frente está lejos. Mientras los ferroviarios de la Casa de Campo ven expirar su primer día de combate, un grupo de diputados llega a una finca para pasar unos días de descanso. Lo encabeza el dueño, Albino Laso, representante de Izquierda Republicana. Han salido esta mañana de Madrid, entristecidos por dejar la ciudad sin saber cuál será el resultado del combate. Alguno de ellos, como Emilio González López, ha dejado a su familia en la capital.

Los inquietos viajeros han salido temprano, por la carretera de Barcelona, para evitar los problemas que se pudieran producir en la de Valencia, tan cercana al frente. Antes de tomar la carretera, han tenido tiempo de observar una gran multitud frente a la plaza de toros de Las Ventas. Los paisanos que estaban congregados allí les han informado de que en el interior del coso hay varios centenares de moros que los milicianos han capturado en Carabanchel. La cifra es, desde luego, exagerada.

Su viaje, que les permite disfrutar de un otoño suave, se produce en un ambiente de dulce euforia por el entusiasmo que esa victoria habrá provocado a los milicianos.[61]

Los supuestos captores de los moros pueden ser los hombres y mujeres de los batallones anarquistas que ha movilizado Eduardo Val. En Carabanchel se ha producido una desbandada que ha detenido, armado con una pistola, el secretario general del Comité Regional de la CNT, Isabelo Romero, al grito de «cobardes, cabrones», y con la amenaza creíble de que quien retrocediera sería ejecutado allí mismo. Los combatientes se han enardecido, han vuelto al combate y han hecho retroceder a los mercenarios. Han recuperado Mataderos, han llegado a Carabanchel Bajo.[62]

A unos cientos de metros están los de las milicias gallegas, que se encuadran como 4 batallón de la 1 brigada mixta que manda Enrique Líster. Cubren el frente entre el pueblo de Vallecas y Entrevías. Una zona proletaria de Madrid, donde los combatientes republicanos saben que tienen las espaldas cubiertas. Vallecas es un feudo socialista que está gobernado por un maestro llamado Amós Acero. Los habitantes del pueblo, que es independiente de Madrid por un capricho administrativo, están dispuestos a dejarse la piel antes que permitir el paso de los moros por sus calles. Allí se pelea casa por casa, con bombas de mano y bayonetas. Las posiciones, en algún caso, las definen las dos aceras de cada calle.

En Usera y Villaverde, extremeños y andaluces. Y el batallón Bárzana de la FETE —llamado así en homenaje a un maestro asturiano muerto en combate—, los «Leones Rojos», que pese a su feroz nombre no son sino dependientes de comercio, los restos del batallón deportivo, grupos de vecinos...[63]

Desde que ha amanecido, Pascual Palacios está asomado a la ventana de su casa. Su padre es ingeniero y socialista, y Pascual lleva mucho tiempo sin verle. Sabe que está en Murcia, montando unos aviones nuevos que ha enviado la Unión Soviética. Su padre le avisó de ello y le dijo que los vería volar. Desde entonces, se asoma ansioso por las mañanas a la espera de contemplar el prodigio de los nuevos planeadores enfrentándose a la aviación franquista. Hoy los ve, por fin, y grita:

—¡Mira, mamá, los chatos de papá!

Y Pascual, reconfortado, lleno de valor porque piensa que la aviación va a dar el necesario apoyo para vencer a los fascistas, se marcha de casa para incorporarse a la batalla. Al frente se puede ir en tranvía. En el Madrid de estos días abundan los prodigios, o sea, el absurdo.[64]

Lo que ve Pascual lo están viendo también miles de madrileños que hasta ese momento se afanaban en huir a cualquier parte empujados por el pánico, o en participar en las tareas de resistencia pensando que el pánico podía abandonarles.

Los aparatos de bombardeo Ju-52 se han retirado de inmediato. Son lentos, presas muy fáciles para los nuevos aviones republicanos, a los que la gente, que los ha visto tan sólo hace dos días, ha bautizado como «chatos» porque su morro apenas sobresale por delante de las alas. Enterados de su popularidad, cuando los aviones de caza franquistas, los Heinkel, se baten también en retirada, hacen acrobacias para que su público disfrute algo más de su presencia. Los vítores, los aplausos, los lanzamientos de gorrillas al aire se repiten. Los combates aéreos ya forman parte del paisaje de la ciudad. Muchos madrileños dejan de bajar a los refugios. Prefieren el riesgo antes que perderse un derribo.

Los combates de la Casa de Campo los ha lanzado la columna de Castejón. A la vanguardia va la 5 bandera de la Legión. Los legionarios topan con una fuerte resistencia. Pero con algo más. Desde su izquierda, desde la línea de Aravaca y Húmera, la columna republicana, la 3 brigada mixta, de José María Galán, ha desencadenado un ataque de flanco con apoyo de carros T-26 que deja en estado precario a los asaltantes en Retamares, donde se concentran falangistas y regulares. Castejón ha visto peligrar su flanco y ha tenido que cambiar sus planes. El ataque contra la Casa de Campo ha fracasado. Y el teniente coronel Castejón ha sido herido de gravedad.

A Castejón le destroza la cadera un casco de metralla. Hasta hoy nunca había experimentado la deprimente sensación de ver caer a tantos de sus hombres por el fuego enemigo.

—Ahora somos nosotros los vencidos —le dirá al periodista americano John Whitaker con un pesimismo que no está justificado.[65]

Quizá le haya herido el disparo de uno de los voluntarios del batallón de los Fígaros, los peluqueros de Madrid. Cuatrocientos hombres. De veinte años unos; los otros ya no van a cumplir los cincuenta. Se fajan durante todo el día en torno al lago contra los moros que salen de las encinas en oleadas y les fríen a tiros. El lago está quieto, ajeno al vendaval de fuego que le sobrevuela, amansado por la niebla que se arrastra sobre su superficie adensándose según avanzan las horas.

Los peluqueros disparan sin haber tenido apenas tiempo para aprender el manejo del fusil. Y van sin afeitar. Tampoco han tenido tiempo para eso. ¿Dónde se ha visto que los peluqueros peleen organizados en batallones? ¿Dónde se ha visto un montón de peluqueros como ése, todos sin afeitar?

Los moros avanzan gritando para asustarles. Uno de los jefes del batallón requiere a los hombres para que ellos también griten. Y, al compás del ruido de las explosiones y los disparos, se mezclan los alaridos de los contendientes, amortiguados apenas todos los sonidos por la espesa niebla.

Han empezado a luchar a las siete de la mañana. Son las doce y los moros no les han movido. Eso sí, ya son sólo doscientos cincuenta. No van a quedar peluqueros en Madrid. De los otros también caen por racimos. Sobre todo desde que los milicianos han instalado una ametralladora, bien situada a su retaguardia.[66]

En el colegio de guardias jóvenes de Toledo, al calor de la chimenea que preside un salón, se suele formar una tertulia tardía en la que los hombres comentan los hechos de armas o evocan a sus familias. El comandante Reina preside hoy la reunión a la que asiste Fernando Fernández de Córdoba, un actor madrileño que se ha unido a las columnas africanas desde Sevilla, adonde pudo llegar el 27 de agosto. La rebelión le sorprendió en Córdoba rodando una película, *El genio alegre*, de la que era el protagonista. Fernando tiene un trato de privilegio en su tarea de acompañante, a veces cronista, y como ayudante de los mandos. Ha conocido en ese salón al coronel Monasterio, a quien admira, y al capitán Artalejo, «quizás el mejor jinete del arma», que volvió de Amsterdam, donde estaba concursando, para unirse a la rebelión.

Fernando tiene motivos más que suficientes para acudir al frente de Madrid. Su mujer y sus dos hijas están en la ciudad. No sabe nada de ellas. Fernando anhela como pocos entrar en Madrid.

La charla pacífica la interrumpe hoy el sonido de una motocicleta. El conductor trae la orden del general Varela para que el teniente coronel Bartomeu sustituya a Castejón. Fernando solicita acompañarle hacia el frente.

Bartomeu recibe su nombramiento con alegría y se descorchan unas botellas para brindar por el éxito de su misión. Luego emprenden el viaje. Hasta las nueve de la noche no dan con el coronel Yagüe, que está en

Alcorcón, rodeado de mapas. Fernando tiene una gran idea sobre la figura de Yagüe desde que éste participó en la acción de sofocar la revolución de Asturias en 1934, y se extasía ante el tono campechano y cariñoso del coronel. Las cortesías duran poco. Yagüe le pone a Bartomeu al corriente de su misión:

—Entrarás por la puerta de Garabitas a la Casa de Campo para hacerte cargo de la columna ... Mañana a primera hora te corres a la izquierda y vences la resistencia que hemos encontrado en Retamares, para lo cual te facilitaré una compañía de carros de asalto. En cuanto logres el objetivo, le devuelves los carros a Barrón, que está a tu derecha, y tú prosigues el avance hasta la Ciudad Universitaria, donde pernoctas.

Según los planes de Yagüe, que Fernando escucha en directo, dentro de dos días, el 9, Bartomeu pernoctará en Cuatro Caminos para bajar por Ríos Rosas y llegar a la Castellana. Yagüe le pregunta a Bartomeu con qué fuerzas cuenta. Son unos mil doscientos hombres.

—Pues con poco más del doble voy a entrar yo en Madrid.[67]

Benjamín Lafarga combate en la puerta de Toledo. Hay un fuerte bombardeo de artillería franquista sobre su zona. En medio de las bombas, aparece un grupo de hombres armados que acompaña a una mujer vestida de negro. Benjamín recibe la orden de expulsarles del lugar. Allí no puede haber civiles. Cuando se acerca para cumplir con lo encomendado, descubre que la mujer es Dolores Ibárruri. Ya no piensa en su cometido. Saluda y se vuelve a su puesto.

La Pasionaria tiene vía libre vaya a donde vaya para infundir ánimos a las tropas. Como tienen esa bula otras mujeres corajudas, Margarita Nelken o Federica Montseny, las mujeres señeras de socialistas y anarquistas. Montseny se ha ido de Madrid con el resto del gobierno, pero volverá en pocos días.[68]

Otras mujeres menos conocidas dan también ejemplo de coraje. Rosario Sánchez Mora, «la Dinamitera», tiene que abandonar el hospital de Santa Adela, en la calle Eloy Gonzalo, porque van a evacuar a los heridos hacia Levante. Rosario ha perdido una mano, pero piensa que puede andar y trabajar donde sea necesario para ayudar a salvar Madrid.

Un día tras otro, Rosario irá al cuartel general de El Campesino en la calle San Bernardo para pedir que le dejen verle. El Campesino la conoce por otro apodo: «la Chacha». Acabará consiguiéndolo y se incorporará a la Plana Mayor de su unidad. Cada una lucha como puede.[69]

Unos metros más abajo, en el puente de Toledo, una tanqueta Ansaldo de fabricación italiana se destaca para ametrallar a los soldados que resisten tras los parapetos. Los defensores son carabineros a las órdenes del comandante Mariano Trucharte. Uno de ellos se acerca a la tanqueta gateando y arroja varias granadas contra las cadenas. La tanqueta queda inmovilizada y el fuego de todas las armas cae sobre ella. Los dos tripulantes intentan escapar y caen acribillados. Unos voluntarios se suben al vehículo para comprobar su estado y recuperar armas. El comandante del carro es un capitán español, Vidal-Quadras,[70] aunque se propaga la especie de que es italiano, como casi todos los miembros de las compañías de carros. Le registran las ropas. Lleva un fajo de documentos. El carabinero que los recoge se los entrega a su jefe, que los hace llegar a Trucharte. El comandante casi no da crédito a lo que ve: es una orden de operaciones firmada por el general Varela. Tiene que hacerla llegar al general Miaja.[71]

Mientras La Pasionaria irrumpe en pleno frente, otras mujeres desconocidas lo hacen por la Gran Vía. Una manifestación ruidosa de más de trescientas que avanzan en formación tras una exhibición de pancartas: «Más vale morir de pie que vivir de rodillas», «Defendiendo Madrid luchamos por la honra de nuestras mujeres y la vida de nuestros hijos», «Los fascistas no pasarán». Son comunistas. En Vallecas lo hacen mujeres de la CNT. Por toda la ciudad se desborda un caudal de mujeres antifascistas que llaman a la resistencia. Los ciudadanos partidarios de la República, que veinticuatro horas antes estaban meditando sobre su destino, han decidido modificarlo.

Y las tiendas, que apenas tienen nada que ofrecer, y los bares abren. Se puede tomar en algunos sitios un café caliente o una cerveza fría «bien tirada».

Tras el grito de «No pasarán», está también la intención de crear una falsa normalidad ciudadana.

Las calles se llenan de carteles con consignas. Francisca Rubio, junto con su marido, el pintor José Bardasano, que es quien dirige el taller, trabaja en La Gallofa, un local de las Juventudes Socialistas Unificadas donde se imprimen a diario los carteles que servirán para infundir aliento a los defensores y los habitantes de la ciudad. A Francisca le parece que cada uno de ellos es como un «puñetazo en el ojo». El taller está en la Gran Vía. Cuando paran los bombardeos, Francisca y su marido se lanzan a la imprenta de Rivadeneyra, en la cuesta de San Vicente, en plena línea de fuego. Hay veces que no da ni tiempo a culminar el proceso completo. José Bardasano es capaz, en esos casos, de pintar sobre la plancha.

«¡Compañeras, ocupad los puestos de los que van a empuñar un fusil!»[72] Francisca pinta muchos dedicados a animar a las mujeres. El lema que más se repite es el que da la vuelta al mundo: «No pasarán».

Un cartel al día. Y eso se hace en una ciudad sitiada donde no hay suministros, en la que encontrar un kilo de tinta o una resma de papel es tan difícil como comprar una onza de chocolate.

Pero los defensores consideran que la propaganda es fundamental para mantener la moral de la población. En Barcelona, en Valencia, pero también en Madrid, el cartelismo alcanza niveles de popularidad desconocidos. El comunista Josep Renau, que es cartelista, es el director general de Bellas Artes y promueve con entusiasmo esta forma de arte combatiente, directo y diario.

John Heartfield, que se llama realmente Helmut Hertzfeld, es un berlinés de enorme prestigio en los círculos artísticos plásticos. Está en Praga, adonde ha llegado huyendo de los nazis. Sus fotomontajes alusivos a la subida de Hitler al poder le han procurado la ira de los partidarios del exterminio de los judíos y los comunistas.

Sobre la silueta de los edificios más reconocibles de la Gran Vía compone su fotomontaje más universal, con dos buitres tocados con gorrillos franquistas que se ciernen sobre Madrid. Se oponen a ellos tres firmes bayonetas que representan a los defensores. El lema es doble: «No pasarán» y «Pasaremos». La caracterización de los franquistas como buitres no deja lugar a dudas sobre qué bando es el que tiene la razón según Heartfield...

En estos momentos, en los que Madrid está sitiado por el ejército franquista, se vive en Europa una gigantesca brecha en el mundo del arte. Escritores, pintores, poetas, músicos, toman partido por uno u otro bando. Casi todos ellos, eso es cierto, están a favor de la República.

Hay también un trajín de refugiados, de familias enteras que se cambian de barrio si es que tienen a donde ir. Algunas, aunque no tengan. La de Lorenzo Portero es privilegiada. Llevan unas semanas en la calle Molino de Viento 23, al lado de la calle del Pez, desde que llegaron huyendo de Torrijos. Los abuelos viven en Antonio Maura 7, al lado del Retiro. Las andanadas de artillería caen en el barrio y hay que irse, aunque la casa de los abuelos está repleta de refugiados. Sólo son privilegiados en eso. De la familia ha habido ya varios muertos y detenidos. Lorenzo y su familia están contentos a pesar de las bombas. Los regulares están casi al lado.[73]

Miguel Hernández está hoy en Boadilla del Monte. Su unidad, parte de las que manda El Campesino, retrocede acosada por las tropas de regulares. Los milicianos, que ya suelen clavarse al terreno ante los ataques enemigos, emprenden una momentánea desbandada. Muchos de ellos arrojan los cartuchos y los fusiles para correr mejor. Hernández oye un grito:

—¡Me dejáis solo, compañeros!

Una bala le rasga la chaqueta de pana y las explosiones de los morteros le ciegan y le hacen escupir tierra. Oye el ruido sordo de cuerpos caer para siempre y los ayes de los heridos. Entre el ruido de las explosiones, vuelve a oír el «grito desesperado, amargo»:

—¡Me dejáis solo, compañeros!

Hernández encuentra al herido, que sangra «como si su cuerpo fuera una fuente generosa». Le abraza, mientras pasan por su lado, sin querer verlos, los hombres espantados. Luego se lo echa sobre sus espaldas para llegar a un lugar algo más seguro. Le ciñe su pañuelo, sus vendas, la mitad de la ropa, para cortar la hemorragia, y se arrodilla a su lado para decirle:

—No hay quien te deje solo.

Miguel Hernández piensa que no es capaz de dejar «solo en sus desgracias a ningún hombre».[74]

Mientras Hernández recoge al hombre herido, Rafael Alberti y María Teresa León se han refugiado en su dormitorio del palacio que ocupa la Alianza de Intelectuales. Koltsov se los encuentra abrazados esperando su destino. No quieren irse de Madrid. Y María Teresa León muestra una pistolita de plata:

—No tenemos ningún sitio adonde ir. Estamos en nuestra ciudad, en nuestra casa. Nos defenderemos cuando nos llegue a nosotros el turno. Tres balas para ellos, las dos restantes, para nosotros.[75]

Al anochecer, los albiñanistas de José María Gárate llegan en camiones al pueblo de Griñón, donde se ha instalado un hospital de sangre en un antiguo convento de monjas. Griñón está a menos de treinta kilómetros de Madrid y ya se percibe el horror de la guerra. En cuanto descienden de los camiones, les llaman para que colaboren en bajar de otros que acaban de llegar a los heridos evacuados del frente. Ahora se dan cuenta de la magnitud de lo que van a vivir. Hombres mutilados, rotos por la metralla o atravesados por las balas, a los que sacan con el mayor cuidado en camillas sin saber muchas veces si ya han muerto o todavía alienta en ellos un rastro de vida. Es el primer contacto serio de Gárate con la muerte. Los uniformes de algunos, camisa azul celeste con la cruz bordada en el pecho y la boina roja de requeté, se manchan por primera vez de sangre. Un legionario que escolta el siniestro convoy les informa de la situación.

Los rojos reciben refuerzos con más fluidez que ellos. La lucha ha sido muy dura todo el día. Esta vez, los enemigos no huyen, algo ha cambiado en la guerra. Los rojos resisten y hacen un fuego endiablado que ha causado muchas bajas entre los legionarios y los regulares.

Sin más pausa, acabada la descarga de heridos y muertos, la comitiva albiñanista reemprende la marcha. En una curva, los faros del camión iluminan una escena que les resulta espeluznante: un moro está clavado a un árbol, atravesado por una bayoneta.

Uno de los mandos de la compañía, el sargento Cañedo, veterano de la guerra de África, les informa de su destino: cuando entren en Madrid, a los del tercio El Alcázar les tocará ir al barrio de Salamanca en tareas de «limpieza» y policía. No van a formar parte de la vanguardia de choque, un privilegio reservado a moros y legionarios. Pero tendrán una misión muy especial que cumplir: rescatar el cadáver del doctor Albiñana «cargando a la bayoneta». Cañedo lamenta no haber tenido tiempo de enseñarles la esgrima de fusil, tan útil en combates callejeros. Los inexpertos soldados no le ponen ninguna objeción a su entusiasmo por el uso de la bayoneta en una ciudad.[76]

Algunas unidades de reemplazo o de voluntarios de milicias, muy pocas, están en primera línea. Entre ellas, los batallones de Argel 3 y 8, o los requetés sevillanos. Pero son excepciones. Los mandos franquistas no tienen demasiada confianza en la habilidad combativa de sus fuerzas formadas por quintos y, aunque alguna más, tampoco en las de los entusiastas voluntarios de las milicias. Sobre las unidades de quintas recae, además, la sospecha de que muchos de sus miembros puedan pasarse al enemigo. Eso ha sucedido ya en muchas ocasiones.

Falangistas y requetés se van a instalar en una segunda línea del frente para ejecutar las tareas sucias, como ya ha sucedido en la marcha de Yagüe hacia Madrid. Contingentes de la guardia civil y magistrados se preparan para organizar todo el aparato represivo que liquide los restos del aparato rojo en la capital.

A los albiñanistas les toca parar en Leganés, donde pernoctarán en un cuartel de ferroviarios. Están agotados pero no tienen sueño debido a la excitación del viaje y el fragor del combate, que se percibe muy cerca. Suenan las ametralladoras, se escucha el estampido de los obuses al reventar y se puede observar a simple vista el resplandor de las explosiones. Los jóvenes novatos se turnan para ocupar las ventanas y observar el espectáculo del fuego, intentando adivinar si las tropas de choque que les preceden van a conseguir entrar en Madrid esa noche.[77]

Antonio Machado está en Madrid pendiente sólo de las noticias del asedio. Esta noche escribe para el general Miaja:

> Tu nombre, capitán, es para escrito
> en la hoja de una espada
> que brille al sol, para rezarlo a solas,
> en la oración de un alma,
> sin más palabras, como
> se escribe César o se reza España.[78]

Y para el Madrid republicano, que resiste:

> ¡Madrid, Madrid! ¡Qué bien tu nombre suena,
> rompeolas de todas las Españas!
> La tierra se desgarra, el cielo truena,
> tú sonríes con plomo en las entrañas.[79]

Para algunos, Machado no hace sus mejores versos ese día. Como W. H. Auden afirmará, «nadie se ha sentido seducido por un poema bello; otra cosa son los malos, que en ocasiones sí funcionan».[80] Dentro de unos meses, el propio Auden reivindicará, coincidiendo en eso con Alberti, en uno de sus poemas, «el asesinato necesario». La violencia de la guerra altera hasta las mentes más exquisitas y los espíritus más refinados. Tanto como las de los hombres y mujeres que disfrutan viendo cadáveres por todo el país.

Auden tendrá tiempo de arrepentirse de los poemas fruto de su estancia en España, jugando al ping-pong en Sitges, según le acusará otro grande de la literatura inglesa, que está en Málaga y contempla el horror, Gerald Brenan. No será más compasivo con él George Orwell, que está en el frente de Aragón y piensa que esas cosas sólo pueden decirlas los que no hayan visto la muerte de cerca.

A Machado no le darán esa oportunidad. La de arrepentirse de algunos poemas. Quizá no lo habría hecho en ningún caso. De lo demás, no tendrá por qué. Es una de las personas que mejor mantienen la decencia en la España de 1936.

Pero, si no son los mejores, los versos de Machado sí son muy oportunos, porque hoy se comienzan a forjar dos leyendas. Una personal, del general Miaja, y otra colectiva, la del pueblo de Madrid.

Leopoldo de Luis, que combate en Usera, verá cómo crece su ánimo al leer los versos sobre Madrid y se los leerá en voz alta a sus camaradas. Leopoldo es poeta, y a él le parecen buenos versos, muy machadianos. Y los lee sabiendo que a los combatientes les dan razones para seguir luchando.[81]

José Miaja Menant, el general al que muchos han menospreciado, que nunca ha brillado, que ha fracasado en su misión en el frente andaluz; el general de quien se decía que se ha quedado con Madrid porque quienes le nombran piensan que en la defensa de Madrid no vale la pena gastar esfuerzos, ha reunido a las seis de la tarde a la Junta de Defensa de Madrid.[82]

No falta ningún partido ni organización sindical de las que comparten la idea de la defensa de Madrid. Salvo el POUM, el partido trotskista de Andreu Nin. Una de las primeras cuestiones que se suscitan en la reunión es la de la conveniencia o no de dar la noticia de que el gobierno se ha marchado a Valencia. Todos piensan que es mejor no lanzar demasiado pronto la noticia porque no hay que desmoralizar al pueblo. En la Junta hay dos socialistas que ocupan el secretariado, Fernando Frade y Máximo de Dios; dos comunistas, Antonio Mije e Isidoro Diéguez, en la Consejería de Guerra; dos militantes de las JSU, Santiago Carrillo y José Cazorla, en Orden Público; dos de la CNT, Amor Nuño y Enrique García, en Industrias de Guerra; dos representantes de la casa del Pueblo, Pablo Yagüe y Luis Nieto, para Abastecimientos; dos de Izquierda Republicana, José Carreño y Fernando Saura, para Comunicaciones; dos de Unión Republicana, Enrique Jiménez y Luis Ruiz, para Finanzas; dos de las Juventudes Libertarias, Mariano García Cháscales y Antonio Oñate, y dos del Partido Sindicalista de Ángel Pestaña, Francisco Caminero y Antonio Prexés.

El acta es muy escueta. Rojo da la información sobre la situación militar. Hay problemas materiales muy serios, pero también de espíritu. Miaja se cubre las espaldas, pero también se desfoga, narrando a los consejeros las circunstancias en las que ha asumido el poder. El trucaje de los sobres, el caos del Ministerio de la Guerra, la inexistencia de reservas, de municiones, de armas; la falta de información. Y el quebrantamiento de la orden de abrir los sobres a las seis de la mañana.[83]

Para esta instrucción sólo caben dos interpretaciones: o estaba hecha para cubrir la marcha del gobierno o se trata de una traición. A lo largo de las semanas siguientes, los miembros de la Junta dejarán ver en más de una ocasión que piensan que se trata de una traición: alguien daba por hecho que Madrid se perdía y quería salvar la cara. ¿Largo o Asensio? ¿Los dos?

Madrid está casi indefenso. Que no haya caído ya en manos de los franquistas es un milagro.

A partir de ahora está en manos de dos jefes militares y un grupo de niños, algunos de los cuales no tienen todavía veinte años.

Luego de la reunión, se celebra otra secreta entre representantes de las JSU, que controlan Orden Público, y otros de la Federación Local de la CNT, que controlan con sus milicianos los accesos a la capital. Llegan a un acuerdo sobre los presos que llenan las cárceles de Madrid y su destino.

Los presos se dividirán en tres grupos. Para el primero, de «fascistas y elementos peligrosos. Ejecución inmediata. Cubriendo la responsabilidad». El segundo, formado por presos con responsabilidades, será enviado a Chinchilla con «todas las garantías». Los del tercero, de elementos no comprometidos, tendrán que ser liberados de manera inmediata.

El trabajo ya se ha empezado la pasada madrugada. Ahora, los policías comunistas que seleccionen a los del primer grupo tendrán el paso franco entre las guardias cenetistas y las Milicias de Etapas que cuidan las salidas de Madrid para ir a las afueras de la capital, y ayuda para fusilar a los cientos de hombres que lo compongan.

El cierre del acuerdo es tajante: «Cubriendo la responsabilidad». Nadie tendrá pruebas sobre la autoría de los asesinatos selectivos.[84]

Las organizaciones que han llegado al compromiso están dirigidas por Santiago Carrillo y Amor Nuño. Los dos tienen veinte años. El acuerdo costará la vida a cientos de personas.

A las nueve de la noche. De la noche ya cerrada hace horas, los ferroviarios del Comuna de París son relevados por tropas de refresco. Han aguantado con firmeza su primer combate. Toman un rancho frío y hacen bromas, aliviados porque no hay ningún muerto entre sus filas. Sólo algunos heridos por esquirlas de metralla. Piensan que han ocasionado bajas en el enemigo. Hoy no han pasado. Porque ellos no han retrocedido.[85]

La euforia de los combatientes que han resistido el anunciado gran empujón de los franquistas se multiplica en el Estado Mayor de la Junta de Defensa. El general Miaja y el teniente coronel Rojo comienzan a albergar la esperanza de que la resistencia sea posible. Miaja envía una proclama a los combatientes: «En Madrid no se puede retroceder. Quien dé una orden de retirada, sea jefe u oficial, está cometiendo un acto de traición. De mí sólo recibiréis una orden: avanzar».

El comandante de carabineros Mariano Trucharte[86] irrumpe en el Ministerio de la Guerra y demanda ver al general Miaja. Su ayudante le dice que es imposible. Miaja está con su Estado Mayor estudiando la defensa de la ciudad; no tiene un solo minuto. Trucharte insiste: debe ver al general, trae un documento cogido al enemigo. Su insistencia tiene premio, Miaja le recibe, interrumpiendo la cena que comparte con sus colaboradores inmediatos.

Trucharte le hace un rápido resumen de lo sucedido esta mañana en su sector y le entrega la orden de operaciones que llevaba el comandante de la tanqueta italiana que han capturado sus hombres. Miaja vuelve con el documento a donde están sus comensales.

La primera cuestión que se plantea al ver el documento es si se trata de un plan genuino o es una trampa. Rojo se retira de la mesa para analizarlo con sus expertos. Y pronto concluyen que es auténtico, que han recibido un regalo inmenso.

La idea de Varela es buena, aunque algo teñida de soberbia porque a una sola columna se le encomienda la penetración por el centro de Madrid partiendo de la Casa de Campo. Es evidente que está marcada por la convicción de que el frente se va a desmoronar en el momento en que se rompa por un solo punto.

Miaja, Rojo y sus ayudantes han estado muy cerca de caer en la trampa que se les había tendido. Hay que rehacer toda la estrategia de la defensa en las pocas horas que quedan para el amanecer. Las tropas se deben concentrar en la zona de la Casa de Campo. El ejército de Franco ha sumado hoy dos puntos en su debe: los milicianos no se retiran como otras veces, y su plan de ataque ha sido descubierto. Rojo está eufórico. Se ha perdido terreno en algunos sitios, pero siempre combatiendo, y no ha habido desbandadas.[87]

En algunos lugares se producen contraataques. La 1 brigada de Líster se empeña en reconquistar Villaverde, en una lucha casa por casa. «Un choque brutal entre los mercenarios, borrachos de victorias, desde Sevilla a Madrid y los defensores de la libertad que han decidido no dar ni un paso atrás.»[88]

Frente a la consigna de resistencia a toda costa que ha lanzado Miaja, Franco ya ha emitido la suya. Sus aviones han dejado caer, además de bombas, millares de octavillas dirigidas a los madrileños: «Madrid va a ser liberado. Tened calma y apartaos de las zonas de combate. Nada temáis de nosotros, sino de los que os engañan diciendo que maltratamos a mujeres y niños».

Los comisarios políticos, los escritores y poetas de la Alianza de Intelectuales, se mueven incansables por todo el frente animando a los milicianos a la resistencia. Los comunistas usan un ejemplo que tiene además un aspecto conmemorativo: es el 19 aniversario de la Revolución Rusa. Coches y camiones provistos de altavoces proclaman las consignas. «No pasarán, no pasarán», se repite por cada esquina de la capital.

Madrid hierve.

El coronel Yagüe, que no es consciente de que el enemigo ha descubierto el plan de Varela, da su orden. El primer problema al que debe enfrentarse es el de las fuerzas que han atacado de flanco a Castejón.

La ocupación de la Casa de Campo la tienen que hacer al día siguiente las columnas 1, 3 y 4. Por el sur, el objetivo de fijar al enemigo se mantiene.

Antes de continuar con el despliegue de sus tropas, Miaja lee el parte de guerra que se redacta para dar a los madrileños la información sobre los combates.

—¡Esto es mentira. Hay que decir la verdad sin pesimismo![89]

Tienen que cambiarlo. Miaja piensa que a los ciudadanos que han decidido resistir hay que contarles la verdad. Se han acabado los partes que mentían, que aseguraban victorias donde sólo había retrocesos.

Los brigadistas de la XI van a dormir antes de entrar en la ciudad para reforzar su defensa. Al batallón franco-belga le dirige la palabra su comisario, Nicoletti, que les habla en un francés con marcado acento italiano. Nicoletti no se anda con pequeñeces: hay que luchar hasta el último hombre para salvar la ciudad. Y, gesticulando, les da la consigna nocturna de hoy: «Madrid será la tumba del fascismo».[90]

Koltsov ve cómo se van cumpliendo algunos de los milagros que considera imprescindibles para que se produjera el milagro de salvar Madrid: hay algo de aviación, hay un par de docenas de tanques, hay unidad de mando, hay un general que no es un canalla. Hasta puede pensar que la idea de Largo Caballero de dejar a Miaja permite deducir que el jefe del gobierno no considera irremediable la caída de la ciudad. Y hay muchos cientos de fascistas menos en las cárceles. Koltsov se va a dormir, junto con su chófer, al hotel Palace. Descorcha una botella de Borgoña de la cosecha de 1821 que el duque de Alba tenía en su palacio y le regaló la guardia comunista encargada de cuidarlo.[91]

Pero el gran día, el tercero de los grandes días, es mañana. Pronto se tendrá constancia de si el plan de asalto encontrado a Vidal-Quadras es un truco o una imprudencia. Se sabrá si la apuesta de Rojo es buena.

No hay espacio para la duda en esos momentos. Casi a las doce de la noche se conocen ya y se comienzan a aplicar con toda urgencia las instrucciones de Miaja y Rojo: la columna de José María Enciso, con su disciplinado batallón presidencial como centro, se tiene que situar en la Casa de Campo, desde la carretera de La Coruña hasta la confluencia de las carreteras que, desde Pozuelo y Húmera, se dirigen hacia la de Extremadura. En ese punto, enlazarán con la columna de Clairac y luego la de Escobar. La brigada internacional tiene que dejar Vicálvaro para cerrar el paso a las mesetas de la Ciudad Universitaria y parque del Oeste. El paseo de Rosales y el Cuartel de la Montaña lo ocupará un batallón de guardias de asalto. La orden para la internacional, cuando llegue, y el batallón de asalto es la de expulsar al enemigo de la zona, si consigue progresar.

Las columnas del centro del dispositivo tienen una misión muy clara: resistir a toda costa. La maniobra sólo la pueden realizar las fuerzas situadas en las alas. Por la derecha, Barceló y Galán; por la izquierda, Líster y Bueno. Su misión será atacar los flancos de Varela cuando comience el asalto. Barceló recibe los T-26 rusos para atacar con ellos desde Húmera en dirección a la carretera de Extremadura. Líster y Bueno lo harán en la dirección Villaverde-Carabanchel.

Rojo ha visto que el mayor defecto de los planes de los asaltantes es la escasa protección de los flancos.[92]

Ambos ejércitos se mueven durante la noche. El general Varela cuenta con que la resistencia se quiebre en la Casa de Campo. Si eso se produce, es muy probable que se desmorone también el frente de la Sierra. Y los hombres que Mola tiene en Guadarrama caerán sobre el noroeste de la ciudad. Sigue estando convencido de que las fuerzas republicanas caerán como las fichas del dominó en cuanto se produzca una ruptura del frente. Luego, bastará invadir la ciudad según las direcciones marcadas a las columnas y montar una defensa en profundidad para prevenir cualquier reacción del ejército del Centro.

Varela no sólo desconoce que su plan de operaciones ha caído en manos de Miaja, sino que ha habido un cambio rotundo en la estrategia republicana: el Estado Mayor de Largo Caballero, posiblemente por las presiones del asesor ruso Berzin, ha dejado de escatimar medios a los defensores de Madrid. Pozas empieza a conceder parte de lo que se le pide desde la Junta de Defensa.

Pero ha aprendido algo de los combates del día. Hay un peligro por su flanco izquierdo, que es la 3 brigada de Galán. La columna de Bartomeu, apoyada por dos compañías de carros, tendrá que proceder a su neutralización.

Los rusos que aguantan en Madrid celebran el aniversario de la Revolución de Octubre. «Ahora en Moscú el desfile de noviembre está en su apogeo ... el público aplaudirá, ya mirando hacia arriba, ya dirigiendo sus miradas sobre las pesadas y rápidas tortugas de acero.» Mijail Koltsov inventa el desfile que no puede ver. En él participan los mismos tanques, los mismos aviones que hoy defienden Madrid.[93]

Cipriano Mera, el hombre de la construcción que se ha convertido en un héroe militar entre los anarquistas, está en Albarracín y se dirige a los tres mil combatientes que ha reunido en ese frente ya controlado:
—Madrid está en peligro. Tenemos que ir a salvarlo. Que nadie se haga ilusiones. Vamos a morir. Los que quieran venir, que den un paso al frente.
Tiene que renunciar a mil de los que dan el paso adelante. No se puede dejar desguarnecida la zona.[94]

PARTE FRANQUISTA
En todos los frentes ha habido escasa actividad enemiga. Nuestras tropas han llevado a cabo pequeños avances y recogido algunos muertos al enemigo. Sólo en los frentes de Madrid la actividad por nuestra parte ha sido muy grande, llegando las columnas, en su arrollador avance, a los puentes del Manzanares después de rebasar los arrabales del sur del río.
La resistencia ofrecida por los rojos en el interior de la población ha limitado el avance de las columnas que han querido también dar tiempo a la evacuación de la población no combatiente del teatro de la lucha, antes de emprender la adecuada acción violenta contra las resistencias.

PARTE REPUBLICANO
A las diez y media de la noche
Frente del centro. Las columnas que defienden Madrid en los sectores sur y suroeste han sufrido hoy un intenso ataque enemigo realizado con fuerza y apoyados por carros y aviación.
Nuestras fuerzas han resistido valientemente el choque, conservando sus posiciones en toda la línea.
A mediodía, las tropas de la República han emprendido un contraataque, conquistando nuevas posiciones y aprisionando un carro de combate con sus sirvientes. La moral de fuerza es excelente y la jornada de hoy ha sido una dura prueba de la cual el enemigo ha salido duramente quebrantado.
A las ocho de la noche
Servicios prestados por la aviación leal durante el día de hoy. A las diez y media de la mañana, dos aparatos bombardearon, desde una altura de trescientos metros, las trincheras enemigas de Getafe, Móstoles y Alcorcón donde se observó gran movimiento. Esta última patrulla encontró cinco cazas facciosos marca alemana Heinkel que no se decidieron a iniciar un ataque.

A las diez de la noche

Servicios prestados por las escuadrillas procedentes de aeródromos distintos con los aparatos que realizaron los anotados en el parte anterior.

Una escuadrilla de Potez bombardeó con extraordinaria eficacia las posiciones del enemigo al sur de Getafe. En Alcorcón se bombardeó a un núcleo faccioso y en Carabanchel Alto algunas concentraciones, todo ello con gran eficacia. Nuestras patrullas de caza salieron en diversas ocasiones en busca de la aviación enemiga, la cual rehusó todo combate.

8 de noviembre

¿POR QUÉ NO SE COMBATE HOY EN NINGÚN OTRO FRENTE? Las armas han callado en toda España. Los combatientes de todos los frentes están sólo pendientes de Madrid.

Francisco Franco y Emilio Mola han dejado sus residencias habituales de Salamanca y Ávila para acercarse a la ciudad, que está al alcance de la mano del palacio que ocupan en San José de Valderas, muy cerca de Carabanchel.

La noche va pasando en la Casa de Campo sin que la artillería franquista vuelva a abrir fuego contra los ferroviarios que defienden el sector pegado a la carretera de Extremadura. Los hombres del batallón Ferroviario han pasado las horas en el pabellón del mercado de ganado oyendo los rumores del movimiento de fuerzas de los del otro lado. El «runrún» de los carros, los relinchos de los caballos, los gritos de los moros.

Una patrulla se destaca para una tarea de reconocimiento. Se mueven en silencio entre los encinares del parque, pero son sorprendidos por una compañía de moros emboscados. Los hacen presos. A todos menos a uno, que lleva una chilaba. Él dice que se la ha encontrado. Los moros suponen, seguramente con mucha razón, que es de un compañero muerto. Lo fusilan allí mismo.

Cuando casi está amaneciendo, los del batallón de ferroviarios reciben un ataque de las fuerzas de regulares. Lo hacen por sorpresa, sin apoyo de la artillería. Todos salen del pabellón donde han pasado la noche para repeler la agresión. No ven al enemigo, que dispara desde las copas de los árboles. Se repliegan unos trescientos metros.

El cabo Montes ve al teniente coronel que manda el sector deambulando tranquilamente entre las balas. No intenta esconderse, se mueve como si paseara, organizando a sus tropas bisoñas. Montes se asombra de tanto valor. Un camarada le aclara el origen de la osadía: el teniente coronel está sordo como las tapias de la Casa de Campo que ellos defienden.[95]

La artillería franquista comienza desde muy temprano la tarea encomendada, cubriendo el avance de las columnas 1, 3 y 4, al mando directo de Juan Yagüe, y machacando las defensas republicanas en la orilla izquierda del Manzanares, desde Puerta de Hierro hasta el puente de la Princesa, además de la estación del Norte. Maximino Bartomeu cumple con eficacia su misión de hostigar a la brigada de Galán.

Pero se producen algunos problemas de coordinación, además de una resistencia inusitada en las calles de Usera, en el puente de Toledo. Y, sobre todo, en la Casa de Campo. Hasta las 13.30 no se inicia la puesta en marcha de los carros de combate que deben acompañar a las fuerzas. Las fuerzas de Delgado Serrano, que parten de Cuatro Vientos, avanzan recibiendo fuego de artillería y tienen que tomar algunas posiciones al asalto antes de llegar a las tapias de la Casa de Campo. Los legionarios abren un boquete en la puerta de Batán y entran en el recinto.

Por la izquierda, Bartomeu ha entrado por la puerta de Rodajos y avanza decidido. Mientras, la columna de Asensio lo hace por el centro. El avance es lento.

Las tropas del batallón presidencial y la columna de Clairac, republicanas, retroceden despacio y sufren grandes bajas. El enemigo queda parado a cien metros del estanque, pero toma Garabitas, un cerro desde el que se domina gran parte de Madrid. Es un excelente emplazamiento artillero. Desde allí se contempla en toda su amplitud el engañoso perfil de un Madrid repleto de vegetación por encima de la cual asoma majestuoso el Palacio Real, ahora Nacional, la Telefónica...

También en las afueras de Madrid, pero en el lado opuesto, a más de cuarenta kilómetros de Garabitas, sigue la violencia. Y la mala suerte parece cebarse con algunos que creían tenerla buena. José Antonio Rodríguez de Celis tiene veintidós años, es abogado y marqués, de Trebolar. Es uno de los cientos de presos que han sido sacados esta madrugada de las cárceles para ser falsamente conducidos a Alcalá. Lo han fusilado en Paracuellos. Cuando llegaron allí, lo colocaron junto a sus compañeros, con las manos atadas y una fosa a la espalda. Luego, los milicianos de Etapas dispararon sobre ellos. Y José Antonio cayó hacia atrás, herido por una bala, pero no muerto. Los del piquete tenían mucho trabajo y no vieron cómo se escapaba del montón de cadáveres que le rodeaba.

El joven abogado se ha marchado renqueante y ha conseguido llegar a Ajalvir. Allí ha pedido auxilio, atención médica. No se la han dado. Un grupo de vecinos del pueblo, treinta o treinta y cinco personas, se lo ha llevado casi a rastras por la carretera de Estremera y, a la altura del kilómetro uno, le han dado varios tiros en la espalda. Un tal Teófilo Recio se ha tomado la molestia de aplastarle la cabeza con una piedra antes de echarlo a la fosa.[96]

Los que matan a José Antonio no saben quién es ni de qué se le acusa para ser fusilado. Forman parte de ese inmenso coro de odio que anega España, un país donde la vida no vale nada. La de los demás, desde luego. A veces, como sucede con los que dan la cara en primera línea, parece que tampoco la propia.

Jesús de Galíndez, el representante del PNV en Madrid, tiene hoy las primeras noticias de que se están produciendo sacas en las cárceles. Se lo dicen algunos de sus contactos en el Cuerpo Diplomático. Galíndez se sabe mover bien en los círculos de la Dirección de Seguridad. Tiene un salvoconducto para moverse por la sede de la calle de Serrano, donde dirige los servicios el hombre que firma las listas de sacados, Segundo Serrano Poncela. Y tiene también acceso a la calle de Alcalá número 82, donde está la Sección Técnica de la Delegación de Orden Público. El director es un antiguo policía, José Raúl Bellido; el subdirector, un socialista vasco, León de Barrenetxea. Galíndez comprueba que todos los demás responsables son militantes de las JSU.

Pero, por encima de todo, vuelve a actuar el paisanaje. Barrenetxea le facilita cuantos datos le pide sobre las personas a las que quiere salvar. Allí están las listas que los milicianos han ido cogiendo de las sedes de los partidos políticos disueltos tras el 18 de julio. Los de Acción Popular están completos. Los de la Unión Militar Española, también. Sólo los falangistas consiguieron quemar sus listas a tiempo. Los demás están bien controlados por la Dirección de Seguridad de Serrano Poncela.[97]

Con ese material, hacer las listas para las sacas no les resulta demasiado complicado a los hombres de Serrano Poncela.

Miaja y Rojo trabajan febrilmente, ajenos a las explosiones de odio individuales o colectivas, ajenos a las sacas que se producen en las cárceles de la ciudad que defienden. Hay que proveer a las tropas de municiones, mover las unidades para taponar huecos. De la Sierra llaman a la columna de Etelvino Vega. Líster y Bueno presionan por el sureste. Galán hace lo que puede por el noroeste.

Los dos bandos están en una situación difícil. Los franquistas, amenazados por los flancos. Los republicanos, a punto de ceder en algún sector del centro.

Miaja ordena que se minen los puentes por si es preciso volarlos para cortar el avance del enemigo.

> Una mañana de un mes frío,
> de un mes agonizante, manchado por el lodo y por el humo,
> un mes sin rodillas, un triste mes de sitio y desventura,
> cuando a través de los cristales mojados de mi casa se oían los chacales
> aullar con los rifles y los dientes llenos de sangre, entonces,
> cuando no teníamos más esperanza que un sueño de pólvora, cuando ya
> [creíamos
> que el mundo estaba sólo lleno de monstruos devoradores y de furias,
> [entonces,
> quebrando la escarcha del mes frío de Madrid, en la niebla del alba
> he visto con estos ojos que tengo, con este corazón que mira,
> he visto llegar a los claros, a los dominadores combatientes
> de la delgada y dura y madura y ardiente brigada de piedra.[98]

El poema dice que lo ha visto con sus ojos, pero Neruda no está allí, sino en París, aunque percibe bien el paso de los brigadistas que llegan a Madrid, procedentes de Vicálvaro, con la misión, por fin, de apoyar a los defensores de la ciudad.

Álvaro Delgado es un chaval de catorce años, hijo del encargado de una tienda en la zona de Atocha. Álvaro ha seguido con infinita curiosidad todo lo que está sucediendo en Madrid desde que los milicianos desorganizados tomaron el Cuartel de la Montaña. La familia de Álvaro tampoco ha aceptado la orden de evacuación dictada por el gobierno antes de evacuar él mismo la ciudad. Ha oído, como todos los madrileños, el estampido de los cañones que disparan sobre los arrabales del sur, y el de las bombas que caen sobre las defensas pero también sobre el centro.

Álvaro está esa mañana en la plaza de Antón Martín desde muy temprano. Y es uno de los primeros madrileños en ver el desfile de los tres batallones que forman la XI brigada internacional. Los hombres van bien uniformados. No llevan monos azules, sino cazadoras de cuero negro, boinas azul oscuro, y calzan botas. Las armas que portan a la espalda son todas iguales. Algunos tiran de carros con ametralladoras; unos carros que se mueven sobre ruedas de caucho. Álvaro distingue que cantan *La Internacional*, aunque en un idioma que no comprende.[99]

Al frente de la brigada, el general Kleber. Un hombre que va a tener un gran protagonismo en la defensa de Madrid durante los siguientes días. Su auténtico nombre es Manfred Stern, pero ha tomado prestado de un general francés del ejército napoleónico su nombre de guerra. Kleber tiene cuarenta años y es un comunista austríaco de gran experiencia militar. Ha luchado en la primera guerra mundial, ha sido partisano en Rusia, luchando en 1920 contra el almirante blanco Koltschak y en 1921 contra las bandas contrarrevolucionarias del barón Von Stenberg. Tiene un temperamento brioso, una lengua suelta y bastante afán de protagonismo. Esto pronto le causará algunos problemas con el mando militar de la Junta de Defensa.

Pero, por el momento, Kleber es, para los madrileños que aplauden a sus tropas en el improvisado homenaje de bienvenida que se forma en el centro de Madrid, el héroe que acude a la llamada de socorro. Entre sus tropas hay hombres de más de veinte nacionalidades. Hay franceses y belgas, encuadrados en el batallón Comuna de París; hay alemanes, austríacos y polacos, en el Edgard André.

Los hombres uniformados han llegado a Vallecas de madrugada y marcan el paso, sin hacer un énfasis excesivo en los golpes de tacón, en dirección a la Ciudad Universitaria. No se trata de un desfile, sino de una aproximación. No van a lucirse. Van al frente.

Encuadrados en la brigada franco-belga van dos escritores ingleses adscritos a la sección de ametralladoras: el novelista John Sommerfield, que se dobla bajo el peso de la anticuada ametralladora Saint Étienne que transporta, y John Cornford, ataviado con un capote tan mugriento que parece un personaje de una guerra napoleónica. Cornford y Sommerfield son algunos de los primeros ingleses en combatir en España. Los demás están a punto de encuadrarse en una brigada anglosajona que aún tardará un par de meses en entrar en combate. Sus uniformes, como los del batallón francés, dejan mucho que desear. Los únicos que van bien uniformados son los centroeuropeos. Llegaron antes.

Sommerfield se emociona con los vítores de la gente que se asoma a las ventanas. Pero lo cierto es que sólo desea una cosa: desprenderse del peso que le marca las espaldas. Lleva dos días sin dormir. No sabe que va a entrar en fuego en pocas horas. En la Casa de Campo.

También se emocionan muchos madrileños. Geoffrey Cox, corresponsal del *News Chronicle*, oye los gritos de la gente que se asoma a contemplar el paso de los internacionales. Oye los «vivan los rusos» que lanzan los madrileños. Hay mujeres con lágrimas en las mejillas y los ojos. No están solos.

Cox oye las voces de mando en francés. Sabe que no son rusos.[100]

El primer golpe de los franquistas ha sido parado por las desorganizadas formaciones milicianas y por los brigadistas de Líster, pero el empuje de regulares y legionarios no cede. Hay que cerrar huecos por todas partes. La disciplina de los brigadistas será un buen ejemplo para los desesperados combatientes que detienen, con grandes esfuerzos, a base de valor y nada más, a los temidos moros.

Y un estímulo para los civiles que tiemblan de espanto con la cercanía de los regulares y legionarios en Delicias. Los que han decidido quedarse en sus casas pase lo que pase. Olegario Trapero ve también a los internacionales. En su barrio se produce un cambio de moral muy apreciable. No están solos. Vienen esos hombres que cantan en lengua extranjera y van bien uniformados, con sus chaquetas negras. «No pasarán.»[101]

El cabo Montes, del batallón Ferroviario, les ve llegar «bien vestidos, bien armados». Él y los suyos les dejan el hueco que han defendido en la Casa de Campo. Se saludan con el puño cerrado y emoción contenida. Su misión es defender de nuevo la estación del Norte. Dejan sus puestos a los hombres de las chaquetas negras.[102]

La llegada de la 4 brigada mixta ha sido anterior. Al mando del comandante Arellano, las primeras compañías se incorporan al frente de la Casa de Campo, y se enzarzan en el combate directo con las tropas de las columnas 1 y 3 franquistas. Es un combate «de encuentro». Casi no hay maniobra entre los árboles de la finca real. Hay un «enredo de fuerzas: infiltraciones, desbordamientos, acciones pequeñas por los flancos y la retaguardia, tanto de las pequeñas unidades que han logrado penetrar como de los núcleos de resistencia que han mantenido ésta, a pesar de verse desbordados». La confusión es fruto de un débil sistema de fuerzas, el de los que resisten, pero también de la sorpresa y la desarticulación que sufren los atacantes por el ataque de flanco que ha hecho la 3 brigada de Galán.[103]

En plena batalla, el trabajo político tampoco puede detenerse. Los acontecimientos se han precipitado de tal manera que los partidos y los sindicatos apenas han tenido tiempo para analizar el curso de los hechos y tomar decisiones. Mejor dicho, han tomado decisiones sin analizar lo suficiente el curso de los hechos.

En la sede del Comité Nacional de la CNT comienza a las diez y media de la mañana una reunión crucial, que preside el miembro del comité Cardona. Asisten varios comités locales, además del Comité Nacional de Defensa.

Los anarquistas están especialmente preocupados por la decisión del gobierno de abandonar Madrid y lo que esto ha supuesto para la defensa. Horacio Prieto, el presidente del Nacional, asumió, de acuerdo con los recién nombrados ministros, Federica Montseny y Juan García Oliver, la decisión de acompañar a Largo Caballero en su marcha a Valencia. Eso ha ocasionado graves problemas con las bases. Al mismo tiempo, una cierta sensación de victoria. No pocos anarquistas gritan por las calles el eslogan «Viva Madrid sin gobierno», que tanto disgustará al presidente Largo Caballero.

En la reunión se toma la decisión de aceptar que el Comité Nacional se quede en Madrid y sólo una representación del mismo esté en Valencia, para mantener la coordinación con el gobierno.

Pero lo urgente es hablar de la defensa de la capital y de la coordinación de los esfuerzos con la recién creada Junta que preside Miaja.

Eduardo Val preside el Comité Regional de Defensa y es, en estos momentos, el hombre clave de los anarquistas en Madrid.[104] Es él quien informa de cómo está el frente y quien convence a todos los presentes de la importancia de la creación de la Junta. Su análisis sobre la permanencia de los embajadores en Madrid es contundente: no se quieren ir por la cantidad de fascistas que guardan en sus locales protegidos por la inmunidad diplomática. Ayer fue muy difícil contener a los compañeros que intentaron asaltar la legación de Chile. Pero es preciso llevarse bien con el cuerpo diplomático. Por ello se les va a conceder la petición de tener una guardia permanente que realizarán siempre los mismos hombres, que serán de las milicias anarquistas.

También se va a hacer otra concesión a los diplomáticos: de las listas de presos que se han pactado con las JSU al margen de la Junta de Defensa, se liberará con rapidez a los detenidos que no tengan responsabilidad «con toda clase de garantías, sirviéndonos de ello como instrumento para demostrar a las embajadas nuestro humanitarismo».

¿De qué acuerdo se habla? Los representantes de la Federación Local dan cuenta del pacto al que llegaron ayer con las JSU en relación con los presos preventivos, esos que obsesionan a tantos responsables políticos, esos que pueden ser la base de un ejército fascista en caso de ser liberados por las tropas de Varela. De las tres listas pactadas, la tercera, la que especifica los presos sin responsabilidad, es la que calmará a los embajadores.

El acuerdo completo con las JSU para liquidar a los peligrosos y fascistas y llevar a la retaguardia a los menos conflictivos lo presenta Amor Nuño, que es el secretario de la Federación Local y ha sido nombrado representante de la CNT en la Junta de Defensa, al cargo de la Industria.

Amor Nuño está rodeado de hombres muy duros y apoyado por miembros del Comité Peninsular de Juventudes Libertarias, donde ha entrado un grupo de andaluces muy violentos.

Melchor Rodríguez, que ha sido nombrado director de Prisiones por la Junta Revolucionaria del Colegio de Abogados, escucha la información. Su firme oposición a las ejecuciones de presos no aparece en el acta.

Pero hay más: González Inestal critica con dureza a Miaja y Pozas y su Estado Mayor, a los que llama inútiles. Y propone que la CNT convenza al gobierno de Valencia para que en cuatro horas sean sustituidos por el coronel Segismundo Casado, que tiene un plan de defensa muy elaborado. Los reunidos aceptan la propuesta. No tienen gran simpatía por Miaja y desprecian a Rojo, al que seguramente no conocen. Si el gobierno no acepta la propuesta de sustitución inmediata, los anarquistas lo harán prescindiendo de lo que decida. Para eso viene Durruti a salvar la capital.

¿Y qué se hará cuando llegue Durruti a hacerse cargo de la defensa de Madrid para hacerlo compatible con Casado? Durruti es quien, con su presencia, levantará la moral de todos los combatientes. Casado es un técnico militar.

Todos esperan con tal ansiedad noticias de Durruti que llaman a mitad de reunión a Albacete para ver si ha llegado ya. Pero nada se sabe todavía de quien, a su entender, salvará Madrid.

La decisión de los anarquistas es firme: hay que resistir, movilizar a la población con octavillas, con alocuciones radiadas, con propaganda, con el ejemplo. Y cuando llegue Durruti, aprovechando el gran impacto de su presencia, tomar la iniciativa, al margen del gobierno. Miaja caerá y Casado tomará las riendas de la técnica militar. Con los comunistas habrá que compartir consejerías. Los anarquistas exigirán, a cambio de darles entrada en las que controlan, su presencia en las de Orden Público y Guerra.[105]

Poco después de la aparición de los internacionales, llegan otros anarquistas menos esperados que los de Durruti: los de Mera, junto con parte de la columna de Del Rosal y los hombres que han estado con Villanueva en Tarancón. No cantan *La Internacional*. Cantan un himno que en Madrid se conoce muy bien:

> Negras tormentas agitan el aire.
> Nubes oscuras nos impiden ver...

Pasan subidos en camiones, por el paseo de San Vicente, la cuesta de la Dehesa de la Villa, por Puerta de Hierro, el Manzanares, la Casa de Campo. De momento, van a donde les ha mandado Eduardo Val, el secretario del Comité de Defensa.

El plan de Eduardo Val, autorizado por el Comité, consiste en darle a Durruti el mando de todas las unidades anarquistas, que, entusiasmadas por la dirección del héroe, salvarán Madrid y se constituirán en la punta de lanza del ejército republicano.[106]

Hay en Madrid el germen de dos ejércitos. Y la voluntad de un general de hacer uno solo de los dos y del resto de las unidades. Los anarquistas no quieren perder la iniciativa que parece tomar el Quinto Regimiento. Miaja tiene que imponerse a ambos.

Pero la tregua táctica que han acordado anarquistas y comunistas le favorece, aunque el general la desconoce. Están compartiendo responsabilidades en la Junta y se han comprometido a colaborar para acabar con la quinta columna. Franco ha conseguido un milagro: que los libertarios colaboren con los «chinos», que es como llaman a los seguidores de los revolucionarios rusos por el origen asiático de algunos de ellos.

Miaja tampoco sabe que Juan García Oliver va a intentar convencer a Francisco Largo Caballero, siguiendo la petición del Comité de la CNT que se ha desarrollado hoy, de que nombre a Durruti jefe militar de Madrid. El ministro no era partidario de que viniera a Madrid pero, una vez tomada la decisión, su opinión es que asuma el mando.[107]

En Leganés, José María Gárate y sus compañeros visitan unas trincheras desalojadas por los republicanos. Hay cadáveres por todas partes. Soldados de otras unidades los van recogiendo y se los llevan a lomos de burros para enterrarlos. Los bisoños soldados que vienen de Burgos se dejan llevar por la tentación y proceden a un saqueo personal. El soldado Rodas ve asomar una hermosa bota mexicana entre los escombros, y tira de ella hasta que comprueba con aprensión que dentro hay una pierna. Abandona el intento. Otro soldado, de apellido Albo, encuentra un paquete de tabaco en el bolsillo de un muerto y se pone a fumar de inmediato.

En el desbarajuste de la trinchera aún sin limpiar, se mueven también los moros que acompañan a las tropas regulares con sus cargamentos de cachivaches, relojes, despertadores a precio desorbitado, aunque algunos proceden de saqueos, más o menos tolerados por los militares que mandan las tropas de mercenarios; a buen seguro, la máquina de coser que transporta, corriendo al trote, un moro vestido con chilaba proviene de un saqueo. Hay también botellas de coñac y tabletas de chocolate. Los moros que combaten les llaman «alijudis», aunque no son en absoluto judíos,

sino musulmanes como ellos. Uno de los regulares, perteneciente a un tabor de Larache, le pide a Gárate que le escriba una carta para su madre.
El texto es sencillo:

—Ahmed se ha ido con su padre.

Se trata de su hermano. Ha caído en el asalto.[108]

En el centro de Madrid se han habilitado también hospitales de sangre que no dan abasto para atender a todos los heridos que el frente suministra con generosidad. El más célebre es el que ha sustituido al Hospital
Militar que, por estar situado en Carabanchel, ha tenido que ser evacuado y ahora tiene su sede en el antiguo hotel Palace. Pero hay otros, alguno de ellos dotado de excelentes instalaciones, como el de Maudes, situado en un edificio que parece un decorado para una pésima película de
terror, muy cerca de Cuatro Caminos, donde la artillería franquista llega
con facilidad.

Las monjas que lo regentaban como hospital de caridad fueron desalojadas en agosto y ahora lo dirige un médico comunista gaditano, Juan
Planelles, jefe de los servicios sanitarios de Madrid. El personal a sus órdenes incluye a enfermeras voluntarias de muchas nacionalidades, como
la italiana Tina Modotti, agente del Socorro Rojo y compañera sentimental de Carlos Contreras, o sea, de Vittorio Vidali; Matilde Landa, María
Valero, la británica Mary Bingham, que es una profesional de primera
clase y se atreve a decir en público que lo que hace lo haría también por
los del otro lado, o la cubana María Luisa Lafita. Los quirófanos de Maudes son excelentes, y excelentes las instalaciones. El único problema es el
desbordamiento y la escasez de alimentos para dar bien de comer a los
heridos.[109]

María Luisa Lafita forma parte del grupo de comunistas cubanos que
residían en Madrid antes de que se produjera la sublevación. Han trabajado en torno a un lugar emblemático, la pensión La Cubana, situada en
el número 30 de la calle de la Montera, que los voluntarios cubanos con-
virtieron en sede del Socorro Rojo con el beneplácito de su dueño, Clau-
dio González.

María Luisa Lafita ha vivido a estas alturas de la guerra experiencias
muy fuertes. Ha visto cómo una de sus compañeras era fusilada en el patio del hospital por haber envenenado a un montón de enfermos con cia-
nuro. La quintacolumnista no se defendió cuando fue descubierta, sino que
permaneció serena y se reafirmó en su actitud. Una mujer de gran belleza
y de corazón cruel.

También cuidó a La Pasionaria, que pasó unos días internada en el
hospital en el mes de agosto. María Luisa no sólo la cuidó, sino que guar-

dó su seguridad armada con una pistola. El doctor Planelles la autorizó a hacerlo.[110]

De madrugada ha conseguido salir de Madrid Luis Enrique Délano, canciller del consulado chileno en Madrid, hacia Valencia. Le han dado los salvoconductos en el Ministerio de la Guerra y ha metido a su familia en un coche para emprender la marcha sin más dilaciones. Su casa está en Argüelles, un barrio bombardeado como ningún otro de la ciudad. Ya no cabe la menor seguridad para él y los suyos. El viaje se ha hecho eterno porque hay muchos coches en la carretera y hay que dar un rodeo por Arganda. A Délano no le han hecho volver los anarquistas que siguen controlando Tarancón, porque es extranjero. Ya están en Valencia, a salvo de las bombas.[111] Como casi todos, pero no todos, los diplomáticos extranjeros. Algunos se han quedado para proteger a los refugiados de las embajadas. Entre ellos, el embajador chileno, Aurelio Núñez Morgado, que es además el decano del cuerpo diplomático en Madrid. Su embajada está repleta de refugiados. Ha habido un intento de asalto para lincharlos, que han parado los mismos anarquistas.[112]

Vicente Rojo comprueba que sus hombres han ganado un día más. Está orgulloso de la mutación que se ha producido entre los milicianos, que ahora ya se van convirtiendo en soldados. En soldados del ejército popular, decididos por propia voluntad a cumplir con su deber hasta el fin.[113] Los franquistas también lo perciben: «la mutación ha sido tan grande que nadie consigue romper el secreto».[114]

Las desorganizadas unidades republicanas se han transformado en el germen de un ejército de verdad, como ha preconizado el PCE desde el inicio de la contienda, como también lo ha pedido Marcelino Domingo, en nombre de Izquierda Republicana, desde principios de agosto.[115] Se resiste al ejército profesional de los franquistas. Y se le ataca con furia exenta de ceguera.

El día 8, el día de la toma de Madrid según los planes de Varela, ha transcurrido sin que los franquistas pasen. Ni siquiera han podido llegar al Manzanares.

Los planes de Varela no se modifican. Los de Rojo, tampoco. Uno quiere atacar para romper el frente por un punto y desbordarlo. El otro, resistir a toda costa el ataque frontal y debilitar al enemigo inquietándolo por los flancos.

A Rojo sólo le preocupa una cosa: en la orden de operaciones de Varela no figura ningún papel para la columna de caballería de Monasterio, que ocupa el flanco derecho de los atacantes. Sabe, además, del impacto psicológico que ejerce sobre sus soldados la caballería mora. Los ataques de la 1 brigada por ese flanco tienen el doble objetivo de inquietar al enemigo e impedirle usar sus reservas en la dirección principal de su ataque, y obstaculizar el posible empleo de la caballería en dirección Vallecas.[116]

La Junta de Defensa se reúne sin que estén presentes todos sus miembros. Algunos están en el frente. Con una inusitada eficiencia, se comienzan a tomar las riendas de Madrid. Se analizan los suministros, la situación militar, la evacuación de civiles... y la petición del POUM y la FAI de estar representados. El estudio de las dos peticiones se aplaza para mañana.[117] Hay cosas más urgentes.

A los comunistas, el asunto del POUM no les parece urgente tratarlo. Porque prefieren llevarlo por fuera de la Junta. Los poumistas maniobran en Valencia y en Madrid, reivindicando su participación en un organismo que, por otro lado, consideran un instrumento de la burguesía y la reacción. Pero todo es en vano. Ellos saben de qué se trata: la obsesión estalinista, que se traslada a España de forma automática. Para los comunistas, los militantes del POUM no son sino agentes del fascismo internacional. Los anarquistas, que colaboran con ellos en Cataluña y en Aragón, no dan la cara por ellos en la Junta. Los socialistas madrileños no les tienen en gran estima. El peso del POUM en Madrid es casi nulo. Aunque también lo es el del Partido Sindicalista, de Ángel Pestaña, que sí está representado en el órgano de gobierno de Madrid.

Enrique Rodríguez, un militante poumista de Madrid, arranca una explicación al socialista Manuel Albar: «El embajador Rosenberg vetó vuestra presencia. Es injusto, desde luego, pero comprendednos. La URSS es poderosa y entre privarnos del apoyo de la URSS o del apoyo del POUM no hay elección posible».[118]

Julián Gorkin intenta en Valencia presionar al gobierno de Largo Caballero, pero desde allí aún se controla muy poco a Miaja y a sus subordinados. Tampoco hay nadie en el gobierno que tenga especial interés en contar con un partido que insulta todos los días a unos y otros desde su agresiva prensa.

El Tebib Arrumi, que hace cuatro días veía Madrid en manos de Varela, se desmarca de su apresurado juicio: «Madrid no es Alcorcón, ni siquiera Badajoz o Toledo. Digo esto porque por lo visto eran muchos los que se figuraban que llegar a las puertas de Madrid y estar dentro de Madrid eran la misma cosa ... Si los rojos se empeñan en defenderse hasta morir, Madrid costará mucha, mucha sangre ... No tenemos prisa. No tenemos por qué sentirla ... lo mismo da que sea el 9 que el 15 el día de nuestra victoria».[119]

El general Queipo de Llano, que ha anunciado hace tres días que hoy se celebraría un Te Deum en la catedral, también tiene que apuntarse, desde los micrófonos de Radio Sevilla, a la teoría de que no hay prisa: «Esta detención momentánea, esta detención forzada de las columnas ha sido explotada por los rojos para decir que nos habían contenido y no nos permitían avanzar ... Las columnas avanzarán cuando se lo proponga el mando, mañana o pasado mañana, cuando el mando lo ordene».[120]

La épica de la resistencia contagia a los que muchos consideran tibios; es decir, a los republicanos. Fernando Valera, diputado y dirigente de Unión Republicana, le da la respuesta a Queipo desde Unión Radio: «Aquí en Madrid se encuentra la frontera universal que separa la libertad de la esclavitud. Es aquí, en Madrid, donde dos civilizaciones incompatibles traban su pelea: el amor contra el odio, la paz contra la guerra, la fraternidad de Cristo contra la tiranía de la Iglesia».[121]

Valera ignora, como tantos otros, lo que está sucediendo en la carretera de Barcelona.

Los comunistas son los más eficaces y más activos abanderados de la resistencia. Los demás partidos se entregan también a fondo, pero tienen un sentido menos eficiente de la propaganda y la organización. Las consignas comunistas, las referencias a la Revolución de Octubre, al sitio de Petrogrado, se vuelven armas tan eficaces en sus manos como los fusiles para reforzar la resistencia. Los aviones republicanos arrojan octavillas sobre la ciudad recordando el 19 aniversario de la gesta proletaria soviética. También, de la rebelión de la Comuna de París de 1870. Una victoria y una derrota de los oprimidos, pero un solo espíritu, que es el que insuflan a los defensores. Las mujeres son llamadas a escupir en la cara a los que huyen. Los hombres aptos para el combate, a dejarse la vida en los parapetos; los obreros, a cavar zanjas; los panaderos, a producir pan. Todos, a acatar la disciplina y el mando único. Todos, a aplastar a la quinta columna.

La ciudad está siendo bombardeada, pero eso no arredra a los militantes y dirigentes del PCE. Los miembros del buró político dejan la primera línea, donde han estado visitando a los soldados, para arengar al pueblo madrileño en el Monumental Cinema.

Santiago Carrillo: «Cuando los cañones italianos y alemanes bombardean los barrios obreros, Madrid rinde un homenaje a Rusia, que de modo tan admirable contribuye a la defensa de nuestras libertades ... El fascismo hará caer sus proyectiles sobre Madrid, pero dentro de unos días estará alejado de sus puertas. ¡Camaradas, a vencer, a vencer, a vencer!».

Antonio Mije: «Nosotros, que amamos al pueblo soviético, afirmamos en este día del aniversario de su Revolución que seremos dignos de la ayuda prestada y de la confianza que en cada uno de los combatientes han depositado los trabajadores del gran país de Stalin ... Nuestra vieja consigna "No pasarán" la cumpliremos; la cumplirá el pueblo con su Junta de Defensa a la cabeza ... Es ahora cuando no debe haber diferencia ninguna entre los defensores de la libertad».

La Pasionaria: «El pueblo se prepara para comenzar la ofensiva que lleve al enemigo no a las afueras de Madrid ni a las afueras de Toledo, sino que le aplaste y haga servir sus restos putrefactos de estiércol para las tierras de nuestros campesinos ... ¡Que la consigna "No pasarán" se transforme en una realidad y que cada paso que dé el enemigo sea para cavar su propia tumba!».[122]

La retórica de la ofensiva no se ha terminado. Los republicanos, los socialistas, los anarquistas y los comunistas, unidos ya en un gobierno común, comparten la confianza en que el ejército de Pozas inicie desde el centro los movimientos que acabarán con el ataque franquista. Las dudas que aún persisten en Valencia sobre la defensa de la ciudad no las comparte ninguno de los representantes republicanos en la Junta de Defensa.

Con alguna excepción, que no se manifiesta en las reuniones oficiales, como la del Comité Nacional de la CNT, que se vuelve a reunir esta tarde.

Ramón Torrecilla es uno de los policías adscritos a la «limpieza» de la quinta columna. Hoy forma parte de un grupo que comienza su siniestra tarea a las diez de la noche. Le quedan unas horas de vigilia y trabajo pesado. Segundo Serrano Poncela le ha encargado seleccionar a los presos que hay que sacar esta noche para que sean fusilados. Tiene que hacer cuatro grupos, según su profesión: militares, universitarios, aristócratas, más un sector de «varios». El trabajo es arduo. Cuatrocientos catorce presos caerán por las balas de los pelotones de fusilamiento en Torrejón de Ardoz.[123]

Ningún piquete de las milicias de Etapas que tienen encomendados los controles de salida de la capital les inquieta. Están al mando de la consejería de Orden Público o de la de Guerra. Ambas, controladas por las JSU. Los controles que puedan establecer por su cuenta los anarquistas quedarán desarbolados por las órdenes de Amor Nuño, de la Federación Local de Sindicatos.

PARTE FRANQUISTA

Ejército del Norte

7 división. En el frente de El Escorial se ocupó Navalagamella.

En el frente sur de Madrid continuó el progreso constante de nuestras columnas, venciendo todas las resistencias que el enemigo oponía en la Casa de Campo, alcanzando los barrios próximos al Manzanares. En el asalto llevado a cabo al antiguo hospital de Carabanchel, evacuado hace dos días por los rojos y convertido por ellos en su centro de resistencia, fueron cogidos al enemigo más de 151 muertos y 150 prisioneros, aparte de los numerosos muertos, que suman varios centenares, abandonados ante el empuje de nuestras columnas.

En el barrio de Usera fue cogida al enemigo una magnífica ambulancia inglesa.

PARTE REPUBLICANO

A las once y cuarto de la noche

Frente del centro. El enemigo ha reducido todos sus ataques de ayer, empleando intensamente los medios de combate en la parte sur del sector de Madrid. Nuestras columnas, después de perder algunas de sus posiciones, consiguieron recuperarlas al anochecer. En la parte suroeste de este sector, los ataques facciosos fueron totalmente rechazados con grandes pérdidas para el adversario. La aviación fascista ha pasado sobre la capital a primera hora de la tarde, lanzando algunas bombas y desapareciendo rápidamente al ver que llegaban nuestras escuadrillas de caza.

9 de noviembre

EL GENERAL VARELA NO HA CONSEGUIDO SU OBJETIVO de entrar en Madrid al primer envite. Sus unidades se han quedado detenidas en casi todos los sectores. Sólo hay un avance notable en la Casa de Campo, con la toma de Garabitas.

Su plan para sorprender al enemigo ha fracasado. Ya sólo le queda actuar a viva fuerza. Y tiene que hacerlo por los mismos lugares por los que estaba decidido.

Por un lado, está obligado a mantener la presión sobre el sur, sobre Usera, los Carabancheles y el puente de Toledo, para evitar que el enemigo concentre sus tropas, pero sin idea de forzar unas defensas que cada vez son más poderosas y dotadas de más combatientes capaces de resistir y con creciente disciplina, gracias al prestigio que van adquiriendo los mandos, a la acción de los comisarios y a la sensación consiguiente de que pueden vencer a los franquistas, con las espaldas cubiertas por una ciudad movilizada y amparados en la protección de los apiñados edificios de las zonas obreras.

Por otro lado, sus esfuerzos se tienen que centrar en el intento de cruzar el río por la zona del puente de los Franceses, que sirve a la vía férrea, y el puente Nuevo. Pretenderlo por los puentes que hay más al norte sería una locura, porque eso significaría ensanchar el frente, y no tiene tropas para ello. La única dirección posible es violentar el río por esa zona y avanzar después por una con escasas defensas naturales y pocos edificios, la Ciudad Universitaria. Una vez allí, sus tropas podrán entrar en el barrio de Argüelles y avanzar por las calles de la Princesa y Cea Bermúdez hacia el corazón de la ciudad.

El teniente de regulares Juan B. ya se ha ganado el respeto de los hombres a su mando, tiradores de Ifni, con los que lleva combatiendo desde finales de octubre. Su experiencia de fuego más importante la ha tenido el día 6 en Retamares, donde ha seguido los consejos de otros compañeros más experimentados: «Hay que mostrar valor desde el primer momento. Los moros te van a estar observando para calibrar tus agallas. Si te ganas su respeto, puedes estar tranquilo, porque te van a proteger. Será más fácil mandarles, y menos arriesgado».

Juan B. tiene ganas de cualquier cosa menos de morir. Al otro lado del Manzanares está su familia. A menos de tres kilómetros estará su madre. No puede caer sin haberla abrazado. Pero tiene que dar la cara. Dar la cara justamente para correr menos riesgo. Es una contradicción sólo aparente.

Cuando da la orden de avanzar, sale el primero. Las balas silban por todas partes. Los rojos tienen muchas ametralladoras. De cuando en cuando, una ráfaga revienta sobre el suelo y levanta polvo. La escasa vegetación salta hecha trizas y chasca la gruesa carne de las encinas. Son balas de gran calibre, de ametralladoras pesadas. Tiene miedo a morir pero ese miedo le hace jugársela en los primeros metros para alcanzar una cierta tranquilidad. Pronto le adelantan varios de sus hombres, con el fusil cogido con las dos manos, tirándose al suelo y levantándose en la forma como debe hacerse, aprovechando cada obstáculo que el terreno ofrece. Los caídes, los suboficiales moros, se hacen cargo de los movimientos de los hombres. Uno de ellos le hace un gesto de aprobación en un momento en que se cruzan sus miradas, ambos tumbados contra el suelo, con la cabeza gacha.

Ni siquiera tiene que dar la siguiente orden para avanzar otros pocos metros. La da el caíd.

Al llegar cerca de la orilla del río tienen que detenerse y guarecer sus cuerpos detrás de lo que sea. Los árboles no valen casi ninguno: ayudan al enemigo a fijar la puntería y no tienen el grosor suficiente. Son mejores las defensas horizontales.

Juan B. piensa que ya no tiene que demostrarles nada a sus áskaris. Es un enorme alivio. A partir de ahora puede pensar un poco más en su propio pellejo. Para conservarlo unos días, cuando pueda llegar al barrio de Chamberí para ver a su familia.[124]

La situación para Miaja y su jefe de Estado Mayor, Vicente Rojo, es también muy comprometida. Van recibiendo refuerzos, pero son de desigual calidad. Y la llegada de municiones es lenta, angustiosamente lenta.

La columna de Barceló sigue en Majadahonda, cubre Valdemorillo, Boadilla y Villanueva del Pardillo. La de José María Galán, Pozuelo. Galán no sabe que, mientras él manda su brigada, su mujer acaba de ser alcanzada por una bomba que ha lanzado un avión alemán. Muere en el acto.[125]

En la ciudad asediada, los civiles sufren casi los mismos riesgos que los militares.

Enciso está en Aravaca con lo que queda de sus hombres del batallón presidencial, reforzados por una pequeña columna confederal de conquenses en la que está Cipriano Mera, con base en Puerta de Hierro. En la Universitaria, Kleber, con sus internacionales. El puente de los Franceses y el puente Nuevo los defiende Arellano, con la 4 brigada mixta. Luego, y hasta el sur, están Clairac, en la Puerta del Rey, y Escobar, que cubre la carretera de Extremadura.

Los atacantes suman unos dieciocho mil hombres, frente a los veinticinco mil defensores. Debido a la superior calidad de las tropas africanas, este número no indica la diferencia que en realidad existe entre unos y otros. Pero, aunque ambos bandos reciben refuerzos de forma constante, son más fluidos los que llegan a apoyar a las fuerzas de Miaja. Entre otros, han llegado dos mil nuevos combatientes catalanes que vuelven a bautizar su columna con el nombre de López-Tienda. Son en su mayoría comunistas y están muy poco fogueados. El tiempo juega a favor de los republicanos, pero la capacidad militar está aún del lado de Varela.

El combate comienza hoy a primeras horas de la mañana. Los aviones franquistas se emplean a fondo en ablandar las posiciones republicanas desde el Cuartel de la Montaña hasta el puente de Segovia. Y la orden para la infantería es contundente: ocupar completamente la Casa de Campo y cruzar el Manzanares por el puente Nuevo para asaltar la Ciudad Universitaria y llegar a la cárcel Modelo.

El día va a transcurrir en una rutina de muerte, de luchas casi cuerpo a cuerpo, de bombardeos, de asaltos y retiradas. Pero el puente Nuevo no cae en manos de Bartomeu, aunque la situación llega a ser muy delicada, y el capitán de asalto que lo defiende llega a pensar en volarlo.

Al sur de Madrid hay una concentración insólita de camiones. Llevan cartelones en los que se refieren los nombres de los diferentes distritos de la capital: Buenavista, Ciudad Lineal, Vallecas... En torno a ellos se van formando las compañías de los que van a ejercer funciones de orden y policía, los falangistas, requetés y algunos guardias civiles.

Hay también un altar gigantesco que espera el momento para que en él se celebre al aire libre una gran misa de acción de gracias, prevista en la plaza de Manuel Becerra. Una cofradía sevillana al completo, con mazos y velones y el paso, ensaya por las calles de Talavera el desfile que portará la virgen de las Angustias por las calles de Madrid.

Y se sabe que por allí anda José María Pemán, uno de los poetas favoritos de Franco, quien se prepara para cumplir su «simpática misión» de dar al mundo, por instrucción directa del Caudillo, la noticia de la toma de Madrid, que será transmitida por las radios de Salamanca, de Burgos y Radio Club Portuguesa.

Los ferroviarios tienen la misión de defender la línea desde la estación del Norte hasta el puente de los Franceses. Para ello cuentan con una máquina blindada que es inmune a los disparos de la fusilería, aunque no a la artillería.

Antes de salir de la estación se ha vuelto a producir otro ataque aéreo. El edificio está ya muy deteriorado. En la máquina van veinticinco hombres, que sienten cómo el ingenio de más de sesenta toneladas de peso baila al son que marcan las explosiones.

Cuando para el bombardeo, la sitúan en el paso a nivel que une la Bombilla con el Parque del Oeste. Desde allí dispararán a los que pretendan subir la empinada cuesta aunque, por el momento, los regulares se mantienen dentro de la Casa de Campo. Los internacionales les mantienen a raya.[126]

En Usera y los Carabancheles se lucha casa a casa, cuerpo a cuerpo. Los voluntarios de la Federación Española de Trabajadores de la Enseñanza (FETE), se muestran duros y bravos en esta forma de pelea.[127]

Pablo Neruda, el poeta chileno que siente la causa de la República como suya, llega a París. Ha tenido que abandonar España, destituido de su cargo de cónsul por ese apoyo. Ha dejado tras de sí su piso en la casa de las Flores, en la calle de Gaztambide, con todos sus libros y muchos manuscritos que pretende recuperar algún día.

Pero la casa de Neruda está situada en el barrio de Argüelles, que ya ha sido muy castigado por la aviación y ahora comienza a ser destruido sistemáticamente por la artillería franquista. Un proyectil hará explosión en su apartamento. Cuando pueda volver, dentro de un año, a Madrid, contemplará la estampa desoladora de su casa, de sus libros destrozados por la explosión, de sus manuscritos esparcidos y rotos. No querrá recuperar ninguno. En las ruinas de la casa de las Flores quedan, enterradas bajo los cascotes y el polvo, algunas páginas que nunca verán la luz.[128]

También la casa de Vicente Aleixandre sufre los bombardeos. Está en la Ciudad Universitaria. Aleixandre ha tenido que abandonar Miraflores de la Sierra por la cercanía del frente. Ahora tiene que dejar su residencia de

Madrid. Se va a casa de un familiar, en el barrio de Chamberí, algo más protegido de las bombas. Como siempre, será Miguel Hernández quien se encargue de acompañarle a recoger sus cosas, con una carreta de mano en la que cargan libros y enseres. Miguel le subirá en brazos, y empujará la carreta en un viaje interminable por el adoquinado de Madrid, sudando, acabando el aliento y dando gritos de vendedor ambulante para disimular su cansancio de hombre enfermo.[129]

Y la del pintor Ramón Gaya, que está situada al lado del Manzanares, muy cerca de la ermita de San Antonio. Sus cuadros y sus libros se queman.

La casa de Juan Ramón Jiménez, en la calle Padilla, en pleno barrio de Salamanca, no será bombardeada gracias a la «piedad» de Franco hacia el barrio más característico de la burguesía madrileña. Tardará algo más en ser ultrajada. Al acabar la guerra, un grupo de bandoleros-escritores falangistas, encabezados por Félix Ros, que fue secretario de José Bergamín, y por Carlos Sentís, saqueará libros y manuscritos. José María Pemán les obligará a devolver los frutos de su rapiña.[130]

Las casas de Argüelles se vacían a toda prisa. Gregorio Martínez, que está en edad militar pero se embosca para no tener que pelear por una causa que no siente suya, empuja un carrito de mano cargado con las pertenencias más queridas de la familia. Es un trabajo duro, pero no queda otro remedio. Ya ha caído una bomba sobre su casa de la calle Blasco de Garay. Una bomba de avión, que se ha fragmentado en cientos de bolas que lo atraviesan todo, hasta el metal que arma las camas. Se dirige a la calle de Serrano, al número 106, donde les van a dar cobijo unos amigos que temen que su casa sea ocupada por huéspedes menos deseados. Allí, en Serrano, no suelen caer bombas.[131]

Entre el puente de los Franceses y la Ciudad Universitaria, los internacionales de la XI han comenzado a combatir. El batallón alemán y el franco-belga entran en fuego en la noche cerrada. Topan con los moros que intentan infiltrarse. El combate se produce, en ocasiones, cuerpo a cuerpo. Los hombres se disparan unos a otros a quemarropa, se acuchillan, se estrangulan con las manos. Mueren muchos. Entre ellos el capitán Blanche, jefe de la 1 compañía del Comuna de París.[132] El Tebib Arrumi se lo comunica a sus oyentes de Radio Castilla.[133] Le sustituye en el mando Marcel Sagnier, un obrero de la construcción que llegará a mandar un batallón.

La 2 compañía se ve también enzarzada en un combate de gran dureza. Cuando sus soldados se repliegan, han dejado un buen número de heridos atrás. Un camillero español, llamado Chaparro, se lanza a recogerlos junto con un compañero. Hacen hasta veintitrés viajes cargando heridos, entre las balas y las explosiones de los morteros, ante el asombro de sus camaradas. A su compañero le alcanzan en la cabeza y su masa encefálica cae sobre Chaparro, que abandona la camilla y toma un fusil. Con el rostro bañado de lágrimas, dispara contra los moros.[134]

Algunos moros caen prisioneros. Les interroga el propio comandante Jules Dumont, que ha vivido muchos años en Marruecos.

Los prisioneros moros son enviados después a la retaguardia. Su destino suele ser trágico.

Algunos se salvan de ello cuando logran convencer a sus interrogadores de la veracidad de sus argumentos exculpatorios.

El racismo está muy presente también entre los internacionales. No habrá ningún oficial árabe que mande más que una compañía en las brigadas internacionales en toda la guerra, pese a que hay varios cientos de voluntarios argelinos, marroquíes, egipcios, sirios...

El único voluntario árabe que ha alcanzado alguna notoriedad en el bando republicano es un palestino, Mustafá Ibn Jala, que se ha hecho pasar por marroquí y ha encabezado el intento de crear una unidad con algunos desertores y con obreros de la construcción que estaban en Madrid en el momento de la rebelión. Ibn Jala se pasó varias semanas entre septiembre y octubre llamando a la deserción a los mercenarios del otro lado: «Os vamos a recibir bien, pagaremos a cada uno un sueldo diario, y al que no quiera combatir, le llevaremos de vuelta a su país, con su familia, y le devolveremos su trabajo».[135]

Mustafá, con algunas ayudas, consiguió formar un primer contingente, pero su entrada en combate fue un desastre. Casi todos los que no murieron en la Sierra fueron fusilados por desertores.

Ibn Jala ha conseguido que el diario del Quinto Regimiento le deje explicar sus argumentos: «Toda la propaganda que trate de apartar la responsabilidad de los sublevados criminales verdaderos y colocándola encima de marroquíes es una propaganda repugnante que favorece a los enemigos de la República».[136]

Pero a los comunistas, como a todos los republicanos, cuando se les lleva al extremo, les resulta más cercano el mensaje de que los moros son crueles y cobardes. La misión del enviado de la Komintern, Ibn Jala, es un fracaso.

El jefe del TOCE, el general Pozas, recibe un plan de operaciones dictado por el Estado Mayor del Ministerio de la Guerra. Es un plan diseñado, por tanto, por el general Asensio bajo la supervisión del propio presidente del Consejo de Ministros, Largo Caballero. Tiene un gran alcance aparente. Y su objetivo es salvar Madrid y poner al enemigo en desventaja, cambiar el curso de la guerra.

En sustancia, el plan consiste en cortar las comunicaciones del enemigo mediante la toma de las carreteras de Extremadura y Toledo y con el objetivo final de hacerse con la propia capital castellano-manchega. En su desarrollo van a colaborar dos ejércitos. Por un lado, el de Madrid, al mando de Miaja, cuya misión es resistir los ataques que ya recibe. Ese ejército, que consta de veinticinco mil hombres, incluye unidades que deberían formar parte del de Pozas. La angustia de la defensa, junto con las presiones de los comunistas apoyados por los asesores rusos, ha obligado a romper los planes de Asensio. Por otro lado, ha de colaborar el ejército de Pozas, con unos diez mil hombres encuadrados en tres nuevas brigadas de las que se forman a toda prisa en Albacete. Una de ellas es la XII internacional. Este ejército es el que desarrollará la maniobra, que partirá desde el Cerro de los Ángeles y tendrá que quebrar la resistencia de su guarnición para, después, correrse por la retaguardia de las fuerzas que cercan Madrid.

Miaja, por su parte, planea para mañana su primer intento de contraofensiva. Con el apoyo de la aviación, que deberá ametrallar con intensidad las posiciones enemigas, sus fuerzas tendrán que buscar el primer desplome de los de Varela para lanzarse al ataque y romper el frente.

Los tanques T-26 se le dan ahora a Líster para que intente conseguir algún éxito en el sector de Villaverde, donde hoy ha avanzado algunos metros, castigando el flanco derecho de Varela.

El Estado Mayor de Rojo tiene un problema fundamental: carece de reservas. El frente ocupa veintidós kilómetros y no pueden dejar sin efectivos ningún punto. Las columnas de Varela han dado muestras de una enorme capacidad de bascular de un lado a otro durante todo el período de acercamiento a Madrid. Y el suministro de armas aún no está regularizado. En algunos momentos, se miente a los que claman desesperados por los refuerzos y se les dice que ya están en camino. En la plaza de la Cibeles, dos camiones con treinta milicianos cada uno y unas ametralladoras quedan de retén para acudir con rapidez a cualquier parte del frente. Algo es algo. Sirve para mantener la moral alta.[137]

Porque la moral vale hoy en Madrid más que las ametralladoras. Y no puede salir de otro lugar más que del interior de la propia ciudad. De Valencia, desde luego, no.

Esta tarde llega un oficial del cuarto militar del presidente del gobierno. Ha bajado de un coche cubierto de polvo. Viene con evidentes prisas por cumplir alguna misión. El general Miaja le recibe enseguida, haciendo un hueco entre sus muchas tareas de la defensa. Vicente Rojo se queda a la puerta, expectante, deseoso de conocer el contenido del mensaje.

El militar saluda a Miaja y le tiende un sobre: «De parte del jefe del gobierno y ministro de la Guerra». Miaja le estrecha la mano y abre el sobre. Lee la carta dos veces. Luego, la tira al suelo, la vuelve a recoger, y la arroja a la papelera y se marcha sin decir una palabra.

La carta de Largo Caballero es una orden para que Miaja entregue a su portador la vajilla y la mantelería del Ministerio, que el gobierno no tuvo tiempo de llevarse consigo el día 6.

La ira de Miaja se desfoga por los pasillos del Ministerio de la Guerra, donde está la sede de la Junta. Y en las reuniones que siguen. El gobierno está en Valencia, a salvo, después de haberle dejado la ciudad sin el menor dispositivo de defensa organizado, en el caos, en la desmoralización. Y Largo Caballero reclama ahora su vajilla.

No es extraño que Largo Caballero comience a recibir en Valencia mensajes que le cuentan que en la Junta existe una gran hostilidad hacia el gobierno de la República. Circulan más rumores: se dice que la propia Junta desea independizarse, que hay quien desea dar una especie de golpe de Estado dulce. No existe el menor fundamento para esas noticias, aunque Largo Caballero les dé crédito. Los socialistas están con el gobierno que preside uno de los suyos, los comunistas y los republicanos defienden también, con ardor, la unidad de mando. Y los anarquistas ni se plantean algo así. Están cómodos con una ciudad de la que se ha ido el gobierno y es administrada por un organismo que se llama «junta».

Nadie en la Junta se plantea insubordinarse contra el gobierno, aunque no se ahorran los calificativos. Lo que es distinto.

El comandante Carlos apacigua las cosas con su artículo casi diario en el órgano del Quinto Regimiento. El gobierno no podía estar en Madrid. La gobernación del país obligó a su evacuación. El PCE se siente cómodo en la actual situación. Entre sus dirigentes, nadie desea que se produzca la menor fractura entre la Junta y Valencia. Además, su peso en la dirección de la lucha en Madrid es creciente. La política que practica el Frente Popular es la que la Internacional Comunista comparte y ordena a sus miembros, es una política estrictamente antifascista y levemente revolucionaria, aunque eso es ahora en España un planteamiento radical; controlan el orden público, lo que les da una seria ventaja sobre los anarquistas; y su aparato militar es hegemónico en el comisariado y en la propia formación del ejército popular, cuya espina dorsal es en Madrid el Quinto Regimiento.

Nada de eso les puede enfrentar a republicanos y socialistas, salvo el mismo hecho de su desmesurada influencia en relación con la importancia de los votos que consiguió en las últimas elecciones de febrero.

Francisco Fernández Urraca, un joven de diecisiete años, estudiante de Medicina, milita en las Juventudes de Izquierda Republicana y en la Federación Universitaria Escolar, la FUE. Desde el principio de la rebelión acompaña a su padre, el comandante de infantería Fernández Lobato, al que ha servido de escolta durante las turbulentas semanas en las que la vida de un militar leal corría grave peligro en la calle.

Armado de una carabina Winchester, ha recorrido el frente y la retaguardia protegiendo la espalda de su padre mientras éste hace su trabajo en la Comandancia de Milicias. El comandante visa los ascensos de jefes de milicias para su equiparación en el ejército regular de la República. Eso le ha provocado, en ocasiones, problemas serios. Como el día en que Valentín González irrumpió en el despacho para exigir su nombramiento de comandante y Fernández Lobato le exigió que saliera de nuevo y llamara a la puerta:

—¡Soy Valentín González! —rugió el miliciano comunista.

—Bueno, es igual, vuelva a salir y entre usted como es debido.

Francisco acompañó la frase de su padre con un movimiento de la carabina, que sirvió para convencer al rugiente.

La madre y la hermana de Francisco han sido evacuadas por Izquierda Republicana a Alcázar de San Juan. Y padre e hijo viven en la sede de la Comandancia. Todos los días van a comer al antiguo cabaret Casablanca, en la plaza del Rey. Después, a tomar café a un local en la calle de la Reina. El trabajo de su padre no le ha permitido hoy seguir la rutina, y Francisco le lleva la comida al despacho. Eso le salva la vida. Todos sus habituales compañeros de café mueren por la explosión de una granada de las que vienen de Garabitas.[138]

PARTE FRANQUISTA
Ejército del Norte
7 división. En los barrios del sur de Madrid ha continuado la progresión de nuestras fuerzas a lo largo del Manzanares, cogiéndose prisionera, en las prime-

ras horas de la mañana, una fuerza enemiga compuesta de un comandante, un oficial y ochenta hombres de tropa, y solamente esta misma columna, en el resto de la jornada, cogió al enemigo más de cien muertos y ciento veinte prisioneros. Varios intentos de reacción del enemigo fueron duramente rechazados, causándole numerosísimas bajas.

División de Soria. En el frente de Guadalajara se ha llevado a cabo una importante operación, cayendo por sorpresa sobre las posiciones enemigas, persiguiendo a los rojos que dejaron en nuestro poder treinta muertos, armamento, municiones, un camión de aerostación, ocupándose distintos pueblos del frente y la importante fábrica de cementos El León, con 10.500 toneladas de cemento y 700 de carbón.

PARTE REPUBLICANO

A las diez de la noche

Frente del centro. En Somosierra, la artillería leal ha sostenido un fuego de tres horas contra las posiciones facciosas.

Se ha combatido duramente en todos los sectores con ligeros avances del enemigo en la Casa de Campo, y nuestros en el resto del frente, resultado del enérgico contraataque de nuestras tropas en dirección Villaverde.

A pesar de los medios puestos en juego contra el enemigo y del bombardeo de la aviación, la población no se ha desmoralizado y el espíritu de las fuerzas combatientes es cada vez más elevado.

10 de noviembre

EL TENIENTE DE MILICIAS EMILIANO LARA ESTÉVANEZ cae mortalmente herido en los combates de la Casa de Campo, donde su compañía, la tercera del batallón socialista de Artes Gráficas, se enfrenta a legionarios y moros.

La Casa de Campo es una tempestad de fuego. Los combatientes se ocultan tras los árboles para hurtar el cuerpo a las balas y la metralla que lo barren todo. Emiliano cae en un asalto, fuera de las trincheras improvisadas en las que se han hecho fuertes los republicanos. Sus compañeros le ven caer, pero no pueden recuperar su cuerpo. Será enterrado, pero nadie sabrá nunca dónde. Lo harán sus enemigos, en una fosa común, impulsados más por razones sanitarias que caritativas. Cuando un hombre ha disparado contra otro, la identificación del cadáver no es importante. Emiliano reposará para siempre en algún lugar de la Casa de Campo, en algún lugar que sus familiares no serán capaces de reconocer. Ni siquiera sabría hacerlo el moro que le ha matado.

Emiliano fue uno de los fundadores de las Juventudes Socialistas en Palencia, y trabajó en el Sindicato Gráfico palentino hasta que tuvo que venirse a Madrid. Desde los primeros días de la rebelión franquista, se apuntó a la columna Motorizada, con la que acudió a Somosierra a enfrentarse con los hombres de Renovación Española de los hermanos Miralles y las columnas de Mola. Estabilizado el frente de la Sierra, se incorporó a las milicias de Artes Gráficas.

En *El Socialista* aparecerá una nota necrológica en la que sus compañeros lamentan no haber podido recoger su cuerpo y envían a su viuda, Julia Nieto, su «más viva condolencia».

Julia está en Valencia, con dos de sus hijos. Es una de las miles de familias que han acatado las instrucciones del gobierno de evacuar Madrid.

En Valencia encuentran acogida, comida y calor. Algo que Madrid ya no proporciona a sus hijos.[139]

Muy cerca de donde cae el teniente Lara, está Jesús Izcaray. Él es un hombre de asfalto y no ha estado en el Lago más que una vez, para hacer un reportaje sobre los suicidas que escogen sus aguas para quitarse la vida con una piedra atada al cuello. El Lago y el Viaducto de la calle de Segovia son los lugares favoritos de los suicidas madrileños.

Hoy se reúne allí otro tipo de suicidas: los milicianos dispuestos a parar a los moros. Llevan tres días sintiendo que llueve plomo, soportando un frío húmedo y persistente, alimentándose de sardinas de lata.

El tiroteo es incesante. En el lado contrario hay tiradores subidos a los árboles, desde los que consiguen mejor puntería. El oficial que pega la cara a tierra al lado de Izcaray le dice que son moros y requetés:

—Ayer cogimos a uno de Estella con un escapulario así de grande.

A su derecha, un centenar de hombres se despliega y avanza. Son los limpia-árboles. Uno de ellos cae componiendo una figura propia de una coreografía de ballet, con los brazos en aspa. El fuego se hace más denso.

Al rato, unos milicianos que vuelven de una incursión levantan una escandalera. Llevan a un hombre hercúleo que han tomado prisionero. Dicen que es un cura. Lo saben porque otro prisionero que cayó ayer, un navarro, les confesó que había un cura subido a uno de los árboles.

—¿Y del quinto mandamiento qué me dice usted? —le pregunta el oficial.

El otro duda sólo unos instantes:

—Pues le digo... ¡leche![140]

No es frecuente que los curas tomen las armas. Pero algunos son muy aguerridos. A buen seguro que el capturado caerá esta noche por las balas de un pelotón de fusilamiento. Un cura que dispara reúne demasiadas condiciones para ser odiado.

Los milicianos republicanos tienen hoy razones para querer a su aviación. Ven a sus aviones bombardear y ametrallar las posiciones enemigas. Hay un cambio de tornas. Pero a los de enfrente les pasa lo mismo que a ellos, que el bombardeo no les hunde la moral. A sus espaldas, los aviones franquistas se vengan de la acción de los republicanos. Los Ju-52, escoltados por los Fiat y Heinkel, bombardean sin cesar los barrios en torno a los puentes de Toledo y de Segovia. También, una vez más, la estación del Norte.

Y llega una nueva columna en apoyo de los sitiadores. Está mandada por el teniente coronel Siro Alonso. Y la componen la 7 bandera de la Legión, un tabor de la Mehal-la, el 3 batallón de Argel y una batería de campaña del 7,5. Ocupa la carretera de Extremadura, para apoyar el flanco de las columnas de Barrón y Delgado Serrano.

Entre los defensores siguen las bajas. Cae herido Clairac. Le sustituye el teniente coronel Luis Noé, uno de los mandos del sitio del Alcázar de Toledo.

La artillería queda a las órdenes del comandante Zamarro, con el apoyo del general Voronov, uno de los discretos asesores rusos que, cada vez más y a su pesar, se hacen notorios en los puestos de mando de la defensa de Madrid.

La lucha es muy intensa sobre todo en el puente Nuevo, donde las fuerzas de asalto siguen resistiendo de forma ejemplar, atrincherados en lo alto del puente de los Franceses, que tiene una altura mayor, con muchas ametralladoras y un mortero y apoyados por algunas unidades internacionales. Se empieza a tejer la leyenda internacional del puente de los Franceses, aunque sigue defendido por tropas españolas. Por ahí no hay quien pase.[141] No es sólo una cuestión de valor, sino de disciplina y de habilidad. Las «ametralladoras hábilmente situadas, enmascaradas y protegidas en el puente de los Franceses» detienen a un adversario que tiene una gran potencia de fuego.[142]

Antonio Mije, del buró político del PCE y consejero de Guerra de la Junta de Defensa, escoge al equipo que le va a ayudar en sus funciones. El jefe de Estado Mayor va a ser Carlos Contreras, y el de Operaciones, Enrique Castro Delgado. Son dos de los fundadores del Quinto Regimiento. Carlos es, todavía, el comisario político de la organización militar comunista.

La consejería de Guerra no va a intentar suplantar en ningún caso a Vicente Rojo y su organización militar de la defensa de la ciudad. Va a colaborar con él, de forma leal, como el coronel reconocerá siempre. Pero el Quinto Regimiento es la organización más eficiente de las que se han creado en Madrid desde el comienzo de la rebelión. No es casual que Mije haga estos nombramientos, sino natural. La actitud de no competir con Rojo es una muestra más de la política del PCE ante la Junta y ante la evolución de la política general durante la guerra: hay que mantener una actitud de respeto hacia las instituciones republicanas, y no permitir que se desarrollen políticas revolucionarias que vayan más allá de las fijadas por el gobierno del Frente Popular.

Otra cosa es que los comunistas intenten tomar posiciones de poder —cuantas más mejor— en el aparato del Estado. Desde el PCE se brindará a Miaja todo el apoyo político y moral, e incluso propagandístico, que el general requiera.

La urbe llora a sus muertos, que no paran de caer en todos los barrios que la circundan, desde la Ciudad Universitaria hasta Villaverde. Muertes que provocan el dolor, pero también aumentan, en ocasiones, el ardor combativo.

Antonio Coll es un marinero de los que estaban haciendo su servicio militar en el Ministerio de Marina, y ahora está enrolado en las milicias que defienden el sur de Madrid. Coll se ha hecho famoso por haber destrozado varios tanques italianos, arrastrándose hasta ellos y tirándoles granadas de mano a las cadenas.

Coll es un héroe que pasa a ocupar las primeras páginas de los periódicos por su acción. Es el primer cazatanques que se hace famoso en el frente de Madrid. Pero esta noche le han matado.

El Quinto Regimiento demuestra una vez más que es la más eficiente de las organizaciones que defienden Madrid. Los camiones que acuden al Museo del Prado para comenzar el traslado de sus fondos a Valencia son enviados por la organización militar comunista.

La decisión es del gobierno de Largo Caballero, pero la puesta en marcha de los mecanismos concretos de la acción depende de la Junta de Defensa, en colaboración con los intelectuales antifascistas que se unen en torno a José Bergamín, Rafael Alberti y María Teresa León. Josep Renau, también comunista, es el director general de Bellas Artes.

Esta misma noche comienzan los traslados. Entre los cuadros que los hermanos Macarrón empaquetan cuidadosamente para que no sufran desperfectos durante el viaje, figuran dos de gran tamaño que viajan juntos: el retrato de Carlos V, de Tiziano, y *Las Meninas*, de Velázquez.

Al llegar al puente de Arganda, con su robusta estructura de hierro, los encargados del transporte tienen que hacer gala de su pericia: los cuadros no pasan por debajo de los arcos. Hay que improvisar un sistema de rodillos para pasar al otro lado del río. Se hace en cuatro horas.

Toda la noche ruedan los camiones que transportan las obras más apreciadas del museo. Desde cada pueblo, el alcalde va llamando a Madrid para comunicar el paso.

Mañana, a las diez de la mañana, Josep Renau llamará a Rafael Alberti para comunicarle la buena noticia: los primeros cuadros han llegado a Valencia. Allí serán custodiados durante un año más, para reiniciar su periplo por Cataluña, Francia y Ginebra, antes de volver a España.

El contenido del Museo de El Prado se salva entero. Ese tesoro del que Azaña dice que vale más que la vida de todos.

PARTE FRANQUISTA

Ejército del Norte

7 división. En el frente sur de Madrid continuó la progresión de nuestras tropas, que rechazaron y contraatacaron al enemigo, que intentó reaccionar, cogiéndole sesenta muertos en uno solo de los puntos, ochenta prisioneros y cinco ametralladoras.

Entre el material cogido en el día de ayer al enemigo figura un carro ruso, el número 16 de los cogidos.

División de Soria. En el frente de Guadalajara el enemigo intentó también recuperar Almadrones y otros pueblos. Fue rechazado, dejando numerosas bajas.

Actividad de la aviación. En el día de ayer no se hizo mención en el boletín de información de dos aparatos de caza que se derribaron al enemigo.

Asimismo, en el día de hoy, nuestra artillería derribó un trimotor enemigo que cayó incendiado en nuestras líneas.

PARTE REPUBLICANO

A las diez y diez horas

Frente del centro. El enemigo continuó hoy atacando con toda intensidad en toda la línea del sector de Madrid, muy particularmente en las zonas de Carabanchel y parte norte de la Casa de Campo.

A pesar del esfuerzo e intensidad puestos en su empeño, no sólo no ha conseguido avanzar sino que a última hora de la tarde inició la retirada en la Casa de Campo, obligado por un gran bombardeo de nuestra aviación, reaccionando nuestras tropas con gran energía e iniciando vigorosos contraataques.

Un trimotor enemigo con su carga completa de bombas se ha pasado a nuestras filas aterrizando en el aeródromo de Alcalá, habiéndose derribado por nuestras escuadrillas de caza otro de igual clase en las proximidades del puente de la Florida.

11 de noviembre

FRANCO ESTÁ METIENDO EN MADRID TODO LO QUE TIENE. El ejército africano se va quedando sin reservas, mientras que en ayuda de los defensores acuden más y más batallones de las brigadas mixtas.

La virgen de las Angustias sigue esperando su oportunidad a las afueras de la capital. Para reforzarla, sale desde Huelva una comitiva que transporta también a la del Rocío.[143]

La presencia de las vírgenes menudea en la zona franquista. Los nazis alemanes que llegan a España estos días no son muy religiosos. Pero es posible que haya alguien en el contingente alemán que desee adaptarse a los aires predominantes en la zona franquista. La Legión Cóndor alemana tiene a partir de hoy una canción, de autor anónimo,[144] que comienza con una referencia tremendamente abusiva sobre la virgen:

> La virgen María es nuestra Legión.
> Franco sobre Azaña.
> ¡Arriba España!
> Es tan hermoso
> estar en la Legión Cóndor.
> Ahora somos legionarios.
> Hasta la vista, ministro del Aire...
> No encontraremos enemigos allí
> donde ondee nuestra bandera.
> Somos la Legión Cóndor,
> la que nadie puede resistir.[145]

Desde el día 6, y hasta el 18, la afluencia de soldados alemanes enviados en ayuda de Franco será constante. En seis barcos llegan casi un centenar de aviones más, nuevas baterías artilleras, equipos de señalización, instructores de aviación... Un total de casi cuatro mil hombres a las órdenes directas del general Hugo von Sperrle, cuyo sobrenombre es «Sander».[146]

La apuesta de Hitler es ya decidida, aunque nunca tendrá el carácter exhibicionista de la misión italiana. Las tropas alemanas tienen incluso la consigna de evitar que se rompa el secreto de su presencia. Sólo los pilotos cubren puestos de vanguardia en los combates. Hitler no desea provocar más escándalos de los estrictamente necesarios en el Comité de No Intervención. Alemanes y rusos comparten la consigna de Stalin a los suyos: «Manteneos fuera del alcance de la artillería». De esa instrucción están exentos los pilotos. Y los carristas de Arman.

Los bombardeos continúan, pese a que la aviación republicana pone ya muchas trabas a la aparición de las escuadrillas alemanas y españolas que se ceban sobre los barrios residenciales, excepto el de Salamanca. A la aviación, que causa un efecto psicológico importante, se une la artillería, que acaba siendo mucho más destructiva y no parará en toda la guerra. Si Madrid tiene ya el desgraciado título de ser la primera ciudad bombardeada sistemáticamente desde el aire, a ése se le une el no menos desgraciado de participar de una tradición que tiene algo más de un siglo: la de ser bombardeada también sistemáticamente desde tierra por las baterías pesadas. Hay barrios enteros destruidos. Usera, los Carabancheles, Argüelles, Centro... La artillería no necesita mucha protección, le basta con estar bien enmascarada, y los obuses tienen gran alcance.

La madre de Gregorio Gallego, la señora Ventura, ha tenido que abandonar su casa en Carabanchel. De ahí se fue a casa de su hermana Juana en la plaza de la Ópera. Pero la aviación la ha reventado. Toda la familia ha intentado refugiarse en el cine Ópera, pero el local también está destrozado por las bombas. Han acabado en el metro, junto con muchos cientos de espantados vecinos de la zona y otras gentes que vienen de fuera, algunos huyendo desde Extremadura.

Cuando Gregorio se entera, deja su posición cerca del hospital de Carabanchel para intentar mejorar la situación de su madre y los demás. Encuentra a la señora Ventura en el andén haciendo unas gachas en un infiernillo de leña. Su tía Juana tiene mucha fiebre, puede estar muy enferma. Y Gregorio abandona sus principios para buscarles a todos un alojamiento mejor. Su condición de militante le sirve para saltarse las colas en el Comité de Requisa, que administra los pisos abandonados. Pero todos los pisos vacíos de Madrid están en zonas bombardeadas. Hay que buscarles acomodo en uno de la calle de Almagro donde vive una señora de derechas con dos criadas. La señora no pone pegas. Son las criadas las que se enfrentan a la invasión de once personas que ocuparán cuatro de las habitaciones del enorme piso.

La señora Ventura compadece a la propietaria del piso, que se ve obligada a aceptar la compañía de tanta gente. Además, no tiene noticias de su marido ni de sus dos hijos. Nadie sabe nada de ellos. Ni Gregorio, que tiene capacidad para revolver en casi todas partes, sabe que se está procediendo a exterminar a cientos de personas sacadas de las cárceles.[147]

En los andenes del metro, los que no son tan afortunados como la señora Ventura pasan las horas entre olores a orines y deposiciones de los niños y los ancianos que no se atreven a salir a la calle ni siquiera unos minutos. El aire se hace irrespirable, insano. El Ayuntamiento, o lo que queda de él, y la Junta de Defensa se ven desbordados por el número de quienes se refugian en los subterráneos.

Desde las zonas ocupadas por las vanguardias de Varela se observa con nitidez que Madrid está punteada por numerosos incendios. El espectáculo es magnífico cuando se asiste a él de noche. El teniente de regulares Juan B. lo contempla con una sensación contradictoria. Juan es madrileño y su familia está en la ciudad. Sus padres y sus dos hermanas menores. Cuando ve los efectos de los bombardeos piensa que pronto va a estar con ellos. Pero al propio tiempo teme que las bombas puedan dañarles. Y él sabe de sobras lo que se siente cuando se está en tierra y las bombas caen desde el aire. Miedo. Mucho miedo.[148]

Los madrileños tardarán un par de días en saberlo, pero Buenaventura Durruti está en Madrid. Fiel a su frase «Renunciamos a todo menos a la victoria», que ha servido para que sus compañeros anarquistas acepten aplazar sus reivindicaciones revolucionarias hasta el momento en que Franco haya sido derrotado, Durruti ha aceptado la petición angustiosa del gobierno, avalada por Federica Montseny y el Consejo de Defensa de la Generalitat, de reforzar la defensa de la ciudad con una columna sacada del frente de Aragón. No ha sido una decisión fácil. A Durruti le disgusta la idea de abandonar «su» frente. Cree que es mejor que vaya en su lugar Miguel Yoldi, a quien considera mejor organizador. Y piensa que, si recibe armas y munición en cantidad suficiente, podrá tomar Zaragoza. Pero Diego Abad de Santillán ha terminado por convencerle: para los madrileños supondrá una gran ayuda psicológica que sea él, y sólo él, quien mande las tropas anarquistas.

Durruti llega hoy, adelantándose a sus tropas, para reconocer el terreno y organizar la entrada en fuego de los suyos.[149]

Los anarquistas no piensan sólo en la gran influencia que tendrá la presencia de su líder en la ciudad. Piensan también que el prestigio de la CNT subirá y podrán equilibrar el enorme impacto de propaganda que los comunistas y su ejército internacional han conseguido.

El general Miaja prepara hoy una instrucción para los suyos. Lleva, como siempre, el latiguillo de que hay que defender a toda costa cada posición. Sin retroceder. Sus tropas están desgastadas por las bajas abrumadoras, muertos y heridos. Pero también porque no comen bien, porque no duermen. Tienen a pocos metros a su espalda la retaguardia, pero no les queda apenas tiempo para echar una cabezada en las terribles noches de bombardeos y golpes de mano.

La sensación entre los republicanos es que no pueden aguantar mucho más. Es cierto que han frenado a un poderoso enemigo, que por primera vez han sido capaces de enseñarles los dientes a los moros y legionarios. Pero tienen que dormir. Todos, incluidos los hombres que ejecutan los planes de batalla. Ni Rojo ni Miaja han podido cerrar los ojos más que unas pocas horas desde el día 6.

Tal vez sea el cansancio de los jefes, más que el evidente desgaste de las propias tropas, lo que conduzca a la preparación de una orden que supone en realidad un plan de defensa del centro de Madrid.[150] En la orden se divide la ciudad en nueve sectores y se especifica cómo, desde tejados, balcones y terrazas, hay que enfrentarse al enemigo. Pero nunca se llegará a poner en funcionamiento. Porque las unidades resisten.

Y resisten porque así lo han decidido y porque llegan refuerzos de forma constante. Hoy lo hacen dos mil hombres que vienen de Cataluña al mando del teniente coronel Joaquín Blanco Valdés, enrolados, de nuevo, bajo el nombre de López-Tienda. Además, la XII brigada internacional.

La Junta de Defensa se ha reunido a las seis de la tarde con la presencia de alguien excepcional, el ministro de Estado, Julio Álvarez del Vayo. El ministro hace un canto a la bravura de los soldados, del pueblo entero de Madrid, y justifica con algo de retraso la marcha del gobierno: se decidió porque se vio llegado el momento de defender Madrid «desde fuera». El general Pozas, que hace tan sólo una semana era también partidario de montar esa defensa desde fuera, se añade a los elogios, y describe la idea de ofensiva que planea desde el centro.

El general Miaja aprovecha la ocasión, la presencia de Álvarez del Vayo, para manifestar la plena identificación entre él y Pozas.[151]

La mención de Álvarez del Vayo a la defensa desde fuera es cualquier cosa menos casual. El juicio que a los defensores de Madrid les merece la marcha del gobierno, la forma en que se han encontrado los asuntos de la guerra, es poco menos que el de traición. El argumento sobre el que se ha discutido desde el punto de vista militar la defensa de Madrid roza, casi obligadamente, el asunto de la marcha. Porque esa discusión era anterior. Los comunistas han insistido de forma constante en la necesidad de defender la ciudad desde la misma ciudad. Los de Izquierda Republicana, también. Los anarquistas, por descontado: desde sus filas se ha gritado el «¡Viva Madrid sin gobierno!» que ha ofendido a muchos. Los anarquistas han movilizado a los vecinos de los barrios, a los sindicatos. Su esfuerzo ha sido, y es, gigantesco.

El Partido Socialista, el partido mayoritario en el gobierno que preside Largo Caballero, está claramente dividido, como sucede desde hace más de dos años. El PSOE no parece haberse tomado ni medio en serio la cuestión de la defensa de la capital. Pese a que sus militantes se baten en las trincheras con el mismo valor que los de las restantes fuerzas políticas, pese a que muchos de sus hombres mandan columnas de las que no han retrocedido, de las que han aguantado el tirón.

La mención de Miaja a su buena sintonía con Pozas tampoco es inocente. Pozas ha cambiado de actitud desde que se produjeron los primeros combates a las puertas de Madrid: ahora colabora abiertamente con la Junta. Eso puede no gustarle a Largo Caballero.

De madrugada, la Junta vuelve a reunirse. Esta vez no la preside Miaja, sino el comunista Mije.

Una vez leídos los partes de guerra, Francisco Caminero, responsable de Evacuación por el Partido Sindicalista, le pregunta a Santiago Carrillo si ha sido evacuada la cárcel Modelo, cuestión que le parece urgentísima. Los franquistas se acercan mucho al edificio y pueden tomarlo en algún momento y liberar a los presos.

Carrillo dice que tiene tomadas todas las medidas para proceder a la evacuación, pero que todavía no ha sido conveniente realizarla. Ante la insistencia del comunista Diéguez, se explica algo más: la presión diplomática no lo permite. Los embajadores presionan, porque les llegan noticias de que se ha asesinado a presos después de sacarles de forma irregular de las cárceles.

En la Junta existe un problema moral subterráneo. Miaja no sabe lo que sucede los días en que se producen sacas, pero sí sabe que las hay. Lo saben también en Valencia. Nadie busca los datos porque las urgencias del mantenimiento de la defensa devoran todas las energías. Y los comunistas de la Dirección de Seguridad actúan sin que nadie fiscalice su actividad. Como si ocupar una de las áreas de la gobernación de la ciudad supusiera tener carta blanca para actuar a su antojo. La exigente acción de Melchor Rodríguez, nuevo inspector de Prisiones nombrado por el ministro de Justicia, ha detenido esas sacas. Los comunistas critican su actitud, porque parece estar dando más derechos a los presos que a los madrileños.

La lucha contra la quinta columna es una obsesión para los miembros de la delegación rusa en España que encabeza el general Berzin. Orlov, Koltsov y todos los demás, con Rosenberg en Valencia, se ocupan de extender esa obsesión a sus obedientes camaradas madrileños, que consideran las bravuconadas de Queipo de Llano por Radio Sevilla una auténtica amenaza. Lo cierto es que la quinta columna existe, pero más como un conjunto de reacciones individuales o de grupos pequeños que como una organización solvente. Apenas comienza a formarse. Los cuadros de Renovación Española, de Falange, los militares, bastante tienen con salvar el pellejo. Dentro de Madrid viven una situación similar a la de la Junta. Hacen sabotajes, recaban información, vacían cartuchos de pólvora y en algunos casos disparan desde tejados contra milicianos que hacen guardia. Pero no hacen mucho más que provocar cierta inquietud. Están cercados dentro de la ciudad sitiada.

Los seis falangistas detenidos hoy, que, encabezados por Manuel y Fernando Lista, forman una célula clandestina llamada «Banderas de Franco», no han llegado a actuar.[152] Y todavía no está constituida la auténtica Falange clandestina, que encabezará un falangista que ha escapado a las sacas, Manuel Valdés Larrañaga, preso ahora en la cárcel de Porlier, quien desde la cárcel de Duque de Sesto, dentro de varios meses, conseguirá contactar con grupos que realicen acciones eficaces. Hasta mediado el año 1937, los únicos objetivos de los miembros de la quinta columna, cuando se sepa que Madrid ha resistido a Franco, se resumen en una palabra: sobrevivir.

Carrillo es la estrella de la reunión. Sobre él recaen todas las miradas, porque él es quien responde a los asuntos más preocupantes. El otro asunto importante es el de la participación del POUM y la FAI en la Junta de Defensa. Los comunistas convencen a los demás representantes de no dar contestación al POUM, pero negociar con la FAI su entrada.

La prensa comunista no esconde su visión de los poumistas. El lenguaje moderado de los militantes del PCE en casi todos los ámbitos de la vida política de la República se quiebra cuando aparecen referencias al POUM. Son fascistas, son quintacolumnistas.

La presión diplomática a la que se ha referido Santiago Carrillo es un hecho grave para la Junta. En Francia e Inglaterra, la República busca por medio de la diplomacia que se alteren las reglas del juego fijadas en el Tratado de No Intervención. Las argumentaciones públicas de los conservadores británicos para mantener aislado el conflicto español se basan no sólo en los intereses políticos de su país, sino también en los datos de la represión en ese país que a Winston Churchill le parece «de salvajes». Las noticias del cuerpo diplomático, de la Cruz Roja, sobre la represión en la zona republicana son aireadas por la prensa internacional sin ahorrar detalles. El gobierno quiere ofrecer una nueva imagen de su zona de influencia en la que el imperio de la ley destaque como la norma de la conducta del Estado.

La denuncia de los crímenes cometidos por los franquistas tiene más potencia si se vincula a un comportamiento digno de las propias fuerzas.

PARTE FRANQUISTA

Ejército del Norte

7 división. En los barrios del sur de Madrid continúa la labor de limpieza y consolidación y mejora de la vanguardia de nuestras posiciones, cogiéndose al enemigo sesenta muertos con sus correspondientes fusiles y un fusil ametrallador. En el flanco derecho del mismo frente, un intento de ataque enemigo fue fácilmente rechazado, persiguiéndole nuestras tropas, que le recogieron cincuenta y dos muertos. En el flanco izquierdo también se señaló actividad enemiga y un intento de ataque con tanques fue rechazado con grandísimas bajas para las fuerzas rojas que lo realizaron.

En Madrid se observa desde nuestras líneas la anarquía que domina y grandes incendios en el centro de la población jalonan los desmanes de las hordas rojas en zonas apartadas de las actividades militares de nuestra artillería y nuestra aviación, haciendo inútiles nuestros esfuerzos para tomar la población, evitándole en todo lo posible daños y pérdidas, no obstante el retraso que estas consideraciones imprimen a las operaciones militares.

División de Soria. En el frente de Guadalajara, el enemigo, aprovechando la niebla, intentó desquitarse de sus constantes derrotas en este frente, llevando a cabo un ataque sobre Almadrones, ocupado recientemente con tanques y artillería, siendo rechazado y perseguido por nuestras tropas, en poder de las cuales dejó numerosas bajas.

PARTE REPUBLICANO

A las nueve y cuarenta y cinco de la noche

Frente del centro. El día de hoy se ha caracterizado por una gran actividad artillera de ambas partes. El enemigo ha intentado atacar en los sectores de la carretera de Extremadura, Carabanchel y Toledo, habiendo sido rechazado enérgica y eficazmente por nuestras fuerzas que, en algunos puntos, han mejorado sus posiciones.

La actividad de la aviación ha sido bastante eficaz.

12 de noviembre

«DESTRUIRÉ MADRID antes que tener que dejárselo a los marxistas.» Franco ha hecho estas declaraciones a unos periodistas portugueses. Hoy el periódico inglés *The Times* las recoge en sus páginas.

Pero justamente hoy, su aviación no opera debido a la intensa niebla. Los republicanos sí salen, pero dos de los aviones de bombardeo que intentan apoyar a las tropas de tierra, desorientados, se estrellan.

No cesa el combate, pero es una lucha sin expectativas, de desgaste del enemigo. Los dos bandos se refuerzan, aprovechan la pequeña pausa para recibir tropas de refresco, para reorganizarse. A los franquistas se les unen nuevos batallones de moros y tropas de reemplazo probadas.

Hay una coincidencia. Varela pretende atacar, insistiendo por el centro del dispositivo, por la Casa de Campo en dirección al puente Nuevo y la Ciudad Universitaria. Miaja, de acuerdo con Pozas, pretende iniciar una ofensiva general cuya punta de lanza estará en su flanco derecho. La XII brigada internacional se ha retrasado, pero llegará a tiempo para atacar, junto con dos brigadas mixtas más, la 2 y la 5, por el Cerro de los Ángeles. Todas las demás unidades atacarán al unísono para aprovechar el empuje de los nuevos combatientes.

El duro trabajo en el frente no impide el necesario trabajo político que los comunistas saben que es preciso hacer en la retaguardia para mantener la firmeza de los hombres de las trincheras.

En el Monumental Cinema se organiza un nuevo mitin masivo, a despecho de los bombardeos franquistas y convocado por el Quinto Regimiento. Hoy son sus jefes más destacados los que se dirigen al público. Es un acto de carácter militar.

Uno de los primeros en tomar la palabra es Valentín González, «El Campesino», cuya figura está adquiriendo caracteres legendarios. Es el jefe del batallón de choque que colabora, con entusiasmo, en la exaltación de su propia fama. No decepciona, desde luego, a los que le escuchan: «Hemos dejado en las trincheras cerca de cuatrocientos hombres; pero los doscientos que quedan, unidos a otros combatientes destinados a mi batallón, juramos ante el pueblo español que el fascismo jamás pasará ... Así es el batallón de El Campesino ... A quien interese desmoralizar a los combatientes hay que fusilarlo en el acto. La victoria es nuestra porque tenemos razón y armas tan poderosas como las del enemigo».[153]

Los comunistas se muestran de acuerdo con Rojo en que las unidades deben eliminar los nombres propios para que el ejército popular tenga una identidad estrictamente republicana. Pero no pueden evitar la tentación de ensalzar a sus héroes, que garantizan el enganche de millares de jóvenes a las unidades comunistas.

El discurso machista y montaraz de Valentín González es muy eficaz para reavivar el orgullo de los soldados que han padecido el estigma de haber huido tantas veces. La resistencia, basada en la disciplina, de los que se han forjado como combatientes en el Quinto Regimiento es un gran ejemplo para el resto de los milicianos y sirve de catalizador al fenómeno de la multiplicación de la militancia comunista en toda la República. Desde que la guerra empezó se ha multiplicado por cinco.

El resto de las intervenciones tiene un carácter mucho más político. Francisco Galán, José Díaz y el comandante Carlos acentúan la lealtad de los comunistas y de la Junta al Gobierno, exigen disciplina y mando único, y avisan de que no se ha ganado aún la batalla.

Sólo Líster hace una alusión que se sale del correcto trato al gobierno de Valencia:

—Tenemos plena confianza en el pueblo y por eso venceremos. Esta confianza es lo que les ha faltado a los que han huido.[154]

El general Miaja hace una de sus escasas intervenciones radiadas. Su gusto por los micrófonos, por la notoriedad, se va haciendo notar. La prensa lo califica de héroe de la defensa de Madrid, y él no desea sustraerse a la popularidad. En las trincheras, los soldados reciben una octavilla que recuerda el anuncio de ofensiva de Largo Caballero a finales de octubre. La de mañana también la ha preparado el presidente, pero al ejército desplegado en Madrid le cabe un importante papel que Miaja incorpora satisfecho a su patrimonio de imagen pública:

Combatientes: cincuenta mil hombres vais a aplastar hoy a la reacción en una lucha decisiva después de seis días de duros combates en los que habéis hecho fracasar el propósito enemigo de asaltar Madrid.

Vais a terminar la semana de heroísmo con un triunfo decisivo que admirará al mundo.

La República os exige este esfuerzo para garantizar sus libertades; lo exige el decoro del pueblo español que odia la tiranía, y lo exigen nuestros hermanos caídos en la lucha y las mujeres y los niños sacrificados inhumanamente. Pensando en ello, sabréis poner vigor en el ataque y perecer antes que dar un paso atrás. Con esta misión y una fe ciega en nuestros ideales, la victoria será nuestra.

PARTE FRANQUISTA

Ejército del Norte.

7 división. En el frente sur de Madrid continuó la labor de limpieza y reducción de focos en la zona urbana dominada. Un intento de ataque enemigo, con tanques rusos, fue rechazado, capturando nuestras tropas un nuevo tanque.

El espíritu de las tropas es excelente y se preparan para nuevas gloriosas jornadas.

División de Soria. El enemigo intentó nuevamente en el día de hoy atacar el pueblo de Almadrones, rechazándole con bastantes pérdidas por su parte. Unos guardias de seguridad hechos prisioneros confirman el elevado número de bajas que se hicieron al enemigo en el ataque de ayer al mismo pueblo.

PARTE REPUBLICANO

A las nueve y media de la noche

Frente del centro. Hasta el mediodía la situación fue extraordinaria pues, a pesar de que el enemigo presionó fuertemente en todos los sectores de lucha, y muy especialmente en las carreteras de Toledo y Andalucía, nuestras fuerzas se defendieron valientemente en sus posiciones.

Durante toda la mañana, la artillería facciosa ha desarrollado gran actividad, contrarrestada muy eficazmente por la nuestra. Durante la tarde ha continuado con menos intensidad el duelo de artillería.

El enemigo ha seguido presionando las carreteras de Toledo y Andalucía, pero nuestras fuerzas lograron defender siempre, mejorándolas en muchos casos, sus posiciones.

13 de noviembre

Pero el general Varela se adelanta a los planes de Largo Caballero para su gran contraofensiva. Los republicanos no han conseguido concentrar sus fuerzas a tiempo. A las nueve de la mañana, las columnas de Barrón, Alonso y Tella comienzan, apoyadas por la artillería, un avance simultáneo que, de forma incomprensible, toma a los defensores por sorpresa.

Los regulares y legionarios consiguen avances en Usera y los Carabancheles. Y arrollan algunas defensas en la Casa de Campo. En Usera se producen escenas de pánico, de las que parecía que el ejército republicano se había librado ya.

Pero el avance de Varela, que parece incontenible, se detiene en el puente Nuevo. A las 12.45 del mediodía, el comandante Romero, jefe del subsector del puente de los Franceses, se permite un lujo casi insólito en el ejército popular al enviar un mensaje al Estado Mayor: «Disposición de estas fuerzas: gran espíritu y entusiasmo. No necesitamos ni queremos refuerzos, únicamente necesitamos bombas de mano».[155]

Los guardias de asalto, con algunos apoyos de unidades sueltas de la IV brigada, defienden la zona. El puente de los Franceses, nadie lo pasa. Y no quieren refuerzos.

Un poco más al norte, los de Varela consiguen llegar a la altura del río, ocupando un frente de quinientos metros a la altura del hipódromo.

Quien está a punto de quebrar la resistencia de los milicianos es el coronel Mangada, que hace una aparición fantasma cuando ya apenas se sabía de él tras la derrota de la Sierra. Hoy ha pasado con un séquito de siete automóviles por el puente de los Franceses para visitar los frentes. Mangada no se ha encomendado a nadie para esa excursión entre las líneas del frente. Ha provocado el pánico en algunas unidades, que han pensado que el enemigo había cruzado, y se han retirado en desbandada. El acuerdo de la Junta no es muy severo: se dictará una orden para que nadie haga visitas al frente sin autorización. Pero las hazañas de Mangada no se acaban ahí: existe un informe que afirma que ha ocupado el Palacio Nacional, el antiguo Palacio Real. Miaja pregunta en vano si se sabe quién le ha dado el permiso.

Vicente Rojo hace un prolijo informe de la situación militar. No es buena, desde luego. La moral de las tropas ha disminuido. Se está haciendo todo lo posible por hacerles llegar un rancho caliente. Hace días que no comen más que comida fría. Y de Valencia, los suministros tardan hasta cuatro días en llegar.[156]

La gran maniobra de Pozas va a ser un fracaso. No se produce ninguna ganancia de terreno sensible. Unos metros en el estanque de la Casa de Campo, pero eso le toca a Rojo. Poco más. El gran esfuerzo le toca a la nueva brigada internacional.

Luigi Longo, que tiene el sobrenombre de «Gallo», va a entrar en fuego por primera vez. La XII brigada internacional ha sido llamada al frente para realizar una maniobra de flanqueo que detenga el nuevo esfuerzo franquista por la zona de Carabanchel. El objetivo es el Cerro de los Ángeles, el Cerro Rojo.

La constitución de la brigada ha sido un nuevo milagro. El único batallón que está medio bien organizado es el Garibaldi, que forman los voluntarios italianos. A su cabeza está el capitán Picciardi, socialista, y tiene dos comisarios políticos, uno comunista y otro socialista. El Garibaldi es un batallón en el que se mezclan las ideologías. Hay también anarquistas, y otros hombres que se reconocen a sí mismos sólo como antifascistas.

Longo ha sido hasta hace tres días comandante de Estado Mayor de las brigadas internacionales. Pero siente que no puede abandonar al batallón italiano en su estreno en combate, y se nombra comisario político de la brigada. Estrena la insignia que le define como tal: una estrella de cinco puntas dentro de un círculo con una barra dorada en la base.

Los hombres están ansiosos por entrar en combate. Han venido a España para eso y Nicoletti, el comisario de la XI, les ha contado cómo se están cubriendo de gloria sus batallones en la Ciudad Universitaria y la Casa de Campo.

Pero hay, como siempre, un grave problema de organización. Hasta ayer no fue posible formar la brigada y designar a sus mandos. El armamento es variopinto y llevan tres días sin dormir. El único batallón realmente constituido es el italiano. Los otros se forman a base de compañías que agrupan a franceses, alemanes, belgas y algunos eslavos. La brigada la manda el húngaro Lukács. El batallón alemán, Ludwig Renn, un conocido escritor antifascista.

El día anterior lo han pasado en Chinchón, sumidos en el caos, ordenando lo que han podido, reuniendo camiones para el transporte, buscando lugares donde dormir.

Las fuerzas atacantes son tres brigadas españolas y la XII.

Al amanecer se despliegan en un amplio frente. Los garibaldinos han salido con un poco de retraso y tienen que correr, cargados con el equipo, con las mantas, las cantimploras de una loma a otra hasta que alcanzan el lugar que les corresponde. El sol se presenta magnífico. Los fascistas pueden verles y observar sus movimientos con nitidez. Se han retirado de las primeras trincheras, donde han abandonado palas y picos, para replegarse a las magníficas fortificaciones del cerro. El retraso en los movimientos de los atacantes favorece la organización de la defensa.

Los garibaldinos se olvidan de su objetivo inicial, que consiste en desbordar al enemigo por la derecha, y se dirigen al cerro. Les acompañan tres tanques T-26.

El fuego comienza enseguida. Longo puede ver las explosiones de la artillería pesada republicana que hace blanco en el cerro, disparando desde la Marañosa. Las ametralladoras italianas también hacen fuego desde sus emplazamientos.

La respuesta es dura. Suenan los fusiles, las ametralladoras, los cañones. Comienzan a caer los hombres que avanzan por una llanura descubierta. Los garibaldinos dejan de correr. Ahora se arrastran avanzando hacia su objetivo. Ruedan para moverse de un lugar a otro y hacen agujeros en el suelo para protegerse la cabeza. Los primeros llegan al pie de las fortificaciones, pero no tienen provisión de bombas de mano. Se ponen escaleras para subir los muros. Pero la resistencia está bien organizada. De nada vale el heroísmo.

Cuando cae la noche, los tanques se retiran. No es aconsejable que maniobren en la oscuridad por un terreno accidentado. Los italianos se sienten desprotegidos. El ataque se suspende.

«Hasta hace poco, el aire hervía de relámpagos y explosiones y ahora hay un profundo silencio nocturno, roto de vez en cuando por un disparo aislado o por la explosión, a lo lejos, de alguna bomba de mano que hace aún más siniestro el silencio. Entre los olivos encontramos los cuerpos rígidos de los muertos, algún herido que gime y se arrastra difícilmente.» Hay voluntarios que recogen a los heridos y se los llevan hacia el lugar de donde partió el ataque, pero se pierden constantemente. En la retaguardia, los de intendencia intentan dar de comer a los hombres.

Los puestos de mando del batallón no se encuentran. Lukács y Longo meditan sobre las enormes deficiencias organizativas que ha provocado la improvisación, la entrada urgente en combate. Pero Madrid les ha llamado.

Al día siguiente, los de la XII, que han recibido un cruento bautismo de fuego, se irán a Madrid para compartir con los de la XI la defensa de la capital.[157]

En las instalaciones de Unión Radio, la Junta de Defensa ha organizado un programa dedicado a elevar la moral de los madrileños mientras las bombas caen sobre sus hogares. Fernando Claudín, dirigente de las JSU, ha enrolado en la misión a varios poetas. Entre ellos, a Arturo Serrano Plaja, que lee su «Canto a la libertad».

A mitad de la lectura, una explosión sacude el edificio y la emisión se corta. Una bomba de aviación ha acertado de lleno en el edificio que alberga la emisora, en plena Gran Vía. Serrano Plaja se ve a sí mismo sentado en el suelo «con mi libertad en la mano».[158]

En el cielo, los lentos Ju-52 se ven acosados ahora por un nuevo avión ruso, el Polikarpov I-16, monoplano, vehículo aún mejor que el «chato». Los Heinkel y los Fiat se las ven y se las desean para enfrentarse a ellos. También tendrán enseguida un apodo: «moscas», para los republicanos, y «ratas», para los franquistas.

Los madrileños pueden admirar un espectáculo impresionante en el cielo. Ambos bandos se adjudican muchas victorias aéreas. En cualquier caso, más de una docena de aviones caen derribados ante los ojos atónitos de los ciudadanos que siguen entusiasmados los combates, aplaudiendo la caída de los que suponen son aviones enemigos y lamentando las pérdidas propias. Desde septiembre no hay corridas. Las sustituyen los combates aéreos que, además, son gratis.

Los derribos de aviones franquistas se producen cada vez con mayor frecuencia. La aviación republicana crece en número y calidad. Y en popularidad entre los madrileños, que siguen siendo cruelmente castigados por las bombas de la aviación franquista. El amor por sus aviadores es parejo al odio hacia los enemigos, que dejan caer sus proyectiles sobre objetivos civiles un día tras otro. Se aplaude a los aviadores propios como se detesta a los adversarios. En alguna ocasión se han producido linchamientos de pilotos franquistas que se habían salvado tirándose en paracaídas de su aparato abatido.

Por eso Miaja da una orden terminante a los soldados y los civiles: «En lo sucesivo, todo aviador será respetado por el ejército popular y por los paisanos que puedan detenerle. Sin ofenderle de palabra ni de obra, será conducido a este Estado Mayor en el Ministerio de la Guerra. En caso de estar herido será trasladado con todo cuidado al sitio donde más rápidamente y con más eficacia pueda ser asistido. Los contraventores de esta orden serán castigados de manera inexorable».[159]

Los pilotos capturados pueden dar una información inestimable a quienes les interroguen. Pero hay algo más: pueden ser objeto de canje. Rusos y alemanes serán intercambiados en más de una ocasión, aunque la presencia de estos combatientes en España no es reconocida por las autoridades de ninguna de las dos zonas.

A última hora de la tarde, mil ochocientos anarquistas llegan al cuartel de la calle de Granada. Vienen agotados. Han ido desde el frente de Aragón hasta Barcelona, donde han recibido nuevas armas. De allí, por tren, se han trasladado a Valencia y, por fin, en autocares, a Madrid. En dos días.

Les han entregado unos fusiles suministrados por el gobierno mexicano. Se trata de un modelo de Winchester con cerrojo y cargador en forma de peine con capacidad para cinco cartuchos. Su funcionamiento es muy similar al del Mauser, aunque la calidad de fabricación es muy inferior.[160]

A pesar del cansancio y de las protestas de Durruti, una parte de los voluntarios catalanes se incorpora esta noche al frente. Van a la Casa de Campo, donde hay que tapar huecos. La presión de los atacantes es casi irresistible.

El contingente anarquista ha sido captado por una cámara justo antes de salir hacia Madrid. Es un trabajo cinematográfico de la industria catalana que realiza Félix Marquet y que editará con el título de *Ayuda a Madrid*. En el documental, Durruti hace una alocución a los espectadores. La Generalitat ha producido ya, a través de su empresa productora Laia, alguna película sobre la defensa de la capital, como *Catalanes en Castilla*. Y ha puesto en marcha un documental con objetivos internacionales, *In Defence of Madrid*. Se ven bombardeos, combates aéreos, marcha de niños evacuados y planos del Quinto Regimiento en sus acuartelamientos de la calle Francos Rodríguez. Por primera vez, se verá en el cine la marcha de los brigadistas a su entrada en la ciudad. El Socorro Rojo está filmando otra película titulada *Defensa de Madrid* y la Alianza de Intelectuales Antifascistas produce otra con idéntico título.

También en el otro lado se atiende a la voracidad del público propio que desea ver imágenes de la victoriosa marcha de la guerra. La Falange produce *Madrid, cerco y bombardeamiento*, dirigida por Ricardo Gutiérrez.

Se producirán varias decenas de películas antes de que acabe el año. Madrid empieza a ser un mito también a través del cine.[161]

El fracaso de la ofensiva de Pozas supone un cambio en la filosofía de la defensa de Madrid para el Estado Mayor de Largo Caballero. Desde hoy todas las fuerzas se destinarán a la defensa de la capital, y se abandonan otros planes, los acariciados por Asensio desde el principio, que contemplaban la guerra al margen de la suerte de la capital. El nuevo ejército sigue sin saber cómo desenvolverse a la ofensiva. A partir de hoy, todas las fuerzas que salgan encuadradas de las bases de Albacete se destinarán con preferencia a Madrid, a las órdenes de Miaja.

Jesús de Galíndez ya tenía noticias de que se estaban sacando presos de las cárceles para enviarlos, probablemente, a la muerte. Pero hoy recibe la visita de dos personas que darán constancia de estos hechos. El doctor Henri, un suizo que es delegado de la Cruz Roja Internacional, y el encargado de negocios de la Embajada de Noruega, Schlaier, a quien muchos consideran simpatizante de los fascistas. Los dos hombres le cuentan que han estado en Paracuellos, que han visto las fosas comunes. Henri solloza mientras narra la experiencia.

Galíndez no puede hacer demasiado. Pero notifica inmediatamente los hechos a Manuel Irujo y a todos aquellos que conoce en Valencia. Las sacas dejan de ser un secreto. Al menos para los miembros del gobierno.[162]

PARTE FRANQUISTA
Ejército del Norte
7 división. En los barrios del sur de Madrid el enemigo intentó llevar a cabo un ataque en todo el frente, siendo rechazado, con grandes pérdidas, y perseguido por nuestras tropas, que le cogieron más de trescientos muertos, entre ellos muchos extranjeros, franceses, belgas y rusos, y órdenes firmadas por un general ruso, así como un parte de un comandante francés que manda un batallón de extranjeros.

Nuestras fuerzas mejoraron sus posiciones a vanguardia, continuando la limpieza de la zona ocupada y casas de la misma que, por tener un censo de más de cuarenta mil almas, es operación laboriosa.

División de Soria. Las fuerzas de este frente han avanzado, ocupando Jirueque, causando al enemigo bastantes bajas.

Actividad de la aviación. En el aire también la suerte de las armas nos ha sido favorabilísima, pues la técnica de nuestros bravos aviadores se ha puesto una vez más de manifiesto al derribar, en el día de hoy, once aviones enemigos, seis de ellos de caza, en el primer combate aéreo que tuvo lugar sobre Madrid en las primeras horas de la mañana y otros cuatro de caza en el combate que tuvo lugar en las últimas horas de la tarde; aparte de ellos, fue derribado, carbonizándose sus ocupantes, un avión de bombardeo ruso que cayó sobre nuestras líneas.

PARTE REPUBLICANO

A partir de hoy, los partes del Ministerio de Guerra se reducen a uno, que se radiará por la noche.

Frente del centro. Parte de las 11 horas. A primeras horas de la mañana las tropas de la República han establecido contacto con las tropas fascistas en el frente de Madrid, iniciándose la lucha que hasta este momento es totalmente favorable a las armas del pueblo.

Nuestras columnas conservan en todo momento la iniciativa del ataque, avanzando lentamente con arreglo al plan trazado por el alto mando.

El enemigo pretendió un ataque aéreo sobre Madrid con una escuadra de aviones de bombardeo protegidos por varios aeroplanos de caza, siendo atacados por nuestras escuadrillas e iniciándose por este motivo una gran batalla que terminó en rotundo triunfo de nuestros aviadores. Los aviones rebeldes han huido en desorden. La aviación fascista ha perdido en esta ocasión seis aparatos.

Parte de las 14 horas. En este momento, el combate iniciado en las primeras horas de la mañana en el sector de Madrid continúa con gran intensidad. Nuestras tropas continúan su lento, aunque firme, avance, desarrollándose la operación con la precisión prevista. La aviación republicana coopera activa y eficazmente a la acción de las tropas de tierra.

Parte de las 17 horas. La batalla iniciada en el frente de las fuerzas que defienden Madrid continúa con la mayor intensidad. Las columnas propias que operan ofensivamente han avanzado y ocupado nuevas posiciones, haciendo más crítica la situación del enemigo, que ha abandonado su actividad ofensiva.

Las líneas que defienden el acceso a Madrid resisten heroicamente. Se ha librado, a las 15 horas 45 minutos, una nueva batalla aérea. Los aviones de bombardeo, sorprendidos cuando iniciaban la destrucción del Cuartel de la Montaña, han huido y durante veinte minutos una lucha emocionante entre nuestros adversarios ha terminado con la victoria de los nuestros, que dominan actualmente el cielo de Madrid, protegiendo a la población de los bombardeos.

Parte a las 21.30 horas. Durante la tarde de hoy ha continuado la ofensiva de nuestras fuerzas, habiéndose logrado una parte de los objetivos propuestos por el mando para nuestras columnas del flanco derecho.

En el centro de nuestras líneas, el enemigo ha seguido como en los días anteriores presionando fuertemente, habiéndose rechazado varios ataques sobre el barrio de Usera.

Esta tarde ha tenido lugar un segundo combate aéreo en el que han intervenido gran número de aviones, habiendo sido derribados cuatro cazas enemigos y no regresando a sus bases dos aparatos nuestros también de caza.

14 de noviembre

EL DIARIO *AHORA* SE DIFUNDE ESTA MAÑANA con una importante novedad que, sin embargo, pasa inadvertida a casi todos los lectores. En el fondo, comparada con todo lo que se vive en Madrid, se trata de una minucia: el nombre de Manuel Chaves Nogales ya no aparece en la cabecera bajo el epígrafe de «director», como ha venido sucediendo desde hace mucho tiempo.

Manuel Chaves Nogales es, muy probablemente, el mejor periodista español de los últimos años. Este sevillano vino a Madrid en la década anterior y se hizo un hueco en la profesión a base de una escritura depurada y una probada audacia. Los reportajes de Chaves Nogales han servido para contar a los españoles las experiencias del depuesto emperador de Etiopía, pero también el proceso de «conquista» por las fuerzas españolas del general Capaz del territorio de Ifni, un pedazo de tierra situado en Marruecos, algo al norte del Sáhara. Su obra más popular es una biografía de Juan Belmonte. Pero en todos sus artículos se respira hondura, inteligencia, capacidad de análisis y una objetividad que no está muy de moda en los tiempos que corren. Sus reportajes sobre la Alemania nazi, la Rusia soviética o la revolución de Asturias son ejemplares, aunque no suelan satisfacer demasiado los gustos de la época porque se suele entregar con poco entusiasmo a las causas extremas. Su objetividad en la narración le hacen ser el más duro de los fustigadores de los hechos que observa: una peregrinación al Rocío de braceros rojos un mes antes del levantamiento, o la declaración del comunismo libertario en un pueblo de La Rioja. Una vez tomado el poder, muertos los guardias civiles, ¿qué hacer? Nadie parece saber la respuesta, como sucedió en Asturias.

Chaves ha tenido una dura experiencia durante los meses que han pasado desde que Franco se alzó en África: en ese momento, «un Consejo

Obrero formado por delegados de los talleres desposeyó al propietario de la empresa periodística donde yo trabajaba y se atribuyó sus funciones. Yo, que no había sido en mi vida revolucionario, ni tengo ninguna simpatía por la dictadura del proletariado, me encontré en pleno régimen soviético. Me puse entonces al servicio de los obreros como antes lo había estado a las órdenes del capitalista, es decir, siendo leal con ellos y conmigo mismo. Hice constar mi falta de convicción revolucionaria y mi protesta contra todas las dictaduras, incluso la del proletariado, y me comprometí únicamente a defender la causa del pueblo contra el fascismo y los militares sublevados».

A Chaves nadie le ha molestado por su falta de espíritu revolucionario, pero tampoco nadie le muestra un excesivo aprecio por su carácter equilibrado, por su declarado republicanismo que se niega a aceptar las manifestaciones autoritarias de su propio bando. Chaves parece actuar, incluso, como si no tuviera bando.[163]

Cuando el gobierno abandone Madrid, Manuel Chaves Nogales se sentirá relevado de su lealtad institucional. Emprenderá el camino del exilio precoz, al igual que lo harán algunos privilegiados más como el poeta Luis Cernuda.

Chaves Nogales no se va por miedo, aunque le amenazan algunos anarquistas y los franquistas que se acercan. Lo demostrará durante los años siguientes como luchador incansable contra el fascismo. En París y, más tarde, en Londres. La República pierde a un gran periodista. La República perderá poco después, en condiciones similares, a otro hombre de parecidas características, Arturo Barea, que hoy, sin embargo, sigue creyendo en la utilidad de su trabajo en ese Madrid abandonado por muchos entusiastas de la revolución, y por esa reducida élite de gentes como Nogales que pueden permitirse el lujo de disentir sin tener que pasarse al enemigo.

En el frente, o sea, en casi todo el entorno de Madrid, se oye el constante paqueo de los fusiles y alguna ráfaga de ametralladora. Por supuesto, bombardea la artillería y los aviones dejan caer sus bombas sobre los barrios humildes.

Las unidades combatientes se lamen las heridas. Escobar ha sido herido, igual que Noé, que había sustituido al también herido Enciso. Los combatientes están tan cerca unos de otros y el fuego es tan nutrido que los jefes caen como moscas.

Llegan más voluntarios andaluces.

El puente de Segovia revienta al ser alcanzado por las bombas de la aviación franquista.

El general Miaja informa a la Junta de Defensa de que mañana, por fin, Buenaventura Durruti va a pelear siguiendo los planes del jefe del Estado Mayor, Vicente Rojo. La Junta ha estado discutiendo durante largo tiempo la negativa de Durruti a acudir al frente, motivada, según el jefe anarquista, por el cansancio de sus hombres y, según Miaja, por la negativa de su comisario político. Si hay algunos soldados desmoralizados en el frente, son los anarquistas de Durruti. No entienden esta forma de guerra. Pero su jefe les ha convencido, y Miaja se muestra satisfecho, porque no le sobran hombres.[164]

Las reticencias del comisario anarquista son, en realidad, las reticencias de los anarquistas en bloque. En los planes de Eduardo Val, Durruti ocupa el lugar central. Se trata de tener un poco de tiempo para organizar la gran columna anarquista. La entrada en fuego de la columna desbarata esos planes.[165]

A Miaja no le sobran hombres para organizar la defensa. Ni tampoco para controlar a la quinta columna. Hay informes policiales que aseguran que en la embajada de Finlandia se albergan dos mil quinientos fascistas, armados y dispuestos a actuar.[166]

Los estados mayores también aprovechan la tregua. En el de Miaja se preparan las órdenes números 8 y 9 para que sean ejecutadas mañana. La idea es ofensiva. Se trata de conquistar la Casa de Campo, que está casi toda en manos del enemigo. El peso del ataque lo tendrá que llevar la columna Durruti, acompañada por un batallón de la CNT. Los anarquistas, que están deseando entrar en combate y salvar Madrid, estarán apoyados por la derecha por la columna Enciso y la XI brigada internacional. Y por la izquierda por la nueva columna López-Tienda. El protagonismo de los catalanes es absoluto en este plan. De anarquistas y de voluntarios del PSUC, que quedan a las órdenes del jefe anarquista. Durruti tiene, en total, cuatro mil hombres a sus órdenes.

Los de Durruti deberán avanzar hasta alcanzar el cerro Garabitas y la casa de Rodajos. Cuando alcancen ese punto, deberán avanzar los internacionales y la columna de Francisco Galán, que también ha sido herido hace dos días, en dirección a Campamento. Además, la 4 brigada de Arellano tendrá que tomar la iglesia y los edificios cercanos. Por supuesto, la continuación de los movimientos estará condicionada al éxito de los primeros ataques.

El general Varela tiene también planes ofensivos. Se basan en la insistencia en lograr una base de partida para el asalto definitivo a la ciudad en el entorno de la Ciudad Universitaria y el Parque del Oeste. Hay que pasar el río desde la Casa de Campo y subir con toda la rapidez hasta la cárcel Modelo y el cuartel de infantería, en Moncloa.

En el ataque van a participar tres columnas, algo más de seis mil soldados, los encuadrados en las unidades de Asensio, Barrón y Delgado Serrano. Yagüe sigue siendo el responsable de este sector del frente, aunque ha declarado en voz alta que «la maniobra adoptada la considero errónea».[167] Dos de los hombres de la mayor confianza del Caudillo se ven obligados a trabajar juntos en un ambiente de hostilidad tan visible como creciente. Yagüe sólo piensa que hay que tomar Madrid por el norte. Varela desconfía cada vez más de sus posibilidades, pero él y Franco confían en su *baraka*, un factor que no siempre funciona en la guerra.

La columna de Bartomeu quedará como reserva en la Casa de Campo. Asensio atacará por el flanco izquierdo, desde el puente de los Franceses, subiendo luego por la Escuela de Arquitectura hasta el Asilo de Santa Cristina. El centro del asalto lo harán los de Delgado Serrano, para conquistar la cárcel Modelo y el cuartel, cruzando el Parque del Oeste. Barrón permanecerá en la Casa de Campo como segundo escalón del ataque, para subir por la derecha de Delgado Serrano en dirección a Rosales y el Cuartel de la Montaña.

Cada una de las columnas llevará una compañía de carros de asalto. La artillería y la aviación se centrarán en el apoyo a estas columnas.

Varela se despide de Asensio con una inevitable mención a la suerte. Asensio es un hombre de gran determinación:

—Mañana pasaré el río, con carros o sin ellos.[168]

La suerte de los presos fascistas comienza a ser un asunto público. La Junta de Defensa hace un comunicado en el que se desmienten las informaciones de las emisoras «facciosas» que hablan de que en Madrid se está fusilando a los presos. «Cuanto se diga de este asunto es completamente falso. Ni los presos son víctimas de malos tratos ni mucho menos deben temer por su vida. Todos serán juzgados dentro de la legalidad de cada caso.»[169]

Josefina Ferro oye las emisoras extranjeras. Y tiembla pensando en la suerte de su padre y su hermano, que siguen en la cárcel de Porlier.

El comunicado del gobierno no le da ninguna tranquilidad. Y ahora no tiene manera de informarse sobre su estado de salud.[170]

PARTE FRANQUISTA

Ejército del Norte

7 división. En los barrios del sur de Madrid continuó la labor de limpieza y progresión de la línea con menos hostilidad por parte del enemigo. Un intento de éste contra nuestro flanco derecho fue rechazado con grandes pérdidas para él.

PARTE REPUBLICANO

A las nueve y media de la noche

Frente del centro. En el sector de Madrid, el enemigo ha presionado con alguna intensidad por la zona del puente de los Franceses, en donde han sido rechazados dos ataques.

La línea mantenida por nuestras tropas no ha sufrido variación sensible en todo su desarrollo.

En el sector sur, las fuerzas de la República han avanzado esta mañana desde sus bases de partida, llegando a dominar con su fuego de artillería e infantería los objetivos señalados por el mando para la jornada de hoy.

15 de noviembre

LAS TENSIONES EMOCIONALES OCASIONAN una baja sensible entre las tropas de Franco. A las dos de la madrugada, el coronel Yagüe, de quien dependen las fuerzas que van a atacar por la Casa de Campo y pugnarán por pasar el río hacia la Ciudad Universitaria, sufre un ataque que le provoca un desmayo. No ha sido capaz de resistir la tensión que le producen la guerra y las graves diferencias que mantiene con su jefe directo, Varela.

Pero Varela no le necesita para desarrollar sus planes. Le basta con sustituirle por el coronel García Escámez justo antes de que comience el ataque.

A las nueve de la mañana comienza a caer una lluvia de bombas y metralla sobre las posiciones republicanas. Los hombres que están preparándose para iniciar una acción ofensiva a mediodía se ven, de golpe, metidos de lleno en la organización de la defensa.

La agilidad en la reorganización del sistema de fuerzas y la audacia con que se emprende el ataque rompe el frente, todavía desordenado por la preparación de la ofensiva que ha planeado Rojo. Algunas unidades se dispersan y huyen presas de pánico.[171]

El general Varela se ha vuelto a adelantar. Miaja no tiene otra salida que ordenar que las tropas se atrincheren y se preparen para la contraofensiva. Una instrucción que en su segunda parte es algo optimista. Lograr que se atrincheren y resistan parece ya una proeza.

A las diez de la mañana, el asalto de Asensio, frontal y por los dos flancos, sobre el puente Nuevo es de una gran dureza. Los guardias de asalto del comandante Romero responden con su habitual bravura y sangre fría. Pero esta vez no puede haber chulería y rechazar la posibilidad de refuerzos. A las diez y media tiene que hacer una llamada angustiosa: «Los tanques se echan encima y van a pasar el puente».[172]

Los carros no pasan, son detenidos por los antitanques. Pero la situación es alarmante. Rojo, desde el Estado Mayor, mueve las unidades de uno a otro lado. Envía una columna como reserva a la Ciudad Universitaria, refuerza a la columna de Prada y manda los carros de Arman hacia el puente de los Franceses.

Pero la presión es tan fuerte que no hay tiempo. El puente se vuela antes del mediodía. Una compañía más de fuerzas de asalto acude a reforzar a los de Romero.

Por el puente de los Franceses, por el puente Nuevo, no pasan.

Desde los primeros compases del ataque, los legionarios y regulares de Delgado Serrano y Asensio han volado las tapias de la Casa de Campo en dos lugares frente a los bosquecillos de la Ciudad Universitaria que caen sobre el río, a unos ochocientos metros del puente, cerca del edificio de Firmes Especiales. Las brechas tienen un ancho de unos cuatro metros, suficiente para el paso de los carros. Poco después de la una del mediodía, cuando el ataque sobre el puente de los Franceses ha fracasado, los dieciséis tanques de Delgado Serrano se cuelan por las brechas y bajan el pronunciado talud para llegar a la orilla del río. Desde allí, ametrallan las posiciones republicanas para que la infantería propia baje y pueda cruzar.

Desde los observatorios del cine Capitol, los vigías republicanos observan la maniobra. Para allí hay que enviar refuerzos.

Los carros quedan presos de las arenas y el barro. Los infantes que los acompañan reciben un fuego intenso. Lo intentan tres veces hasta las cinco de la tarde. No es posible. Varios carros son alcanzados y quedan varados a la orilla. No se puede avanzar pese a que el apoyo de la aviación y la artillería es muy fuerte.

La situación es crítica para los asaltantes, a merced del fuego de las ametralladoras de los defensores. El teniente coronel Delgado Serrano toma una decisión extrema: llama al comandante Mohamed Ben Mizzian, jefe del III tabor de Alhucemas, y le ordena pasar el río como sea.

Ben Mizzian, el militar marroquí de mayor grado del ejército franquista, que ha estudiado en la Academia de Toledo y es pariente del cabecilla Abdel Krim, que derrotó a los españoles en el Rif, escoge a la 2 compañía, al mando del capitán Carlos Muslera, para el intento. Algunos carros logran remontar la pendiente contraria, y les siguen los regulares que, con el agua por la rodilla, con fusiles y bombas de mano franquean el paso. Les siguen al completo el II y el III tabores. Son las cuatro y media de la tarde.

Los poco experimentados voluntarios de la columna López-Tienda huyen en desbandada en dirección a la cárcel Modelo.

En pocos minutos, los regulares, a los que siguen algunos contingentes del tercio de la Legión, escalan las pendientes de la Ciudad Universitaria y ocupan la Escuela de Arquitectura. Queda muy poco tiempo de luz.

Por el Parque del Oeste, dos compañías de moros han logrado burlar las defensas en torno al puente de los Franceses. La columna de Durruti, que está esperando la orden de asalto al cerro de Garabitas, sufre el mismo pánico que los de la López-Tienda. Hay desbandada.

Desde las tres de la tarde también se aplica al paso del río el III tabor de Tetuán, «tras violenta y larga preparación de artillería y aviación». Logra pasar el tabor al completo. Una vez al otro lado del río, a las cuatro y media, se da la orden de avanzar hacia las edificaciones. La lucha del tabor se desarrolla en la Escuela de Arquitectura y la Casa de Velázquez. En este edificio resisten con fiereza los soldados húngaros de una compañía de la XI brigada internacional. No queda vivo ninguno. Los tabores de moros han sufrido sólo quince muertos. Entre ellos, un teniente español: Fernando Losada.[173]

Miaja está en el aeródromo de Alcalá de Henares desde la una de la tarde, esperando el avión que tiene que llevarle a Valencia para entrevistarse con el general Asensio y con el propio ministro de la Guerra, Largo Caballero. A las cuatro, el avión todavía no ha conseguido despegar de Albacete y Miaja no puede soportar más tiempo la espera: el enemigo está desbordando las defensas en el Manzanares. Tiene que volver.

Una vez en el Cuartel General, junto con Rojo, atiende al despliegue de los refuerzos. Y habla, vía teletipo, con Asensio. El subsecretario comprende sus razones para haber anulado el viaje y le cita para el día siguiente por la mañana, a la hora que pueda ser, junto con el general Pozas. Miaja le solicita un avión que vaya rápido, no un aparato «indecente». Quiere uno como el que usa el jefe del Aire, Hidalgo de Cisneros. Asensio le dice que no hay privilegios, que hay servicios. Si Hidalgo usó un Dragon es porque estaría disponible en ese momento.

En cualquier caso, Asensio le pide a Miaja que continúe informando de la evolución de la situación en el Manzanares.[174]

Miaja sigue con Rojo. Pero de inmediato se reúne con la Junta de Defensa. Todos están ansiosos por conocer la situación real del frente. El agujero —les dice Miaja— lo ha ocasionado la desbandada de la columna de López-Tienda y de la de Durruti, que estaban preparadas para atacar en dirección a Garabitas a las dos de la tarde. El enemigo ha comenzado a atacar a las ocho de la mañana con doce aviones de bombardeo y veinte tanques contra el puente de los Franceses. Los defensores, una compañía de asalto con una ametralladora, han aguantado heroicamente, pero algunos atacantes han conseguido vadear el río, lo que ha provocado el pánico entre las fuerzas citadas.

Los refuerzos, la columna de Enciso y los tanques que se han enviado con urgencia desde Aravaca, no han podido actuar porque la propia desbandada lo ha impedido.

Todas las fuerzas disponibles están yendo hacia la Ciudad Universitaria para ocupar los edificios que puedan y resistir allí. Los moros suben las pendientes y, aunque aún no son muchos, lo hacen sin encontrar resistencia. El puente de los Franceses ha sido volado. También el de Galicia. Y se construyen parapetos para evitar el cruce de tanques.

La urgencia de los asuntos militares no impide que la Junta se dedique a otros, como la suspensión temporal de algunos periódicos por falta de papel. Sólo se publicará la prensa que sea de partidos y sindicatos. Y se acuerda pedir todas las competencias sobre espionaje al gobierno.

La *baraka* de Varela ha funcionado, sobre todo por el coraje de los hombres de Asensio y Delgado Serrano. Pero también la de Miaja, porque ya no quedan apenas minutos de luz para continuar las operaciones y puede ganar unas horas.

Los franquistas, por fin, han puesto pie en Madrid. Lo han logrado apenas quinientos, pero representan una cuña peligrosísima para reventar las defensas. El plan de Varela, en cualquier caso, no ha sido culminado por sus inmediatos subordinados. Delgado Serrano no ha conseguido llegar hasta la cárcel Modelo y tampoco las fuerzas de Barrón han logrado llegar al Cuartel de la Montaña en una maniobra de envolvimiento desde la estación del Norte. Esto habría desarticulado completamente el sistema defensivo de Miaja.

Miaja vuelve a hablar con Asensio, también por teletipo: no va a ser posible desplazarse a Valencia mañana. La situación militar es muy grave. Todavía no hay ni siquiera una evaluación de la misma. No se sabe dónde están todos los hombres de Durruti, ni qué edificios se controla en la Ciudad Universitaria. Hay que planear, para mañana a primera hora, una operación para recuperar las posiciones perdidas. Para Miaja, el pánico de los anarquistas no tiene justificación: los moros que han vadeado el río no deben de ser más de doscientos.

El pretendido viaje de Miaja a Valencia comienza a plantear algunos problemas. El jefe de la Junta de Defensa considera que su puesto está en

Madrid, que su viaje puede ser malinterpretado y causar un efecto moral catastrófico. Asensio insiste: que mantenga en secreto su marcha y consuma dos horas con él.[175]

Miaja y Rojo intentan remendar el roto. A la zona se envían refuerzos que vienen de todas partes, que se sacan de Usera, de Vallecas, de las reservas.

A las once de la noche hay cuatro compañías de guardias de asalto cerca de la Modelo y en Rosales. Sus filas se engrosan con los huidos de la columna López-Tienda.

Rojo está muy afectado: con las tropas que había en el sector se tenía que haber resistido.[176] Pero quizás el error provenga del propio Rojo: las tropas catalanas del PSUC y de Durruti no están todavía preparadas para combatir en un frente tan duro como el de Madrid. No les ha dado tiempo a contagiarse del espíritu de la defensa que ha permitido contenerles los días anteriores. Ha sido un error confiarles ese frente. Un grave error.[177]

Varela está ya convencido de que, por fin, ha roto las defensas de la ciudad. ¿Se dará la circunstancia esperada de que, roto el frente, se produzca el desplome de todo el resto? La respuesta tampoco la conocen sus enemigos Miaja y Rojo. Son horas de enorme incertidumbre. Madrid parece a punto de caer.

El afán de Varela ahora es explotar el éxito inicial. La orden para mañana es que las columnas 1, 2 y 3 continúen avanzando. Asensio tiene que llegar al Clínico. Barrón y Delgado Serrano intentarán pasar el río al completo y dirigirse a la Modelo, a Rosales y al Cuartel de la Montaña. La artillería y la aviación apoyarán estos movimientos con intensidad. El paso de las tropas se hará a través de una pasarela que los ingenieros construyen a marchas forzadas durante la noche, a unos cuatrocientos metros río arriba del puente de los Franceses.

Rojo recompone su idea. Al amanecer, la columna Durruti, que se está reuniendo de nuevo, saldrá del Asilo de Santa Cristina con el fin de expulsar a los regulares de Alhucemas del estadio y de la Escuela de Arquitectura, hasta que tengan que repasar el río. A su izquierda, atacarán los hombres de la López-Tienda, que se han de reorganizar durante la noche. La XI brigada internacional marchará desde el puente de San Fernando por la carretera de La Coruña hasta enlazar con Durruti. Las tres fuerzas cubrirán la zona desde el puente de San Fernando hasta Puerta de Hierro, del palacete de la Moncloa hasta el estadio y desde el estadio hasta el puente de los Franceses.

Los avances franquistas son muy notables. El paso del Manzanares es tan mala noticia para los republicanos que apenas la puede compensar la buena noticia de que la aviación republicana se robustece a marchas forzadas. Oficialmente, hoy se crean las seis escuadrillas de «moscas» que acabarán por dar, durante unos meses, la supremacía aérea al ejército de Largo Caballero. En pocos días, habrá setenta y dos aviones, muchos de ellos volando sobre Madrid, que se enfrentarán a la caza franquista y obligarán a que los bombardeos se produzcan de noche o en grandes agrupaciones.

Los aviadores republicanos rompen hoy la baraja de la caballerosidad que rige, de manera absurda, en los combates aéreos. Hoy, según *ABC*, que se basa en fuentes militares, un avión franquista ha dejado caer una caja de madera, suspendida en un paracaídas, que contiene los restos descuartizados de un aviador republicano. Da lo mismo que su cuerpo haya sido troceado sádicamente después de muerto. Es un mensaje atroz.

El periódico hace un comentario editorial lleno de sentimiento, que acaba con un «descansa en paz, bravo caballero del aire de la República, que sobrevivirás como lo único puro de este episodio de impurezas».[178]

PARTE FRANQUISTA
Ejército del Norte
7 división. En el frente sur de Madrid continuaron durante la noche anterior algunos intentos de ataque enemigos seguidos de la desbandada ante el contraataque enérgico de nuestras tropas.

En la madrugada de hoy se señalaron en distintos puntos concentraciones enemigas con intención de romper los frentes, pero fueron disueltas por el fuego de nuestras fuerzas, las que, mientras esto tenía lugar, se concentraban en los puntos del frente elegidos para el ataque.

A la hora fijada y con decisión ejemplar se lanzaron al asalto las primeras fuerzas de nuestras columnas que, atravesando el Manzanares, rompieron el frente enemigo, no obstante los atrincheramientos y fortificaciones que defendían esta zona. La artillería propia, la aviación y el fuego de nuestras ametralladoras diezmaron en su huida a los defensores, ocupando las columnas los objetivos señalados para esta primera fase de la ocupación de Madrid, estableciéndose en edificios de la Ciudad Universitaria y por la parte noroeste de la población.

La actuación de la aviación y de la artillería ha sido magnífica, acompañando a las columnas y cooperando de manera eficacísima al logro de los objetivos. En los combates aéreos fue derribado un avión de caza enemigo, que cayó en llamas sobre la población.

PARTE REPUBLICANO

A las diez y media de la noche

Frente del centro. Desde las primeras horas del día de hoy, el enemigo atacó violentamente en el sector del puente de los Franceses empleando en este ataque lo mejor de sus efectivos, siendo contenido dicho ataque y rechazado después.

Un grupo de fuerzas de regulares intentó, asimismo, cruzar dicho puente precedido de varios tanques, siendo volado el puente impidiendo este avance.

La aviación enemiga ha bombardeado la Ciudad Universitaria y el Cuartel de la Montaña, causando ligeros daños materiales.

16 de noviembre

MADRID PUEDE CAER EN MANOS DE LAS TROPAS DE VARELA. Parece que el fruto está maduro. También parece pensarlo así el jefe del gobierno, Largo Caballero, que hace unas declaraciones que caen como agua helada sobre los defensores de la ciudad: «Madrid no es una posición militar favorable, por lo que en el caso hipotético de que llegaran los facciosos a dominarla, el triunfo no pasaría de lo moral».[179]

Quienes se están dejando la piel en los parapetos que defienden la ciudad leen las declaraciones de Largo Caballero con estupor. Con esas palabras, la desafección del presidente respecto de la suerte de los defensores parece llegar al límite. Los que han gritado «Viva Madrid sin gobierno» se cargan de razón. Los miembros de la Junta de Defensa no hacen sino aumentar su prestigio, algo que no han buscado, porque cuando aceptaron la responsabilidad su valor no tenía ningún premio a la vista, salvo el del pelotón de ejecución.

La defensa de Madrid está en crisis.

El general Pozas ha dado orden de enviar todos los refuerzos posibles desde el TOCE para Madrid. En la reunión que ha convocado Miaja y se celebra desde las diez de la mañana, tiene que desmentir, además, que haya declarado que Madrid está perdido.

La discusión pasa a ser acalorada. Largo Caballero insiste para que Miaja vaya a Valencia a entrevistarse con él. Los consejeros dicen que Miaja y Pozas pueden reunirse con el presidente cuando éste se acerque a Madrid porque los generales tienen que estar en la defensa de la plaza. Se acuerda que, cuando sea posible, irán los generales. No hay tiempo para más. El enemigo está a las puertas, a punto de abrirlas.

Esta mañana, a las nueve y media, Pozas ya le ha dicho a Asensio que

es imposible dejar Madrid, que no lo tome como una actitud de desobe-
diencia, sino como una necesidad imperativa de la defensa. Pozas añade
algo que inquieta a los responsables del Ministerio de la Guerra: está enviando todo lo que tiene a Madrid porque lo pide el pueblo y porque lo
pide su representante, el general Miaja. La tensión crece por momentos
entre el gobierno y la Junta.[180]

«El primer bombardeo verdadero de Madrid tuvo lugar el 4 de noviembre, pero la matanza metódica de la población civil no fue empren-
dida hasta el 16.»

Louis Delaprée es corresponsal del diario parisino *Paris Soir* y escribirá estas líneas dentro de unos días. Hoy asiste a la masiva presencia de los
aviones Junker alemanes y Savoia italianos que sobrevuelan la ciudad día
y noche soltando su carga de hasta dos mil kilos de bombas por aparato.[181]

Los pilotos no se han dado un respiro. A las siete de la tarde han caído
sobre el tejado del Museo del Prado seis bombas incendiarias. El fuego, por
suerte, ha podido ser controlado con rapidez. Es un bombardeo de induda-
ble carácter cultural el de ese día: caen proyectiles sobre el Museo Antropo-
lógico, la Academia de Bellas Artes de San Fernando, la Biblioteca Nacional,
el Museo de Arte Moderno, el Museo Arqueológico y el Archivo Histórico.

Por la noche, la cultura cede su protagonismo a la sanidad. El Hospital
Clínico, en Atocha, el Hospital Provincial, en la calle Santa Isabel, y el de
la Cruz Roja, en Marqués de Urquijo.

En la Puerta del Sol, una bomba de al menos quinientos kilos abre un
tremendo socavón que llega a poner al descubierto los raíles del metro.

Los muertos se cuentan por docenas.

Franco consigue su objetivo de crear miedo en Madrid. Pero es un miedo que se vuelve contra él. Josefa Morales, secretaria, piensa que los
bombardeos no le sirven para nada al enemigo, que sólo sirven para poner furiosa a la gente, que aumentan su decisión de resistir.[182]

La «alfombra» de niños[183] que deja una bomba en una escuela no sirve para quebrar el ánimo de los madrileños que no desean la victoria de
Franco. El odio y la determinación crecen.

Desde el cerro de Garabitas, el capellán de la 4 compañía del 1 batallón de Bailén, Juan Urra, ha contemplado un espectáculo que le parece so-
berbio: el amanecer en la capital envuelta en niebla. Frente a él, tiene los
bosques y los edificios de la Ciudad Universitaria y, tras ellos, el horizonte
urbano de Madrid. La Telefónica, la masa blanca del Palacio Nacional, y
la cúpula de San Francisco el Grande, que la artillería franquista procura respetar. Eso libra de la destrucción los frescos de Goya que decoran su interior.

Esta mañana, la artillería emplazada en Garabitas, cañones del 105 y 155, pesados, hace fuego sobre la Ciudad Universitaria, cubriendo el asalto que ya han iniciado legionarios y moros.

Los del 1 batallón de Bailén van a relevar a los exhaustos combatientes de la primera oleada. La niebla les hace un repentino e inesperado favor, cayendo espesa sobre una zona sin vegetación que hay que bajar antes de alcanzar la valla de Firmes Especiales, al costado izquierdo de la robusta estructura del puente de los Franceses. Un legionario les guía hacia el punto de paso por donde deben cruzar el río. Lo hacen por un boquete que han abierto ayer los de la 4 bandera. Descienden un pronunciado talud a la carrera y cruzan el estrecho cauce saltando sobre unas improvisadas pasarelas.

Casi al mismo tiempo, unas compañías de regulares vadean el curso de agua, esquivando los disparos y metiéndose a toda velocidad en el bosquecillo. Los regulares van a hacer de fuerzas de choque, protegidos en sus flancos por requetés.

En la otra orilla, cubierta ya por algunos árboles robustos y unos chopos delgados, topan con los legionarios a los que tienen que relevar. Ya ha comenzado el tiroteo, ya disparan las ametralladoras y los morteros.

Un legionario vuelve a la carrera dando alaridos de dolor mientras se sujeta un brazo del que asoman los huesos partidos y astillados.

—No te quejes, hombre. Tú ya sabes dónde te han herido. Los demás no sabemos lo que nos va a pasar —le dice otro legionario.

Un mendrugo de pan, unas latas de sardinas y algo de vino es el escaso menú que les permite recuperar fuerzas. No hay contraataque enemigo, y los hombres recogen a los heridos y los muertos propios.

El capellán Urra se da cuenta de que no lleva los santos óleos para administrar la extremaunción a los muertos. Se da la vuelta y deshace el camino. Esa mañana, logra una proeza: sale indemne después de cruzar tres veces el río. Urra recapitula y llega a la conclusión de que el paso se ha hecho sin muchas bajas porque Dios ha querido protegerles.[184]

Unas veces lo hace y otras no.

Las vanguardias de Asensio han tomado ayer a los húngaros de la XI la Casa de Velázquez. De la Escuela de Agrónomos han echado hoy a un contingente de anarquistas de Durruti.

Los esfuerzos de las columnas anarquistas, de los internacionales y de las nuevas unidades que Miaja va pudiendo enviar a la Ciudad Universitaria, no prosperan. El intento de echar a los de Varela al otro lado del río resulta imposible.

La XII brigada internacional recibe la orden de incorporarse a la defensa de Madrid, abandonando las posiciones frente al Cerro de los Ángeles.

Las órdenes de operaciones del ejército franquista siguen la tónica del día. Mañana, el ataque de las columnas de Asensio tiene que ser de gran violencia y apoyado con toda la fuerza de la aviación y la artillería. Los bombardeos serán generales y se centrarán en las zonas que se pretende ocupar. Hay que volcar todas las armas en un esfuerzo que tiene que ser el decisivo.

A las siete de la tarde vuelve a reunirse la Junta de Defensa. Al coronel Rojo le corresponde dar cuenta de la situación militar. Rojo es sobrio: se ha contenido el avance, pero los franquistas se mantienen con fuerza en el Palacete, en la Casa de Velázquez y en la Fundación del Amo. La columna de Durruti y la López-Tienda han progresado algo, pero los enemigos tienen muchas armas automáticas y cañones antitanque. Por la noche, se va a intentar un asalto. Todos los esfuerzos de mañana se van a centrar en la Ciudad Universitaria. [185]

Los aviones alemanes e italianos aún vuelan sobre Madrid bajo pabellón español, aunque los pilotos sean extranjeros.
La novedad sucede en Cartagena. Tres escuadrillas de aviones bombardean el puerto. Son alemanes de la Legión Cóndor en su primer vuelo «oficial» como unidad legionaria. Los daños no son importantes.[186]

En la Ciudad Universitaria siguen los combates, feroces. Los republicanos intentan echar de sus posiciones recién conquistadas a los moros y los legionarios. Pero éstos «tienen una facilidad diabólica para afianzarse en el terreno».[187] Y algo más: los combatientes moros quieren hacer algo sonado, para festejar el Ramadán.

PARTE FRANQUISTA
En los diversos frentes, pequeños tiroteos y avances de escasa trascendencia.
En los frentes sur y oeste de Madrid continuó la progresión iniciada en el día de ayer, ensanchando la brecha abierta en el frente enemigo y mejorando y consolidando las posiciones.
En el aire fueron derribados dos aparatos rusos por nuestros aviones, llevándose a cabo felizmente todas las operaciones aéreas encomendadas a nuestra aviación.

PARTE REPUBLICANO

A las nueve y media de la noche

Frente del centro. En el sector de Guadarrama se ha rechazado un intenso ataque del enemigo al que se le ha infligido grandes pérdidas.

En Madrid, fuerzas de regulares han atacado con mucha intensidad en el sector del puente de los Franceses durante todo el día, siendo completamente vanos sus intentos y sufriendo bastantes pérdidas. Nuestras fuerzas mantienen sus posiciones y están animadas de un excelente espíritu.

Se ha sostenido intenso fuego de fusil y ametralladora.

La criminal aviación fascista ha bombardeado nuestra ciudad tres veces en el día de hoy: a las 16.30, 19 y 20 horas. En estos incalificables bombardeos ha habido que lamentar inocentes víctimas de mujeres y niños, produciendo algunos incendios en edificios particulares, lejos de todo objetivo de guerra. La aviación enemiga ha sufrido la pérdida de varios aparatos.

17 de noviembre

MIAJA CONSIGUE QUE SU AVIACIÓN realice un intenso ataque contra los que intentan pasar el río. Varias escuadrillas de chatos ametrallan la Casa de Velázquez y la Escuela de Agrónomos. El III tabor de Alhucemas sufre seis bajas de oficiales y setenta de tropa. Pasa a tener tres compañías en lugar de cuatro.

El ataque de la aviación debe preceder al de las columnas de Durruti, López-Tienda y brigadas internacionales, que tienen que cumplir hoy las órdenes que no pudieron culminar ayer.

Pero los esfuerzos vuelven a ser vanos. Los hombres de las columnas catalanas luchan con valor pero no saben moverse en ese campo abierto que es la Ciudad Universitaria. Son presa fácil de los africanos. Caen por decenas sin lograr nada.

La columna de Asensio, con la 6 bandera de la Legión y los tabores I y II de Tetuán, logra tomar el Asilo de Santa Cristina y alcanza el Hospital Clínico. Dentro del hospital quedan hombres de los dos bandos peleando habitación por habitación, con granadas de mano y bayonetas. La columna de Delgado Serrano, con la 4 bandera de la Legión, y los tabores I y III de Alhucemas se apoderan de la Fundación del Amo, la Residencia de Estudiantes y el Instituto de Higiene. Barrón, con la 1 bandera y los tabores I y II de Melilla, se conforma hoy con resistir los asaltos repetidos de cientos de hombres que caen segados por sus ametralladoras. No avanza, pero hace una auténtica carnicería entre los enemigos.

Para los atacantes, para los legionarios y los regulares que atacan a las órdenes de Asensio, ésta es la jornada «más dramática, la más amarga, la más sangrienta».[188]

Pero están cerca de la victoria, que hasta ahora se ha visto impedida por los hombres de Romero en el puente de los Franceses, por dos batallones internacionales «muy bien mandados» en Puerta de Hierro y por la 2 brigada del comandante Martínez de Aragón en el Clínico.

El frente de los defensores puede desmoronarse. El general Miaja y el teniente coronel Vicente Rojo se acercan a la Moncloa. El desplazamiento estaba previsto con antelación, para seguir desde allí la prevista maniobra ofensiva. El observatorio de la cárcel Modelo es ideal para ello. Pero al llegar a la Moncloa, desde la calle Fernando el Católico, se desencadena una masa de fuegos que parece tener como objetivo precisamente la cárcel.

Miaja y Rojo entran en la cárcel, acompañados por la escolta. Sobre el edificio caen las bombas de la aviación y las granadas de la artillería. Una granada impacta en uno de los coches y lo revienta al pasar del primero al segundo patio. Los dos jefes de la defensa intentan acceder al observatorio, pero la escalerilla que da acceso al mismo tiembla tanto por el efecto de las explosiones que es imposible lograrlo.

Rojo teme quedar enterrado bajo los escombros, y piensa que ha llegado el día más duro, la hora crítica en que el enemigo quiere romper de una vez por todas el frente desde la cuña del Clínico y sus posiciones en la Ciudad Universitaria. El fuego aumenta. Ahora también el de la infantería, que se acerca a la Moncloa.

Los bombardeos han logrado romper las comunicaciones. Rojo considera que Miaja tiene que volver a su puesto de mando para coordinar toda la situación del frente.

Cuando salen de la cárcel y ven la plaza, observan cómo muchos milicianos anarquistas de la columna de Durruti corren en desbandada hacia la retaguardia desde el Parque del Oeste. Otros aguantan, cumplen con su deber y disparan sus ametralladoras ciegamente, un fuego caótico y despilfarrador en el que «más que la eficacia y buena puntería se pide a todos los santos que el arma no se encasquille».

Miaja saca su pistola. Los hombres le reconocen y los gritos de pánico se convierten en vítores al jefe de la defensa. Los que huyen vuelven a sus puestos, animados por los tres camiones con refuerzos que llegan a tapar huecos. La crisis se resuelve. El asalto se detiene.

Miaja y Rojo regresan a su puesto de mando. La casualidad ha hecho que una visita rutinaria se haya convertido en lo que ha galvanizado los ánimos, lo que ha devuelto la moral a los combatientes que huían.[189]

Dentro de la cárcel aún quedan cientos de presos que escuchan los disparos y el estallido de las bombas que anuncian su liberación. «El estruendo de la batalla no es ya un eco próximo, sino que desde las celdas lo perciben con la misma intensidad que si los carros nacionales, las ametralladoras, los fusiles y los morteros estuvieran a pocos metros de nuestra prisión.» Algún preso asegura haber oído conversaciones en árabe, lo que le induce a pensar que las tropas moras están ya dentro de la prisión y abren las puertas de las celdas. El chirriar de los carros en su marcha es una novedad. Cada uno lo oye, o cree oírlo, de un modo distinto. Los presos calculan la dirección del ataque. «Ya están en Princesa», «ahora tuercen por los Bulevares»...

Durante unas horas, la cárcel se pone patas arriba. Se produce un primer impulso de improvisar un hospital de sangre en el piso bajo. Pero se descarta. Los guardianes recorren las galerías pidiendo voluntarios para trasladar a los heridos. Algunos presos aceptan. Se convierten en camilleros con libertad absoluta para abandonar la prisión. Los heridos son transportados hasta la cárcel por sus compañeros. Desde allí, presos y carceleros los llevan, por una zona desenfilada, hasta las ambulancias.[190]

Cuando se acaba el combate, vuelven a las celdas. Alguno de los que ha colaborado en la evacuación de los milicianos heridos ha conseguido escapar. Los demás serán trasladados en los próximos días a otras cárceles. Los que queden vivos. Una veintena de prisioneros muere en el bombardeo.

Los que quedan, hasta el número de cinco mil, van a las cárceles de San Antón, Porlier y Ventas. En todas las cárceles se ha conseguido ganar el espacio suficiente. Ya van más de mil quinientos fusilamientos en tres días: el 7, el 8 y el 9.

Hoy, sin embargo, se abre una nueva etapa en las sacas, que los presos ignoran. Ellos saben sólo una cosa: que algunos son llamados de madrugada y no se vuelve a saber nada de ellos. Pero los que han hecho de verdugos están en situación de forzosa inactividad porque, desde el día 10, un anarquista llamado Melchor Rodríguez ha sido nombrado director general de Prisiones, y no permite que se saque a ningún preso de ninguna cárcel si no es bajo su tutela.

Pero Rodríguez, empujado por las presiones, va a dimitir, lo que abrirá, de nuevo, la vía de la matanza sistemática y organizada de los presos. Desde el PCE, con la complicidad de Amor Nuño, de la Federación Local de Sindicatos Únicos y sus duros colaboradores, se está haciendo una eficaz tarea para acabar con las checas y los «paseos». Pero eso no afecta a las sacas.

¿Quién ha logrado que Rodríguez dimita? Su compañero Juan García Oliver, ministro de Justicia. Como otros dirigentes anarquistas, García Oliver tiene una diferencia importante con Rodríguez: éste quiere salvar a todos, pero es preciso tener mano dura con los más peligrosos. Los anarquistas están en contra de la pena de muerte, va contra su ideario; pero no pueden estar ciegos ante la realidad del riesgo de liberar a tantos fascistas. Lo que García Oliver le plantea parece un problema cuantitativo.[191] Para Melchor Rodríguez es cualitativo. Los presos que están en situación preventiva no pueden ser sacados sin su autorización. No hay más que discutir. Por eso, su dimisión es obligada. Porque Rodríguez sabe, ya que estuvo en la reunión del 8 de noviembre, cuál es el destino de los presos citados en la primera de las clases de detenidos, los «fascistas y peligrosos».

Los presos lo ignoran todo. No saben nada sobre la suerte de sus compañeros «trasladados». No saben tampoco que mañana se van a hacer nuevas listas, que van a volver a funcionar los autobuses de dos pisos que viajan hacia Alcalá pero que muy raras veces llegan hasta la ciudad. Unos dos mil hombres van a morir entre el 6 de noviembre y el 6 de diciembre, fusilados en Paracuellos o Torrejón. Más que en el frente.[192]

Los aviones franquistas siguen su tarea sistemática de destrucción de la ciudad. Le toca a la calle de Segovia, a la estación del Mediodía, al paseo del Prado, a la calle Moratín, al barrio de las Letras.

A mediodía, los soldados de la XII brigada internacional llegan, por fin, a Madrid. La aproximación en camiones ha sido penosa. Las carreteras están atestadas, y es preciso marchar dejando cincuenta metros entre camión y camión para no facilitarle las cosas a la aviación franquista.

El ruido de los aviones es inconfundible. En el cielo se dibujan las siluetas de varias escuadrillas de bombardeo y cazas que les dan escolta. Los camiones se salen de la calzada e intentan esconderse bajo los escuálidos árboles. Los hombres bajan a toda prisa y se echan al suelo. Pero de inmediato comienzan a levantarse. Han llegado más aviones. Esta vez se trata de la caza republicana. Los bombarderos franquistas abandonan el cielo; pero los cazas aceptan el combate. Y se inicia un espectáculo que los internacionales contemplan por primera vez, aunque los madrileños ya se han aficionado a verlo: decenas de aviones hacen todo tipo de acrobacias mientras se ametrallan unos a otros.

Los voluntarios participan en el combate como si fueran espectadores de un partido de fútbol, animando a los que creen que son los suyos, insultando al enemigo. Aplauden y abuchean. Todo avión que huye es enemigo; todo avión que persigue a otro es «nuestro».

Luigi Longo ve cómo un aparato cae en picado. Pero cuando ya está muy cerca del suelo, remonta el vuelo y vuelve al combate. Es un ardid para escapar del ataque enemigo. Otro vuela casi a ras de suelo, como si fuera a aterrizar, y sube de golpe en vertical en busca de su par.

Uno deja una estela de humo y vuela hacia las líneas enemigas. Es un fascista. Los voluntarios aplauden y gritan entusiasmados. Otro cae envuelto en llamas y su derribo recibe los mismos vítores. Esta misma noche, se sabrá que era republicano.[193]

El ataque de los aviones republicanos ha conseguido, al menos, que algunos bombarderos franquistas vuelvan a sus bases sin poder soltar toda su carga.

En la Ciudad Universitaria un morterazo le deja incrustadas en el cuerpo dos esquirlas de metralla al teniente requeté Fernando Bayano, que es evacuado de inmediato al hospital de sangre de Griñón.

—¡Qué oportunidad hemos perdido de morir mártires! —le dirá luego a su amigo el capellán Juan Urra cuando se reencuentren los dos, heridos, en la retaguardia.[194]

Fred Jones es jefe de una sección del batallón Comuna de París, de la XI brigada. Hace una aproximación nocturna para tomar posiciones, en un camión que volverá cargado de heridos. Algo falla en la coordinación de las fuerzas internacionales. Nadie sabe que el camión viene y alguno se piensa que se trata de un transporte de los franquistas y le tiende una trampa: un cable cruzado de lado a lado del camino.

El conductor del camión acelera para cumplir cuanto antes su misión. El cable le corta el cuello a Jones, que muere en el acto. Jones estaba tan seguro de sí mismo que no tenía designado a ningún camarada para que le sustituyera en caso de muerte.

Los internacionales sufren una cantidad de bajas aterradora. La noche anterior, en dos minutos, los morteros del enemigo mataron a siete hombres en una trinchera.

Los franceses parecen veteranos. Hacen cargas a la bayoneta que admiran a John Cornford. Pero ayer fueron sorprendidos por los moros y tuvieron que retirarse cubiertos por el fuego de la sección de ametralladoras. Steve Yates, el cabo, y el soldado Mclaurin han muerto aferrados a su ametralladora. Los dos hombres que les acompañaban están gravemente heridos.

«Siempre les sucede lo peor a los mejores.»[195]

Bernard Knox, universitario de Cambridge que ha acudido a las brigadas llamado por el ardiente verbo de Cornford, se agazapa tras la barricada que ha construido en una ventana del edificio. El elemento más poderoso de la defensa que ha improvisado es una enciclopedia de religión y mitología hindú. La bala que más ha penetrado en uno de los tomos llega hasta la página 350.[196]

Un poco antes de las siete de la tarde, la Junta de Defensa vuelve a reunirse. Por si no hubiera bastante con los problemas militares, los políticos crecen. Hay sobre la mesa un telegrama del jefe del gobierno y ministro de la Guerra, Francisco Largo Caballero, lleno de reproches a Miaja. Le recuerda que el mando supremo corresponde al ministro de la Guerra, y se muestra en desacuerdo con la decisión de haber distraído tropas del TOCE para defender Madrid. Una decisión que no le corresponde. En un tono absolutamente seco, Largo Caballero exige a Miaja que le dé noticias cada día a las 8.30 de la mañana, a las 13 y a las 19.

Los consejeros piden hablar todos por turno. El apoyo a Miaja es absoluto. Todos conocen cómo se han producido las decisiones, y han estado con Pozas el día anterior. Nadie cuestiona la autoridad del gobierno, y uno por uno expresan que alguien, Miaja o Rojo, tiene que ir a Valencia a explicar la situación militar.

Miaja dice que es imposible y cuenta los hechos de esta mañana: cómo ha tenido que parar un ataque de pánico de las tropas en Moncloa.

Pero, poco a poco, el ambiente se caldea. El representante de las JSU, Santiago Carrillo, dice que le consta que el general Asensio es un traidor. Hay que ir a Valencia con uno de los representantes militares para poder defender la acción de la Junta. Y, en todo caso, defender Madrid, pese a los sabotajes, con lo que se tenga.

José Carreño, de Izquierda Republicana, apoya a Miaja: el general no puede ir a Valencia. Debe ir una comisión acompañada de un técnico militar. El representante socialista Máximo de Dios apoya también al general y va más lejos: si se pierde Madrid, se pierde la guerra. Hay que ir a Valencia a aclarar las cosas. Francisco Caminero, del Partido Sindicalista, se guarda su opinión sobre Asensio y dice que sobre eso debe opinar cada partido. Pero también expresa que conviene que no vaya un militar de menor graduación que él a Valencia. Para Caminero, que ha visitado otros frentes, no hay guerra de veras salvo en Madrid, como demuestra el fracaso de las columnas catalana y de Durruti, que no han sabido combatir. Si se pierde Madrid, se pierde la guerra.

El representante del PSOE, Máximo de Dios, se empeña en la propuesta más dura: deben ser los representantes de todos los partidos, colectivamente, los que pidan la dimisión de Asensio.

Miaja encuentra la salida: que vaya una comisión, pero que se apoye en Pozas, que está allí.

Rojo hace el acostumbrado balance. La situación no ha mejorado, pero hay un agravante: pese a que se ha dado la orden de contraatacar, no se ha conseguido nada y hay más infiltraciones en la Ciudad Universitaria.[197]

A los diez minutos de disuelta la reunión, el general Miaja envía un telegrama a Largo Caballero: todo lo que le ha dicho es injustificado, como puede atestiguar el general Pozas. Y le espeta al presidente del Consejo una dura parrafada: «No puedo menos que recordar la gravísima situación en que se me entregó la plaza de Madrid con las tropas en franca derrota, el frente roto y la carencia absoluta de material de guerra y, posteriormente, las dificultades sin cuento para la llegada de cualquier material o refuerzos y la fatalidad de que los llegados los compusieron columnas que huyeron a los primeros disparos ... Recuerdo también la petición de V.E. de que, resistiendo tres días, fuerzas extrañas a la defensa local resolverían favorablemente la situación. Y, al onceavo día de resistencia tenaz, poniendo a contribución nuestro máximo esfuerzo y buena fe, recibo su telegrama ... Con todo respeto someto a su consideración la conveniencia de mi relevo por persona que merezca su confianza».[198]

El general Asensio no es un traidor sólo para los comunistas. Es ya un traidor para casi todos los miembros de la Junta de Defensa de Madrid. Nadie le ha defendido. Y el presidente comienza a perder prestigio a marchas forzadas. Si hubo comprensión para la evacuación sorpresiva del gobierno, no la hay para el abandono al que somete a la ciudad. En cada reunión se constatan las dificultades para obtener municiones, alimentos y refuerzos. Por suerte para los defensores, el general Pozas, el jefe del TOCE, sí comparte con ellos la prioridad de salvar la capital. Pozas ha ido librando para Madrid, una por una, salvo en el caso de la desdichada operación de Lopera, todas las nuevas brigadas que se forman.

Y están los soviéticos. Los aviones y los tanques también han ido viniendo a Madrid. El general Berzin, el jefe militar de la misión rusa que acompaña a menudo a Miaja, no escatima los suministros. Largo Caballero parece no controlar esa faceta de la guerra. Para colmo, ha dejado Madrid de forma apresurada, poco estética, y tampoco controla el lugar donde se desarrolla la «guerra de verdad».

Las salidas de tono de Largo Caballero parecen propias de alguien que está perdiendo el control de la situación. A su espalda, se está formando en Madrid una nueva forma de unión entre las fuerzas que apoyan a la República. Una sólida unión que se forja en el trabajo, día a día.

Esta noche comienza a moverse hacia la línea de fuego la XII brigada internacional, que manda el húngaro Maté Zalka y tiene como comisario a Luigi Longo. Estaba previsto que pasara un par de días en Chamartín para continuar con su reorganización. Pero nunca hay tiempo para nada. La presión de legionarios y moros en la Universitaria y la carretera de La Coruña es muy fuerte. Sus camaradas de la XI están agotados.

En cualquier caso, han tenido un mínimo de tiempo para hacer comprender a los hombres de los servicios sanitarios que no deben estar con un fusil durante el combate, que su puesto está en la retaguardia para curar a los heridos de forma inmediata.

Bajo la lluvia fría que comienza a caer, se acercan a la primera línea, en la zona del hipódromo. No van a dormir. El frío no les deja.

El comandante Arellano, de la 4 brigada mixta, uno de los más seguros y eficientes entre los jefes que defienden Madrid, ha muerto en los combates. Era un hombre querido por sus subordinados, con los que estaba desde el principio de la sublevación mandando una columna en la Sierra. Le cantaban una copla facilona:

> Tenemos un comandante
> que se llama Arellano.
> Es un bravo militar,
> le queremos como hermano.

Le sucede en el mando el hombre que ha defendido el puente de los Franceses, el también comandante Carlos Romero, el auténtico héroe del puente, cuya defensa va a ser inmortalizada en las canciones populares que se cantan en Madrid y en las versiones de Pete Seeger, aunque sin nombrarlo a él. Se cantará al puente, no a su mejor defensor.

En otro puente, en el de la Princesa, en Usera, Leopoldo de Luis da un salto para cambiar de trinchera. Un balazo le alcanza en la rodilla. Se lo tienen que llevar en ambulancia al hotel Palace. Cuando llega, el médico que está en la recepción de heridos sentencia:

—A amputar.

Pero el traumatólogo, el doctor Bastos, ordena que le desnuden de inmediato para diagnosticar mejor al herido. Las enfermeras inexpertas le quitan los pantalones y poco más. El médico ruge:

—¡Entero! ¿No véis lo sucio que viene?

Al poco, Leopoldo pierde el conocimiento, por la anestesia.[199]

La herida que ha sufrido Leopoldo se debe al disparo de alguno de los hombres del 2 tabor de la Mehal-la de Larache. Los combates han sido hoy muy duros en Usera. Tan duros como los de la Moncloa. Tienen seis muertos y doce heridos.[200]

Una pausa en el combate: Buenaventura Durruti escribe una carta en la que explica su sensación en Madrid: «He venido de tierras de Aragón a ganar la lucha que hoy es problema de vida o muerte, no sólo para el proletariado español, sino para el mundo entero. Todo se ha concentrado en Madrid, y no te oculto que me gusta verme cara a cara con el enemigo, siquiera porque se ennoblece más la lucha. Antes de marchar de Cataluña pedí conciencia a los que están interesados por lo mismo. No me refiero a los pobres de alma y de energía. Me refiero a los que estamos empeñados en dar el empujón postrero. Los fusiles no hacen nada si no hay una voluntad y un cálculo en el disparo. En Madrid no hay duda de que no entran los fascistas, pero hay que echarlos pronto porque España hay que volverla a conquistar. Estoy contento en Madrid, no te lo oculto; me gusta verlo ahora con la seriedad del hombre grave que conoce su responsabilidad, y no con la frivolidad y encogimiento de hombros cuando amenaza la tormenta».[201]

Pero los bravos hombres que acompañan a Durruti no siempre saben usar bien el fusil y el parapeto ni mantienen el orden en el combate. Y Madrid está en situación crítica.

PARTE FRANQUISTA

En el frente sur y oeste de Madrid ha continuado el avance firme de las fuerzas nacionales que han ocupado la Fundación del Amo, Instituto Rubio, Hospital Clínico, Residencia de Estudiantes, Asilo de Santa Cristina y otros edificios de esta zona del paseo de la Moncloa y Parque del Oeste. Todos los intentos de reacción enemiga fueron duramente rechazados, quedando las avenidas cubiertas de cadáveres, en su totalidad de aventureros extranjeros de los que saquean nuestras ciudades en poder de las hordas rojas.

En Guadarrama, en Robledo de Chavela, se rechazó un intento de ataque del enemigo, al que causaron numerosas bajas.

En el aire fueron abatidos dos aviones de caza enemigos.

PARTE REPUBLICANO

Frente del centro. Desde el amanecer el enemigo ejerció una fuerte presión sobre nuestras líneas, especialmente en el sector del puente de los Franceses, en el cual nuestras tropas resisten admirablemente, habiéndose apoderado de un tanque enemigo, sin que hayan sufrido variación nuestras líneas.

La aviación enemiga ha desplegado gran actividad bombardeando antes del amanecer nuestras posiciones del expresado sector, realizando un segundo bombardeo en el curso de la mañana y un último ataque a primeras horas de la noche.

18 de noviembre

L A ACCIÓN DE LOS AVIONES, QUE ACTÚAN NOCHE Y DÍA con pocos intervalos entre el vuelo de una escuadrilla y el de la siguiente, cae hoy sobre la zona de Rosales, puente del Rey, San Vicente, Marqués de Monistrol, puente de Segovia, y carretera de Extremadura. Arde el Hospital de San Carlos en Atocha y el Cuartel de la Montaña. Desde los aviones se aprecian grandes boquetes en el techo del hospital en llamas.[202]

En la ciudad hay más de tres mil heridos sin evacuar. Y los muertos se amontonan en los depósitos porque no hay capacidad en los servicios funerarios para atender las necesidades. El alcalde ha solicitado permiso a la Junta de Defensa para que se caven fosas comunes. Los sindicatos de ferroviarios intentan poner en marcha los servicios hasta Arganda, pero mientras tanto solicitan que se provea a los responsables de la evacuación y los suministros de camiones.[203]

Luis Enrique Délano tiene que volver al Madrid que abandonó hace casi mes y medio. Pero si no era fácil abandonar la ciudad, más difícil es volver a ella. No hay forma de conseguir un vehículo que esté autorizado a llevar a nadie. Le ha costado más de dos días de gestiones; ha llegado incluso hasta el jefe del gobierno, Largo Caballero, al que ha abordado en el hotel Victoria, donde se hospedan todos los ministros que residen ahora en Valencia.

Ha conseguido una plaza en una caravana de cuatro automóviles del Ministerio de la Guerra. Él y cuatro periodistas, dos belgas y un checo, que no hablan ni una palabra de español.

La parada es casi obligada: Tarancón. Los cuatro comen en una fonda y se retiran a dormir, cansados por el viaje. En el comedor han visto decenas de evacuados. Mujeres, niños, personas mayores, con la mirada desorientada, camino de no saben dónde. El mozo que les atiende les tranquiliza: allí nunca se producen bombardeos.

Délano ocupa la habitación número 13 de la fonda y se duerme profundamente. Hasta que a las dos de la madrugada le despierta un ronroneo que le resulta familiar. Se trata de aviones. Piensa que puede ser algún avión que se dirija a Madrid. Pero suena una explosión lejana. Sale con toda la velocidad que le permiten sus piernas, y hace caso omiso de las voces que instruyen a los huéspedes para que se dirijan al sótano en medio de una profunda oscuridad.

Délano prefiere salir al campo. Sabe, porque ha hablado con combatientes, que en campo abierto lo único que hay que temer, si se tira uno al suelo, es el casi imposible impacto directo. Y se tumba boca arriba para contemplar el espectáculo insólito de los dos bombarderos que dan vueltas sobre el pueblo y van soltando las bombas. En Madrid, escondido en refugios o tapado por los edificios, nunca ha visto el espectáculo entero. Las luces rojas de los aviones le fascinan, por eso no sigue del todo el consejo de que, además, debe estar boca abajo y con las manos protegiéndose la nuca. Dos explosiones cercanas le hacen botar sobre el suelo. Los aviones dan un par de vueltas más y se marchan. No han conseguido hacer blanco en los depósitos de combustible que hay en el pueblo.[204]

En la Ciudad Universitaria siguen los combates furiosos, cuerpo a cuerpo. No siempre se sabe dónde están las líneas propias. Un soldado sin armas se presenta a los hombres de la 4 compañía del 1 batallón de Bailén. Reclama ver al jefe de la zona, y le escoltan hasta el capitán López Andrés, que está acompañado del capellán Juan Urra.

—Vengo a pasarme a los rojos.

El infeliz ha confundido la boina roja de los requetés con algún tocado del enemigo. Urra le hace señas mostrándole su crucifijo, para que rectifique. Pero el otro insiste:

—Vengo a pasarme a los rojos.

El capitán se apiada de él, le saca de su error y considera que todo es fruto de un choque nervioso. Manda que le devuelvan a su unidad, salvándole del pelotón de fusilamiento.[205]

El Hospital Clínico es uno de los lugares más disputados en el salvaje combate que tiene lugar por el control de la Ciudad Universitaria. Dentro del edificio, se pelean por las habitaciones los legionarios de la 4 bandera y los internacionales del batallón Edgard André, de la XI brigada.

Los hombres caen a racimos. Por la noche, los heridos salen del hospital por docenas. Los republicanos entierran a sus muertos a retaguardia. Los franquistas han de dar sepultura a los suyos en el terreno que circunda el edificio en ruinas; bastante es tener que transportar heridos por las pasarelas del Manzanares y hacerles llegar al hospital de sangre de Griñón. Muchos se quedan por el camino, desangrados.

En el Clínico se improvisan nuevas formas de combate. Los soldados enemigos se escuchan unos a otros a través de los gruesos tabiques que separan las estancias. Con dos picos, se abre un agujero en la pared; en cuanto hay hueco, se mete por él el cañón del fusil ametrallador y se rocía de balas el espacio.

—Así nos hirieron a todos los que estamos aquí —le dice al periodista Jesús Izcaray un combatiente alemán de los que manda Hans Kahle y que no quiere dar su nombre porque su familia sigue en Alemania—. Había un legionario que de dos golpes de picachón abría el agujero. Esperemos que se lo hayan cargado.[206]

En el edificio de Filosofía y Letras, el poeta y soldado de ametralladoras John Cornford mata a su primer fascista. Una quincena de ellos han venido avanzando hacia su posición, donde comparte trinchera con dos franceses. Los dos le aseguran que ha sido él. Y Cornford piensa que, si es así, ha sido de chiripa. El mejor tiro que haya podido conseguir nunca.[207]

En el Estado Mayor de la defensa de Madrid se está rumiando una medida drástica y desmoralizadora: la posibilidad de desarmar a la columna Durruti. Sus hombres han chaqueteado varias veces y se muestran indisciplinados. El líder anarquista convence a los mandos de que eso no puede hacerse y pide para los suyos el lugar de mayor peligro para mañana. Blanco Valdés, el jefe de la López-Tienda, sí deja el mando de sus voluntarios catalanes, que pasan a engrosar las filas de la 5 brigada, a las órdenes de Sabio, en el puente de San Fernando. Las tropas venidas de Cataluña están inspiradas por un gran espíritu de lucha, pero son bisoñas en el tipo de combate que se libra en Madrid. No se han enfrentado antes a un enemigo así: correoso, profesional, disciplinado. Los moros y los legionarios tienen muy poco que ver con los guardias civiles y los falangistas que guarecen el frente de Aragón. Ésta es una guerra en serio, que los milicianos que llevan retrocediendo desde Talavera han aprendido a hacer después de sufrir muchos muertos y de huir muchos kilómetros.

Cuando despierta de la anestesia, Leopoldo de Luis imagina que ya le han operado. No siente nada en la pierna que quería amputarle ayer un médico del Palace. Cuando pasa una enfermera por su lado, le pide un favor:

—¿Puedes mirar si tengo pierna?
La chica levanta la sábana y mira:
—Sí.

Un monosílabo que agradece como si fuera un libro de poemas.
«Con dieciocho años, la muerte puede pasar a tu lado, y no verla.»[208]

Los aviones franquistas dejan caer muchas toneladas de bombas incendiarias. Madrid vuelve a arder, a mostrar a sus sitiadores esa imagen fascinante de las antorchas que iluminan su silueta durante la noche.

PARTE FRANQUISTA

En el frente sur y oeste de Madrid se han ensanchado las posiciones ocupadas, rechazando todos los ataques del enemigo, haciendo a éste numerosas bajas.

En el frente de El Escorial se han llevado a cabo pequeños avances persiguiendo al enemigo.

PARTE REPUBLICANO

Frente del centro. En la zona noroeste del centro de Madrid, vivo fuego de fusilería y ametralladora sin que se haya experimentado variación sensible de la situación en el transcurso del día.

19 de noviembre

«ESTA MAÑANA, SILENCIO EN TODOS LOS FRENTES. Incluso, en el del dolor. La ciudad, después de la crisis nerviosa de la noche anterior, está callada y postrada. La gente circula aún por las calles. Pero van rozando las paredes, miran miedosos al cielo, inspeccionan al pasar la profundidad de los portales bajo los cuales uno puede refugiarse.»[209]

El periodista Louis Delaprée recorre la ciudad tras haber pasado la noche en vela, como casi todos los habitantes de la ciudad. No han dejado de sonar las alarmas y las bombas. Un reguero de incendios y cadáveres marca los distintos itinerarios que han seguido las escuadrillas de Junker y Savoia franquistas pilotados por alemanes, italianos y españoles. Franco sigue insistiendo en su estrategia de amilanar a los ciudadanos mediante el terror de la aviación y la artillería.

En la Puerta del Sol, Delaprée ve cómo «una muchedumbre silenciosa contempla una excavación enorme. A la entrada de la calle de Alcalá se abre un hoyo de quince metros de ancho y veinte de profundidad. Un cordón de guardias de asalto y de milicianos lo rodea ... Al fondo, se ven los raíles del metro en la galería reventada ... En la calle de la Montera, esquina a la Gran Vía, un proyectil ha hundido una casa de cuatro pisos ... en la planta baja había tres ancianas reunidas alrededor de una mesa. Han sido aplastadas contra el suelo. Dos han muerto. La tercera, con las rodillas rotas, ha quedado durante siete horas al lado de los cadáveres, el torso estrujado entre una viga y el muro».[210]

El silencio que Delaprée describe dura poco. A lo largo del día, los aviones se ensañan con la estación del Norte, las casas que bordean el Manzanares, la calle de Peligros, el hotel Savoy, el Cuartel de la Montaña, la calle de Alcalá, Medinaceli, Villanueva, Castelló, Jorge Juan, barrio de Extremadura, la China y Carolinas, Vallecas, Fuente de la Teja, los ministerios de Gobernación, Comunicaciones, Marina y Guerra. Todos estos objetivos han sido bombardeados «muy intensamente» según el parte franquista.[211]

Y las bombas caen también sobre el Palacio de Liria, propiedad del duque de Alba. El palacio ha sido requisado desde los primeros días por el PCE, que ha montado una guardia para impedir el saqueo del enorme tesoro artístico que se acumula en sus salas. Los milicianos lo han respetado todo, con la excepción de la bodega, de la que disponen con mayor o menor generosidad para obsequiar a los visitantes ilustres. Pero ahora se trata de salvar lo que hay dentro. Han caído varias bombas incendiarias.

El duque de Alba se encuentra en Londres, que es su segunda casa. Por algo es también duque de Berwick. Y hace de representante oficioso de los franquistas. Compite con ventaja con el embajador español, Pablo Azcárate, que no encuentra más que hostilidad entre los conservadores ingleses. En la capital inglesa hay una lucha por la credibilidad. Dos aristocracias, la de la sangre y la del republicanismo ilustrado. La del conservadurismo político y la del aún minoritario movimiento laborista.

Desde Londres habrá una pugna que será internacional por demostrar la brutalidad del contrario. Desde la casa de Alba se llega al extremo de culpar a los republicanos del incendio del palacio. Pero todas las obras de arte que guarda se salvan, por el empeño de los milicianos. Y serán enviadas a Valencia para su custodia.

Desde abajo, desde la calle, las cosas se ven aún peor que desde el aire porque no sólo se divisan los incendios y los boquetes que causan las bombas. Se ve también el terrible espectáculo de los cadáveres aplastados entre los escombros, desfigurados por la metralla y los cascotes. Más de cien muertos han quedado aprisionados en el sótano de una imprenta de la calle de Santana.

En la calle, la gente llora, se lamenta, pero intenta vivir como si nada sucediera. Muchos madrileños juran con el puño levantado hacia el cielo.

No se escucha en toda la ciudad una voz que hable de rendición, aunque las bajas civiles se cifran en más de dos mil muertos desde que empezaron los bombardeos.[212]

El bombardeo diario sigue siendo tan fuerte que un compañero le dice a Luis Enrique Délano, que viaja a la capital, que no se le ocurra continuar:

—¡No te vengas! Es un verdadero suicidio. La cosa es terrible. ¡En estos momentos están bombardeando! La casa de al lado está en ruinas.

Pero Délano tiene que ir. Los dos periodistas belgas se echan para atrás. Ya encontrarán el modo de informar sobre lo que pasa en Madrid. El checo continúa el viaje con Délano.

Cuando llegan a Madrid, luce sobre la ciudad un sol luminoso, no hay asomo de niebla. Un día perfecto para que los aviones suelten bombas sobre la ciudad.[213]

Emilio Mola, jefe del ejército atacante, contempla la acción de sus aviones desde una torre en Leganés.

Lorenzo Portero juega, como casi todos los días, con su amigo Luis, el hijo de los porteros de la casa de Basagoiti, a las puertas del hotel Gaylord, cerca de su domicilio, entre la Puerta de Alcalá y la plaza de Cibeles. El hotel, un edificio racionalista de siete plantas dotado de los mayores lujos, es el lugar escogido por los rusos para aposentarse en Madrid, una vez sus ocupantes y propietarios han huido para refugiarse en las sedes diplomáticas extranjeras. Hay en el hotel un trasiego constante de coches y personas con aspecto eslavo que despiertan la curiosidad de los chavales. A Lorenzo y a Luis les van conociendo en el hotel, y de cuando en cuando reciben como regalo alguna lata de sardinas que llevan como un gran trofeo a sus hambrientas familias.[214]

Lorenzo y Luis ven pasar todos los días a hombres como el embajador Rosenberg y al jefe del espionaje soviético en España, el siniestro Alexander Orlov. Orlov es ya general del ejército soviético. Ha trabajado a las órdenes directas del fundador de la Checa, Félix Dzerzhinski. Desde 1931 hasta 1933, ha sido el máximo responsable del Servicio Extranjero de la NKVD. Pero sus mayores hazañas, las que le han conferido una enorme autoridad en el régimen estalinista, son sus éxitos en la captación de espías occidentales. En su nómina privada figuran militares franceses y, sobre todo, «los tres mosqueteros», Kim Philby, Donald McLean y Guy Burgess, los agentes que durante muchos años suministrarán información de altísima calidad desde el interior del MI6 británico a los servicios soviéticos.

Orlov, que tiene algo más de cuarenta años, es bielorruso y habla varias lenguas con soltura, entre ellas el inglés. Es un gran experto en guerra de guerrillas. Su envío a España está también motivado por esa cualificación.[215]

Pero Lorenzo y Luis no conocen esa compleja y tenebrosa historia. A ellos sólo les preocupa cómo conseguir cartuchos de fusil para vaciarlos y colocar los fulminantes sobre los raíles del tranvía, lo que suele provocar estrepitosas alarmas en los acuartelamientos cercanos al Retiro.

Los juegos se adecúan a la realidad que vive la ciudad, a la violencia que todo lo envuelve. Olegario Trapero no tiene la facilidad que muestran otros niños para reventar cartuchos al paso de los tranvías. Él juega en las cercanías de Atocha a recoger pedazos de metralla una vez hacen explosión los obuses. Hay que tener cuidado porque si no se espera lo suficiente a que se enfríen, se pueden quemar las manos.

—¡Mira qué cacho de metralla! —exclama un amigo de Olegario mientras corre a su lado en pleno bombardeo, cayendo los proyectiles sobre la glorieta y la estación.

Otras veces se van a Méndez Álvaro, donde hay dos cañones situados sobre la vía. Para disminuir los riesgos, se meten por el cauce del agua sucia. Es más fácil que les regañen por eso que por moverse bajo las bombas. Desde la acera de enfrente de donde están situados los cañones, los niños se entretienen en comentar la trayectoria de los disparos hacia Villaverde, bajo la mirada rutinaria de los artilleros:

—Niños, poneos algo en la boca, no se os vayan a fastidiar los oídos con el estampido.

En las instalaciones de la Standard hay una ametralladora que hace fuego sin descanso.

Y los obuses de los franquistas no paran de caer. Los cuentan. Hoy van doscientos.[216]

La embajada alemana en Madrid hace tiempo que está vacía, igual que la italiana. Ambos países planeaban reconocer a Franco el día en que éste tomara Madrid, como si su victoria fuera un símbolo de legitimidad. Ésas al menos eran las pretensiones de Ciano y Von Neurath, responsables de Exteriores de ambos países. Curiosamente, ambos estaban de acuerdo en eso y en otro asunto: impedir por el esfuerzo conjunto que se consolide un Estado catalán.[217] Pero las presiones de Franco son muy fuertes, y la hostilidad de la República irreversible por la descarada ayuda que nazis y fascistas dan a los rebeldes. El gobierno español ha amenazado con detener a los buques alemanes que comercien con puertos franquistas. Eso acelera el reconocimiento.

En Salamanca, los falangistas se movilizan desbordantes de entusiasmo para aclamar a Franco ante su cuartel general. La noticia corre como la pólvora después de las siete de la tarde: Alemania e Italia han reconocido al gobierno franquista como legítimo representante de España. Alemania, incluso, ha designado embajador, el general Wilhelm von Faupel, un militar retirado que ha cumplido diez años de misiones oficiales en Argentina y Perú y que dirige, además, el Ibero-Amerikanisches Institut.[218]

Es la primera gran victoria diplomática de Franco, que no tenía esperanza de conseguir el reconocimiento hasta que Madrid cayera en sus manos.

El Caudillo está crecido. Se siente fuerte entre los suyos. Tanto que da instrucciones para que se desarrolle la ley de primero de octubre, la que oficializó su nombramiento, y en ese desarrollo se contemplan las funciones de la Junta Técnica, pero no las de la Junta de Defensa, que en su discurso de toma de posesión había afirmado que le acompañaría. Franco da un pequeño golpe de Estado con ese «olvido»: la Junta de Defensa se disuelve sola, sin que haya que incluir ningún decreto en el Boletín del Estado. Y Franco es, ya para siempre, jefe del Estado, sin que se mencione la palabra «gobierno» entre medias.[219]

Pero el fragor de los combates y de los bombardeos hace que esas minucias no trasciendan. Sólo los miembros de la Junta, y sobre todo su presidente, el general Cabanellas, harán alguna discreta referencia a su eliminación.

Escudero, el capitán médico del 1 batallón de Bailén, lo tiene claro: el soldado que tiene la mano destrozada por un disparo en la Ciudad Universitaria, se lo ha dado él mismo para conseguir librarse de luchar en primera línea. El soldado solloza y proclama su inocencia. Pero los dedos, convertidos en guiñapos, están manchados por el fogonazo del arma.

Se ordena que le envíen al hospital y que allí decidan. Todos saben cuál será su destino de cobarde.[220]

El batallón Garibaldi ha sustituido al Dabrowski a lo largo del Manzanares y de Puerta de Hierro; el Thaelmann, al Edgard André en el palacete de Velázquez; el franco-belga, al Comuna de París en la Ciudad Universitaria. La XII brigada internacional releva a la XI tras diez días de combates ininterrumpidos.[221]

A mediodía, cuando llevan apenas unas horas intentando ocupar sus puestos, sin haber conseguido aún fortificarse, un denso fuego de fusilería alerta a los italianos. Muchos se desconciertan, y se producen movimientos nerviosos. Los veteranos de la centuria Gastone Sozzi, que tienen ya experiencia de combate, dirigidos por su capitán, Francesco Leone, se dan cuenta de lo que sucede: es el principio de una desbandada.

Pistola en mano, los oficiales y los comisarios detienen a los que corren alocados, los animan y reorganizan. Mientras, las compañías se ordenan y empiezan a hacer frente a lo que se les viene encima. Los garibaldinos avanzan con cautela, seguidos por los desbandados que ya han recuperado la calma. A trescientos metros hacia delante topan con grupos de enemigos que piensan que han roto el frente y se mueven con confianza. En un movimiento rápido, hacen fuego sobre ellos. Muchos caen, y todos retroceden en busca de refugio. Los italianos aprovechan para abrigarse ellos mismos. Ahora, por fin, comienza a funcionar la estructura militar del batallón.

Cuando cae la noche, el combate decrece y los hombres han de cavar parapetos, aprovechando los cursos de agua que corre generosa por la lluvia incesante. Frente a ellos, los fascistas tienen una posición más cómoda. Aprovechando la desorganización del relevo, han capturado algunas pequeñas casas, en las que resulta más fácil protegerse del fuego y la lluvia.[222]

El relevo entre las dos brigadas ha sido providencial para los de Asensio, que se han encontrado sin buscarlo con una situación de desorganización muy propicia para sus intereses. Los hombres del 1 tabor de la Mehalla jalifiana de Larache han sufrido doce muertos y cincuenta heridos, entre ellos el alférez Pedro Pérez Algaba. El tabor ya ha tenido algunas bajas de oficiales porque entró en fuego el día 15 en la Casa de Campo.[223]

Durruti, el hombre que ha sido considerado por los habitantes de Madrid como su salvador, ha organizado el asalto al Hospital Clínico para recuperarlo una vez que sus tropas han huido, una vez que las tropas de las milicias vascas han dejado el edificio en manos de los fascistas por una momentánea falta de coraje. Durruti llega al Clínico para encabezar el ataque, acompañado de su chófer y de su asesor militar, el sargento Manzana. Pero al bajar de su coche, frente al Clínico, una bala le atraviesa el pecho. Con toda rapidez, le trasladan al hotel Ritz, donde los anarquistas madrileños tienen instalado su hospital de sangre. Es entonces cuando Rojo ordena que se desarme a sus hombres y se les sustituya por otros.[224] También cae herido Alzugaray, el jefe de las milicias vascas, al que sustituye el teniente coronel Ortega, un hombre que procede del frente del norte.

La maniobra de bajar del coche y el disparo del naranjero es muy similar a la que le costó la vida al otro dirigente militar catalán en Madrid, López-Tienda.

El cerro de Garabitas, donde se aloja la artillería pesada que bombardea todos los días la Gran Vía, recibe el ataque de los anarquistas de Durruti. Está protegido por el tabor de tiradores de Ifni. Sobre los parapetos caen constantemente granadas de la artillería republicana. Unas granadas que el cabo Arturo Benito juega a torear haciendo bromas con sus estallidos. La técnica de Benito es muy depurada: cuando una granada suena a modo de silbido, es que no va hacia quien la oye. Un siseo rápido indica que sí. Pero cuando eso sucede, no hay tiempo para protegerse. Un proyectil le arranca la pierna de cuajo, aunque no hace explosión. Benito finge durante unos segundos, como si no hubiera pasado nada, y hasta bromea con que el «pepinazo» sólo le ha arrancado una pierna, pero le ha dejado entero el corazón.

A Arturo Benito le concederá el Caudillo la Medalla Militar. Por su ejemplo de valor, no por su sentido del humor.[225]

El Clínico y el cerro de Garabitas son las dos espinas más dolorosas para los defensores de Madrid. Contra las dos posiciones se desatan ataques furiosos con el mismo resultado. En Garabitas, los franquistas han montado un dispositivo de cruce de fuegos imposible de remontar. Los hombres van a caer allí por docenas. En el Clínico, los escombros que provocan las explosiones de la artillería no hacen sino montar nuevos parapetos. Los regulares y legionarios resisten los ataques sin desmayar nunca. Y cuando hay calma, los tiradores moros se acoplan durante horas a su fusil hasta que dan con el incauto que no ha tomado las precauciones necesarias. «Tantas veces como se les considera expulsados, tantas veces nos equivocamos», medita Julián Zugazagoitia, el socialista director de periódico que no se quiso ir con el gobierno el día 6.[226]

Julio Carrasco tiene veintiún años y es hijo de unos churreros de Santa Cruz de Retamar. También él se ha convertido en un héroe. Es un cazatanques. El primero de su lista se lo apunta en la Casa de Campo, junto al lago. Cuando se oye el ruido de los motores, sus compañeros piensan que se trata de la aviación franquista. Pero enseguida salen de su error. Son tanques de asalto italianos. Julio abre una caja de bombas con el machete y comienza a tirárselas al «pedazo de hierro». Diecinueve le arroja hasta que una de ellas le rompe la oruga y el carro comienza a dar vueltas alrededor de sí mismo. Luego se para en seco, y Julio se acerca y golpea la puerta con el fusil exigiendo que le abran. Por fin, salen. Son italianos. Julio se los lleva a la comandancia. Le van a dar la Cruz del Mérito de Guerra.[227]

Del número 18 de la calle de Santa Engracia sale de noche una comitiva. Una nutrida escolta de la Guardia Nacional Republicana, que ha sustituido a la Guardia Civil y se nutre de los miembros de este cuerpo que han permanecido leales al gobierno, escolta a cincuenta y tres guardias.

En el edificio del que sale la comitiva tiene su sede la Comisión Depuradora de ambos cuerpos. La dirige el teniente García Gumilla. En el local, que es una checa especializada, se custodia, de forma paralegal, a los prisioneros culpables o sospechosos de deslealtad a la República.

El cortejo se dirige al cementerio del Este. Allí, contra sus tapias, los cincuenta y tres hombres son fusilados por sus compañeros. No ha habido juicio.

La checa que dirige García Gumilla tiene el evocador nombre de Spartacus, el esclavo que se atrevió a retar a Roma.[228]

En la retaguardia franquista las cosas no van del todo bien. Primero fue el fiasco del día 8, cuando se pensó que los legionarios y los regulares iban a entrar de calle desde la Casa de Campo. Ahora es el tropiezo de la Ciudad Universitaria. No se puede progresar ya en ninguna dirección. La cuña del Clínico está bien taponada por la 2 brigada. Los demás frentes se han estabilizado.

Algunos mandos hablan en voz más alta de lo habitual y recuerdan los avisos de Yagüe: no se ha escogido la línea más adecuada para tomar la ciudad.

El Tebib Arrumi, que tiene acceso directo al Caudillo, se esfuerza hoy por acallar las críticas contando una supuesta conversación con algún disidente: «No me lo explico, no se lo explican muchos, se está atacando Madrid por el lado peor, de abajo arriba, queriendo tomar la fortaleza por el foso, cuando ofrece otros frentes más accesibles y abiertos. Napoleón sabía lo que hacía y atacó Madrid por Chamartín. Nosotros lo hemos hecho por el frente totalmente opuesto. ¡No me lo explico!».

Al razonamiento le responde el cronista con aplomo: «Cuando el general en jefe se llama Francisco Franco, nadie puede jactarse de conocer la integridad de sus pensamientos y mucho menos el detalle de sus proyectos porque la primera virtud de un generalísimo es la discreción y la prudente reserva de sus planes ... Es verdad. Hemos atacado la fortaleza de Madrid por el foso; y un foso tanto más difícil de sobrepasar, cuanto que aquella malhadada obra de la canalización del Manzanares trocó el vadeo de "aprendiz de río" en operación preñada de dificultades ... ¡cuál no sería nuestro empuje que hemos allanado todo lo que parecía imposible de vencer, y al lado de allá, dominando Madrid, están hoy unos miles de soldados de España, de esos que por nada se arredran y hacen posible la más acentuada locura técnica! Queda el rabo por desollar, ese rabo de la defensa criminal de una ciudad en calles y casas, en barricadas y tejadillos, desde los que se pretende cazar al acecho a los bravos asaltantes que quieren acabar con el imperio rojo que padece la capital ... El llegar un lunes o un viernes, un 19 o un 25 a la Puerta del Sol, ni es problema ni puede presionar en forma alguna al mando».[229]

Los que dudan han de confiar ciegamente en Franco. Es el caudillo.

La reunión diaria de la Junta de Defensa se consume en gran parte con un asunto tedioso: las dificultades que los controles de la CNT ponen al movimiento de personas, incluso a las que llevan pases expedidos por la propia Junta. La discusión es vieja y cada día se ponen sobre la mesa las credenciales de autoridad de Miaja, las de la consejería de Orden Público que detentan los comunistas y las exigencias de información previa de los libertarios.

Pero hoy, Miaja da una información que a algunos les parece peregrina: el embajador de la URSS, Marcel Rosenberg, le ha comunicado al general que iba a Valencia a entrevistarse con Largo Caballero. La reunión ha tenido lugar y Rosenberg, a su vez, ha informado a Miaja de sus resultados. Al parecer, Largo está especialmente ofendido con el uso que se ha hecho de veinte mil hombres para la defensa de Madrid, cuando deberían haber permanecido en el frente del centro. Los miembros de la Junta se conocen al dedillo el resto: los argumentos que Miaja le ha dado a Rosenberg: los hombres han venido por orden de Pozas, y hay muchos problemas con los suministros.

El embajador cumple un papel de mediación insólito.[230]

El general sigue furioso con el gobierno. Pero en ningún momento se plantea lo que algunos le sugieren. Se ha producido una tímida tentativa de poner en marcha un gobierno paralelo en Madrid. Los que lo han pretendido, han buscado al presidente del Tribunal Supremo, Mariano Gómez, para que lo avalase. Pero él no ha caído en la tentación. Y Miaja tampoco.[231]

Los que han pergeñado la jugada saben que con el general tendrían una baza imposible de vencer. Miaja se ha hecho ya el más popular de los madrileños. Y es sensible al halago. El general es un militar mediocre, con un currículo del que están ausentes las victorias y los hechos de armas sobresalientes. Pero al asumir la presidencia de la Junta ha surgido de él una energía que sorprende a todos. Ha demostrado que es valiente y que le sobra capacidad para controlar sus nervios y los de los demás. En las reuniones de la Junta regaña abiertamente a los jóvenes representantes de los partidos, y negocia los tiempos, aplaza los problemas para evitar que las cuestiones secundarias empañen el empeño principal: la defensa de Madrid.

Miaja cuenta a sus cercanos con deleite cómo le paran por la ciudad. Al periodista Julián Zugazagoitia se lo relata así:

—Cuando paso con mi coche, las mujeres me gritan: ¡Miaja, Miaja!, y se gritan entre ellas: ¡Ahí va Miaja! Nunca dicen: ¡Ahí va el general! Las saludo y me saludan. Ellas quedan contentas y yo también. Soy para ellas lo que más me gusta ser: Miaja.[232]

Pero de ese arranque de vanidad de un hombre que se ha descubierto a sí mismo como un héroe, a la traición que supondría convertirse en un dirigente ilegítimo, hay un gran trecho. Los madrileños le adoran: con eso tiene bastante.

Miaja se sabe víctima propiciatoria del abandono de la ciudad: le han dejado al frente de su defensa porque no le tienen en gran consideración. Y cuenta siempre el mismo chiste, el del héroe que salva a varias víctimas de un naufragio y cuando le felicitan por su acción pregunta quién ha sido el malnacido que le empujó al agua.

A su lado, el discreto, el eficaz Vicente Rojo, que intenta no salir del anonimato, que pasa las horas encorvado delante de los mapas extendidos sobre la mesa de su centro de operaciones, es la única persona a la que Miaja no regatea halagos, con quien no compite. De él dice que es un «defensor de Madrid», una forma elíptica de expresar que es casi tan importante como él. Es su brazo derecho y el cerebro militar de sus acciones.

Cuando los delegados de la Cruz Roja les preguntan a los dos defensores por qué no rinden Madrid si el honor ya está salvado, Miaja responde: «Preferimos quemarla». La respuesta de Rojo, en apariencia, es menos heroica: «Porque no nos da la gana».

PARTE FRANQUISTA

En el sector de El Escorial pequeños avances de nuestras tropas.

En los barrios de Madrid, ensanchamiento de las zonas ocupadas, rechazándose varios ataques del enemigo, al que se ocasionaron numerosísimas bajas y cogiéndole cuatro ametralladoras.

En el aire, bombardeos intensos de los puntos de importancia militar, siendo derribados por nuestras fuerzas aéreas cuatro aviones de caza enemigos.

PARTE REPUBLICANO

A las nueve y media de la noche

Frente del centro. La jornada de hoy ha terminado sin que se modificase la situación de nuestras tropas, a pesar del intenso ataque del enemigo. Se ha combatido con extraordinaria dureza atacando las tropas facciosas y contraatacando nuestras fuerzas briosamente en distintos puntos de la Ciudad Universitaria y la Casa de Campo.

Las posiciones alcanzadas en la mañana de hoy han sido conservadas.

Se han hecho al enemigo algunos prisioneros, se le ha volado un polvorín y se le ha capturado material de guerra. Un fuerte contraataque dirigido por el enemigo contra nuestras posiciones en las últimas horas de la tarde, apoyados con carros de combate, fue enérgicamente rechazado, ocasionándole muchas bajas.

20 de noviembre

En la habitación 233 del hospital de sangre montado por la CNT en el hotel Ritz de Madrid, muere de madrugada el líder anarquista Buenaventura Durruti. El doctor José Santamaría, el cirujano que le atiende, no ha podido hacer nada por su vida. La herida que le ha causado la muerte es de una bala de nueve milímetros de las que cargan los naranjeros, un tipo de subfusil que Durruti solía llevar consigo. Su cazadora presenta las quemaduras propias de un disparo hecho a corta distancia.[233]

La última persona en hablar con él es su íntimo colaborador, Ricardo Rionda, un asturiano bronquista que le acompaña casi siempre. «Demasiados comités», es la última frase que se escapa de sus labios, según Rionda.[234]

El presidente de la Junta de Defensa de Madrid es de los primeros en acudir al hotel para dar el pésame a sus compañeros. Todos comparten la idea de que es preferible mantener en secreto durante unos días el acontecimiento. La situación de la defensa es muy frágil como para agravarla con la noticia. Miaja ha tenido con el jefe anarquista duras palabras, cuando sus tropas retrocedieron hace dos días, y Durruti le contestó pidiéndole el lugar de mayor peligro y veinticuatro horas para demostrar el valor de sus hombres. Miaja llora ante el cadáver del anarquista, y colgará su retrato en el despacho del cuartel general.[235] Se necesita que pasen veinticuatro horas antes de decir nada. La defensa de Madrid está otra vez en crisis.

Pero en Madrid es muy difícil guardar un secreto. El rumor se extiende por la capital como un incendio en verano. Entre los ciudadanos, que lo han recibido hace pocos días como un héroe, la noticia provoca una intensa emoción. Entre los suyos, aún chocados por las derrotas sufridas en el Parque del Oeste y la Ciudad Universitaria, el temido desfondamiento.

Muchos de los columnistas venidos de Aragón piden volver al frente del que partieron.

En la Junta de Defensa se discute el desarme de la columna. Y se comienzan a desatar, de inmediato, los rumores interesados sobre las circunstancias de la muerte del líder anarquista. Se habla de traición, de que el balazo que le ha matado le entró por la espalda. Eso apunta a su asesor militar, el sargento Manzana, o a alguno de sus hombres.

En tres días, su sustituto, otro anarquista llamado Ricardo Sanz, que está en Figueras, es nombrado por la Consejería de Defensa de la Generalitat y enviado a Madrid. Sanz se encuentra un panorama deprimente de desmoralización. Los voluntarios le dicen que han venido a Madrid para salvarlo, aunque tuvieran que morir todos. «Pero ese propósito está ahora algo cambiado» por la muerte del jefe. Sanz tiene que recabar la ayuda de Federica Montseny para convencerles de que se queden.[236]

La arenga de Ricardo Sanz, que incita a los hombres a cumplir la voluntad del camarada muerto, no sirve de mucho. Algunos hablan de que tienen la sensación de estar metidos en una trampa, que prefieren volver al frente de Aragón porque allí saben dónde está el enemigo.

La asamblea, que se celebra en el barrio de Pacífico, registra momentos de gran tensión. Uno de los jefes anarquistas saca su pistola y dice que prefiere pegarse un tiro antes que asistir a lo que considera una deserción. Diego Abad de Santillán amenaza con un consejo de guerra a los que se marchen. Pero le responden que prefieren eso a que los maten por la espalda.

De los mil ochocientos milicianos que vinieron hace seis días a Madrid a pelear hasta la muerte, un tercio han caído heridos o muertos. Sólo trescientos deciden quedarse con Ricardo Sanz para continuar con la defensa de la capital. Los demás, la gran mayoría, tienen que dejar sus Winchester para que los empuñen otros combatientes y se vuelven a Aragón.[237] Con ellos llevan los rumores de traición que les ayudan a justificar su apresurado regreso. Esa versión de la traición apunta a los comunistas.

Mijail Koltsov, el hombre que parece estar en todas partes, habla de que Durruti estaba a punto de pedir su ingreso en el partido comunista.[238] El comandante Carlos pone su granito de arena y publica un fragmento de una carta de Durruti a los trabajadores de la URSS: «Hace veinte años que los trabajadores rusos izaron en oriente la bandera roja, símbolo de la fraternidad entre el proletariado internacional, en el cual depositasteis vuestra confianza para que os ayudase en la magna obra que habíais emprendido».[239]

La presunta simpatía de Durruti por el comunismo, sumada a la teoría de la traición, sólo puede tener una interpretación: le han matado sus compañeros para evitar su defección.

Durante varios días, el cadáver de Durruti va a ser honrado por todo el país. En Madrid estará expuesto, para que desfilen ante él, en la calle de Miguel Ángel, donde está la sede de su cuartel general. Después, un penoso periplo lo llevará por tierras manchegas hasta Valencia. De allí, con paradas frecuentes, hasta Barcelona, donde se celebrará el entierro, y la mayor manifestación de duelo popular de la historia de la ciudad. Más de medio millón de personas seguirán el cortejo. La Vía Laietana cambiará su nombre por el de Durruti.

Es un día de muertes simbólicas. Algo más tarde que Durruti, pero en la misma madrugada, muere en Alicante José Antonio Primo de Rivera, el líder y fundador de la Falange. Un tribunal le ha condenado hace dos días a la última pena, y el «enterado» del gobierno ha llegado hace unas horas. En la prisión, se ha recibido hace pocas horas el oficio: «Sírvase entregar a las fuerzas encargadas de ejecutar las sentencias de muerte a los detenidos José Antonio Primo de Rivera, Ezequiel Mira Iniesta, Luis Segura Baus, Vicente Muñoz Navarro, Luis López López. Alicante, 19 de noviembre de 1936. Por la comisión, R. Llopis. V°B° El gobernador civil».

Primo de Rivera se ha defendido a sí mismo en un juicio que ha contado, aparentemente, con las debidas garantías procesales. Pero la acusación es muy fuerte, su personalidad muy destacada y la situación que vive el país extrema. Durante la vista llega a ofrecerse como mediador para intentar detener la guerra, niega que la Falange haya conspirado para desatar la sublevación y se declara contrario a una dictadura militar. Además, ha quitado importancia a la entrevista que tuvo con Hitler en Berlín en 1934. Primo de Rivera se ha mantenido sereno durante todo el juicio. Ha hecho de sí mismo una defensa que algunos califican de gallarda.

Pero de nada le valen sus argumentos y su brillante oratoria. El tribunal es implacable, y el gobierno da el «enterado» para que se le ejecute en la Prisión Provincial junto a otros dos falangistas y dos requetés levantinos.

La ejecución se ha consumado con gran rapidez una vez conocida la sentencia. Largo Caballero dirá que al gobierno ni siquiera le dio tiempo a discutir el asunto. El gobernador civil, el comunista Monzón, ha enviado una encuesta a los distintos partidos para ver «si interesa la ejecución inmediata del reo, o su aplazamiento hasta el momento oportuno». Nadie le ha respondido.[240]

La República ha ejecutado a un importante dirigente fascista, pero ha perdido un rehén precioso.

La prensa republicana publica la noticia, como ha publicado dos días antes la de su condena a muerte. La prensa franquista no se hace eco. Hay una decisión firme de que no se conozca la noticia para evitar la desmoralización entre los falangistas, que le llaman el «ausente» para evitar el «presente» que indica que un camarada está muerto.

Cuando se recibe la noticia en el cuartel general de la Falange, en Salamanca, está reunido el III Consejo Nacional de la organización presidido por Manuel Hedilla. Los vocales acuerdan no hacer pública la noticia, en sintonía con los deseos de Franco. Y la Junta de Mando toma la decisión de proponer al Consejo sólo dos asuntos: cambiar la sede a Salamanca y celebrar un consejo extraordinario el día en que Madrid sea liberado. Por lo demás, el Consejo y la Junta se dan a sí mismos la continuidad de sus poderes. Han sido elegidos para un año, pero se consideran vitalicios a partir de ahora. De no hacerlo, la Falange quedaría disuelta.

La nota oficial que se redacta es de sumisión al Caudillo: «El Consejo, enterado de la íntima compenetración entre Falange y el jefe del Estado, ratificó la decisión de conservarla, considerándolo como un sagrado deber exigido por la necesidad de la victoria y de la edificación del nuevo Estado».[241]

La retórica falangista no puede esconder la postración ante los poderes omnímodos de Franco. Su discurso oculta a duras penas la inexistencia de salidas políticas para los falangistas que sean distintas a la obediencia.

Las medidas tomadas por el Consejo han dejado sin resolver el principal problema de la Falange: la jefatura. Ahora ya ha quedado definitivamente fuera de juego el jefe indiscutido. Nadie se atreve a proponerse para sustituirle. Ni siquiera el jefe nacional, Hedilla, que considera que el orden sucesorio natural está encabezado por Raimundo Fernández Cuesta, encarcelado en Madrid y al que se intenta canjear a toda costa por alguna personalidad republicana. Fernández Cuesta vive gracias al azar, que le ha salvado de caer en las fosas de Paracuellos, y seguirá vivo gracias al anarquista Melchor Rodríguez hasta que su canje se resuelva.

Los falangistas piensan que la Falange no puede subsistir sin un jefe, lo mismo que el requeté no tendría razón formal de existir si careciera de un pretendiente.[242]

En Madrid, los que se sienten cercanos a la Falange sí tienen noticia de la muerte de su principal dirigente. Josefina Ferro lo lee en los periódicos y busca la confirmación nocturna en la radio oficial de Salamanca. Pero no se dice nada. Le queda la esperanza de que los rojos estén mintiendo.[243]

La información sobre Primo de Rivera fluye con mayor libertad en el territorio republicano que en el franquista. Incluso, una entrevista publicada por un periodista inglés en el *News Chronicle* ha sido reproducida hace dos semanas por la prensa de Madrid.[244] Los diarios franquistas no se han hecho eco de ella.

La coincidencia en la fecha de la muerte de dos líderes tan distintos pero de parecida ascendencia sobre sus seguidores se produce también en otro terreno: entre los falangistas enterados de la muerte cunde la especie de que Franco no ha hecho todo lo que habría podido por salvarle. Eso es traición. Pero en el bando franquista las polémicas se quedan para el cuchicheo y la voz queda. Nadie polemiza en la prensa.

La pregunta es de rigor: ¿podría Franco haber soportado la coexistencia con alguien como Primo de Rivera? Los antecedentes, como el caso de Gil Robles, indican que no. Franco no soporta más liderazgo que el suyo, y la presencia del jefe falangista, con quien además no tenía buenas relaciones personales, habría sido imposible. A Franco lo sucedido le sienta bien: cuenta con los voluntarios falangistas para cubrir sus necesidades de hombres y no tiene el inconveniente de que su jefe sea capaz de llevarle la contraria.

La muerte de Primo de Rivera le permitirá, incluso, asumir como propios los símbolos de la Falange.

El viaje en coche de Luis Enrique Délano y su acompañante checo acaba en el barrio de Pacífico. Los milicianos que les han llevado les dejan ahí después de haber dado la consigna que les permite pasar el control. El checo intenta darles una propina, pero recibe una respuesta despectiva. En Madrid ya no se aceptan limosnas.

Pacífico es un barrio obrero. De las ventanas de los hogares surgen banderas rojas que destacan con rabia cromática sobre el gris de las fachadas.

Délano sólo tiene una manera de ir hacia su casa, en la calle de Viriato, en el barrio de Chamberí: en metro. Se lleva con él al checo con la intención de conducirle hasta la estación de la Puerta del Sol.

La entrada en el andén les produce un auténtico choque: hay centenares de personas ocupando colchones, hacinadas en la estación, mientras otros centenares más esperan la llegada del siguiente convoy. En el primero es imposible subir, tan repleto va. En el segundo, a base de empellones, de sortear codazos, de compartir insultos e interjecciones, consiguen un lugar, pero Délano pierde a su compañero. Ya le guiará algún madrileño.

La estación de Sol es la única donde el ayuntamiento no permite que la gente —evacuados de otras zonas o vecinos que se han quedado sin casa a causa de los bombardeos— acampe. Délano se baja, agobiado por las apreturas, y decide seguir su camino en tranvía. Puede ver el gigantesco socavón que ha abierto una bomba muy potente, de modo que se ven las vías desde la calle.

Madrid ha cambiado radicalmente desde que la abandonó. Los rieles de los tranvías están retorcidos, levantados hasta un metro de altura en algún punto. Hay zanjas cada poco. Las primeras casas de la calle de Alcalá arden, mientras los bomberos intentan apagar los incendios. En la plaza del Carmen hay varios edificios derrumbados; apenas alguna medianería en pie, en un equilibrio precario que amenaza a los viandantes. Y la majestuosa Gran Vía está destrozada. Los grandes almacenes donde Délano ha comprado con su familia no son más que montones de escombros.

Délano se entera de que no puede ir a su casa, donde dejó muchas de sus pertenencias. El barrio ya ha sido evacuado. Los tranvías no llegan hasta allí porque castigan el lugar los proyectiles de la artillería instalada por los franquistas en la Casa de Campo. Y se conforma con compartir una comida con un compatriota y colega diplomático, arroz con arvejas y un poco de pan.

A las tres de la tarde, apenas terminada la modesta comida, oye el ruido familiar: ya vuelven los aviones. Primero, tres trimotores protegidos por cinco cazas que refulgen al sol. Y comienzan a sonar las explosiones por doquier.

Luego, un nuevo ronroneo. Y Délano oye exclamaciones de alegría de los viandantes que no se protegen y se quedan a ver el espectáculo: son los «rusos». Unos quince o veinte aviones de caza, que se separan para comenzar la persecución de los atacantes. Se oye un amortiguado tac-tac. Son las ametralladoras de unos y otros, de los aviones que evolucionan en el aire haciendo todo tipo de piruetas que les permitan esquivar al enemigo o sorprenderle por la popa.

Uno de los aviones de caza cae bruscamente, alcanzado en algún punto vital, vomita una nube de humo negro y luego comienza a caer verticalmente. Una partícula blanca surge del aparato, cae al tiempo que la nave, pero de pronto detiene su caída y se abre como un gran paraguas. El piloto ha conseguido saltar. Su descenso es lento, y Délano lo sigue con la vista hasta que se pierde tras los tejados.

Poco a poco el cielo se despeja. Los aviones franquistas dejan el cielo libre de amenazas.

Ya no hay más bombardeo por el momento. Y se reanuda el trajín de personas que cargan colchones a las espaldas, moviéndose en todas las direcciones.[245]

Madrid es un trasiego de colchones y miradas perdidas.

La lucha en la Ciudad Universitaria se concentra en los alrededores del Hospital Clínico. En la Escuela de Arquitectura, que los regulares han tomado, hay una sala donde reposan los cuerpos de una treintena de moros caídos en los combates del día anterior. El ulema que acompaña al tabor del que proceden tiene la misión de recoger los cadáveres, lavarlos y trasladarlos al cementerio moro de Griñón.

El hombre se lamenta ante su colega religioso cristiano, el capellán requeté Juan Urra:

—¡Mire cuántos muertos! Llevamos varios días con una cantidad semejante de bajas. Ahora tenemos más bajas que cuando subimos a Asturias en la revolución de Octubre.[246]

El ulema es un veterano en esto de pelear contra revolucionarios.

Los muertos son tantos que los camilleros de la Garibaldi quedan extenuados después de recoger sus cuerpos y los de los heridos. En los dos días que los italianos llevan combatiendo, sus bajas ascienden a un veinte por ciento del batallón.

En el terreno que ocupan, que hoy ha vuelto a ser escenario de un combate feroz, se oye, al oscurecer, el lamento de algún herido que, de cuando en cuando, busca la ayuda del amigo que le saque de tierra de nadie.

La XII brigada tiene que ser reorganizada cuando apenas había estado en orden por unas horas. Entre las bajas, el porcentaje de oficiales y comisarios es altísimo. Los comandantes de batallón tienen que seleccionar a los mandos subalternos en las horas de tregua.

Están todos exhaustos. Pero orgullosos, porque han resistido al enemigo, igual que lo han hecho los de la Dabrowski a la que relevaron hace dos días.[247]

Los combates son ya inútiles desde el punto de vista estratégico, aunque tengan importancia táctica o política. Las unidades de uno y otro bando se van quedando reducidas al mínimo de supervivencia para ser consideradas fuerzas de combate. Asensio ordena a los suyos que tomen la cárcel Modelo. Y Miaja a los suyos que despejen el Clínico y arrojen al enemigo al otro lado del río. Ninguno de los dos puede con el otro. Se ha llegado a una situación de empate que no puede resolverse. Los hombres se matan unos a otros en el Clínico, pero eso ya da lo mismo a efectos del resultado de la batalla. Ni los refuerzos que recibe Barrón, que suman tres batallones, ni los que recibe Miaja pueden cambiar el resultado.

Es una lucha dura, constante. Muchas unidades se desmoralizan. Sobre todo, las que están poco fogueadas. Hoy, un batallón de Cuenca ha decidido que quiere volver a su tierra y han transmitido su petición a través de los comisarios y oficiales. El teniente coronel Mena, desesperado, se ha dirigido a la Junta de Defensa para que alguien le ayude a convencerles. La papeleta le toca al comunista Isidoro Diéguez, consejero de Guerra.[248]

Madrid está siendo un fracaso para las fuerzas de Franco. Pero la Ciudad Universitaria, donde hay más de tres mil combatientes franquistas atrincherados, es un lugar inexpugnable para los republicanos.

Comienza una nueva guerra, de posiciones. Y aparecen unos combatientes de nuevo tipo: los dinamiteros. Son casi todos ellos asturianos, y actúan volando edificios en los que legionarios y regulares resisten de forma inverosímil. La Ciudad Universitaria es un frente cercado por más de diez mil hombres, pero es también una cuña clavada en la estructura defensiva que han armado Miaja y Rojo.

El semicerco que sufren los madrileños ocasiona una gran escasez. Los alimentos y artículos de primera necesidad llegan con grandes dificultades. Casi no quedan reservas de pan. Los cenetistas de Auto-Transportes colaboran casi tanto como los sitiadores en complicar la situación: se niegan a ceder camiones para la evacuación de personas si no se les abonan 0,40 pesetas por kilómetro. En la Junta se discute cómo obligarles a cumplir con las órdenes del máximo órgano de la defensa. Los responsables de las distintas áreas afectadas por la actitud de los camioneros hablan abiertamente de que necesitan contar con fuerzas coactivas para hacer cumplir las disposiciones. Se amenaza con enviar a prisión a los responsables de Auto-Transportes.

En las salidas de Madrid, pese a las múltiples órdenes que han dado, los anarquistas siguen dejando entrar o salir a su capricho a los viajeros. El propio general jefe responsable del Municionamiento ha visto como le impedían volver a Valencia.[249]

PARTE FRANQUISTA
Ejército del Norte
7 división. Sector norte, sin novedad.

Sector sur. En los barrios de Madrid ha continuado la progresión de nuestras tropas, ensanchándose las bases alcanzadas, ocupándose algunas casas y grandes edificios en la Moncloa que estaban fuertemente fortificados por el enemigo. Éste resultó castigadísimo, haciéndosele numerosísimas bajas y abandonando en nuestro poder numerosos muertos, ametralladoras y mucho armamento. Varios intentos enemigos, para recuperar alguna de las posiciones, fueron duramente rechazados.

PARTE REPUBLICANO
A las nueve y cuarenta y cinco de la noche
Frente del centro. En los frentes de Arganda, Aranjuez, Somosierra y sur del Tajo, sin novedad.

En el sector de Guadarrama, el enemigo ha presionado por la Toba, entablándose combate. En Guadarrama, en el subsector de Zarzalejo, el enemigo presionó fuertemente corriéndose por nuestros flancos, siendo contenido tantas veces como lo intentó. En las últimas horas de la tarde inició otra vez el ataque con bombas de mano, siendo duramente castigado obligándosele a replegarse, mejorando nuestras fuerzas sus posiciones. Tan enérgica resistencia y duro castigo ha desalentado al enemigo gravemente.

En el sector de Madrid se ha operado poco en el día de hoy. Nuestros milicianos ocuparon el Hospital Clínico de la Ciudad Universitaria. La Casa de Velázquez ha sido incendiada.

En el resto de este frente no ha habido novedades dignas de mención.

21 de noviembre

EMILIANO BARRAL ES SOCIALISTA Y ESCULTOR, nacido como artista en las canteras segovianas. Ha formado parte de los grupos milicianos que se han afanado en salvar el patrimonio artístico del Prado y otros museos. Es conocido por su acción en el frente de la Cultura. Pero también por su célebre cabeza de Pablo Iglesias. Hoy muere en el frente. La consigna diaria de *Política* se refiere a él: «Diferencias que la lucha produce automáticamente: en nuestras filas caen escultores, literatos y hombres de ciencia. En las de ellos, sólo caen beduinos o maleantes. Es todo un síntoma.»[250]

En Carabanchel hay un tranvía volcado en medio de la calle. En él iban al frente los primeros días los milicianos que se movilizaron el día 7 para cortar el paso a los moros. Uno de los que viajaron en el tranvía recuerda que venía abarrotado de gente entusiasmada. Tanto era el entusiasmo, que el mismo tranviario se quedó a combatir.

El esqueleto del tranvía señala ahora el comienzo de las líneas de defensa. Una granada de artillería lo derribó y yace de costado, protegiendo una trinchera. Es una buena defensa, pero tiene sus inconvenientes, porque quienes se agazapan detrás de su armazón no pueden ver al enemigo cuando se acerca. Hay que avisarles para que puedan reaccionar. El tranviario ha estado allí hasta hace un par de días. Como si tuviera que cuidar todavía el armatoste.

—Le dejó seco un morterazo —dice un soldado—, era un tío muy parlanchín. ¡Su padre, cómo rajaba![251]

Robert Capa ha vuelto a Madrid. Esta vez lo ha hecho solo, sin su compañera, Gerda Taro. Los dos habían dejado la ciudad en septiembre, tras haber asistido a acciones importantes de la guerra como la explosión de una mina en el Alcázar de Toledo. En París han vendido su trabajo a la revista *Vu*, editada por el comunista Lucien Vogel. Los dos tenían deseos de regresar, pero sólo Capa ha encontrado alguien que le encargue un reportaje.

Capa se mueve entre el frente, sobre todo con las brigadas internacionales que luchan en la Casa de Campo o la Ciudad Universitaria, y los barrios que reciben los bombardeos. Él ha inaugurado un nuevo género en la fotografía de guerra. Las caras de las mujeres de Vallecas, víctimas de los bombardeos, transmiten el terror y la angustia que provoca la guerra, la desoladora marcha de un hombre que arrastra a su camarada herido en la Casa de Campo, los hombres atrincherados tras la ventana de la Facultad de Filosofía...[252]

Capa, como todos los fotógrafos que ha enviado Vogel por avión a España, recibe la ayuda de Jaume Miravitlles, quien, desde el Comisariado de Propaganda de la Generalitat de Cataluña, lucha por la idea de defender Madrid produciendo documentales que el sindicato de la CNT pone en marcha para que se difundan por el mundo. La productora se llama Laia Films.[253]

Capa sabe que la mejor de las fotografías es aquella en la que el fotógrafo también siente miedo, también está implicado en el peligro. Otras veces se trata de la emoción, aunque no haya riesgo. En la XI brigada, hay una compañía de voluntarios húngaros, de compatriotas suyos. Entre ellos están Otto Flatter, que llegará a mandarla, y el general Lukács, jefe de la XII. Con ellos comparte momentos importantes. Capa nació en Budapest y se llama, en realidad, André Friedmann. Acaba de cumplir veintitrés años, y se ha cambiado el nombre para que su sonido sea más fácil de recordar, para vender mejor sus fotos.

Su compañera, también fotógrafa, se ha quedado en París porque no quiere que su nombre se añada siempre al de Robert. Ella quiere tener autonomía profesional. Comparte con Capa la concepción del trabajo vinculado al riesgo. Morirá en julio de 1937 en plena batalla de Brunete.[254]

En Francia y Estados Unidos se comprende mejor lo que sucede en España gracias a las fotografías de estos periodistas. Hasta su muerte en Indochina, Capa será considerado el mejor fotógrafo de guerra de la historia. Él siente su alejamiento de su país, donde se persigue a los opositores, donde el fascismo ya ha triunfado. Y lo recordará toda su vida como si la nacionalidad influyera en el trabajo:

—No basta con tener talento. También tienes que ser húngaro.[255]

Con Capa, y trabajando también para *Vu*, están en España los alemanes Georg Reisner y Hans Namuth, que han fotografiado la Barcelona revolucionaria. Reisner morirá perseguido por los nazis unos años más tarde. Hay muchos más: Walter Reuter, que hace retratos de una enorme expresividad y trabaja para distintos medios. Y David Seymour, «Chim», o Raymond Maréchal, que acompaña a André Malraux en su aventura literaria española, hacen espléndidas fotografías que se utilizan en libros y grandes reportajes por revistas de todo el mundo y, singularmente, por instituciones simpatizantes del Frente Popular.

Hay, desde luego, muchos fotógrafos españoles en la ciudad realizando un trabajo que pocas veces traspasa las fronteras españolas. Alberto Segovia hizo en julio una de las mejores fotos de la guerra: la del miliciano que se asoma a uno de los balcones del Cuartel de La Montaña, cargando rifles que va a distribuir a sus camaradas. Es el equivalente madrileño al gran Agustí Centelles, que ha fotografiado a los guardias de asalto disparando, protegidos por el cadáver de un caballo, contra los alzados en la plaza de Cataluña de Barcelona.

Los madrileños hermanos Mayo son, en realidad, dos grupos de hermanos: Francisco, Julio y Cándido Souza, y Faustino y Pablo del Castillo. Firman juntos con un pseudónimo que se refiere al 1 de mayo. Los «hermanos» son militantes de izquierda. Han estado en la Sierra, están ahora en Madrid. Ellos son, como Capa, capaces de obtener una gran historia del simple gesto de una mujer que evacúa su casa. Su afán es tan cooperativo que firman con un solo nombre, aunque trabajen cada uno por su lado.

Uno de ellos asiste un día a un bombardeo en la calle de Alcalá, al lado de las verjas del Ministerio de la Guerra. Un grupo de niños se ve sorprendido por un bombardeo. Se tiran al suelo mientras revientan las bombas a su lado. Una de las granadas no estalla. Los niños, que tienen aún el terror grabado en el rostro, se acercan a la bomba, para jugar con ella. Los niños, cuando el Mayo de turno dispara su Leica, miran a la cámara con el gesto genuino de quien vive algo único. Su mirada es más bien una pregunta: ¿qué pasa en el mundo?

Santos Yubero, Sisito Espiga, Díaz Casariego, Luis Escobar... No todas sus fotos se publican. La censura tiene que hacer su trabajo. Sisito, por ejemplo, ha hecho unas fotografías de un «paseo» que no pueden ser publicadas.

Alfonso, que es uno de los «grandes» antes de que la guerra estalle, ha hecho las fotografías del juicio y el fusilamiento del general Fanjul, el jefe de la frustrada insurrección del 18 de julio en Madrid, que no se publicarán hasta décadas después.

No todos los periódicos y revistas españoles tienen aún el suficiente respeto a sus fotógrafos como para firmar de manera sistemática sus trabajos. De la defensa de Madrid van a quedar para la posteridad muchas fotografías de autor desconocido.

Los italianos de la Garibaldi comienzan a desarrollar una actividad que es nueva para ellos. Desde las líneas enemigas suena de cuando en cuando un disparo que, a veces, hace blanco y provoca algún muerto o algún herido entre sus filas. Hoy organizan un servicio de «contracaza». Los mejores tiradores se apostan con paciencia hasta que localizan a alguno de los pacos. Disparan. Logran matar a algunos de los moros que se esconden en las copas de los árboles.[256]

El coronel Rojo valora las acciones del día: la que se ha efectuado sobre Garabitas ha logrado muy poco. No se ha conseguido, tampoco esta vez, tomar el cerro. Pero lo que le parece más triste es que mañana no se va a poder continuar la operación porque no hay municiones. Las del calibre 7 están agotadas, quedan veinte cajas. Aparte de ese grave inconveniente, está el de los transportes. La operación de hoy, que ha tenido que mover a cuatro mil hombres, sacados algunos de otros lugares, con el riesgo que se corre si se dan cuenta en el bando enemigo de que se desguarnece algún sector, ha estado a punto de ser un desastre, porque los camiones han desaparecido.

Se ha puesto en marcha la fortificación de la segunda línea de defensa de la ciudad. Por si acaso.[257]

PARTE FRANQUISTA
Ejército del Norte
7 división. En los barrios de Madrid el enemigo ejecutó intensos ataques precedidos de carros rusos y dirigidos contra el Palacete de la Moncloa y la zona norte de nuestras bases de la Casa de Campo. Fue rechazado con grandes pérdidas en ambos frentes y dejó en nuestro poder cuatro carros más de procedencia rusa, que suman con los cogidos anteriormente un total de veinte, que han pasado a nuestras manos en esta etapa.
División de Soria. En el frente de Guadalajara el enemigo atacó las posiciones de La Toba ocupada en el día de ayer. Fue también rechazado ocasionándole elevadísimas pérdidas.
Actividad de la aviación. La aviación, por el mal tiempo reinante, no pudo actuar en ninguno de los frentes.

PARTE REPUBLICANO
A las diez de la noche
Frente del centro. En los sectores de Arganda, Aranjuez, sur del Tajo, Guadarrama y Somosierra no se ha operado en el día de hoy.

En las primeras horas de la mañana de hoy nuestras bravas milicias empezaron a atacar por los diversos puntos del sector de Madrid, presionando fuertemente a los facciosos. Una columna avanzó resueltamente por el sector oeste, tomando Villanueva de la Cañada

En la Ciudad Universitaria ha sido ocupada la Casa de Velázquez.

Las fuerzas que operan en el sector sur, aprovechando la sorpresa causada al enemigo por haberle sido volado un polvorín, avanzaron valientemente por la carretera de Carabanchel castigando con dureza a los fascistas. La artillería republicana ha actuado certera e intensamente batiendo concentraciones enemigas.

22 de noviembre

EL CUERPO DE DURRUTI HA SEGUIDO EL CAMINO APROPIADO a los héroes populares. De Madrid, por carretera, hasta Valencia, con muchas paradas para que reciba el homenaje de los civiles y los combatientes. Desde luego, también en Tarancón, donde sigue habiendo una importante presencia anarquista. En Valencia se han unido al cortejo Juan García Oliver, el único superviviente del trío revolucionario que formaron Ascaso, Durruti y él, David Antona y Ricardo Sanz, que será el sucesor del héroe al frente de las tropas expedicionarias en Madrid. Luego, después del obligado desfile de ciudadanos ante su cuerpo, la comitiva se dirige a Barcelona. En Rocafort, Victorio Macho le ha hecho una mascarilla y ha exclamado: «Era un Hércules».

Émilienne Morin, su compañera, desfila hoy al frente del cortejo fúnebre. El féretro lo llevan a hombros los compañeros del caído. Uniforme negro, botas altas, gorra de cuero. Ramblas abajo ondean las banderas rojas, suenan las orquestas, abruman las flores. Están los representantes de todos los partidos. Frente al Sindicato Único, la banda de la CNT-FAI toca *Los hijos del pueblo*. Hay lágrimas y ovaciones, gritos a favor de la libertad, contra el fascismo. Puede ser que en las calles se haya juntado más de medio millón de personas. Es la mayor manifestación que jamás se haya visto en la ciudad. En la plaza Colón, la banda municipal toca *La heroica*, de Beethoven.

El presidente Companys escribirá: «Ha muerto Durruti como mueren los cobardes o como mueren los héroes asesinados por un cobarde: por la espalda. Por la espalda mueren los que huyen o los que, como Durruti, no encuentran quien se atreva a asesinarlos cara a cara».

La prosa farragosa no es lo peor, sino lo que provoca el contenido.

En el órgano oficial de la CNT, *Solidaridad Obrera,* le darán a Companys una brutal respuesta el Comité Nacional de la CNT y el Comité Peninsular de las Juventudes Libertarias:

> ¡Trabajadores! Los emboscados de lo que se ha dado en llamar «quinta columna» han hecho circular la especie falsa y ruin de que nuestro compañero Durruti ha sido asesinado alevosamente en un acto de traición.
>
> Contra esta calumnia infame ponemos en guardia a todos los compañeros. Se trata de un procedimiento vil, destinado a quebrantar la unidad de acción y pensamiento del proletariado, arma la más eficaz contra el fascismo.
>
> Camaradas, Durruti no ha sido víctima de ninguna traición. Ha caído en la pelea como tantos otros luchadores de la libertad. Ha caído como los héroes, en el cumplimiento del deber.
>
> Rechazad toda la canallesca especie puesta en circulación por los fascistas para romper nuestro bloque indestructible. Rechazadlo sin ambages y en su totalidad. No prestéis oídos a los irresponsables que siembran rumores fratricidas. ¡Son los mayores adversarios de la revolución![258]

No es el momento para sembrar discordia. La CNT no ha visto aún ninguna necesidad para acentuar su latente confrontación con los comunistas. La consigna interna es la de mantener férreamente la unidad en el gobierno contra los franquistas. Lluís Companys ha desatado el terrible rumor que no podrá demostrarse nunca pero se perpetuará con la memoria de Durruti.

Su cuerpo descansa junto a los de Ferrer i Guàrdia y Francisco Ascaso, en Montjuïc.

En Madrid se sigue llorando al héroe que no ha podido salvar la ciudad. Los cenetistas Dolores González y Roquito Arjona, «el bien hecho», lloran a moco tendido su fallecimiento, como todos sus compañeros de la CNT del barrio de las Ventas y de la finca del conde de Romanones que ocupan.[259]

A la teoría de la traición de los comunistas, se suma entusiasmado el general Queipo de Llano desde Radio Sevilla. Luego, incluso se desarrollará otra más dañina: a Durruti lo han matado hombres de su columna, temerosos de su actitud progresiva de simpatía por los comunistas y el gobierno.

Pero ninguno de los testigos del momento, el chófer, Graves; el escolta, Ramón García López; o su lugarteniente, Ricardo Rionda, creen en la teoría conspirativa. Todos declaran que ha sido un accidente con su «naranjero», que se le ha disparado al bajar del coche. Tampoco cree en esa teoría Federica Montseny.[260]

Manuel de la Llave y Elisa García Alas viven con sus cinco hijos en la calle del Olivar, en pleno barrio de Lavapiés, uno de los más castizos de Madrid. Manuel es procurador de la Cámara de la Propiedad. Ambos son personas «de orden», simpatizantes de los alzados.

Elisa es hija de uno de los grandes escritores españoles, de Leopoldo Alas, «Clarín», de quien heredó una nutrida biblioteca. Muchos de los libros tienen dedicatorias autógrafas de sus autores. Hay firmas como la de Armando Palacio Valdés, Benito Pérez Galdós, Emilia Pardo Bazán, Miguel de Unamuno y muchos otros coetáneos.

El frío de Madrid es tan intenso que, cuando los muebles que no son imprescindibles se han consumido ya en la «cocina económica», han tenido que empezar a quemar los libros que se acumulan en la casa. Elisa y Manuel son conscientes de que están quemando joyas, llenas de valor sentimental para los descendientes del escritor. Cuando les llega el turno a los que tienen dedicatoria, alguien de la familia recorta con primoroso cuidado la página que contiene la dedicatoria y la guarda en un cajón.

Los bombardeos les suponen un gran esfuerzo. No hay ascensor en la casa, aunque en ningún caso podría ser utilizado por las estrictas normas que la Junta de Defensa ha establecido. Cada vez que suena la alarma aérea, lo que en esos días puede suceder varias veces cada jornada, una de las vecinas exclama invariablemente:

—¡La guerra, qué pereza!

El espanto cotidiano tiene siempre un toque de humor en Madrid. En casa de Manuel y Elisa se utiliza y se utilizará ya en adelante la frase para desatar la hilaridad cómplice siempre que una situación de tensión lo exija.

En la casa hay miedo. Como en todas las casas de Madrid. Miedo a las explosiones, horror al frío, sensación de hambre. Y un miedo suplementario. Uno de los hijos, Pedro, que tiene sólo dieciséis años, es simpatizante de Falange. Pedro acabará por cumplir un objetivo que para él es obsesivo: pasarse al bando franquista, donde luchará durante el último año de la guerra con el grado de alférez provisional.

Por la prensa, la familia conoce una noticia terrible. El hermano de Elisa, Leopoldo Alas, rector de la Universidad de Oviedo, ha sido detenido por los franquistas del coronel Aranda y, una vez liberado el sitio de la ciudad, será juzgado por un consejo de guerra. El juicio será un rudo amaño, lleno de proclamas antiintelectuales, montado por militares y jaleado por las rancias familias ovetenses que siguen odiando la estirpe del hombre que inmortalizó la ciudad con el despectivo nombre de «Vetusta» en su novela *La Regenta*.[261]

A pocos pasos del domicilio de la familia De la Llave, en la calle Miguel Servet casi esquina con Lavapiés, vive la de Francisco Martorell, viajante de comercio y militante de Izquierda Republicana. Su rutina diaria, sus privaciones, su miedo son casi los mismos que los de sus vecinos. Francisco se ha quedado sin trabajo con el estallido de la guerra. ¿Cómo va a viajar nadie en esos tiempos? El frío, el hambre y el miedo a los bombardeos anidan en su casa como en todas las del barrio.

Su hijo Francisco tiene nueve años y, al contrario que el resto de los habitantes adultos del inmueble, disfruta con las alarmas, que le permiten jugar con otros niños en el sótano de la casa donde se hacinan hasta cuarenta personas. Es la inconsciencia propia de la edad, que tiene su correspondencia curiosa en la de la abuela Adela. Adela no quiere bajar al sótano, porque a su edad le falta por ver aeroplanos bombardeando, y se asoma al balcón en cuanto suenan las sirenas. Hay que bajar a la señora a la fuerza.[262]

Gloria Fuertes va a trabajar. Cuando sale de su casa, en la calle Ferrocarril, tiene que moverse a saltos para no pisar los cadáveres que dejan los bombardeos.[263]

En Carabanchel el frente es muchas veces confuso. Hay que luchar casa por casa para avanzar. En una de ellas, los milicianos han conseguido tomar todos los pisos, salvo dos cuartos del segundo.

Unos moros resisten todavía.

—¿De dónde coño sacarán tanto moro? —se pregunta un combatiente.

Del interior de la casa sale una algarabía de detonaciones. Entre ellas, se distingue de vez en cuando el estampido de las granadas.

Unos camilleros salen de la casa con unos heridos. De pronto, cuando corren calle abajo, un camillero se desploma y el herido rueda por el pavimento.

Los disparos que han tumbado al sanitario proceden del tejado, y desde la trinchera los milicianos disparan al unísono intentando silenciar a los tiradores, hasta que alguien identifica una claraboya por la que aparece el cañón de un fusil. Todos dirigen allí el fuego, hasta que enmudecen los de arriba:

—Alguien se ha ido a la mierda ahí dentro.

—¡Hoy la toman! ¡Por la leche que me han *dao*, hoy la toman por completo!

—Lo cual no nos salva de que mañana no la volvamos a perder.[264]

En la lucha callejera, que discurre de casa en casa, los milicianos ya no se sienten inferiores a nadie.

La Junta de Defensa de Madrid se complace en reiterar su identificación plena y rotunda con el gobierno legítimo de la República, del cual es solamente una delegación.

La Junta se considera obligada a las determinaciones del gobierno y comprueba satisfecha que hasta el momento, siguiéndolas con fidelidad, ha conseguido llenar la misión que le fue asignada.

El enemigo no ha podido entrar en Madrid, pues el gobierno de la República, la Junta de Defensa y los combatientes, cada cual en su puesto y perfectamente unidos y compenetrados, realizan los sacrificios necesarios para impedirlo.

El gobierno de la República sigue al día, a través de su Junta de Defensa, las incidencias y las vicisitudes de la lucha en nuestros frentes, aportando constantemente los medios precisos para conquistar la victoria.[265]

La nota es para la prensa. Y se ha redactado, a petición del jefe del gobierno, para calmar el «ambiente que hay en Valencia».

Es preciso eliminar rumores y limar asperezas. Si el gobierno no ha estado a la altura, los que forman parte de la Junta de Defensa de Madrid no están interesados en provocar conflictos que pongan en riesgo la defensa de la capital.

Hay que levantar la moral de los madrileños y de los que luchan en el frente, dando imagen de unidad y de que están apoyados por el resto de las instituciones republicanas y los españoles.

También se trata de ofrecerle a Francisco Largo Caballero una cataplasma para aliviar sus sentimientos. El presidente ha perdido el control sobre Cataluña, sobre Aragón, sobre el frente norte. Su torpeza casi le ha conducido a perder el control sobre Madrid. De ello le ha salvado el hecho de que en Madrid nadie tiene la intención de romper con el gobierno, de independizarse o crear un nuevo reino de taifas.

La Junta ofrece paños calientes. Mientras pelea, día a día, con los suministros. Faltan brazos para cortar leña que sirva para hacer el pan. Faltan camiones para traer harina. No hay municiones en primera línea. Sobran doscientas mil personas «propensas al pánico» que hay que evacuar con urgencia. Y se consumen ciento cuarenta mil litros de gasolina al día, mientras que los que se reponen sólo llegan a cuarenta mil.[266]

PARTE FRANQUISTA

7 división. En los barrios de Madrid se ha seguido ensanchando la base de la Ciudad Universitaria, ocupándose algunos edificios y mejorando a vanguardia las posiciones alcanzadas.

PARTE REPUBLICANO

A las nueve y media de la noche

Frente del centro. Nuestras fuerzas, con alta moral y decidido empeño, avanzaron resueltamente ocupando Membrillera. En el sector de Somosierra, el enemigo ha cañoneado Paredes de Buitrago sin lograr objetivo alguno. En Buitrago, fuego de fusil y ametralladora sin que nuestras posiciones hayan sufrido modificación alguna.

En el sector de Madrid, el enemigo ha desplegado gran actividad de artillería bombardeando algunos edificios. Las fuerzas facciosas realizaron un movimiento ofensivo apoyado por tanques. Nuestras tropas, con elevada moral, contraatacaron con brío rechazando al enemigo y capturándole dos tanques.

23 de noviembre

JOSÉ MARÍA GÁRATE, DEL TERCIO EL ALCÁZAR, pasea por el centro de Leganés con un compañero, Daniel, que le pregunta por el día que es. Gárate le da un informe completo: 23 de noviembre, las cinco y diez de la tarde.

Un griterío les llama la atención. Una multitud de soldados y paisanos se agolpa en torno a una caravana de coches y grita «¡Franco, Franco, Franco!». De dos de los coches bajan el ya Caudillo y los generales Mola, Saliquet y Varela, acompañados de los miembros de sus Estados Mayores.

A los pocos minutos la caravana parte de nuevo en dirección a un chalé alejado unos kilómetros del casco del pueblo.[267]

La reunión es realmente importante, va a dar un cambio al curso de la guerra. Varela es partidario de proseguir con el intento de tomar al asalto Madrid, pero Franco quiere desistir: se impone una nueva estrategia que consiste en aislar Madrid de la Sierra y de Valencia y Barcelona, para tomarla cuando sus defensores estén exhaustos. Lo urgente ahora es rectificar las posiciones para mantener la presión y organizar, con las reservas que llegan continuamente de África y de las zonas bajo control, nuevos ataques de envolvimiento.

A la retaguardia franquista hay que empezar a prepararla a fin de evitar que decaiga la moral. Madrid no ha caído. Pero al responsable de las emisiones de Radio Burgos se le ocurre una buena idea, que radia con el plácet de Millán Astray: «El jefe del Estado, el excelentísimo señor general Franco, ha indicado que la inminente toma de El Escorial y de su monasterio de San Lorenzo, principal centro histórico y religioso de España, equivaldrá a la conquista de la capital. Por lo que respecta a Madrid, el general no considera justo apoderarse de la ciudad a sangre y fuego y evitará en esta operación el innecesario derramamiento de sangre».

Sin embargo, El Escorial tampoco cae.

Pero las decisiones estratégicas no siempre se plasman de inmediato en la vida de los combatientes. Franco no va a derrochar más esfuerzos en el frente de Madrid, pero tiene que mantener la tensión para evitar que el enemigo reestructure a su gusto las líneas. Y ha decidido, además, mantener la cuña de la Ciudad Universitaria. Es una postura que se le discute en su campo. ¿Por qué exponer tantas vidas, por qué desgastar unidades de élite en un lugar que no procura ninguna ventaja especial? Franco es un hombre de símbolos. El Alcázar era un símbolo. La presión sobre Madrid manteniendo la cuña es otro símbolo: los defensores no pueden estar tranquilos, no pueden relajar su defensa. Eso quiere decir, además, que tienen que mantener poderosos contingentes en la ciudad, donde él quiere. A cambio, los que asedian la ciudad deberán sufrir durante más de dos años las dificultades de sostenerse en un terreno casi rodeado por el enemigo, unido a su retaguardia por un estrecho paso que está batido desde el ya legendario puente de los Franceses.

Mientras Franco se reúne con sus colaboradores, los italianos del batallón Garibaldi se plantean, junto con los alemanes del Thaelmann, una operación local. Lukács, el jefe de la XII brigada, quiere recuperar terreno, reconquistar unas casas desde las que el enemigo les hostiga con comodidad parapetado tras sus muros. La referencia es la casa roja, un pequeño edificio, un chalé cuyas ventanas están dotadas de cierres metálicos. Una ilusoria medida de seguridad tomada por sus dueños antes de evacuarla.

Los alemanes van a tener el apoyo de tres carros blindados. Los italianos cuentan con tres piezas antitanque.

El ataque comienza a primera hora de la mañana. A la media hora, dos de los carros que apoyan al Thaelmann han sido dañados por los anticarros del 37 que los franquistas manejan con eficacia. Los alemanes no pueden progresar. Los italianos, con el flanco izquierdo al descubierto, tienen que pegarse al terreno, batidos por las ametralladoras de los defensores. Dos de los tres antitanques que les apoyan están fuera de combate. Los comandantes de los batallones, Renn y Picciardi, se reúnen. Por la tarde comenzarán de nuevo el asalto.

La moral de los voluntarios está algo baja porque no se sienten apoyados frente al poderoso fuego enemigo. Picciardi hace avanzar al único cañón que les queda y lo pone casi al descubierto para que bombardee la casa roja. Los primeros disparos hacen blanco, pero una ráfaga de ametralladora elimina a cuatro de sus cinco sirvientes. El otro se salva poniéndose a cubierto tras la plancha de acero.

Luigi Longo busca un carro en la retaguardia. Su aparición anima a los hombres, que se lanzan de nuevo al asalto de la posición. El primer grupo de voluntarios, armado de bombas de mano, llega al pie de la casa protegido por los disparos de dos compañías de garibaldinos. El enemigo parece silencioso. Los que han llegado a la casa comienzan a aporrear las ventanas con las culatas de sus fusiles y lanzan bombas de mano al interior por los huecos abiertos. Se mezclan las explosiones con gritos y lamentos. Parece que todo está hecho.

Pero el enemigo es bravo. Hay una reacción furiosa. Las bombas de mano comienzan a caer a racimos contra los asaltantes y suenan de nuevo las ametralladoras y los fusiles. Los garibaldinos no ven desde dónde dispara el enemigo, y retroceden. Longo ve a un camarada caído a su lado, Nevicati, con un tiro limpio en medio de la frente. El propio capitán Leone, el veterano del Stozzi, resulta herido en una pierna. Leone recibe un tiro mientras corre hacia el enemigo gritando «¡Porca Madonna!».

En cuatro días, la XII brigada tiene ya un treinta por ciento de bajas.[268]

Délano, el canciller del consulado chileno, ha acabado su tarea en Madrid y consigue una plaza en un camión que ha traído víveres a la embajada de Argentina. Se quiere reunir con su mujer, que le espera en Barcelona. De momento, le basta con poder ir hasta Alicante; desde allí, el viaje será más fácil.

Cuando llega al vehículo comprueba que no tiene un asiento reservado, sino un «sitio» en la caja del camión donde se hacinan niños y mujeres, muchas de ellas ancianas, que obedecen la orden de evacuación. Al partir, a mediodía, comienza a caer una leve llovizna de la que los viajeros se protegen como pueden con la lona que hay en la caja del camión.

Al lado de Délano, una niña tirita de frío. Su madre es una mujer hermosa, de nariz griega y ojos claros. Hace quince días se quedaron sin casa en un bombardeo. Desde entonces han vivido en un asilo, y tienen hambre.

—¡Qué será de nosotras! —exclama una anciana.

—¿Le gustaría que terminara ya la guerra? —inquiere el diplomático.

—Sí, pero siempre que terminara bien, que ganáramos nosotros.

Una mujer joven insiste:

—Yo prefiero seguir sufriendo antes que los moros entren en Madrid. No. No entrarán, no pueden entrar.

Ahora la lluvia se espesa, llueve a cántaros. Los chóferes extienden la lona para cubrir a los viajeros. Pero hay que hacer un gran esfuerzo para sujetarla entre todos, porque no hay anclajes. Además, se asfixian. Cuarenta personas son muchas. Las mujeres deciden que prefieren afrontar la lluvia.

Calados hasta los huesos, llegan ocho horas después a Alicante. Délano deja Madrid atrás, para siempre. Durante el viaje en la caja del camión ha oído varias veces la machacona frase: «No pasarán». No pueden pasar.[269]

Faustino Cordón, el químico que fabrica bombas para el Quinto Regimiento, asiste a un banquete de despedida que organiza la unidad comunista a los intelectuales que se marchan a Valencia por deseo del gobierno. Cordón ve que a la mesa está sentado alguien cuya cara le es familiar. Se trata de un policía que le ha detenido ya dos veces. La primera, por hablar alemán con un camarada de esa nacionalidad; pensó que eran espías y les envió a una checa de la FAI. La segunda, en el mismo Ministerio de la Guerra, adonde se había dirigido para hablar de la fabricación de sus bombas. La cosa no es de broma en un Madrid tan enfebrecido por la psicosis de la quinta columna. Cordón se acerca a él y le recrimina airadamente, pero con ironía, su actitud. El otro le pide excusas. Después de la conversación, Cordón se entera de su identidad: es ni más ni menos que José Carrasco, uno de los héroes de la defensa de Madrid. Carrasco y Antonio Coll son los dos hombres que más tanques enemigos han dejado fuera de combate, a base de bombas de mano y valor. Quizá con las bombas que fabrica Cordón, que se ríe de sí mismo pensando que el único hombre al que ha provocado miedo en su vida sea uno capaz de voltear siete tanques.[270]

Al final de la cena, los «sabios españoles» firman un manifiesto de agradecimiento a los hombres que salvan los libros, que protegen los laboratorios, que rescatan de las bombas incendiarias el patrimonio artístico.

Se marchan de Madrid Antonio Machado, el físico Arturo Duperier, los psiquiatras Miguel Prados y José María Sacristán, el químico Enrique Moles, Pío del Río, director del Instituto del Cáncer. Y muchos otros. Los más importantes intelectuales españoles que quedaban en la capital. La República quiere que sigan creando e investigando fuera del alcance de las bombas.

El comunista Antonio Mije, consejero de Guerra, ha formado parte de la comisión que ha estado en Valencia para aclarar las relaciones con Largo Caballero. La nota de adhesión emitida el día anterior ya habrá servido para cerrar algunas heridas, piensa. Desde luego, Santiago Carrillo, que ha formado parte de la comisión, no ha dicho ni una palabra expresando su convencimiento de que el general Asensio Torrado es un traidor. Eso habría provocado una catástrofe.[271] Largo Caballero ha estado esperando sus afirmaciones, le ha intentado sonsacar su opinión sobre Asensio para fulminarle. Incluso se ha dirigido a él abiertamente para romper su silencio. Carrillo ha balbuceado que «eso es lo que se dice».

Pero la reunión ha sido fructífera, y se han puesto los medios para que funcionen bien los suministros y no haya equívocos. Largo Caballero, sin embargo, se ha quejado con amargura de que ni siquiera le habían informado de la composición de la Junta, y ha dicho que el material antiaéreo que se retiró de la capital lo fue por orden de la Junta.

Miaja no puede disimular su ira. Él mismo detalló al general Asensio los nombres de quienes componían la Junta al día siguiente de constituirse. Y dice que es falso que el material antiaéreo se retirase por orden suya.

Pero hay que tragarse lo sucedido y continuar.

Lo que de verdad preocupa a los de la Junta es el abastecimiento y la evacuación. Los de Auto-Transportes siguen sin colaborar. Ahora, se decide abandonar las amenazas y enviar una comisión negociadora en la que haya representantes de la CNT, para convencerles no sólo por la autoridad, sino como «amigos».[272]

La obsesión por la quinta columna continúa viva. Queipo de Llano la alimenta cada día desde Radio Sevilla. Para los comunistas, se trata de uno de los problemas esenciales de la defensa, pero esa idea la comparten otros consejeros, como los de Izquierda Republicana.

En algunas embajadas se hacinan elementos que pueden salir en cualquier momento a realizar sabotajes o, en caso de que la situación les sea favorable, a combatir directamente contra las tropas republicanas. Por Madrid corren desde hace meses noticias diarias de «paqueos», de disparos y bombazos lanzados desde las terrazas de muchos edificios por hombres ocultos que, de inmediato, se desplazan a otros lugares.

Los embajadores de Chile, Finlandia y Noruega han realizado esta mañana una acción confusa: con varios coches, han sacado de la abandonada legación alemana a varias personas. Los milicianos de guardia han detenido a cuatro de ellas, pero un grupo de ocho o diez ha conseguido escapar.

Santiago Carrillo decide que las fuerzas de seguridad entren en las sedes de Alemania e Italia. Son gobiernos decididamente hostiles, que han reconocido al gobierno franquista y han dejado oficialmente sus instalaciones, protegidas por otros países.

En la embajada italiana sólo hay dos monjas y un portero. Pero en la de Alemania hay treinta y dos hombres armados con fusiles, pistolas y granadas. Todos ellos han sido detenidos.

PARTE FRANQUISTA

7 división. En el frente de El Escorial el enemigo atacó Robledo de Chavela, siendo rechazado con grandes pérdidas, cogiéndosele quince prisioneros.

En el frente de Madrid se llevaron a cabo pequeñas operaciones para consolidar y mejorar las posiciones ocupadas.

División de Soria. En el frente de Sigüenza, para rectificar posiciones, se realizó un avance ocupando San Andrés de Congosto, sin resistencia, pues el enemigo, castigado por los días anteriores, no demostró actividad alguna.

PARTE REPUBLICANO

Frente del centro. En el sector de Guadarrama, ligero tiroteo de fusil y ametralladora.

En el sector de Madrid se ha operado poco en el día de hoy. La artillería rebelde ha bombardeado algunos edificios de la ciudad, siendo acallado el fuego de los cañones por la eficacia de tiro de la artillería republicana.

En nuestras avanzadas ligero fuego de fusil y ametralladora.

Nuestras posiciones no han sufrido modificación alguna.

Aislar a la ciudad traidora

PLANES DE MANIOBRA PARA EL ATAQUE DIRECTO

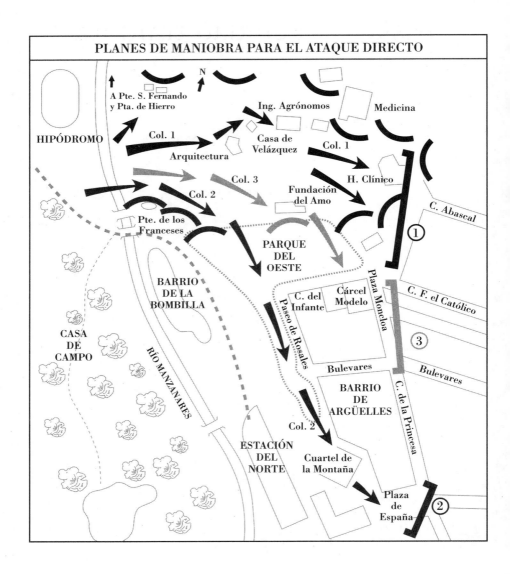

*L*A MUERTE DE TANTA GENTE YA NO TIENE QUE VER *con el asesinato. Para eso hace falta que el asesino conozca a la víctima, la odie o la desprecie. Hay una rutina de muerte que es más grave. Aunque no está del todo exenta de pasión: los que se enfrentan con las armas a los fascistas les odian de una manera genérica, porque son los camaradas de quienes han fusilado a dos mil defensores de Badajoz y arrasan todo lo que se encuentran a su paso, los que intentan que la revolución se estanque, los que se han levantado contra la República, los que apoyaron la gigantesca represión del 34. Y ahora son los que bombardean la ciudad y matan por igual a niños y a combatientes. Eso debe de ser la guerra: un momento en que se puede matar al que está enfrente sin necesidad de personalizar el odio.*

Para los sitiadores, el sentimiento es parejo. Los hombres que caen en las trincheras, en los asaltos, los que se abrasan dentro de los carros de combate, son rojos asesinos sobre cuyos cadáveres se podría bailar. Quienes no tienen familia o amigos en la ciudad pueden llegar a disfrutar con la purificación que el fuego provoca en ella.

Matar a un hombre en el frente no significa nada más que matar a un enemigo. No hay ninguna necesidad de recrear sus gestos en una situación cotidiana. De imaginárselo, por ejemplo, riendo o llorando, cogiendo un niño entre los brazos.

Los madrileños están ya hechos a convivir con la muerte, que se encuentran por igual a la salida de los cines, en las colas del pan o en la trinchera.

Y se saben protagonistas de un acontecimiento histórico. Los ecos de la prensa de todo el mundo llegan a los periódicos y las radios. Hay extranjeros vestidos de uniforme que vienen a dar la cara con ellos en la Ciudad

Universitaria o en la Casa de Campo. En Italia o en Alemania no han po-
dido parar a los fascistas. Y en Madrid sí. Lo dicen todos los medios. Du-
rruti ha venido a morir aquí porque aquí estaba la trinchera donde debían
pararlos, donde había que conseguir que no pasaran.

Eso tiene un alto precio. Hay muchos que no vuelven del frente. Otros
miles lo hacen, destrozados, marcados para siempre con mutilaciones es-
pantosas.

Y en las casas de los que se niegan a ser evacuados se pasa hambre, se
pasa frío, se pasa miedo. El hambre, el frío y el miedo no disminuyen en in-
tensidad por mucho que se hagan cotidianos. A esas tres cosas no se puede
acostumbrar nadie. Sólo cabe apretar los dientes.

A Franco le ha fallado su suerte, y le ha fallado la de Varela. Ya sabe que,
por mucho que porfíe y eche más y más combatientes al asalto, no puede
hacer que el enemigo doble la rodilla. Los que salen de los parapetos para
dar golpes de mano, para avanzar unos metros, sirven a una idea que tiene
mucho de rutina militar, la de fijar al enemigo en sus posiciones, evitar que
se desplace a otro lugar más ventajoso. Los hombres mueren para que los
de la trinchera de enfrente no se vayan. Franco ha renunciado a la con-
quista, pero quiere que se mantenga viva la guerra. Es una cuestión de eco-
nomía bélica.

Queipo de Llano y Mola siguen insistiendo en sus locas prédicas: la
quinta columna está aguardando su momento. Los que deciden dentro de
Madrid sobre la vida y la muerte reciben los mensajes con agrado: se pue-
de matar a los miembros de la quinta columna. Hay que descubrirlos y dar-
les un tiro en la nuca.

Hay en las filas franquistas una sensación de perplejidad. Los rojos re-
sisten, no retroceden, pelean con fiereza y, a veces, con frialdad e inteli-
gencia. ¿Qué ha sucedido con esa montonera que volvía grupas al primer
desbordamiento y actúa ahora como si fuera un ejército?

La ciudad que era indefendible se defiende. No cede. Hay muchos hom-
bres, de toda España, que lo hacen. Antes corrían y ahora no.

La gente les ha dado la fuerza. Los niños, las mujeres, que pasan frío,
hambre y miedo, no les dejan desfallecer.

Los madrileños están en la calle, aplaudiendo los combates aéreos, ha-
ciendo barricadas con picos, palas y manos desnudas. Van a los mítines,
pero también al cine a ver películas de Chaplin y Laurel y Hardy. Muchas
veces tienen que salir corriendo de las salas porque hay alarma aérea; otras,
cada vez más frecuentes, porque los obuses que lanzan desde Garabitas o
el Cerro de los Ángeles revientan en las calles. Van a los cafés y a algunos
cabarets que se empeñan en abrir sus puertas. Por la noche se encierran
en un sueño inquieto en la ciudad oscurecida.

Muchos madrileños han decidido que no pasen.

Madrid se convierte en la ciudad traidora.

Madrid se convierte en la ciudad heroica.

Una ciudad en la que una gran parte de los habitantes no quiere sobrevivir, sino vencer.

Eso exige un castigo. Franco va a dárselo. Va a mantener los bombardeos, el asedio. Durante el tiempo que sea necesario para quebrar su resistencia.

24 de noviembre

HOY, LA 19 COMPAÑÍA DE LA 5 BANDERA DE LA LEGIÓN sufre un duro castigo en la Casa de Campo cuando intenta una maniobra de rectificación del frente.

Al mando de la 5 bandera está el capitán Karl Tiede, de origen alemán, nacionalizado español desde 1927 tras haber hecho una brillante carrera en el Tercio. Tiede es un soldado profesional de auténtica vocación. Participó en la primera guerra mundial, donde consiguió dos cruces de Hierro. Se alistó en la Legión en 1921, como soldado de segunda. Desde entonces, ha ido ascendiendo por méritos hasta obtener el grado de capitán. Tiede es, además, políglota. Habla el alemán y el español, inglés, francés y ruso. Al frente de su bandera fue uno de los primeros soldados en llegar al Alcázar de Toledo el 27 de septiembre. Ha estado también en Badajoz, donde ha sido mencionado como distinguido en los partes de guerra. El día 10 consumó su mejor hazaña: capturó más de cien prisioneros y mató a trescientos republicanos con su bandera, por lo que le concedieron la medalla militar individual.

A Karl Tiede le hieren en una pierna, por lo que es evacuado en una ambulancia a la retaguardia. La herida es grave. Pero morirá de una septicemia, que acabará con él en veinte días.

Tiede es el primer extranjero de origen en obtener el nombramiento de comandante de la Legión. Seis días antes de su muerte.[1]

En el Tercio abundan los extranjeros. Se han incorporado bastantes voluntarios italianos, algunos franceses y de otras nacionalidades. En estos días de finales de 1936, se producen muchas solicitudes de alistamiento en los consulados españoles en Alemania. Por ello, los cónsules reclaman instrucciones ya que se teme que haya voluntarios izquierdistas que quieran aprovechar el viaje a España para llegar al país y, después, pasarse a los republicanos.

Los consulados franquistas en el exterior reciben un documento sin fecha que, con la instrucción de «Muy reservado», aconseja tomar precauciones. Además, se indica que todos los capitanes, tenientes, sargentos y soldados que quieran servir en la Legión extranjera lo pueden hacer conservando su categoría por el tiempo que dure el conflicto, sin que haya límite de número para su admisión.

En ocasiones, los reclutadores españoles en Alemania e Italia se toman tan en serio la tarea de fichar a los voluntarios que, cuando éstos llegan a España, se sienten defraudados porque las condiciones que han pactado, sobre todo las económicas, no coinciden con las que la Legión aplica. Hay suficientes voluntarios, por lo que las órdenes enviadas a los consulados especifican que los que quieran ser admitidos tienen que pagarse los gastos de viaje.[2]

Al margen de los voluntarios «camisas negras» italianos que están llegando a España en esas fechas, y de los alemanes de la Legión Cóndor, se incorporan a la Legión un centenar de alemanes y otros tantos italianos. Algunos italianos lo hacen, además, en el Requeté; los alemanes que no desean hacerlo en la Legión optan por la Falange.

Tres de ellos han sido hechos prisioneros hace pocos días en el frente norte por las milicias vascas. Lhotard Gudde ha sido fusilado en Derio, encontrado culpable del delito de rebelión militar. Su compañero, Wolfgang von Eynatten, condenado a cadena perpetua por el mismo tribunal, ha pedido una revisión de la sentencia alegando que le obligaron a afiliarse a Falange cuando estaba en Pamplona sin empleo. La jugada le sale mal: la nueva sentencia es a muerte y será ejecutado en Bilbao el 5 de febrero.

En el Parque del Oeste ya no hay guardas. Jesús Izcaray echa de menos su presencia. ¿No tenían que estar ahí para guardar el parque? Como no están los guardas para vigilar a los enamorados y los viejos que antes paseaban por él, están los del batallón de Artes Blancas, que lo defienden de los moros.

Los panaderos han olvidado ya lo que es reposar. Llevan días y días combatiendo y, sobre todo, cavando trincheras. El jefe del sector, el coronel Ortega, tiene una máxima: «Un fusil no vale gran cosa si no hay un pico junto a él». Las trincheras comienzan a ser habitables. Están hechas con troncos y cemento y la lluvia ya no se las lleva.

Hay que disparar continuamente. En cuanto baja la intensidad del fuego, los de enfrente atacan. Incluso de noche. Un soldado dice que los moros, que siempre son los que van delante, pueden ver en la oscuridad, como los gatos.

Ayer hubo que desalojarles de una trinchera a punta de bayoneta. Fue una carnicería.[3]

Los del batallón de Artes Blancas ya están muy fajados. De los hombres sindicados sólo se han quedado en la retaguardia los imprescindibles para que el pan que se pueda hacer lo reciban los madrileños. En pocos días les pondrán un número para distinguirlos y perderán su orgulloso nombre corporativo que anuncia que los panaderos madrileños luchan en el Parque del Oeste defendiendo su ciudad. Pasarán a formar parte de la 40 brigada mixta. No lejos de ellos luchan otros hombres también orgullosos de su oficio, como el batallón de peluqueros, también llamados «Fígaros».

Tarancón: parada obligada en el camino a Valencia. Antonio Machado forma parte de la caravana que traslada a Levante a un puñado de científicos y literatos para que su seguridad esté garantizada lejos de los bombardeos de la artillería franquista. Con el anciano poeta se tienen especiales atenciones. El viaje es muy penoso para alguien de su edad.

A Machado lo llevan, junto con su familia, a un caserón que debe pertenecer a alguien de muchos recursos económicos. No falta ninguna comodidad. Y el poeta se interesa por ese alguien. Sus acompañantes no le escatiman la información: pertenecía a una familia a la que le han dado el paseo hace unos días.

Antonio Machado no quiere mancillar la cama de quien ha sufrido tan duro castigo. Pasa la noche tumbado sobre la alfombra.

La casa en la que duerme Moreno Villa pertenece también a otros «paseados».

La centuria Madrid de Falange lleva quince días atrincherada en Retamares. En esas dos semanas ha sufrido más de un cincuenta por ciento de bajas. La forman ingenieros, abogados, funcionarios y estudiantes. El Tebib Arrumi les visita; no puede evitar que el entusiasmo impregne su escritura, hasta el punto de que titula su crónica «Arriba los señoritos». El Tebib ya sabía que los señoritos eran valientes, «porque son españoles». Pero les admira por cómo se han adaptado a la vida difícil, durísima, del soldado en campaña. Lo mismo recogen a un soldado no señorito que está herido entre líneas que limpian letrinas. Sin perder la sonrisa: «¡Arriba, arriba los señoritos! Que el ser hoy señorito no representa baldón, sino título merecido de respeto, ya legítimamente ennoblecido».

El Tebib Arrumi habla de los falangistas, de los pocos que hay en primera línea, cubriendo los flancos de los legionarios y los regulares de la Casa de Campo.[4]

De Madrid, como es lógico, han desaparecido los señoritos a quienes alaba El Tebib Arrumi. Antonio Machado lo ha percibido con benevolencia: «Cuando una gran ciudad —como Madrid en estos días— vive una experiencia trágica, cambia totalmente de fisonomía, y en ella advertimos un extraño fenómeno, compensador de muchas amarguras: la súbita desaparición del señorito. Y no es que el señorito, como algunos piensan, huya o se esconda, sino que desaparece —literalmente—, se borra, lo borra la tragedia humana, lo borra el hombre. La verdad es que, como decía Juan de Mairena, no hay señoritos sino más bien "señoritismo", una forma entre varias de hombría degradada, un estilo peculiar de no ser hombre ... "Nadie es más que nadie" porque —y éste es el más hondo sentido de la frase— por mucho que valga un hombre, nunca tendrá valor más alto que el valor de ser hombre. Así habla Castilla, un pueblo de señores, que siempre ha despreciado al señorito».[5]

Las cinco chicas que han caído en poder de los soldados franquistas han sido llevadas a declarar ante el propio general Varela. Su coche, que llevaba una gran bandera roja en la delantera, iba conducido por un chófer y en los estribos iban dos milicianos. «Distraídos por la conversación» han equivocado el camino, y son ya prisioneras. Una de ellas, «la más bonita», ha declarado que su familia es de derechas. Y todas dicen que Madrid está desolado y a punto de caer. Cuando acaba el interrogatorio, las conducen a un convento de Carabanchel, donde han quedado bajo la custodia de las monjas. Cuando las entrevista El Tebib Arrumi, muestran su sorpresa porque no han sido sometidas a las crueldades que la prensa y la radio rojas dicen que cometen los franquistas con las mujeres.[6]

Los oficiales que redactan el diario de operaciones del general se refieren a las chicas como «modistillas que iban a llevar ropa a los rojos de Boadilla del Monte».[7]

La crónica del corresponsal es muy piadosa. Un coche con una bandera roja, escoltado por milicianos y en el que tres modistillas van a llevar ropas a los rojos es suficiente motivo no ya para ir a parar a un convento, sino para acabar en una cuneta. O en un acuartelamiento de los que usa El Mizzian, según Whitaker.

El capitán Antonio Pavón está en el barrio de Usera con su unidad, el II tabor de la Mehal-la de Larache. Llevan más de diez días de combates y hostigamientos diarios en un frente que casi no se mueve pese a los intentos constantes de rectificar las posiciones que hacen los dos bandos. En uno de los combates, un carro ha sido destrozado por los republicanos. A Pavón le encargan una misión infernal: internarse aprovechando la oscuridad de la noche en territorio enemigo para rescatar a sus ocupantes, aunque se supone que estarán muertos. Para la misión, Pavón escoge a un caíd, Sid Buhia Ben Kadur, y seis áskaris. Vuelven con los cadáveres del capitán de artillería que ocupaba el carro y el del conductor.[8]

PARTE FRANQUISTA
Ejército del Norte
7 división. En el frente de El Escorial, el enemigo, en el día de hoy, intentó llevar a cabo un nuevo ataque sobre Robledo de Chavela, rechazándosele, persiguiéndolo y desalojándolo de una avanzadilla donde abandonó treinta muertos, un prisionero y más de cincuenta fusiles. Los muertos enterrados en este lugar, entre el día de ayer y hoy, pasan de ochenta, entre ellos el jefe que mandaba la fuerza enemiga.

En el frente de Madrid se consolidaron las posiciones últimamente ocupadas, efectuándose pequeñas rectificaciones a vanguardia, precursoras de otros avances más importantes.

En el frente de Talavera de la Reina se intentó por el enemigo llevar a efecto un ataque con infantería y tres baterías, que fue rechazado por nuestras tropas y, perseguido el enemigo por nuestra aviación, le causó ésta numerosísimas pérdidas, huyendo hacia los Navalmorales.

PARTE REPUBLICANO
A las nueve y media de la noche
Frente del centro. En los sectores del sur del Tajo, sin novedad.

Nuestras tropas, en un vigoroso avance frente a Pinto, han castigado duramente al enemigo haciéndole gran cantidad de bajas y tomándole muchos fusiles, más de cien cabezas de ganado lanar y bastantes de ganado mular. En el frente de Guadarrama, en Zarzalejo, el enemigo hizo sobre nuestras posiciones intenso fuego de fusilería y ametralladora, sin consecuencias. En el sector de Aranjuez, cañoneo enemigo frente a Ciempozuelos, sin lograr objetivo alguno.

Nuestra artillería hizo enmudecer a la facciosa con intenso y certero fuego.

En los demás sectores de este frente, nuestras fuerzas han mantenido la iniciativa en el ataque, infligiendo duro castigo a las bandas facciosas. En el frente del Manzanares no se ha operado en el día de hoy. El enemigo ha sido castigado en la Casa de Campo. Siguen nuestros bravos milicianos presionando en Pozuelo de Alarcón y Villanueva de la Cañada, en donde los facciosos se sienten desalentados. Las bandas fascistas, en su impotencia, cañonean algunas casas de Madrid sin fuego preciso, enviándonos algunas granadas que, lejos de amedrentar a la población, elevan la moral de la retaguardia. La criminal aviación fascista se ha presentado en las últimas horas de la tarde sin aceptar combate con nuestros valientes cazas.

25 de noviembre

ES UN DANDI Y SU COMPLEXIÓN FÍSICA ES DÉBIL. Pero Luis Cernuda siente como ninguna otra vez en su vida «el deseo de ser útil, de servir». Ha rechazado la oferta de irse de Madrid con los intelectuales evacuados, y abandona también el confort del palacio de Heredia Spínola para ir al frente. Se alista en el batallón alpino, que tiene como destino el frente de Guadarrama. El alpino es una creación del Quinto Regimiento. En el otro lado, los requetés navarros crean una unidad de «skiadores».

Luis Cernuda lleva por equipaje un fusil y un tomo de poemas de Hölderlin.[9]

Un tabor de regulares de Tetuán, junto con dos compañías de requetés, la 1 y la 4 de Bailén, se concentran en el Hospital Clínico para dar un asalto con un doble objetivo. A ellos les corresponde tomar la cárcel Modelo, donde aún se concentran prisioneros que simpatizan con Franco. Otra fuerza formada por una bandera de la Legión y las dos compañías restantes de Bailén tiene que dirigirse hacia el Cuartel de la Montaña.

Desde la Casa de Campo, la artillería bombardea, y así señala a la aviación dónde debe dejar caer sus proyectiles, antes de que se inicie el ataque de la infantería.

La artillería comienza. Poco después, se oyen los motores de la aviación, una gran formación de cuarenta Junker, que comienza a descargar las bombas. Pero algo ha fallado en los cálculos. Las explosiones se producen en las posiciones franquistas. En el tabor de regulares se cuentan más de sesenta bajas.

El ataque se suspende.[10]

Vicente Rojo sigue trabajando en la organización de su variopinto ejército. Hay demasiadas instancias de mando, lo que a veces crea confusión: la Consejería de Guerra, la Comandancia de Milicias, el Quinto Regimiento y el Ministerio de la Guerra. Las tres primeras las va controlando poco a poco, con una intensa colaboración de los comunistas. La del Ministerio sólo puede burlarla. Lo logra con la colaboración cada vez más abierta de Pozas, que parece como si se hubiera «dado la vuelta».

PARTE FRANQUISTA
Ejército del Norte
En el frente de Madrid ha continuado la progresión de nuestras fuerzas, mejorando sus posiciones y ocasionando al enemigo numerosas bajas. También se han llevado a cabo reconocimientos ofensivos, penetrando nuestras patrullas en algunos puntos de las trincheras enemigas.

PARTE REPUBLICANO
A las nueve y media de la noche
Frente del centro. En el sector de Guadarrama y Somosierra, ligero cañoneo y fuego de fusil y ametralladora, sin que nuestras posiciones hayan sufrido modificación alguna. Nuestras tropas, con alta moral y decisión combativa, han castigado duramente al enemigo en San Martín de Montalbán y Polán, habiéndose visto a las bandas facciosas retirar gran cantidad de heridos.

En el sector del río Manzanares, los facciosos ejercieron fuerte presión sobre nuestras líneas, siendo brillantemente rechazados e inutilizándoles varios tanques. Las bandas fascistas que operan en este sector se van dando cuenta de lo inútil de su empeño. La aviación facciosa hizo una incursión sobre Madrid a las nueve horas, realizando la segunda a las quince y treinta, sin que en ninguna de las dos pudiera lograr sus objetivos por la valiente presencia de nuestros cazas, quienes les obligaron a huir precipitada y cobardemente. En su acelerada huida dejó caer varias bombas sobre sus propias líneas. Nuestros cazas castigaron a la fuerza enemiga y derribaron a un trimotor faccioso.

26 de noviembre

«LA MEDIDA, MI GENERAL, HA CAÍDO MUY MAL entre los aviadores, quienes muestran unánime deseo de que su hermano no sirva en aviación ... Los matices son varios. Desde los que se conforman con que trabaje en asuntos aéreos fuera de España, hasta los que solicitan que sea fusilado; pero unos y otros tienen el denominador común de rechazar por ahora la convivencia, alegando que es masón, que ha sido comunista, que preparó la matanza durante la noche de todos los jefes y oficiales de la base de Sevilla y, sobre todo, que por su semilla, por sus predicaciones de indisciplina, han tenido que ser fusilados jefes, oficiales y clases de la Aviación.»[11]

El general Kindelán, jefe de la aviación franquista, le escribe a Franco una durísima misiva como respuesta a la arbitraria decisión del Generalísimo en torno a su hermano Ramón, al que ha nombrado teniente coronel y jefe de la base mallorquina de Pollensa. Ramón Franco ha permanecido como agregado aéreo de la República en Washington hasta el 3 de octubre y su pasado coincide punto por punto con el que Kindelán describe en su carta. Pero Kindelán ha sido uno de los que han elevado a Franco a un lugar donde no tiene que responder de sus actos ante nadie, salvo Dios, y eso cuando le llegue el momento. No tiene demasiado derecho a quejarse, desde el momento en que él y los demás miembros de la Junta de Defensa Nacional dejaron solo al general Cabanellas en su oposición a darle tantos poderes al Caudillo.

Franco ha mandado matar a cientos de oficiales por cuestiones mucho menos importantes que las que se le acreditan a su hermano.

Ramón Franco pasa a mandar la base desde la que los aviones a su mando bombardearán todo el Levante español centenares de veces. Sus acciones provocarán miles de muertos civiles en Barcelona, Tarragona, Valencia y muchas otras ciudades.[12]

A Kindelán estas actitudes de franqueza le acabarán costando muy caras. Es un hombre que lo ha fiado todo a Franco. Y Franco no se va a privar de traicionar esa confianza cuando le convenga. Su astuta fórmula para evitar la reinstauración de la monarquía es el principal motivo que acabará con la relación entre ambos.

El tiempo es hoy el principal aliado de la paz. Los frentes apenas registran novedades. La aviación no puede operar. Los combatientes se agrupan en las trincheras en torno a hogueras o infiernillos improvisados, sin asomar la cabeza, desde luego. Siempre hay alguien enfrente dispuesto a hacer puntería sobre el incauto que la asome.

El coronel Rojo presenta un plan de reorganización de las tropas de la defensa al general Miaja, que éste acepta de inmediato. La extensa emisión de órdenes necesaria para la reorganización del ejército popular no basta para que las cosas funcionen. La urgencia de las decisiones y la intensidad de los combates del último mes han impedido implantar medidas lógicas por falta de respiro.

La primera medida que propone Rojo es la de fundir muchas pequeñas unidades en otras de tamaño adecuado, tipo batallón. Pero, sobre todo, lograr que haya un solo mando, el de la defensa de Madrid. Algunas brigadas vienen del frente del centro; otras han sido enviadas por milicias de cualquier lado.

También hay que reforzar la autoridad de la Junta de Defensa para que el aprovisionamiento de municiones y víveres funcione mejor. Rojo ha pasado por situaciones realmente diabólicas en las que, aunque no faltaban las municiones, no había manera de organizar su llegada al lugar donde eran necesarias. Más de una vez, como sucedió el día 19 frente a Garabitas, ha tenido que abortar movimientos ofensivos debido al caos.

Rojo propone dividir el frente en cuatro sectores. El primero estará al mando del general Kléber, y lo cubrirá desde el río Perales, en el noroeste de Madrid, hasta la Facultad de Medicina. Este contingente lo formarán las XI y XII brigadas internacionales; la columna Barceló, la 3 brigada mixta de José María Galán, la 5 de Savio; y la llamada brigada X, mandada por el comandante Palacios y que engloba las columnas de Cavada, Enciso y la del propio Palacios.

El segundo sector enlaza con el anterior y se correrá hasta la Puerta del Ángel, en la Casa de Campo. Quedará al mando del coronel Álvarez Coque. Forman parte de la fuerza la 2 brigada mixta de Martínez de Aragón, la 4 de Romero, el héroe del puente de los Franceses; la brigada llamada Y, del coronel Ortega, y un batallón de fuerzas de asalto como reserva.

El siguiente sector, del centro izquierda, lo manda el teniente coronel Mena y cubre, con las columnas de Arce, Prada y Bueno, el frente hasta Villaverde.

El cuarto, que ocupa el ala izquierda, está al mando de Enrique Líster y lo defiende su brigada mixta, la 1; cubre desde Vallecas hasta la Marañosa.

La artillería está mandada por el comandante Zamarro; los ingenieros, por el comandante Ardid. Hay más de ochenta cañones empeñados en la defensa.[13]

Agapito García Atadell y sus cómplices Pedro Penabad y Luis Ortuño, los dirigentes de la extinta Milicia de Investigación Criminal fugados a Francia, han sido detenidos en Marsella. La noticia la publica hoy *Política*, el órgano de Izquierda Republicana[14] que dedicó en el pasado, como casi toda la prensa madrileña, elogios sin tasa a los tres fundadores de la Brigada del Amanecer. La detención la ha realizado la policía francesa a instancias de la republicana, que comenzó a sospechar de los motivos de su marcha a los pocos días de producirse. El fiscal ha pedido su extradición.

Desde las instancias de Justicia del gobierno de Valencia se asegura que no habrá piedad para los delincuentes que se han enriquecido extorsionando y robando a las víctimas de la represión incontrolada de los primeros meses de la guerra.

Pero Atadell conseguirá escapar de Francia y embarcarse rumbo a América del Sur. En realidad, sólo ganará unos meses de vida. Un sindicalista francés avisa al cineasta Luis Buñuel, exiliado voluntariamente en París, de que hay un español que quiere embarcarse con una maleta llena de joyas. Buñuel ha dado noticia de ello al embajador español, Luis de Araquistáin, y éste, a través de una embajada neutral, ha notificado a los franquistas que García Atadell va camino de América en un barco que hará escala en Canarias.[15]

Agapito García Atadell será detenido junto con Penabad por la policía franquista en Santa Cruz de la Palma. Coincidirá con Arthur Koestler en la cárcel de Sevilla, ambos condenados a muerte.[16] Desde su celda oirá las descargas de los pelotones de ejecución que van asesinando republicanos. Se convertirá en un hombre de profundas convicciones religiosas, de histriónico rezo diario. Y reclamará a Queipo de Llano piedad en pago a la forma en que se portó con su hermana. Todo será en vano, y también él acabará siendo ejecutado.

La suya será una de las pocas ejecuciones realizadas por los franquistas que se aplaudan en Madrid. Y su caso, el único que movilice en la misma dirección a las diplomacias de los dos bandos.

El Comité Nacional de la CNT y la Comisión Ejecutiva de la UGT hacen público hoy, desde Valencia, un comunicado conjunto que se cierra con una larga y contundente frase: «Que nadie olvide que en estas horas presentes sólo la unión del proletariado puede conducirnos a la victoria». En el manifiesto se anuncia que, en muy pocos días, las dos centrales sindicales irán dando sus opiniones comunes sobre los asuntos que preocupan a los trabajadores. Se trata de limar las muchas asperezas que se desatan entre los militantes de las dos organizaciones, y se hace un llamamiento severo a evitar la confrontación. Pero hay también, a pesar del reconocimiento de que pueden existir diferencias de puntos de vista, un aroma de esfuerzos más profundos.[17]

Los ugetistas entienden el manifiesto como una llamada dirigida sobre todo a limar asperezas. Los cenetistas, como una convocatoria a abrir discusiones que permitan profundizar en la senda de la unidad del proletariado.

La palabra unidad se pronuncia en el bando republicano con generosidad. Unidad, sobre todo, para hacer frente al ataque del fascismo, para ganar la guerra. Pero no todos la pronuncian igual. Los comunistas se esfuerzan en proclamar su deseo a los cuatro vientos, su vocación de llegar a constituir con el PSOE el partido único del proletariado. Ésa es una vieja consigna del caballerismo. El propio Indalecio Prieto la utiliza de cuando en cuando. Pero en el PSOE hay muchos perros viejos que saben cuál es el riesgo: lo han aprendido con el proceso de fusión de las Juventudes, que se ha convertido en una aportación esencial para nutrir las filas comunistas de militantes socialistas. Lo que pretenden los comunistas realmente es absorber al PSOE.

¿Cómo pueden hacerlo? No es tan complicado: de la revolución de 1934, el PSOE ha salido fracturado, roto. Es un partido absolutamente descompuesto, al que han votado los españoles de una forma masiva en todas las convocatorias electorales de los últimos años, pero que se debate en una perpetua lucha interna que lo debilita políticamente. El PSOE vive esa contradicción fundamental: agrupa millones de voluntades de las clases populares y medias que le dan una gigantesca fuerza política; pero no consigue llegar a un consenso interno que le permita aprovechar esa fuerza.

Cuando se pronuncia la palabra unidad referida a los dos partidos fundamentales de la izquierda, se abre la caja de los truenos.

PARTE FRANQUISTA

Ejército del Norte

En el frente de Madrid continuó la progresión, mejorándose las posiciones y rechazando algún intento de filtración de partidas enemigas.

PARTE REPUBLICANO

A las nueve y media de la noche

Frente del centro. En Guadarrama y Somosierra, sin novedad.

En los diversos sectores del centro, a causa del mal tiempo, no se ha operado en el día de hoy. Nuestras tropas se han limitado a hostilizar a las bandas fascistas con fuego de fusil y ametralladora.

27 de noviembre

LA REORGANIZACIÓN DEL EJÉRCITO POPULAR PROSIGUE sin pausa. Aunque, más que una reorganización, ha sido una creación desde la nada. Una vez que Largo Caballero tomó la determinación de hacerlo, no se ha detenido la maquinaria que construye el pilar armado del nuevo Estado. Largo Caballero se ha revelado, desde luego, como un organizador poderoso y enérgico. El ejército del centro ha ido asumiendo de forma disciplinada, gracias sobre todo a la decisión de los comunistas de infundir organización y disciplina al aparato militar, las disposiciones ministeriales que han disuelto las milicias, que han hecho desaparecer de las unidades los nombres propios, que han sido sustituidos por números; que han introducido la formación de brigadas como la unidad básica; que han afectado incluso a las formas, introduciendo el saludo con el puño cerrado; que han establecido el comisariado como única norma «revolucionaria» en las unidades.

Los propios jefes anarquistas desean el mando único, aunque son más celosos de guardar las formas.

Hoy se da un paso más allá y se crean las grandes unidades que formarán, por fin, el esquema completo del ejército: las divisiones. Las tres primeras las van a mandar oficiales profesionales: el teniente coronel Domingo Moriones, el comandante Enrique Fernández Heredia y el comandante Adolfo Prada. Ninguno de ellos ha mandado anteriormente grandes unidades en el campo de batalla. Prada estaba retirado antes de que comenzara la guerra, y los otros dos provienen de armas técnicas. No sobran los oficiales con experiencia de combate en el lado republicano.

En pocos días se van a formar cinco divisiones más en el sector de Madrid. Sólo una de ellas quedará al mando de un oficial de milicias, el comunista Juan Modesto, que se encargará de la 4 división.

Cada una de las divisiones constará de tres brigadas. Unos doce mil hombres sobre el papel. Pero del papel a la realidad hay todavía una gran distancia en la República. Las divisiones son, en casi todos los casos, meras agrupaciones de batallones; tienen un armamento de procedencia caótica, usan fusiles de distintos calibres, lo que complica el suministro de cartuchos. Y carecen de la artillería reglamentaria. Pero al menos está garantizada la unidad de mando.[18]

En la Ciudad Universitaria se produce una tempestad que no trasciende a Madrid. El jefe del batallón franco-belga ha desertado durante un combate.

La defección se ha producido después de una loca acción que ha consistido en una operación casi a pecho descubierto contra los edificios de la Ciudad Universitaria controlados por los franquistas. Las ametralladoras han barrido con comodidad a los hombres que iban con las bayonetas preparadas para el cuerpo a cuerpo.

Los hombres se reúnen. Discute, votan, exigen. La célula comunista del batallón, que está formada por quince hombres, se reúne para tomar decisiones y hacer propuestas. El grupo de enfermeros, formado por otros ocho hombres, hace lo mismo. Exigen al mando que nombre jefe del batallón, en el lugar del cobarde, al capitán Sohet, jefe de la compañía de artillería ligera. Pero nadie está para asambleas en el ejército popular. No les hacen caso.[19]

En el ejército republicano, el ejército popular, suceden cosas inimaginables entre sus enemigos.

El comandante saboteador y desertor es húngaro, se llama Biguiz. Es fusilado. No es el primer caso. El día 9, en la primera acción de la brigada, el belga que mandaba la artillería del batallón ha sido también fusilado por intentar pasarse al enemigo.[20]

Cuando el comisario de la brigada, Luigi Longo-Gallo, llega al edificio de Filosofía y Letras, observa cómo un español adscrito a la brigada se juega la vida para rescatar el cadáver de un compañero. Lo ha intentado con una cuerda que acaba en un lazo, pero es imposible. Entonces se hace con una plancha para protegerse con ella y acercarse al amigo inerte. Las balas rebotan contra la plancha, y el héroe consigue su objetivo mientras los camaradas admiran su acción. Logra volver con el cuerpo entre vítores.

En el sótano del edificio le curan de varios rasguños causados por balas que no han llegado a atravesarle la piel. Mientras le atienden, despotrica febril contra el enemigo:

—Los cabrones. ¡No saben con quién se meten! ¡No pasarán![21]

Recoger los cuerpos de los muertos es una consigna seria en los dos bandos. Los legionarios lo tienen en su ideario como un punto fundamental. Afecta mucho a la moral de las tropas la constancia de que no va a quedar nadie abandonado, de que incluso en caso de muerte el cadáver será recuperado y recibirá una sepultura digna.

Recuperar el cadáver del teniente Agustín Buil, del 1 tabor de Regulares de Ifni, no dará muchos quebraderos de cabeza porque se puede esperar a la noche para hacerlo. Buil es un oficial muy fogueado. Ha participado en los combates de Retamares y de la Casa de Campo, donde fue herido en un brazo, aunque se ha negado a ser evacuado. Hoy estaba en la Escuela de Arquitectura, dirigiendo las operaciones de fortificación. Una granada de mortero le ha dado de lleno y le ha roto las dos piernas. Las heridas son demasiado graves para curarlas en el puesto sanitario de la posición, por lo que se ha dado orden de evacuarle. Pero ha tenido mala suerte: al pasar su camilla por un lugar batido, una bala le ha reventado la cabeza.[22]

Los ataques que unos y otros desencadenan cuestan decenas de víctimas cada día. Pero las líneas no se mueven. El frente de Madrid está estabilizado.

PARTE FRANQUISTA
Ejército del Norte
7 división. Sector norte, sin novedad.
Sector sur: en los barrios de Madrid, la persistente lluvia ha impedido la actividad en este frente.

PARTE REPUBLICANO
A las nueve y media de la noche
Frente del centro. El día de hoy ha transcurrido con relativa calma. Las hordas facciosas, en donde han dado señales de vida, han sido inmovilizadas, dando una vez más prueba de su impotencia ante la alerta de nuestras bravas milicias.
En los sectores de Somosierra y Guadarrama, ligero tiroteo de fusil y ametralladora.
En el sector de Madrid, nuestras avanzadas han hostilizado al enemigo, acallando ligeros fuegos de fusil. Nuestra artillería ha batido pequeñas concentraciones facciosas.

28 de noviembre

AL AMANECER VUELVEN A SONAR LOS FUSILES de los pelotones de ejecución en Paracuellos del Jarama. Entre los fusilados de hoy, que provienen de San Antón, Porlier y la Modelo, está el dramaturgo Pedro Muñoz Seca. Una persona encantadora, incapaz de hacer daño a nadie, dotada de humor y de una prosa inteligible y popular, sin pretensiones.

El autor de *La venganza de don Mendo* tiene uno de esos rasgos de ingenio que le distinguen cuando se dirige a uno de sus verdugos: «Me lo habéis quitado todo, libertad, familia, pero hay algo que no me podéis quitar: el miedo».

El mal tiempo y el desánimo de los enemigos permiten a algunos combatientes tomarse un respiro. Pavel Arman, capitán jefe de la primera compañía de T-26, hace un balance de su actuación: su compañía ha destruido treinta cañones, veintidós ametralladoras, diez vehículos cargados de tropas y diez tanques, tres escuadrones de caballería y mil trescientos soldados de infantería. Las pérdidas son elevadas: once tanques y nueve tripulantes.

Del total de ochenta y siete tanques rusos que forman la 1 brigada blindada que se ha constituido en Archena, dieciséis han sido destruidos por el fuego enemigo, y otros treinta y seis han sido dañados. Más del cincuenta por ciento de pérdidas.[23]

Los soldados rusos que forman las fuerzas blindadas en España llegarán a registrar un quince por ciento de muertos en sus filas. Es un porcentaje aterrador.

Franco prosigue con el desarrollo de su habilidosa política exterior. Las presiones italianas son muy fuertes para que se decante hacia el eje italoalemán en el futuro. Y, desde luego, a nadie se le oculta la pretensión italiana de tener bases en las Baleares. Franco consigue un acuerdo que no le compromete en exceso: es un tratado que implica a España en un frente anticomunista, y de neutralidad en caso de guerra europea. Esa neutralidad incluye que no haya bases extranjeras en el país. Al Caudillo no le interesa en absoluto otra postura que la de neutralidad, siempre que cuente con la simpatía italiana y alemana. Y su determinación de mantenerse fuera de cualquier conflicto es la mejor de las noticias que podían esperar los conservadores ingleses para mantener su política de No Intervención que tanto le beneficia.

Mussolini obtiene algo importante del acuerdo. Del texto de éste se deduce que Franco no permitirá el paso de tropas extranjeras por su territorio. Se sella la frontera al ejército francés por los Pirineos en caso de conflicto.

En el juego de la diplomacia internacional actúa de *outsider* el presidente de la República, Manuel Azaña. Azaña está desbordado desde que comenzó el conflicto. Le repugna una guerra que provoca una carnicería brutal, incontrolada. Y es muy posible que en su ánimo pese también la imposibilidad de hacerse con el timón del Estado. No tiene simpatía alguna por Largo Caballero, que ha estado predicando la revolución desde hace años; no siente ningún aprecio por los comunistas, que han dado ya muestras en la Unión Soviética de cuál es su visión de la nueva sociedad que propugnan. Y los desmanes de los anarquistas le provocan horror. A Azaña le han tenido que convencer varias veces para que no se vaya, para que no dimita. También se queda por su sentido del deber, sobre todo por la barbarie que representan los rebeldes con su atroz demostración de falta de respeto por la libertad, la legalidad y la vida.

Azaña está, como lo estará durante toda la guerra, obsesionado con la idea de conseguir un alto el fuego permanente, un acuerdo auspiciado por la comunidad internacional para que los españoles dejen de matarse unos a otros. Comparte sus cuitas y su visión de la situación su cuñado, Cipriano de Rivas Cherif, que ocupa el cargo de cónsul general de la República en Ginebra y representante ante la Sociedad de Naciones, quien ha hecho llegar al embajador francés en España, Jean Herbette, una carta privada que éste remite, a su vez, después de traducirla, a Ybon Delbos, el ministro de Asuntos Exteriores de Léon Blum.

Rivas Cherif escribe: «El presidente puede jugar aún un papel decisivo en la pacificación de España y, en consecuencia, de Europa. ¿Es que Europa y, particularmente, Francia e Inglaterra, cometerán con él el mismo error que con Kerenski en Rusia? Azaña ha hecho muchos esfuerzos para no parecerse en nada al último liberal ruso ... él no será jamás un desertor ... estoy convencido de que una proposición de suspensión de hostilidades e incluso la solución del problema político español mediante un plebiscito ... tendría una acogida favorable entre el pueblo español».

Pero el embajador, al tiempo que remite la información, hace su diagnóstico: la postura de Azaña, transmitida por Rivas Cherif, no se corresponde en absoluto con la del ministro de Estado republicano, Álvarez del Vayo. No tiene nada que ver con la del gobierno. Por ello, aconseja a Delbos que no la tenga más que a beneficio de inventario.[24]

Los esfuerzos de Rivas Cherif, que es cuñado del presidente, tienen escaso premio. Rivas Cherif se enfrenta a la inoperancia de la diplomacia republicana. Pero también a una cierta actitud reticente de su gran amigo Manuel Azaña. Es posible que Azaña guarde en su alma algún resquemor hacia él, después de que los diarios que le confió le fueran robados por el traidor Antonio Espinosa, vicecónsul en Ginebra en su fuga al bando franquista.[25]

Pero la política internacional no puede suplantar la otra forma de hacer política: la guerra. El Estado Mayor de Franco ha elaborado un nuevo plan para revitalizar el intento aplazado de tomar Madrid. La ofensiva directa ha fracasado. Ahora, Franco va a tratar de asfixiar la ciudad, aislándola de la Sierra. Si consigue eso, sus líneas de comunicación mejorarán sensiblemente. Las tropas que Mola ha concentrado en el macizo del Guadarrama podrán caer sobre la ciudad en la maniobra preferida por Yagüe. Pero esa maniobra no puede venir desde el norte o el noroeste, porque el empate militar en la zona es casi imposible de romper.

Las fuerzas encargadas de romper las comunicaciones son las mismas que han participado en los asaltos del mes de noviembre. Muy desgastadas por el gigantesco esfuerzo realizado, pero también reforzadas por la llegada de nuevas tropas mercenarias de regulares y legionarios, una enorme cantidad de material de artillería y carros de asalto, y nuevas remesas de aviación.

En torno a las bases de Campamento, de Cuatro Vientos, de la Casa de Campo, hay ahora unos cincuenta batallones de infantería, cuarenta baterías de artillería, tres anticarro, cuatro antiaéreas, y quince escuadrones de caballería. Casi cuarenta mil hombres, que forman ya un verdadero ejército.

El ataque ha sido planeado por Franco, Varela y Mola, y la responsabilidad de llevarlo a cabo recae en García Escámez, un coronel que ha estado en la Sierra hasta hace unos días.

La masa de maniobra la forman diez batallones, doce baterías, siete escuadrones de caballería y cuarenta carros, acompañados por seis baterías ligeras y cinco de medio y gran calibre. Hay algo más de siete mil hombres implicados en la maniobra, concentrados en un frente estrecho. La guerra no para de crecer.

El peso del ataque recaerá sobre el teniente coronel Siro Alonso. Los que van a poner el pecho serán los de siempre: siete tabores de regulares, dos banderas de la Legión y un batallón de Toledo.[26]

El objetivo final es cortar la carretera de La Coruña y entrar en El Pardo. El ataque partirá de dos bases: Campamento y la Casa de Campo. La primera dirección, Húmera.

La transitoria unidad que ha caracterizado casi todas las acciones de la Junta de Defensa está en riesgo. Fernando Frade, uno de los representantes socialistas, ha estado en Valencia durante dos días. Ha mantenido reuniones que los miembros de la Junta desconocen. No saben de qué ha hablado ni con quién. Y se temen que su acción haya sido aprovechada por los «enemigos» de la Junta en Valencia, o sea, el general Asensio Torrado.

Frade se defiende: ha ido a realizar gestiones del partido. Y se encuentra con que está cesado. Se produce una discusión tumultosa en la que su acción es descalificada por todos los presentes, incluso por su compañero de partido, Máximo de Dios. Frade se acaba marchando con una especie de amenaza: con él se va la representación del PSOE; pero nadie le toma demasiado en serio.

En todo caso, el asunto Frade provoca cierta alarma. Algo está cambiando en el ánimo del jefe del gobierno. Su actitud hacia el PCE es distinta de la que mantenía hace unas semanas. Ya se oyen menos sus proclamas unitarias. Nadie ignora que, en Valencia, se dice que los comunistas se han hecho con Madrid.

Largo Caballero ha sido partidario, seguramente por la influencia de su hombre de mayor confianza dentro del ejército, el general Asensio, de defender Madrid desde fuera. Y Madrid se está defendiendo desde Madrid mismo, con la colaboración esporádica del general Pozas desde el TOCE. La Junta de Defensa toma decisiones que él no puede controlar, absorbe recursos, deja sin posibilidad de recibir municiones y armas a otros frentes, sin que él pueda hacer nada.

¿Cómo podría oponerse abiertamente a la defensa que se está haciendo de la ciudad sin meterse en un berenjenal, en un callejón sin salida? Para colmo, todas sus llamadas a Miaja para que acuda a Valencia a dar explicaciones sobre su actitud han sido rechazadas con distintos pretextos. Todos ellos son casi irrebatibles: el jefe de la defensa de Madrid tiene motivos para no abandonar su puesto, porque el acoso de los franquistas es muy fuerte.

Pero, por una u otra razón, Miaja siempre ha encontrado la fórmula para no comparecer ante su autoridad.

Largo Caballero tiene necesidad de poner en su sitio a un organismo que se le está subiendo a las barbas. A un hombre como Miaja que le ha salido respondón. Un general que antes casi no tenía el respaldo de nadie, y ahora es el hombre más popular de Madrid y ha conseguido encarnar el espíritu de la defensa.

En el consejo de ministros de hoy, Julio Álvarez del Vayo ha propuesto acudir él a Madrid para restablecer la situación, una misión digna del más afinado de los políticos. Entre otras razones, porque ni siquiera el consejo puede conocer las intenciones del presidente. Los comunistas y anarquistas que forman parte del gobierno comparten a fondo las razones de Miaja y compañía. Largo Caballero no cuenta tampoco con el apoyo absoluto de su partido, el PSOE, que tiene a su ejecutiva en Valencia. Ramón Lamoneda, el secretario general, no es su mejor amigo político.

Fernando Frade, en su misión privada, casi clandestina, ha informado previamente al presidente y a Álvarez del Vayo, pero nadie puede conocer los detalles que ha dado sobre la actitud de la Junta.

Largo Caballero confía por una vez en Álvarez del Vayo, a quien siempre considerará demasiado cercano al PCE. No puede confiar en mucha más gente.

En Valencia, donde el aullido y la urgencia de la guerra en realidad aún no han calado, cuesta comprender del todo lo que sucede en Madrid. Y algunas decisiones de la política gubernamental. Los anarquistas de base se enfrentan a la dirección por haber tomado la decisión de participar en el gobierno, que es un retroceso, a veces se dice que una traición a las ideas libertarias. La columna de Hierro es una manifestación armada de esa discrepancia, pero no la única. García Oliver, Montseny y Peiró tienen que hacer un gigantesco gasto de energía para convencer a sus bases, que ya se han cobrado la cabeza de Horacio Prieto.

Hoy se discute la intervención de Juan Peiró, ministro de Industria, en el teatro Apolo. Peiró hizo ayer un discurso de justificación y de convicción a los encrespados cenetistas que le habían increpado. ¿Para qué sirven los comités? Ésa es la pregunta que se plantea una vez aceptado el reto de constituir el mando único del ejército, y de alabar la disciplina, la prevalencia de los militares en la conducción de las batallas.

La obediencia no cuadra con la cultura anarquista de decenios. Y a Peiró le han increpado, le han gritado, le han insultado cuando ha llevado sus argumentos al extremo: se trata de ahorrar vidas, de escatimar sangre. Quedan muchos sacrificios por aceptar, aunque muy pocos tan duros como los que han aceptado los ministros: «¿Queréis sacrificio mayor que el de que los anarquistas participen en el gobierno y en los municipios?».[27]

PARTE FRANQUISTA
Ejército del Norte
7 división. En el frente de Madrid, el mal tiempo reinante ha restado actividad a este frente, en el que sólo hubo cañoneo y tiroteos sin importancia.

PARTE REPUBLICANO
A las diez de la noche
Frente del centro. En los sectores de Guadarrama y Somosierra, nuestras fuerzas conservan las posiciones últimamente conquistadas, desde las que hostilizan al enemigo, que se encuentra inmovilizado.

En el sector de Madrid se ha castigado duramente a los fascistas, batiéndoles con audaces golpes de mano. Nuestra artillería ha deshecho algunas concentraciones facciosas en el monte de Garabitas y puente de los Franceses.

29 de noviembre

AL AMANECER, EL FUEGO DE LA ARTILLERÍA ANUNCIA que se inicia una nueva operación franquista. La columna Bartomeu, que ocupa una gran parte de la Casa de Campo y las alturas de Garabitas, toma por sorpresa el cementerio de Bellas Vistas. La intención de este asalto no es fundamentalmente ofensiva, sino de fijación del enemigo en el sector.

Porque, más al norte, la fuerza principal, al mando de Siro Alonso, llega hasta el cementerio de Pozuelo y ocupa las primeras casas de la Colonia de la Paz. Pero ahí se quedan. No alcanzan Húmera, que era el primer objetivo, y se quedan en una posición débil en el cementerio de Pozuelo.

La brigada de José María Galán ha sido la que ha recibido el primer empujón, aguantando firme en las posiciones que cada vez están mejor fortificadas. Ha pagado un precio muy alto: ha tenido muchas bajas, entre ellas la de su jefe, herido en la operación. Más al norte, Bueno, con una excelente colocación de sus secciones de ametralladoras, ha impedido el paso de la caballería, que pretendía envolver las posiciones republicanas por el norte. La XII brigada internacional ha llegado a tiempo para colaborar en la defensa.

Los franquistas tienen cada vez más asumida la necesidad de contar con superioridad de fuerzas en las ofensivas. Esta vez han sido siete mil los atacantes, que se han enfrentado a algo menos de cuatro mil defensores. En pocas horas, el movimiento de los refuerzos ha dado la superioridad a los últimos.

Las brigadas internacionales ocupan grandes titulares en los periódicos. No sólo en los madrileños, sino en los de todo el mundo. Es una mercancía periodística de fácil venta. Hombres heroicos que han venido a España a luchar, y muchos de ellos a dejarse la vida, a cambio de nada. No son mercenarios, sino voluntarios. Desde el gabinete de censura de la Junta de Defensa, en combinación con los comisarios de las brigadas, se organizan las relaciones con la prensa.

Todo ha empezado con la insistencia de Gustav Regler, uno de los más carismáticos de sus jefes. Ha insistido a Arturo Barea y a su ayundante, la socialista austríaca Ilse Kulcsar, amiga de Otto Bauer y, por tanto, muy influyente, para que dé facilidades a los corresponsales, para que los anime a visitarle en su Estado Mayor. Regler considera que la constitución de las brigadas es el acontecimiento más importante sucedido en muchos años en el movimiento obrero.

Los primeros periodistas en acercarse a su historia son Delmer, del *Daily Express*, y Louis Delaprée, del *Paris Soir*. Vuelven entusiasmados con las historias que han escuchado de quienes combaten en la Ciudad Universitaria o el Parque del Oeste. Y con ese entusiasmo comienzan a crecer figuras como la del general Kléber. Poco a poco, el jefe de la XI brigada adquiere el perfil de un gigante. Casi parece que él ha salvado Madrid.

Barea comienza a preocuparse. En las crónicas de los corresponsales no existen los españoles, no existe el pueblo de Madrid.[28]

Entre los ciudadanos se cuentan las hazañas del general. Se le atribuyen las victorias. Se acepta su ubicuidad.

En el cuartel general de la defensa, Rojo se desespera con sus informes repletos de euforia y falsedades épicas.

Pero Kléber cumple un papel que va más allá de lo militar. Es un mito de la defensa, del internacionalismo, encarna la presencia de los combatientes extranjeros que se dejan matar con generosidad en la Casa de Campo y la Ciudad Universitaria. Los internacionales no son todavía una fuerza decisiva desde el punto de vista militar, pero sí lo son psicológicamente.

Parecida es la sensación que reciben los lectores de la prensa franquista. El Tebib Arrumi envía su acostumbrada crónica sobre la situación del frente de Madrid. Para el cronista, sólo la llegada de miles de extranjeros, con el material más moderno y planas mayores completas, explica que, pese «a las veinte mil bajas» que les han causado los soldados de Varela, puedan seguir ofreciendo resistencia.[29]

Por el momento, en Madrid hay dos brigadas incompletas, la XI y la XII. Unos seis mil hombres en total, descontando las bajas sufridas.

La misión de Álvarez del Vayo en Madrid es tan delicada que su discurso se hace prolijo, complicado, poco directo, y hay que aguzar bien los sentidos para comprenderlo. En él, todo son elogios a la Junta de Defensa y explica cómo desde Valencia no se han atendido otros frentes por encima del de la capital. El ministro de Estado hace una referencia al general Asensio: «Hubo una personalidad militar cuya lealtad no admite duda, ni tampoco su competencia, que opinaba que era un error acumular medios de defensa en el interior de Madrid, cuando la salvación de éste dependía siempre de disponer de una masa de maniobra que actuase desde fuera y, sin embargo, no se atendió debidamente esta sugerencia, de forma que en el gobierno ha existido la preocupación constante de atender a Madrid».

Para Álvarez del Vayo existe un problema de jerarquía: «Hay un problema nacional, y éste se agrava de tal forma con la serie de organizaciones y de comités que han surgido por todas partes con los cuales no es posible gobernar ... la guerra se pierde si no hay un gobierno responsable que la dirija y atienda». Por eso, el gobierno se ha planteado la cuestión de ir aclarando funciones.

La reunión se convierte en tumultuosa. Cada consejero que se da por aludido explica por qué tuvo que actuar de la manera en que lo hizo para evitar la caída de Madrid, ante la burocracia o la ineficacia de la acción del gobierno.

Santiago Carrillo, de las JSU, da en el blanco: no se trata ya de justificar lo sucedido, sino de aclarar cuáles son las funciones de la Junta. Nadie en la misma se plantea actuar fuera de la disciplina gubernamental. Pero sí hay que aclarar su dependencia exacta. Y todo parte del carácter anómalo de su constitución, pues la Junta, sus consejeros, tuvieron que llenar un vacío y afrontar lo que el gobierno no podía afrontar:

«Nuestra posición es ayudar al gobierno ... en caso de discrepancia, la Junta aceptaría el criterio del gobierno. El gobierno está por encima de todo, porque ante el extranjero, ante los propios combatientes, tenemos que dar la impresión de que en nuestro país hay una dirección única.»

Álvarez del Vayo recibe la declaración con evidente alivio: ve que no hay doblez en la Junta. Aun así, va a tratar de que haya un delegado del gobierno que, con plena autoridad, «venga aquí para estar en contacto constante con el gobierno y con la Junta».

Para la prensa se elabora una nota, dirigida al jefe del gobierno, que pretende tranquilizar los ánimos:

«Enterada esta Junta de Defensa de Madrid de los bulos que respecto a nuestras actitudes y responsabilidades hacen circular las Agencias Internacionales al servicio del fascismo, reiteramos al gobierno que usted preside nuestro más profundo respeto y acatamiento.

»Hace tiempo que declaramos que no somos más que una delegación directa del gobierno que obedece y cumple estrictamente las órdenes e instrucciones que de él emanan, cosa que ahora ratificamos.»

Largo Caballero vuelve a tener una declaración pública de sumisión de la Junta a su autoridad.

PARTE FRANQUISTA
Ejército del Norte
7 división. En el frente de Madrid, mejorado el tiempo, se reanudó la actividad por parte de nuestras columnas, que llevaron a cabo una importante operación de ensanchamiento de las bases, rompiendo el frente enemigo hacia el norte al alcanzar Pozuelo de Alarcón y alturas inmediatas fuertemente atrincheradas por el enemigo, que fue castigadísimo, dejando en nuestro poder en el frente de una sola de nuestras columnas, cuatrocientos muertos y más de cien prisioneros y en el de otra, tres líneas de trincheras con más de doscientos muertos. También ha recogido numerosísimo armamento, todavía no clasificado.

PARTE REPUBLICANO
A las nueve y media de la noche
Frente del centro. El día de hoy se ha caracterizado por la inactividad de diversos sectores de este frente.

En el sector del Manzanares, en las últimas horas de la tarde, los facciosos han intentado atacar sin que el intento pasase de tal gracias al empuje de nuestras bravas milicias. La artillería republicana, con certero tiro, imposibilitó al enemigo fijar posiciones en la retaguardia. Un tanque capturado a los facciosos ha sido remolcado a nuestras filas. La criminal aviación fascista intentó esta mañana acercarse a Madrid, pero la atenta vigilancia de nuestros cazas puso en dispersión y franca huida a los aviones facciosos.

30 de noviembre

Entre las ayudas que Franco recibe de Hitler hay una que tiene un olor especialmente siniestro. Miembros de la Gestapo, la policía nazi que persigue con saña y las peores técnicas de tortura a judíos, comunistas, socialistas, gitanos y homosexuales, van a entrenar a policías españoles. El acuerdo lo firma un general que pasará a la historia por su crueldad en la represión, Severiano Martínez Anido, de quien el embajador alemán Von Stohrer llegará a decir que «el terror que practica resulta inadmisible incluso a los ojos de la propia Falange». Martínez Anido tenía ya importantes credenciales represivas: cuando fue gobernador civil de Barcelona, se empleó a fondo en el castigo a los anarcosindicalistas. Su gusto por la «ley de fugas», es decir, por el frío asesinato de presos debido a una falsa huida, se hizo muy notorio allí. Unos quinientos militantes de la FAI cayeron de esa manera.

Los agentes de la Gestapo no tienen como única misión la de adiestrar a la policía española. La vigilancia sobre periodistas y diplomáticos ingleses y franceses en España forma parte de sus obligaciones. El cónsul general de Francia en Sevilla dará cuenta de ello en una comunicación a su gobierno de primeros de enero: «Hay una policía alemana aquí, y los franceses y americanos están muy vigilados».[30]

Los vapores del alcohol a veces disipan la cautela con la que están obligados a conducirse los alemanes. El general alemán Saunders voceará en una reunión tabernaria, junto con algunos compatriotas y varios militares italianos y españoles, que «se ha venido a España y, si es necesario, se llegará a París». El cónsul francés sigue atento semejantes manifestaciones. El general alemán que gallea sobre el futuro asalto a París es Hugo von Sperrle, jefe del contingente alemán en España, que utiliza un apodo, medida obligatoria para todos los militares que fingen estar como voluntarios en la Legión española.

Las costumbres tabernarias de estos militares han sido muy fomentadas por el general Gonzalo Queipo de Llano, que llega al extremo de pregonarlas en sus charlas radiofónicas: «Vengo de estar con los representantes de Italia y Alemania... casi un poco abotargado de tanto comer...»[31]

En Madrid ya no actúan prácticamente agentes exteriores favorables a Franco. El monopolio de los rusos es casi absoluto, a través de los muchos agentes que se hospedan en el hotel Gaylord. Los franceses mantienen a un hombre de enorme eficacia, el coronel Morel, que estará durante toda la contienda enviando sus análisis militares al Deuxième Bureau, la agencia de información francesa.

El general Miaja disuelve la Junta de Defensa, y anuncia que procederá de inmediato al nombramiento de la nueva, con los consejeros que anunciará y las funciones pactadas con el gobierno.
Dos representaciones dejarán de existir: la de Izquierda Republicana y la del Partido Sindicalista. Pero el entuerto se arregla de inmediato por lo que se refiere a los republicanos, que pasan a controlar las relaciones con la prensa.
La Junta pasará a llamarse «Junta Delegada de Defensa de Madrid».

De momento, Largo Caballero se da por satisfecho. Esta vez, los nombres se han negociado con su gobierno. Nadie se molesta en señalar que en la constitución de la primera Junta no hubo ocasión de hacerlo. Porque nadie se molestó en dejar un solo papel a Miaja.

PARTE FRANQUISTA
Ejército del Norte
7 división. Sin novedad.
Sector sur. Se ha terminado la operación comenzada en el día de ayer sobre Pozuelo de Alarcón, donde el enemigo hizo una enconada resistencia, que fue vencida por la bravura de nuestras tropas, dejando en nuestro poder dos tanques rusos, inutilizados por nuestro fuego, dos ametralladoras, más de cien muertos y numeroso armamento.
En el frente de Húmera también ha continuado la progresión, ocupándose importantes posiciones en que se había atrincherado el enemigo.

PARTE REPUBLICANO
A las nueve y media de la noche
Frente del centro. Un día más de intentos infructuosos. Los facciosos tozudamente amagan golpes de mano, estrellándose contra la resistencia cada día más

recia de nuestros bravos milicianos. En el sector oeste de Madrid, la aviación facciosa bombardeó intensamente con cinco trimotores, protegidos por quince cazas, sin consecuencias. Horas más tarde intentaron bombardear por segunda vez, pero la presencia de veinticinco cazas republicanos pusieron en fuga a la cobarde aviación fascista; seguidamente nuestra gloriosa aviación atacó las líneas enemigas ocasionando muchas bajas vistas. En el sector de Pozuelo atacaron los facciosos violentamente empleando en este ataque fuertes contingentes de infantería y cinco escuadrones de caballería. Este ataque fue contenido llegándose en algunos puntos al cuerpo a cuerpo. La enérgica resistencia de nuestras tropas desconcertó a las hordas facciosas, quienes fueron cediendo al convertirse la resistencia de nuestros milicianos en violento contraataque, conservando sus posiciones íntegramente.

Posteriormente se repitió el ataque con tanques en el sector de Húmera-Pozuelo precedido de intenso fuego de artillería y bombardeo de aviación, con el mismo nulo resultado. Los facciosos iniciaron el repliegue, siendo duramente castigados, viéndose desde nuestras líneas retirar numerosas bajas.

En el resto del día, nuestra artillería ha bombardeado eficazmente las líneas enemigas.

En los demás sectores de este frente, nuestras tropas fortifican las últimas posiciones conquistadas.

1 de diciembre

Hoy le toca al teniente coronel Carlos Romero, que estrena el mando de su 4 brigada en operaciones ofensivas, intentar un ataque simultáneo sobre el norte de la Casa de Campo, el cerro de Garabitas y el Hospital Clínico. Es una operación ambiciosa que ha diseñado Vicente Rojo y, en caso de salir bien, puede dejar a los franquistas en una pésima situación en la Ciudad Universitaria.

El ataque fracasa. Hay muchas bajas. La siguiente orden de Rojo es reforzar las defensas en toda la zona, para prevenir el intento enemigo de cortar la carretera de La Coruña. La intención de Varela ha quedado muy clara con el intento sobre Pozuelo de hace dos días.

El ataque republicano sobre Casaquemada y Garabitas, en la zona ocupada por la columna Bartomeu, es de una violencia extrema. La artillería hace una preparación de once horas sobre las posiciones carlistas de Casaquemada, donde una sección de avanzada del tercio de requetés de El Alcázar aguanta horas el bombardeo. No queda vivo ninguno de sus miembros. Pero han ganado el tiempo suficiente para que las tropas de reserva suturen la posible ruptura del frente.[32]

El tercio de El Alcázar lo fundó en octubre el capitán madrileño Aurelio José González de Gregorio y Martínez de Tejada, el hijo mayor de los condes de la Puebla de Valverde, en Toledo. González, que es uno de esos requetés de ideas más exacerbadas y «puras», morirá catorce meses más tarde en un frente algo extraño: en Madroñera, un pueblo de Cáceres, donde un toro le corneará mientras fotografía a sus hombres en una capea que ha organizado, a sus expensas, para una fiesta de confraternidad con los también carlistas del tercio Cristo Rey.

Una muerte muy española.[33]

El tercio de El Alcázar no es una unidad típica de requetés, que normalmente tienen un origen geográfico muy preciso. Su fundación, el 4 de noviembre, tiene un carácter claramente conmemorativo. El capitán González tenía relación directa con el general Varela y el líder de las milicias carlistas Fal Conde. Con su creación los dirigentes carlistas pretendían disponer de una unidad de combate de primera línea. Los hombres que lo componen vienen de Toledo, de Logroño, de Extremadura y de Salamanca.[34]

También ha recibido un duro castigo el I tabor de Regulares de Ifni. Sidi Hamed Ben Tahar Sahara El Meyati es uno de sus oficiales moros, con un buen historial de combate, sobre todo en la Casa de Campo. Su unidad está dentro de la columna del teniente coronel Bertomeu y cubre el flanco derecho. Sidi Hamed se ha subido al parapeto y ha comenzado a disparar, sentado sobre él, contra los republicanos que atacan. Su audacia no tiene otro premio que la muerte. Una ráfaga de ametralladora le destroza el vientre y la ingle.[35]

Uno de los más populares combatientes entre los internacionales es Hans Beimler, el veterano soldado, el diputado, el superviviente de los campos nazis. El hombre que mejor encarna la definición de «indestructible». Beimler es comisario de todos los batallones alemanes de las brigadas y ahora, en el frente, maneja una ametralladora. Ha matado a un moro a diez metros. En un momento de calma, se adentra en la tierra de nadie, acompañado por Louis Schuster y Richard Staimler. Se oyen unos disparos. Beimler muere de forma fulminante. Schuster lo hará en la ambulancia que les traslada a Madrid. Antes de ser enterrado pasará unos días en el depósito de cadáveres, porque no lleva ningún papel encima. Entre sus ropas, hay un puñal de las SS alemanas, el que le arrebató al centinela de Dachau a quien estranguló para poder escaparse, vestido con su uniforme, del campo de exterminio. Lo encuentra Gustav Regler.

Hace unos días, Schuster había escrito en *Bandera Roja*: «Hemos pasado días difíciles desde la creación del batallón. Con el mayor espíritu soportamos las peores dificultades. En la conciencia de defender una causa justa, cada uno da lo mejor de sí».[36]

Durante dos días, miles de madrileños desfilarán ante el cadáver de Beimler. Pero Barcelona no quiere quedarse atrás. Allí también se le recuerda, porque allí fundó la Thaelmann. Tras la prolongada vela, se traslada su cadáver a Barcelona. Será enterrado en Montjuïc.

Madrid no para de enviar cadáveres de hombres indestructibles a Barcelona. Los brigadistas alemanes cantarán una canción en su honor:

Tuvo que dejar su patria
porque era un luchador por la libertad
en las calles ensangrentadas de España,
por los derechos de las clases oprimidas
murió el comisario Hans.[37]

La canción la escribirá el 6 de enero de 1937 un voluntario superviviente de los duros combates de Galapagar. Sus versos estarán adaptados a la música de una canción que cantan los soldados alemanes de cualquier tendencia: *Yo tenía un camarada*.[38]

Ludwig Renn hará su epitafio en nombre de los comunistas alemanes que luchan en España.

Heinrich Mann, desde París, donde se ha exiliado huyendo de la barbarie nazi, les envía su saludo: «Hans Beimler ha caído en la gran lucha de la libertad del pueblo de Madrid, que es la lucha por la libertad de Europa ... Vosotros, los alemanes, restableceréis el honor de Alemania como soldados de la columna internacional. Uno, para quien el honor de Alemania es lo más alto, os saluda como vuestro camarada».[39]

El autor del primer libro que estudia y denuncia los campos de concentración nazis, el hombre que representa mejor que nadie a ese contingente de centroeuropeos convertidos en un grupo de hombres sin patria, provoca entre sus compañeros la nostalgia de cuando la tuvieron. Ni siquiera son ya ciudadanos alemanes. Son ciudadanos del mundo.

El Hospital Clínico sigue siendo uno de esos objetivos que se convierten en obsesión para defensores y atacantes. Es la cuña más avanzada hacia el centro de Madrid. Las bajas en la defensa son grandes. Las compañías se desgastan y los hombres tienen que ser reemplazados con frecuencia. Hoy le ha tocado el turno al III tabor de Tetuán. Y se quita de en medio el V tabor de Ceuta. Los tetuaníes comparten con la 4 bandera de la Legión el honor de aguantar allí una semana.[40]

PARTE FRANQUISTA
Ejército del Norte
7 división. En los barrios de Madrid, el enemigo intentó reaccionar ofensivamente sobre nuestras líneas con su artillería, ametralladoras y carros rusos, de los cuales cuatro quedaron en nuestro poder y dos inutilizados en las inmediaciones de nuestras líneas, siendo destrozada la fuerza que intentó seguirlos.

En los flancos del frente de combate también se intentaron acciones ofensivas por contigentes enemigos con el mismo resultado, sufriendo un elevadísimo número de bajas y cogiendo nuestras tropas cuarenta prisioneros y un sinnúmero de muertos abandonados por los rojos.

PARTE REPUBLICANO
Frente del centro

Las tropas de la República han castigado hoy duramente a las hordas facciosas. Desde las primeras horas de la mañana, nuestra artillería empezó a cañonear intensamente las posiciones fascistas con certero fuego, acabando de desarticular el ataque, que ayer fue contenido y rechazado.

Nuestras tropas empezaron el ataque en el sector Húmera-Pozuelo, desalojando a los facciosos de sus posiciones, presionándoles con certero fuego de fusil y ametralladora. Los rebeldes cedían el terreno ante el empuje de nuestras líneas, impotentes de contener la avalancha de nuestras bravas milicias, hasta el punto de tener que echar mano el enemigo de sus fuerzas de reserva. El ataque se generalizó avanzando nuestras milicias sobre Casaquemada, Garabitas y las posiciones del enemigo al oeste de este sector. A medida que el combate crecía en intensidad y extensión aumentaba la moral de las fuerzas de la República. La artillería leal batía la retaguardia facciosa y acallaba sus cañones. Nuestra aviación de caza, en número de cuarenta aparatos, estuvo evolucionando e hizo huir a la enemiga que, como viene haciendo, rehuyó el combate pues sólo actúa cobardemente amparándose en la noche. Al fin de la jornada, nuestras tropas mejoraron sus posiciones y fue derribado un trimotor faccioso.

En los demás frentes de este sector, sin novedad.

2 de diciembre

PESE A QUE LA OFENSIVA HA SIDO INTERRUMPIDA, el combate no cesa en Madrid. No es lo mismo renunciar a tomar la ciudad que dejar al enemigo en paz.

El puente de los Franceses es uno de los puntos calientes donde el jaleo es permanente. Entre sus defensores están los voluntarios de las milicias vascas, que reúnen a gente de toda procedencia; hay asturianos y burgaleses. Los vascos, que son mayoría, pertenecen a partidos o sindicatos no nacionalistas.

Ocho combatientes han pasado la noche en una trinchera de vanguardia, soportando un fuerte bombardeo. Por la mañana, hay quien se acuerda de inmediato de que hay que enviarles «un café o así».

Pero el envío no puede ser recibido. Los que les llevan la provisión se encuentran los cuerpos amontonados. Sólo queda un superviviente, que se ríe a carcajadas o canta. Se ha vuelto loco esta noche, aplastado por los cuerpos de los compañeros muertos que han caído sobre él.[41]

El frío en las trincheras del Parque del Oeste llega a provocar la sensación de que un animal te muerde las entrañas.

El parque es uno de los más hermosos de la ciudad. Surge de las orillas del Manzanares, enfrente de la Casa de Campo, y llega hasta el paseo de Rosales. Es un auténtico jardín botánico. Hay cientos de especies de árboles que se han ido plantando durante décadas. Los madrileños lo frecuentan sobre todo en primavera y verano y toman horchata en sus terrazas, que se hace como en Valencia. Los que siguen el rito de la horchata son auténticos catadores, capaces de distinguir entre la buena y la mala. Otros, toman leche merengada o agua de cebada. Y, como en las zarzuelas, los barquilleros ofrecen a la chiquillería sus delicados y crujientes productos, que sacan de una especie de cilindro de la suerte una vez cumplido el pesado rito de darle a la rueda de la fortuna.

En invierno el frío es allí intenso y húmedo, por la cercanía del río.

Ahora no se puede combatir haciendo hogueras, porque el enemigo está demasiado cerca como para darle la ventaja de la luz, que orienta los disparos. En los dos lados hay francotiradores que esperan con paciencia a que alguien levante la cabeza durante varios segundos, o a que prenda un cigarrillo durante la noche y se lo pase a un compañero. Cuando esto sucede, si son tres los que comparten el cigarrillo, el del centro está listo. En ese caso es muy fácil acertar.

Los hombres llevan semanas en primera línea. Son veteranos que conocen de sobras las leyes de la trinchera. Pero la cercanía de la muerte y, sobre todo, la constatación diaria de que han escapado a ella, les convierte, a veces, en imprudentes, en personas que se creen inmunes a los disparos. Cuando los frentes se estabilizan, la estupidez causa más bajas que la puntería de los tiradores.

Los moros son muy pacientes. Esperan durante horas a que se produzca el error, esa confianza fatal en la suerte que las víctimas de los disparos nocturnos han pensado que no es fruto del azar, sino de un capricho del destino que les ha concedido el don de la invulnerabilidad a las balas.

La suerte en las trincheras sonríe más a quienes guardan las precauciones que los suboficiales les han exigido tomar, que a quienes confían en una diosa inexistente que les protege por razones imposibles de comprender.

Esta noche, una bala le atraviesa la cabeza a Manuel García, un peluquero que llevaba cuatro semanas dando la cara sin que le rozara un solo proyectil.[42] Manuel se sentía invulnerable, como si fuera Aquiles, al plomo que envían con pacatería los más pacientes de los enemigos.

Hay un peluquero menos en Madrid. La rueda de la fortuna que alguna vez le ha entregado el barquillo para mojarlo con la horchata en junio, esta vez ha caído en el símbolo del plomo.

PARTE FRANQUISTA
Ejército del Norte
7 división. Sector norte. Fuego de cañón y fusilería en los altos del León.

Sector sur. En los frentes de Madrid han tenido lugar pequeñas escaramuzas en las posiciones últimamente ocupadas, mejorándose éstas y rechazándose al enemigo en los distintos frentes.

Actividad de la aviación. En el aire, la actividad de nuestra aviación ha sido muy grande.

En el frente de Madrid, un avión de nuestra caza derribó tres contrarios con la acostumbrada técnica. También fueron derribados tres aparatos, por nuestros elementos antiaéreos, en el sector de Talavera.

También se llevaron a cabo bombardeos de gran eficacia sobre los objetivos militares de nuestros frentes de Madrid.

PARTE REPUBLICANO

Frente del centro

En el sector sur del Tajo no se han modificado nuestras posiciones, batiendo nuestra artillería pequeñas concentraciones enemigas impidiendo fortificarse a los facciosos. En el sector de Madrid, intenso fuego de cañoneo sobre el enemigo, al que se le impide fortificarse en las posiciones adonde últimamente retrocedió. La moral de nuestras bravas milicias se mantiene a un alto nivel, conservando y fortificando las posiciones últimamente conquistadas.

La criminal aviación fascista ha bombardeado los barrios extremos de Madrid en el sector de Argüelles, sin lograr objetivo militar alguno; ante la presencia de nuestros cazas huyó sin entablar combate, perdiendo en su huida un trimotor.

3 de diciembre

En la calle Fernando el Santo número 17 está la embajada de Finlandia, sobre la que se ejerce una fuerte vigilancia desde la Junta de Defensa. Se ha dicho que dentro de los seis pisos alquilados por la legación hay hasta dos mil quinientos fascistas armados. Es, desde luego, una exageración, pero ha habido algún incidente que señala que no todo es pacífico en su interior. Esta mañana, una lata rellena de explosivos ha caído en la calle y ha herido a un niño. Hace un par de días se produjo otro incidente similar, aunque sin víctimas.

Santiago Carrillo, el delegado de Orden Público de la Junta, encabeza el asalto de las fuerzas de seguridad. Se oyen disparos, y dos guardias son heridos. Los agentes detienen a casi trescientos cincuenta hombres y a ciento ochenta mujeres. Encuentran armas y planos de Madrid, además de sistemas de comunicación. Entre los detenidos hay muchos falangistas, bastantes aristócratas y un hombre popular en la ciudad: Cecilio Rodríguez, ex responsable de Parques y Jardines del Ayuntamiento. No hay ningún diplomático entre los presentes.

En unos días, Julio Álvarez del Vayo pide oficialmente el abandono de España de todo el personal diplomático finlandés.[43]

Los incidentes diplomáticos abundan. El desalojo de la embajada alemana ha originado tensiones con el cuerpo diplomático. Y hay un acoso a algunas embajadas donde se hacinan refugiados y quintacolumnistas. En algunos casos, la colaboración de los diplomáticos con el bando franquista es real. Desde la embajada noruega, por ejemplo, se aprovechan los sistemas de comunicación cifrados para conectar a elementos de la quinta columna con los servicios de espionaje franquista a través de Lisboa, y dar avisos a los franquistas clandestinos. El conde de Guadiana recibirá uno de ellos para advertirle de que su falsa identidad, Ismael Martínez,[44] ha sido descubierta por los servicios republicanos.

La diplomacia es un asunto muy delicado porque a la República no le sobran los apoyos exteriores, y es preciso no dar la imagen de que en Madrid no se respetan las convenciones internacionales. Cuando se trata de sucesos como éstos, se procede incluso a acentuar la censura de prensa. Al día siguiente de producirse la evacuación de la embajada alemana, el diario socialista *Claridad* vio censurado su editorial, en el que decía: «Con la marcha del personal de las embajadas de Alemania e Italia, quedan liquidados dos focos peligrosos de espionaje y de actividades clandestinas. ¿Son los únicos que quedan en este Madrid que tiene a los ejércitos enemigos a las puertas? No».[45]

Alberto Benaya Sánchez es abogado. Pero su ocupación real es la de agricultor. Es propietario de grandes fincas en la zona de Torrijos, Escalona y Navalcarnero. Alberto lleva ya dos meses encerrado en una casa de una pariente suya, en la calle de Bordadores número 8, en un espacio ridículo. No ha podido o no se le ha ocurrido ir a una embajada. Su amigo Pedro Monedero, también de Torrijos, le ha construido un tabique para que tenga un escondite, aprovechando un entrante de la pared. El cubículo en el que vive tiene apenas metro y medio de largo. Pedro le ha puesto luz eléctrica para que no permanezca en la oscuridad.

La única entrada a ese ridículo espacio es un hueco cuadrado de treinta centímetros de lado que tapan con un cuadro para no despertar sospechas en caso de registro. Por ese hueco le pasan a diario las comidas, y por ese hueco devuelve él la bacinilla en la que hace sus necesidades.

Alberto está mal de salud. Va empeorando día a día. Hoy le visita su cuñado, el doctor Luis Portero, que es médico forense. A través del hueco, le toma la tensión. Le receta unas medicinas que él mismo le entrega.

El diagnóstico no es muy difícil: padece de miedo, hambre y terror. Para curar esas cosas hay pocas pastillas.[46]

Los periódicos republicanos, los propios partes de guerra del Ministerio, han cambiado su tono en lo que se refiere a la lucha en el aire. Siguen los bombardeos enemigos, pero se producen, sobre todo, de noche. Y los aviones propios atacan aeródromos enemigos, como el de Talavera, donde «había quince aviones modernos, lanzándose sobre ellos cuarenta y ocho bombas grandes y doscientas cuarenta pequeñas. A alturas no superiores a diez metros y en vuelo rasante, nuestros ametralladores acribillaron los aparatos».[47]

Los aviones soviéticos, con pilotos rusos y españoles, han dado a la República la superioridad en el aire que mantendrán durante algún tiempo. Para contrarrestarla, Kindelán mueve, a costa de lo que sea, todas sus unidades. El bombardeo de hoy es espeluznante. El teniente coronel Asensio lo observa desde la Ciudad Universitaria: «Ha sido una película de gran espectáculo, y el mayor castigo de cuantos se han infligido hasta ahora a la capital».[48]

Algún periódico comienza a referirse a la aviación republicana como «La gloriosa», achacándole al pueblo semejante apelativo, poco acorde con la tradicional retranca madrileña. El nombre es rimbombante y algo cursi.

PARTE FRANQUISTA
Ejército del Norte
7 división. En los tres frentes de Guadarrama y Somosierra, cañoneo sin consecuencias.

En el frente de Madrid, se han consolidado las posiciones alcanzadas en días anteriores.

PARTE REPUBLICANO
Frente del centro
En los sectores de Guadalajara, sur del Tajo, Guadarrama y Somosierra, no ha habido modificación alguna de nuestras posiciones. La artillería ha batido las posiciones enemigas, hostilizando a los facciosos, acusando éstos el certero fuego de nuestros cañones.

En el sector de Madrid, nuestra artillería cañoneó en las primeras horas de la mañana pequeñas concentraciones enemigas.

La jornada, favorable a nosotros en todos los aspectos, ha estado a cargo de la aviación republicana. En las primeras horas hicieron su aparición los aviones facciosos, descargando algunas bombas en el sector oeste sin causar daños. El objetivo que trataba de cumplir quedó sin efecto ante la aparición de nuestros cazas, poniéndolos en franca huida. Poco después, el cielo de Madrid era de nuestro dominio absoluto y unos 25 aviones de bombardeo empezaron a evolucionar en vuelo bajo sobre las posiciones facciosas sembrando el terror, destrozando el material, que en gran cantidad tenía acumulado el enemigo en distintos puntos. En donde mayor intensidad adquirió el bombardeo fue sobre las posiciones de Garabitas, Campamento de Carabanchel, de Ingenieros y otros puntos en donde fueron desmontadas baterías, viéndose al enemigo correr en todas direcciones.

En los demás sectores, sin novedad digna de mención.

4 de diciembre

EN LA CASA DE LA CALLE ANTONIO MAURA, donde vive Lorenzo Porte-ro con su familia, escuchan de noche, y con todas las precauciones, Radio Clube Portuguesa. Es la emisora que les parece más fiable. Los madrileños partidarios de Franco ya no confían en el general Queipo de Llano, que les atosiga con sus fantasías que rezuman alcohol y barbaridades que ofenden a las señoras.

El aparato es un super heterodino de ocho lámparas, que se camufla cuando no se utiliza. A veces oyen la emisora de Radio Salamanca, donde lee las proclamas Fernández de Córdoba, un profesional de la radio de voz engolada que hace solemne todo lo que transmite.

Aunque se fíen de las emisiones portuguesas, ya no hacen mucho caso de las buenas noticias. Los partes de guerra no contienen ningún dato que mueva al optimismo. Todos los días hay combates victoriosos, pero se ha acabado eso de tomar ciudades y pueblos. Está claro —y eso lo ven en la calle—, que el avance de Varela se ha detenido. Por mucho que sus cañones canten y sus aviones dejen caer todos los días una voluminosa carga de metralla que derrumba los edificios de Argüelles o Legazpi, la situación les asusta tanto a ellos como a los rojos.[49]

Melchor Rodríguez, el anarquista que dimitió del cargo de inspector general de Prisiones, ha vuelto a aceptarlo. Su nombramiento, en teoría, tiene efecto a partir del próximo día 8, pero la situación no admite dilaciones. El 16 de noviembre tuvo que dimitir para no hacerse cómplice de los asesinatos que se producían en los alrededores de Madrid con los presos de las cárceles. Juan García Oliver, el ministro de Justicia, también anarquista, le había presionado para que no pusiera trabas a las sacas de presos. Pero él no podía aceptar una complicidad como ésa, y se marchó.[50]

Hoy, Rodríguez está seguro de sí mismo y se siente apoyado en su trabajo. Su jurisdicción sobre los presos que corren mayor peligro no admite discusión: del director general de Prisiones dependen los presos preventivos. Y él ejercerá su autoridad con absoluta energía.

No habrá más sacas en Madrid. No habrá más paseos porque las checas están cerradas por Carrillo, y los milicianos de la retaguardia controlados por la Junta.

A partir de esta fecha se acaban las ejecuciones sumarias de presos políticos en la zona republicana. Se vuelve al imperio de la ley. Al menos, por un tiempo. El enfrentamiento entre comunistas y trotskistas romperá trágicamente esta situación que da, por unas semanas, una enorme superioridad moral a los republicanos sobre sus enemigos franquistas.

La sistemática eliminación de posibles quintacolumnistas por los comunistas tiene un paralelo estrambótico en la CNT que parece poseer dos almas: la de Melchor Rodríguez y la de algún miembro del Comité de Defensa del sindicato. El anarquista Manuel Salgado es uno de los responsables de los Servicios Especiales del Ministerio de la Guerra y tiene como uno de sus numerosos confidentes a Antonio Verardini. Con la colaboración del guardia de asalto Luis Bonilla, traman una compleja operación que dará grandes frutos: abren un local en la calle de Juan Bravo número 12 y la ponen bajo la bandera de Siam, un país con el que la República no mantiene relaciones. Su idea es atraer a la falsa legación a derechistas que buscan el refugio en embajadas para detenerlos y neutralizarlos.

Pero les falta encontrar un cebo que dé confianza a sus víctimas y las conduzca a la trampa. Salgado es un hombre eficaz, que ya ha cosechado algunos éxitos en su persecución de espías y emboscados ligados a la red de refugios en embajadas extranjeras. Fruto de una de sus pesquisas ha sido la detención de Alfonso López de Letona, un ultraderechista que hasta julio ocupó la secretaría de Goicoechea, político monárquico huido a Portugal. López de Letona se ha movido en torno a la embajada de Turquía, refugio de muchos falangistas y ultraderechistas, que acabará por ser asaltada dentro de dos meses. Eso ha conducido a los Servicios Especiales a su detención.

Salgado ha «convencido» a López de Letona para que cumpla el siniestro papel de engañar a los suyos, le ha «dado la vuelta». En pocos días, comienza la afluencia de militares y falangistas a la sede fantasma de Siam para encontrar allí un refugio seguro. El sistema funciona a las mil maravillas.

Pero Luis Bonilla se va de la lengua y comenta en voz alta la maniobra en la Junta de Defensa. El general Miaja lo oye y monta en cólera: ordena que se desmantele una operación que va contra toda legalidad, la republicana y la internacional. Miaja está enfrascado en la defensa militar de la capital, en conseguir que los suministros funcionen, que los niños puedan ser evacuados, pero también ha hecho grandes esfuerzos por recuperar la naturaleza democrática del Estado que representa. Su orden es terminante.

La preocupación de Miaja por la seguridad de los madrileños, por el cese de las ejecuciones arbitrarias, no está basada en una reflexión sobre la imagen. Los que conviven con él saben que está absolutamente en contra de esa violencia asesina que empobrece moralmente a la República. Pero no es fácil imponer la autoridad en una ciudad en la que se necesita el concurso de todos los que la defienden. Y algunos de ellos, como los comunistas y los anarquistas, entienden a su manera la forma de acabar con la quinta columna. Tienen poder de hecho para hacerlo. Miaja, sólo de derecho.[51]

Las varias decenas de refugiados engañados por el gancho de López de Letona serán conducidos a la sede de la Brigada de Investigación Criminal, en la calle Víctor Hugo. La mayoría desaparecerán por su condición de militares.[52]

PARTE FRANQUISTA
Ejército del Norte
7 división. En los frentes de Guadarrama y Somosierra, ligeros tiroteos; en los barrios de Madrid continuó la limpieza de algunos lugares de los mismos y las rectificaciones a vanguardia de las posiciones últimamente ocupadas.

PARTE REPUBLICANO
Frente del centro
En los frentes de Aranjuez, sur del Tajo, Guadarrama y Somosierra, sin novedad.

En el frente de Madrid, en la noche pasada, los facciosos intentaron un violento ataque sobre nuestras posiciones en la Ciudad Universitaria, siendo enérgicamente rechazados.

En todo el día de hoy no se ha registrado movimiento de fuerzas, limitándose nuestras milicias a las bandas facciosas con ligero tiroteo de fusil y ametralladora. Nuestra artillería hostilizó las posiciones enemigas, acusando éstas algún daño.

A las 14 horas hizo su aparición sobre Madrid la criminal aviación facciosa bombardeando alevosamente el casco de la población, produciendo algunos incendios en casas de la vecindad, ocasionando víctimas entre la población civil, mujeres y niños principalmente. Ante la aparición de nuestros cazas huyeron.

En los demás frentes, sin novedad digna de mención.

5 de diciembre

El general Wilhelm von Faupel, embajador alemán ante el gobierno de Burgos, escribe un telegrama a Hitler en el que hace una dura crítica a la capacidad militar de Franco. Según el embajador, Franco está cometiendo una estupidez dejando a sus mejores tropas en una posición desfavorable a las afueras de Madrid. Su opinión es que harían falta dos divisiones muy potentes, una italiana y otra alemana, para evitar que el bolchevismo se apodere de España.[53]

La división italiana ya está en marcha. Pero Hitler no considera la posibilidad de ampliar su participación. La Legión Cóndor nunca pasará de los seis mil hombres, que se irán turnando en sus misiones de entrenamiento y combate en España.

Cuando los italianos y alemanes hablan de divisiones están poniendo de manifiesto el carácter estrecho e improvisado que ha tenido la guerra hasta el momento. Pero en estos momentos todo cambia de naturaleza con mucha rapidez en España. Los dos bandos se reorganizan en la misma dirección, adaptando sus fuerzas al nuevo carácter que la guerra va tomando.

Franco dispone ya de capacidad para crear grandes unidades preparadas para desarrollar acciones estratégicas, de envergadura y fuelle. Hoy hace algo más: crea el primer cuerpo de ejército, que se compone de la «División reforzada de operaciones sobre Madrid y la cuenca del Tajo», más las divisiones 7 y de Soria. Su jefe es el general Saliquet.

Dentro de la gran unidad, la responsabilidad operativa recae sobre la división reforzada de Madrid, que está al mando del general Luis Orgaz, y cuenta con tres brigadas reforzadas: la 1 y la 2, al mando del general Varela y el coronel Monasterio respectivamente, y la 3, al mando del coronel Anatolio Fuentes, que cubre los sectores del Jarama, Toledo y Talavera.

Las fuerzas encargadas de atacar Madrid son las brigadas 1 y 2, cuya composición básica es la misma que ha tenido la responsabilidad de asaltar la capital desde el principio. Sus efectivos globales son cinco banderas de la Legión, quince tabores de regulares y diecinueve batallones de reemplazo o milicias. Su fuerza artillera es considerable: más de ciento cincuenta cañones. Casi treinta mil hombres.[54]

Con esta nueva organización, Franco acomete su segundo intento serio de hacerse con Madrid con una idea de maniobra que consiste en desbordar al enemigo por el norte, cortando las comunicaciones de Madrid con la Sierra. Ha descartado algunos planes más. Algunos de ellos muy arriesgados, que podrían conducir a una ruptura de las comunicaciones propias en caso de un contraataque afortunado, ya no descartable a la vista del comportamiento cada vez más eficaz del enemigo.

Mientras dirige la organización de la guerra, a Franco le basta, por el momento, con tener la política en suspenso. Maneja con autoridad los hilos de las organizaciones que le apoyan. Permite a la Falange y a los requetés que organicen desfiles y se explayen en declaraciones retóricas de escaso contenido. Si alguno se pasa, el general Fidel Dávila se encarga de recordarle quién manda en la zona rebelde. Y le da a escoger entre el exilio y el paredón. A Dávila no le tiembla el pulso ni con los obispos.

Esta lamentable postración no la perciben todos los falangistas en su entera crudeza. Hasta el punto de que se desatan trifulcas internas para discutir los puestos que permitan, en un futuro de duración imposible de predecir, alcanzar la dirección del partido.

José Antonio Girón, jefe de las milicias locales de Valladolid, y Andrés Redondo, jefe territorial y hermano del fallecido Onésimo, encabezan dos de los grupos que se disputan las posiciones de privilegio. Ambos tienen miedo de que el otro les mande matar.

—Andrés Redondo quiere que me maten. Tengo la certeza de que lo ha ordenado —le dice Girón a Manuel Hedilla, el jefe accidental de la Junta de Mando.

Hedilla tiene que darle alojamiento en su cuartel general. Y le pone una guardia de tres falangistas montañeses para que preserven su integridad física.

Unos días después, el mismo Hedilla tiene que desarmar a Redondo, que echa mano a la pistola cuando el jefe le pregunta sobre sus relaciones con Girón. Le quita también los cordones que denotan su jefatura, y le expulsa de la Junta de Mando.[55]

PARTE FRANQUISTA

Ejército del Norte

7 división. Sin novedades dignas de mención en ambos sectores.

División de Soria. Frente de Sigüenza. Sin novedades dignas de mención.

Frente de Somosierra. Anoche, una sección de granaderos se lanzó sobre la trinchera enemiga del frente de Gascones sorprendiendo al puesto, cuya guarnición huyó. Esta mañana se ha realizado una operación ofensiva sobre el pueblo de Gascones, del que se han incendiado algunas casas.

PARTE REPUBLICANO

Frente del centro

En el sector de Aranjuez se ha mantenido en el día de hoy fuego de fusil y ametralladora con las avanzadas enemigas sin consecuencia por nuestra parte. La artillería republicana cañoneó intensamente Añover del Tajo, desalojando al enemigo después de sufrir un grave castigo, quedando destruido dicho pueblo. La aviación facciosa bombardeó nuestras posiciones en este sector sin consecuencias.

En el sector de Somosierra, en Gascones, los fascistas atacaron violentamente nuestras posiciones, siendo rechazados y contraatacados después, ocasionándoles bastantes bajas.

En los sectores de Madrid, de la carretera de Extremadura, Carabanchel y Pozuelo, fuego de fusil, ametralladora y mortero, sin que nuestras posiciones se hayan modificado ni las facciosas hayan avanzado un paso. Una batería facciosa ha bombardeado la ciudad ocasionando destrozos en algunas casas. La aviación fascista, con su criminal sistema, ha bombardeado el barrio de Argüelles. Ante la presencia de nuestros cazas huyeron los trimotores pero lograron derribar dos cazas enemigos que cayeron en sus líneas.

En los demás sectores de este frente, sin novedad.

6 de diciembre

EL Diari oficial de la Generalitat publica un decreto que provoca un gran escándalo en el gobierno de Valencia: se crea el Exèrcit de Catalunya. Un total de tres divisiones con los evocadores nombres de Ascaso, Carlos Marx y Durruti al mando, respectivamente, del coronel De la Peña, que presidió el tribunal que condenó a muerte al general Goded, del también coronel Villalba, y de un oficial retirado, Medrano. El jefe de Estado Mayor es Vicente Guarner. Las divisiones no están numeradas: no es un hecho casual, sino que responde a la voluntad de no corresponderse con el organigrama del Estado Mayor republicano.

Josep Tarradellas, el hombre fuerte del gobierno de Lluís Companys, es el cerebro de la operación. Tarradellas es un hombre enérgico y astuto que sabe calibrar la debilidad de la República, aún en trance de superar la quiebra del aparato del Estado que ha provocado la sublevación franquista. Tarradellas está comenzando una tarea que consiste en alcanzar, de forma suave, sigilosa, la independencia *de facto* de Cataluña. Cuenta para ello con un elemento a favor: la CNT ha tomado todo el poder en Cataluña, pero sus dirigentes no desean hacer que ese hecho se legalice, se concrete en la asunción del poder político. Companys gobierna por la abstención de quien tiene el poder real: los anarquistas. Ellos han expropiado las fábricas, las han convertido en públicas sin mostrar demasiados miramientos con los propietarios. La Generalitat sólo tiene que publicar los decretos que santifican esa acción y la convierten en una intervención del gobierno. El poder no lo tiene la gobernante Esquerra Republicana, lo tiene la CNT. Pero, desde el punto de vista legal, no hay vuelta de hoja: si vuelve alguna vez la «normalidad democrática», la ley estará de parte de los nacionalistas, a base de decretos.

La otra ley, la republicana y constitucional, ahora importa muy poco a los nacionalistas catalanes. El gobierno de Largo Caballero bastante tiene con defender Madrid como para dedicarse a domesticar a los nacionalistas. Carece de fuerza física. En medio del caos que ha provocado la guerra en toda España surge, por la vía de los hechos y la abstención de los anarquistas, la Cataluña libre, autosuficiente y capaz de defenderse por sí sola que soñó Francesc Macià. Tarradellas fue hombre de su confianza. Y es mucho más hábil que su fallecido mentor y que el propio *president* Companys, alguien que tuvo años atrás mucha relación con los cenetistas.

El Exèrcit Català no sólo está exento de obedecer al Estado Mayor de Valencia. Ni siquiera asume la organización que desde el gobierno se ha dictado: la base de las grandes unidades se hace en forma de divisiones, en lugar de las brigadas mixtas que vertebran el ejército republicano.

Otro tanto ocurre con las fuerzas vascas. El *lehendakari* Aguirre, que ha afrontado con energía el esfuerzo de guerra una vez obtenida por la vía rápida la concesión del Estatuto, está montando un ejército vasco independiente, el Euskogudarostea, que ignora la instrucción de organizarse a base de brigadas mixtas, o siquiera de divisiones. Son batallones sin numeración, para que nadie piense que tienen algo que ver con la organización central del ejército republicano.

En Euskadi está, enviado por la República, el general Francisco Llano de la Encomienda, teórico jefe del ejército del norte, pero no consigue de ninguna manera hacerse con la situación. Ni en Euskadi ni en Santander o Asturias, donde se han producido fenómenos cantonalistas que las autoridades republicanas son incapaces de atajar.

En el País Vasco, como sucede en todo el norte, apenas hay militares de oficio, porque los profesionales se han pasado en bloque a la rebelión franquista. Los mandos se improvisan como se puede. El PNV se encarga de montar las unidades nacionalistas, que tienen características propias y ninguna dependencia del mando valenciano. Hay ya veinticinco mil hombres movilizados, pero su ímpetu se pierde en las discrepancias ideológicas. Los batallones nacionalistas no tienen nada que ver con los socialistas, comunistas o cenetistas. Combaten al lado, contra el mismo enemigo, pero no juntos.[56]

Todos estos inconvenientes provocan una desastrosa eficacia del ejército del norte republicano que, durante un tiempo, es superior en número y armamento al ejército del insurgente general Emilio Mola; pero es incapaz de organizarse frente a un enemigo que no duda, que obedece y tiene claros sus objetivos. Para el capitán Francisco Ciutat, un comunista que lleva desde septiembre intentando organizar el Estado Mayor del ejército del norte, al lado del presidente Aguirre, el ejército no puede aprovechar sus momentos de superioridad material y numérica durante el invierno de 1936 porque no está organizado.[57]

PARTE FRANQUISTA
Ejército del Norte
7 división. Ligero fuego de cañón y fusil, presentándose en la mayoría de los sectores soldados y milicianos y numerosísimos paisanos.
Actividad de la aviación. Nuestros cazas en el frente de Madrid derribaron dos aviones enemigos.

PARTE REPUBLICANO
Frente del centro
En los sectores de Aranjuez, sur del Tajo y Somosierra, sin novedad.
En los sectores de Madrid no se ha combatido en el día de hoy. Fuego de posiciones con alguna actividad de nuestra artillería sobre concentraciones de la retaguardia facciosa.
A media mañana apareció en nuestro cielo la aviación de caza facciosa que no pudo rehuir el combate con la nuestra. Nuestros cazas maniobraron con su acostumbrada pericia, derribando tres enemigos. El piloto de uno de nuestros cazas fue herido, pero conservó la serenidad suficiente para aterrizar en aeródromo propio.
En los demás sectores, sin novedad.

7 de diciembre

« **L** A AGONÍA DE LA PERITONITIS ES HORRIBLE. El vientre levanta la sábana hinchándose lenta e inexorablemente. Las entrañas se trituran bajo la tremenda presión y al final surgen expulsadas por la boca, en una masa repugnante de sangre y excremento, llena de burbujas que estallan soltando gas fétido.»[58]

Nadie quiere morir cuando resulta herido en un combate. Pero la agonía de muchos hombres en los hospitales de retaguardia es mucho peor que la de quienes reciben un balazo en la cabeza.

PARTE FRANQUISTA
Ejército del Norte
7 división. Sectores norte y sur: sin novedad.
Actividad de la aviación. En el aire han sido derribados dos aviones enemigos de bombardeo, uno en Sevilla y otro en Talavera, así como dos cazas en el frente de Madrid.

PARTE REPUBLICANO
Frente del centro
En los sectores de Aranjuez, sur del Tajo y Somosierra, sin novedad.
A las catorce horas fue cobardemente bombardeado por varios trimotores facciosos El Escorial, ocasionando algunos heridos leves.
En Madrid, el día de hoy se ha caracterizado por una absoluta falta de iniciativa del enemigo.
Nuestras tropas han ocupado casas en Mataderos, fortificándose en ellas.
En los demás frentes, sin novedad.

8 de diciembre

Louis Delaprée, el corresponsal de *Paris Soir* que se indigna con los bombardeos, no simpatiza en absoluto con el bando republicano. Pero eso no significa que acepte la crueldad de esa forma de guerra que no busca objetivos militares, sino aterrar a la población civil. En una de sus crónicas ha señalado esa circunstancia y ha aseverado: «Cristo ha dicho: "Perdonadlos porque no saben lo que hacen". Me parece que, después de la matanza de los inocentes de Madrid, debemos decir nosotros: "No los perdonéis porque ellos saben lo que hacen"».[59]

Sus crónicas, pese a que no manifiestan la menor simpatía por el régimen izquierdista, no satisfacen en la redacción del periódico, que las censura o no las publica. Delaprée está indignado y decide ir a París para reclamar. Hoy toma un avión de Air France, un Potez 54 en el que también viaja un corresponsal de la agencia Havas y el doctor Henri, de la Cruz Roja Internacional.

A las doce de la mañana, cuando el avión está cerca de Pastrana, un caza gubernamental ocupado por dos pilotos rusos dispara sobre el Potez, suponiendo que se trata de un aparato franquista. El avión tiene que hacer un aterrizaje forzoso. Delaprée y el periodista de Havas están heridos.

Arturo Barea, que se ocupa de atender a los corresponsales extranjeros, y de censurar sus crónicas antes de que éstas sean enviadas desde la Telefónica, acude a ver a los periodistas heridos. El de Havas pierde una pierna. Delaprée le dice que piensa protestar ante el Quai d'Orsay por la actitud abiertamente fascista del consulado francés en Madrid, pero no podrá hacerlo. Muere unas horas después, en una agonía lenta y dolorosa.[60]

El doctor Henri ha sobrevivido. Podrá llevar a París sus informes sobre lo sucedido en las cárceles de Madrid.

En el avión derribado coinciden dos noticias de carácter contradictorio para la República: la denuncia de los bombardeos indiscriminados sobre Madrid y la de los fusilamientos discriminados en Paracuellos.

Desde que la aviación republicana ha recibido los nuevos aparatos rusos, Indalecio Prieto ha ordenado que se den partes diarios de sus acciones. En algunos casos, los partes son narraciones de una épica atronadora, alejada de la frialdad que suele caracterizar las noticias militares. La noticia del derribo del avión en que viaja Delaprée es, además, manipuladora. En el parte se achaca a los franquistas la responsabilidad del ataque: «El avión francés que ayer fue agredido por un aparato faccioso cerca de Guadalajara no pertenecía a la compañía Air France, como por error se ha dicho. Se trata de un aeroplano de la embajada de Francia en Madrid destinado a su servicio para el envío de su valija y para la evacuación de súbditos franceses. Las señales indicativas de la embajada francesa, muy visibles y destacadas, no permitían confusión alguna. De las cinco personas heridas, está muy grave el redactor de *Paris Soir*, señor Delaprée, que presenta un balazo en el vientre. Las ametralladoras facciosas causaron gran número de impactos en el avión de la embajada francesa y algunos de sus proyectiles han alcanzado a varios de sus pasajeros».[61]

Las unidades de transporte son esenciales para el funcionamiento de la defensa de Madrid. Los camiones recorren sin descanso el camino que separa la capital de la retaguardia republicana. Sobre todo de Valencia, de donde viene la mayor parte de los suministros de alimentos; o del puerto de Cartagena, donde se desembarcan los envíos de armas que proceden de la Unión Soviética. Los camiones hacen las entregas de alimentos o armas y jamás vuelven de vacío.

Rolando Fernández Díaz usa una identidad falsa, la de un combatiente madrileño llamado José Hernández Suárez, de su misma edad y muerto en combate. Pertenece orgánicamente a la unidad que manda José María Galán y conduce uno de esos camiones que suministran a Madrid todo lo necesario para sobrevivir. Algunas veces ha hecho el viaje de vuelta con un cargamento de obras de arte para evitar su destrucción. Otras veces, como hoy, transporta un grupo de civiles evacuados para que sean acogidos en Alicante, en Murcia o en cualquier otra ciudad levantina.

Rolando ha encontrado un perro en una de sus jornadas de recogida de gente que ha visto sus casas destruidas por la aviación o la artillería franquista. Le ha gustado el perro, se ha encariñado con él, y ya siempre le acompaña en sus viajes. El perro le ha devuelto el favor. Resulta que es un excelente detector de aviones. Mucho antes de que los humanos oigan los motores de las «pavas» que buscan camiones en la noche, el perro les avisa con sus temblores de excitación y sus gruñidos. Gracias a eso, Rolando tiene siempre tiempo para detener el vehículo y ponerse a cubierto, apagando las luces y echándolo a la cuneta. Los refugiados que trasporta no corren peligro.[62]

En las cárceles de Madrid los presos pueden ya, aunque ellos no lo sepan, respirar tranquilos. Por fin, la Junta de Defensa controla de veras el orden público. Y sobre todo, se ha acabado el procedimiento de las sacas de presos que tantas víctimas ha provocado. A otras razones hay que sumar, desde luego, la aceptación por parte de Melchor Rodríguez de volver a hacerse cargo de la responsabilidad sobre los centros penitenciarios. La última matanza se ha producido dos días antes, pero ahora hay gente dispuesta a evitar que se produzcan nuevos episodios de este tipo.

De las sacas del 6 de noviembre se salvaron algunos presos que fueron a parar a Alcalá. Hoy, estos supervivientes oyen con espanto cómo una multitud enardecida intenta asaltar la prisión. Los funcionarios, por suerte, no son cómplices del intento. Incluso uno de los oficiales deja a los presos políticos que pasen a los talleres y se armen con hierros para defenderse en el caso de que sea necesario. Pero Melchor Rodríguez llega a tiempo, se enfrenta a la multitud y detiene el último intento que se produce en Madrid de matanza colectiva hasta el final de la guerra. Llama cobardes a los asaltantes y les reta a ir al frente para matar fascistas. Y logra detenerlos.

La multitud está furiosa porque una escuadrilla de aviones franquistas ha bombardeado la ciudad y ha matado a varios civiles con sus bombas.[63]

La crisis política que ha ocasionado Lluís Companys en el seno de la República constituyendo el Exèrcit Català tiene su correlato hoy en el seno del bando franquista. Manuel Fal Conde, jefe delegado de la Comunión Tradicionalista, firma un decreto por el que se crea la Real Academia Militar Carlista para la formación de oficiales que manden las unidades de requetés. Es una auténtica rebelión interna del mando carlista contra la autoridad de Franco, que sólo admite la asimilación de suboficiales a rangos militares.

Franco tiene una ventaja sobre sus enemigos republicanos: en su bando, la unidad ha sido establecida por un férreo sistema que le nombró jefe único de los sublevados. Y hace uso de sus poderes: Fal Conde recibe el recado de que o se va de España o se las tendrá que ver con un consejo de guerra. Fal Conde se marcha a Lisboa. Un consejo de guerra en estos momentos es casi equivalente, si se habla de traición, a la pena de muerte. La crisis se ha resuelto de un plumazo, sin que los partidarios de Fal Conde reaccionen.

Lisboa es el lugar adonde Franco envía a todo aquel que le estorba. Allí se pudre políticamente el líder de la CEDA, José María Gil Robles, al que muchos partidarios de Franco consideran tan responsable de la guerra como a los propios rojos y, sobre todo, le acusan de no haber salvado de la prisión a José Antonio Primo de Rivera facilitándole un acta de diputado. El rencor de los falangistas contra la CEDA está justificado por algunos hechos importantes: en junio de 1934, sus diputados urdieron una trampa parlamentaria para privar a Primo de Rivera de su inmunidad parlamentaria. Indalecio Prieto le defendió. De ese incidente nació un «runrún» que aún colea: el socialista y el falangista tenían muy buenas relaciones personales.[64] A Prieto se han dirigido algunos de los que han buscado el canje de José Antonio.

La CEDA se diluye. Los ciudadanos que le dieron su voto en sucesivas citas electorales le vuelven la espalda sin chistar ante la eliminación de las actividades políticas. Gil Robles, que se hacía llamar «jefe» por sus seguidores y clamaba por poderes absolutos, en una emulación nada disimulada de los movimientos fascista y nazi, ha conspirado de forma constante contra la República, no ha votado la Constitución, ha intentado movilizar a los militares contra ella durante años.

Gil Robles ha hecho muchos esfuerzos por mejorar sus relaciones con los dirigentes del levantamiento militar. En octubre escribió una carta al jefe nacional de las milicias y las Juventudes de Acción Popular, JAP, en la que animaba a sus voluntarios a incorporarse a la rebelión y combatir hasta la muerte, encuadrados en milicias o en el ejército, por «Dios y por España».[65] Pero no recibe ningún premio por tanto esfuerzo. Franco no quiere políticos profesionales a su lado. Sobre todo, si pretenden ocupar el mismo puesto que él ambiciona.

Agustín Aznar, jefe de las milicias de Falange, intentará lo mismo que Fal Conde dentro de seis días, pero lo hará por la vía de la petición, no del intento de imposición. Él y su jefe nacional, Manuel Hedilla, hacen una petición paralela al embajador alemán Von Faupel: el envío de instructores para las academias falangistas. Pero a lo más que aspiran los milicianos fascistas es a formar jefes de centuria. Todos los intentos posteriores de elevar la categoría de las academias serán abortados de forma enérgica por Franco.[66]

Corazón del mundo sin corazón,
amado corazón, tu recuerdo
es el dolor en mi costado,
la sombra que congela mi mirada.

El viento sopla en la tarde,
recuerda que el otoño está cerca.
Tengo miedo de perderte,
tengo miedo de mi miedo.[67]

Margot Heinemann es la mujer del poeta y la persona a quien dedica los versos John Cornford. Las cartas que recibe están, siempre, retocadas por la censura. Menos la que hoy escribe desde la inmediata reserva en la Ciudad Universitaria. Uno de sus camaradas vuelve a Inglaterra, y le llevará a Margot las líneas que él puede escribir entre combate y combate.

Cornford ya ha perdido algunos amigos y camaradas de la sección de ametralladoras del Comuna de París, el batallón franco-belga de la XI brigada al que están adscritos algunos ingleses de los primeros que llegaron a España en verano.

«Ninguna guerra es hermosa —le dice en su despedida a Margot—, incluso una guerra revolucionaria es horrible. Pero me estoy convirtiendo en un buen soldado: gran resistencia y capacidad para vivir el presente y gozar de todo lo que se puede disfrutar. Se avecina un tiempo difícil. Pero estoy lleno de fuerza para afrontarlo.

»Bueno, un día la guerra terminará —yo le doy hasta junio o julio—, y entonces, si estoy vivo, volveré a ti. Pienso a menudo en ti, pero no puedo hacer otra cosa que decirte de nuevo que seas feliz, querida, y que te veré de nuevo algún día.»[68]

Cornford pronto dejará la brigada. Y morirá también pronto, en el frente de Lopera, dentro de la brigada que se forma con voluntarios ingleses.

En la Casa de Campo, muy cerca de donde está Cornford, se producen las escaramuzas cotidianas. El teniente de complemento que cae muerto por los disparos del enemigo es el duque de Fernán Núñez, que es, además, duque del Arco, duque de Bivona, marqués de la Mina, conde de Cervellón, marqués de la Alameda, marqués de Almonacir, marqués de Castelnovo, marqués de Miranda de Anca, conde de Anna, conde de Molina de Herrera, conde de Montehermoso, conde de Pezuela de las Torres, conde de Puertollano, conde de Saldueña, conde de Xiquena, señor de la Higuera de Vargas y cinco veces Grande de España.[69]

Como es obvio, cuando el hecho trascienda, surgirá en la retaguardia madrileña el chiste fácil:

—¡Y con un solo tiro!

PARTE FRANQUISTA

Ejército del Norte

En los distintos frentes de este ejército hubo ligero tiroteo. El mal tiempo reinante en ellos impidió el desarrollo de las operaciones.

Actividad de la aviación: nuestra aviación bombardeó eficazmente los aeródromos enemigos. Un caza ruso fue derribado por los nuestros.

PARTE REPUBLICANO

Frente del centro

En los sectores de Aranjuez, sur del Tajo y Somosierra, sin novedad.

La aviación facciosa bombardeó cobardemente Alcalá de Henares, causando algunos daños en las casas de la vecindad. Nuestra aviación cumplió los objetivos que le había asignado el mando y nuestros cazas derribaron un trimotor faccioso que cayó en San Fernando de Henares.

En el sector de Madrid, el enemigo ha estado hoy tan inactivo como ayer. La aviación facciosa ha bombardeado el puente de Toledo, causando algunos desperfectos. La artillería republicana ha cañoneado con éxito algunas concentraciones enemigas en la retaguardia del sector del Manzanares.

9 de diciembre

EL POETA MONÁRQUICO JOSÉ MARÍA PEMÁN lleva ya un mes esperando entrar en Madrid para leer, en nombre del Caudillo, la proclama que ilustre al mundo sobre la gesta heroica de su ejército. Pero sus esperanzas se escurren entre la sangre de los soldados que se matan unos a otros en la Ciudad Universitaria, en la Casa de Campo o en Usera.

Pemán ha visitado de nuevo el frente para contemplar los bombardeos que arrasan el barrio de Argüelles y la Gran Vía. Por Radio Castilla emite una nota en la que narra sus sensaciones ante la devastación: «Después de ver Madrid desde sus puertas, debo deciros que la artillería y la aviación nacionales antes de tomar la ciudad están purificándola».[70]

En el Asilo de Santa Cristina, al pie del Hospital Clínico, los soldados del 1 batallón de Bailén asisten a la misa diaria que organiza el capellán Juan Urra. Van también oficiales de otras unidades, de la Legión, de Regulares.

Hoy, la misa tiene un carácter especial, porque cumple años un soldado requeté que lucha en el batallón junto con su padre. El padre, Antonio Ollo, tiene cincuenta y un años. El hijo, Julio, hoy hace los quince. Los dos son de Mendigorría.

No está permitido que luchen soldados de menos de dieciocho años en ninguno de los dos ejércitos, pero en algunas unidades, como en las de voluntarios requetés, se producen hechos como éste. Julio se pinta patillas con corcho quemado para aparentar más años.[71]

PARTE FRANQUISTA

Ejército del Norte

7 división. En los frentes de la Sierra cayó una intensa nevada. Hubo escaramuzas llevadas a cabo por nuestras tropas con éxito, conquistando algunas trincheras enemigas.

PARTE REPUBLICANO

Frente del centro

En los sectores de Guadalajara y sur del Tajo, sin novedad.

En el sector de Somosierra, ligero cañoneo del enemigo sobre nuestras posiciones, sin consecuencias.

En el sector de Aranjuez, la artillería enemiga cañoneó nuestras avanzadas con resultado nulo.

En Madrid ha transcurrido la jornada con escasa actividad de fusilería, ametralladora y morteros. Nuestra artillería ha cañoneado intensamente las posiciones enemigas, hostilizando con eficacia a los facciosos.

En la noche de ayer, el enemigo intentó un ligero ataque al subsector del puente de Toledo, siendo fácilmente rechazado.

La aviación facciosa no ha actuado hoy sobre nuestro frente, verificando la republicana vuelos de reconocimiento sobre las posiciones enemigas.

En los demás sectores, sin novedad.

10 de diciembre

EL *VIRGILIO* ES UN BUQUE DE MATRÍCULA ITALIANA. Su destino es América. Ha partido de Marsella hace dos días, y hace unas horas ha pasado el estrecho de Gibraltar. Lo han sobrevolado aviones franquistas, que han saludado con piruetas a los navegantes una vez comprobada su bandera, la de un país amigo de los sublevados.

A bordo viaja, con su familia, Luis Enrique Délano, que esta tarde empieza a escribir un libro con sus experiencias de cuatro meses en Madrid: «En los momentos en que doy comienzo a la redacción de estos recuerdos empiezan a perderse en las sombras de la tarde las costas de España. ¡Adiós, España! ¡Salud, España! ¡Quién sabe hasta cuándo!».

No volverá a Madrid.[72]

La falta de novedades en los frentes no es sino un momentáneo respiro, que los estados mayores de cada bando aprovechan para rectificar posiciones y mejorar el abastecimiento de las tropas. La intendencia, las comunicaciones, son menos espectaculares que las operaciones de combate, pero sin ellas no podrían producirse estas últimas.

La logística de Franco es buena. Lo ha demostrado a lo largo de toda la campaña. Las tropas y los suministros llegan casi siempre con puntualidad a los lugares donde son requeridos, lo que ha permitido al ejército de Varela realizar maniobras que han confundido en muchas ocasiones al enemigo, haciendo bascular sus fuerzas de un lado a otro del frente.

Pero los atacantes son militares que han estudiado tácticas de despliegue y maniobras en campo abierto. Están entrenados para relizar asaltos y flanqueos de posiciones e, incluso, en el cerco de fortalezas o la toma de poblaciones. Pero no acaban de asimilar las peculiaridades de la lucha en una gran ciudad que contiene múltiples recursos para sus defensores. Algunos ocultos, subterráneos.

Los defensores cuentan con la red del alcantarillado y con el metro. Los colectores sanitarios les permitirán iniciar, a partir de mañana, un nuevo tipo de guerra. Los poceros empleados del ayuntamiento, los empleados del Canal de Isabel II, que suministra agua a Madrid, son un apoyo fundamental para los trabajos de la defensa y el contraataque.

Y está el metro, cumpliendo muchas funciones distintas. La ciudad subterránea, cuyo uso tiene antecedentes. En Barcelona, los guardias de asalto se movieron por sus túneles para sofocar la rebelión.

Desde el 6 de agosto, se comenzaron a usar las estaciones como refugio antiaéreo nocturno. Después, además, como refugio para los huidos del campo.

Pero ahora su importancia ha crecido. El ramal Ópera-Norte está exclusivamente dedicado al aprovisionamiento del frente y por el túnel circulan dos convoyes transformados en tren hospital para el traslado de heridos por el resto de la red. A veces, la estación de Ópera apaga discretamente sus luces para que nadie pueda ver el contenido de los trenes que transportan ataúdes hacia el cementerio del Este. Hay otro uso altamente secreto: desde el 10 de noviembre se ha cortado el tramo Goya-Diego de León para convertirlo en fábrica y depósito de munición de artillería.[73]

PARTE FRANQUISTA
Ejército del Norte
7 división. Sin novedad.

PARTE REPUBLICANO
Frente del centro
En los sectores de Aranjuez y Guadarrama, sin novedad.

En el sector de Madrid ha transcurrido el día con la misma calma que en los anteriores. Los facciosos iniciaron en la noche pasada dos ataques, siendo enérgicamente rechazados y castigados duramente. En el fracaso de estos ataques influyó activa y eficazmente la artillería republicana con su certero disparo, ocasionando muchas bajas entre los fascistas y gran desaliento en las filas.

A las doce y media horas, algunos cazas facciosos arrojaron sobre Madrid unas hojas firmadas por Franco en las que, entre otras cosas pintorescas, habla de la economía nacional y achaca cínicamente los males de España a los cinco años de la República.

Después de esto, sin novedad en los demás frentes.

11 de diciembre

L A LUCHA EN EL INTERIOR DEL HOSPITAL CLÍNICO HA SIDO, desde que los franquistas lograron cruzar el Manzanares el 15 de noviembre, uno de los mayores ejemplos de crueldad y bravura. Se luchó habitación por habitación, piso por piso, con bayoneta y granadas de mano.

Bajo sus escombros yacen decenas de hombres que no han sido enterrados por sus compañeros, sino por la artillería. Huele a muerto, a carne putrefacta. La comida y las municiones no llegan hasta que ha anochecido, porque los caminos están batidos por las ametralladoras republicanas.

Los legionarios de la 4 bandera baten con una cierta comodidad, desde sus ventanas, las posiciones enemigas.

La rutina de estos hombres es de fuego, de explosiones, de sed y de chulería, que sirve para reforzar la moral. Ellos no han pasado, es verdad. Pero de ahí no les mueve nadie. También eso es verdad.

Hay hombres que han avisado de que, desde hace días, se oyen ruidos extraños, como si bajo sus pies se moviera algo.

Una explosión gigantesca sacude el edificio. La parte central del ala sur se desploma como si el edificio fuera de juguete.

Treinta y nueve legionarios de la 4 bandera quedan sepultados bajo los escombros. Eran supervivientes de Badajoz y del cruce del Manzanares.

Los minadores republicanos han aprovechado la red del alcantarillado del hospital. Han partido del colector de San Bernardino, que baja desde la calle de Isaac Peral a lo largo del Parque del Oeste. De allí parte un ramal situado entre los edificios de oficinas en construcción de la Ciudad Universitaria y la llamada «Casa Roja». La carga ha sido colocada a ocho metros de profundidad y, para asegurar su eficacia, se ha tenido que construir un muro de cemento y rodear con sacos de arena la instalación.[74]

La guerra de minas ha comenzado. La desarrollan gentes que han trabajado en ello. Mineros de Peñarroya, de Río Tinto y de Asturias. Los andaluces son los más numerosos entre los llamados «destripacerros». Es un trabajo lleno de riesgos, y también penoso, para el que sólo son aptos estos hombres sobrados de oficio que llevan toda su vida escarbando bajo la tierra.

Tienen que cavar largas galerías y hacer un cálculo preciso del lugar en el que debe desembocar el túnel. Luego, colocan una poderosa carga de dinamita. Cuando se hace reventar el explosivo, suele producirse el ataque de la infantería que ha de tomar la posición.

Desde hoy, estos golpes se prodigan y se inicia un tipo nuevo de guerra, de minas y contraminas, en que los combatientes parecen topos, escuchándose unos a otros bajo la tierra, prestos a reventar el agujero hecho por el contrario. No sólo en la Ciudad Universitaria y el Clínico. También en Usera, en Carabanchel, se harán galerías que pretenden llegar a los puntos neurálgicos de las posiciones enemigas para volarlos.

PARTE FRANQUISTA

Ejército del Norte

7 división. Sin novedad. Presentándose en los frentes soldados y milicianos que abandonan la causa y se entregan con las armas a la generosidad de los nacionales.

PARTE REPUBLICANO

Frente del centro

En los sectores de Guadarrama y Guadalajara, sin novedad. En el sector sur del Tajo, en San Martín de Pusa y San Martín de Montalbán, fuego de artillería facciosa sin consecuencias.

En el sector de Aranjuez, el enemigo trató de hostilizar nuestras líneas con fuego de artillería desde posiciones de Valdemoro, sin causar daño alguno. Igualmente aconteció en el sector de Somosierra, sobre Paredes de Buitrago. Nuestra aviación efectuó vuelos de reconocimiento.

Frente de Madrid

Un día más de heroica resistencia por las bravas milicias y un fracaso más que sumar a la ya larga lista de inútiles empeños por parte de los tozudos fascistas. En la noche pasada, el enemigo, con gran lujo de fusilería, mortero y bombas de mano, intentó otro ataque por la Moncloa y Ciudad Universitaria, viéndose contenido por la infranqueable barrera de nuestros milicianos. Los facciosos volvieron a sus posiciones con muchas bajas. La artillería republicana batió eficazmente concentraciones enemigas en la retaguardia.

La aviación facciosa no ha hecho acto de presencia en nuestro cielo. Calma en el resto del día.

En los demás sectores sin novedad.

12 de diciembre

JOHN CORNFORD LUCE UNA VENDA ESPECTACULAR en la cabeza que, sumada a su piel tostada por la intemperie, le hace parecer un moro, por lo que debe tomar algunas precauciones suplementarias; en este caso, se trata de evitar que los suyos le disparen.

La herida que tiene no es grave, aunque sea espectacular. Sus amigos Knox y Sommerfield le han contado, entre grandes risotadas, que la granada que reventó en la sala de Filosofía y Letras, donde estaba emplazada su ametralladora Lewis, era republicana. En el frente de la Ciudad Universitaria se confunden con bastante frecuencia las líneas de amigos y enemigos.

Los ingleses ya son expertos combatientes. Manejan la ametralladora con soltura. Saben disparar contra los enemigos que les hostigan de manera permanente. Han estado luchando en el Clínico, donde se ha combatido de habitación en habitación, se ha peleado cuerpo a cuerpo, con granadas y armas blancas. Los brigadistas del batallón francés y los moros han muerto a decenas. Ahora, el combate no es menos sangriento, pero sí algo más distante. Se matan unos a otros a distancia de fusil.[75]

El coronel Ardid, jefe de ingenieros de la defensa de Madrid con el título de «presidente de la Junta de Fortificaciones», afronta una situación que, para un militar, es desacostumbrada: los nueve mil hombres que trabajan a sus órdenes en tareas de fortificación y desescombro amenazan con provocar graves incidentes si no se les paga los jornales que les adeuda el gobierno. Llevan más de mes y medio sin cobrar las diez pesetas diarias que deberían recibir por su trabajo.

La situación es tan extrema que se ve obligado a llevar el asunto a la Junta Delegada de Defensa.

El gobierno tiene un grave problema para hacer frente a los gastos de la guerra, que se disparan por la existencia de algunas situaciones abusivas. Los obreros de la construcción que están en Fortificaciones cobran lo mismo que los milicianos que están en el frente, diez pesetas al día, aunque no trabajen. Hay que negociar con los sindicatos esta circunstancia. Y se baraja la posibilidad de pagar cinco pesetas a los parados.

Se dan otras situaciones de derroche. Por ejemplo, las raciones para los combatientes, que no deberían exceder de treinta y cinco mil diarias, ascienden a ciento veinte mil. Las otras ochenta y cinco mil restantes todo el mundo sabe dónde van a parar: a las organizaciones, que las reparten entre sus afiliados, simpatizantes y familiares.

El delegado de Hacienda propone, incluso, que se negocie con partidos y sindicatos bajarles el sueldo a los combatientes, cuyo coste diario, entre sueldo, comida y vestuario, asciende a veinte pesetas, lo que le parece insostenible.

Lo primero es saber cuántos son los milicianos que están realmente movilizados. Sigue existiendo un enorme descontrol, porque los partidos y sindicatos no proporcionan un estadillo actualizado de los hombres movilizados. Hay un exceso de hombres en la retaguardia. Hace pocos días, el consejero de Finanzas, en colaboración con el de Orden Público, hizo una revisión del metro. De allí salieron cientos de milicianos que no tenían misiones en el frente y las van a tener a partir de ahora.

Miles de hombres perecen bajo el fuego, o son heridos, o simplemente sufren el frío y las penalidades de las trincheras y los bombardeos. Mientras, un número indeterminado de ellos goza de las ventajas de sueldo y comida sin ofrecer nada a cambio. Muchos de ellos son los que realizan los controles en la retaguardia y se arrogan funciones de seguridad que la Junta intenta controlar a diario.

La ciudad no ha perdido su carácter. Eso se percibe también en las múltiples manifestaciones de la picaresca, que tiene sus ejemplos en el metro. En la boca de algunas estaciones han proliferado vendedores de gorras de miliciano que ofrecen su mercancía a quince céntimos la unidad, asegurando que sirven para viajar gratis.[76]

PARTE FRANQUISTA
Frente de Madrid. Se hizo un servicio permanente de policía y vigilancia de aeródromos.
Una escuadrilla hizo también un servicio de vigilancia en la línea férrea nuestra.

PARTE REPUBLICANO

Frente del centro

El día ha transcurrido en completa inactividad. En nuestro cielo no se ha presentado la aviación fascista.

En los sectores del sur del Tajo, Guadarrama y Somosierra, sin novedad.

En Madrid, en el subsector de Moncloa, ligero tiroteo de fusil y ametralladora, sin consecuencias. La artillería republicana hostilizó en algunos momentos la retaguardia enemiga, acusando los facciosos la eficacia de nuestros cañones.

En los demás sectores de este frente, sin novedad.

13 de diciembre

EN ALGUNOS PUEBLOS, COMO ALCORCÓN, no quedaron más de una veintena de vecinos para esperar la llegada de los franquistas. Muchos huyeron de los franquistas por miedo a represalias. Otros, sencillamente, porque tenían miedo de la guerra. Las carreteras hacia Madrid estuvieron durante muchos días repletas de gentes que se desplazaban con apenas nada, con equipajes inverosímiles sobre las caballerías, quienes las tenían. Una estampa de miedo y desolación, y el terror de todos en los ojos.

El frente es discontinuo. No existe una línea de trincheras que lo divida de manera franca. Muchos espacios no están realmente guarnecidos, sino sólo vigilados. Por ellos se cuelan algunos de los que vuelven a ocupar sus hogares, o lo que quede de ellos tras los bombardeos de aviones y artillería. Hay quien les llama los «pródigos». Son ancianos, mujeres y niños. Los hombres en edad de combatir, o sea, hasta los cuarenta y cinco años, no caben en esa categoría, salvo que quieran exponerse a sufrir todo tipo de calamidades.

Vuelven «con sus enseres, callados, en un carrillo de ondulante rodar». Y se les conoce enseguida porque levantan la mano derecha extendida al modo falangista, y a la primera pregunta responden con un extemporáneo «¡Viva España!».[77]

Nada les libra de los interrogatorios. Y tienen que tener muy claro que al llegar a su pueblo pueden ser denunciados por los que sobrevivieron a los ímpetus de los rojos. Sus caras de terror son de ida y vuelta.

Y nada les libra, salvo la suerte, casi siempre esquiva, de encontrar sus casas saqueadas. Los moros de las fuerzas regulares suelen tener, todavía, el permiso de sus jefes para saquear las poblaciones que han tomado al asalto. A veces les dan dos horas, a veces más.

Uno de los esfuerzos de la propaganda franquista consiste en convencer a la opinión de que semejantes prácticas están rigurosamente vedadas, de que no se producen ni saqueos ni violaciones. Los casos de violación de los que se tienen noticia son cada vez más castigados. Las mutilaciones han sido prohibidas por orden expresa del coronel Yagüe.

Los saqueos son otra cosa. Hasta el cronista más cercano a Franco, El Tebib Arrumi, se permite hacer una narración humorística, una «estampa», para una de sus crónicas literarias, en la que dos moros llamados Hamed y Kadun discuten sobre los frutos de una *razzia* en la que uno se ha hecho con dos violines y el otro con veinte metros de pana. Los dos regulares se lamentan de que de los cadáveres de los milicianos, de los del mono azul, no se puede obtener casi nada: «esos pobretes no tienen más que piojos». Otra cosa son «los hombretones grandes y gordos, o un rubio de esos de cara redonda». Ésos llevan billetes de los grandes, todo el dinero que tienen escondido entre la ropa, porque no se fían unos de otros. Los internacionales son mejor botín.[78]

Los cronistas de Franco tienen sentido del humor.

Hoy no ha habido una gran batalla. No han sonado demasiados disparos, ni se ha oído la artillería. Los aviones no han podido precisar sus objetivos en tierra.

Una niebla espesa, imposible de penetrar, cubre el río. La carretera de La Coruña no se puede ver.

El general Varela, que tiene bajo sus órdenes las brigadas I y II, ha redactado por orden del Generalísimo un plan de batalla que debía comenzar hoy. Tiene más de diez mil hombres divididos en cuatro columnas listos para saltar sobre la carretera y cortarla.

El grueso de las tropas tiene que salir desde Brunete y Quijorna hacia Villaviciosa de Odón y, de allí, a Boadilla. Una vez ocupada esa zona, desde la línea Las Rozas-Majadahonda, las columnas deben cambiar el rumbo de la marcha en la dirección oeste-este, por la retaguardia enemiga. El avance de las fuerzas tendrá que estar apoyado por las fuerzas de Siro Alonso y Bartomeu para fijar al enemigo en la zona de la Casa de Campo y Pozuelo.

Hay dos compañías de carros listas para actuar, en un terreno muy propicio, porque no tiene grandes obstáculos naturales, y trece baterías de artillería.

Enfrente, hay pocas variaciones sobre la línea de defensa que estableció Rojo el 26 de noviembre. La principal novedad es que no está en línea la brigada de Galán, por el duro castigo del día 29; ha sido sustituida por la de Perea. Además, ya está en línea la 6 brigada mixta del comandante Gallo. Unos doce mil hombres, que cuentan con las dos brigadas internacionales en reserva.

La niebla impide que los dos ejércitos se pongan a prueba.

PARTE FRANQUISTA
Ejército del Norte
7 división. Sin novedades dignas de mención.

PARTE REPUBLICANO
Frente del centro
En los sectores del sur del Tajo, Guadarrama, Aranjuez y Somosierra, sin novedad.

En Madrid, otro día de jornada tranquila. Ligero tiroteo de fusil y ametralladora, sin consecuencia. La artillería facciosa ha tirado sobre casas de vecindad, confirmando una vez más su brutalidad y criminales procedimientos guerreros sin que, por fortuna, ocasionase daños importantes. Nuestra artillería abrió fuego de cañón acallando al enemigo.

La moral de nuestras milicias es cada vez más elevada, así como el espíritu de la población civil, quien presencia estos bombardeos con estoicismo.

Nuestra aviación ha practicado vuelos de reconocimiento.

En las últimas horas de la tarde, dos cazas republicanos vieron un avión enemigo; le persiguieron y comprobaron que se trataba del llamado «La Paloma Blanca». Este avión enemigo, muy veloz por cierto, se supone es pilotado por Ramón Franco, hermano del cabecilla Franco.

Nuestros cazas le persiguieron, pero dada la ventaja que llevaba y la mucha velocidad, no pudieron darle alcance abriendo fuego contra él. En este momento, otro caza nuestro apareció en el horizonte y atacó de flanco al Paloma Blanca, entablándose combate. Nuestro caza evolucionó con pericia y atacó con fuego abierto al faccioso, pasando en aquel instante sobre la laguna de Santillana, derribando al Paloma Blanca y matando a uno de sus tripulantes, huyendo el otro según pudo observarse desde nuestros aparatos.

En los demás frentes, sin novedad.

14 de diciembre

Francisco Martorell, el viajante de comercio, no encontraba manera de conseguir algún trabajo que le permitiera dar de comer a sus familiares. Su rutina diaria ha sido desesperante ante una situación que amenaza con prolongarse. Además, es un hombre muy activo, acostumbrado a moverse de un lado a otro de la geografía. En esos días, un amigo ha logrado colocarle como mozo de almacén en la Junta de Compras de Madrid que dirige el comandante jurídico Antonio Rodríguez Sastre, defensor de los procesados por los sucesos de Castilblanco junto con el catedrático Jiménez de Asúa, un socialista notorio.

El comandante le preguntó a Francisco por sus capacidades, y éste le contestó que sabía hacer «un poco de todo». La respuesta fue desoladora para él: «Ese tipo de personas no suele servir para nada». Pero tras este desastroso comienzo, Francisco ha ido haciéndose imprescindible en el almacén y le han ascendido a jefe. Allí trabajan otras personas que tampoco han hecho ascos a un empleo que parece muy por debajo de sus capacidades, como los catedráticos Antonio Laceras e Ildefonso Cuesta. No está fácil encontrar trabajo en el Madrid sitiado.

A ojos de su jefe directo, en el ascenso de Martorell ha influido mucho su capacidad de iniciativa. El comandante no consigue ver al general Miaja, absorbido por los urgentes asuntos de la defensa de la ciudad. Pero Martorell está bregado en las artes de la convicción y se ha dirigido al cuartel general de Miaja, en el Ministerio de Hacienda. Miaja le ha recibido y le ha dado cita para el comandante. Una cita que acompaña, además, con unas corteses disculpas. Martorell pronto será ascendido a capitán y llegará a aparecer en fotos públicas con el propio general. Una de ellas, en la portada del diario *ABC*. Su relación con él llegará a ser de amistad.

La situación en Lavapiés, con bombardeos diarios, le ha obligado, como a tantos otros, a buscar un nuevo alojamiento para su familia. Ha encontrado uno en una zona que en otras circunstancias estaría fuera de sus posibilidades: un ático en la calle de Narváez número 19, esquina Duque de Sesto, en el barrio de Salamanca; es decir, en el privilegiado lugar que Franco ha decidido librar de los bombardeos porque sabe que allí se congregan las gentes de derechas.

Desde el ático, por las ventanas traseras, su hijo Francisco contempla los partidos de tenis de las pistas que están al lado de la casa. Hay en el Madrid sufriente de la guerra y el frío quien puede entregarse a la práctica del deporte. Y Francisco se aficiona ya para siempre al tenis.

La situación de la familia Martorell mejora día a día. Tienen acceso al economato de la Junta de Compras. Además, el tío Dionisio, a quien la UGT le ha confiscado la mantequería de Narváez, le ha mantenido como encargado del negocio. De ahí también proceden algunas provisiones.[79]

No es infrecuente que los negocios incautados sean confiados a la administración de sus propietarios. A veces, incluso se da salida a la situación personal de los afectados con ingeniosas soluciones. A la madre de Catalina Menéndez, que posee el cine Tívoli, en pleno barrio de Salamanca, las milicias le han incautado los locales, pero le han puesto como compensación un sueldo de taquillera que recibe todos los meses con puntualidad.[80]

El café Acuarium, en Alcalá, y el bar Chicote, en la Gran Vía, lugares de reunión clásicos, han pasado a ser explotados por los trabajadores, aunque su propiedad legal quedará en la incertidumbre durante mucho tiempo. Están incautados, pero siguen sirviendo con eficiencia a los clientes.

En la calle García de Paredes, la sede de los Estudios Ballesteros, una empresa de producción de cine donde trabaja como tramoyista el padre de Olegario Trapero, está custodiada por elementos de la CNT para evitar los saqueos y seguir proveyendo de elementos de carpintería para las funciones que se continúan montando en Madrid.[81]

Desde los primeros momentos de la rebelión militar, las organizaciones sindicales y los partidos que apoyaron a la República procedieron a incautar propiedades particulares de la nobleza, de las grandes fortunas o de los partidos golpistas. La sede del PCE, por ejemplo, es la que ocupaba la CEDA.

Lo más importante, sin embargo, es el aparato productivo. Todas las empresas grandes están controladas por los sindicatos. En Madrid, la UGT es el sindicato mayoritario y, entre sus fines declarados, pese al carácter incendiario de sus tomas públicas de postura, no figura la supresión inmediata del capitalismo.

La CNT madrileña no tiene el enorme poder de su homóloga catalana. En Cataluña se ha procedido a la práctica eliminación de la propiedad privada sobre los medios de producción. En Madrid, la situación es más fluctuante, es preciso negociar. Los anarquistas no intentan forzar la colectivización. Se aplica otro principio: la formación de comités de vigilancia que controlan las actividades de los empresarios, para combatir el absentismo o el sabotaje, y garantizar el máximo rendimiento de las industrias.

Las incautaciones no afectan sólo a los partidarios de Franco. Lluís Nicolau D'Olwer, gobernador del Banco de España, también ha sufrido la expropiación de sus bienes financieros. Eso no le hace flaquear en su decisión de apoyar a la República.[82]

Que el frente esté en la propia ciudad tiene sus ventajas. Al menos para los combatientes. Hoy, los internacionales, que son adorados por los republicanos madrileños, tienen un descanso después de haber peleado durante varias semanas sin tregua, viendo caer hasta un tercio de sus camaradas bajo las balas y los cascos de metralla. Bernard Knox y John Cornford experimentan la dulce sensación de sentarse en los cafés y beber interminables tazas de café con leche. En la ciudad no hay apenas alimentos, pero esa bebida aún no falta.

Y participan junto a los civiles en la extraña ceremonia de acudir a un cine en la Gran Vía. Algo que sólo se puede producir en esta ciudad. Se va al cine en una calle que es bombardeada de forma constante por la artillería franquista.

No hay mucho donde escoger. Los cines, igual que otros negocios, han sido incautados por sindicatos y partidos. La cartelera está ocupada en casi todos los casos por películas soviéticas. Knox y Cornford asisten a una proyección de *Chapáiev*, la historia de un heroico guerrillero de la Revolución de Octubre. Pero ellos aprecian de forma especial algo que para el resto del público es un detalle anodino: las ametralladoras que utilizan los revolucionarios de la película son las mismas que ellos usan ahora, unas armas de gran calibre, refrigeradas por agua, que han sustituido a las Lewis hace unas semanas. La diferencia es que en la película las transportan a lomos de caballerías. Ellos, en la Casa de Campo o en la Ciudad Universitaria, las tienen que llevar a mano entre, por lo menos, tres hombres.[83]

El tiempo es infernal. Y la niebla ha impedido a los franquistas iniciar en Boadilla la operación de rectificación del frente, que presenta algunas dificultades para el flanco izquierdo de las tropas de Varela. A mediodía, cuando la niebla ha comenzado a levantarse, la lluvia ha caído con creciente intensidad.

Los legionarios han asaltado el pueblo, y han tomado a la bayoneta y con bombas de mano el palacio del duque de Sueca, apoyados por algunos carros de asalto. Entre las bajas está el capitán Juber. La resistencia republicana ha sido muy fuerte, hasta que han aparecido treinta y un aparatos de bombardeo, Junker y Savoia, escoltados por veinticinco cazas Fiat y Heinkel. Han destrozado las líneas rojas.

Varela se ha impacientado. Ha comenzado a mover a sus hombres, aunque el tiempo no es el adecuado. La alarma ha sonado en la retaguardia republicana. El dulce asueto de los internacionales se acaba.

El barco mercante ruso *Komsomol* ha sido hundido hoy en el Mediterráneo por submarinos italianos. El escándalo internacional será mayúsculo en los próximos días. Los rusos amenazan con represalias. La prensa republicana se hará eco de la noticia con grandes titulares. Y se abrirá una cuestación pública, de gran repercusión, para comprar otro buque similar. El *Komsomol* llevaba una carga de material bélico y provisiones para el gobierno. Su tripulación tiene un destino incierto. Nada se sabe de los marineros. El escritor Arthur Koestler, que se halla en España en misión de espionaje para la URSS, recibe el encargo suplementario de enterarse del destino de los marineros, pero no consigue averiguar nada pese a utilizar muchas argucias bajo su disfraz de falso corresponsal de prensa inglés. Sí lo hace otro agente por los medios más sencillos: pregunta por ellos en Cádiz. Están vivos.

Los marineros del *Komsomol* quizá no lo sepan, pero son los representantes de uno de los dos mundos que en el frente de Madrid se perciben «medio mundo delante y medio mundo detrás», en una guerra que «ha llegado a plena madurez y sazón en su crecimiento». José María Pemán, el poeta preferido de Franco, sí lo ve. Y, en su condición de poeta, percibe, adivina «...las líneas ideales, las perspectivas históricas de esta magna contienda que han ido poco a poco tomando carne y vida sobre el campo de batalla ... todavía los miopes se escandalizaban por lo bajo: ¡los moros colaborando a la salvación de España! Claro, los moros en camino de madurez y mayoría de edad, volviendo a España a agradecer y defender la civilización occidental. La eterna fórmula de la colonización española ... Y efectivamente, un día, bajo un poniente de sangre, yo vi la Casa de Campo, ribera de Madrid, sembrada de cadáveres rusos, judíos, senegaleses.

Más mundo, más Historia; otra vez los bárbaros, otra vez la agresión de oriente».[84]

Asia contra Occidente. ¿Y qué tiene que ver Senegal en la narración surgida de la imaginación del poeta? Bueno, puede que se trate de una licencia de vate avisado.

PARTE FRANQUISTA

Ejército del norte

7 división. Cañoneo en la Sierra. En el frente sur de Madrid se ha llevado a cabo una rectificación del frente, expulsando de la zona de Boadilla del Monte partidas enemigas.

PARTE REPUBLICANO

Frente del centro

En los sectores del sur del Tajo, Guadarrama, Aranjuez y Somosierra, sin novedad.

En el sector de Guadarrama, en Fresnedilla, entre Cruz Verde y Santa María de la Alameda, los facciosos atacaron violentamente nuestras posiciones con gran lujo de morteros, ametralladoras y fuego de fusil. Nuestras milicias dejaron acercarse al enemigo abriendo violentamente fuego y conteniendo el ataque. El encuentro fue duro y a las pocas horas de combate fueron cediendo los facciosos replegándose al sentirse contraatacados. Nuestra artillería abrió fuego de cañón batiendo la retaguardia enemiga.

En Madrid, en el sector de Valdemorilllo, atacó el enemigo en las primeras horas de la mañana, siendo rechazado. A las tres horas atacó igualmente en el sector de Boadilla del Monte, siendo enérgicamente batido por nuestras fuerzas. En ambos ataques, las milicias de la República se batieron victoriosamente ocasionando a los facciosos muchas bajas vistas, huyendo éstos a la desbandada en algunos puntos. La artillería leal ha cooperado en estas acciones con su pericia acostumbrada.

15 de diciembre

LA XI BRIGADA INTERNACIONAL HA SIDO LLEVADA de urgencia desde Madrid al frente de Boadilla del Monte, donde el combate adquiere gran virulencia. La sección de ametralladoras tiene que proteger la retirada de algunas unidades republicanas que están en apuros. Hace sólo veinticuatro horas paseaban por la Gran Vía y asistían a una proyección de cine. Hoy reciben granadas de todos los calibres y bombas de aviación.

Bernard Knox soporta, junto a sus camaradas, un intenso fuego de la artillería. Ellos reciben la orden de retirarse de manera escalonada, protegiéndose unos a otros. Knox carga su ametralladora y siente un fuerte golpe y un dolor ardiente en la garganta, que le hacen caer de espaldas mientras que de su cuello brota la sangre como si se tratara de una fuente.

Su camarada John Cornford se acerca a él, acompañado de un estudiante de Medicina de Oxford llamado David. Bernard oye al aprendiz de médico decirle a Cornford:

—No puedo hacer nada con esto.

—Dios te bendiga, Bernard —le dice el poeta a Knox.

Ambos cargan la ametralladora y continúan su camino, convencidos de que Knox está muerto.

Él mismo cree que la vida se le va. Y no experimenta lo que ha leído de otros hombres en su misma circunstancia, ni paz celestial ni la llegada de ángeles que vienen del cielo. Sólo siente rabia y se pregunta por qué le ha tocado morir precisamente a él, que tiene veintiún años y apenas está empezando a vivir. Lo que le sucede es injusto.

Luego, la oscuridad.

Knox no sabe cuánto tiempo ha pasado desde que perdió la conciencia. Su hemorragia se ha detenido, y es capaz de levantarse e ir andando desde las afueras de Boadilla en dirección a Majadahonda. Por fin, encuentra a su sección, atrincherada en la linde de un bosque. Nadie puede creer lo que está pasando.

No hay ambulancias, y tiene que hacer la primera parte del camino andando, junto a otros tres heridos. Luego, desde un puesto de la Cruz Roja, un automóvil les carga para llevarles al hospital de sangre instalado en el hotel Palace. Cada bache es un instante de agonía para los heridos, que se desesperan porque el conductor no para de extraviarse: nunca ha estado antes en Madrid.

Por fin, el hospital. Knox pasará allí varias semanas antes de ser repatriado a Inglaterra.

Años después se preguntará por qué sintió rabia y no placer, por qué no tuvo visiones celestiales en su agonía. Encontrará la respuesta en un texto de Servius, un lector de Virgilio: «*Indignata. Quia iuvenis erat*». Furioso, porque era joven.[85]

Abdeljalak Torres, el nacionalista marroquí que firma proclamas junto a los jefes franquistas y negocia con ellos el apoyo de sus partidarios a la lucha contra los «sin Dios», juega a varias bandas. El embajador en París, Luis de Araquistáin, ha enviado un telegrama a Francisco Largo Caballero en el que explica que ha recibido una oferta de Torres para, a cambio de ciento cincuenta mil francos, sublevar a las cabilas rifeñas contra los franquistas.

Los problemas de Largo Caballero con este tipo de propuestas son los de siempre: Francia. Pero no puede descartar del todo la acción. Encarga a su hombre de confianza, Rodolfo Llopis, que avance en el conocimiento de la situación. Llopis envía a Marruecos a Carlos Baráibar, fundador del semanario caballerista *Claridad*, para que establezca un sistema de información.

Las obligadas vacilaciones del gobierno republicano y la inestabilidad de las ofertas de Torres, que subirá sus peticiones monetarias hasta los cuatro millones de francos, liquidarán el proyecto en pocos meses.

Manuel Flores es cabo de regulares, y ha pasado al hospital, porque también ha sido herido en el asalto a Boadilla de ayer. Con veinte hombres más, recibió la orden de cargar sobre el pueblo. Nada más asomar la cabeza, les empezaron a zumbar por todos lados, pero siguieron avanzando. Manuel sintió cómo caían sus compañeros a su alrededor, acribillados por las ametralladoras situadas en una casa de ladrillo, quizá manejadas por Cornford y Knox, que hacían un eficaz fuego cruzado. Manuel se tuvo que refugiar tras el cuerpo de un compañero muerto, y gritó hasta desgañitarse pidiendo ayuda. Sólo le respondió el llanto de un hombre herido, hasta que expiró. Luego, vio pasar un Savoia, un avión de los suyos, a tan baja altura que se podía reconocer al piloto. De inmediato, una explosión le hizo saltar por los aires y se estampó contra el suelo. Manuel habló solo en voz alta: «Cagüen dios, ahora o nunca», y echó a correr hacia sus líneas. Manuel sabe hoy que es el único superviviente de su sección. Veintiún hombres han quedado frente a la casa de ladrillo.[86]

PARTE FRANQUISTA
Ejército del Norte
Sin novedad en todos los frentes exceptuando el sur de Madrid, en el que el enemigo atacó nuestras posiciones en el frente de Boadilla, siendo rechazado y batido, dejando en el campo numerosísimos muertos.

PARTE REPUBLICANO
Frente del centro
El día de hoy ha continuado con la misma intensidad que ayer el ataque enemigo en el sector de Boadilla del Monte, siendo infructuosos cuantos esfuerzos ha hecho por romper la sólida resistencia de nuestras líneas, defendidas heroicamente por nuestros milicianos.

En las últimas horas de la tarde, los facciosos volvieron a sus posiciones después de sufrir una seria derrota. Las fuerzas de la República persiguieron en algunos puntos a los fascistas, ocasionándoles muchas bajas en su desordenada retirada. En este ataque empleó el enemigo gran lujo de material bélico, lanzando al encuentro de nuestras fuerzas algunos tanques, que fueron detenidos y hechos retroceder con bombas de mano.

La aviación republicana ha efectuado vuelos de reconocimiento ametrallando desde baja altura grupos rebeldes en el Campamento de Carabanchel y en la carretera de Villaviciosa a Brunete.

16 de diciembre

Tras un largo paréntesis de tres días, que al general Varela se le hace interminable, sus fuerzas van a poder operar a gusto. Ha amanecido un día despejado, de esos que hacen del cielo madrileño la delicia de los pintores y de los fabricantes de tópicos. Frío y sin humedad, sin una sola nube. El aire es tan cristalino que pueden medirse muy mal las distancias. La sierra, desde las Vistillas, parece estar al alcance de la mano, con sus cumbres nevadas y las laderas resplandeciendo al sol por la humedad que cubre las rocas y rebota la luz de levante con violencia de espejos.

Las columnas de Barrón y Siro Alonso desbordan Boadilla, que pasa a manos franquistas, tomada por los hombres de Buruaga. Rojo ha tenido que meter todas sus reservas al combate. Las dos internacionales, el batallón de choque de El Campesino y algún batallón más procedente de otras unidades.

Domingo Malagón vuelve a Madrid. Ha pasado casi cinco semanas en Denia, curándose de una herida de bala en la espalda recibida el 5 de noviembre en Boadilla. Trae comida para su madre y su novia, que viven juntas en la casa del conde de Liniers. La madre estaba de criada en esa casa, y el conde, que el 18 de julio era coronel jefe del Regimiento Wad Ras, está detenido, no saben si muerto o no. Las mujeres pasan frío y hambre. El frío lo combaten quemando muebles, como muchos otros madrileños. Lo del hambre es más peliagudo. Domingo ha conseguido traer de Levante judías y carne. Allí no falta la comida.

Domingo se va inmediatamente a Francos Rodríguez, a la sede del Quinto Regimiento. Los amigos le reciben con gran alborozo. Hay mucho optimismo en las filas de los chavales de las compañías de acero, que van a cambiar de denominación. La suya ya se ha convertido en la 3 del 3 batallón de la que va a ser la 36 brigada mixta. Todos sus compañeros se han hecho del Partido Comunista, «que es el único que está organizando la defensa, porque los anarquistas no quieren un mando único». Y le proponen a Domingo que se afilie también.

Domingo pasa la noche en blanco. Le parece muy serio eso de apuntarse al PCE, una grave responsabilidad. Pero acaba tomando la decisión. A partir de mañana, será militante comunista. Y, de inmediato, comisario.[87]

Diciembre está siendo muy frío este año. Durante los diez últimos días ha caído mucha agua sobre Madrid. En la sierra ha nevado copiosamente. En las trincheras, los combatientes reciben un rancho caliente al día. En las casas, la situación es muy dura. Los que tienen muebles para quemar son afortunados, y el racionamiento es muy severo. Los milicianos pueden llevar a su familia algún chusco de su ración de combate. En las calles, los traperos encuentran de todo menos desperdicios que puedan ser reciclados para la alimentación. La Junta llama al gremio para que siga recogiendo, porque la imagen es de tremenda miseria. En el metro huele a orines y deposiciones humanas. Pero, sobre todo, el frío es intenso. En los barrios del centro, de Cuatro Caminos, de Usera, Vallecas, muchas casas carecen de cristales por la acción de los aviones y la artillería.

En Madrid no se conoce la noticia de que se produce un intento de mediación, promovido por Inglaterra y Francia, para detener el conflicto español. Los gobiernos de ambos países lo someten al estudio de Alemania, Italia, Rusia y Portugal.

El gobierno español reacciona de manera airada: en España no hay dos beligerantes. Existe un gobierno legítimo y un grupo de traidores detrás de los cuales se agrupan miles de moros y los ejércitos fascistas de Italia, Alemania y Portugal. No obstante, por el interés supremo de la paz, acepta el plan en principio, reservándose el derecho de discutirlo y objetarlo en detalle.

Las ideas de Azaña pueden no caer en saco roto.

Sin embargo, el gobierno de Burgos boicoteará la posibilidad del arbitraje. Alemania e Italia se encargarán de hacer que no prospere ninguna iniciativa en el comité de Londres.

PARTE FRANQUISTA
Ejército del Norte
7 división. En el sector de Madrid continuó la operación de Boadilla del Monte, ocupando las posiciones que el enemigo defendía en aquella zona con una importante parte de la llamada Brigada Internacional, que se vio nuevamente derrotada, dejando en nuestro poder tres ametralladoras, tres carros blindados, dos auto-ambulancias, dos cañones de 65 milímetros, 82 muertos, en su casi totalidad rusos y franceses, dos cajas de caretas contra gases y algunos prisioneros, quedando en este frente rectificada la línea en la forma proyectada.

PARTE REPUBLICANO
Frente del centro
En el sector de Lozoyuela, ligero tiroteo de cañón sin consecuencias. En el frente de Madrid nada importante que señalar. Ligero tiroteo de fusil y ametralladora por ambas partes. Nuestra artillería batió algunos grupos de retaguardia enemiga. En Boadilla del Monte ha continuado el ataque iniciado hace unos días por el enemigo, siendo contenido igualmente.

La aviación facciosa con número de 30 Junker y numerosos cazas hizo su aparición a mediodía sobre Madrid. Nuestros cazas les salieron al encuentro entablándose combate.

El enemigo, al huir con la cobardía en él habitual, dejó caer varias bombas sobre la población civil, ocasionando víctimas y destruyendo algunos edificios.

Esta criminal agresión fue castigada por nuestros cazas derribando cuatro cazas facciosos e incendiando un trimotor. Dos cazas cayeron frente a nuestras líneas y los otros dos en el campo enemigo. El trimotor Junker cayó envuelto en llamas en Cuatro Vientos.

17 de diciembre

L A NIEBLA HA VUELTO A ADUEÑARSE DE MADRID. No se puede combatir.

El *president* de la Generalitat catalana, Lluís Companys, hace pública hoy la nueva composición de su gobierno. En Cataluña, desde luego, las cosas se mueven de manera muy distinta al resto del país. El hombre fuerte del nuevo gabinete es Josep Tarradellas, que se encarga de la consejería de Hacienda. Pero sólo hay dos consejeros más de Esquerra Republicana, Artemi Ayguadé, encargado de Seguridad Interior, y Antonio María Sbert, de Cultura. Hay cuatro representantes de la CNT, que controlan Defensa, Economía, Servicios Públicos y Sanidad; tres de la UGT, a cargo de Abastecimientos, Trabajo y Justicia; y uno de la Unió de Rabassaires.

El periódico de la CNT, *Solidaridad Obrera*, hace una interpretación llamativa y triunfalista, porque no hay partidos políticos, sino unidad proletaria encarnada por los sindicatos, y una representación de la pequeña burguesía, que es la de Esquerra.[88]

Se produce un repliegue forzado de los nacionalistas catalanes que conservan, gracias a la CNT, un área tan querida como Cultura, y la Hacienda y Seguridad, pero la producción está controlada por los anarquistas, que han realizado durante los meses anteriores la incautación de gran parte del aparato productivo catalán, y la Defensa, lo que no es sino el reflejo del control anarquista del frente de Aragón. La habilidad, el *savoir faire* de Tarradellas lograrán, sin embargo, que el poder de hecho que tiene la CNT sobre el gobierno se amolde a los intereses de su partido.

Los comunistas se dan por satisfechos: están representados por la UGT. Joan Comorera es un peso pesado del comunismo catalán. Para el PSUC, la liquidación del POUM mediante el argumento de que es positiva la eliminación de la representación de los partidos de izquierda no es ingrata. Poco a poco, los extremistas de la izquierda comunista van perdiendo posiciones; esta vez, con la complicidad entusiasta de la CNT, que vende la piel política de los seguidores de Andreu Nin a cambio de una maniobra que tiene más carácter demagógico que profundidad. La ingenuidad política de los anarquistas llega al extremo. Es un gobierno aparentemente sin partidos pero, en realidad, es un gobierno que comparten ERC y el PSUC con las centrales obreras.

Para los comunistas, es más lamentable la caída de Acció Catalana, un partido republicano de izquierda que tiene especiales buenas relaciones con Madrid. Uno de sus hombres más conocidos ha estado al frente de toda la maniobra de control del Banco de España y sus reservas. Es Nicolau d'Olwer.

El argumento cenetista de dar entrada a la pequeña burguesía no puede ser recibido sino con cierto buen humor por los incrédulos dirigentes de Esquerra Republicana. A finales de julio estaban acabados políticamente en coherencia con la muerte del Estado provocada por la insurrección y por la victoriosa represión de la misma a cargo de los anarquistas. Ahora, pese a las limitaciones de cargos en relación con su peso electoral, tienen la iniciativa política.

A los partidarios de Largo Caballero no les entusiasman los nacionalistas, de quienes se esperan cualquier cosa. Sin embargo, un gobierno así tiene una curiosa coincidencia con las posiciones del jefe de gobierno español: Largo Caballero es un declarado partidario de la primacía sindical en el proceso político. Y en su gobierno, como en el de Companys, están integradas las dos grandes centrales obreras.

Lo que pasa es que el PSOE no tiene ningún papel en Cataluña. Como no lo tienen los partidos republicanos. Una vez más, Cataluña se escapa al control del gobierno central. Su fidelidad a la República la garantizan las tropas de Franco y, en parte, los comunistas.

Los nacionalistas relacionan este hecho con la circunstancia de que ningún barco de los que transportan armas rusas para la República recale en Barcelona. Todos van a Cartagena.

En cualquier caso, el entusiasmo sindical, por su primacía en los distintos gobiernos, muestra una cierta ceguera: los partidos políticos van, poco a poco, a recuperar su papel fundamental en la dirección de estos gobiernos en todo el territorio republicano.[89]

La formalización del nuevo ejército popular de la República avanza a marchas forzadas. Las denominaciones de las unidades responden a números ordinales, y se eligen comisarios políticos en todas ellas.

Domingo Malagón es elegido en su compañía para ocupar semejante responsabilidad, aunque conserva su paga de soldado, de diez pesetas diarias. Sus compañeros del partido piensan que es el más preparado. Él está orgulloso.[90]

PARTE FRANQUISTA
Ejército del Norte
7 división. Frente de Madrid y demás frentes de esta división, sin novedad.

PARTE REPUBLICANO
Frente del centro
En Aranjuez, en la mañana de hoy, nuestras fuerzas iniciaron su avance sin hallar apenas enemigo, ocupando Casas de los Conejos en la carretera de Mocedón.
En Ciempozuelos se presentaron cuatro evadidos de Valdemoro.
En el sector sur del Tajo se ha avanzado al sudeste de Toledo, ocupando dos nuevas posiciones en el Cerro de las Nieves.
En las últimas horas de ayer, en el subsector de Mora, fue sorprendido el enemigo, castigándosele duramente, abandonando seis muertos.
En el sector de Boadilla del Monte trabajos de fortificaciones de nuestras posiciones y escaso paqueo. Tanto en este sector como en Madrid no se ha operado a causa del tiempo y la espesa niebla.

18 de diciembre

LA NIEBLA ES TAN ESPESA QUE POSIBLEMENTE HOY SEA el primer día en que no se oye el rugido de los motores de la aviación ni los estampidos de los cañones porque no hay visibilidad a más de tres pasos. Pero la infantería sí se mueve. En Boadilla se vive el epílogo de combates del día anterior. Son meras operaciones de rectificación de líneas, pero cuestan muchas bajas.

El dictador italiano Benito Mussolini aumenta su apuesta. A los miles de camisas negras que hay ya en España formando unidades mixtas con voluntarios españoles, se les va a unir una nueva unidad, el CTV, Corpo di Truppe Volontarie. Los primeros tres mil hombres salen hoy de Nápoles para Cádiz. Los manda el general Roatta.

Mussolini va perdiendo poco a poco el pudor, la tendencia secretista que Hitler, sin embargo, mantiene a toda costa. El envío de las tropas viola de una manera flagrante el tratado de No Intervención. Pero el jefe fascista cuenta con la pasividad de Inglaterra. Italia y Gran Bretaña están ya dando los últimos toques al acuerdo «de caballeros» por el que se garantiza que, una vez acabada la guerra española, no se producirá ninguna alteración del estatus territorial en España. No habrá intentos de anexión de Baleares por los italianos, ni se permitirán secesiones nacionalistas en Cataluña o el País Vasco. Nazis, fascistas y conservadores ingleses coinciden en eso. Los nacionalistas catalanes, que pretenden implantar su Estado por la vía de los hechos, no son conscientes de ello. Cuando acabe la guerra, sea cual sea su fuerza, las potencias europeas se ocuparán de que no existan estados independientes dentro de España. Hay un acuerdo transversal a todas las ideologías para mantener controlado el «avispero español».

El cuerpo expedicionario italiano tiene dos misiones que cumplir en España. La primera, conseguir la victoria de Franco sobre los comunistas. Aunque permanezca pasivo en un previsible conflicto europeo, Franco va a ser siempre un mejor aliado de los fascistas que cualquier otro gobierno, sobre todo si es de izquierda. La segunda, anunciar al mundo la potencia militar italiana, que va a poner a prueba su «guerra celere» con las divisiones dotadas de un gran poder de movimiento gracias a los camiones y vehículos blindados que aprovecharán las brechas que abra su potente artillería.

Hitler sigue con su política discreta. Ve en España una excelente situación que hace que la atención de las potencias democráticas se centre en lo que allí sucede, y echa una cortina de humo sobre el desarrollo de sus planes en relación con Austria, Bohemia y Moravia.[91]

Hitler le deja a Mussolini el protagonismo en España y le permite que su presencia militar sea tan desequilibradamente superior. Ni siquiera ha tomado aún ninguna decisión sobre el uso de su material más moderno en el campo de batalla ibérico. Su generosidad con Franco tiene límites, muy marcados en ocasiones, como la exigente actitud de reclamar siempre contrapartidas económicas a las ayudas que presta. Les hará una exposición de esta política a sus hombres de confianza el día 22 en la Cancillería del Reich. Mussolini es más generoso con el Caudillo: su provisión de armas se hace a crédito.

Pero esta generosidad tiene sus recovecos. La soberbia del dictador italiano se manifiesta de una manera insultante. Los camisas negras que vienen camino de Cádiz no cuentan con el visto bueno del gobierno franquista. La expedición se ha puesto en marcha sin pedir permiso, sin comunicársela siquiera a las autoridades. Esta actitud chulesca se mantendrá durante casi toda la guerra. El conde Ciano no se reprime nunca cuando quiere, por ejemplo, que sus aviones con base en Mallorca o en Roma bombardeen Valencia. Lo ordena y basta.[92]

La seguridad de Ciano en sí mismo con respecto a la política española y sus aliados franquistas le llevará hasta límites como lamentarse, por ejemplo, por no haber sido avisado de un bombardeo sobre Barcelona para haber participado en él.[93]

PARTE FRANQUISTA
Ejército del Norte
7 división. Sin novedad.

PARTE REPUBLICANO

Frente del centro

En el sector de Aranjuez se ha presentado un evadido y en Guadarrama tres con armamento.

En el sector de San Martín de Montalbán, ligero fuego de fusil y ametralladora.

Debido a la compacta niebla y falta de visibilidad, no se ha operado en el día de hoy.

Fuego de posiciones sin consecuencia.

Nuestra aviación ha efectuado vuelos de vigilancia sin encontrar aviones facciosos.

19 de diciembre

LOS REPUBLICANOS CONTIENEN HOY EL AVANCE FRANQUISTA. Incluso recuperan terreno frente a Boadilla, a cuyas puertas se quedan. Sólo Monasterio consigue ganar terreno y toma Villanueva de la Cañada. Hasta ahí llega la que se llamará «batalla de la niebla». Los hombres se han matado unos a otros sin poder apenas verse. Es mejor así.

Varela, Franco, han vuelto a fracasar en su intento. Franco ya está convencido de que los intentos directos están condenados al fracaso. Y envía instrucciones a sus colaboradores inmediatos para que pongan en marcha los planes adecuados de reorientación de sus ataques. Madrid sigue estando en el centro de sus obsesiones, como también les ocurre a Alfredo Kindelán y a Emilio Mola. Pero ya se convence de que no puede ser tomado de frente. Hay dos maniobras posibles de envolvimiento que permitan a las tropas africanas maniobrar: una por el noroeste y otra por el sureste. Con la primera se aislará a la ciudad de la Sierra; con la segunda, de Levante.

—Oye, viejo, hay que buscar a Pablo.

Justino Frutos Redondo es jefe de la 2 compañía del 1 batallón móvil de choque que manda el cubano Policarpo Candón. La unidad está desplegada en un frente corto, entre Retamares y Boadilla del Monte, tomada por los moros de Varela el día anterior. El batallón de Candón y Frutos está ya muy fogueado. Sus hombres se han curtido en el frente de Buitrago en donde han colaborado durante varias semanas en la contención de las tropas de Mola. Ese frente se considera ya estabilizado. Las aguas del Lozoya, que son las que bebe Madrid, están a salvo. Por eso, el batallón de choque ha sido trasladado a la zona de Pozuelo, donde la presión de los franquistas es muy fuerte. Intentan aislar a Madrid de la Sierra.

A Frutos le ha llamado su jefe Candón porque no hay noticias del hombre más querido del batallón, el también cubano Pablo de la Torriente Brau, el comisario político que se ha hecho famoso por sus pláticas nocturnas destinadas a los fascistas. Las arengas las lanza a través de unos enormes altavoces y suelen ser de una florida prosa que encandila a las fuerzas propias, aunque no se sabe de cierto si provoca en las filas enemigas algún efecto semejante, sobre todo porque los moros que hay enfrente no tienen demasiadas nociones de castellano. Pablo es un organizador y un trabajador incansable. Él ha convencido a gentes como el poeta Miguel Hernández de que desgranen sus poemas en el frente para subir la moral de las tropas republicanas. Una forma de guerra curiosa, en la que algunos poetas tienen un papel tan destacado, usando el fusil y la palabra en la misma jornada.

El propio Pablo es escritor, además de periodista, aunque su último oficio antes de venir a España consistía en fregar platos en Nueva York. Un trabajo embrutecedor que ha entretenido a tantos y tantos exiliados políticos cubanos en su obligada marcha a los Estados Unidos.

Pablo es, además, un luchador de primera. Un tipo de gran presencia física, con sus 185 centímetros de estatura, y muy valiente. No ha regateado en ningún momento su presencia en la primera línea, su participación en los combates más arriesgados.

De Pablo no se sabe nada desde hace veinticuatro horas. Y Frutos sugiere encabezar una acción peligrosa: con una sección de los nuevos campesinos andaluces que se han incorporado a su compañía, hombres novatos pero muy valientes, se va a infiltrar en las líneas enemigas en su busca.

Lo que averiguan de la desaparición de Pablo es que se le vio a mediodía del día anterior, después de un combate que duraba ya siete u ocho horas, en el caserío de Romanillos. Hubo un gran bombardeo de artillería, y luego se infiltraron los blindados enemigos, seguidos por la infantería mora. Las tropas del batallón móvil tuvieron que retirarse unos dos kilómetros, y lo hicieron de una forma ordenada, hasta pararles. Pero Pablo no apareció, aunque sí el cadáver de su «ayudante», un niño de trece años, abandonado, al que Pablo había prohijado y que le acompañaba en posiciones teóricamente sin riesgo. El niño, que se llamaba Pepito, fue a buscarle sin pedir permiso a nadie y lo pagó con su vida. Su pequeño cuerpo exánime ha pasado en una camilla por delante de los combatientes.

Frutos pide voluntarios entre la sección de andaluces. Todos dicen que van. Hay que traerlo como sea, esté vivo o esté muerto. El primer objetivo de la descubierta es la casucha donde un testigo le vio por última vez.

A las tres de la madrugada, los hombres comienzan a moverse en fila india y en silencio hacia las líneas enemigas. Es un frente con muchas discontinuidades, por lo que la acción es realizable. Los voluntarios andaluces van con la bayoneta calada y las bombas de mano preparadas. En esas condiciones, si hay combate será cuerpo a cuerpo.

Por la ventana de la casucha asoma el cuerpo de un moro armado con un fusil. Uno de los hombres se adelanta y logra sorprenderle sin tener que disparar el fusil ni usar una granada. Lo atraviesa con la bayoneta y el centinela muere en silencio. Frutos y sus hombres comienzan a rastrear el terreno. Y Pablo aparece. El cuerpo está aún caliente, ha tardado en morir. Un balazo le atraviesa el pecho. Y hay un montoncito de tierra a su lado, donde ha escondido su documentación antes de expirar.

Entre cuatro hombres lo llevan de vuelta a las líneas propias. Su compatriota, el comandante Policarpo Candón, se hace cargo del cuerpo y la documentación.[94]

Pablo de la Torriente es uno de los primeros voluntarios comunistas cubanos en caer en España. Muchas decenas de ellos lo harán en los tres años de la guerra.

Dos días después, Pablo recibirá un homenaje póstumo en Alcalá de Henares. Y dos semanas más tarde será enterrado solemnemente en el cementerio de Montjuïc de Barcelona. A la ceremonia asistirán la banda de música de la unidad de El Campesino, dirigida por el también cubano Julio Cuevas Díaz,[95] y su amigo Miguel Hernández, quien lee ante la tumba la que llamará su «Elegía Segunda». La primera se la ha dedicado a su amigo Ramón Sijé, muerto también hace poco:

> Me quedaré en España, compañero,
> me dijiste con gesto enamorado.
> Y al fin sin tu edificio tronante de guerrero
> en la hierba de España te has quedado.
> ...
> Pablo de la Torriente
> has quedado en España
> y en mi alma caído:
> nunca se pondrá el sol sobre tu frente,
> heredará tu altura la montaña
> y tu valor el toro del bramido.
> ...
> Ante Pablo los días se abstienen ya y no andan.
> No temáis que se extinga su sangre sin objeto,
> porque éste es de los muertos que crecen y se agrandan
> Aunque el tiempo devaste su gigante esqueleto.[96]

Cuando la guerra acabe, el cuerpo de Pablo de la Torriente será arrojado a una fosa común por los vencedores. Su tumba ya nunca podrá ser localizada.

El carácter internacional de la guerra se acentúa cada día. Los socialistas presentes en España se desesperan por la falta de reacción de las democracias europeas ante la amenaza fascista. Ellos dan ejemplo de la importancia de la lucha de todas las fuerzas de progreso contra esta amenaza, siguiendo de mejor o peor grado la política de la III Internacional Comunista de los Frentes Populares, que ha llevado, por ejemplo, a Léon Blum a encabezar el gobierno francés.

Pietro Nenni, delegado en España de la IOS, cumple ahora, por encargo del ministro de la Guerra, el propio Largo Caballero, misiones de enlace entre la Junta de Defensa de Madrid y las brigadas internacionales que luchan en la ciudad.

Pero su misión no se acaba ahí. Tiene que combatir en otros terrenos y, sobre todo, en el político. Hoy, desde los micrófonos de Radio Madrid, hace un encendido discurso, dirigido a los trabajadores y ciudadanos italianos, en el que explica por qué sus compatriotas anarquistas, comunistas, socialistas, republicanos y sin partido han formado el batallón Garibaldi.

En España, los brigadistas internacionales luchan contra Mussolini, como lucharán algún día en Italia o en Alemania. Los ciudadanos italianos deben apoyarles con su solidaridad, enviando donativos y voluntarios. Su deber es sabotear la producción militar y los transportes para los rebeldes españoles.[97]

Otros italianos, como el cardenal Pacelli, que llegará al papado dentro de poco tiempo con el nombre de Pío XII, se muestran decididos partidarios de Franco, aunque sin dar todavía un paso público que podría provocar un escándalo internacional. El cardenal Gomá recibe de Pacelli el encargo de ser el representante «confidencial y oficioso» del Vaticano ante Franco. También hay instrucciones confidenciales para Gomá, que debe velar por «la libertad de la Iglesia y especialmente en lo que se refiere a la expatriación y veto de los obispos».

Gomá se convierte así en una especie de agente doble. Por un lado, ha sido el mejor embajador de Franco ante la Santa Sede y ha teorizado en varias ocasiones sobre el carácter de cruzada que tiene la guerra. Por otro, debe actuar defendiendo los intereses vaticanos ante el Caudillo. La parte más compleja de su misión es la de defender la «libertad de la Iglesia» porque Franco no se va a plegar a las decisiones sobre nombramientos de obispos con facilidad. Los conflictivos obispos Múgica y Vidal i Barraquer no volverán a pisar suelo español.

La parte fácil y gratificante de su misión es la de llevarle al Generalísimo una bendición especial del papa y una carta de Pacelli que dice textualmente: «Todas las simpatías del Vaticano están con él y le desean los máximos y rápidos triunfos».[98]

PARTE FRANQUISTA
Ejército del Norte
División de Madrid. En el frente de Madrid se llevó a cabo un importante ataque sobre Villanueva de la Cañada y posiciones enemigas que fueron rebasadas, después de duro combate, en el que los rojos dejaron en nuestro poder numerosos muertos y cuatro ametralladoras.

Actividad de la aviación. Seis biplanos enemigos, que intentaron hacer una incursión en nuestras líneas, fueron alcanzados por las explosiones de nuestra artillería antiaérea obligándoles a retirarse con averías.

PARTE REPUBLICANO
Frente del centro
En el sector sur del Tajo, en San Martín de Montalbán, se ha registrado fuego de artillería sin consecuencias en nuestras líneas.

En Guadarrama también ha habido fuego de artillería facciosa acallado por nuestros cañones.

En el sector de Somosierra, a las ocho horas atacó el enemigo en un amplio frente con dos columnas. El encuentro fue violento y el ataque contenido. Nuestros milicianos presionaron con gran coraje rechazando a los facciosos haciéndoles bastantes bajas y obligándoles a replegarse.

En el sector de Madrid, en la línea de Villanueva del Pardillo, Valdemoro, Romanillos y Pozuelo, atacaron bandas facciosas después de una gran preparación artillera. Este amplio sector fue batido por nuestra artillería y nuestras fuerzas rechazaron valientemente el ataque, conteniendo a los facciosos en algunos puntos y haciéndoles retroceder en gran extensión.

En la noche de ayer, a las 21.15, el enemigo, aprovechando la densa niebla que envolvía el subsector de la Moncloa-Puente de los Franceses, intentó un ataque que fue contenido por nutrido fuego de fusil, ametralladora y bombas de mano. Los facciosos, muy castigados, tuvieron que replegarse.

La aviación republicana ha verificado vuelos de reconocimiento y bombardeo sobre las líneas enemigas con eficacia.

20 de diciembre

PARA QUE A PARTIR DE ESTE DÍA NO HAYA LA MENOR DUDA, Franco dicta un decreto por el que se militarizan todos los contingentes de milicias que están encuadrados en su ejército. Hace seis días que el falangista Hedilla ha vuelto a insistir en las academias de oficiales para sus voluntarios.

El decreto es inequívoco: todas las milicias y fuerzas auxiliares movilizadas quedan sometidas al Código de Justicia Militar. Las que participan en los frentes o guarecen las provincias tienen una dependencia directa de la autoridad militar. Las que tengan misiones de retaguardia, dependerán de la guardia civil.

Todas las unidades tendrán mandos militares.

Para consolar algo las peticiones de los falangistas y requetés, se les da preferencia para que sus miembros puedan ingresar en las academias de alféreces y sargentos provisionales, que funcionan desde septiembre en todo el territorio que controla Franco. Una vez graduados, los oficiales y suboficiales tendrán preferencia para reingresar en sus unidades de procedencia, siempre bajo la supervisión de la Secretaría de Guerra.[99]

Con este decreto, Franco liquida toda controversia: se ha acabado en su territorio cualquier sueño miliciano de un ejército paralelo. Carlistas y falangistas no pueden hacer propaganda política ni mandar a sus voluntarios. El poder de Franco se acentúa en todas las manifestaciones de la guerra. Los falangistas y carlistas se tienen que limitar a cantar sus himnos en calles, tabernas y trincheras y a vestir sus camisas azules o sus boinas coloradas para manifestar su identidad. Todo lo demás tiene sus riesgos. En los cuarteles generales de las milicias comienza una actividad casi clandestina que desembocará en un conflicto meses más tarde, cuando Franco dé la última estocada a sus aspiraciones con el decreto de unificación de Falange y el carlismo.

En Madrid, Vicente Rojo, que cuenta con el apoyo absoluto de Miaja, procede a eliminar todas las denominaciones personales de las columnas o brigadas. Las bautiza a todas con letras de la A hasta la E, además de las X, Y y Z. Esta última la manda El Campesino, y la pasan a conocer en su bando con el otro nombre que se le seguirá aplicando, «primera de choque», muy acorde con el carácter impetuoso y fanfarrón de su jefe.

El coronel jefe de Estado Mayor de la Defensa no es aún conocido del gran público madrileño. Los héroes de la defensa son el general Miaja y el jefe de la XI brigada internacional, Kléber. Eso comienza a preocupar a los encargados de la propaganda republicana. La idea de Regler sobre el eco que hay que buscar en torno a los internacionales ha cuajado en exceso entre los corresponsales de guerra, que se dejan fascinar por la presencia de los voluntarios de tantos países.

Koltsov es uno de los primeros en advertirlo. Él se mueve con facilidad por los ambientes del Ministerio de la Guerra y sabe que quien ha logrado defender Madrid ha sido Vicente Rojo. Koltsov mueve sus influencias para que la antipática situación se enmiende. De su pluma salen crónicas para el exterior, pero también consigue que los periodistas españoles, empujados por los propagandistas del Quinto Regimiento, comiencen a hablar del hombre que pasa las veinticuatro horas de cada día con la espalda doblada sobre la mesa en la que se extienden los mapas.

A partir de hoy, los madrileños van a saber quién es Vicente Rojo. Sin embargo, todos los que tienen responsabilidades en la defensa se guardarán mucho de hacer públicas las enormes disensiones que surgen cada día entre el nuevo héroe y el héroe importado, Kléber, más interesado que el militar español en cuidar su imagen pública.

Rojo se desespera casi cada día con los informes que le envía el jefe brigadista. En más de una ocasión ha notificado que se había hecho con alguna posición que, por el contrario, estaba lejos de ser conquistada. Kléber miente de forma compulsiva. Es un hombre de veras valeroso, pero está poseído de un afán mitómano que, a veces, resulta incluso peligroso para la propia defensa de la capital.

Los que han montado el mito de Kléber, Gustav Regler y Mijail Koltsov, se conocen desde hace tiempo. Los dos han sido enviados a España por la Komintern. Y los dos se sienten más seguros en un país en guerra que en Moscú. Regler recibió antes de su venida a España el encargo del «trotskista» Kamenev, fusilado en agosto, de escribir una biografía de san Ignacio de Loyola con fines partidistas: «Hagamos un Loyola para uso interno», le dijo. Pero cuando Kamenev fue detenido, Regler tuvo que quemar el manuscrito. Las cosas en Moscú no están cómodas. Es mejor estar en España, bajo el fuego de las bombas.[100]

Por causas muy distintas, otro extranjero provoca problemas en la retaguardia republicana. Es el barón Jacques Borchgrave, un falso diplomático que se mueve con soltura por las zonas inmediatas al frente. Desde el día 4, un bando de la Junta de Defensa ha prohibido que se deambule por las cercanías del frente, pero Borchgrave hace caso omiso de la orden y se mueve con soltura por donde se le antoja, con su vehículo diplomático provisto de una matrícula falsa.

Hoy, Borchgrave ha salido a las doce del mediodía de la embajada, pero no ha llegado a comer a su casa a la una y media como es su costumbre. Su mujer se ha preocupado y ha recurrido al comisario general de Orden Público. Pero el supuesto diplomático no aparece. Las autoridades republicanas no tienen informaciones sobre su actividad, y le buscan con denuedo y buena fe.

Hasta dentro de ocho días no se sabrá nada de él, cuando alguien identifique su foto en el depósito de la calle de O'Donnell, donde se exponen las instantáneas judiciales de los cuerpos que, de cuando en cuando, todavía aparecen en algunos descampados de Madrid.

El escándalo internacional será mayúsculo, pese a que se demuestra que el barón utiliza documentación falsa y pese a que todos los indicios hacen pensar que se trata de un espía. El gobierno tiene que realizar una investigación exhaustiva a petición de la diplomacia belga. El asunto se zanjará un año después de haberse iniciado con una reparación económica a la familia y el reconocimiento belga de que el gobierno español no ha sido el organizador de su muerte.

No se sabrá nunca con certeza quién le disparó tres tiros —uno de ellos en la cabeza— al falso diplomático en un descampado del pueblo de Fuencarral. Sí se sabrá que le han detenido cuatro agentes de los Servicios Especiales, que le han llevado a la calle Fernández de la Hoz número 57, le han interrogado y se lo han vuelto a llevar. Los agentes son anarquistas y la decisión de su traslado la ha tomado Eduardo Val, del Comité de Defensa de la CNT. No ha intervenido el jefe de los servicios.

Según el forense, lo mataron el día 21 a las trece horas del mediodía. El cónsul belga le reconocerá dentro de veinte días, cuando se autorice la exhumación del cadáver.[101]

Manuel Salgado, que ya ha puesto en marcha importantes operaciones, como la de la embajada de Siam, es uno de los hombres que han quitado de en medio a Borchgrave. Uno de los cenetistas más radicales y anticomunistas, y uno de los hombres de confianza de Val. Los que tienen el poder real en la CNT en Madrid ahora.[102]

Las actividades de espionaje son relativamente frecuentes en ambas zonas. Aunque la diplomacia sólo es usada por los franquistas, ya que la República no tiene acceso a ninguna embajada en territorio enemigo. La legación noruega, la de Finlandia, siguen siendo utilizadas por los franquistas para recabar información y transmitir órdenes a sus agentes una vez cerradas las instalaciones alemanas e italianas en Madrid.

PARTE FRANQUISTA
Ejército del Norte
División de Madrid. Ligero cañoneo en el sector occidental. En una descubierta practicada por nuestras fuerzas se han capturado algunos prisioneros y se han cogido dos ametralladoras, varios fusiles, numerosas municiones de fusil y mortero.

PARTE REPUBLICANO
Frente del centro
En el sector sur del Tajo, la aviación facciosa bombardeó cobardemente en Madridejos casas de humildes campesinos sin que, afortunadamente, este hecho salvaje ocasionara víctimas. En Aranjuez hubo un pequeño ataque de caballería en el sector de Casahiguera y Casaconejos, siendo rechazado enérgicamente.

En Mocejón, al efectuar el enemigo un reconocimiento, fue ametrallado por nuestras milicias obligándole a replegarse.

En el sector de Somosierra alguna actividad de la artillería facciosa, sin consecuencias en nuestras líneas.

Ayer noche, mediante un audaz golpe de mano, nuestras milicias mejoraron sus posiciones en el sector de Madrid, haciendo retroceder a los facciosos.

El enemigo intentó atacar por Villaverde, siendo contenido y rechazado.

En el día de hoy han sido mejoradas nuestras posiciones en el sector de Pozuelo.

En Boadilla: consolidándose nuestras líneas y enlaces. La aviación republicana ha efectuado hoy diversos vuelos de reconocimiento y vigilancia.

21 de diciembre

EL PERIÓDICO PAMPLONÉS RECIBE UN SERIO RAPAPOLVO por su decidido apoyo a las tesis del huido Fal Conde. Del mismo calibre que el terremoto que se produce en el carlismo, que se pliega tanto a la voluntad de Franco como para que uno de sus importantes miembros, Román Oyarzun, diplomático e historiador, haya publicado en sus páginas un artículo que contiene una propuesta hasta entonces imposible de concebir: la unificación de los requetés y falangistas bajo una sola bandera. El artículo se titula «Una idea, requeté y fascio». Como empieza a ser costumbre, a una propuesta tan encajable en los intereses y los gustos de Franco, le sigue alguna adhesión inquebrantable. Rompe el fuego el conde de Rodezno, y se producen entusiastas apoyos por todas partes. Desde la Falange no se puede evitar la moda unionista, y a Felipe Ximénez de Sandoval y a un policía llamado Mauricio Carlavilla se les ocurre otra idea: que se produzca la fusión por vía de absorción y bajo el mando de Franco.[103]

La mejor manera de unificar lo político es comenzar por lo militar. Lo demás será coser y cantar.

Muchos militares reciben con auténtico alborozo la decisión que les quita de encima el molesto peso de tener que contemporizar con milicianos que no saben hacer la guerra y se toman atribuciones excesivas. El capitán de la Guardia Civil Víctor Marchante ordena, cuando conoce el decreto, que se concentren ocho centurias de Falange de Burgos y La Rioja en Soncillo y se dirige a ellos desde el balcón de la fonda del pueblo:

—Habéis dejado de ser falangistas. Ahora sois soldados.

Los jefes de centuria pasan a ser sargentos y los estupefactos ex milicianos, convertidos de golpe en soldados, se enteran de que forman parte del 3 batallón de milicias voluntarias de Burgos.[104]

Laurence Collier es el director del Departamento de Europa del Norte del Foreign Office. Hace un informe para su gobierno dando su opinión sobre la política seguida con respecto a Italia y Alemania y la guerra española. Collier comienza afirmando que siempre «ha sido un axioma en el Foreign Office que las ambiciones italianas y alemanas están condenadas a chocar y que por ello merece la pena que tratemos de reconciliarnos con Mussolini». Sin embargo, a corto plazo, a Collier le parece que «esos intereses no sólo son reconciliables sino que son paralelos ... Y si esto es así, hay que concluir que debemos considerar a Italia como un enemigo potencial durante los próximos años ... Mi segundo temor es que la búsqueda de la amistad italiana nos lleve a cerrar los ojos a actividades que sólo pueden ser dañinas para nosotros (por ejemplo, en España) bajo la ilusoria esperanza de mantener a Italia fuera del campo alemán, en el cual, según mi hipótesis, la vamos a encontrar de todos modos».[105]

No todo es ceguera en el campo británico. Pero el análisis de Collier no provoca ningún efecto. La diplomacia británica continúa trabajando en un «acuerdo entre caballeros» con los italianos. Un acuerdo que pretende conseguir de Mussolini la renuncia a tomar posiciones estables en España, pero que se pone en marcha pensando que, llegados a una situación extrema, el dominio del Mediterráneo por Mussolini no es grave para Gran Bretaña. Aunque lo sea para Francia.

Sólo Anthony Eden se toma en serio el análisis y propone actuar con energía. Pero no sirve de nada. El ministro de Asuntos Exteriores no convence al primer ministro Stanley Baldwin, sobre todo por la insistencia de Neville Chamberlain, quien será el auténtico verdugo de la República cuando acceda al poder.

Para Baldwin y Chamberlain es tranquilizadora la percepción que tiene el Estado Mayor británico sobre las Baleares, que se plasmará en pocos días en un informe que sentenciará que «la ocupación italiana de Mallorca no afectaría de forma vital a los intereses estratégicos británicos».[106] Como no preocupa a los ingleses la posibilidad de un nuevo reparto de África del Norte a costa del imperio francés. Sólo puede llegar a inquietarles una acción hostil en Gibraltar. Pero no se considera que Franco pueda tener semejante idea en la cabeza.

En el seno de la entente franco-británica, hay cierto resquemor debido a esta tranquilidad inglesa ante ciertos movimientos italianos y alemanes. El 24 de noviembre, Ybon Delbos, el ministro de Asuntos Exteriores francés, le manifestó al gobierno inglés su inquietud por la creciente influencia italiana en las islas. El 30 insistió, esta vez preocupado por los alemanes. En un largo informe, Delbos detalló la impertinente presencia de buques alemanes en Tetuán, Tánger, Ceuta, Melilla: «En tanto que Italia se reserva las Baleares, Alemania intenta implantarse en África y en Canarias. Esta situación merece retener la atención de Inglaterra tanto como la de Francia. La ruptura del equilibrio actual amenazaría la seguridad de sus comunicaciones marítimas entre el Atlántico y el Mediterráneo ... La actividad alemana en Marruecos podría, aunque no tuviera carácter militar, comprometer la seguridad de Francia en África del Norte».

Los ingleses no pierden la calma, mantienen una seguridad profunda no sólo en su política, sino en su percepción de la situación. Plymouth se mostrará conforme con las «garantías» que los italianos le dan sobre su presencia en Mallorca.

A la diplomacia inglesa no le merece demasiada atención el asunto de la presencia creciente de alemanes en el norte de África. Ése parece ser un problema de Francia. Un problema que no tiene fácil solución, porque los franceses tienen que presionar en dos direcciones. Por un lado, a los franquistas, para que no sigan dando facilidades a los alemanes en el entorno de las colonias del norte de África. Por otro lado, al gobierno republicano. Para nadie es un secreto que en España se considera que prender la mecha de la insurrección en Marruecos, avivando las pretensiones nacionalistas, sería una gran jugada contra Franco, que tiene en el norte de África un gran vivero de soldados fogueados.

Los comunistas lo dicen abiertamente y apoyan en público que se conceda la independencia unilateral a Marruecos. José Díaz, el secretario general del PCE, lo ha dicho muchas veces con su encendido verbo: «Queremos el bienestar para todo el pueblo y nosotros sabemos que esto es posible dentro de nuestra República democrática, y por eso la defendemos como defendemos las libertades a las que tienen derecho Cataluña, Euskadi, Galicia y Marruecos ... Y ellos, que no apean a España de sus labios; ellos, que se dicen patriotas, defensores de España, los generales y aristócratas, sacan de las cabilas más feroces del Rif a los hombres de más bestiales instintos y los traen a España, prometiéndoles las tierras ..., las mujeres españolas, para que combatan contra España...».[107]

Los anarquistas catalanes también piensan así, pero son los que han tomado una iniciativa más atrevida. El Comité de Milicias Antifascistas ha sido el organismo que ha contactado con los nacionalistas de Fez a principios de septiembre para intentar apoyar un levantamiento.[108] Pero la presencia de los de Fez es realmente testimonial. Quienes llevaban el peso de la delegación eran nacionalistas de la zona francesa, agrupados en el Comité d'Action Marocaine.[109]

Indalecio Prieto y el propio Largo Caballero saben que poner en marcha un mecanismo como éste puede dejarles en una situación insostenible con Francia, que no tiene la menor intención de renunciar a sus colonias.

La República está atada por el tratado de Algeciras de 1912, que repartió Marruecos entre Francia y España. Los ingleses tampoco van a consentir una alteración del *statu quo* en África. Además, Largo Caballero espera conseguir algún día el apoyo de los vecinos para su causa en forma de apertura de fronteras y liberación del embargo.

Pero hay movimientos, pese a la negativa de Prieto. El 7 de diciembre, los servicios secretos franceses detectaron un plan de sublevación en el Marruecos español en el que estaba implicada la temible tribu Beni Uriaghel, la de Abdel Krim. En otro informe de principios de noviembre se dice que «los dirigentes nacionalistas de Fez, Ouezzani y Abd Dajalil han estado en Barcelona» para proponer el apoyo a la sublevación. Tienen el apoyo de muchos notables de Tánger. Los informes son correctos.[110]

Para la República, la única salida consiste en poner de acuerdo a Francia e Inglaterra. Incluso, en proponer una invasión del Marruecos español por los franceses. Eso provocaría una alteración del reparto colonial que obligaría a hacer concesiones a Alemania. En las siguientes semanas el plan se gestará entre Álvarez del Vayo y Prieto, pero no obtendrá ningún fruto. Para ingleses y franceses sería meterse en un avispero, quizás incluso dar pie a un conflicto europeo. Además, a los ingleses no les satisface la posibilidad de que Francia controle los dos lados del Estrecho.[111]

El alto comisario de España en el Protectorado de Marruecos es un coronel, Juan Beigbeder Atienza, del arma de ingenieros y diplomado de Estado Mayor. Habla varios idiomas, entre ellos el árabe, el bereber y el alemán, y tiene una gran experiencia en relaciones internacionales. Es uno de los pocos militares españoles capaces de sostener una conversación en inglés. Sus servicios a la causa franquista han sido impagables: él consiguió personalmente el 18 de julio que el califa Mulay Hassan, representante del sultán de Marruecos en la zona española, apoyara la sublevación. Ha montado todo el aparato de reclutamiento de mercenarios moros para el ejército y ha negociado que la Mehal-la jalifiana, la policía indígena, se incorpore en parte al ejército de Franco. Hasta ahora, ha logrado que haya casi cincuenta mil soldados moros entre los rebeldes.

Beigbeder templa los ánimos de los extranjeros: da garantías a los franceses sobre la presencia alemana, corteja a los marinos alemanes en sus estancias de aprovisionamiento y de espionaje, y envía mensajes a los ingleses, con los que simpatiza personalmente.

Él es el encargado de realizar una sutil política hacia los nacionalistas marroquíes. Transige con su presencia pública y tolera sus actividades, que inquietan a los franceses. En connivencia con el califa, ha perdonado, incluso, las actividades del líder de los independentistas, Abdeljalak Torres, un hombre al que el anterior comisario, el general Orgaz, habría colgado con gusto. Y un hombre que es ahora una pieza clave en su política de control del norte de Marruecos.

Es muy probable que sea el propio Beigbeder quien informe a los franceses sobre lo que se cuece en el Marruecos español. Así lo afirma un responsable del espionaje francés en una nota para los servicios secretos franceses.[112] Él no tiene ninguna intención de ceder a los alemanes el territorio. Se conforma con seguir las órdenes de facilitar la exportación de minerales del Rif a través de la Hisma. Con los recursos que se obtienen de allí y de Río Tinto, puede pagar Franco la ayuda militar alemana.

Pero la política de Beigbeder es aún más complicada de lo que parece. Hoy le escribe una carta a Torres, que está pendiente de que se cumpla la promesa de autorizar la existencia del Partido Reformista Nacional: «La tardanza se debe a que hemos tenido que traducir los estatutos y demás documentos ... pudiendo estar usted seguro de que la autorización, aunque sea telefónica, llegará uno de estos días ... en el ínterin pueden ustedes dedicarse a sus actividades como si de hecho estuvieran autorizados oficialmente para hacerlo».

El coronel ha conseguido que Franco autorice en Marruecos lo que es imposible en España: el funcionamiento de partidos políticos para mantener a los nacionalistas tranquilos. Y al tiempo, para contrarrestar su acción, ha puesto en marcha la creación de otros que compitan con el de Torres.

Beigbeder lleva una semana en el cargo, en el que ha sustituido a Orgaz, un hombre partidario de soluciones intransigentes.[113] Su habilidad es tal que los nacionalistas consideran que la política de Franco hacia Marruecos es más tolerante que la de la República.

Los franceses no saben cómo actuar con este hombre que les filtra información sobre los alemanes y al tiempo da alas al enemigo común, a los independentistas.

Sobre las islas Baleares, la única concesión que ha hecho Italia a las presiones francesas ha consistido en retirar al conde Rossi, un estrafalario militar que ha conducido desde agosto la intervención fascista italiana en Mallorca y se ha distinguido por su crueldad. Rossi es un auténtico asesino.

John Cornford visita a su amigo Bernard Knox en el hospital del hotel Palace. Allí, Knox ha sido atendido por una encantadora enfermera a la que se le ven maneras poco profesionales. Ya está fuera de peligro. El médico le ha explicado que ha tenido suerte porque la bala que le hirió debía de estar al final de su trayectoria y llegó con poca fuerza. Aunque es sorprendente que la hemorragia se le cortara sin ninguna ayuda. Bernard ha visto morir a varios hombres a su alrededor. Y ha asistido al espectáculo chocante de su enfermera, armada de termómetro, equivocándose al tomar la temperatura de los enfermos y diagnosticar hipotermias o sangre hirviendo. Su incompetencia es llamativa y le pregunta que dónde ha estudiado:

—No soy enfermera. Soy una voluntaria de la libertad —le responde ella. La temperatura ha aprendido a tomarla «en las películas americanas».

Cornford va a volver a Albacete, donde ya se concentra el batallón británico que formará con los americanos y cubanos la brigada Lincoln.

Knox pronto dejará España, y a sus camaradas, casi todos ellos muertos en combate. Y será uno de esos hombres que «vinieron a España y dejaron su corazón allí».[114] Así los definió Herbert Matthews. Ha realizado una tarea que Edwin Rolfe, que pronto estará en las brigadas internacionales, intentará definir cuando escriba su poema «Primer amor»:

> Estoy entusiasmado de comenzar, entusiasmado de acabar;
> pero mi corazón está cautivo para siempre
> de esa otra guerra
> que me enseñó por primera vez el significado
> de la paz y la camaradería.[115]

En las trincheras de la Casa de Campo, en los parapetos que están cerca del río, los hombres de ambos bandos pasan frío. El frío es peor que el hambre. La presencia del río hace que, en sus cercanías, el frío continental de Madrid se vuelva penetrante, agudo, domine cada centímetro cuadrado de la piel, deje los dedos inservibles para apretar el gatillo del arma.

El frío se mete hasta los huesos, desespera a los combatientes. Cuando pueden, se agrupan en torno a pequeñas hogueras y tienden las manos hacia las lenguas de fuego, temblando, hasta casi quemarse los dedos.

El frío.

PARTE FRANQUISTA
Ejército del Norte
7 división. Sin novedad.

PARTE REPUBLICANO
Frente del centro
En el sector de Aranjuez, a las quince horas, la artillería facciosa cañoneó nuestras posiciones de Ciempozuelos, desde Valdemoro, sin causar daños, siendo contestada por nuestros cañones eficazmente.

En el sector de Somosierra también hubo fuego de cañón, fusilería y ametralladora, sin registrar ninguna baja en nuestras líneas.

En el sector de Madrid escasa actividad.

Las líneas de Boadilla del Monte, Pozuelo y Moncloa fueron bombardeadas sin causar daño.

La aviación republicana ha efectuado vuelos de reconocimiento y vigilancia sobre las líneas enemigas.

22 de diciembre

JUAN DE MATA, EL JOVEN INFORMADOR LOCAL DE *IMPERIO*, admira al coronel Yagüe tanto como desprecia al coronel Moscardó desde que fue testigo del fusilamiento de los rehenes del Alcázar de Toledo. Juan no conoce la historia de la toma de Badajoz, sólo tiene de Yagüe las ardientes imágenes de su impulso guerrero, de su decidido falangismo.

Hoy acude a Yuncos acompañando a los jefes locales de la Falange toledana. En este pueblo, que tanta sangre costó tomar, ha establecido el coronel su cuartel general, en un palacio requisado. Cuando le ve, se queda impresionado por su figura: «Alto, fornido, pelo blanco, bricho legionario, camisa azul y, sobre ella el emblema de mando y el yugo y las flechas».

Yagüe se presta de buen grado a la curiosidad de sus visitantes. El coronel fanfarronea asegurando que el general Varela le había dicho:

—Tú, por la carretera de Extremadura, yo por la de Toledo. Mañana, los dos en el Manzanares.

Yagüe le había intentado disuadir porque el paso de una columna por los Carabancheles sería complicado. Pero Varela zanjó la discusión con la frase adecuada: «Es una orden». Y luego se vio que, efectivamente, Varela no podía avanzar. El plan de Yagüe era entrar por las grandes avenidas, liberar a los presos de las cárceles y poner el frente al otro lado de la ciudad. Pero a Franco le pareció demasiado arriesgado.

Yagüe les confiesa que haber entrado en la Ciudad Universitaria, cumpliendo órdenes, ha sido «el peor disparate de mi vida». Los falangistas toledanos vuelven a la capital con el espíritu encendido por el impetuoso militar tan denostado en voz baja por los caciques toledanos que han copado la administración de la ciudad y la provincia.[116]

A los acordes del *Giovinezza* desembarcan en Cádiz cuatro mil camisas negras, fascistas italianos, a los que siguen mil quinientos especialistas en el manejo de las distintas armas. Son los primeros voluntarios italianos del ejército de tierra en incorporarse al ejército franquista. En muy pocos días, y al mando del general Roatta, llegarán cuatro expediciones más.

El apoyo de Mussolini a Franco es generoso. Comenzó por la aviación, con los bombarderos Savoia y los cazas Fiat que vuelan desde el comienzo de la guerra con Franco. Siguió con los blindados Ansaldo y el suministro de muchas toneladas de fusiles, ametralladoras, cañones y munición. Además, con la intervención del sanguinario conde Rossi en Mallorca, una intervención decisiva para mantener la isla bajo el control de los sublevados. Pero esta vez se trata de algo mucho más importante: en muy pocos meses habrá en España un ejército italiano que sumará cuarenta mil hombres, y llegará a incorporar hasta setenta mil al final de la guerra.

Las primeras tropas estarán casi todas formadas con voluntarios fascistas. Luego incluirán hombres de reemplazo, algunos de los cuales no sabrán su destino hasta que lleguen a España.

Primero ha habido que vencer algún inconveniente de tipo diplomático: el Comité de No Intervención, del que forma parte Italia, prohíbe de forma taxativa el envío de tropas a España. Pero a Franco se le ha ocurrido la idea apropiada para disfrazar este envío tan descarado: los italianos se llamarán legionarios. Serán tropas voluntarias, como la Legión extranjera francesa, no adscritas teóricamente a su país de origen.

Con los primeros de ellos se están formando divisiones mixtas, denominadas «flechas», que incluyen a españoles e italianos.

Pero las siguientes unidades serán exclusivamente italianas. Mussolini no confía en la capacidad militar de Franco para ganar la guerra tras haber fracasado la toma de Madrid en el primer asalto de noviembre. El general Mario Roatta, conocido en España como Manzini, quedará al mando de un ejército italiano que va a aplicar, además, las revolucionarias técnicas de guerra mecanizada relámpago desarrolladas por sus Estados Mayores. Franco no puede desdeñar el apoyo fascista, pero la arrogancia con la que Roatta comenzará a cumplir su misión tendrá consecuencias graves para el bando franquista. Esa arrogancia viene de lejos: unos meses antes, Mussolini le dijo al embajador alemán en Roma que «evidentemente, en España hay muy pocos auténticos hombres», por lo que era preciso enviar italianos para ganar la guerra.[117]

El general Miaja recibe hoy una gran noticia: su familia ha sido canjeada por la del diputado tradicionalista Joaquín Bau. Uno de los hijos de

Miaja es enviado a Turquía con un cargo diplomático. La mujer del general se va a vivir allí, con su hijo.[118]

Ha habido también un intento para canjear a los hijos y la mujer del militar de más confianza de Largo Caballero, el general José Asensio Torrado, por José Antonio Primo de Rivera, pero ha fracasado. Su hijo Mario consigue, gracias al apoyo del marqués de Quintanar, hombre muy influyente y colaborador de *ABC*, una libertad vigilada para él y los suyos. A mediados de 1938, se incorporará al ejército franquista porque piensa que lo de la ideología es cuestión de geografía. Si a él le ha tocado en ese lado...[119]

El delegado de Abastecimientos de la Junta de Defensa de Madrid, Pablo Yagüe, miembro de la UGT, es detenido en un control de la CNT-FAI a las tres de la tarde. Los milicianos se mofan de él, le insultan, le llaman cobarde, y desprecian su documentación que prueba que es un miembro de la Junta de Defensa. Para los controladores, no hay otra autoridad que la del Comité Regional de la CNT-FAI. La discusión sube de tono. Los cenetistas llegan a decir que su desplazamiento en coche, para comprar víveres fuera de Madrid, encubre una deserción. El coche de Yagüe arranca y suena un disparo. El conductor se detiene. Los milicianos se acercan y uno de ellos vuelve a disparar. El delegado resulta herido de gravedad.

La tensión está a punto de provocar una guerra civil entre las dos grandes centrales sindicales, muchos de cuyos militantes llegan a velar armas, preparados para la confrontación. La alianza entre los sectores que apoyan a la República es muy quebradiza. Desde *Milicia Popular*, los dirigentes del Quinto Regimiento llaman a sus milicianos a mantenerse «serenos y alerta».

La Junta de Defensa se reúne esa noche con ese asunto como primer punto de orden del día. Isidoro Diéguez, delegado de Milicias y comisionado por el Partido Comunista, hace la narración de los hechos que enmarca en un problema aún no solucionado: los controles que los partidos y organizaciones sindicales hacen de las carreteras están prohibidos por la Junta pero la CNT los mantiene, desobedeciendo una instrucción que emana de un organismo del que forman parte sus delegados.

El delegado de las Juventudes Socialistas Unificadas, Santiago Carrillo, que se ocupa del Orden Público, informa de que ha ordenado la detención de los culpables. Pero éstos se han refugiado en un ateneo libertario. Los centinelas han asegurado que los buscados están bajo la protección del Comité Regional de la CNT que dirige David Antona, uno de los libertarios más hostiles a los comunistas. Carrillo ha tenido que enviar una compañía de guardias de asalto para conseguir que se cumpla su orden.

Carrillo hace una proposición terminante: los culpables deben ser castigados. El caso no admite esperas; no se puede perder el tiempo con jueces y tribunales ante unos hechos que comprometen tan seriamente la autoridad de la Junta. Y es la Junta la que debe decidir la sanción. Carrillo propone que sean fusilados. Una ejecución sumaria.

Los representantes libertarios tienen una difícil papeleta. Amor Nuño expresa su pesar por lo sucedido y dice que su salud no le permite seguir en la Junta, por lo que ha pedido su sustitución. Lorenzo Íñigo es partidario de que las cosas se arreglen entre la UGT y la CNT y que la Junta no intervenga porque no tiene autoridad para ello.

La tensión crece. El general Miaja aclara que la Junta no tiene facultades en el orden judicial. Y recuerda que en Valencia se ha producido un caso similar y en veinticuatro horas los culpables han sido fusilados. Los representantes de Izquierda Republicana, José Carreño, de Unión Republicana, Enrique Jiménez, y del Partido Sindicalista, Francisco Caminero, coinciden en recomendar que sean los Tribunales Populares de Urgencia los que se hagan cargo del asunto. Y que la sentencia se haga pública para general conocimiento y escarmiento. La mayoría de los presentes rechaza la teoría de Íñigo de que se deben resolver las cosas entre organizaciones. Es la autoridad de la Junta la que se ha agredido. El incidente no responde a una pugna política.

El acuerdo de que los controles deben desaparecer y las patrullas partidarias han de ser sustituidas por fuerzas de asalto o de seguridad es firme. Los cenetistas no tienen más remedio que aceptarlo.[120]

Pero el Comité Provincial de la CNT hace pública una nota en la que lamenta lo ocurrido y condena los hechos. Dos días después, lo hará el Comité Nacional. La crisis se ha salvado, aunque deja algunas ronchas y avisos de justicia. El comandante Carlos califica a los autores de quintacolumnistas, de cómplices conscientes o inconscientes de Hitler y Mussolini.

La enfermedad que alega Amor Nuño para renunciar a su puesto en la Junta no existe. Hace muy pocos días, una reunión de militantes confederales, de la CNT, de la FAI y de las Juventudes Libertarias, le expulsó del movimiento anarquista. Cipriano Mera en persona lo cogió del cuello, lo sacudió y lo arrojó contra la pared, diciéndole que se merecía la muerte. Algunos de los reunidos llegaron a discutir si había que fusilarlo de inmediato o no. Entre los asistentes a la reunión estaba Gregorio Gallego.

La culpa de Amor Nuño es muy seria: se ha enredado sexualmente con una mujer de comportamiento muy descarado, provocativa, que es hija de un militar faccioso. Los libertarios piensan que es una espía que pasa información a los franquistas y le ha lavado el cerebro. Nuño la ha estado llevando a reuniones importantes donde ha podido enterarse del contenido de discusiones reservadas.

Ha salvado el pellejo, pero ha sido expulsado del movimiento libertario. Le han llamado traidor, le han llamado fascista, le han amenazado. Y ha debido comprender que lo mejor para su pellejo es desaparecer cuanto antes.

Amor Nuño, el secretario de la Federación Local que pactó con la cúpula de las JSU la liquidación de los presos, desaparecerá sin dejar rastro una vez abandonada su responsabilidad de la Junta Delegada de Defensa.[121] Su enfermedad real es el miedo. Un miedo muy razonable.

En estos días, un tribunal popular ha condenado a muerte a un anarquista, José Olmeda, por los desmanes cometidos el 20 de julio en la iglesia del Carmen. A Olmeda le denunció el recién dimitido Amor Nuño, quien descubrió el terrible negocio que éste había montado en la saqueada iglesia del Carmen: desenterrar cadáveres y exponerlos a la curiosidad pública a cambio de dinero.[122]

El grave incidente entre los cenetistas y Pablo Yagüe marca una nueva etapa en las relaciones temporalmente apaciguadas que mantienen el PCE y la CNT. Los cenetistas no han conseguido que los comunistas compartan con ellos las responsabilidades de Orden Público y Guerra que solicitaron en las primeras reuniones de la Junta Delegada de Defensa. Y el PCE va logrando, poco a poco, su objetivo de que la represión en la retaguardia no sea manejada arbitrariamente por cualquier partido o sindicato. De esa intachable voluntad de control republicano, que coincide con la voluntad del gobierno, se escapa, desde luego, su propia acción represiva, la que ha pactado en secreto con el Comité de Madrid de la CNT y que le ha permitido eliminar a dos mil presos sin tener que pasar por la burocracia de los Tribunales Populares.

El poder del PCE en Madrid crece. Controla los mecanismos fundamentales en el ejército popular porque las brigadas mixtas, las internacionales, las nuevas divisiones que se forman, están mandadas en su mayoría por sus cuadros. Controla el Orden Público. Y sus militantes, cuyo número aumenta en progresión geométrica, fascinados por la clara política de resistencia y disciplina que el partido practica, cada día son más visibles en la ciudad. Su prestigio crece entre los madrileños partidarios de la República que han comprobado la utilidad de la existencia de un mando único y un ejército disciplinado para combatir a los sitiadores. La ayuda soviética, la llegada de las brigadas internacionales, las películas revolucionarias soviéticas que se proyectan en los cines, la carne y las sardinas en lata con etiquetas en ruso que encuentran en las tiendas, no hacen sino aumentar este prestigio.

Los anarquistas parecen asistir atónitos al fenómeno del despegue de un partido que era claramente minoritario al comenzar la guerra y se ha convertido, en cuatro meses, en el que parece más influyente en Madrid.

La apariencia de que la guerra desembocaría en una revolución encabezada por los libertarios comienza a diluirse. El Comité de Milicias de Cataluña se ha disuelto. En Aragón, empieza a haber problemas que ya han obligado a compartir el poder.

Hace seis días, el 17 de diciembre, Joaquín Ascaso ha conseguido que el gobierno de Largo Caballero reconozca la existencia del Consejo de Aragón. Los confederales han tenido que ampliar la base de un gobierno hecho a su medida, a la medida de la revolución que han puesto en marcha en el campo aragonés porque no controlan ninguna capital de provincia. El nuevo órgano se sigue llamando Consejo de Defensa, el término que prefieren los anarquistas por cuanto su estética asambleísta les hace detestar la palabra «gobierno». Siguen teniendo mayoría, en consonancia con su superioridad militar en la región, no contrastada por ningún tipo de refrendo popular. La CNT controla, bajo la presidencia de Joaquín Ascaso, seis áreas, mientras los republicanos de izquierda, los de UGT y los comunistas, se reparten dos cada uno. El partido sindicalista de Pestaña se queda con un representante. El POUM no aparece.[123]

Hay tres partidos políticos en el Consejo, entre los cuales no se encuentra el PSOE, al que se considera incluido a través de la UGT, aunque la adscripción sea dudosa. Esa circunstancia altera de forma drástica la pretensión confederal de que sean los sindicatos los que controlen la vida de la región vigilando todas las áreas de la administración de las cosas. Son las concesiones a las que obliga la guerra. Y un movimiento defensivo.

Con la constitución del Consejo, no se ha llegado en Aragón a la paz política interna. Hay tres columnas anarquistas que garantizan la supremacía política. En el frente hay, además, una comunista y otra del POUM. Los comunistas están radicalmente en contra de la experiencia revolucionaria puesta en marcha por la CNT. La UGT se mantiene a la expectativa. Y el POUM lanza severas advertencias de que no se le persiga o habrá problemas.

El gobierno de Largo Caballero ha recuperado en parte las riendas de la situación en Aragón. De momento, se salvan los problemas. ¿Es algo más que una mera apariencia? En la constitución del Consejo hay una guerra civil larvada.

Desde el punto de vista internacional, la entrada en el gobierno de Largo Caballero ha sido admitida de mal grado por la Asociación Internacional de Trabajadores (AIT), en su reunión del 15 de noviembre, que no ha pasado de «comprender las razones que han dictado a la CNT las decisiones tomadas».[124] Y la gran esperanza militar, la llegada a Madrid de la columna Durruti, que iba a proporcionar a los anarquistas el liderazgo de las armas, se ha convertido en un fiasco.

Federica Montseny, la ministra anarquista de Sanidad, jugó por esa razón a vencer las reticencias de Durruti. Y lo que le dijo el secretario del Comité Nacional al guerrero libertario fue terminante: «Te necesitamos en Madrid, ha llegado el momento. El Quinto Regimiento lleva la voz cantante aquí, y la llegada de las brigadas internacionales es inminente. ¿Qué hacemos para contrarrestar su influencia? Tienes que hacer valer tu prestigio y la fuerza combativa de tu columna, de lo contrario, seremos relegados políticamente».

Otro ministro anarquista, Juan García Oliver, se había manifestado en contra. Según él, valía más la pena conservar la vida de Durruti ya que en Madrid correría grave riesgo.[125]

Los anarquistas siguen manteniendo grandes cuotas de poder. Controlan gran parte de las fábricas incautadas, importantes consejerías en la Junta de Defensa de Madrid y algunas unidades militares. Pero su control sobre la calle, sobre las carreteras, va desapareciendo bajo la recuperada máquina del Estado que los comunistas ayudan a reconstruir a socialistas y republicanos. Su obstinación en defender las pequeñas parcelas de poder en los controles no es sino la manifestación de una frustración mayor: la revolución no está detenida, sino en franco retroceso.

Y se temen lo peor cuando leen la prensa comunista: los avisos al POUM encubren a veces mensajes que se pueden entender como avisos contra ellos. Pero la CNT y todas las organizaciones libertarias no son el POUM. El caso Yagüe es una buena demostración de ello.

Los anarquistas pierden posiciones, es cierto, pero se siguen sintiendo fuertes. Y lo quieren demostrar.

PARTE FRANQUISTA
Ejército del Norte
7 división. Sin novedad.
Actividad de la aviación. En el aire, en Leganés, fue derribado un bimotor enemigo.

PARTE REPUBLICANO
Frente del centro
En el sector de Aranjuez, en Covisa, se han mejorado nuestras posiciones, batiendo al enemigo en algunos puntos.

En el sector del sur del Tajo, en su línea de San Martín de la Vega, fuego de cañón sobre las líneas enemigas, hostilizando pequeñas concentraciones facciosas.

En el sector de Madrid, escasa actividad, fuego de artillería y ametralladora y algún paqueo sin consecuencias en nuestras líneas. Sobre la ciudad cayeron algunos obuses facciosos sin que hayan ocasionado víctimas.

23 de diciembre

LAS GUERRAS OFRECEN A VECES OPORTUNIDADES para el desarrollo de técnicas positivas para la humanidad.

Hoy, Madrid se convierte en la capital mundial de la medicina gracias a un canadiense, Norman Bethune, que ha dejado atrás su brillante carrera profesional en el hospital Sacré Cœur de Montreal para acudir a España y brindar sus conocimientos a los que padecen la guerra. Bethune es comunista.

Bethune se hospeda en la Gran Vía y trabaja en la calle Príncipe de Vergara, en el barrio de Salamanca, en un piso expropiado que ha pertenecido al asesor jurídico de la embajada alemana.

Su objetivo es revolucionario y casi todos sus colegas médicos lo consideran imposible: hacer transfusiones de sangre a los heridos en las cercanías de la primera línea. Bethune ha visto demasiados casos de hombres que han muerto porque no han podido ser intervenidos quirúrgicamente debido a la falta de sangre, ya que una transfusión sólo puede hacerse directamente de una persona a otra. El responsable de las unidades médicas de las brigadas internacionales, el checo Bedrich Kisch, ha decidido apoyarle en su proyecto.

Contando con ese apoyo, Bethune ha logrado una proeza: ha vuelto a Canadá, donde ha obtenido del Comité de Ayuda a España de Toronto la importante cantidad de diez mil dólares. Con este dinero ha adquirido en Londres y París el material preciso para su proyecto. Y ha pasado con todo el equipo, a bordo de una camioneta Ford que incluye un frigorífico, la aduana francesa, donde le han cobrado un arancel tan exorbitante que parece fruto de la corrupción.

Una vez en Madrid, ha recibido la ayuda de la prensa para conseguir donantes de sangre. Se han presentado por millares, y han llenado sus almacenes.

Hoy se acerca con su equipo a un hospital de sangre en la Casa de Campo. Hay muertos y heridos graves por todas partes. Bethune elige a su candidato: un chaval que presenta todos los síntomas de *shock* por pérdida de sangre: piel pálida, fría y húmeda; los labios flojos, las mejillas hundidas. El médico español no cree posible lo que Bethune le propone, pero acepta. No hay nada que perder, el chico morirá de todas maneras.

El canadiense levanta la manga del chico y le inyecta la aguja para que penetre el primer frasco de sangre. El herido se agita, abre los ojos. Con el segundo frasco, sonríe. Le dan un cigarrillo.

Al chico que revive le siguen otros once soldados.

Hay un concierto de vivas al Canadá y a la transfusión de sangre, que el primer receptor redondea con un «¡Viva yo!».

Bethune ha hecho la primera transfusión de sangre de la historia en la que el donante no tiene que estar junto al receptor. Esta técnica salvará miles de vidas en España. Y después, la de muchos millones en todo el mundo.[126]

Bethune no es el único médico extranjero que acude como voluntario con los contingentes internacionales. Hay decenas de ellos repartidos entre el frente y la retaguardia. Sobre todo cirujanos, unos sesenta, y de muchas nacionalidades distintas. Ya funciona en Murcia, impulsado por la doctora polaca Struzeska, el hospital Internacional. Otros cuatro hospitales se instalan en torno a la ciudad. Y en Benicàssim se levanta un balneario para la recuperación de convalecientes, con quinientas camas, que dirige una francesa, Ivonne Robert. El comisario del centro es el garibaldino Suardi, herido en Boadilla. Los primeros centros de atención para los internacionales se montan en Albacete, pero se considera que es una ciudad demasiado expuesta a los ataques aéreos.[127]

Ivonne Robert escandalizará a los pacatos dirigentes de las brigadas, como Marty. Ante la extensión de las enfermedades venéreas, pactará con el alcalde de Castellón que se reabra un burdel cerrado por la CNT en agosto. La higiene estará garantizada a partir de ese momento.[128]

Otros médicos desarrollan técnicas avanzadas que salvan también muchas vidas. Mariano Zúmel, en el hospital de sangre de Griñón, y Josep Trueta y el peruano Jorge Jarufe, en Cataluña, exploran las formas de tratar heridas abiertas de modo que los enfermos no mueran víctimas de la gangrena.[129]

Frente de Villaverde. La 1 brigada de Líster interviene en su primera acción después de haber recibido la bandera del Partido Comunista de Italia como enseña propia. Dionisio Rodríguez forma parte del 2 batallón y participa en la toma de la Casa Roja. El capitán Campos, de la 3 compañía, dirige a sus hombres en silencio hasta llegar al pie de la edificación. Y escucha cómo un centinela dice que «se oyen pasos». Toca el silbato para que sus hombres se lancen al asalto. Hacen una carnicería entre los moros. Han avanzado unos metros.[130] Y se sienten cubiertos de gloria.

PARTE FRANQUISTA
Ejército del Norte
7 división. Sin novedad, con ligeros tiroteos de fusil y cañón.

PARTE REPUBLICANO
Frente del centro
En el sector de Guadalajara, en Tracena y en el sector de Somosierra, duelo de artillería. Nuestros cañones batieron eficazmente las posiciones enemigas, destruyéndoles parapetos y refugios.
En nuestras líneas, ninguna baja.
En el sector de Madrid, la actividad se ha reducido a fuego de artillería.
Los facciosos enviaron sus obuses sobre el casco de la capital causando ligeros destrozos.
Nuestros cañones batieron las posiciones enemigas hostilizando a los fascistas.
La aviación rebelde bombardeó nuestras posiciones en Romanillos, Majadahonda y Las Rozas. Nuestros milicianos aguantaron el bombardeo con gran serenidad sin que, afortunadamente, se hayan lamentado bajas.
En el sector de Boadilla, nuestras bravas milicias iniciaron un avance a las dieciséis horas. Cuando creían encontrar seria resistencia vieron con sorpresa que apenas si había enemigo.
El que hallaron fue eficazmente batido.
En este avance de cinco kilómetros, fueron hallados gran cantidad de cadáveres y bastantes moros.
Todo hace suponer que en este sector ha estallado una sublevación entre las fuerzas fascistas y regulares que la guarnecían.
Nuestras tropas están fortificando las posiciones conquistadas.

24 de diciembre

Fernando Fernández de Córdoba siente hoy más impulso que nunca de acercarse a ver Madrid. Ya algunas veces ha conseguido que le permitan ver la ciudad desde los observatorios de la artillería. Ha podido localizar el edificio donde está su casa, donde están su mujer y sus hijas.

Hoy, Nochebuena, necesita hacerlo. Ha ido a Leganés, a un hotelito abandonado, muy cerca de donde acaba el recorrido del tranvía que se dirigía al centro. Desde la terraza, con unos gemelos de campaña, puede contemplar «a su sabor, el edificio donde se encuentran esos pedazos de su corazón».

Los compañeros le han arrancado de una contemplación que tiene ya un exceso de contenido morboso.

Pero llega la noche, clara y estrellada. La luna ilumina las trincheras y se escuchan los cantos nostálgicos de los soldados que las ocupan. Hasta que, por encima del sonido de la música, se oye un ronroneo y se perciben las «sombras de unos grandes pájaros negros que cruzan el espacio». Suenan grandes explosiones, y el hotelito tiembla, amenazando con derrumbarse sobre sus ocupantes. Luego se escuchan ayes cercanos. Un cuartel muy próximo ha sido alcanzado por las bombas.

Fernando y sus compañeros celebran la Nochebuena rescatando heridos y cerrándoles los ojos a los muertos, «con los miembros destrozados y cubiertos de sangre».

«Los disparos de los antiaéreos, al estallar en el aire, semejan los cohetes complementarios de la fiesta de sangre. Las nubecillas blancas que producen se pierden en el infinito.» [131]

Las denuncias realizadas por el cuerpo diplomático a mediados de noviembre han causado cierto efecto en la opinión pública internacional: los bombardeos franquistas sobre Madrid causan espanto. En Londres, *The Times* da cuenta del informe que un grupo de parlamentarios ingleses ha hecho tras su visita a Madrid. Han visto manzanas enteras de casas demolidas en los barrios populares, y han llegado a la conclusión de que la intención real no es militar, sino que se pretende provocar la desmoralización y el pánico en la población civil.

El prolífico escritor que es el comandante Carlos hace una parábola sobre la actitud británica y francesa respecto de la guerra española: «Tomemos Inglaterra ... Supongamos que el fascista señor Mosley, apoyado por algunos militares y millonarios como el señor Rothemere, organizase un golpe de Estado. Naturalmente, muy pocos ingleses participarían en él, pero los fascistas llevarían mercenarios y coloniales. Llegarían tropas alemanas e italianas ... Asesinarían niños, hombres y mujeres ingleses; bombardearían Londres».[132]

Carlos no es ningún genio, ni un profeta. Sencillamente, no está ciego. Muchos piensan que eso puede suceder, que no existe garantía de que los nazis alemanes no vayan a hacer en Europa lo que están haciendo en España.

La confusión en el seno de Falange Española es notable. Su principal dirigente, Manuel Hedilla, aprovecha hoy para lanzar un mensaje de integración hacia la base social del enemigo y de diferenciación en el seno de su bando. Lo hace desde Radio Salamanca, con una retórica que consigue el devastador efecto de no convencer a nadie del otro lado y encabritar los ánimos de los suyos:

> ¡Brazos abiertos al obrero y al campesino!
> ¡Que sólo haya una nobleza: la del trabajo!
> ¡Que desaparezcan los caciques de la industria, del campo, de la banca y de la ciudad!
> ¡Que sean extirpados los holgazanes!
> ¡Que haya trabajo y bien retribuido para todos!
> ¡Que el Estado se cuide de nuestros hijos como de sangre propia!
> ¡Que ninguna de las mejoras conseguidas por los obreros quede sobre el papel sin surtir efectos y se conviertan en realidad!

Será una obsesión de muchos falangistas la de hacer guiños a obreros y sindicalistas. Hay falangistas que dicen, sin gritar mucho, salvo en las tabernas de Salamanca, que se declaran cercanos al anarcosindicalismo de Pestaña. Pero Hedilla y los suyos tienen un problema que no es sólo de tono: cuando sus milicianos capturan algún prisionero de guerra que lleva encima el carné de un sindicato, lo fusilan.

El mensaje de Hedilla tampoco armoniza demasiado con el de El Tebib Arrumi sobre los señoritos.

En el lado franquista existe cierta confusión ideológica. El propósito de algunos franquistas cercanos al Caudillo es asimilar el lenguaje populista de Falange para «absorber ideológicamente a la España roja». El carlismo «de extraordinaria vitalidad, romántico y lleno de virtudes», adolece de una cierta inactualidad.[133] El coronel Juan Yagüe es uno de esos ardorosos falangistas «conciliadores», pese a su acción exterminadora en el camino que le llevó desde Sevilla a Badajoz. Y Dionisio Ridruejo, uno de los teóricos.

Franco no tiene esa confusión. Es un pragmático. Sus ideas son muy simples, de corte meramente autoritario. Franco piensa todavía en un régimen militar de duración limitada, aunque se pueda prolongar. Su utilización de las ideologías que le rodean tiene un único fin: dar estabilidad a ese régimen de carácter transitorio, aunque de larga duración.[134]

Josefina Ferro, que pasa largas horas cada día captando emisoras franquistas para saber cómo marcha la guerra, no se siente muy impresionada por el discurso de Hedilla. Le parece poco navideño.[135]

PARTE FRANQUISTA
Ejército del Norte
Fuego de fusil y cañón en los distintos frentes del Ejército del Norte.

PARTE REPUBLICANO
Frente del centro
En el sector sur del Tajo, en las proximidades del Monte Aragón, nuestras fuerzas volaron un tren enemigo compuesto por veinte unidades.

Madrid. El movimiento de avance iniciado ayer por nuestras fuerzas del primer sector en el frente de Romanillos-Boadilla, ha continuado durante todo el día de hoy, llegando al fin de la jornada a ocupar una línea situada aproximadamente a unos cuatrocientos metros al norte de Boadilla.

El enemigo, durante nuestro avance, se ha limitado a hostilizarnos con fuego de artillería, sin que su infantería haya hecho acto de presencia.

En el terreno recorrido por nuestras bravas milicias se han hallado bastantes cadáveres de moros y de guardias civiles, así como bombas de mano y cartuchos que han sido abandonados por los facciosos en su repliegue.

En las últimas horas de la tarde, la aviación enemiga bombardeó el puente de los Franceses y el Campo del Moro. Nuestra aviación ha actuado batiendo las posiciones enemigas.

25 de diciembre

José María y Purificación van en tranvía hasta el frente de Usera. Jaime Renart, su hijo, cumple hoy diecisiete años. Es uno de los más jóvenes entre los milicianos del batallón Pérez Carballo. Jaime ya es un veterano. Lleva más de un mes en el frente de Usera y se asusta cada vez menos cuando oye un disparo. La Navidad se celebra con algunas dificultades en el lado republicano. En estos casos es preciso darle muchas vueltas al mensaje para que sea compatible con la ideología revolucionaria de los combatientes.

Pero Jaime no necesita complicarse la vida porque es su cumpleaños. Y pide un favor extraordinario: que le dejen de guardia en el puente de Praga. Muy cerca de allí está la casa, abandonada a toda prisa cuando llegó la guerra al lugar, de algún hombre ilustrado, que tiene biblioteca y una pianola.

Los padres han llevado una bandeja de pasteles de la que dan cuenta sin prisas. Hay alegría en la familia. La pianola es el instrumento musical que mejor maneja Jaime porque sólo hay que darle vueltas a la manivela. Y él la hace funcionar, mientras los demás cantan y bailan a cien metros de los soldados franquistas.

Cuando acaba el ágape, José María y Purificación vuelven a tomar el tranvía que los aleja de la primera línea de fuego y los lleva a su barrio, que sigue recibiendo los diarios bombardeos de la artillería franquista. La casa de la calle Ponzano ha recibido ya el impacto de un proyectil de artillería que entró por el piso de encima y destrozó las habitaciones exteriores, aunque nadie de la familia resultó herido. La peor suerte la corrieron los vecinos de al lado, porque el reventón de la bomba tiró un tabique y mató al niño que dormía en la habitación contigua. Los Renart han decidido no abandonar su casa, aunque estén sometidos a ese riesgo, o a los

Noviembre de 1936, Paseo del Prado. Neptuno es enterrado para protegerle de las bombas, que no distinguen entre dioses y humanos.

8 de noviembre de 1936, Usera. Ya han llegado.

8 de noviembre, Casa de Campo. Entre la niebla, los milicianos resisten a las fuerzas de Yagüe. Un tanque Renault capturado al enemigo sirve como parapeto.

Principios de diciembre, Montaña de Príncipe Pío, bajo el Paseo de Rosales. Las tropas de asalto resisten ejemplarmente. Llega alguna correspondencia.

Noviembre de 1936, Nuevos Ministerios. Los voluntarios son instruidos en plena Castellana. La fotografía es censurada para no dar información al enemigo.

Noviembre de 1936, cerca de la estación del Norte. Los ferroviarios reciben hoy el rancho caliente.

Enero de 1937, barrio de Argüelles. La aviación y la artillería franquistas no dejan piedra sobre piedra.

Noviembre de 1936, Paseo de Florida. Frente a la Casa de Campo, las trincheras son ya más profundas y están diseñadas para minorar los efectos de los ametrallamientos aéreos.

Noviembre de 1936, Madrid. Los obreros de la construcción son movilizados para cavar trincheras que ya no cubren sólo hasta las rodillas.

Noviembre de 1936,
Casa de Campo.
Moros y legionarios
se preparan para
derribar las tapias
y saltar al corazón
de la ciudad.

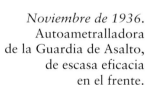

Noviembre de 1936.
Autoametralladora
de la Guardia de Asalto,
de escasa eficacia
en el frente.

Noviembre de 1936,
Ávila. Los voluntarios
falangistas que tienen
la misión de ocupar la
ciudad una vez tomada
se preparan para ir
a Madrid.

Septiembre de 1936, Madrid. Santiago Carrillo tiene apenas veinte años y es consejero de Orden Público de la Junta de Defensa. Su actividad es incesante.

Diciembre de 1936, Madrid. Las bombas se hacen familiares a los madrileños. Los niños que no han sido evacuados siguen jugando. Algunos juegan a algo tan peligroso como hacer de enlaces.

Noviembre de 1936, calle Diego de León. Los tranvías siguen funcionando. En algunas líneas se va al frente en ellos.

Buenaventura Durruti
no es sólo el líder anarquista.
Es un héroe para todos los madrileños.
Con su muerte, se extinguirá el sueño
libertario de conseguir la hegemonía
militar en Madrid.

Diciembre de 1936, Chamartín.
Julián Besteiro es el político más
querido por los madrileños.
Se ha negado a la evacuación.
Quiere compartir el destino
de sus conciudadanos.

*Noviembre
de 1936,
Ministerio
de Defensa.*
El general José
Miaja es
despreciado
por el gobierno.
Pero se convierte
en el símbolo
de la defensa de
la ciudad.

Noviembre de 1936, Ciudad Universitaria. Las unidades ugetistas comparten el frente con los demás partidos y sindicatos. Pronto se unificarán todos en el ejército popular de la República.

Noviembre de 1936, cerca de Navalcarnero. Los lentos Potez de fabricación francesa son presa fácil de los Fiat de caza italianos.

Septiembre de 1936. Francisco Galán deja el frente de Buitrago. Desde noviembre hasta enero, tomará parte activa en la defensa de Madrid.

Enero de 1937. La consigna de evacuar la ciudad no surte los efectos esperados. La mayoría de los madrileños se quiere quedar.

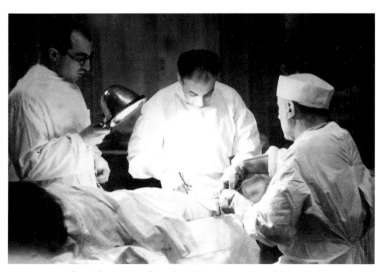

Noviembre de 1936, hotel Palace. Los hoteles más lujosos de la ciudad se han convertido en hospitales de sangre.

Noviembre de 1936, Usera, puente de la Princesa. Las columnas de Prada y Rovira aguantan a costa de muchas bajas.

Diciembre de 1936, Casa de Campo. Los milicianos tienen ahora moral de victoria. Los fascistas no han pasado.

10 de diciembre de 1936, Dehesa de la Villa. Los chiringuitos del parque son un buen lugar para tomarse un descanso y aprovechar un rayo de sol para calentarse.

Noviembre de 1936, Casa de Campo. Las barricadas se van convirtiendo en parapetos estables. La contienda será larga.

Noviembre de 1936. El combate consume a los hombres por centenares. Más unidades acuden al relevo.

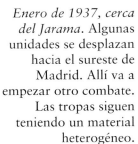

Enero de 1937, cerca del Jarama. Algunas unidades se desplazan hacia el sureste de Madrid. Allí va a empezar otro combate. Las tropas siguen teniendo un material heterogéneo.

Diciembre de 1936, Casa de Campo. Los milicianos de la FETE, maestros, no pierden el tiempo. Hay que alfabetizar a los hombres.

Diciembre de 1936, Casa de Campo. En el bando republicano la pluralidad de la prensa es un hecho imposible de cambiar.

*Enero de 1937,
Gran Vía.*
El hundimiento del
carguero soviético
Komsomol conmociona
a los madrileños. Se
abren colectas para
construir uno nuevo.

*Enero de 1937,
ribera del Manzanares.*
La propaganda es
fundamental. Hoy se
rueda una película en
medio de la guerra.

Enero de 1937. La
lucha se desplaza,
como este cañón,
hacia el Jarama.

Enero de 1937, centro de Madrid. Las bombas siguen cayendo, seguirán cayendo durante meses. Las mujeres tienen que salir aunque las calles revienten. En tanto, otra nueva sombra se cierne sobre la ciudad semisitiada: la escasez de víveres.

continuos tiros de fusil que llegan desde el Clínico. Se han conformado con las habitaciones interiores, que no han sufrido daños.

La actitud resignada de los Renart y de tantos otros madrileños partidarios de la República no excluye el crecimiento del rencor contra el enemigo que se aproxima. Cándida, que ha servido en casa de los Renart durante muchos años, tiene muy elaborada su fórmula para cuando los tanques italianos lleguen hasta su casa:

—Yo tengo una botella de gasolina y un cuchillo preparados. Cuando lleguen, les tiro la botella de gasolina y el tanque se prende. Y según vayan saliendo, los voy matando con el cuchillo.[136]

Al otro lado de las trincheras también hay visitas. En Carabanchel Alto, el soldado Núñez recibe la de su padre, y aprovecha para visitar con él y sus camaradas al alférez Andrade, un requeté destinado en artillería, en una batería del quince y medio. Andrade deja a sus compañeros y al padre de Núñez contemplar Madrid por el anteojo de antena, el mismo con el que pasa muchas horas al día intentando localizar las baterías enemigas. Con la sofisticada óptica del aparato se puede ver a la perfección el edificio de la Telefónica, lleno de mordeduras de cañón. A José María Gárate le parece incluso distinguir siluetas humanas, tal es la perfección del cacharro.

Pero no acaba ahí la coincidencia. Después de curiosear Madrid, el grupo visitante se acerca a una casita abandonada, a la que Gárate llama «la del masón» porque descubre en ella unos rituales de la masonería que consisten en ir abriendo ventanas y llamar a la luz, interrumpiendo las etapas con un golpe de mazo. En esa casa no hay una pianola, sino un piano de verdad y un busto de Beethoven. Gárate, como Renart, no sabe tocar el piano. Por eso, en la casa del masón no hay música, porque no hay manivela.

Cuando el crepúsculo avanza, salen todos a admirar el espectáculo de la luz madrileña, dejando atrás el retrato repujado en plata de una jovencita de ojos dulces y los secretos reventados de la familia que ha huido de la casa. Las boinas rojas de los requetés llaman la atención de una batería republicana y comienza a caer sobre ellos el tiro cada vez más preciso. El padre de Núñez se tira al suelo como un veterano. Salen a toda prisa del lugar. Hay bombas para todos en la Navidad de Madrid.[137]

Carles Pi i Sunyer, el alcalde de Barcelona, gira también su particular visita navideña a Madrid acompañado de algunos miembros de la corporación. Los barceloneses quieren visitar el frente y les acompañan un comisario político y un teniente de las brigadas internacionales.

Son las primeras horas de la tarde y la comitiva baja por la calle de Toledo hacia el puente del mismo nombre, sorteando barricadas. No se ve a nadie, la quietud es casi asombrosa hasta que un obús revienta al lado de la comandancia donde se han detenido el alcalde y sus acompañantes. Seguramente la artillería franquista ha reaccionado al aviso de los observadores ante una columna de automóviles que delata la presencia de gente importante.

El segundo obús cae aún más cerca. El tercero, a dos metros, pero la suerte ha querido que no estalle.

Luego, dan un paseo por la orilla del Manzanares, observando las casas en ruinas, las tiendas abandonadas, los retratos de personas que han dejado su hogar, tirados por el suelo, un pequeño cementerio cuyos nichos han sido vaciados para abrir troneras. Los milicianos descansan y agradecen la felicitación navideña del comandante que acompaña ahora a Pi i Sunyer. Hay una gran calma en el frente de líneas quebradas.

Pi i Sunyer estuvo viviendo hace pocos años en Madrid, cuando ocupó la Dirección de Comercio, hoy destrozada por las bombas; echa de menos algunas cosas de esa ciudad a la que tomó cariño. Unos días antes de visitar Madrid, formó un convoy con las cosas que sus colegas madrileños le habían pedido. Y un regalo muy especial: cuatro camiones cisterna para el transporte y la desinfección de agua. A su llegada, hace dos días, le habían seguido algunas citas oficiales llenas de cordialidad agradecida. A él le afecta mucho ver el desastre de las calles por las que había paseado convertidas ahora en montones de escombros, con las casas desventradas o cortadas a cuchillo por la acción de la aviación y la artillería franquistas.

Ha visto también el éxodo de las gentes que se hacinan en autobuses y camiones en busca de la solidaridad que Cataluña, Alicante o Valencia dan a los civiles que cumplen las órdenes de evacuación. A los soldados vestidos con uniformes andrajosos que son relevados por otros de uniforme recién estrenado. Y ha contemplado el impactante espectáculo de un coche cargado con un ataúd que resbala de un lado a otro de la calzada, manteniendo a duras penas la carga sobre la baca.

Ha visitado al general Miaja, «figura maciza, de hombre de temple y palabra sobria», y al coronel Vicente Rojo, «mesurado en el hablar, da la impresión de un hombre inteligente y capaz», cuyo despacho está presidido por un gran mapa con las líneas y las zonas trazadas con lápiz azul y rojo que señalan los movimientos de las fuerzas.

También ha estado con el nuevo alcalde de Madrid, Cayetano Redondo, y con los concejales Julián Besteiro, Trifón Gómez y Rafael Henche, que pronto ocupará el sillón de alcalde. El anterior alcalde, Pedro Rico, está escondido en alguna embajada después de su vergonzosa huida de la ciudad el 6 de noviembre. Besteiro sí está, como estará hasta el final, «alto, enjuto, el rostro más afinado que nunca, la frente ancha, viva la mirada, los cabellos canosos echados hacia atrás»; para Pi, es alguien muy especial, cuyo destino está íntimamente ligado al de Madrid.

Luego, durante dos días, el alcalde de Barcelona y sus acompañantes visitarán el frente en Guadarrama, que luce su mejor luz en esos días sin nubes; la misma luz que conmueve a Azaña. Y pasea cerca de Rosales, que en el intervalo de tranquilidad acentúa su carácter romántico. Y ve, desde una pequeña elevación, el semidestruido edificio del Hospital Clínico, donde el enemigo se agazapa, aguantando una cuña inverosímil que inquieta a las líneas de defensa.

Cuando Pi i Sunyer acabe su solidaria y emocionada visita, le martilleará el pensamiento la idea de que «por grande que fuera el riesgo, era mejor luchar como lo hacían en Madrid, desafiando el reto de la muerte, de cara al enemigo». Quizá piensa en su ciudad, en Barcelona, donde los tiros que suenan responden todavía sólo a la justicia rápida que aplican algunos de forma arbitraria y cruel. Barcelona aún no ha oído el sonido de la guerra. Sí sabe de las bombas de la aviación, pero la tensión en las calles se vive sobre todo en torno a las graves diferencias que separan a las muchas facciones que apoyan, unas por convicción y otras por necesidad, a la República.

El alcalde de Barcelona ha estado en Madrid, en el mismo Madrid que abandonó su alcalde. En el mismo Madrid cuya alcaldía quiere ocupar, por decisión de Franco, un hombre que ronda nervioso sus suburbios, Alberto Alcocer, que tardará muchos meses más en ver cumplido su objetivo.[138]

Mientras se acerca su gran día, Alcocer tiene que tragar el sapo de que en la prensa de su zona, la franquista, se hable de él con el apelativo de «esta persona».[139] No se sabe si por seguridad o por desprecio.

Mientras el general Varela inspecciona el frente, lo que incluye visitas a Brunete, Navalagamella y Villanueva de la Cañada, un tanque T-26 dispara hacia donde se encuentra. El tiro es eficaz. La metralla se le incrusta en el brazo derecho, la espalda y el muslo izquierdo. En Valmojado no está el jefe del equipo quirúrgico, por lo que su comitiva lo traslada a Griñón. Allí le opera el capitán médico Cantos. La esquirla del muslo izquierdo se le ha quedado a un milímetro del nervio ciático. El pronóstico es «muy grave». Varela celebra la Navidad en el hospital.[140]

PARTE FRANQUISTA
Ejército del Norte
7 división. Sin novedad, con algunos tiroteos de fusil y cañón.

PARTE REPUBLICANO

Frente del centro

En el sector de Guadarrama, Aranjuez y sur del Tajo, sin novedad.

En Lozoyuela, fuego de artillería sobre Paredes de Buitrago sin causar bajas.

En Madrid ha transcurrido el día con muy escasa actividad del enemigo, que se ha limitado a cañonear nuestras posiciones, especialmente por la tarde. Nuestra artillería ha obrado principalmente durante las primeras horas de la mañana en que ha batido las posiciones y concentraciones enemigas. En las últimas horas de esta tarde, se han presentado cinco evadidos del campo rebelde. Durante todo el día no ha actuado la aviación.

26 de diciembre

EL COMANDANTE CUARTERO ES UNO DE LOS SUPERVIVIENTES del Alcázar de Toledo. Hace pocos días que se ha incorporado al frente de Madrid, en la zona de Carabanchel. Con bastante mala suerte. Un ataque local de los republicanos encontró a sus hombres algo fríos. Cuartero decidió arengarles desde lo alto de la trinchera. Pero sin que le diera tiempo a pronunciar más de una docena de palabras, una granada le reventó en el pie y le llenó el muslo de metralla. Cuartero se incorporó y, apoyándose en el muñón, continuó la arenga.

Hoy le han amputado el pie y su pierna aún corre peligro. Está en el hospital de sangre de Griñón, junto con otros ochocientos heridos. Cuando se despierta de la anestesia, dice que hizo lo que tenía que hacer. La trinchera quedó en sus manos.[141]

«Madrid ha de caer por su propio peso, pero no dando el gustazo a los internacionales de emprender una lucha suicida para ir conquistando la ciudad casa a casa, lucha cobarde en la que, desde luego, son maestros los hombres acostumbrados a herir a mansalva y combatir sin dar el pecho. Madrid caerá asfixiado por el anillo de hierro que le estamos formando. Para ello, se acabó ya el atacar con columnas pequeñas y avanzar en forma de cuña, de saeta que luego abre su base. Ahora se ofrecen al enemigo columnas sólidas, se brindan verdaderos combates que no se resuelven como las escaramuzas de antaño, en un día de tiros más o menos intensos, y que requieren grandes efectivos maniobreros en amplísmos frentes de avance. Y hasta ahora, justo es decirlo, desde que se cambió el sistema de lucha, los hechos han dado la razón a la mudanza ... Ha dejado de ser el frente de Madrid un golpe de mano, un empeño audaz, para convertirse en una verdadera batalla ... el ejército de España tomará Madrid cuando se deba, no cuando plazca a este o aquel criticón de tres al cuarto.»[142]

La guerra de verdad ha comenzado. Los franquistas ya saben que no van a poder tomar la ciudad mediante la estrategia anterior. El segundo intento, el que consiste en tomarla por asfixia, por aislamiento de sus comunicaciones, ha empezado, y hay que «venderlo» en la retaguardia, donde las críticas hacen cierta mella en el entorno de Franco.

Sus más conspicuos colaboradores en la prensa y la propaganda se encargan de sembrar la nueva doctrina en un tono de optimismo.

PARTE FRANQUISTA
Ejército del Norte
7 división. Sin novedad, con ligeros tiroteos y cañoneos sin importancia.

PARTE REPUBLICANO
Frente del centro
En los sectores de Guadarrama, Somosierra y Aranjuez, sin novedad.

En el sector sur del Tajo, en Ambroca, se presentaron un cabo y cuatro soldados en lamentable estado, evadidos de Toledo. Manifestaron que en la ciudad cunde el desconcierto entre los rebeldes por la falta de alimentos, y son muchos los que quieren pasarse a nuestras filas, no habiéndolo hecho ya por la rigurosa vigilancia de que son objeto.

En el sector de Madrid, ha transcurrido el día con una tranquilidad casi absoluta. Solamente hacia las siete horas el enemigo intensificó su fuego de fusil, ametralladoras y morteros sobre nuestras posiciones de Pozuelo y a las dieciocho horas sobre la Casa de Campo.

Su artillería ha desplegado menos actividad que en días anteriores, habiendo actuado su aviación.

27 de diciembre

EL CABO CORREDERA ESTÁ AL MANDO DE UNA ESCUADRA que tiene la misión de tomar una pequeña casa que está incrustada como una cuña en las líneas republicanas. Son cinco hombres, entre los que se cuentan Jaime Renart y Martín Pradas, un joyero de Embajadores.

La escuadra actúa de forma muy eficaz. Se despliegan y logran desalojar al enemigo, que no ofrece mucha resistencia. Otra cosa es aguantar en la posición conquistada. Se monta una buena ensalada de tiros. Los hombres de la escuadra de Corredera fingen ser muchos utilizando el viejo truco de disparar desde todas las ventanas. Así se aseguran de que el enemigo va a pensárselo dos veces antes de intentar la reconquista de la posición. Pero piden ayuda al batallón porque su situación no es cómoda. La respuesta lo es todo menos tranquilizadora: mañana recibirán apoyo.

Corredera y sus hombres serán felicitados por su valerosa acción que llega a aparecer en los partes diarios. Han tomado una importante posición denominada vértice Basurero. Cuando lo sepan, Renart no tendrá más que un pensamiento: si hubieran sabido que la posición era tan importante, habrían salido corriendo hacia atrás. Pero los de enfrente deben de ser como ellos, soldados sencillos que no esconden el miedo.[143]

La forma en que vive Renart el asalto no se corresponde con el espanto que sufren otros combatientes. El vértice ha sido atacado por las columnas B y C, de Rovira y Prada. Han estado muy cerca de conseguir el doble objetivo de echar de allí a las avanzadas de Varela y controlar la glorieta de Mataderos. Pero los franquistas han resistido bien.

En esa zona actúan los falangistas de Toledo de la 7 bandera y los cacereños de la 1 de Cáceres. Pero el esfuerzo principal lo desarrollan, como casi siempre en el lado franquista, los regulares. En la posición está el II tabor de Larache, que ha soportado lo más duro del asalto republicano. El teniente de infantería José Andrés Velasco ha muerto en la defensa. Su comportamiento ha sido tan valeroso que le darán la Laureada por ello. Velasco ha aguantado con sólo cuatro áskaris las embestidas de la infantería y ha caído muerto justo en el momento en que llegaban los refuerzos. Junto a Velasco se distinguirá al comandante Isidro Muñoz, que ha hecho gala de un gran valor atendiendo a los heridos. Y el caíd Sid Buhia Ben Kadur, el moro que acompañó al capitán Pavón en el rescate nocturno de los cadáveres de dos compañeros el 24 de noviembre.[144]

Los del tabor llevan mes y medio en Usera. Van a tener un descanso de tres días antes de volver al mismo frente, que se conocen al dedillo. Luego irán a Carabanchel, ya unificados con el I tabor de la misma Mehal-la de Larache. Las bajas sufridas por ambos batallones lo exigen. Y seguirán teniendo más bajas. Entre ellas, la del caíd Sid Buhia Ben Kadur, que resultará herido en un bombardeo el día 5.

Los falangistas cacereños se enfrentan, por un azar del destino, a sus paisanos anarquistas de la columna de Extremadura, también a las órdenes de Prada, pero organizados, junto con los andaluces, en una unidad que ha montado José Sabín Pérez bajo el nombre de Espartaco. Son quinientos hombres ya muy fogueados.

José Sabín es anarquista, de Carmona. De allí tuvo que salir huyendo cuando los moros y legionarios de Varela limpiaron de rojos la provincia de Sevilla. En Carmona, la CNT resistió el primer asalto armando con escopetas a sus militantes. Pero el segundo embate les barrió en cuestión de minutos. En Carmona, los cenetistas habían matado a dos fascistas. Uno, que se atrincheró con una escopeta; el otro, de una forma que a Sabín le repugnó, fue asesinado a sangre fría. Los de Queipo de Llano y Varela no fueron piadosos. De los veinte mil habitantes del pueblo, mil fueron pasados por las armas, sistemáticamente exterminados. La novia de Sabín, Conchita Rodríguez, fue fusilada y atada con alambres a otro anarquista, José Maqueda, y sus cuerpos se dejaron veinticuatro horas a la vista de los vecinos para escarmiento. Luego la tiraron a la fosa común, sin romper las ligaduras que la unían a su compañero de infortunio. Sabín estuvo unos días oculto en la Sierra, viendo los camiones que se llevaban al cementerio a sus compañeros para fusilarles contra las tapias. Los encargados de los fusilamientos eran falangistas y requetés, señoritos, como Rafael Medina, duque de Feria.

Desesperado, lleno de impotencia, Sabín se marchó a Madrid con los pocos hombres que se salvaron.

Ahora, Sabín es uno de los que defienden la ciudad, y de los que se oponen con fuerza a que haya matanzas en la retaguardia. Sabín es un enemigo de la muerte. Su credo anarquista le obliga a ello. De su unidad nacerá la 77 brigada, y él llegará a mandar un cuerpo de ejército.[145]

En la desastrosa acción del frente de Lopera, los hombres de la XIV brigada internacional tienen que retirarse tras haber sufrido un castigo terrible. Dejan atrás a sus compañeros heridos. El capitán George Nathan no puede hacer nada para recuperar el terreno. Uno de los que desaparecen es John Cornford, el poeta que luchó en Aragón y en Madrid, en la Ciudad Universitaria. Ayer cumplió veintiún años. Está en la 1 compañía, que ha hecho una carga espectacular contra los franquistas atrincherados en el pueblo. Pero el ataque no ha sido apoyado por el comandante Gaston Delasalle, jefe del batallón. Al amanecer, el combate se ha recrudecido, y han sido bombardeados por aviones enemigos. De los más de ciento cuarenta hombres que ayer componían el contingente inglés, quedan ilesos menos de setenta.

El cuerpo de Cornford no aparecerá jamás. Ha sido enterrado en alguna fosa común cavada por los franquistas.[146]

El comandante Delasalle no sólo ha abandonado a los ingleses de la 1 compañía. Ha provocado un enorme desastre entre todos los componentes de la brigada. Un batallón francés casi ha desaparecido esta noche. Apenas un centenar de hombres de un total de ochocientos se han salvado de la furia del enemigo que se ha cebado en unas tropas abandonadas a su suerte por un jefe cobarde. Casi todos muertos; algunos prisioneros, aunque el general Gonzalo Queipo de Llano anunciará en unos días que los ha mandado fusilar.

André Marty inicia una investigación: su obsesión es que el desastre se debe a una traición, no a cobardía. Vuelven a sonar las campanas que llaman a la caza de los trotskistas, equiparados por los estalinistas a los franquistas que tienen enfrente. A Delasalle le fusilarán por traidor cuando ha sido sencillamente un cobarde.[147]

En el lado contrario sufren también algunas bajas importantes. Más por su significación pública que por su número. En los combates de los días siguientes caerá muerto José García Carranza, que ha sido ayudante del general Varela en las primeras semanas del levantamiento. García Carranza es falangista pero, sobre todo, es conocido por su faceta de torero, con el apodo de «El algabeño hijo». El torero se ha convertido en un sanguinario cazador de rojos, de jornaleros rebeldes, a quienes, dicen en Sevilla en tono de rechifla y orgullo, ha perseguido por el campo con su caballo y ha lanceado con la pértiga que se usa en las dehesas para conducir los toros. El torero presume abiertamente de los asesinatos cometidos por los suyos:

—Hemos fusilado a muchos rojos, pero lo hacemos después de dejarles confesar y comulgar. Ellos, ni eso.[148]

La paranoica actividad de Marty, de Koltsov o de Orlov en busca de trotskistas se extiende ya por todo el país. En Madrid, se ha ejecutado a tres sospechosos que forman parte de la XI brigada. La caza de militantes del POUM o de simpatizantes trotskistas infiltrados entre las brigadas aún no es abierta, pero tampoco se esconde. La prensa comunista no escatima insultos a esos enemigos que aparecen como peores que fascistas. André Marty comienza a ganarse el galardón de «carnicero de Albacete». Cuando declare sobre estos acontecimientos, dirá que él mandó ejecutar a no más de quinientos brigadistas.[149]

Les ahorra trabajo a los pelotones de ejecución de Franco.

PARTE FRANQUISTA
Ejército del Norte
7 división. En el frente de Madrid, el enemigo, después de un violento fuego de fusil y cañón sobre las posiciones del vértice del Basurero, llevó a cabo un ataque sobre nuestras líneas. Fue duramente rechazado dejando delante de nuestras trincheras setenta y dos muertos, entre ellos un oficial. Reforzado por nuevas unidades repitió el ataque, ocasionándole de nuevo gran número de bajas, terminando la acción castigadísimo.

PARTE REPUBLICANO
Frente del centro
En el sector de Madrid, en la mañana de hoy fuerzas de la columna Prada-Rovira han dado un golpe de mano por el vértice Basurero, consiguiendo los objetivos designados por el mando. En el resto de los sectores sólo ha habido actividad artillera. Nuestra artillería ha efectuado tiro de concentración sobre diferentes puntos del frente, contestando a la enemiga con bastante intensidad aunque con escaso número de baterías, cañoneando especialmente nuestras posiciones del tercer sector del casco de Madrid.

La aviación enemiga ha bombardeado la región de El Plantío.

28 de diciembre

Hans Kahle es otra de las figuras que se van haciendo legendarias en la defensa de Madrid. La gente lo conoce como «el comandante Hans». Es un hombre de buen porte, alto y de facciones regulares, que ejerce su mando con una autoridad exenta de la brutalidad que otros mandos practican. Veterano de la primera guerra mundial, es uno de los pocos jefes de las brigadas que tienen auténtica experiencia militar.

Hoy, Hans, al mando de la XI brigada internacional, ha tomado casi por completo Villanueva de la Cañada. Pero se ha quedado en el «casi». No ha logrado romper la línea franquista, lo que habría supuesto una gran victoria táctica.

PARTE FRANQUISTA
Ejército del Norte
En los frentes de las demás divisiones, fuego de cañón y fusil.

PARTE REPUBLICANO
Frente del centro
En el sector de Aranjuez, el alférez Ángel Fernández, al mando de dieciséis milicianos del batallón socialista, efectuó un audaz golpe de mano sobre Portillo de San Bernardo, haciendo huir al enemigo, al que cogieron varios teléfonos.

En el sector sur del Tajo, en la noche pasada, se presentaron en Guadamur tres guardias nacional-republicanos que se hallaban prisioneros del enemigo en Torrijos.

En el sector de Somosierra, fuego de fusil y ametralladora sin consecuencias.

En el sector de Guadarrama, nuestras fuerzas se han dedicado a tirotear a los enemigos en Peña del Cuervo.

En el sector de Madrid, la actividad desplegada por el enemigo hasta últimas horas de la tarde ha sido completamente nula. Hacia las dieciocho horas se inició en los sectores de Carabanchel y de Toledo un intenso fuego de fusilería, ametralladoras y morteros que ha durado, aproximadamente, una hora.

Nuestras fuerzas de dichos subsectores han mejorado, sin que el enemigo haya hecho acto de presencia en las posiciones alcanzadas en el día de ayer en el sector llamado el Basurero.

La aviación no ha actuado en el día de hoy.

29 de diciembre

LOS ANARQUISTAS PARTICIPAN EN EL GOBIERNO DE LA NACIÓN, en el gobierno de Madrid, a través de la Junta Delegada, pero sus militantes siguen desobedeciendo, en muchas ocasiones, las órdenes gubernamentales y desoyendo los acuerdos a los que han llegado sus representantes.

La CNT de Madrid mantiene enfrentamientos diarios con las fuerzas de seguridad. En el puente de Toledo, o en el cine Europa, donde tienen sedes, se han negado a aceptar la orden de eliminar controles callejeros y la de abandonar la práctica de las detenciones arbitrarias.

Se ha llegado a situaciones extremas, muy cercanas a la confrontación armada. Las fuerzas de asalto están exasperadas por la última provocación: hoy, un piquete de cenetistas ha intentado hacerse con el domicilio particular del jefe de la unidad en Madrid. La agresividad de estos piquetes no parece tener límites: ha sido necesario recurrir a otro contingente de guardias para impedir la incautación del cine Capitol, que está bajo la administración directa del Ministerio de Instrucción Pública que dirige el comunista Hernández. El Capitol se lo ha intentado quedar un grupo de anarquistas entregando un sencillo volante a cambio.

Las tensiones entre comunistas y anarquistas se mantienen en su punto más alto, tras el corto paréntesis de la primera semana de defensa de la ciudad. El asunto de Yagüe se ha saldado mal. La solución que el Tribunal Popular ha dado, consistente casi en arrojar la culpa sobre el delegado de Abastecimientos por no haber mostrado su documentación a un órgano de control ilegal, ha dejado en un estado de máxima excitación a los comunistas. Carrillo quiso fusilar a los autores, y éstos campan a sus anchas por las calles de Madrid.

En la Junta Delegada de Defensa, las broncas se suceden a diario. Miaja tiene que poner sobre la mesa toda su autoridad para mantener la situación controlada. Se masca la confrontación directa.[150]

PARTE FRANQUISTA
Ejército del Norte
7 división. Sin novedad.

PARTE REPUBLICANO
Frente del centro
En Aranjuez, en el subsector de Algor, hallándose nuestras fuerzas emboscadas en las orillas del Tajo, frente a Añover, sorprendieron al enemigo causándole seis bajas vistas; los facciosos contestaron con ametralladora y fuego de cañón infructuosamente.

En el sector de Madrid, en la noche de ayer, el enemigo intensificó su fuego de fusil, ametralladoras y morteros en el subsector de la Moncloa y tercer sector. En este último, nuestras tropas reaccionaron valientemente conquistando a los rebeldes ocho casas de la carretera de Carabanchel. Un soldado del regimiento de infantería de Argel, se presentó en nuestras filas procedente del campo enemigo.

En la mañana de hoy, un golpe de mano afortunado nos ha puesto en posesión de Villanueva de la Cañada, mejorándose además las posiciones que ocupan nuestras fuerzas en el frente de Castillo de Villafranca y Romanillos.

30 de diciembre

EL CENTRO DE LOS COMBATES YA NO ESTÁ EN LA CIUDAD UNIVERSITA-
RIA, pero la batalla diaria no cede. Las tropas franquistas que han tomado el Clínico, el Palacete, la Casa de Velázquez y el Instituto de Higiene reciben una buena dosis diaria de metralla. Pero ya no se producen los
combates cuerpo a cuerpo que dejaron unidades enteras aptas sólo para el
relevo y la reorganización. Hay algún tabor de regulares que ha sufrido más
de trescientas bajas desde que sus soldados pasaron el río.

Pese a las bombas, el humor ha mejorado. Por la noche, siempre el mismo trasiego por la «pasarela de la muerte», que lleva a los heridos a la retaguardia y a los de intendencia a suministrar municiones y alimentos a
los atrincherados.

Y los toques surrealistas. Un mono se ha escapado de los laboratorios
del Instituto de Higiene y se mueve de un lado a otro intentando esquivar
los disparos y las explosiones. Los legionarios lo han bautizado como
Rosenberg, en referencia al embajador soviético en Valencia, porque es
cobarde. Eso obliga a terminar el razonamiento: tiene que ser internacional.

En el Instituto han sucedido algunas cosas extravagantes. Los moros
y los legionarios se han comido los conejos y los gatos que se guardaban
en jaulas para experimentación. Los cronistas como El Tebib Arrumi o
Fernández de Córdoba celebran esos hechos con alusiones a la hombría
de los incultos y hambrientos soldados, que presumen de haber devorado
animales que estaban inoculados del tifus o de la peste.

Los regulares que combaten junto a Franco no suelen comer tan mal
como sus compañeros de la Ciudad Universitaria. La intendencia fran-

quista no es muy generosa, pero sí cuida de que los moros tengan un menú que no traicione sus costumbres. Cada tabor tiene su cocinero y un matarife con el título adecuado para sacrificar las reses que pueden comerse. Y también acompañan a los moros los imames que dirigen las oraciones, los lavadores de cadáveres y los vendedores de chucherías.

El general Orgaz se preocupa para que su nivel de comodidad aumente. Y encarga al delegado de Asuntos Indígenas de Tetuán que busque un centenar de *cheijas* (cantantes), bailarinas y músicos. Quiere montar en Navalcarnero un barrio moro donde se puedan distraer las tropas indígenas.

Con los músicos y las cantantes vendrán enseguida bailarinas, muchas de las cuales se dedicarán a la prostitución. El pacato ejército franquista hará la vista gorda ante la instalación de un prostíbulo en el pueblo.

Las mujeres que lo atiendan pedirán permiso para traer a la Península toda la impedimenta que necesitan. Desde ropa hasta té y kif, una sustancia que fuman los moros y a la que las damas de la alta sociedad española que les visitan en los hospitales llaman «tabaco moro».[151]

Los moros mejorarán su vida con estas innovaciones. Franco también les ha montado un viaje en vapor para que algunos puedan visitar La Meca. El barco, matriculado con el nombre de *El Magreb el Aksá*, está en el puerto de Melilla esperando para partir.

PARTE FRANQUISTA
Ejército del Norte
7 división. Sin novedad.

PARTE REPUBLICANO
Frente del centro
Sector de Aranjuez. El grupo de información Machuca, que tan eficazmente viene actuando por el sector sur del Tajo, sorprendió una guardia enemiga, tiroteándola y poniéndola en fuga, ocasionándole bajas. Como en días anteriores en este mismo sector, con el valor y pericia habitual en este grupo, voló un tren compuesto de veinticinco unidades que se dirigía a Talavera conduciendo tropas y mercancías.

En el sector de Madrid, ha transcurrido el día con una tranquilidad absoluta, limitándose toda la actividad del enemigo a ligeros tiroteos de fusil y escaso fuego de cañón. Nuestras fuerzas de la Casa de Campo, aprovechando la niebla del día, han dado un pequeño golpe de mano recogiendo siete fusiles del enemigo.

31 de diciembre

ES UN DÍA PERFECTO PARA COMBATIR. LUMINOSO, SIN LLUVIA. Los hombres podrían moverse sin que sus pies quedaran empantanados en el barro, y su visión no se vería empañada por la niebla. Pero el frente está tranquilo en casi todas las zonas. Algún estampido ocasional de artillería, una ráfaga de ametralladora, sirven para recordar que la guerra continúa y que no hay que aventurar la cabeza por encima de los parapetos.

También es un día perfecto para que muera un hombre del carisma y la proyección pública de Miguel de Unamuno. Como si clausurara una época, el escritor cierra el año y su vida al mismo tiempo en Salamanca. Muere encerrado en su casa, despreciado por la República, que le ha desprovisto de su cátedra, despreciado por los franquistas, que le han desprovisto de cargos y honores; solo, entristecido, desposeído ya de su capacidad de guerrear, pero sin que su vida se haya ensuciado, al menos, con la adulación interesada.

Hace apenas tres días que, en la soledad de su casa —«hoy cárcel dolorosa»—, donde permanece en arresto domiciliario desde el 13 de octubre, ha compuesto el último de sus poemas y en el que da cuenta de su obsesiva intuición de la muerte:

> Morir soñando, sí, mas si se sueña
> morir, la muerte es sueño; una ventana
> hacia el vacío; no soñar; nirvana;
> del tiempo al fin la eternidad se adueña.
>
> Vivir el día de hoy bajo la enseña
> del ayer deshaciéndose en mañana;

vivir encadenado a la desgana
¿es acaso vivir? ¿Y esto qué enseña?

¿Soñar la muerte no es matar el sueño?
¿Vivir el sueño no es matar la vida?
¿A qué poner en ello tanto empeño,

aprender lo que al punto al fin se olvida
escudriñando el implacable ceño
—cielo desierto— del eterno Dueño?

Nadie sabrá nunca si el escritor ha muerto dentro de los confines de su prédica: «Vivid de tal suerte que el morir sea para vosotros una suprema injusticia».

José Ortega y Gasset conoce la noticia en Buenos Aires: «Estoy seguro de que ha muerto de "mal de España". Ha inscrito su muerte en individual en la muerte innumerable que es hoy la vida española ... Han muerto en estos meses tantos compatriotas, que los supervivientes sentimos como una extraña vergüenza de no habernos muerto también».[152]

La noticia llega a Madrid y a Valencia de inmediato, porque tiene eco mundial. Antonio Machado, otro de los hombres indiscutibles, escribe sobre él, negándose a aceptar como traición implacable la veleidad franquista de Unamuno: «Ha muerto repentinamente como el que muere en la guerra. ¿Contra quién? Quizá contra sí mismo; acaso también, aunque muchos no lo crean, contra los hombres que han venido a España y traicionado a su pueblo. ¿Contra el pueblo mismo? No lo he creído nunca ni lo creeré jamás».[153]

En el frente de Pozuelo se celebra la misa. Allí está desplegada la 1 bandera de Falange de Castilla, que entró por primera vez en combate el día 7 de noviembre en Retamares. La centuria de Valladolid la manda José Antonio Girón, y en ella está el poeta Dionisio Ridruejo, ex jefe de Falange de Segovia. Aunque él aún no lo sabe, Ridruejo ha sido reclamado por Manuel Hedilla para que pase a la retaguardia. Es un joven prometedor, de labia fácil, que ya probó los efectos de su oratoria sobre las masas cuando celebró en Salamanca con un discurso improvisado la toma de Badajoz por el coronel Yagüe.

A los falangistas les gusta hablar de las masas. Lo contrario que a Machado, que prefiere la palabra pueblo: «Mucho cuidado, a las masas no las salva nadie; en cambio, siempre se podrá disparar sobre ellas».[154]

Ridruejo ve surgir a Girón, gigantesco y con una barba tupida, de su refugio, «una tumba de piedra del cementerio de Pozuelo», para oír una patética misa con orquesta de ráfagas de ametralladora.[155]

José Antonio Girón es uno de los más conocidos pistoleros falangistas de Valladolid. Un gigantón al que le gusta usar la voz de trueno para mostrar su autoridad. Y uno de los que imaginaron la espectacular acción que debería haber servido para liberar a Primo de Rivera de la cárcel de Alicante. Entre otros voluntarios, contaba con el jefe de las milicias, Agustín Aznar, y con el boxeador vasco Paulino Uzcudun, un fajador que sueña con Max Schmelling y Joe Louis, aunque no tiene el estilo del negro americano ni la potencia del alemán.

Pero los mandos de Falange van a durar poco en el frente, adonde han ido para dar un efímero ejemplo a sus camaradas. Les esperan otras actividades más importantes, como conspirar contra las maniobras integradoras de Franco. A Ridruejo le salvó de incorporarse al 13 regimiento de artillería la petición de Vicente Garcerán, delegado político de la Junta de mandos de Falange, que eximió a diecinueve de estos destacados militantes de su incorporación a filas. Esta petición ha escandalizado a algunos militares, que consideran que se trata de una maniobra de «emboscados».

Ayer, los falangistas pasaron una lista aún más escandalosa, que tiene un tufo todavía peor. En la lista de eximidos de dar la cara en las trincheras figuran noventa dirigentes, algunos de ellos con cargos completamente irrelevantes en pueblos castellanos minúsculos. Otros son jefes, como José Antonio Jiménez Arnau, que está en la jefatura nacional de Prensa y Propaganda. Dentro de dos semanas, Hedilla pasará otra lista, con treinta y seis nombres más de hombres que no pueden ir al frente porque sus obligaciones políticas son más importantes que eso. Como, por ejemplo, la Jefatura local de Falange de Poza de la Sal.[156]

Girón, que presume de sus modales de pistolero, pasa también a la segunda línea. En su cabeza está participar en la constitución de las academias de oficiales falangistas que tan poco complacen a Franco.

Los falangistas serán menos tolerantes con algunos de los que sufren cárcel en la zona roja que con sus imprescindibles hombres de segunda línea.

Luis Portero, el falangista de Torrijos que fue denunciado por su hermano Lorenzo para salvar la vida de su padre, está en el campo de concentración de Nuevo Baztán, construyendo una línea de ferrocarril republicana en régimen de trabajos forzados. Se ha quedado sordo de la paliza que le dieron en una checa en el mes de octubre.

Cuando dentro de dos años Luis sea liberado, uno de los falangistas que comprueba sus antecedentes le dirá:

—¿Falangista o arribista?

Luis se le echará encima para partirle la cara. La paliza que le darán sus camaradas completará el trabajo de las torturas sufridas en el Madrid de octubre. Abandonará la Falange y quedará lisiado para siempre.[157]

Lo que tiene Miaja en sus manos se parece cada vez más a un ejército. Se acaban para siempre las columnas, los nombres y las letras para definir las unidades. El cuerpo de ejército de Madrid nace hoy, sobre el papel, con cinco divisiones.

La 8 cubre el ala derecha del frente, y la manda el comandante Eduardo Cuevas. A su inmediata izquierda, la 5, dirigida por el teniente coronel Juan Perea. Le sigue la 7, del comandante de milicias Martínez de Aragón; luego, la 6, al mando de Mena, y, por fin, la 4, a cargo de Juan Modesto, ascendido a comandante, dentro de la cual está encuadrada la 1 brigada de Líster.

Cada división consta de tres brigadas. Algunas de ellas están todavía en formación.

Ahora hay más de cuarenta y cinco mil hombres defendiendo Madrid.[158]

El año se cierra con esas inevitables sumas que permiten comprender mejor el alcance de la guerra. En noviembre, según las cifras oficiales, han muerto más de doscientos sesenta defensores de la ciudad, ha habido más de seis mil heridos y han desaparecido más de mil ochocientos hombres. En diciembre, las cifras de muertos se triplican. Las bajas totales entre los dos meses ascienden a más de dieciocho mil hombres. De los heridos, un porcentaje importante morirá en la retaguardia. De los desaparecidos, muchos están enterrados en fosas comunes en la Casa de Campo o bajo los escombros de los edificios de la Ciudad Universitaria.

Pero, por mucho que la cifra de muertos aumentara si se pudiera contar los cuerpos de los desaparecidos, y si se dijera la verdad, que no han sido prisioneros o se han pasado al enemigo, es muy evidente que a los franquistas les cuesta mucho más y más caro matar republicanos en Madrid que en campo abierto durante las semanas anteriores a la llegada al Manzanares. Cuando el ejército de África avanzaba sobre Madrid, la proporción de bajas era de veinte a uno: luego fue de diez a uno. Ahora es de dos a uno.

Hay otra comparación terrible: en los meses de noviembre y diciembre se producen más muertos en la retaguardia de cualquiera de los dos bandos que en los frentes. Las víctimas de los bombardeos son más numerosas en las calles de Madrid que en las trincheras. En Paracuellos del Jarama y Torrejón, los franquistas fusilados duplican las cifras oficiales del frente. Como también la multiplican por mucho los paredones donde los franquistas ejecutan a sus prisioneros.

La guerra de España anticipa, con estas cifras, un cambio que el siglo XX ha traído a la naturaleza de las guerras: a partir de ahora, siempre habrá más muertes de civiles que de combatientes.

PARTE FRANQUISTA
Ejército del Norte
En las demás divisiones de este ejército, sin novedad.

PARTE REPUBLICANO
Frente del centro
En los diversos sectores de este frente no se ha registrado ningún combate. El enemigo ha limitado su actividad a hostilizar nuestras posiciones con fuego de artillería y algún paqueo, sin que hayamos registrado ningún daño.

En nuestras líneas se han presentado cuatro evadidos del arma de aviación procedentes de Getafe.

En Madrid ha transcurrido el día con escasa actividad de fusilería, ametralladoras y mortero y con alguna mayor de artillería que ha cañoneado nuestras posiciones del río Aulencia y casco de Madrid. Nuestra artillería ha combatido eficazmente a las baterías enemigas, obligándolas a callar.

La aviación enemiga ha volado sobre nuestras posiciones de Madrid sin bombardear.

1 de enero

L A TREGUA DE LA NOCHEVIEJA NO SE HA PACTADO, pero las primeras horas de la noche discurren tranquilas. Los combatientes en las trincheras permanecen alerta, pero no se espera ningún ataque. Las intendencias de los dos bandos han hecho un gran esfuerzo para conseguir que los hombres de la primera línea tengan, al menos, un rancho caliente.

Los madrileños también descansan. Parece ser que esa noche va a ser respetado su sueño. Los aviones no han aparecido y la artillería ha permanecido muda toda la tarde.

¿Es un gesto de tácita piedad por parte de Franco? A las cero horas en punto, la artillería franquista desmiente esta posibilidad. Desde Getafe doce cañonazos rompen el silencio, anuncian doce veces que la guerra sigue, que Madrid será bombardeada mientras la guerra dure, que sus habitantes no podrán tener paz hasta que se rebelen contra los dirigentes republicanos.

Las bombas caen en la zona de Gran Vía. Diez de los proyectiles revientan contra la Telefónica.

Tras la primera serie de cañonazos, se sucede otra más larga desde Garabitas y desde el Cerro de los Ángeles.

«Las ambulancias se pasan la madrugada recogiendo muertos y heridos por todas las calles del centro de la capital.»[159]

Sin embargo, los batallones Garibaldi, André Marty y Dabrowski, de la XII brigada internacional, no descansan. Por oden de Rojo, y a petición del general Pozas, han acudido al frente de Sigüenza para formar parte de la fuerza que hoy inicia una ofensiva sobre la divisón Soria, al mando del general Moscardó, el jefe de los defensores del Alcázar de Toledo.

Al frente de estos batallones va Randolfo Pacciardi.

Los internacionales dejan Madrid y se prueban en el combate a campo abierto. En el primer empujón, cada uno de ellos toma un pueblo. Mirabueno, Algora y Almadrones caen en sus manos. Incluso hacen un número apreciable de prisioneros. Los hechos son celebrados con júbilo por la prensa madrileña, que considera a estos hombres como suyos.

Varela ya no está al frente de sus tropas. Sigue en estado grave, en el hospital de Griñón. El general Orgaz, que está al frente de la división reforzada, toma directamente el mando de las tropas del herido y asume su misión. Por dos veces ha fallado ya el ejército franquista en el intento de cortar la carretera de La Coruña y aislar Madrid de la Sierra con la intención de entrar en la ciudad después desde el norte.

El mando franquista parece estar escarmentado. En el Estado Mayor de Franco se piensa que las ofensivas anteriores han fracasado en parte por no haber echado la suficiente carne en el asador, por falta de fuerzas para alimentar el combate.

La acumulación de hombres es impresionante. Orgaz cuenta con cuatro columnas, mandadas por los curtidos Sáenz de Buruaga, Asensio, Barrón e Iruretagoyena. Entre las cuatro suman veinticuatro batallones, siete escuadrones de caballería, veinticuatro baterías ordinarias, de las que cuatro eran del 105 y otras cuatro del 155; además, tres baterías antitanque, y dos compañías de carros. A esta masa de maniobra, que alcanza los veinte mil hombres, casi todos ellos de unidades africanas, se le suma la acción de un centenar largo de aviones.

La orden de operaciones señala que la misión es «ocupar la línea Cerro del Águila-Cuesta de las Perdices-Aravaca-Bosque de Remisa-cruce de carreteras Las Rozas-Majadahonda-vértice Cumbre-Villanueva del Pardillo, para dominar el paso por la carretera y ferrocarril de La Coruña».

Hay otra novedad importante: Orgaz ya no confía en la sorpresa. Lo fía todo a su fuerza de asalto y a la potencia de su artillería, que suma ciento sesenta piezas, y la aviación. Orgaz piensa en una operación «laboriosa y quizá no fácil».[160]

La idea de maniobra consiste en que las columnas de Asensio y Barrón lleven la iniciativa para alcanzar el cruce de caminos dos kilómetros al noreste de Boadilla, ocupando el castillo de Villafranca, el caserío Romanillos y Villanueva de la Cañada. En la segunda fase, la línea habrá de ser el cruce al noreste de Boadilla-vértice Cristo-cruce al suroeste de Las Rozas-Majadahonda-vértice Cumbre-Villanueva del Pardillo.

La amplitud de la maniobra es tal que se aplaza a una orden especial la que habrán de realizar las fuerzas para cumplir con el objetivo sobre la carretera.

Enfrente hay alguna novedad: la XII brigada está en Sigüenza y la XI, descolocada, en Villanueva de la Cañada. Y se está procediendo al relevo de Kléber por el teniente coronel Cuevas. Miaja se ha empleado a fondo con los rusos para pactar que se le destituya. Es un paso obligado, porque el hombre más importante de la defensa de Madrid, el coronel Rojo, ha llegado al límite de su paciencia con el austríaco: su deber lo ha cumplido tarde y de modo incompleto, y con engaños cuando la XI entró en fuego; y las acciones posteriores las ha cumplido con retraso, con evidente beneficio del enemigo; no confesó la pérdida del palacete de la Moncloa y se atribuyó falsamente la ocupación de la Casa de Velázquez; declaró que carecía de reservas, cuando tenía al menos dos batallones en Fuencarral. Al no seguir las directrices del mando, sus fuerzas sufrieron un número crecido de bajas que habrían podido evitarse.[161]

El informe de Rojo con la petición de relevo es del día 26 de noviembre. Miaja ha tardado en darle satisfacción. Rojo no sólo es contundente, sino astuto, porque además de informar de los datos sobre sus acciones u omisiones, se extiende sobre el enorme protagonismo de Kléber y su marcada tendencia caudillista, tanto más dañina cuanto que «en la persona que trata de elevarse no concurren verdaderas dotes de caudillo».[162] A eso, Miaja es muy sensible.

El momento escogido para el relevo contribuye a la ofensiva franquista porque provoca cierto desconcierto entre los republicanos.

El general que ha llegado a ser un mito en Madrid se marcha a Valencia, por donde vagará algún tiempo antes de reaparecer de manera fugaz en otros frentes. Luego desaparecerá, dejando tras de sí una leyenda de heroísmo. Su rastro se perderá, tal vez por decisión de Stalin.

En el sector derecho republicano hay dos divisiones incompletas. Sin embargo, algunas de sus brigadas tienen, en lugar de cuatro, cinco batallones. A las brigadas internacionales XI y XII se les ha agregado dos batallones de españoles.

En total, en el sector en el que prepara su ofensiva Orgaz, hay casi treinta batallones de fuerzas republicanas.

El de Kléber no es el único relevo importante que se produce hoy en el bando republicano. Santiago Carrillo abandona la Junta Delegada de Defensa en protesta, aunque sin escándalo, por la solución que se ha dado al caso Yagüe. El fiscal del tribunal popular ha retirado los cargos contra los anarquistas que han disparado sobre el que era delegado de Abastecimientos. La prensa anarquista se ha crecido con esta salida. Parece como si Yagüe fuera el culpable de los tiros que le han dado.

Pero la política de Orden Público no cambia. A Carrillo le sustituye José Cazorla, de su confianza y de la misma cuerda. Cazorla va a continuar con el desarme progresivo de los milicianos que en la retaguardia actúan como policías ocasionales, voluntarios y arbitrarios. Y va a seguir edificando una policía de toda la confianza de su partido y hostil a la CNT. Eso le conducirá a un enfrentamiento constante con los anarquistas durante todo el tiempo que dure la propia Junta.

Pero su acción más polémica va a realizarla, también en continuidad con la política puesta en marcha por Carrillo, en el ámbito carcelario. El anarquista Melchor Rodríguez ha acabado con la repugnante práctica de las sacas. Pero, ¿qué sucede con los presos que salen de las prisiones cuando son absueltos por los tribunales populares? En muchos casos caen bajo la «tutela» de las fuerzas policiales. Unos son destinados a batallones de fortificaciones, donde son vigilados. Otros son deportados a otras zonas del país, junto con sus familias, y también se mantienen bajo vigilancia.

Según los anarquistas, algunos son eliminados.[163]

Miaja y Rojo comparten la mesa de año nuevo con los pilotos rusos de los «chatos». Son jóvenes de tez muy blanca con manchones colorados provocados por la intemperie. El pelo rubio, cortado casi al rape. Rojo se muestra emocionado al ver sus caras de cerca. Son los chavales que han salvado Madrid de muchos bombardeos, los que han provocado el miedo a los pilotos alemanes e italianos de los Heinkel-51 y los Fiat.

PARTE FRANQUISTA
Ejército del Norte
7 división. Sin novedades dignas de mención.

PARTE REPUBLICANO
Frente del centro
En Madrid, hacia las cero horas de la noche de ayer se inició un duelo de artillería que duró aproximadamente una hora.

El resto de la jornada de hoy ha transcurrido con escasa actividad de fusilería, ametralladoras y mortero y alguna mayor de artillería, especialmente en las últimas horas de la tarde de hoy.

La aviación enemiga facciosa ha efectuado vuelos de reconocimiento sobre nuestro frente y casco de Madrid. En la noche de ayer se pasaron a nuestras filas cinco soldados del ejército faccioso, que en sus declaraciones pusieron una vez más de manifiesto el estado moral del enemigo.

2 de enero

UNA GUARDIA DE FALANGISTAS ESCOLTA EL FÉRETRO que portan a hombros otros camaradas de camisa azul. Miguel de Unamuno recibe sepultura entre unos honores que él, posiblemente, no habría elegido de poder hacerlo. Los falangistas que pretendieron lincharlo el 12 de octubre, en unión con los legionarios de la escolta de Millán Astray, ahora le rinden homenaje, queriendo hacer suyo un cadáver tan literario.

Ernesto Giménez Caballero glosa su figura en *El Adelanto*, para explicar su admiración por él. Con su muerte, anuncia el escritor, muere la generación del 98, una generación romántica. Unamuno no le dio a España todo lo que debería haberle dado: «Pertenecía a esa especie de poetas exorbitados ... Dioses de las masas laicas con derecho a todo, menos a la crítica de sí mismos. Y que por una frase ingeniosa sacrificaban cosas inauditas ... Precisamente eso es lo que Unamuno negó a España: sentido de la sumisión. Siempre estaba fuera de lo colectivo, al margen del Estado, aunque a veces transitara por él, entre aclamaciones y cariños. Él, que definió nuestra mística clásica y española como la "libertad en la sumisión", no logró nunca someterse del todo para liberarse plenamente. Pero lo bueno de Unamuno, lo español de Unamuno, lo moral de Unamuno ... su sentido del hogar, el amor por la familia; su vida de estudio y de trabajo; su entusiasmo por los paisajes de España y Portugal ... ha ingresado ya en el mejor espíritu de las generaciones españolas ... debemos hoy levantar la mano ante su tumba de férreo combatiente exclamando: don Miguel de Unamuno, ahora que lo mejor de tu alma está presente en España: ¡Descansa en paz!».[164]

Parece una orden. Que se acentúa por la impresionante presencia de los fusiles que portan los camaradas también presentes.

Uno de los hijos del escritor, José Unamuno Izárraga, está en el frente de Madrid. Va a ser ascendido a teniente de artillería del ejército popular de la República.[165]

El Liberal de Madrid le dedica al filósofo una nota poco caritativa, que es posible que lea su hijo: «Ha desaparecido un traidor más».[166]

Hoy se hace público el «acuerdo de caballeros» entre Inglaterra e Italia. Sea cual sea el resultado del conflicto, España va a estar controlada. Mussolini continúa con éxito su política de engañar a los diplomáticos británicos, que ven crecer sus esperanzas de mantener a Mussolini lejos de la influencia de Hitler a base de pequeñas concesiones.

Desde Francia, el gobierno sigue la situación con ánimos contradictorios. Francia es prisionera de la política inglesa. Su situación interna es explosiva y muchos temen que el conflicto español pueda dar lugar, si el país se implica en ayudar a la República, a un conflicto europeo. El gobierno de Gran Bretaña ha manifestado claramente su postura: si Francia se implica en la guerra española y eso acaba provocando una guerra en Europa, Inglaterra no ayudará a Francia.

Los partidos franceses de izquierda, así como el Partido Laborista inglés, simpatizan con la República, pero no tienen fuerza para cambiar la opción de sus gobiernos. Francia, además, vive como una humillación el «acuerdo de caballeros» firmado por ingleses e italianos. En caso de conflicto bélico europeo, la victoria de Franco y su alineación con alemanes e italianos dejaría a Francia inerme en el Mediterráneo. De concretarse, sería una auténtica catástrofe.[167]

A los gobernantes ingleses no parece preocuparles en exceso la situación de su más importante aliado.[168]

El otro acuerdo de caballeros que se firma hoy es el que alcanzan los comunistas y los anarquistas para zanjar el caso Yagüe. Es un acuerdo firmado con una intención de corto plazo. Las dos partes saben que el enfrentamiento volverá a producirse. Pero hay que salvar el Frente Popular y el gobierno del que los dos forman parte. Unidad es la consigna. El acuerdo lo publica el periódico de los sindicalistas, *CNT*, con el poco periodístico título «Documento trascendente: la CNT y el PCE fijan las bases de armonía frente al fascismo».

No todo es cinismo en el documento, porque está claro que la nueva armonía está relacionada con la existencia del fascismo. Luego, ya se verá.[169]

Peter Kemp es un joven aventurero inglés que ha decidido incorporarse a luchar en el lado franquista, aunque en su decisión no han influido reflexiones estratégicas. Le ha ayudado en su empeño el conde de los Andes, gracias a la recomendación del marqués del Moral, uno de los oficiosos representantes de Franco en Londres. Kemp se ha hecho con una falsa acreditación del *Sunday Dispatch*, un periódico capitalino, para conseguir pasar la frontera francesa sin mayores problemas. El conde de los Andes le ha llegado a poner un coche con chófer para que pueda llegar a Burgos y allí gestionar su ingreso en las filas de Franco.

No hay muchas ocasiones para los franquistas de encontrar a voluntarios ingleses, que abundan en el otro lado. Kemp se rebela contra eso: él está convencido de que la causa de Inglaterra es la de Franco. En caso de que sea derrotado, el comunismo se hará con España.

Hoy, Kemp vive su bautismo de fuego, con su unidad de requetés al mando del comandante Urmeneta. El propio coronel Rada, jefe del sector que va desde la carretera de Extremadura hasta Vallecas, le ha permitido escoger su sitio en el combate.[170]

Urmeneta ve a Kemp como «un inglés de los de antes, rubio, flaco y aristocrático». Están en Usera, en una casucha en el barrio Terol, atrincherados en una posición desde la que pueden ver el paseo de las Delicias con sus tranvías amarillos y las cercanas posiciones enemigas. El cabo «chato» está con ellos. Es cacereño, tiene pinta de haber pasado hambre desde siempre y lleva su uniforme caqui lleno de sebo, que contrasta con los pantalones de montar color almendra y el capote como de terciopelo que viste Kemp. Uno lo tiene todo y el otro nada. Urmeneta se pregunta qué será lo que habrá hecho que a esos hombres les junte el destino defendiendo esa casucha de Terol, un barrio proletario de Madrid donde huele a la «pringá» que cocinan los soldados hacinados en una estancia de cuyo techo caen desconchones de pintura porque los enemigos les deben de estar poniendo una mina.

Está a punto de amanecer, y el frío se les mete en los huesos. Un alférez llama al cabo para que prepare el fusil ametrallador y apunte por la tronera. Pero hay otro hombre enfrente que se le adelanta. El «chato» cae con un tiro en la frente. No tenía nada y ahora menos.

Kemp lo tiene todo, además de suerte.[171]

Enfrente de Kemp está Domingo Malagón, que cava trincheras con sus compañeros de la 36 brigada mixta. En muchos lugares de esta zona de Usera, los parapetos son los mismos que sirvieron el 7 de noviembre para detener al enemigo. La consigna es fortificar. En algunos puntos de la línea, los soldados de Franco y la República se encuentran a treinta metros de distancia o menos. En esos puntos es posible tirar granadas de mano que lleguen al contrario.

Cuando el trabajo de las trincheras acaba, empieza otro para Malagón, que es comisario político de su unidad. Los «palomos» comienzan a dar clases para alfabetizar a los campesinos cordobeses con los que comparten trinchera.

La preocupación por la educación no decrece por la guerra. El 25 de noviembre Jesús Hernández, ministro comunista del ramo, consiguió que el gobierno aprobase un decreto por el que se creaba un «bachillerato simplificado» abierto a los candidatos presentados por sindicatos y partidos del Frente Popular. Desde su ministerio, además, se hacen todos los esfuerzos para que en el propio frente se ayude a la alfabetización de los que luchan.

Con altavoces, los combatientes de uno y otro bando hacen también la guerra de propaganda.

—Hay que ver la que hemos liado, unos por creer en Dios y otros por no creer —les dice un día un inesperado opinante del lado franquista.

—La cuestión no es ésa. Es la República —le responde un enfático Malagón, más ortodoxo en el desempeño de su oficio.[172]

Los comunistas de la 36 brigada tienen a su izquierda a la brigada 49, de fuerte componente anarquista, la llamada «brigada de la pana». Los de la 49 son valientes, pero descuidados en las tareas diarias. No fortifican, y discuten las órdenes constantemente. La 36 de Malagón acabará por relevarles y fortificará esa área del frente.

PARTE FRANQUISTA

Ejército del Norte

División de Madrid. Sector del Tajo. Ligero tiroteo en los Alijares. Sector oriental. En Getafe ligero tiroteo y algún fuego de cañón. Resto de la división, sin novedad.

PARTE REPUBLICANO

Frente del centro

En el sector de Aranjuez, un grupo de dinamiteros de la 11 división voló un tren enemigo. Se han presentado en nuestras filas dos soldados con armamento y bombas de mano, procedentes de Pinto.

Sector de Guadarrama y Somosierra. Ligero tiroteo sin consecuencias.

Madrid. Durante el día de hoy la tranquilidad en el frente de Madrid ha sido casi absoluta. El enemigo ha hostilizado muy débilmente nuestras posiciones y el fuego de cañón ha sido mucho menos intenso que en los días anteriores.

No ha actuado en nuestros frentes la aviación enemiga ni la nuestra.

3 de enero

Hace un día espléndido. Orgaz puede poner en marcha su plan para cortar la carretera de La Coruña.

Las fuerzas del coronel Iruretagoyena, casi todas ellas africanas, toman al primer impulso el castillo de Villafranca y Villafranca del Castillo. Mientras, las columnas de Asensio y Barrón se enfrentan en Villanueva de la Cañada a la XI brigada, que manda Hans Kahle.

Los internacionales flaquean.

El frente se rompe en una enorme brecha de siete kilómetros de ancho.

Para Rojo, la situación es angustiosa. Y comienza a pedir refuerzos. Su orden a las tropas propias es tan sencilla como difícil de cumplir: «Mantenerse en las posiciones ocupadas».

En Madrid, la alarma ante el impetuoso ataque resuena por todas partes. Los aviones de bombardeo llegan escoltados, como siempre, por bandadas de cazas Heinkel y Fiat.

En Alcalá de Henares, en el aeródromo, suena el teléfono. Y se produce la llamada a los pilotos de las escuadrillas de «chatos». Los hombres que han compartido la mesa hace dos días con Miaja y Rojo saltan de sus barracones y corren a los aparatos escoltados por los mecánicos. Los aviones están cargados de munición y combustible.

Todo sucede en un tiempo récord. Al mando del piloto español Palancar, su escuadrilla tarda cuatro minutos y doce segundos en despegar. El tiempo es fundamental en la maniobra. Si los aviones llegan a tiempo, los bombarderos enemigos no tendrán el intervalo necesario para soltar sus bombas sobre los combatientes o sobre los civiles.[173]

Palancar ya es un maestro. Le han derribado una vez y cayó en paracaídas en la Castellana. El público jubiloso estuvo a punto de matarle a base de abrazos y besos. Tiene varios derribos en su haber. Uno de ellos el de un avión franquista que se hizo famoso por su hábil piloto. Al avión lo conocían como «La paloma blanca», y se corrió el rumor infundado de que lo pilotaba el traidor Ramón Franco.

PARTE FRANQUISTA
Ejército del Norte
7 división. Sin novedades dignas de mención.

División de Madrid. En el sector de Madrid se ha llevado a cabo un importante avance en el sector de Boadilla del Monte-Villanueva de la Cañada, ocupándose por nuestras tropas, después de brillantísimo combate en el que el enemigo fue desalojado en sus líneas de fortificaciones, los puntos siguientes: Villafranca del Castillo, Castillo de Villafranca, posiciones al norte de Romanillos y Manilla, Casa de Valdecañas y Casa de Guarda. Se cogieron al enemigo dos tanques rusos con cañón, ametralladoras, fusiles ametralladores, fusiles, camionetas y varios coches ligeros. El número de muertos que abandonó en el Castillo de Villafranca, Casa del Guarda, trincheras y otros puntos, es muy elevado, contándose entre ellos un comandante francés que mandaba los carros, un capitán y dos tenientes de la misma nacionalidad pertenecientes a la llamada brigada internacional y muchos otros franceses de baja categoría.

Actividad de la aviación. Ha sido grande la actividad de nuestros aviones. Tres bimotores enemigos fueron abatidos por nuestros cazas, habiendo tenido nosotros la desgracia de perder un avión de reconocimiento en el frente de Madrid.

PARTE REPUBLICANO
Frente del centro
Madrid. Desde las primeras horas del día de hoy, el enemigo ha presionado fuertemente sobre nuestras posiciones del primer sector comprendidas entre Valdemorillo y Pozuelo.

El ataque ha sido llevado a cabo con un fuerte apoyo de artillería, carros y aviación, que ha bombardeado nuestras posiciones.

Nuestras fuerzas han combatido con gran entusiasmo conteniendo al enemigo y manteniéndose sobre sus posiciones de resistencia.

Nuestros cazas han derribado dos trimotores y tres cazas enemigos.

En la noche de ayer se pasaron a nuestras filas cinco soldados, dos de ellos pertenecientes al Tercio, y en el día de hoy ha sido hecho prisionero un oficial, jefe de una sección de tanques enemiga.

4 de enero

L A COLUMNA DE BURUAGA CONQUISTA EL VÉRTICE CRISTO; Asensio, Majadahonda; Barrón, el cruce de carreteras al suroeste de Las Rozas; e Iruretagoyena, Villanueva del Pardillo.[174]

La empresa parece ahora más fácil de lo previsto inicialmente. Los franquistas se mueven hacia sus objetivos, los cumplen sin fallar uno solo, acompañados por la artillería y la aviación.

La carretera de La Coruña está casi cortada a la altura de Las Rozas.

Lo peor para los mandos republicanos es que se han vuelto a producir algunas desbandadas, algo que casi había desaparecido en el nuevo ejército. La columna de Iruretagoyena se ha cebado con los internacionales de la XI, que han retrocedido en desorden, y ha liquidado a muchos de ellos, sobre todo franceses. En el análisis que se hace en el Estado Mayor de Rojo, se cita el mal comportamiento de los batallones Asturias, Madrid, Pacífico y el 1 de la XI, que han abandonado sus posiciones, casi todas ellas del sector que ha ocupado Iruretagoyena.

Para Madrid vienen nuevos tanques desde Archena, y se arman las nuevas brigadas en formación en Albacete para reforzar la ciudad. Las internacionales XIII y XIV, entre ellas. Y los tres batallones de la XII que estaban en Sigüenza llevando una ofensiva triunfal.

Con los tanques que luchan en torno a la carretera de La Coruña ya no está Pavel Arman, que ha desempeñado un importante papel en el frente de Madrid, pese a que su período de servicio en España ha sido muy corto. Ha vuelto a la Unión Soviética, donde sufrirá persecución por sospechoso de simpatizar con los trotskistas. Pero saldrá airoso de la prueba y podrá combatir contra los alemanes.

Arman es un hombre de principios, que se atreverá a gritar a su íntimo amigo, el colaboracionista Liev Knipper: «¡Hijo de puta! ¿Qué haces aquí en libertad, cuando todas las personas decentes están en la cárcel?».[175]

Morirá en el frente de Stalingrado, alcanzado por los disparos de un francotirador alemán.

PARTE FRANQUISTA

Ejército del Norte

7 división. Sin novedades dignas de mención.

División de Madrid. Continuó en este frente el brillantísimo ataque comenzado en el día de ayer, siendo coronadas por nuestras tropas todos los objetivos señalados, montándose a caballo de la carretera de La Coruña y ocupando la línea Villanueva del Pardilllo-Majadahonda y cruce de Las Rozas (Sor Anita). El enemigo abandonó en su huida una gran cantidad de muertos y armamento.

PARTE REPUBLICANO

Frente del centro

Madrid. Durante el día de hoy se ha combatido intensamente en la región de Villanueva del Pardillo, Las Rozas y El Plantío. El ataque enemigo ha sido fuertemente apoyado por artillería, carros y aviación, logrando penetrar en algunos puntos de nuestros dispositivos, por lo que nuestras fuerzas se han replegado a posiciones ya previstas por el mando, en donde se mantienen conteniendo el avance.

La aviación enemiga ha bombardeado también nuestras posiciones de Rosales, Moncloa y casco de Madrid.

En el quinto sector, la 1 brigada del comandante Líster ha ocupado varias casas del pueblo de Villaverde Bajo presionando fuertemente al enemigo, al que se le han hecho muchas bajas.

5 de enero

LAS TROPAS DEL GENERAL MOSCARDÓ, EN EL FRENTE DE SIGÜENZA, se encuentran con un panorama insólito. La noche anterior han tenido que abandonar el pueblo de Vilaseca de Henares, lo que supone una rotura muy peligrosa del frente, por el asalto de los tres batallones de Pacciardi. La situación es desesperada porque por el hueco se pueden colar los republicanos y destrozar las defensas de la división.

Sin embargo, cuando se disponen a entrar en combate, ven que no hay enemigo.

Los batallones han tenido que marcharse, abandonar su fugaz victoria, para reforzar Madrid.

La angustia crece en el entorno de Rojo. Hoy las operaciones están casi paralizadas. Los franquistas han preferido consolidar su frente. La niebla, que vuelve a ser intensa, ayuda a la semitregua.

Rojo ordena reforzar el monte de El Pardo, temiendo un asalto a Madrid desde el norte. Y organiza dos operaciones de flanqueo para amenazar al enemigo y obligarle a detener su avance.

Aún hay unidades que flaquean. La 38 brigada, de la 5 división, al mando de Perea, ha chaqueteado de tal manera que Rojo le da al coronel unas horas para enmendar la situación o desarmar la brigada.[176] El chaqueteo sólo puede deberse al terrible cansancio de las tropas. La 38 está formada sobre las tropas que mandaba Arellano. Son gente fogueada en la Sierra y en todos los combates más duros en torno a Madrid.

El coronel Vicente Rojo encuentra, pese a todo, en medio de la angustia, un momento para dedicarse a sí mismo, a sus cuitas personales. Escribe una carta que le ha costado mucho tiempo iniciar. Pide, implora, a Indalecio Prieto que haga algo en su favor: intentar un canje que le permita recuperar a uno de sus hijos, el tercero, de nombre Francisco, de catorce años de edad, a quien el estallido de la rebelión sorprendió en Vigo, en casa de los suegros del coronel. El abuelo de Francisco es militar de Intendencia, un hombre reaccionario, partidario de Franco. Eso supone una cierta seguridad porque su condición le permitirá proteger al nieto de cualquier intento de represalia. Pero la angustia de Rojo no disminuye. En ningún caso hay garantías de que no se vayan a producir intentos contra la integridad del niño o chantajes para quebrar la firmeza del padre.

En la carta, Rojo se muestra inseguro, avergonzado de pedir un favor así. Pero él asegura que eso no afecta a su trabajo: «Sólo quiero añadirle en forma concluyente que no abrigue usted el menor temor de que esta obsesión mía lleve a desviarme poco ni mucho de mi deber. Podré caer enfermo o volverme loco si no llego a tranquilizar mi espíritu, pero tenga la seguridad plena de que afrontaré mi trabajo y mis obligaciones sin desmayar un momento, por duras que sean».

Sus pensamientos son tan oscuros que no puede evitar el añadir una nota autógrafa: «No veo más salida, si no le traen, para que a mi hijo no le pase nada que me maten a mí en el frente».[177] El pesimismo no es injustificado. A la mujer del dirigente del PCE, José Díaz, la han fusilado los franquistas en Sevilla por el simple hecho de estar casada con él.

Rojo, que es un hombre profundamente cristiano y de una bonhomía reconocida por todos, albergará en su propia casa de la calle Menéndez Pelayo, la que era de Luis Buñuel, con la complicidad de su mujer, a algunos franquistas refugiados como las familias de sus compañeros, los militares Alamán y Tuero, defensores del Alcázar de Toledo, a quienes intentará dar salida a lugares más seguros, evitándoles la muerte. Cuando acabe la guerra nadie se lo agradecerá.[178]

Rojo ha compartido con su jefe, el otro héroe de la defensa de Madrid, el general Miaja, la misma angustia, de la que se ha librado hace unos días gracias al canje por la familia de Joaquín Bau, consumada el 22 de diciembre.[179]

Leandro ha quedado en Galicia. No le sucedió lo mismo a Olegario Trapero, que llegó a Madrid el 11 de julio desde La Coruña, donde estaba veraneando en unas colonias infantiles organizadas por el grupo escolar Miguel de Unamuno, porque su padre no le pudo enviar los veinte duros que hacían falta para continuar un mes más en Galicia. Cuestión de fortuna.[180]

En un país partido en dos, la situación no es infrecuente.

PARTE FRANQUISTA

Ejército del Norte

7 división. Sin novedad.

Frente de Madrid. Se han efectuado pequeños avances sin trascendencia y se han recogido 627 muertos, en una gran parte extranjeros, del combate del día de ayer. Igualmente se recogió abundante material de guerra.

En los distintos frentes de Madrid, así como la mayoría de las divisiones, se han pasado a nuestras filas numerosos milicianos cuyo número, en el día de ayer, excedió de doscientos cincuenta.

PARTE REPUBLICANO

Frente del centro

Madrid. En el día de hoy ha habido relativa calma. La artillería enemiga ha cañoneado insistentemente nuestras posiciones y la nuestra ha batido muy eficazmente una fuerte concentración enemiga señalada entre Majadahonda y Las Rozas.

Una compañía de choque ha dado en la noche de ayer un afortunado golpe de mano sobre las posiciones enemigas de Majadahonda causando al enemigo bastantes bajas y apoderándose de fusiles y algunas armas automáticas, inutilizando, además, un carro de combate enemigo.

6 de enero

LA NOCHE DE REYES ES CASI DE MAL GUSTO en la zona republicana. Y la decisión del Congreso de Estados Unidos llega en esa fecha: no se podrá vender armas a España para ser usadas por ninguna de las «fuerzas opuestas». La ley la firma un presidente demócrata, Franklin Delano Roosevelt.

Esto, desde luego, a quien más afecta es a las fuerzas republicanas. Aunque en estos momentos los suministros rusos son más que suficientes para dotar al ejército de los medios que permitan vencer a los rebeldes. El varapalo no es material, sino moral. En Estados Unidos nadie percibe todavía que la lucha esté anunciando el gran conflicto entre fascismo y democracia que se prepara en toda Europa. La relación con la Unión Soviética, el único país importante que simpatiza con la República, no ayuda mucho a ello.

No basta para cambiar esa conciencia el concienzudo trabajo del embajador norteamericano ante la República, Claude Bowers, que insiste en la injusticia que se comete con el gobierno legítimo.[181]

La decisión de Roosevelt, que amenaza con graves penas de prisión y multas, no afecta a acciones que son, quizá, más decisivas para el bando franquista. La principal compañía norteamericana de petróleos, la Texaco, ha tomado la decisión de suministrar a los franquistas todo el combustible que necesiten al precio pactado con la Campsa, con plazos de pago flexibles y un tres por ciento de interés.

La primera gestión que ha conducido a esta decisiva toma de partido la ha realizado un joven de 27 años, José Antonio Álvarez Alonso, que consiguió llegar a París tras su fuga de Madrid en octubre. Desde Marsella, Álvarez Alonso contactó con Thorkild Rieber, presidente del consejo de administración de la compañía en Europa, que le dio una cita.

La petición es franca: los franquistas no tienen combustible y los aliados del general insurgente no tienen capacidad para suministrarle el suficiente. Rieber es un hombre que odia el comunismo y simpatiza con la causa franquista. Se deja convencer por su ex empleado de la delegación española. En José Antonio ha encontrado Franco, sin saberlo, su mejor agente comercial: al ejército rebelde no le faltará el combustible durante todo el tiempo que dure la guerra. A buen precio y al margen de cualquier decisión diplomática sobre embargos a los contendientes.[182] El acuerdo se ha hecho de palabra. Los americanos ni siquiera han aceptado la oferta de Celedonio Noriega y del presidente del Banco Hispano Americano, Andrés Amado, para avalar la operación. Rieber rompe el papel de la garantía y dice que le basta con la palabra de los españoles. Su posición será siempre muy clara: «Esto es una cruzada contra el comunismo y yo soy un capitalista cien por cien».

José Antonio Álvarez Alonso ejerce desde hoy el cargo de secretario accidental de Campsa.[183]

En El Plantío ha recibido un tiro en la pierna el comandante Jules Dumont, jefe del batallón Comuna de París, de la XI brigada internacional. Él dice de sí mismo que es el comandante de la buena suerte. Se pasó la guerra mundial en los peores frentes, Verdún entre otros, combatiendo contra las tropas del káiser. Luego pasó al «ejército de los trabajadores». Mientras viajaba con destino a Serbia, su buque fue torpedeado, pero sobrevivió al naufragio. Después estuvo en Abisinia, peleando contra el ejército fascista italiano. Y hoy es la primera vez que le hieren en toda su vida. A Dumont le reemplaza otro hombre con gran prestigio entre los brigadistas, Marcel Sagnier.

Jules Dumont y su jefe, Hans Kahle, compartieron ya una batalla, la de Verdún. Pero entonces cada uno estaba en un bando. La rebelión franquista les ha unido. Cuando estuvieron en la Ciudad Universitaria, Dumont atormentaba a Kahle diciéndole que los cañones que disparaban eran alemanes. ¿Por qué no italianos?, le respondía el otro irritado, entre la hilaridad de los hombres. Se han hecho buenos camaradas.

Dumont volverá enseguida al frente. Acabará mandando la XIV brigada.[184] Y seguirá siendo el comandante de la buena suerte. Hasta que, dentro de siete años, se le agote la fortuna y sea fusilado, en 1943, por los invasores nazis alemanes. Dumont será uno de los fundadores de la Resistencia francesa.

Dumont ha logrado recomponer la moral de su batallón antes de ser herido. Ahora resisten con orden, aunque continúan retrocediendo. La estación de Pozuelo está casi en manos de Buruaga. Las otras columnas han tomado el bosque de Remisa y han alcanzado la carretera de La Coruña en el kilómetro trece.

El de hoy es «el ataque más duro de cuantos se han desarrollado hasta la fecha». Del batallón Edgar André quedan ciento veinte hombres útiles; del Thaelmann, doscientos. El Comuna de París está deshecho.[185]

Los italianos de la Garibaldi sufren también un castigo salvaje. Su jefe, Guido Picelli, muere en un asalto. Picelli es un antiguo parlamentario, un rudo antifascista bregado en luchas callejeras en Parma. Su historia es una más entre las de los «indestructibles» que están en España. Sus hombres le admiran por la batalla que sostuvo en Parma contra los fascistas que intentaron impedir un congreso general antifascista. Con sus compañeros, les expulsó de la ciudad.

Juan Lario está en la zona de Pozuelo. Pasa miedo, como todos, pero sobre todo está molesto porque el uniforme nuevo que le han dado le está pequeño, botas incluidas. Eso quiere decir que cada paso que da es una tortura. Hoy ha visto caer al teniente de su compañía, y a muchos compañeros, cuando han saltado la trinchera para hacer un contraataque. Las compañías de su batallón, el Capitán Benito, clarean por la enorme cantidad de bajas. Las de los de enfrente deben clarear también, porque atacan a cuerpo descubierto, acompañados de las tanquetas de asalto. Una de ellas ha quedado en el campo, envuelta en llamas. Cuando les han parado el avance, no ha habido «espantá», como dicen los de Huelva.

Han recibido la orden de retirada. El enemigo ataca en plena noche, después de haber dado un golpe de mano en la estación de Pozuelo. Los enlaces no han tenido tiempo de comunicárselo a su batallón y hay que salir por pies. Las balas silban por todas partes. Juan y algunos compañeros llegan a un hotel derruido por los bombardeos, donde se paran a descansar. Y Juan, como algunos otros, se empieza a quitar las botas.

Suena una voz de trueno:

—¿Quién va?

—¡Republicanos!

Todos hacen chascarrillos sobre la broma. Pero no pasa apenas tiempo antes de que insista:

—¡Arrojad las armas y entregaos!

—¡Bajad a cogerlas! —contesta uno, y comienza a disparar su pistola hacia el vacío.

La voz enemiga ha surgido del hotelito, que nadie se ha molestado en saber si estaba vacío o no. Y de allí mismo salen las ráfagas de ametralladora, los tiros de fusil y las granadas de mano.

Juan salta la verja, aferrado a la bota que le ha dado tiempo a quitarse y al fusil. Ve a sus compañeros volar reventados por las explosiones de las granadas. Y la espantosa danza de unos hombres que se han quedado ensartados en la cerca de hierros puntiagudos.

Juan corre. Logra escapar, y llega a un bosquecillo donde le paran siete compañeros de su batallón. Tres son del barrio de Ventas. Los otros, de Huelva, del Río Tinto. Ven que está herido en el pie descalzo y una mano. Le hacen una cura rápida. Hay que irse.

De camino encuentran a otro herido, pero de mayor gravedad. Tiene los intestinos fuera. Los de Huelva le consuelan y le aseguran que no se va a morir. Pero tarda poco en hacerlo.

Incluso hay un momento para la chanza en la sangrienta retirada. En la oscuridad, los de Huelva descubren a un centinela enemigo. Se despliegan en silencio y le atacan simultáneamente. Cuatro navajas se clavan en el tronco de un árbol de formas caprichosas.

Las horas pasan para Juan con dureza, caminando renqueante con su pie herido. Por fin, llegan a las líneas propias.

A Juan lo embarcan para el hotel Ritz. Sus amigos se quedan atrás. Atrás para siempre. Morirán en el combate del día siguiente. Juan irá a convalecer a la retaguardia. Acabará la guerra como piloto de caza.[186]

La línea que han alcanzado las fuerzas de Orgaz les permite hacer, ahora, el temido giro, el cambio de orientación, en la dirección oeste-este que intentó Varela en las dos ofensivas anteriores. Siguiendo ese eje, se desmonta toda la estrategia defensiva de Rojo, se puede atacar a sus tropas desde la retaguardia.

En parar su progresión están empeñadas las brigadas XI, de Kahle; la 1 de choque, de El Campesino; la 38 que no para de chaquetear, y la nueva de Gustavo Durán, un pianista profesional que ha regresado de Francia para pelear contra los fascistas.

Aún no ha llegado la nueva unidad de carros T-26 al mando de Paulov. Su antecesor, Krivoshein, ya se ha vuelto a la URSS. Los carros que llegaron a Madrid a finales de octubre están tripulados sólo por españoles.

Sí ha llegado la 21 brigada mixta, desde Albacete, que toma posiciones en El Pardo.

La situación se puede definir con pocas palabras: el frente está a punto de derrumbarse. Desde el 15 de noviembre no se vivía en Madrid una situación tan comprometida.

En Villaverde, el 4 batallón de la 1 brigada mixta, el que forman los gallegos, se concentra para moverse hacia el sector de la carretera de La

Coruña, donde la situación es angustiosa. Santiago Álvarez, comisario político, ha conseguido que Rafael Alberti se acerque para levantar los ánimos de los soldados.

La reunión tiene por pretexto la incorporación al batallón de José Alcalá Castillo, hijo de Niceto Alcalá Zamora, el primer presidente de la II República. Se celebra en un local que no tiene techo porque lo han destruido las bombas. La única luz es la de una lámpara de carburo que proyecta sombras siniestras sobre los muros y convierte en patética la escena. José Alcalá es comunista; su hermano Luis, socialista. Los dos han venido a España, contra la voluntad de su padre, que se lamenta de su opción en declaraciones a la prensa.[187]

Rafael Alberti recita su ya famoso poema «Romance de la defensa de Madrid». Los hombres, con el fusil en la mano, con la impedimenta a las espaldas, le escuchan en medio de un respetuoso y emocionado silencio. Porque Alberti está hablando de ellos, de su esfuerzo y su heroísmo. Saltan las lágrimas de muchos ojos.

Para Santiago Álvarez, un buen recital de poesía es más eficaz que muchos discursos políticos para tocar la fibra sensible de los combatientes, para elevar su moral.[188]

Los gallegos se van al amanecer hacia la Cuesta de las Perdices con los versos retumbando en sus cabezas:

> Madrid, corazón de España,
> late con pulsos de fiebre.
> Si ayer la sangre le hervía,
> hoy con más calor le hierve.
> Ya nunca podrá dormirse,
> porque si Madrid se duerme,
> querrá despertarse un día
> y el alba no vendrá a verle.[189]

No hay ninguna duda: «Madrid está en peligro. Más en peligro que nunca».[190] Toda la prensa clama de nuevo la consigna: «¡No pasarán!».

PARTE FRANQUISTA
Ejército del Norte
7 división. Sin novedad.
División de Madrid. En el día de hoy continuó el brillantísimo avance de nuestras fuerzas, que ocuparon los pueblos de Las Rozas, El Plantío, la Casa de los Pinos, en Remisa, llegando en su marcha de oeste a este hasta la estación de Po-

zuelo de Alarcón. La resistencia enemiga, fuerte en la defensa de casas y trincheras, fue vencida por el arrojo de nuestras tropas, que hicieron al enemigo numerosísimas bajas, todavía no recontadas, y le cogieron importante material de guerra.

PARTE REPUBLICANO
Frente del centro

Madrid. Durante todo el día de hoy se ha luchado intensamente en el bosque de Remisa, al sur de El Plantío.

Nuestras tropas han combatido admirablemente, sosteniéndose en sus posiciones hasta última hora de la tarde, en que se han replegado ordenadamente a la línea prevista por el mando.

La aviación enemiga ha bombardeado nuestras posiciones y casco de Madrid y nuestros cazas, saliendo a su encuentro, han logrado derribar seis aparatos enemigos.

7 de enero

LOS NIÑOS NO VAN AL COLEGIO POR MIEDO a los constantes bombardeos. José Trapero procura sacar a Olegario de casa para que le acompañe al penoso trabajo diario de buscar comida para la familia. Y leña, porque en ocasiones el frío es peor que el hambre.

Una vez a la semana, un amigo les proporciona algo de leña. Y José va con su hijo de doce años a buscarla. El problema está en que hay que recogerla en un edificio situado al lado de la Almudena, sobre la cuesta de la Vega, donde está situada una batería de cuatro cañones del 7/10 que hostiga al enemigo que se atrinchera en las orillas del Manzanares. Para llegar hasta la leña hay que cruzar varias ventanas por las que entran las balas con generosidad. Hay que dar un salto para exponer el menor tiempo posible el cuerpo a los tiros.

—¡Pasa ahora! —le ordena José a Olegario. Y éste obedece la orden del padre.

De vuelta, la misma maniobra, pero con la carga a la espalda.

Para muchos niños, la guerra se vuelve familiar, cotidiana. La rutina de la escuela o del instituto se cambia por la de buscar comida o leña. Desde hace un mes, hay naranjas valencianas por todas partes. Las venden hasta en las casquerías, donde no hay un mal trozo de hígado de cerdo que comprar.

Algunas veces se pueden encontrar callos argentinos, que vienen en rollos; si no hay fuego, se comen hasta sin cocinar.[191]

En el frente no hay rutina. Hay una marcha triunfal para los franquistas, y un desastre de las fuerzas de la defensa. Buruaga ha ocupado Pozuelo, pese a las defensas establecidas en cada chalé del pueblo. Los doscientos hombres que quedan en pie del Comuna de París aguantan lo que pueden, defendiendo con ametralladoras el pueblo, pero tienen que retroceder.

También cae Húmera, y Barrón ha llegado al kilómetro once de la carretera de La Coruña. En tres días, los franquistas han recogido los cadáveres de más de quinientos combatientes republicanos, muchos más han quedado heridos o están desaparecidos. El material recogido es ingente. Coches, carros de combate, ametralladoras, fusiles...

En la toma de Pozuelo ha tenido un papel importante el III tabor de Tetuán, que ya cuenta en su haber con importantes victorias, como el paso del Manzanares o la defensa del Clínico. Matan o hacen prisioneros a muchos enemigos. Pero sus bajas son desacostumbradas: setenta para un solo día. Las ametralladoras del Comuna de París hacen un trabajo muy eficaz, aunque tengan que retirarse.[192]

La 1 brigada, de Enrique Líster, ha llegado después de recibir una orden urgente: tiene que incorporarse al monte de El Pardo, dejando Villaverde. En el monte se encuentran ya los tanques que han venido de Archena. Mientras llega Líster, se producen nuevas desbandadas en la Cuesta de las Perdices: son los de la 38, los que quedaban de la columna de Durruti.

Los internacionales se concentran en Aravaca. La orden que reciben es resistir hasta la muerte.

El frente de Madrid está a punto de romperse.

PARTE FRANQUISTA

Ejército del Norte

7 división. Sin novedad.

Frente de Madrid. Continuó el avance de nuestras fuerzas, limpiando de enemigos, después del fuerte combate, la zona comprendida entre la carretera de La Coruña, estación de Pozuelo, Húmera y trincheras al norte de este pueblo. No obstante la empeñada resistencia llevada a cabo en casas y trincheras, el enemigo, durísimamente castigado, abandonó un contador y bastantes milicianos. También se le cogió un tanque ruso, más de trescientos fusiles y diverso material de guerra. En una de las zonas del combate se pasaron a nuestras filas cuarenta milicianos con armamento, de los muchos que bajo el terror de los extranjeros son arrastrados a las líneas de fuego.

El enemigo en la noche de ayer intentó hacer un desesperado esfuerzo contra el sector de la Casa de Campo, llevando a cabo un ataque sobre Garabitas, durísimamente rechazado por nuestras tropas, que le permitió recoger en la descubierta de hoy un oficial y cincuenta y siete muertos abandonados por el enemigo.

PARTE REPUBLICANO

Frente del centro

En el sector de Aranjuez, los facciosos han cañoneado las estaciones de Infantas y Castillejos sin causar daños.

En Guadarrama, ligero tiroteo de fusil, ametralladora y cañón sin consecuencias.

En Madrid se ha combatido en el frente de Pozuelo-Húmera con mucha intensidad.

Nuestras tropas han luchado brillantemente conteniendo al enemigo, que aún continúa insistiendo en forzar nuestras posiciones sin conseguirlo.

Nuestra aviación de bombardeo ha batido intensamente y con mucha eficacia las posiciones enemigas del primer sector y nuestros cazas han derribado un aparato enemigo.

En la noche de ayer se pasaron a nuestras filas tres soldados procedentes del campo faccioso.

8 de enero

L A LUCHA EMPIEZA HOY A LAS OCHO DE LA MAÑANA. Asensio ha tomado Aravaca. Barrón, el vértice Barrial. Y Buruaga y García Escámez han «cerrado» el espacio de la Casa de Campo.[193]

El peligro es evidente: que las columnas franquistas ataquen de forma decidida hacia el puente de San Fernando y crucen el Manzanares. El puente lo defiende la 6 brigada mixta, y está previsto que llegue la 3 de Galán, aún no recompuesta.

La orden de Rojo a Líster es terminante: atacar de flanco al enemigo para evitar su progresión.

Las bombas de los aviones, que vuelan a dos mil metros de altura para evitar la acción de la Defensa Contra Aviones (DCA) republicana, caen hoy sobre las embajadas egipcia y británica.

Franco envía un telegrama al Foreign Office haciendo responsable al gobierno republicano. Es posible que se deba al ingenio de Luis Bolín la idea de que han sido aviones republicanos los que han realizado el ataque, con intenciones inconfesables. Quizás al de Millán Astray.

La Junta Delegada de Defensa se toma la molestia de desmentir el hecho.

En todo caso, la teoría franquista es clara: toda la responsabilidad de lo que sucede en Madrid es del gobierno republicano por no haber declarado ciudad abierta a la capital. Sus mejores propagandistas, como Juan Pujol y Juan de Córdoba, elaboran complicados argumentos lógicos para justificar el bombardeo sistemático que ha reducido a escombros barrios enteros de la capital, como el de Argüelles: los rojos han situado baterías artilleras que, al ser localizadas por la artillería franquista, han provocado las respuestas consiguientes. Por tanto, es su responsabilidad. Si no hubieran defendido criminalmente la capital, las destrucciones no se habrían producido.[194]

Quedan rescoldos autonomistas en el seno de Falange. El jefe de sus milicias, Agustín Aznar, que ya apenas tiene poder sobre ellas tras el decreto del 20 de diciembre, hace una reclamación a Franco: un comandante de caballería, Jaime Milans del Bosch, le ha pedido que se le entreguen los devengos que los milicianos falangistas de las centurias 7, 8 y 12 de Burgos no reciben. Para Aznar eso es intolerable.

Desde el cuartel general se hace una rápida investigación. De ella resulta que Aznar sólo remite 0,95 pesetas de las 3 que están asignadas a cada combatiente falangista para su manutención. El resto del dinero, unas mil pesetas diarias, se queda en el cuartel de Aznar.[195]

El jefe nacional de Primera Línea se está convirtiendo en un dolor de cabeza permanente. Además, su acción no parece muy honorable.

Las únicas motivaciones que tiene Franco para no ser más expeditivo consisten en que un alto porcentaje de su ejército proviene de esas milicias, y un descabezamiento brusco puede provocar un descenso de la moral. En la práctica, tras el decreto de diciembre, ya hay un ejército único, pero no le conviene acentuar eso, porque entre los combatientes de Primera Línea está comprobado que la solidaridad y la moral crecen cuando coinciden en sus símbolos carlistas o falangistas. Pasar de ahí es imposible, desde luego. Siempre que los militares manden en las unidades, el problema será más fácil de resolver..., si es que se plantea.

Y se planteará. José Antonio Girón y otros jerarcas de la bronca y dura Falange de Valladolid temen la acción de Franco, y tientan con muchas precauciones la opinión de Yagüe.[196]

Las informaciones sobre evacuación indican que se ha sacado de Madrid a más de doscientas mil personas en los últimos dos meses. Pero sigue siendo insuficiente. Madrid es un gran estómago difícil de abastecer. Las dificultades que hubo durante semanas para encontrar medios de transporte ya están superadas. Pero ahora son los que deben ser evacuados los que no quieren hacerlo. Unos, porque no desean abandonar sus hogares, pese al peligro. Al fin y al cabo, son ellos quienes han mantenido el espíritu de la defensa de la ciudad. Las mujeres que salían a la calle en Vallecas, en Villaverde, en Delicias, para gritar a los cobardes que volvieran al frente.

Pero hay otros que plantean un nuevo problema: los miles de evacuados de fuera de Madrid que han sido acomodados en pisos de las zonas altas de la ciudad. Están más cómodos que antes.[197]

Tanto unos como otros prefieren permanecer en sus hogares, aguantando el riesgo de los bombardeos, que abandonarlos.

Un ataque de la aviación franquista ha ocasionado cientos de víctimas en Tetuán de las Victorias. El delegado de Evacuación pide ayuda al de Orden Público para desalojar el barrio, para llevarse a los vecinos a Valencia, a Alicante o Cataluña, donde son acogidos con generosidad.

Los comunistas no ven con buenos ojos a Melchor Rodríguez. José Cazorla, de las JSU, que ha sustituido a Santiago Carrillo en la responsabilidad de Orden Público en la ciudad de Madrid, hace un alegato contra él: «A los presos se les permite cantos, manifestaciones, etc., y los embajadores entran y salen con toda facilidad, sin limitación de tiempo y hablando con los detenidos reservadamente ... está actuando [Melchor Rodríguez] como un protector de los presos».

Rodríguez, a quien algunos franquistas presos llaman «el ángel rojo», depende del ministro de Justicia, Juan García Oliver. El ministro, que flaqueó en noviembre, seguramente influido por el Comité Local de Madrid, en su apoyo a la salvaguarda de los derechos de los presos, ha sido acusado de no hacer nada para impedir la acción de los anarquistas que han impuesto su particular justicia por todas partes. Pero ahora apoya firmemente a Rodríguez en su función.

En los ministros anarquistas se está produciendo una especie de mutación que sus bases rechazan en muchas ocasiones. La participación en las instituciones les hace asumirlas. García Oliver es un firme defensor de las conquistas legales de la República, que han ido entregando a un aparato cada vez más profesionalizado la administración de la Justicia. Los Tribunales Populares aplican la ley, se dejan arrastrar cada vez con menos frecuencia por la venganza y la arbitrariedad, y se reconstruye el derecho a la defensa, la exigencia de pruebas para las condenas. García Oliver intenta convencer a sus compañeros de las bondades del sistema y la justeza de las reformas emprendidas: «Cuando trabajamos en el Ministerio de Justicia estamos absorbidos por estas dos preocupaciones fundamentales: la que procura la guerra, en la que el pueblo de Madrid está escribiendo la página más gloriosa de abnegación, heroísmo y sacrificio que registra la historia del mundo; y la que se deriva de un afán constante de plasmar en realizaciones inmediatas aspiraciones de justicia renovadoramente profundas, trascendentales y constructivas, que garanticen de una vez para siempre que, en lo sucesivo, de eclipsarse parcialmente y por excepción el sol de la Justicia, será en beneficio y favor de los que clamaron justicia durante mucho tiempo sin poder alcanzarla jamás. Para la

CNT será esto, sin duda, la satisfacción más grande de su labor ministerial».[198]

En la misma línea legalista se encuentra el nuevo comisario de Orden Público en Barcelona, el simpatizante del PSUC y ex miembro de los grupos de acción confederales Eusebio Rodríguez Sala, que declara con toda la energía a la prensa: «Hay que acabar con las cárceles y cementerios clandestinos en Barcelona».[199] Sus declaraciones motivarán una dura réplica entre los medios oficiales anarquistas, que se sienten claramente aludidos.

Pero los anarquistas no tienen nada que ver, en apariencia, con la desaparición de Julián Chamizo Morera, que ha salido absuelto del delito de desafección y de quien no se ha vuelto a saber nada. Chamizo es uno de esos personajes oscuros que consiguen sacar tajada de la guerra. Primero participó en una falsa evacuación de presos desde las embajadas de Noruega y Finlandia que acabó, presumiblemente, en alguna zanja de las cercanías de Madrid. Como portero de la casa de la calle Velázquez número 55, donde estaba una de las muchas sedes finlandesas, fue colaborador necesario, a cambio de dinero. Más tarde, el 3 de diciembre, se le detuvo, junto a muchos refugiados, con motivo del asalto a la legación de Finlandia. La acusación era importante: no había denunciado la gran cantidad de personas que había allí refugiadas. Chamizo ha tenido la suerte de que el tribunal popular que le ha juzgado no haya encontrado pruebas de que estaba implicado en la quinta columna.

La falsa evacuación de asilados la había organizado gente de la CNT, de las checas de Ferraz y de Fomento.

Pero Julián no aparecerá nunca más. Quizá los servicios de José Cazorla sí tengan algo que ver en ello.[200]

Más suerte ha tenido el sacerdote Carlos Vicuña, que hoy le escribe una carta de agradecimiento a Jesús de Galíndez, el delegado del PNV en Madrid, por haberle salvado la vida al sacarle de la cárcel Modelo. Vicuña consiguió que saliera una misiva suya para Galíndez en octubre, en la que le narraba su situación de cautivo sin juicio y reclamaba su condición de nacionalista vasco.

Su puesta en libertad no ha significado caer en manos de los oscuros servicios que hacen que algunas gentes desaparezcan aún en Madrid.[201]

La lucha por Madrid se concentra en Aravaca. Los internacionales parecen obedecer la orden de resistir hasta morir. Caen por docenas. Su sacrificio no es inútil para la defensa: la infantería franquista sufre igualmente enormes bajas. Las tropas de Orgaz avanzan, pero sus reservas se agotan.

PARTE FRANQUISTA
Ejército del Norte
7 división. Sin novedad, ligeros tiroteos y fuego de cañón.
División de Madrid. Han continuado las operaciones en el frente de Pozuelo y Aravaca, rebasándose por nuestras tropas el segundo de estos pueblos, que fue tomado, así como las numerosas trincheras y obras de fortificación que le rodean, después de un brillante combate en que el enemigo dejó en nuestro poder una gran cantidad de muertos, numerosísimos armamentos, un tren blindado, camiones artillados, ametralladoras, municiones, bombas de mano, caretas contra gases, depósitos de vestuarios y diverso material: todo él sin clasificar.

Puede calcularse que el número de muertos cogidos al enemigo en estas acciones pasa bastante del millar, habiéndose logrado con precisión matemática todos los objetivos propuestos.

En todos los puntos del frente se presentan soldados armados y milicianos que muestran su alegría por haberse evadido de lo que llaman el infierno rojo y dan cuenta de los horrendos crímenes que presenciaron y que continúan con la misma intensidad.

PARTE REPUBLICANO
Madrid. Durante todo el día se ha combatido intensamente en el frente de Aravaca. La lucha continúa en los momentos actuales, en los que nuestras tropas siguen luchando con tesón para rechazar los ataques enemigos.

La aviación de bombardeo del adversario ha actuado sobre nuestras posiciones y casco de Madrid. La nuestra ha bombardeado, igualmente, con gran eficacia las posiciones enemigas, ametrallando las concentraciones que ha observado.

9 de enero

Hoy, Asensio y Buruaga consiguen con sus columnas tomar la Cuesta de las Perdices y el Cerro del Águila.

Ante su empuje, y al recibir la orden de retirada, el cansancio, la dureza del castigo hace vacilar la resistencia. Muchos de los soldados huyen a toda prisa, perdiendo el contacto con sus unidades. Durante unos instantes, las posiciones son abandonadas por grandes núcleos de combatientes que, alocados, presos del pánico, no atienden las voces de los que aún resisten con un coraje sobre toda ponderación.[202]

El comisario del 4 batallón de la 1 brigada detiene a uno de los milicianos que huyen. Discute con él. Le convence de que vuelva a tomar el fusil.

Álvarez está recién llegado. Los de Líster han tenido que venir a taponar el hueco. La brigada de Gallo ha llegado a perder el control del puente de San Fernando. Pero reacciona y lo recupera. Los franquistas ya no siguen intentándolo.

Durante todo el día se lucha en los merenderos de la Cuesta de las Perdices. Cuerpo a cuerpo. «El arma más empleada es la bomba de mano.» En ocasiones, los combatientes enemigos caen juntos bajo la metralla.[203]

Orgaz ha culminado con éxito su movimiento. La ofensiva ha cubierto todos sus objetivos. Sus tropas, ahora, están en disposición de prepararse para el nuevo asalto, el que habrá de ser definitivo, sobre la ciudad.

Los franquistas están eufóricos. Parece que se rompe la maldición madrileña. Y desde su retaguardia llegan nuevas tropas de refresco. Desde África, pero también de Cáceres, donde se entrenan las fuerzas de reemplazo y se completa la instrucción de millares de voluntarios falangistas y requetés. Las brigadas mixtas italo-españolas de «flechas» están a punto. Los ejércitos italianos de Roatta se preparan para dar el «do de pecho» y mostrar al mundo su filosofía de la *guerra celere*. Los aviones de la Legión Cóndor vuelan en escuadrillas cada vez más numerosas.

Pero, sobre todo, Madrid está al alcance de la mano. De nuevo.

¿Por qué no ha seguido Orgaz la ofensiva hacia el puente de San Fernando que le habría permitido entrar en la capital? Para Rojo, en ese momento, la defensa estaba «en una grave crisis». El frente ha estado roto esta mañana.

¿Por qué no han intentado las tropas de Asensio y Buruaga seguir a las tropas en desbandada, Cuesta de las Perdices abajo hasta el puente? Porque no estaba previsto.[204]

Madrid se ha vuelto a salvar. Esta vez, porque no estaba previsto seguir la maniobra. Y porque a Franco no le sobran las reservas.

José Miaja y Vicente Rojo recomponen su dispositivo. En el puente de San Fernando está la 6 brigada, de Gallo, y a su derecha, la 39 y dos batallones sueltos. Luego, la E, la XI y la de Durán. Como reservas, la de Líster, la caballería internacional y la 3 de Galán.

En El Escorial, el coronel Burillo, que ha abandonado el frente de Sigüenza, manda una agrupación de fuerzas que pueden ser lo suficientemente potentes como para complicarle la vida a Orgaz: la 35 brigada, que manda Nino Nanetti, la XII de Lukács, la XIV de Walter, varios batallones de distintas unidades y los tanques que había mandado Krivoshein.

Con estos contingentes, Rojo planea un contraataque que descongestione Madrid. El plan consiste en tres movimientos simultáneos con un objetivo ambicioso: romper el dispositivo de Orgaz. El primer movimiento lo tendrán que hacer los de Líster acompañados por los tanques de Paulov. A la 3, de Galán, se le encomienda atacar Las Rozas y el bosque de Remisa. A Ricardo Burillo, tomar Majadahonda.

Pero ya, por el arco que va del noroeste hasta el sur, el frente se ha consolidado.

PARTE FRANQUISTA
Ejército del Norte
7 división. Sin novedades dignas de mención.

División de Madrid. Prosiguió el avance de nuestro frente, alcanzándose la Cuesta de las Perdices y el Cerro del Águila y atrincheramientos enemigos que los coronaban.

El enemigo fue batido con gran eficacia, huyendo en dirección a Fuencarral y abandonando en nuestro poder tres grandes tanques rusos, uno más pequeño, fusiles, ametralladoras, fusiles repetidores, vestuario, víveres y diverso material. En el campo quedaron abandonados numerosos muertos, que aún no fueron contados.

En el sector de Las Rozas, el enemigo atacó con tres batallones, que fueron diezmados por el fuego de nuestras tropas, dejando abandonados 137 muertos y tres prisioneros heridos, así como gran cantidad de fusiles que aún se están recogiendo.

PARTE REPUBLICANO

Frente del centro

Madrid. Durante todo el día de hoy se ha luchado intensamente en el frente de Aravaca del primer sector. Nuestras tropas han contenido el avance enemigo, consolidándose en las posiciones previstas por el mando.

En el resto de los sectores del frente, intenso fuego de cañón.

La aviación enemiga ha bombardeado nuestras posiciones, y la nuestra ha actuado muy intensamente sobre el frente y retaguardia enemigos.

Dos ejércitos
para una guerra larga

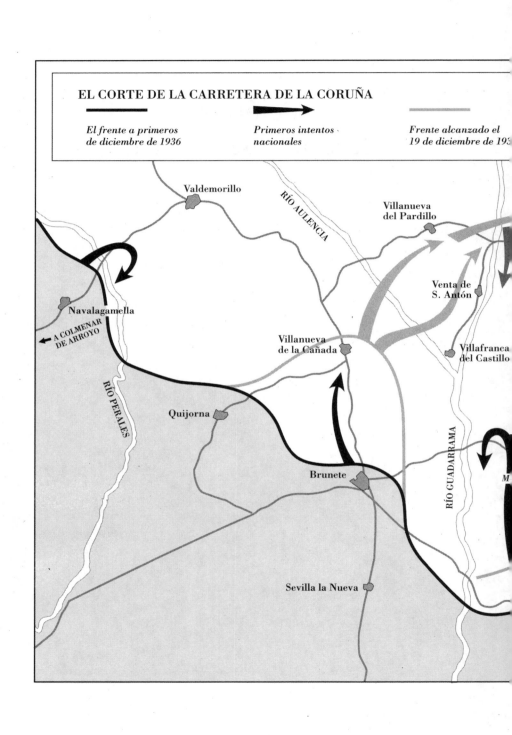

EL CORTE DE LA CARRETERA DE LA CORUÑA

El frente a primeros
de diciembre de 1936

Primeros intentos
nacionales

Frente alcanzado el
19 de diciembre de 193

Valdemorillo

RÍO AULENCIA

Villanueva
del Pardillo

Venta de
S. Antón

Navalagamella

A COLMENAR
DE ARROYO

Villanueva
de la Cañada

Villafranca
del Castillo

RÍO PERALES

Quijorna

RÍO GUADARRAMA

Brunete

M

Sevilla la Nueva

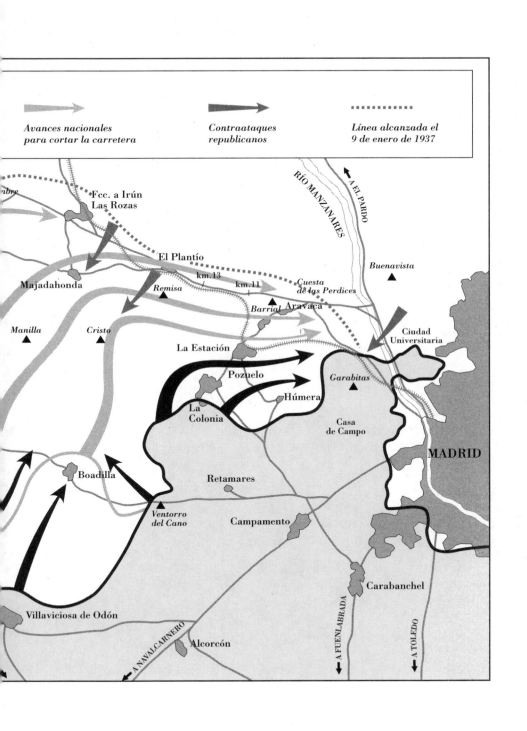

Avances nacionales para cortar la carretera

Contraataques republicanos

Línea alcanzada el 9 de enero de 1937

RÍO MANZANARES

A EL PARDO

Fcc. a Irún
Las Rozas

El Plantío

Buenavista

Majadahonda

km. 13

km. 11

Cuesta de las Perdices

Remisa

Barrial Aravaca

Manilla

Cristo

La Estación

Ciudad Universitaria

Pozuelo

Garabitas

Húmera

La Colonia

Casa de Campo

MADRID

Boadilla

Retamares

Ventorro del Cano

Campamento

Carabanchel

Villaviciosa de Odón

A NAVALCARNERO

Alcorcón

A FUENLABRADA

A TOLEDO

*L*AS ARMAS HAN CALLADO BRUSCAMENTE EN EL FRENTE. *Es un anticipo de la guerra moderna: los soldados en las trincheras tienen un momento de reposo, sobre ellos no caen ahora cientos de obuses, ni reciben los silenciosos morteros de trinchera que se desploman en vertical sobre las cabezas de los combatientes sin que encuentren defensa para ellos.*

Las bombas de los aviones o de la artillería caen sólo sobre la ciudad, sobre sus hambrientos, congelados y orgullosos habitantes. También sobre los que anhelan, cada vez con menos esperanza, la llegada de quienes arrojan esas bombas.

Eso es la tregua.

Madrid no ha sido la tumba del fascismo como prometía la propaganda de los cartelistas republicanos. Un gran tramo de su perímetro está ocupado por las tropas de Franco, que intentan asfixiar sus comunicaciones y desmoralizar a la población. A los combatientes ya saben que no les pueden vencer. El último intento, destinado a cortar las comunicaciones con la Sierra, les ha dejado exhaustos.

Pero Madrid sí ha sido la ciudad que ha detenido la embestida de los rebeldes por primera vez en la corta historia de las rebeliones antidemocráticas de la extrema derecha, triunfantes en Alemania, Italia y otros países de Europa central.

En Madrid se respira un aire confuso de triunfo y miseria. La exaltación de la defensa victoriosa da paso, poco a poco, a la conciencia de que los meses se van a suceder en un permanente conflicto repleto de hambre y muerte. La guerra será larga, dura, y tan implacable como ha transcurrido hasta ahora. Los edificios seguirán desplomándose bajo las bombas. Seguirán muriendo niños. El frente seguirá consumiendo a los hombres por centenares con un apetito insaciable.

La guerra es ya otra cosa. No la libran los militantes voluntarios o los mercenarios extranjeros. Desde ahora la van a librar todos los hombres útiles que no logren emboscarse. Llamados a filas por sus quintas. Los ejércitos serán a partir de este momento grandes masas de hombres organizados en torno a unidades que tienen todos los ingredientes de los grandes ejércitos de la historia moderna. Ejércitos, cuerpos de ejército, divisiones, brigadas... Numerados con dígitos que se harán familiares para los civiles, aunque algunos de estos números seguirán siendo sustituidos por los de los jefes de las unidades en las noticias de prensa y en los comentarios callejeros.

Las bombas ya no caerán apenas en el frente de Madrid hasta que la guerra acabe. Caerán en Madrid. Los que han apoyado la resistencia verán cumplida la amenaza de Franco poco antes del 6 de noviembre: si no se rinde, la ciudad será arrasada.

10 de enero

Día de calma. Ambos ejércitos se toman un respiro. Orgaz lo aprovecha para continuar su avance. Rojo, para rechazar al enemigo.

En Galapagar se concentran dos brigadas internacionales, la XII y la XIV, o lo que queda de ellas. Los hombres están extenuados. Un grupo de alemanes del Vaillant-Couturier está al borde del desistimiento. Exigen descansar.

El general Walter les arenga en polaco mientras un intérprete traduce sus palabras al alemán. Consigue que vuelvan a obedecer.[1]

A medianoche, todos los internacionales se mueven hacia el campo de batalla para iniciar mañana la ofensiva.

PARTE FRANQUISTA
Ejército del Norte
7 división. Sin novedad, con ligeros tiroteos de fusil y cañón.

División de Madrid. Se ha llevado a cabo un pequeño ataque enemigo en el sector de Villanueva del Pardillo, que fue rechazado, causándoles a los rojos numerosísimas bajas.

En un reconocimiento llevado a cabo en el frente de Las Rozas donde tuvo lugar el ataque de ayer, se han recogido sesenta y seis muertos más con sus armamentos, un fusil ametrallador, tres lanzaminas y gran cantidad de proyectiles.

PARTE REPUBLICANO
Frente del centro
En los sectores de Guadarrama y Somosierra, fuego de fusil y artillería sin daños por nuestra parte.

En Madrid, durante el día de hoy, la actividad del enemigo ha sido casi nula, limitándose a hostilizar con débil fuego de fusilería y con algunos disparos de mortero; su artillería apenas ha disparado y la nuestra lo ha hecho muy certeramente sobre los objetivos que se habían señalado.

11 de enero

L A NIEBLA, LA LLUVIA, SON LOS PROTAGONISTAS de los combates en estos días de enero.

En Majadahonda se lucha con dureza. Una compañía de la Legión, la 21 de la 6 bandera, está inmersa en un duro combate. En ella se encuentran varios rumanos que se alistaron como voluntarios en diciembre. Uno de ellos, el príncipe Alecu Cantacuzina, se distingue por su valor, y es ascendido a cabo.

El príncipe ha sido instado por sus jefes a echar cuerpo a tierra porque dispara su fusil erguido, desafiando al peligro. Sus dos compañeros, los legionarios Ion Mota y Vasile Marin, están a cubierto en la trinchera pero un proyectil de artillería les alcanza. Los dos mueren en el acto.

Es el fin de la simbólica presencia de los legionarios rumanos en España. Al día siguiente, los cuatro supervivientes de una expedición «simbólica» enviada por las máximas autoridades del partido fascista rumano Todo por la Patria son licenciados y reenviados, con los cadáveres de sus compañeros, a Bucarest, donde una multitud de doscientas mil personas les rinde homenaje.

Franco ha rechazado la petición, hecha en octubre por la Legión Arcángel San Miguel, de enviar diez mil voluntarios a España. No hay medios económicos para traerlos, y las propias autoridades del partido rumano han considerado que enviar tantos militantes les iba a debilitar en exceso en su sangrienta pugna política interna. Por ello, la delegación que ha llegado a España ha tenido un carácter simbólico: han venido seis hombres, todos ellos con un alto rango en el movimiento. Los muertos Mota y Marin son abogados. Herido ha quedado el también abogado Banica Dobra, que vuelve con la triste comitiva, acompañado por el sacerdote Dumitrescu Borsa. Los rumanos han pasado muy poco tiempo en la guerra española, pero siempre han estado asistidos espiritualmente por su sacerdote.[2]

El mando franquista les colma de honores y medallas.

Las tropas de Enrique Líster, de José María Galán, de Ricardo Burillo, rinden bien durante toda la jornada. La artillería de Zamarro bate de forma adecuada las posiciones franquistas y respalda con eficacia la reconquista del vértice Cumbre. Los tanques que acompañan a Ricardo Burillo han apoyado el ataque a Majadahonda. La 3 brigada progresa bien hacia Las Rozas. Hay buenas noticias para Vicente Rojo: las dos poblaciones están siendo envueltas.

Pero las noticias empeoran según transcurre el día. El Vaillant-Couturier, de la XIV brigada internacional, entra en Las Rozas apoyado por varios tanques T-26. Pero los tanques se dan la vuelta, y los infantes tienen que retirarse.

La niebla se espesa y se pierden compañías enteras, como la de ametralladoras del batallón Henri Barbusse, que ataca Majadahonda con la XII brigada, o el batallón Sans Nom, que forman noventa hombres de los que han sobrevivido a la carnicería de Montoso. Pasarán dos días enteros deambulando por la Sierra.

El debate político en la zona franquista es siempre soterrado, casi clandestino, aunque lo practiquen los más entusiastas partidarios del Caudillo. Hace cuatro meses que la política partidaria está fuera de la ley en los dominios del gobierno de Burgos. El paraguas de ideas bajo el cual se cobija el Caudillo está por definir en muchos aspectos. Eso provoca dos efectos simultáneos y contradictorios: monárquicos, falangistas, tradicionalistas piensan que tienen margen para influir en la futura construcción de la entidad política que Franco decida modelar; por otro lado, conviene moverse con pies de plomo, porque no se sabe qué puede molestarle al Caudillo. Las declaraciones de Hedilla el día de Nochebuena, por ejemplo, no han sido recibidas con agrado en el entorno de Franco. Su tono antiderechista ha golpeado en una enorme franja social que ampara y financia al Caudillo.

En la zona republicana, por el contrario, el debate se agudiza. Desde luego, entre comunistas y poumistas, que se acusan abiertamente de ser agentes del fascismo. También es evidente la lucha de los republicanos por dar señales de vida y amoldarse a la situación que vive el país, poco propicia para programas moderados.

Izquierda Republicana está haciendo una campaña que intenta buscar un hueco para sus militantes en la enmarañada política de la zona leal. Su programa apela a las exigencias morales del republicanismo y pone, por encima de todas las cosas, la «consideración de la libertad como valor eterno» y el establecimiento de «un orden republicano, moral, jurídico y social». Al margen de estos apuntes, obligatorios para un partido que se basa en una concepción de la ciudadanía de carácter liberal, los redactores del documento avanzan en direcciones escabrosas para una formación de su origen: «equidad en el reparto de cargas y sacrificios», «ordenación de las fuerzas vitales para aprovechar las fuentes de riqueza», «la tierra dedicada a su producción social, racionalizada la producción»...

Hay un impulso de enganche al carro de la revolución que, en el caso de su partido competidor, Unión Republicana, se hace casi vergonzante: el dirigente Fernando Valera expresa en *ABC* su apuesta por que el futuro Estado, el que surja tras la guerra civil, sea el más avanzado de Europa en materia social.

Eso sí, los republicanos hacen permanentemente hincapié en lo que afecta a las libertades, a la fe en la democracia.[3]

Los comunistas no tienen el menor problema para ser y parecer moderados. La Tercera Internacional envía hoy su aceptación del programa de ocho puntos que el PCE ha debatido por todo el país. Es un programa que puede ser asumido por el más conservador de los que apoyan a la República. Tras un canto al Frente Popular y a la unificación política y militar, y una defensa de los derechos de propiedad de los campesinos, se introduce el toque que puede causar escándalo y miedo: «desenmascaramiento del verdadero carácter del trotskismo».

Es una deuda con Stalin. Porque resulta obvio que en España no hay mucha preocupación por un partido que, por muy radicales que sean sus propuestas, no cuenta seriamente en la política republicana.

PARTE FRANQUISTA
Ejército del Norte
7 división. Sin novedad.
División de Madrid. El enemigo atacó en Las Rozas y Majadahonda: fue rechazado sufriendo muchas bajas. Dejó en nuestro poder cuatro carros rusos.

PARTE REPUBLICANO
Frente del centro
Sector de Guadarrama. Fuego de cañón, mortero y fusil, sin consecuencias por nuestra parte.
En el sector de Aranjuez hostilizó el enemigo nuestras posiciones del sector de Algor sin causar daño.

Madrid. En el día de hoy se ha combatido en el primer sector por iniciativa de nuestras fuerzas, que han atacado, muy eficazmente, hacia Las Rozas, Majadahonda, Villanueva del Pardillo, consiguiendo todos los objetivos propuestos, a pesar de la densa niebla que ha dificultado nuestros movimientos, habiéndose cogido al enemigo amplio material.

En el segundo sector, mediante afortunados golpes de mano, se han mejorado nuestras posiciones y castigado duramente al enemigo, que se ha limitado a contener los ataques, suspendiendo la actitud ofensiva con que ha actuado la semana última.

En el resto del frente, muy poca actividad, limitándose los facciosos a ligero fuego de fusil, ametralladora y mortero, así como algunos disparos de artillería contrarrestados siempre con gran eficacia por la nuestra.

12 de enero

LA PLANA MAYOR DEL BOLCHEVISMO, Stalin, Voroshilov y Molotov, escribió el 21 de diciembre una carta al presidente del Consejo de Ministros, Francisco Largo Caballero, que éste no se apresura a responder en francés. La misiva le ha sido entregada en mano por el embajador soviético en España, Marcel Rosenberg. Largo Caballero intenta, sobre todo, tranquilizar a «mes chers camarades» sobre las fórmulas de la revolución española, que tiene diferencias muy «sensibles» con la rusa.

El trato con el campesinado, con la pequeña burguesía y sus representantes políticos, Izquierda Republicana y Unión Republicana, y el respeto a la institución parlamentaria son objeto de preocupación para los rusos. Largo Caballero les tranquiliza al respecto. No hay nada en la política española que pueda romper con la estrategia definida por la Internacional Comunista para los Frentes Populares como el español.

La colaboración es espléndida por parte de todos los soviéticos enviados a España, militares y políticos. Y, desde luego, Largo Caballero elogia la actitud de Rosenberg.

El embajador debería tomar alguna precaución. La pregunta directa que hacen los rusos sobre su capacidad y su dedicación revela que algo se mueve en su contra en Moscú. Quizá recaiga ya sobre él alguna de las sospechas paranoicas que se extienden por la Unión Soviética respecto de los hombres y mujeres susceptibles de tener influencias trotskistas. A Rosenberg le quedan pocos meses de vida. Será llamado a consultas y liquidado. De poco le valdrán los elogios de Largo Caballero frente a los informes que alguien envíe desde España. Posiblemente ese alguien sea Orlov, quien sigue en Madrid, alojado en el hotel Gaylord.

Los hombres han recibido la orden de aguantar sin hacer fuego hasta que el enemigo se acerque lo bastante. A la cabeza de los atacantes se mueven contra las trincheras italianas del batallón Garibaldi siete carros de asalto también italianos. Detrás de ellos, la infantería. A la orden de los oficiales, los disciplinados defensores de la posición abren fuego con todo: lanzagranadas, ametralladoras y granadas de mano que barren a la infantería y hacen retroceder a los carros. Uno de ellos se vuelve dejando tras de sí un penacho de humo.

Los italianos están orgullosos de sí mismos porque ya han dejado de ser una tropa desorganizada y son capaces de combatir con eficacia, con disciplina. Desde sus trincheras surgen las voces que inician primero *Bandiera Rossa* y después *La Internacional*.

Llevan combatiendo veinticuatro horas, en un episodio que aún se prolongará dos días más en la zona de Galapagar. Hay bajas. La más importante, la del profesor Piero Jacchia, un hombre ya entrado en años, venido de Holanda para combatir. Cuando llegó, en atención a sus canas, alguien le propuso ser el historiador del batallón. Su respuesta fue escueta:

—He venido a pegar tiros.

Se lucha con dureza en medio del temporal. Pero no hay noticias significativas para ninguno de los bandos. Porque los soldados muertos no son significativos cuando están dentro de los porcentajes previstos.

PARTE FRANQUISTA
Ejército del Norte
Sin novedad en todos los frentes. Se pasaron a nuestras filas, en todos los sectores, unos cincuenta milicianos con armamentos.

PARTE REPUBLICANO
Frente del centro
Guadarrama. Ligero tiroteo de fusil. En nuestras líneas del sector se han presentado dos evadidos. En éstos, como en otros muchos, se observa la extrañeza que les causa ver la alta moral de nuestras tropas y las atenciones que con ellos se tienen, que contrastan con las noticias calumniosas que los facciosos propagan entre sus gentes para evitar esas deserciones que ni las mentiras ni el terror pueden impedir.

13 de enero

E L HOSPITAL CLÍNICO SIGUE SIENDO LA MAYOR PESADILLA para los defensores de la ciudad. Desde sus escombros, los legionarios que lo guarnecen dominan casi todas las rutas que cruzan la zona de Moncloa.

A las cuatro de la tarde, dos secos estampidos sacuden el terreno y los
oídos de la guarnición. A los estampidos les sigue el derrumbamiento del ala
oeste. Cuarenta legionarios de la 6 bandera caen esta vez en la repetición del
ataque de hace apenas un mes.

Tras la explosión, y cuando aún no se ha desvanecido la polvareda que
ciega a atacantes y defensores, se oye un griterío y los disparos de los soldados que quieren tomar a viva fuerza la posición. Con granadas de mano, con
ametralladoras y fusiles, los legionarios se defienden durante horas. El combate se sostiene hasta las once de la noche.[4]

Franco no se conmueve con ninguno de los intentos del heredero del trono, Juan de Borbón, que ya fue expulsado de España por Mola en el mes de
agosto cuando intentaba sumarse al ejército con el nombre de Juan López.

Juan de Borbón, el príncipe, le ha solicitado al Caudillo incorporarse
como oficial de marina a la dotación del crucero *Baleares*. Pero Franco es
taxativo en su respuesta: «Hubiera sido para mí muy grato acceder a vuestro deseo, tan español como legítimo. Pero la singularidad de vuestra persona no permitiría que pudierais servir bajo el sencillo título de oficial. El lugar que ocupáis en el orden dinástico exige de vuestra parte sacrificar anhelos
tan patrióticos y nobles. No es posible seguir los dictados de mi corazón de
soldado, aceptando vuestro ofrecimiento».

Franco no lo sabe, pero le está salvando la vida al heredero. Porque el *Baleares* será hundido ese año por la flota republicana y en el naufragio pere-
cerá casi toda su tripulación.

Sin embargo, sus razones no son humanitarias. A Franco no le interesa lo más mínimo tener dentro del territorio español al heredero de la Corona. Ni siquiera sabe cuál es el contenido de su régimen; salvo su carácter de dictadura personal, no existe aún ninguna definición que estipule, por ejemplo, cómo puede establecerse la sucesión en el mando. Los monárquicos tardarán décadas en poder tener en España a sus representantes.

El *lehendakari* José Antonio Aguirre informa en un discurso oficial de que los franquistas han fusilado «a numerosos sacerdotes y religiosos beneméritos por el mero hecho de ser amantes de su pueblo vasco. Yo, católico, pregunto con el corazón dolorido: ¿por qué calla la jerarquía de la Iglesia?».

El Primado de España, el cardenal Gomá, se apresura a darle una respuesta: «La jerarquía no calló en este caso, aunque no se oyera su voz en la tribuna clamorosa de la prensa. Pero puedo señalarle el día y el momento en que se truncó bruscamente el fusilamiento de sacerdotes, que no fueron tantos como se deja entender en su discurso».

El día y la hora son el 26 de octubre al anochecer, cuando el cardenal llegó «acongojado» al despacho de Franco en Salamanca, una vez que recibió noticia de que se había fusilado a dieciséis curas en Guipúzcoa. Gomá se atrevió a decirle a Franco que los fusilamientos no deberían producirse porque eso afectaría a la posible antipatía que se pudiera granjear el ejército en Euskadi; pero también a la aflicción que eso causaba en la Iglesia y a las posibles protestas del Vaticano. Franco le dio garantías de que no se volverían a producir hechos así.

Gomá, en su pastoral misión investigadora, se entrevistó también unos días después con quien había ejercido de secretario en el tribunal militar que dictó las condenas. Y averiguó que el juez, llamado Llamas, era un católico practicante, ponderado y ecuánime. «Los ejecutados fueron dieciséis; lo fueron vestidos de seglar y de noche, para evitar publicidad; fueron avisados poco antes del fusilamiento, para evitarles sufrimientos, y se les proporcionaron confesores, los jesuitas Lacoume y Urriza.»

El cardenal no vio al juez Llamas, por lo que no pudo formarse una auténtica opinión sobre el caso. Pero sus informaciones eran tranquilizadoras, ante una muerte tan cristianamente preparada.[5]

Gomá atiende a la cantidad. Es cierto que apenas unas decenas de curas vascos han sido fusilados. Pero también es cierto que han sido fusilados por eso. Con la misma saña con la que en la zona republicana se ha asesinado a miles de sacerdotes, frailes y monjas.

Pero existe una diferencia: en ningún momento el gobierno republicano ha dado orden de que se fusile a curas. El ejército de Mola tenía la consigna de hacerlo con todos los que sirvieran en las milicias nacionalistas.

El polvo que ha invadido las cercanías del Clínico tras la explosión de las minas se disipa poco a poco, junto con la niebla que impide los ataques aéreos y el fuego de la artillería.

La inmediata amenaza sobre la ciudad se diluye empujada por una suave, húmeda y fría brisa.

PARTE FRANQUISTA
Sin novedad.

PARTE REPUBLICANO
Frente del centro
Tranquilidad en todo el frente de Madrid. La espesa niebla ha dificultado las operaciones, así como el fuego de artillería y la observación. No obstante, nuestras tropas han realizado algunos golpes de mano con éxito afortunado.

14 de enero

LAS AUTORIDADES DE LA DEFENSA DE MADRID no encuentran la fórmula para acabar con ciertos espectáculos que van contra la moral de la defensa. Algunos cines proyectan películas de contenido «burgués».[6]

Pero hay más: se dan por todas partes espectáculos de *varietés*, a pesar de las prohibiciones y las amenazas de cierre. Las funciones que las señoras bien calificaban de «sicalípticas», o sea, de indecentes, siguen en cartel en clubes que funcionan de manera sólo semiclandestina.

En la Junta de Defensa se discute sobre este problema. Miaja interviene con una defensa corporativa de los músicos: se debe imponer que en los locales de diversión actúe siempre un sexteto.[7]

La ciudad sigue viva también en el sexo.

Hoy ha reventado otra mina en el entorno del Clínico. Los republicanos han retomado, en su acometida obligada tras las explosiones, el Templete del Parque del Oeste. Una frágil victoria que permite mejorar levemente las defensas de la ciudad.

Cincuenta legionarios de la 6 bandera se unen a los enterrados bajo los escombros. Sus huesos sirven de base a los parapetos.

PARTE FRANQUISTA

Ejército del Norte

7 división. Sin novedad, con ligeros tiroteos. Siguen presentándose milicianos rojos huidos de los frentes enemigos.

División de Madrid. Tiroteos en todos los frentes. Un ataque enemigo a Las Rozas fue rechazado, ocasionándole gran número de bajas.

PARTE REPUBLICANO

Frente del centro

En el sector de Guadarrama, fuego de cañón y ametralladora sin consecuencias. En nuestras posiciones se presentó un soldado evadido de las líneas enemigas con un fusil y una ametralladora.

En el sector de Aranjuez fueron cañoneadas nuestras posiciones, replicando nuestros cañones adecuadamente.

En Madrid, en las primeras horas de la noche de ayer, mediante un golpe de mano, nuestras tropas ocuparon la casa de las oficinas de la Ciudad Universitaria, La Cascada y el Templete del Parque del Oeste, cogiéndose al enemigo algunos prisioneros, cuatro ametralladoras y algún otro material de guerra.

En nuestro flanco derecho, nuestras tropas han ocupado, después de violento combate, el centro de los Gamos, emplazado entre el bosque de la Remisa y la estación de Pozuelo.

15 de enero

L A FUSIÓN DE LAS JUVENTUDES SOCIALISTAS Y COMUNISTAS es un hecho desde hace tiempo. Y la incorporación en la práctica de las JSU al Partido Comunista de España también. Sobre todo desde el 6 de noviembre, cuando el secretario general de la organización, Santiago Carrillo, hizo un gesto más que simbólico afiliándose al PCE. Él y el comunista Fernando Claudín se han convertido en dos piezas esenciales de la resistencia contra el asalto de los franquistas.

En el seno del PSOE y del PCE existe, desde hace tiempo, una corriente que pretende conseguir la unificación de ambos partidos, separados, incluso con fiereza, desde que Lenin montara la III Internacional, controlada por Stalin y sus adláteres.

En el PSOE la encabeza Francisco Largo Caballero, que debe toda su fuerza al sindicato socialista, la UGT, donde los comunistas han entrado en masa. Pero Largo ha enfriado su entusiasmo por el proceso de unidad. El poder que los comunistas han ido alcanzando en Madrid le inquieta.

El diplomático comunista Ángel Osorio le escribe hoy una carta a uno de los principales líderes caballeristas, Pascual Tomás. Pero le manifiesta su desconcierto: «Leí el reciente manifiesto invitando a la unión, firmado por usted y por los del grupo de Largo Caballero. Me pareció muy bien, pero me quedé un poco perplejo. ¿Cómo para llamar a los socialistas a la unión lo hace sólo uno de sus sectores, revelando así que no ha podido ponerse de acuerdo con el otro, es decir, con la organización más hermana y más fácil de tratar? La cosa resulta paradójica. Supongo que tendrá una explicación, pero a mí no se me alcanza».[8]

La cuestión viene de largo. Los comunistas insisten siempre en la reunificación de las fuerzas proletarias de raíz marxista, pero plantean las cosas desde la hegemonía comunista. A Julián Besteiro, por ejemplo, le repugna esa idea, y sería muy coherente que se marchara del PSOE si se produce una fusión de las candidaturas. La fractura en el movimiento obrero internacional es enorme. Los socialistas no quieren obedecer las consignas comunistas, a pesar de que son los comunistas de todo el mundo quienes reclaman el apoyo de todas las potencias democráticas al régimen republicano. Pero los socialistas se ven enfrentados a una realidad muy difícil de ocultar: en su seno cohabitan tendencias muy distintas, a veces enfrentadas.

Otro hombre de gran influencia, Indalecio Prieto, que desde el fracaso de la insurrección de 1934 está en el ala derecha del partido, ha llegado a proponer el descabellado proyecto de unir a los dos partidos por las bravas.

La principal de las tendencias socialistas es la de Izquierda Socialista, la que apoya a Largo Caballero, que hoy publica en *Claridad*, su órgano oficial, un documento titulado «Forjemos el órgano político de la Revolución. Por la unidad marxista, hacia la unificación total del proletariado español».

Al estampar su firma al pie, Largo Caballero pretende recuperar la iniciativa política. Sus partidarios no escatiman esfuerzos en la dirección de la unidad: la marxista, con el PCE; la sindical, con la CNT. Y él en medio. La coincidencia de ambas pretensiones no puede ser asimilada por ninguno de los presuntos socios, aunque ambos son partidarios, por la cuenta que les trae, de avanzar en el proceso que les afecta.[9]

Pero la Comisión Ejecutiva, cuyo secretario general es Ramón Lamoneda, para el golpe el mismo día con una circular en la que asume la responsabilidad del proceso. En la circular se informa de que se ha decidido iniciar conversaciones con el PCE, «partido hermano», para llegar a acuerdos concretos de «coordinación de esfuerzos hacia objetivos comunes». La ejecutiva socialista desautoriza cualquier otro tipo de intento de fusión y ordena a las secciones que «se abstengan en absoluto de contraer compromisos que puedan producir un estado de confusión». No habrá acuerdos por la base ni fusiones.

Ramón Lamoneda, el secretario general, ha dado un golpe maestro a la díscola tendencia obrerista de Largo Caballero, en práctica rebeldía dentro del partido desde finales de 1935. Y lo ha hecho cuando nadie espera nada del órgano principal del PSOE, que está desaparecido de la escena política desde que ha comenzado la guerra. El PSOE comienza a recuperar, al menos en parte, algo de iniciativa política. Sobre todo, está salvando al partido de ser absorbido por un PCE cada vez más crecido y prestigioso. El PSOE resucita.[10]

Los comunistas responderán a la propuesta del PSOE con la aceptación de que se cree un comité de enlace entre ambos partidos para abordar la unidad. Y sugerirán que la UGT se incorpore. Pero el sindicato no actuará en serio por la necesidad de ir reparando las fricciones en su relación con la CNT.

Largo Caballero no volverá a intentar en ninguna ocasión el fomento de la unidad con los comunistas. Sus recelos con ellos crecen cada día más. Sobre todo, por el evidente desgaste que le provoca su importante papel en la defensa de Madrid. El presidente del gobierno, pese a las protestas de lealtad de la Junta Delegada, ve muchos fantasmas en su actividad. Él se fue de Madrid, y la Junta la está salvando. Con plena autoridad. Largo Caballero comienza a ver traidores por todas partes.[11] Sobre todo, en Madrid.

Los escándalos prosiguen en territorio republicano. La decisión de llevar las reservas de oro a Moscú no se ha tomado con el conocimiento de todos los miembros del gobierno, ha sido clandestina. Franco ha movilizado a su aparato de propaganda para denunciar en el extranjero el «saqueo» del oro. Pero no es el único. En la zona leal se cuestiona cada vez de manera más abierta la operación.

El órgano de la CNT, *Solidaridad Obrera*, publica hoy en Barcelona una larga diatriba: «¿Quién adoptó la descabellada idea de enviar las reservas de oro al extranjero? Ésta será una de las más graves responsabilidades adquiridas por los hombres que han gobernado en fecha posterior al 19 de julio».[12]

El gobierno de Largo Caballero prefiere no menear demasiado el asunto que tan mala prensa tiene tanto en el interior del país como en el exterior. Pero tampoco puede hacer oídos sordos a las reclamaciones, cada vez más frecuentes, de distintos sectores en busca de una explicación. Habrá una nota oficial cinco días después, dictada a la agencia *Cosmos*, desmintiendo los hechos. O mintiendo sobre ellos: «El oro español está en España».[13]

Sacar el oro del país ha sido una decisión muy difícil de tomar y que han asumido muy pocos hombres. Eso sí, en este asunto se requirió la autorización del presidente de la República, que la dio en septiembre. Desde luego, en ella han influido los contradictorios movimientos de los bancos franceses e ingleses. Hay oro paralizado en París. Pero es también curioso que los banqueros hayan sido más comprensivos con la República que los gobiernos de la No Intervención. Entre las autoridades financieras se ha tendido con mayor claridad a aceptar la legitimiad del gobierno republicano que entre los políticos.[14]

Tras la detención del avance franquista sobre Madrid, y la estabilización de casi todos los frentes; con el crecimiento de la conciencia de que la República ya tiene un ejército más dotado, capaz de enfrentarse a los africanistas, los discrepantes ven innecesaria, y peligrosa, una aventura como la que ha consumado Juan Negrín, el ministro de Hacienda. El oro estaría muy seguro en Cartagena o en Barcelona. Sacarlo fuera es ponerlo en riesgo. Los cien millones en oro que sacó Calvo Sotelo durante la dictadura de Primo de Rivera dormitan en el Banco de Francia, sometida su propiedad a pleito por los franquistas. Un ejemplo de que ese riesgo existe.

PARTE FRANQUISTA
Ejército del Norte
7 división. Sin novedad, con ligeros tiroteos.
División de Madrid. Fuego de fusilería y cañón en Majadahonda y Las Rozas, efectuándose una salida en que se cogió al enemigo cincuenta muertos y cincuenta armamentos.
En la Ciudad Universitaria también fueron rechazados intentos de ataque enemigo.

PARTE REPUBLICANO
Frente del centro
En Madrid ha transcurrido el día con una tranquilidad casi absoluta. A última hora de la tarde, el enemigo ha iniciado un violento ataque con fuego de fusilería, ametralladora y mortero sobre nuestras posiciones de Ciudad Universitaria, siendo rechazado valientemente por nuestras tropas.

16 de enero

EL MANTENIMIENTO DE LAS TROPAS FRANQUISTAS en el frente de la Ciudad Universitaria provoca numerosas controversias entre los mandos comprometidos. La cuña significa mantener cinco o seis batallones de las mejores tropas inmovilizados, empeñados en la única misión de no perder prestigio por realizar una retirada, que es la salida sensata.

Los soldados tienen, al menos, un alivio con la toma de las posiciones en la Cuesta de las Perdices y el Cerro del Águila, porque ya no reciben fuego de flanco. Además, para el teniente coronel Marías de la Fuente, los republicanos no pueden utilizar «en sus obstinados ataques, la aviación y los carros. La superficie de la cuña es tan reducida, y los rojos se hallan tan pegados a nosotros, que un bombardeo de su aviación tiene tantas probabilidades de alcanzar nuestras líneas como las suyas; por otra parte, las edificaciones en nuestro poder constituyen en la ciudad un enemigo mortal de los carros, condenados a la destrucción por la defensa de los edificios con toda comodidad».[15]

La comodidad en la defensa se vuelve incomodidad en el suministro. Las provisiones y el municionamiento de los defensores, se tienen que hacer llegar de noche, a través de lo que los franquistas llaman en ensalzamiento propio la «pasarela de la muerte». Por allí tienen que pasar también, a lomos de caballerías, los heridos. Cuando su pronóstico es grave, hay que llevarlos bajo el fuego enemigo para que sean atendidos de primeros auxilios en la zona de Firmes Especiales. Los camiones llegan por la noche, con los faros apagados, y se dejan caer por la rampa que se conoce como «curva de la muerte», con el motor apagado para no despertar a la artillería y las ametralladoras republicanas, hasta llegar a la explanada donde también tienen su punto de llegada los mulos que transportan los heridos, los muertos y el material inutilizado que puede aprovecharse. Allí, en el edificio de Firmes Especiales, se trabaja a oscuras, noche tras noche, sin descanso. Porque los rojos no cesan en sus ataques diarios intentando cegar el paso del Manzanares que abrió Asensio.[16]

Los mulos de carga son imprescindibles. No se puede realizar el cruce de vehículos al otro lado por una pasarela que hay que reparar casi todos los días. Algunos de estos animales infatigables se quedan pegados al barro cuando llueve y pisan terreno demasiado ablandado. Muchas veces no hay forma de sacarlos, y se hunden hasta que sus huesos tocan una superficie más firme, y mueren allí de sed, de hambre o de un tiro piadoso que les acorta la agonía. Resulta imposible distinguir el olor de sus cuerpos en descomposición del de los seres humanos.

El centro neurálgico del reducto de la Ciudad Universitaria es la Escuela de Arquitectura que fue conquistada hace un mes por los tabores de Alhucemas. Allí se atrincheran un millar y medio de hombres, con posiciones cada vez mejor fortificadas. Es el edificio más sólido de cuantos han tomado los batallones franquistas. Los otros se van desmoronando poco a poco bajo la acción de la artillería republicana. La Casa de Velázquez, donde tenía su sede la importante delegación cultural francesa en Madrid, se cae a pedazos.

En Arquitectura se va creando un inverosímil microcosmos al que se accede, desde la pasarela sobre el río, por una línea de trincheras que protege de los disparos de las ametralladoras. En el sótano del edificio está el puesto de mando, con la pared cubierta de mapas y un solo teléfono. En el patio sestean o hacen ejercicios militares los moros y legionarios que sirven de reserva para el sector. Hay un quirófano de urgencias y sacos terreros en todas las ventanas.

Hasta que la guerra termine, los combates seguirán siendo nombrados mediante un eufemismo militar: hostigamiento.

No se moverán las líneas en la Ciudad Universitaria.

Ni en el resto del frente noroeste.

Hoy nieva en la Sierra y en las entradas a Madrid. Las operaciones se detienen.

PARTE FRANQUISTA

Ejército del Norte

7 división. Tiroteo sin importancia.

División de Madrid. Se rectificó el frente a vanguardia, castigando duramente al enemigo, que huyó en dirección a Las Matas. En este sector, a uno de los oficiales rusos muertos se le cogió un látigo de seis cabos que empuñaba y con el cual, según versión de los prisioneros, golpeaba a los pobres milicianos españoles

PARTE REPUBLICANO

Frente del centro

En el sector de Aranjuez, la artillería facciosa ha bombardeado nuestras posiciones de Cuesta de la Reina sin causar daño.

En Madrid, en las primeras horas de la noche de ayer, el enemigo atacó violentamente en casi todos los sectores del frente, siendo enérgicamente rechazado por nuestras fuerzas, que se mantuvieron firmemente en sus posiciones.

En el día de hoy han sido mejoradas nuestras posiciones en el puente de San Fernando, en el que se ha combatido por iniciativa nuestra durante la tarde.

17 de enero

EL INOPINADO ALARGAMIENTO DE LA GUERRA AGUDIZA LA CRISIS de reservas que tiene el ejército franquista. Franco, al contrario que el gobierno republicano, aún no ha llamado a ninguna quinta para proveer de hombres a sus unidades regulares. Hasta el momento, los soldados se los han suministrado los carlistas y falangistas, que han reclutado voluntarios por todo el territorio.

Manuel Hedilla ha puesto en marcha una campaña para reforzar el reclutamiento de voluntarios en Castilla y Galicia. Hace dos semanas, Franco le pidió que consiguiera más voluntarios. Millán Astray precisó más; se necesitan quince mil hombres para nutrir las nuevas unidades mixtas que, bajo el nombre de brigadas de «flechas», se están formando en Extremadura, y agruparán a combatientes voluntarios italianos y españoles:

—Si lo consigues, el Generalísimo te levantará un monumento.

Hedilla no se ha hecho de rogar, y ha puesto a los jefes territoriales a recorrer las zonas para obtener lo pedido.

Mario González Zaera, jefe territorial de Falange en Galicia, tiene un método que da grandes frutos. Cuando entra en un pueblo, lo hace precedido por la banda de música que toca himnos y marchas militares. En la plaza del pueblo, dirige una arenga a los mozos del lugar. Y manda trazar una raya con cal en el suelo:

—¿Veis esta raya? Pues el que quiera defender a la patria, que la pase.

Francisco Bravo, que le sucede en el cargo, emplea con buenos resultados el mismo ritual.[17]

Es muy difícil resistirse al voluntariado estando en la plaza del pueblo ante un pelotón de falangistas. No presentarse quiere decir que no se desea defender a la patria.

PARTE FRANQUISTA
Ejército del Norte
División de Madrid. Algunas pequeñas reacciones enemigas sin consecuencias.

PARTE REPUBLICANO
Frente del centro
Continúa el mal estado del tiempo imposibilitando el avance de nuestras tropas.

En Madrid, durante la noche de ayer, el enemigo intentó un violento ataque sobre nuestras posiciones de la Ciudad Universitaria, siendo fácilmente rechazado por nuestras fuerzas.

En las primeras horas de hoy, nuestras tropas han efectuado un golpe de mano en la Ciudad Universitaria, logrando ocupar el Hospital Clínico, en donde se mantienen a pesar de la violenta reacción enemiga.

La espesa niebla y lluvia han dificultado las operaciones, así como los fuegos de artillería y observación.

18 de enero

S ANTIAGO CARRILLO SE HA QUITADO EL PESO de dirigir la Consejería de Orden Público de la Junta de Defensa, dejándole la responsabilidad a su compañero José Cazorla. A Carrillo no le agrada ese trabajo, le gusta más el que tiene relación con la política organizativa.

Carrillo y Fernando Claudín, que tiene en la Junta la responsabilidad de relacionarse con la prensa, pueden salir de la ciudad para tomarse un respiro político: van a Valencia para asistir a la convención nacional de las JSU, que se celebra en el Consistorio. Hay representantes de la organización de toda España, y una importante presencia de la Internacional Juvenil Socialista, encarnada en Ernst Pek, y de la Internacional Juvenil Comunista, que le corresponde a Mijail Wolf.

El informe que Carrillo lee ante los congresistas insiste en el carácter independiente de las JSU, que no se adscriben a ningún partido. Sin embargo, el contenido político es idéntico al que el PCE pregona. La coincidencia es, para Carrillo, lógica: esa visión de los comunistas que comparten los jóvenes es fruto del análisis objetivo de la situación. En realidad, para Carrillo y sus compañeros, el PCE representa la línea política del pueblo español, sus intereses.[18]

En la nueva comisión ejecutiva de las JSU hay catorce comunistas y ningún socialista. Carrillo ha sido uno de los últimos en afiliarse al PCE, el mismo día en que asumió las responsabilidades en la Junta de Defensa.

Su consolidación como dirigente de las Juventudes ha sido poco discutida. Carrillo era el dirigente máximo de las Juventudes Socialistas cuando se fundieron con las Comunistas, que dirigía Claudín. Y los socialistas eran más numerosos. Luego, la línea más coherente de los comunistas y su política de apertura para convertirse en una organización de masas favorecieron el crecimiento del alma comunista de la organización. Los socialistas nunca han pretendido ser un partido masivo, para eso les basta la UGT.

Carrillo, al frente de las JSU, encarna de manera muy precisa algunas de las circunstancias que definen la política española de este tiempo: los comunistas tienen una dirección política férrea, mientras que los socialistas están divididos en tendencias que son, a veces, irreconciliables.

En los próximos meses, Carrillo acentuará aún más esa línea de coincidencia con los comunistas. Y comenzará un camino sin regreso de confrontación interna en el seno de la República, que será anunciado en su discurso ante el pleno del Comité Central del PCE: los agentes del fascismo se están infiltrando en la retaguardia. Los elementos trotskistas se infiltran en las juventudes libertarias para impedir su unificación con las JSU; pero hay más: también se infiltran en las JSU para fomentar la idea fraccional de volver a crear unas juventudes socialistas que se integren en el PSOE.

La acusación es tremendamente grave: el POUM es, de nuevo, el responsable de las desviaciones de los libertarios; y de la tendencia de muchos socialistas que, escandalizados por el control que el PCE ejerce sobre las JSU, quieren volver a la situación anterior a la fusión.

En pocos meses, Carrillo llegará al extremo de pedir al PSOE que integre en sus órganos directivos una representación de las JSU. Su petición será rechazada. Ya nadie ignora a quién obedecen y qué pretenden sus dirigentes.[19]

PARTE FRANQUISTA
Ejército del Norte
Sin novedad en todos los frentes, habiendo solamente ligeros tiroteos. Cada día es mayor el número de familias y milicianos que se pasan a nuestra zona huyendo de las crueldades de la roja.

PARTE REPUBLICANO
Frente del centro
En los sectores de Guadalajara, Aranjuez, sur del Tajo y Somosierra, no se ha combatido en el día de hoy. Nuestras tropas se han ocupado en trabajos de fortificación y reconocimiento de allí donde el mando lo ha creído pertinente.
En Guadarrama, algún fuego de fusil, ametralladora y cañón, sin consecuencias.
En Madrid, durante las primeras horas de la noche de ayer, hubo intenso tiroteo de fusilería, ametralladoras y morteros en los subsectores del puente de San Fernando y Ciudad Universitaria. En el día de hoy, la actividad ha sido escasa en todos los sectores del frente. Nuestras tropas han consolidado las posiciones ocupadas en el día de ayer en el subsector de la Ciudad Universitaria.

19 de enero

A LAS CINCO Y CUARTO DE LA MADRUGADA, las explosiones de las granadas y el repicar de las ametralladoras despiertan a los combatientes de las unidades franquistas que acampan en las cercanías del Cerro de los Ángeles. El cerro lo defiende el 1 batallón de Argel, que ha sido sorprendido por un ataque de la 1 brigada mixta, de Líster. Los hombres del héroe del Quinto Regimiento se han colado por uno de los numerosos boquetes que hay en las líneas franquistas. Para cubrirles el flanco, han sido reforzados por dos batallones de la 48 brigada. El frente es demasiado amplio y el coronel Rada, responsable de la zona, ha establecido una línea formada por núcleos de concentración y patrullas que recorren las zonas francas. El frente es un coladero.

Los del batallón Thaelmann, que han llevado la iniciativa, han ido relevando y tomando prisioneros a los guardias con serenidad, porque un evadido les ha comunicado la consigna; es un soldado que acabará la guerra como teniente de transmisiones del ejército republicano.[20]

El alférez Ricardo Blanco se ha dado cuenta de que algo raro sucede y lanza unas granadas contra los atacantes, lo que le cuesta recibir a su vez un impacto que le deja malherido. La lucha es corta. Los hombres del batallón de Argel van cayendo heridos, muertos o prisioneros según salen de sus dormitorios. Los capitanes González Cáceres y García Dueñas caen acribillados porque no se rinden. El comandante Ricardo Belda López, jefe del batallón, queda prisionero de los atacantes junto con un centenar de soldados. Al comandante se lo llevan rápidamente a retaguardia en un camión.

El golpe de Líster ha sido un éxito, aunque parcial. Han tomado también una casa fortificada que defendía una sección de aviación, y han matado o hecho prisioneros a los defensores. Con ellos, un buen botín de varios cientos de granadas Laffite. Pero en la hospedería que hay abajo y al este del cerro, resiste una compañía del 8 batallón de Argel, que está completamente rodeada. En la compañía, dos requetés comunican por radio la situación al coronel Rada en persona.[21]

Entre los gallegos del 4 batallón se desata la euforia. Tan sólo a ellos les corresponde el honor de haber capturado casi doscientos fusiles enemigos. Comparten la gloria con los campesinos murcianos del batallón Amanecer y con los metalúrgicos madrileños del batallón de la Victoria, cuyo jefe, Manuel Valverde, ha caído muerto en el asalto. Y con los españoles del Thaelmann.[22] Han conseguido un gran triunfo.

La noticia de la toma del Cerro de los Ángeles por la gente de Líster le llega de inmediato al coronel Rada, jefe del sector franquista. El cerro es un observatorio privilegiado para la artillería que bombardea Madrid desde el sur. Por otro lado, es un símbolo importante. Rada decide contraatacar de inmediato para evitar la consolidación de las tropas enemigas en el lugar.

Acaban de llegar tropas de refresco. Un tabor de tiradores de Ifni-Sáhara, el único de su clase. El tabor lo manda un comandante africanista de gran experiencia, Mariano Alonso, un antiguo compañero de Vicente Rojo en la Escuela de Guerra. Él en persona ha reclutado en Ifni a los seiscientos y pico hombres que componen la unidad. Lo ha hecho en los últimos meses, enviado personalmente por el general Franco. Alonso es quien descifró los códigos de la marina republicana cuando el paso del Estrecho, el «convoy de la victoria» que condujo a cientos de combatientes moros y legionarios a la península. Su acción fue decisiva. Ahora, seis meses después de su hazaña, recibe el encargo de valorar las posibilidades de un asalto inmediato a la posición.

Alonso se hace acompañar de un soldado para hacer el reconocimiento del terreno. Por el camino, se les suma un alférez vasco de requetés que anda perdido. En un momento, se separan los tres y se oye un disparo. Alonso acude al lugar de donde procede el sonido y ve que el soldado está muerto. El alférez asegura no saber qué ha sucedido. El comandante y el alférez vuelven a ver a Rada. Alonso le informa de que la defensa que han montado los de Líster es deficiente, que hay zonas de desenfilada que permiten el acercamiento de tropas con seguridad. El alférez le contradice en su apreciación, insiste en que es preciso utilizar un fuerte apoyo artillero y más tropas que un simple batallón. La discusión se vuelve intensa y apasionada. Pero Rada se fía más de la experiencia y la cualificación del comandante profesional. Decide confiarle a Alonso el asalto al cerro.

El tabor de Ifni-Sáhara se moviliza, se improvisan itinerarios y planes rápidos. El armamento es ligero: el fusil, una fuerte provisión de granadas de mano para cada soldado y el arma blanca que tanto pánico suele causar en las filas republicanas cuando la maneja un moro.[23]

Junto con los regulares de Mariano Alonso, van a atacar los de la Mehal-la de Larache, que estaba en Carabanchel, mandados por el capitán Fontana.

A las doce del mediodía, se mueven los dos tabores. El de Larache ataca en dirección a la ermita, mientras el de Ifni-Sáhara va a envolver por la derecha para asaltar por la retaguardia y cruzar entre dos fuegos a los defensores.

Los de Líster han emplazado ametralladoras en lo alto del cerro, pero de forma incorrecta. Su tiro queda alto, no rasa el terreno y hay numerosas zonas desenfiladas por las que los moros se mueven sin riesgo, avanzando con el fusil a la espalda y protegidos por el fuego de ocho cañones del diez y medio. A ese fuego sólo se opone una escueta batería de tres cañones republicanos de un calibre similar.

En el puesto de mando republicano, al que ha acudido el jefe de la 4 división, Juan Modesto, se desesperan. Llevan cuatro horas esperando los refuerzos que el general Miaja les ha prometido. Al parecer, Miaja y el general Pozas, jefe del ejército del centro, siguen discutiendo sobre quién debe ser el que envíe los refuerzos.[24]

Cuando los tiradores de Larache llegan arriba, hacen un parón. Ahora el fuego de las ametralladoras ya es eficaz porque están al nivel. Se oyen salmos en árabe y un ulular que pone los pelos de punta para anunciar el asalto definitivo, a base de granadas de mano y tiros de fusil. En pocos minutos, queda liberada la Hospedería, con los hombres del 8 de Argel, que se suman al ataque.

Desde los olivares, el tabor de Alonso avanza también con cierta tranquilidad porque el fuego de ametralladora les pasa a los hombres muy por encima. El último tramo lo cubren como sus compañeros de la Mehal-la, en tromba. Dos compañías de moros se arrojan sobre las defensas republicanas y las toman en pocos minutos.

El balance de bajas es muy desigual. Los regulares han tenido una decena de muertos y han sufrido unos sesenta heridos. Entre ellos, está uno de sus hombres más destacados, el capitán Pavón, que en noviembre realizó una acción nocturna de rescate de cadáveres en Usera.[25]

Se cuentan más de doscientos cadáveres de republicanos. Los de Argel han perdido muchos hombres, una treintena de muertos y otros tantos heridos, y tendrán que ser relevados para reconstruir la unidad. Además, hay unos cien prisioneros.

Entre los franquistas se piensa que algunos de esos prisioneros han ido como voluntarios porque ya se habían pasado algunos hombres al enemigo los días anteriores. Y se corre el rumor de la traición para explicar la facilidad con la que los de Líster tomaron el cerro. Del prisionero comandante Belda sólo se hablan pestes. No tendrá un comportamiento ejemplar en su cautiverio, y se le acusa de haber infravalorado las posibilidades del enemigo al insistir en que sus fuerzas eran suficientes para defender el cerro.[26]

Del alférez de requetés, el comandante Alonso volverá a tener noticias unas semanas más tarde. Uno de sus hombres, Rufino Pérez Barrueco, tendrá que ser hospitalizado a consecuencia de las heridas recibidas en la batalla del Jarama. En el hospital de Toledo coincidirá con el alférez y observará que éste no para de hacer derrotismo, por lo que da parte al SIM. Los servicios de información investigan su pasado. El alférez resulta ser un miembro emboscado del PNV, que el 19 de julio se hallaba en Cádiz, adonde había llegado en barco camino de América, y no encontró más salida que fingirse carlista para salvar la vida. El alférez será juzgado y fusilado con la prontitud que la guerra impone. No ha sido muy prudente.

La toma del cerro ha llegado a las redacciones de inmediato. La pérdida de las posiciones conquistadas no se conocerá en la retaguardia hasta que las imprentas ya hayan tirado las publicaciones. El poeta José Herrera Petere escupe versos a la velocidad de la ametralladora. A él le da tiempo a componer un casi inacabable canto homérico:

> ...
> Cerro, cerro de los Ángeles,
> que los fascistas tomaran
> con cañones alemanes
> y banderas italianas;
> alguien se ve gateando
> vivo y fuerte por tu espalda
> otra vez los españoles,
> que cerro Rojo te llaman;
> rompe el silencio un rugido,
> troncha el viento una granada,
> salta arenisca a los ojos,
> humo negro sube al alba;
> cuerpo a tierra un comisario
> firme y sereno trabaja;
> es Puente el héroe que grita:
> «¡Adelante, camaradas!».

Un gallego ha respondido;
lucha y disparando canta;
Santiago Álvarez es,
bravo y alegre le llaman
...

La torrencial poesía de Herrera conmueve a muchos, como Auden espera de los malos poemas, aunque no vaya a pasar a las antologías de la mejor lírica. Son cantos que aspiran a mover las conciencias de los soldados.

Herrera no compone el canto de la inmediata derrota. En la que Puente resulta herido de gravedad. En eso se distingue mucho de Homero, que no dejaba resquicio en sus narraciones. Todas acababan cuando tenían que hacerlo, aunque fueran derrotados sus héroes favoritos.

Los franquistas bombardean a placer la ciudad. Sus emplazamientos más importantes son el Cerro de los Ángeles y el de Garabitas, tomado y perdido por la 1 brigada de Líster. Los cañones vuelven a tronar desde allí en pocas horas.

Pero también hay muchas baterías, cada vez más, instaladas en torno a Madrid por los defensores. Jaime Renart ha dejado el frente de Usera y se ha incorporado a una unidad que tiene una gran importancia cualitativa en el Grupo de Información de Artillería. Los miembros de este grupo de nombre excesivo tienen una misión muy clara: descubrir los movimientos del enemigo y localizar sus baterías de cañones.

Desde el edificio de la Telefónica, o el del Palacio de la Prensa, o desde Atocha, los hombres de Información ayudan a corregir el tiro de las baterías propias situadas en la Cuesta de la Vega, en Palacio o en el Retiro.[27]

PARTE FRANQUISTA
Ejército del Norte
7 división. Sin novedades dignas de mención.
División de Madrid. En el frente de Madrid el enemigo llevó a cabo un ataque contra el sector del Cerro de los Ángeles, siendo rechazado, con grandes pérdidas y recogiéndosele una ametralladora, numerosos fusiles, un lanzaminas, un cañón sobre camión y un auto ligero cargado de bombas de mano.

PARTE REPUBLICANO
Frente del centro
En el sector de Aranjuez se han efectuado servicios de reconocimiento por varios escuadrones de caballería, auxiliados por un tren blindado, contra Pinto y Valdemoro, siendo hostilizados por el enemigo, al que se le castigó.

En Guadarrama, fuego de fusil y ametralladora, sin daños por nuestra parte.

En Madrid, en las primeras horas del día de hoy, nuestras tropas, mediante un golpe de mano sobre las posiciones enemigas de Cerro Rojo, han capturado a un jefe, dos oficiales y más de cien soldados enemigos, también se le ha cogido material de guerra.

20 de enero

Ramón Serrano Súñer ya está a salvo. Casado con Zita Polo, hermana de Carmen y cuñado, por tanto, del Caudillo, ha llegado a Alicante y ha embarcado en el torpedero argentino *Tucumán* después de una compleja y peligrosa peripecia. Ha contado con ayudas importantes, como la del doctor Marañón y la de un diputado de Izquierda Republicana, Jerónimo Bugeda.

Con la ayuda de estos hombres y la de sus hermanos, Fernando y José, consiguió ingresar en la clínica España, en la calle de Covarrubias, donde no llegaron las sacas de noviembre. Le han distinguido con una guardia permanente que consiguió burlar vestido de mujer para escaparse. Luego, la embajada de Holanda, y el azaroso viaje hasta Alicante. Los tripulantes del *Tucumán* han hecho una complicada maniobra de engaño para ayudarle a subir a bordo vestido de marino.[28]

Pero ha salvado la vida, junto con su familia.

Cuando lleguen a Salamanca, les adjudicarán una buhardilla en el Palacio Episcopal que el obispo ha cedido a Franco para que lo use como vivienda habitual. A partir de ese día y hasta que acabe la guerra, Serrano estará cerca del Caudillo, interponiéndose entre él y su hermano Nicolás, alguien que le recibe de uñas porque, desde el primer momento, el fugado de la zona republicana se encargará de organizar de veras la estructura del Estado. Nicolás Franco desempeña la Secretaría General del Jefe del Estado «con escaso orden y multiplicidad de funciones».[29] Serrano va a encargarse de que eso cambie.

El trabajo del cuñado, a quien pronto se conocerá en la zona franquista como «el Cuñadísimo», por analogía de superlativos con «el Generalísimo», estará marcado siempre por una terrible dosis de crueldad y rencor. Sus dos hermanos, José y Fernando, han sido capturados y muertos en Madrid mientras él se escondía esperando la oportunidad de marcharse. Eso contribuye a convertirle en un hombre despiadado.

La evacuación de Serrano es una de las primeras que consigue el cuerpo diplomático acreditado en Madrid para vaciar las sedes, repletas de cientos de personas hacinadas que temen constantemente por su vida, sobre todo después del allanamiento de la embajada de Finlandia. Las embajadas de Argentina, Chile y México serán las más activas en esta forma de evacuación: coches protegidos por la bandera y escoltados por los automóviles oficiales de las legaciones llevan a los refugiados hasta Alicante, desde donde embarcan para Francia. El embajador de Chile, Núñez Morgado, llega al punto de falsificar documentación a los evacuados. Entre ellos, no sólo hay personas indefensas, sino importantes personajes políticos, como Serrano y muchos militares. Más de ciento cincuenta de éstos conseguirán pasar a la zona franquista, de un total de ochocientos evacuados.

Francia, Inglaterra y Turquía organizarán también evacuaciones, pero en número mucho menor.

En casi todas las ocasiones, la acción diplomática responde a razones humanitarias. Pero no siempre: el alemán Felix Schlayer, que ocupa el cargo de agregado cultural en la embajada Noruega, es un nazi confeso que espía para los franquistas. El ejecutado Borchgrave y el escapado argentino Edgardo Pérez Quesada también lo eran.

Las noticias de la retirada de los hombres de Líster del Cerro Rojo llegan un poco tarde a algunos periódicos de Madrid que hablan sólo de la toma. Otros serán, a tono con los partes oficiales de guerra, los resultados.

En *Ahora* se publica la noticia de que el general Miaja ha ido a ver a los prisioneros del batallón de Argel y les ha echado una arenga: «Muchachos, os han engañado vuestros jefes, que sólo persiguen satisfacer su vanidad y os han llevado a una lucha con el pueblo. Vosotros no debíais haberla secundado, pues a él pertenecéis. Ahora estáis entre nosotros y os digo que no temáis por lo que os hayan contado; aquí no se fusila a nadie ... Estáis con el pueblo que lucha y por el que debíais haber combatido. Gritad conmigo: ¡Viva la República!».

Desde luego, la crónica del periódico asegura que todos los prisioneros secundan el grito con entusiasmo y alivio.[30]

Jesús Izcaray escribe ahora para el semanario *Estampa*. Ha seguido de lejos la operación de la toma del Cerro Rojo, que llaman así ahora «con una buena dosis de exceso y otra, todavía mayor, de puerilidad».

Izcaray ve pasar a los prisioneros, entre dos filas de hombres armados de fusiles. Y les oye gritar «hermanos» a sus captores. Los unos y los otros rompen con frecuencia la formación para estrecharse las manos efusivamente.

Luego, al llegar a Madrid, reciben una cena y comienzan a quitarse los piojos, que «no se acaban nunca». En el batallón de Argel, que ha quedado deshecho, hay mozos de quintas de Cáceres, de León y Pontevedra.

Los cacereños son «menudos, cetrinos, con esa cara tristona que suelen tener los muchachos que viven mal desde que nacieron». Hay entre ellos soldados que vienen de San Martín de Trebejo, de Malpartida, de Enquerencia, de Robledillo de Trujillo. Todos cuentan atrocidades de fusilamientos en sus pueblos, de matanzas de socialistas, de maestros, de alcaldes, de médicos, de boticarios de izquierda.

José Silva Bietes y Eduardo Vázquez son de una aldea de Pontevedra. Se explayan de la misma manera, narran la muerte del hijo de un dentista ruso, por ser ruso. Sus asesinos no se pararon a pensar que era un ruso blanco. Y la gloriosa forma de morir de Juan Cachafeiro, de Campo Lameiro, que fue sonriendo hasta el paredón, aguantando las bofetadas y los golpes que le daban para borrarle la sonrisa de la boca.

Otro le cuenta a Izcaray la muerte de Amancio Caamaño.

—Eso ya lo sé —le responde con sequedad.

—¿Le conocías?

—Me voy a casar con su hermana.

A Caamaño le fusilaron con el alcalde de Pontevedra y otros republicanos. Los llevaron a matar en un camión que portaba una gran cruz...

—Cállate —le interrumpe Izcaray, embargado por el dolor.

Los de León no cambian el discurso, entreverado de genuina indignación y deseos de agradar a quienes les han cogido prisioneros para así mejorar su incierto destino.

Alfredo González está vivo de milagro. Siendo maestro de San Román de la Vega, le enviaron al regimiento de Argel. A otros de su clase los mandaron directos al paredón. Vio matar a Juan Rabanal, el herrero del pueblo. Le llevaban a matar en el camión y las hijas lo seguían pidiendo clemencia en vano. Y fue testigo de la resistencia desesperada del alcalde de Astorga, Miguel Carro, con otros republicanos, encerrados en el ayuntamiento hasta que se quedaron sin municiones.

Izcaray está saturado de tantas historias de muertes injustas. Pero tiene que seguir con su trabajo de periodista. Se acerca otro prisionero:

—A mí sí que me dobló la guerra —dice como si los relatos que ha escuchado carecieran de valor.

Cuando comenzó la rebelión, su suegro impidió su boda. Hasta que no se acabe, no podrá casarse con su amada.

—A mí sí que me dobló la guerra —insiste.

Izcaray se dobla de risa. Es la primera cosa un poco divertida que escucha ese día.[31]

Algunos prisioneros pedirán incorporarse al ejército republicano. Otros irán a campos de concentración, como el de Nuevo Baztán, cercano a Madrid, donde participarán en la construcción de una línea de ferrocarril para unir con más seguridad la capital con Levante.

El comandante Belda, que mandaba a las tropas que han caído cautivas en el cerro, comparte con La Pasionaria una proclama dirigida a los soldados franquistas. Lo hacen desde los micrófonos de Unión Radio.

La desconfianza de Franco en las tropas de reemplazo se demuestra justificada. En el 7 batallón de cazadores de Ceuta donde está encuadrado José Llordés, se han producido ya varias deserciones. Casi todos los que han abandonado la unidad son catalanes. Eso ha creado para el cabo Llordés una situación incómoda, porque los oficiales desconfían de él como de todos sus paisanos, aunque sean leales a Franco como él mismo. Llordés está hoy en Torrijos, camino de Madrid, con su batallón. Pese a las desconfianzas, Franco necesita muchas tropas de refresco.[32]

A muy corta distancia de donde se reúnen los prisioneros capturados en el Cerro Rojo, tres Junker se toman una venganza por el ataque republicano. En las afueras de Vallecas, unas mujeres disfrutan del sol y charlotean sentadas en sus sillas de anea, mientras sus niños juegan por los alrededores. El ruido de los motores las alarma, y saltan todas corriendo, llamando a los hijos, para buscar refugio en las casucas donde viven. No hay tiempo para todos. Las bombas revientan.

Librada García del Pozo cae muerta a la puerta de su casa. Su hija mayor, de dieciséis años, y la de doce mueren la una sobre la otra. Al niño de seis años la explosión le arranca un pie. Y el de diez queda aparentemente ileso, pero con los oídos reventados. Él se ocupa de llevar a la menor, de cuatro años, al hospital, en brazos. La pequeña tiene cien diminutas heridas de metralla por todo el cuerpo.

El padre se llama Raimundo Malanda y se dedica a vender lo que puede para alimentar a su familia. Arturo Barea habla con él en el hospital del Niño Jesús. «Los asesinos no tienen nombre.»

En total, en la calle Carlos Orioles de Vallecas han quedado veintitrés cadáveres tendidos en el suelo.[33]

Un bombardeo más no tiene importancia. Sobre todo si sirve para purificar la ciudad, como dice Pemán.

En el tabor de tiradores de Ifni hay un gran jolgorio cuando llegan a Navalcarnero para tomarse un descanso. Han sido relevados de la Ciudad Universitaria tras muchos días de combates que han dejado a la unidad destrozada. Más de doscientas bajas en esos días.

En Navalcarnero, los moros se sienten como en casa. Hay puestecillos donde se puede tomar té. Y los hombres fuman kif ante la mirada indulgente de los oficiales. Muchos van al burdel cuya existencia conocen desde hace tiempo. La paga de un día o dos bien merece ser gastada en el desfogue.

Los oficiales, como Juan B., que no ha conseguido reunirse con su madre en el barrio de Chamberí, bromean sobre los placeres que sus hombres ansían y sacian. Casi todos ellos conocen los nombres de sus soldados, a los que admiran en secreto por su loco valor, su aparente desprecio por la vida, su disciplina en el combate y su arrogancia cuando viven una situación injusta. Juan B. ha oído teorizar a uno de los capitanes del tabor que es mejor mandar sobre moros, porque uno se siente menos concernido por su destino. Es más difícil ponerle cara a la madre de un muerto moro que a la de un español caído.

Con los moros, hay que ser el oficial más valeroso, pero se puede uno abstraer mucho mejor del sufrimiento de los subordinados.[34]

PARTE FRANQUISTA
Ejército del Norte
7 división. Sin novedades dignas de mención. Ligeros tiroteos de fusil y cañón.
División de Madrid. Tiroteos en todos los frentes sin consecuencias.
Nota: Es absolutamente falsa la noticia dada por las radios enemigas de la toma por los rojos del Cerro de los Ángeles, pues si bien es cierto que llevaron a cabo un duro ataque, logrando poner pie en una de las posiciones, fueron rechazados con tal denuedo por nuestros soldados que se vieron obligados a dejar en la misma cumbre del monte setenta cadáveres y ciento cincuenta más en las laderas que miran al Henares.
Abandonaron también un camión blindado con cañón y gran cantidad de fusiles, que pasan de los dos centenares, y abundante material.

PARTE REPUBLICANO
Frente del centro
La criminal aviación facciosa ha bombardeado Villalba, Collado Villalba y Valdemorillo, causando daños en la población civil.

En el sector de Aranjuez, dos escuadrones de caballería han efectuado actos de reconocimiento castigando al enemigo. Se ha recuperado un automóvil.

En el sector de Somosierra, ligero tiroteo. En nuestras posiciones de este sector se ha presentado un soldado evadido del campo faccioso.

En Madrid, durante el día de hoy, ha habido bastante actividad artillera y escasa de infantería. La aviación enemiga ha bombardeado el barrio de Entrevías, habiendo actuado la nuestra con gran intensidad sobre la zona de la retaguardia del enemigo, bombardeando, entre otros puntos, la estación de Getafe.

21 de enero

L<small>A FAMILIA</small> D<small>E LA</small> L<small>LAVE</small>-A<small>LAS</small> <small>SIGUE QUEMANDO LIBROS</small> y muebles para calentar malamente su casa de Lavapiés. Se edita muy poca prensa en Madrid, porque no hay apenas papel. Pero los periódicos, que están reducidos a la mínima expresión, no pueden dejar de hacerse eco de una noticia que para Elisa y su marido es terrible:[35] el fiscal militar ha pedido la pena de muerte para su hermano, que era rector de la Universidad de Oviedo cuando se produjo la sublevación y fue detenido por las tropas de Aranda en los primeros días de la guerra.

Cuando se da esta noticia, Leopoldo Alas, el hijo de «Clarín», ya conoce la sentencia, que le comunican hoy: el tribunal ha decidido en sesión secreta condenarle a la máxima pena. El juicio ha sido corto. Una sola sesión ha bastado para que se desgranen las acusaciones y se desarrolle la defensa. Los cargos son graves: se le ha acusado de ser masón y de haber promovido la enseñanza laica en España. Para ello, Alas no ha dudado en hacer sátira de los periódicos de derechas y ha llegado a decir que en los de izquierdas «la vida revive».

La exposición es voluminosa y se detiene en otras tropelías de Alas: cuando el gobierno indultó al dirigente socialista Ramón González Peña de la condena a muerte que había recaído sobre él tras la revolución del 34, el rector se permitió decir que «sobre la razón fría de la ley está el corazón de los hombres». A esta declaración le siguió una revuelta de estudiantes de derechas en Llanes que fue reprimida por la fuerza pública.

El fiscal, el alférez honorario del cuerpo jurídico José María Rodríguez, aporta pruebas contundentes, como la foto de un periódico en la que el ex rector aparece en un acto presidido por una pancarta que rezaba «Lucharemos por la libertad». Y concluye que el acusado merece la pena de muerte por el delito de «inducción a la rebelión militar». Su informe, que el acta de la vista califica de «brillantísimo», es interrumpido varias veces por murmullos de aprobación del público, entre el que se puede distinguir a lo más granado de la sociedad ovetense, heredera de los escandalizados personajes retratados en las ácidas descripciones de *La Regenta*.

Al hijo de «Clarín» le ha defendido el también alférez Diego Sánchez Eguíbar. Eguíbar ha tratado sin éxito de demostrar que Alas es un hombre equilibrado que, entre otras cosas, condenó la quema de la Universidad en el 34 y que sólo participó en un acto electoral durante las elecciones de febrero del 36. Ha pedido la absolución.

Leopoldo Alas ha declarado en su defensa que no es masón, y que no tiene dos naturalezas, por lo que en política y en lo social ha sido siempre la misma correcta persona que en la cátedra.[36]

Dentro de un mes, Leopoldo Alas será ajusticiado. Le manda matar el tribunal que preside el coronel Álvaro Arias. Le matarán un pelotón de fusilamiento y la inquina de la más rancia derecha de «Vetusta», que odia su apellido.

Con su muerte, dirá el consejero de Instrucción Pública del Consejo de Asturias y León, Juan Ambou, «quisieron matar el espíritu liberal, filosófico, humanista de su padre, Leopoldo Alas "Clarín". Se quiso aniquilar el espíritu crítico de *La Regenta*; se quisieron vengar de las aceradas, certeras y profundas sátiras que contenían sus "solos" y "apliques" contra todos los vicios y corrupciones de la sociedad de entonces».[37]

En Moscú se prepara otro juicio con las mismas garantías para los acusados. Es el segundo de los grandes procesos que Stalin pone en marcha para depurar a los trotskistas que anidan por todas partes.

El primero de los procesos tuvo lugar en agosto, y sus principales acusados fueron dos miembros de la vieja guardia bolchevique: Zinoviev y Kamenev. Ambos fueron fusilados de manera fulminante.

Sólo los anarquistas protegen a los trotskistas españoles. También porque en la retórica de los comunistas y sus medios de difusión advierten un peligro de largo plazo: «La lección de Rusia debe ser recogida por España, pero no para sembrar discordias, no para hacer llegar a la prensa antifascista epítetos y afirmaciones de mal gusto ... Por añadidura, hemos de manifestar que nos parece ver en algunas actitudes algo así como un ensayo para otras de mayor envergadura, que, desde luego, no serían toleradas bajo ningún concepto».[38]

En España no se produce una reacción crítica contra estos procesos. Está claro que entre los socialistas no puede ser popular el tratamiento que reciben los acusados ni el delirante espectáculo que se da en Moscú. El austría-

co Otto Bauer, uno de los más respetados teóricos del movimiento social-
demócrata, se ha decantado de forma inequívoca al hablar del primero de
los procesos: «Es una enorme desgracia para el movimiento obrero internacional».[39] Bauer es uno de esos hombres que marcan la diferencia radical
entre el movimiento socialista democrático y el comunismo inaugurado por
Lenin. Para Bauer lo importante son los medios, no los fines: «el movimiento lo es todo».

Tampoco hay demasiadas reacciones de condena en otros países: «¿Qué
les importa a muchos hombres de buena fe y escasa visión que algunos acusados que se proclaman culpables públicamente sean fusilados en Moscú?
Stalin suministra a la República española las armas que le hacen falta. ¿Qué
importa que su GPU acose allí a los revolucionarios, extranjeros o españoles, trotskistas, libertarios o comunistas independientes? El frente está en
España».[40]

En el mundo, la causa del silencio parece estar en Madrid: «Mientras se
desarrollan los dos primeros procesos, las miradas están fijas, desde hace
semanas y meses, en el cerco de Madrid».[41]

El movimiento obrero occidental, que ha desbordado las avenidas de las
grandes ciudades y ha parado todos los centros de trabajo con su movilización contra la farsa montada en Estados Unidos a dos anarquistas, Nicola Sacco y Bart Vanzetti, guarda ahora silencio ante una farsa descomunal
en la que los acusados hacen de fiscales contra sí mismos.

En España, la necesaria unidad frente al fascismo obliga a un cierto silencio desconfiado, incluso a los anarquistas. Pero, sobre todo, hay un argumento de un peso abrumador: la URSS es el único país que ayuda a la
República. Los partidos que apoyan al gobierno no pueden hacer críticas
públicas, no pueden desatar un conflicto que les puede dejar desarmados.

Los hombres que encarnan la ayuda que Stalin está dando a la España
republicana, van a caer, uno tras otro, bajo las balas de pelotones de fusilamiento en la URSS, acusados de trotskismo. Uno tras otro van a ser llamados y ejecutados: Rosenberg, Stachevski, Antonov-Ovseenko, Goriev...
Alguno se librará, como el habilidoso Carlos Contreras; o como el siniestro Orlov, quien ha tramado muchas de las denuncias contra sus compañeros en Madrid y Barcelona, y que desertará a tiempo, yéndose a los Estados Unidos.

¿Se ha acabado la capacidad crítica en la República, el aliento democrático que impulsó su instauración?

En Valencia nace en estos días una revista, *Hora de España*, un órgano plural, de debate, donde se producen situaciones contradictorias, pero se manifiestan, en plena guerra, en plena situación excepcional, discrepancias públicas de gran trascendencia.[42] Allí se llegan a publicar versos del «maldito» Miguel de Unamuno. Versos antifascistas, desde luego, pero de Unamuno, el hombre cuya defección más ha dolido a los intelectuales republicanos. Más que la de Ortega o la de Marañón:[43]

> Miguel de Unamuno ha muerto aislado, en su casa de Salamanca. Ha muerto en la tarde de este primer día del año 1937, que el pueblo español designa con el nombre de «El año de la Victoria».
> Miguel de Unamuno, como los rumores atroces alrededor de otros nombres, traducen al campo de la intelectualidad española la pavorosa tragedia popular de una nación conmovida hasta sus cimientos. Unamuno, a quien todos hemos amado y combatido, muere como era fatal que muriese, en flagrante contradicción con todos y con todo.
> Miguel de Unamuno no tenía un desemboque *real*. Su fuego no era, quizá, de este tiempo; pero era fuego, y, como tal, era vida. Él, como nadie, se habrá llevado a la tumba el frío de una España triste, paseada por mercenarios.[44]

En el consejo de redacción de *Hora de España*, que tirará veintitrés números hasta 1939, están Antonio Sánchez Barbudo, Manuel Altolaguirre, Rafael Dieste, Juan Gil-Albert y Ramón Gaya. Hay, desde luego, muchos colaboradores vinculados al Quinto Regimiento, y a la Alianza de Intelectuales Antifascistas que preside José Bergamín. Pero no sólo a ellos.

PARTE FRANQUISTA
Ejército del Norte
Sin novedades dignas de mención en todas las divisiones, salvo ligeros tiroteos en algunos frentes.

PARTE REPUBLICANO
Frente del centro
En el sector de Aranjuez se presentaron en nuestras filas tres soldados evadidos de Valdemoro.
En los sectores de Guadarrama y sur del Tajo, en los Navalmorales, tiroteo y fuego de cañón, sin consecuencia.
En Madrid, durante el día de hoy, no ha ocurrido novedad alguna digna de mención.
Se siguen presentando en nuestro campo soldados procedentes de las filas enemigas.

22 de enero

LA SUERTE DE LA FAMILIA MARTORELL DA UN NUEVO SALTO. La casa de la calle Narváez, desde la que Francisco hijo contempla fascinado unos partidos de tenis que parecen fuera de lugar, pasa a la historia: un amigo del jefe del cabeza de familia, el catedrático Olegario Fernández Baños, teme por su vida, se siente amenazado, y decide abandonar la ciudad con la ayuda del comandante Rodríguez Sastre. El catedrático busca una familia de confianza para dejarle su casa hasta que la situación se normalice. Un trueque justo: la casa será cuidada, se podrá así evitar su ocupación por alguna organización política, y quienes la utilicen vivirán como si lo hicieran en el campo, con todas las comodidades de que gozaban antes los ricos. Se trata de un chalé en el barrio de Chamartín de la Rosa. Un lujo para los Martorell. Y el flamante capitán no se lo piensa, acepta de inmediato. Su familia come razonablemente bien y va a vivir en un hogar que no sufre los ataques de la artillería ni la aviación franquistas.

Francisco hijo vive la guerra como una aventura llena de incidentes extraordinarios. Su padre le lleva de cuando en cuando al despacho del general Miaja, «un hombre afable» que le sienta en sus rodillas y le da caramelos y golosinas. Francisco le recordará siempre «vestido con pantalones de montar y botas altas, en mangas de camisa y con una correa cruzada del hombro a la cintura, con gafas de cristales redondos y siempre risueño».

No es su único contacto con altos mandos militares. También visita al general Cardenal, al que le gusta oír cómo canta zarzuela ese niño de diez años que se sabe de memoria todas las romanzas.

Aunque hay otros menos inocentes. A Francisco Martorell padre le conmueven las historias de los perseguidos por su propio bando. Sabe ya, como todos los madrileños, aunque sea de una forma confusa, que se han producido muchas muertes arbitrarias por el solo hecho de tener una ideología de derechas o creencias religiosas. Aprovechándose de sus contactos y su cargo, Francisco ha comenzado a desarrollar una actividad de gran peligro, que le puede costar la vida: buscar lugares para esconder a gente, o colaborar en el «arreglo» de papeles para que algunos puedan escapar de Madrid. Francisco ha ayudado a emboscarse en la Junta de Compras a Rafael y José Salgado, los hijos del dueño del Banco Mercantil e Industrial y de la compañía de seguros Hermes; también a Juan Manuel Sanz, dueño de la joyería del mismo nombre. Pero su acción más arriesgada la realizará por encargo de su jefe, el comandante Rodríguez Sastre: se trata de proporcionar documentación falsa y los medios necesarios para que se fugue del hospital instalado en el hotel Palace un militar que se llama Agustín Muñoz Grandes. La operación será un éxito. Y le servirá a Francisco para salvar su propia vida al acabar la guerra. Muñoz Grandes, falangista, mandará a los voluntarios de la División Azul en Rusia unos años después. Francisco no se pregunta si su jefe directo pertenece a la quinta columna o si se trata de una acción exclusivamente humanitaria.[45]

Francisco no se lo pregunta, pero los Servicios de Información del Nordeste de España (SIFNE) sí saben que Antonio Rodríguez Sastre es de los suyos, que se encarga de falsificar documentación para falangistas y que colabora en la preparación de evasiones.[46] No es el único militar que trabaja con la República pero, realmente, lo hace para Franco. Durante el transcurso de la guerra, se irá desvelando la acción de hombres que tienen mando en unidades de toda clase, como la columna de Del Rosal o el Estado Mayor del coronel Casado.

También canta, aunque un género más noble, Manuel Reverte, el periodista expulsado de *ABC* por sus ideas monárquicas. Manuel ha salido de la cárcel de Porlier sin saber muy bien por qué. Le ha sacado un conocido que le ha tomado del brazo y le ha dicho que no tiene por qué estar ahí. Su barba y su pelo, prematuramente encanecidos, han ayudado. Es todo. Pero no sale nunca de su casa de Serrano, por miedo a las patrullas, aunque ya hayan desaparecido las detenciones y las ejecuciones caprichosas de las calles. Manuel, que adelgaza a ojos vistas, se hace acompañar de su mujer al piano y deleita a la familia y a los evacuados que atiborran el edificio con un aria del *Rigoletto* aprendida durante la juventud en su Murcia natal, cuando se atrevía a cantar en el propio casino. Es una de las pocas distracciones posibles para una familia acosada como la suya. Manuel no tiene el menor deseo de ir al cine a ver *El acorazado Potemkin*.[47]

Su hijo Manolo también ha salido de la cárcel. No hay ninguna acusación contra él.

En pocos días tendrá que incorporarse al ejército popular porque llaman a su quinta. Como le sucede al desafecto Gregorio Martínez. Ambos tendrán el para ellos dudoso honor de ser alistados en la división de Valentín González, «el Campesino».

Los habitantes de Madrid seguirán viviendo la misma zozobra, el mismo dolor, durante veintiséis meses más. Pero todo el resto ha cambiado. El fácil golpe de Estado que Mola pretendía culminar con el asalto a la ciudad ha fracasado.

Los comunistas han decidido disolver el Quinto Regimiento, y ceder sus medios al ejército popular. Vittorio Vidali, el comandante Carlos, escribe una proclama que es su carta de defunción: «¡El Quinto Regimiento ha muerto! ¡Viva el ejército popular!».

Ya hay un gran ejército que enrola a más de ochenta mil hombres y se organiza en torno a dos cuerpos de ejército que defienden Madrid. Es el mejor símbolo de que la guerra ha cambiado de esencia.

Una guerra que enfrenta ya a dos ejércitos inmensos, que encuadra voluntades únicas, que empieza ahora, cuando Madrid no ha caído. Los Estados Mayores de Franco y de Largo Caballero preparan, por una coincidencia que tiene toda la lógica militar, la misma batalla, la que va a tener lugar en el Jarama. Allí y en Guadalajara se va a librar la segunda batalla de Madrid.

El Estado Mayor del general Pozas, que está a cargo del coronel Ramiro Otal, prepara su estrategia desde Alcalá de Henares. No puede iniciar todavía la ofensiva porque Miaja se resiste a prescindir de una sola de las ocho brigadas mixtas que le han ido llegando para reforzar la defensa de la ciudad. Sebastián Pozas y sus colaboradores piensan que no debería haberse dedicado tanta fuerza a defender la ciudad, que debería haberse hecho la maniobra de desbordamiento por el Jarama en cuanto se hubieran puesto en pie las brigadas mixtas, a mediados de noviembre.[48]

En Roma, Göring visita a Mussolini. El último envite de Inglaterra, que pretende controlar las fronteras y el comercio marítimo con España para hacer eficaz el principio de la No Intervención, lo han recibido alemanes y franceses como un serio aviso. Mussolini decide actuar con mayor prudencia, pero forzando siempre hasta el límite la tolerancia británica. Ambos deciden una estrategia sibilina: explotar al máximo el miedo británico al bolchevismo y no forzar la solución mejor, la de la inmediata victoria de Franco, incluso afrontando el riesgo de que se abra un proceso negociador en España. Alemania ya ha tenido que dar pruebas de prudencia cuando, hace quince días, se desencadenó el rumor de que sus tropas iban a desembarcar en el Marruecos español. Francia movilizó su ejército de Marruecos. Hitler le dio de manera inmediata la garantía de que Alemania respetaría la integridad territorial de España y sus colonias.[49]

Los franceses y británicos piensan que, con su política de ocasionales gestos enérgicos, van a mantener a raya a Mussolini y Hitler.

No es la única entrevista que Mussolini mantiene hoy sobre España. Uno de los pocos españoles que tienen acceso directo al Duce es el escritor fascista Ernesto Giménez Caballero, que ya ha estado con él en el Palacio Venecia el 7 de octubre. El dictador italiano le encarga una misión que el escritor acepta con entusiasmo: «trabajar con empeño, sin descanso y con una fe inquebrantable en el fascismo», en convencer a Franco para que unifique, según los postulados italianos, todas las fuerzas políticas que le apoyan.[50] En un corto tiempo, Ramón Serrano Súñer, con el apoyo político de los representantes italianos y el intelectual de Giménez Caballero, dará cuerpo a este sueño de Mussolini.

Giménez Caballero está en Italia después de haberse escapado de la embajada alemana, en un vuelo en avioneta que hizo escala en Lisboa, donde había buscado refugio de los milicianos que le intentaban detener. Tiene un gran predicamento con Franco, que se ha trabajado a fondo desde el día de su llegada a la zona rebelde.[51]

En realidad, para que se produzca la unificación, sólo falta la clara definición de los falangistas. Mientras el Duce se entrevista con Giménez Caballero, en Valladolid se celebra la unificación oficial de los carlistas con los albiñanistas. Se adhieren al acto los representantes de Renovación Española y de Acción Popular.[52] Gil Robles ya se ha rendido a Franco, como ha expresado en dos cartas a sus militantes en octubre y enero. Los monárquicos ya estaban domesticados; los albiñanistas, disueltos una vez perdido su líder. Y los carlistas tienen más entusiasmo por el Franco que liquida al comunismo que desconfianza hacia el Caudillo que detesta las autonomías territoriales.

En la calle de Bordadores número 8, languidece poco a poco Alberto Benaya, emparedado por su amigo Monedero y cuidado por Luis Portero. Morirá en julio de 1938, casi dos años después de haber comenzado su encierro, sin ver la ciudad en manos de los suyos. Sin ver de nuevo el cielo de Madrid.[53]

Josefina Ferro, que ha afrontado con valor los bombardeos y los registros, sí verá ese día.[54]

Olegario Trapero no se va a mover de su casa hasta junio, a pesar de los bombardeos de la artillería y los aviones. Su madre se ha negado a irse. Siempre dice «No pasarán».

Los nueve mil presos que quedan en las cárceles también verán el fin de la guerra. La Junta ha terminado con las terribles sacas que acabaron con la vida de otros dos mil en noviembre y diciembre.

Manuel Azaña, presidente de la República, ayer pronunció un discurso en el Ayuntamiento de Valencia que hoy reproduce la prensa madrileña. Azaña hace una descripción de lo sucedido durante los meses que han transcurrido desde el inicio de la rebelión, y una loa al pueblo que fue capaz de sustituir al aparato militar tambaleante después del golpe. Para Azaña, la guerra es «siempre aborrecible, y más si es entre compatriotas; que es funesta, incluso para quien la gana». Para continuarla «hace falta una justificación moral de primer orden, que sea inatacable». Quienes han defendido a la República tienen la tranquilidad de la conciencia personal «para afrontar el juicio de la historia».

La República es la agredida, y su postura moral se ha robustecido en los seis meses que han transcurrido.

Pero el hecho de la guerra, además, tiene un carácter que lo agrava, que es el haberse convertido en un conflicto internacional. Primero, por Marruecos, que es un Estado extranjero, cuya soberanía corresponde al sultán. Y las tropas alzadas reclutan súbditos del sultán para sus fines. España está en Marruecos en misión de protectorado en cumplimiento del tratado de Algeciras. Y eso no le ha traído más que problemas: una dictadura, una guerra; ahora, una rebelión. La República tomará en su momento —anuncia el presidente— la decisión que proceda en relación con el país.

Pero no se detiene ahí el problema internacional. Hay también una invasión extranjera. Y los rebeldes no se inquietan por la puesta en peligro de la independencia de España.

Azaña vuelve a Marruecos: la presencia española allí no tiene por objeto estar, sino que no estén otros. Como una forma de mantener el equilibrio de poderes entre las naciones.

La pérdida de ese equilibrio puede conducir a una guerra general, que Azaña no desea, aunque otros puedan abrigar la esperanza de que se produzca. Porque eso llevaría a que la justa causa de la República se dirimiese en función de intereses de otro tipo. La guerra hay que limitarla, hay que extinguirla en los límites de España.

Para eso hay que tener una sola política de guerra, que no haga estéril el sacrificio de todos los voluntarios que luchan y de los muchos que se han dejado las vidas en las trincheras: «Éstos son nuestros jueces más inmediatos y sería un crimen, no de lesa patria, sino de lesa Humanidad, que errores en la conducta pusiesen en peligro de malogro el sacrificio de estos hombres por los cuales existimos».

Y le toca el turno a Madrid: «La misma excelsitud de su martirio lleva este drama a una grandeza moral como ningún pueblo español había conocido hasta ahora. En Madrid, donde nunca había pasado nada, pasa lo más grande de la historia contemporánea de España, y será menester que transcurra tiempo para que los propios madrileños todavía no asesinados, alegremente conformes con su tremendo destino, puedan percibir las repercusiones que su resistencia sin límite va a tener en los destinos de España. Sí, Madrid se ha ganado una vez más la capitalidad moral de todos los españoles».

Para reconstruir Madrid, hay que reconstruir la moral de todos los españoles.

Y Azaña concluye hablando de victoria:

> Será el triunfo de la libertad republicana, el triunfo de los derechos del pueblo, el triunfo de entidades morales delante de las cuales nosotros nos inclinamos.
>
> No será un triunfo personal, porque cuando se tiene el dolor de español que yo tengo en el alma, no se triunfa personalmente contra compatriotas. Y cuando vuestro primer magistrado erija el trofeo de la victoria, su corazón de español se romperá y nunca se sabrá quién ha sufrido más por la libertad de España.[55]

Madrid sigue, seguirá inmersa en el dolor, en el miedo de todos sus habitantes, de los que han tomado partido por cualquiera de ambos bandos, y en una insensata alegría. Durante todo el tiempo que dure la guerra.

Madrid se ha salvado por el momento. Madrid ha resistido los ataques de Franco cuando parecía perdida. Gracias a ello, el triunfo, la paz es ahora posible para el presidente Manuel Azaña.

Y si no la victoria al menos una acción internacional eficaz en la que la República pueda poner algunas bazas sobre la mesa. Su entorno inmediato tiene ese espíritu. Manuel Irujo piensa que ya van más de un millón de muertos, que eso es suficiente. Dalmau Costa, de Esquerra Republicana de Catalunya, visita a Manuel Portela Valladares en su exilio de París y le dice que «es necesario montar y lanzar una gran campaña mundial pro-paz en España». Dalmau, que tiene un contacto directo con Azaña, busca la complicidad del ex primer ministro, quien cada vez se siente más arrepentido de haber simpatizado con Franco en los inicios de la rebelión, y le confirma que Azaña, «después de una época terrible, se encuentra un poco más animado y piensa en la mediación».[56]

Azaña comparte esa esperanza sobre todo con los nacionalistas vascos y catalanes, y con alguno de sus próximos, como José Giral. Con el rector de la Universidad de Barcelona, Pere Bosch i Gimpera, y con el alcalde de Barcelona, Carles Pi i Sunyer, que tienen su misma visión.[57] Pero no encuentra nadie cercano realmente al gobierno, con influencia real, que apueste por esa salida. El fiasco sufrido con la gestión mediadora de Bosch cerca del embajador en Inglaterra, Pablo de Azcárate, es muy significativo. Y explica el alejamiento creciente entre Largo Caballero y el presidente de la República.

Pocos republicanos depositan sus esperanzas en esa posibilidad de mediación. Que rechazan como una traición Francisco Largo Caballero, casi todos los socialistas, y todos los comunistas y anarquistas. Ellos piensan en la victoria militar.

Pero cualquier opción es posible ahora, porque Madrid ha resistido, ha derrotado a Franco.

José Miaja, un general al que todos consideraban un incompetente, ha conseguido la primera victoria militar republicana en la guerra. Apoyado por un gran jefe de Estado Mayor, Vicente Rojo. Son los dos grandes héroes de la defensa de Madrid. Otros héroes han muerto en el empeño, como Buenaventura Durruti.

Dolores González y Roquito «el bien hecho» saben ya que ella está embarazada, que serán padres en septiembre. El hijo se llamará Universal Durruti, «para que sea un hombre valiente», como su padre, y como el líder anarquista muerto frente al Clínico. El chico tendrá que cambiarse el nombre más adelante, por razones obvias, por el de Carlos.[58]
Dolores y Roquito se quedan en Madrid, aguantando.
Como aguantan las familias de Olegario Trapero, de Jaime Renart, de Domingo Malagón, de tantos otros, sin moverse de Madrid. Dispuestos a que no pasen.

«A oscuras la ciudad, las calles desiertas y ciegas y, más cerca o más lejos, según las ráfagas del viento, las descargas de fusilería, el chasquido rítmico de las ametralladoras y de vez en vez los cañonazos densos y opacos. En el pecho la angustia, la zozobra y el dolor de todo y por todo.»[59]

PARTE FRANQUISTA
Ejército del Norte
7 división y división de Madrid. Sin novedad en todos los frentes, con ligero tiroteo.

PARTE REPUBLICANO
Frente del centro

Escasa actividad combativa. Las tropas republicanas que guarnecen los sectores de Guadalajara, sur del Tajo, Aranjuez y otros se ocupan en trabajos de reconocimiento y aquellos que el alto mando les confiere.

En El Escorial y Guadarrama, fuego de fusil y cañón, sin consecuencia por nuestra parte.

En Madrid, en las primeras horas de hoy, se han mejorado sensiblemente nuestras posiciones del subsector Parque del Oeste, y en las últimas de esta tarde fuerzas de la brigada Rovira han ocupado el grupo escolar de Vicente Blasco Ibáñez, situado a la derecha de los Mataderos, así como las casas inmediatas, posiciones éstas de importancia táctica, ya que ofrecen un excelente campo de tiro a nuestras tropas.

En la noche de ayer se pasó un legionario a nuestras filas.

MADRID, BUSTARVIEJO, octubre de 2003 a junio de 2004

Apéndice

Reproduzco a continuación el texto íntegro del borrador del acta de la reunión convocada por el Comité Nacional de la CNT en Madrid y celebrada a las 10.30 h del 8 de noviembre de 1936 (Archivo CNT).*

COMITÉ NACIONAL DE LA CNT ENTRE LOS DISTINTOS MIEMBROS DE COMITÉS RESPONSABLES DE LA ORGANIZACIÓN CONFEDERAL EN MADRID.

ASISTEN
Comité Nacional de la CNT (compañero Cardona)
Federación Local de SSUU
Comité Regional del Centro
Comité Regional de Defensa
Comité Nacional de la FNIF
Comité Nacional de Defensa
Comité Peninsular de Juventudes Libertarias
Director de CNT, Oficina de Propaganda del CN, compañeros Inestal y Antona.

Abierta la sesión a las 10.30 h por el compañero Cardona se procede al nombramiento de mesa, recayendo la presidencia en el compañero citado, secretario de actas Diezhandino [sic] y de palabras, Trigo.
Cardona informa de los motivos que decidieron al Comité Nacional de la CNT a ausentarse de Madrid, por haber entendido que este organismo nacional debía

---

* Para la importancia de esta reunión en el curso de la contienda, véase p. 240 y nota 105. Transcribo el original del documento sin más cambio que el de poner en cursiva los fragmentos que considero más destacables.

residir en el mismo punto que el Gobierno de la República. Explica las incidencias del viaje de éste y del Comité Nacional y las detenciones en Tarancón, de sobra conocidas por todos los reunidos, y su criterio, coincidente con [ilegible] de que el CN debe residir en Madrid, teniendo cerca el Gobierno bien una delegación o una parte del CN. Que este criterio lo hizo conocer en dos conferencias telefónicas sostenidas con el Comité Regional de Levante y con el compañero Horacio Prieto, mostrándose el primero conforme con este criterio, que celebrarían anoche una reunión para tratar de ello. Los acuerdos de dicha reunión que le han sido comunicados por el compañero Aliaga [?] y confirmados posteriormente por el compañero hace unos minutos consisten en los siguientes:

1º. Que el Comité Nacional de la CNT debe residir en el mismo punto en el que resida el Gobierno de la República.

2º. Convocar a un pleno de Regionales para tratar, entre otros asuntos, de esta cuestión y el cual se celebrará en Valencia el día 14 del actual.

Según manifiesta el compañero Aliaga los acuerdos fueron tomados a las dos de la madrugada, posteriormente a las conferencias telefónicas sostenidas con el compañero Cardona.

Comité Nacional de la FNIF pide que esta cuestión se deje para después y se empiece ahora a discutir el mismo punto en que se dejó ayer; esto es, en la coordinación de la Junta de Defensa Local de Madrid.

Federación Local plantea debate sobre los compañeros que asisten a la reunión y a quién representan y aclarado esto informa el compañero Val de que el enemigo ha roto el cerco en Pozuelo, y se encarga un compañero de desplazarse a Guerra para dar el aviso, y se pueda organizar la defensa.

Informa Luque de la génesis de la marcha del Gobierno, pudiendo afirmar que el Cuerpo diplomático no ha presionado en absoluto para ello, sino todo lo contrario ya que están dispuestos a quedarse en Madrid, siempre y cuando que el organismo que se crea ahora, les garantice su seguridad poniéndoles una guardia permanente, compuesta siempre de los mismos individuos. Destaca la gran importancia que tiene la Junta de Defensa que se crea, responde de una manera eficiente y seria a la misión que en estos momentos le compete y dé esta sensación que el Cuerpo diplomático necesita.

Federación Local manifiesta que la Junta de Defensa les pondrá la guardia que piden de guardias nacionales republicanos «nuestros».

CN de la FNIF pregunta si cuando se publique [ilegible] el traslado de [ilegible] gobierno a Valencia no vendrán obligados los diplomáticos [ilegible] darse allí. Aclarado esto, informa el compañero Enrique que los verdaderos motivos que tienen las Embajadas para no marcharse es su interés por los presos, y la gran cantidad de fascistas que tienen refugiados en sus locales.

Vuelve a informar la Federación Local, leyendo primeramente el comunicado dirigido por el Gobierno al General Miajas [sic], en el que se establece la constitución de la Junta de Defensa de Madrid, bajo su presidencia y con la colaboración de las organizaciones sindicales y políticas de izquierda. En este documento se prevé el caso de retirada, que debe ser hecho sobre Cuenca. Informa de la constitución de la Junta, y confirma lo anterior sobre el interés de las Embajadas sobre presos y refugiados políticos, citando el caso de que se quiso ayer asaltar la

Embajada de Chile por saber los compañeros de manera positiva que allí hay refugiados fascistas en gran cantidad, intento que hubo que cortar.

A continuación da cuenta de los acuerdos que han tenido con los socialistas que tienen la Consejería de Orden Público sobre lo que debe hacerse con los presos, habiendo tomado el acuerdo de dividirlos en tres grupos, a saber:

Primer grupo. Fascistas y elementos peligrosos. Ejecución inmediata, cubriendo la responsabilidad.

Segundo grupo. Detenidos sin peligrosidad, su evacuación inmediata al penal de Chinchilla. Con todas las seguridades.

Tercer grupo. Detenidos sin responsabilidad, su libertad inmediata con toda clase de garantías sirviéndonos de ello como instrumento para demostrar a las Embajadas nuestro humanitarismo.

A continuación pasa a dar cuenta de la forma en que tiene que funcionar la Consejería de Producción. Da cuenta de la reunión tenida con la comisión de municiones y de la forma en que ésta está articulada. De los contratos existentes con diversos países entre los que se destaca el que hay con Suiza de un millón de cartuchos semanales y con Francia de trilita. Hay en esta comisión un compañero de la Generalidad de Cataluña que es confederado y que actúa como Delegado de enlace que ha salido para Barcelona para coordinar un servicio perfecto. En estos momentos no hay en Madrid cartuchería, espoletas ni trilita y se necesita una tonelada diaria de trilita. La consejería pretende incrementar la producción de bombas de mano ofensivas.

Alcoy y Sagunto construyen artillería pero no tienen tornos. A Madrid vendrá material para el vaciado de bombas, para lo que se han requisado todas las fábricas necesarias. Se está buscando un lugar adecuado en Madrid para trasladar la mitad de la maquinaria del parque de Artillería del Pacífico porque puede correr peligro, sin interrumpir la producción por ello.

Informe de Guerra de ayer: Halagüeño por lo que se refiere al sector Sur de Madrid. Se resistió heroicamente. El enemigo a todo trance quiere cortar la entrada de agua en Madrid, para lo que se está corriendo en dirección a la línea de La Sierra. Ayer se cogió un tanque enemigo en el que iba el comandante de la brigada de Tanques y todos los planos de las operaciones para su entrada en Madrid.

Se va a iniciar una gran contraofensiva a base de unos dieciséis mil hombres. Se releva a las fuerzas constantemente para que estén de refresco y se preocupa de su avituallamiento normal. La aviación lanzará octavillas de la Junta de Defensa de Madrid para cortar la desmoralización que la marcha del Gobierno pudiera producir. La labor de la Consejería de Producción es única y exclusivamente de incrementar la producción y entregarla a Guerra para su distribución. Como informe añade que se han llegado a producir un millón quinientos mil cartuchos y 2.500 fusiles.

Sobre la Consejería de Información y enlaces habla el compañero Oñate del Comité Peninsular indicando que los elementos marxistas quieren y así hicieron la propuesta de controlar los periódicos de Empresa, la radio y llegar incluso a la anulación de las licencias de armas actuales, así como que el enlace (motoristas) dependiera de Guerra, habiéndose opuesto a esta pretensión ya que todo ello, así como la red de contraespionaje, debe depender de la Consejería de Información y Enlaces. En principio se ha acordado la publicación del boletín oficial de la Junta de Defensa Local de Madrid.

Añade que podría proponer la evacuación del departamento de propaganda para ser adjudicado a la FAI. En opinión suya debe suprimirse toda la burocracia estrellada, así como que los coches y gasolina dependan directamente de este departamento.

Comité Nacional se muestra partidario de la incorporación de la FAI y además de que nuestra Organización debe exigir su participación en los departamentos de [ilegible]

En este momento el C.N autoriza la entrada de [ilegible] a los reunidos noticias no muy agradables.

El compañero González Inestal manifiesta que hay unos 15.000 hombres en los alrededores de Madrid que están completamente inactivos, incluyendo las columnas que operan en el sector Toledo y Aranjuez. Habla de la inutilidad de los generales Miaja, Pozas, y el Estado Mayor y de su falta de cohesión ya que residen en tres puntos diferentes. Entiende deben unificarse los mandos en la región Centro y propone se llame al Comandante Casado, autor de un meditado plan de defensa de Madrid, para que se encargue de dirigir las operaciones en este sector y asumir el mando. Se acuerda ante esta proposición llamar a Valencia al Comité Nacional para que visite al Gobierno y en un plazo de cuatro horas consiga que Largo Caballero firme un decreto concediéndolo así y se den las órdenes para que inmediatamente venga Casado desde Albacete que es donde se encuentra. Manifestando además al Gobierno que siendo acuerdo firme de la Organización confederal si no concede esto que se pide, lo haremos por encima de él. Se tramita este [ilegible] *en el acto.*

Se da cuenta de la negativa de Durruti a la propuesta de nombramiento de Generalísimo del sector del Centro que se le hizo por el Gobierno hace unos ocho días, y de la situación de las fuerzas que manda a Madrid y del viaje de dos miembros del Comité Nacional para verle y convencerle de la necesidad de su presencia aquí. Ante la competencia que parece pudiera existir entre Casado y Durruti de venir éste, se [ilegible].

Estimados todos no habrá ninguna cuestión ya que el uno es técnico militar y puede figurar a las órdenes del otro, que ha de ser quien con su presencia levantará la moral de todos los combatientes de este Sector.

Se acuerda que un compañero salga para Valencia urgentemente para presionar la realización del acuerdo anterior cerca del Comité Nacional quedando nombrados los compañeros González Inestal y Antona que salen en aquel mismo momento.

El compañero González Inestal informa a continuación del material de guerra existente en Levante que es en gran cantidad y de que hay dos barcos en Alicante habiendo dado orden el Gobierno de que vayan a Valencia. Los reunidos acuerdan oponerse a ello y requerir a la Federación Local de Alicante para que requisando camiones y con toda la responsabilidad remita este material a Madrid.

Realizada la oportuna conferencia telefónica, Alicante contesta que no tiene más que unos 50 camiones vacíos pero que no hay ya material por haber salido para los distintos frentes.

A un requerimiento telefónico Albacete contesta no ha llegado aún la columna Durruti, pero que tiene noticias que está cerca y viene él al frente, habiendo quedado en comunicar su paso por allí.

Comité Nacional de la FNIF propone que además de los compañeros nombrados provisionalmente para la Junta de Defensa sean ayudados por otros de más edad y se les dé el nombramiento con carácter definitivo, haciendo además algunas observaciones sobre el personal de teléfonos del Ministerio de la Guerra. Intervienen varios compañeros y tras larga discusión se acuerda:

1ª. Que la reunión de esta tarde de la citada Junta, lleven los compañeros la proposición de la creación de una Consejería de Prensa y Propaganda, llevando ya a dos compañeros de la FAI teniendo transigencia para que en este departamento puedan entrar marxistas y que a continuación se plantee la exigencia de la Organización Confederal de la intervención en Guerra, Orden Público y Abastecimientos en paridad con los marxistas, concediéndoles, si ellos lo pidieran, representación en nuestras consejerías, llegando en último caso a una proporcionalidad en todas, dejando a un lado las que detentan los partidos republicanos y el Sindicalista.

Comité de Defensa da una información sobre los planes para la defensa de Madrid, sobre nuestro Estado Mayor, sobre unas líneas generales de colocación de fuerzas material, etc. dándose todos por enterados.

Federación Local manifiesta que el Ayuntamiento de Madrid ha desaparecido acordándose se incaute Abastos a base de CNT y UGT.

Llama Valencia a conferencia al compañero Falomir que se pone al aparato se le dan a conocer los acuerdos tenidos para que los pongan inmediatamente en práctica.

Sanidad manifiesta que ni en el departamento de Sanidad de Guerra ni en el Ministerio de Sanidad hay ninguna persona responsable y [ilegible] necesidad de que esto marche para atender a todas las necesidades [ilegible] que puedan crearse, autorizando al Sindicato de Sanidad para que proceda [ilegible] lo a las necesidades y a las circunstancias.

Se acuerda dirigir alocuciones por radio, manifiestos en la prensa, el mayor número de veces posible para que se oiga la voz de la Organización Confederal.

Ante la pregunta que hace el compañero Melchor Rodríguez a quien ha designado el Colegio de Abogados en su Junta Revolucionaria proponiéndole para el cargo de Director de Prisiones se acuerda que para no mermar la autoridad del Sub-Secretario de Justicia, si éste le nombra la Organización lo acepta, pero pone el reparo siguiente, si el nombramiento es de otro organismo debe de dirigir la consulta al organismo confederal de Madrid para que éste resuelva.

Y por lo avanzado de la hora se levanta la sesión a las 14 para continuarla a las 18.

Madrid, 8 de noviembre de 1936

Notas

Viene un tropel de moros y legionarios

1. Guillermo Cabanellas, *La guerra de los mil días*, Grijalbo, Buenos Aires, 1973, p. 648 y ss.
2. Decreto de 21 de agosto de 1936, Ministerio de Justicia.
3. Gregorio Martínez, conversación con el autor, 1994.
4. José Manuel Martínez Bande, *La marcha sobre Madrid*, San Martín, Madrid, 1982, p. 190.
5. Benito Gómez Oliveros, *General Moscardó*, AHR, Barcelona, 1956.
6. Testimonio de Olegario Trapero Prado, sobrino de Teodoro, agosto de 2003.
7. José Manuel Martínez Bande, *op. cit.*, p. 189.
8. Claude Bowers, *Misión en España*, México, 1966.
9. Gregorio Gallego, *Madrid, corazón que se desangra*, G. del Toro, Madrid, 1976, p. 160.
10. No hay una cifra definitiva de rehenes. Pedro Casas de Vega los cifra en diez en el libro *El Alcázar*, G. del Toro, Madrid, 1976, p. 62.
11. Juan de Mata López-Ayllón, *Algunas cosas de los veinticinco primeros años de mi vida*, inédito (Valencia, octubre de 2000). El fusilamiento de los rehenes es un aspecto de la conquista de Toledo sobre el que apenas existen referencias. Este testimonio es el primero de carácter directo que conozco.
12. Stanley G. Payne, *Falange*, Ruedo Ibérico, París, 1965, p. 107.
13. Juan José Calleja, *Yagüe, un corazón al rojo*, Juventud, Barcelona, 1963, p. 116.
14. Ricardo de la Cierva, *Francisco Franco. Biografía histórica*, Planeta, Barcelona, 1982, vol. 3, p. 8 y ss.
15. *ABC*, Sevilla, 30 de septiembre de 1936.
16. Guillermo Cabanellas, *op. cit.*, p. 636.
17. *ABC*, Sevilla, 30 de septiembre de 1936.
18. Decreto de 17 de septiembre de 1936.

19. *La Gaceta de Madrid*, 16 de agosto de 1936.
20. *La Gaceta de Madrid*, 29 de septiembre de 1936.
21. Jaime Renart, conversación con el autor, noviembre de 2003.
22. Julián Casanova, en su contribución a Santos Juliá, ed., *Víctimas de la guerra civil*, Temas de Hoy, Madrid, 1999, p. 85.
23. Jesús Izcaray, *La guerra que yo viví*, Cuadernos para el Diálogo, Madrid, 1978, p. 63.
24. Mijail Koltsov, *Diario de la guerra de España*, Ruedo Ibérico, París, 1963, p. 110.
25. *Milicia Popular*, Órgano del Quinto Regimiento, Madrid, 6 de agosto de 1936, p. 3.
26. Ignacio Hidalgo de Cisneros, *Cambio de rumbo*, Laia, Barcelona, 1977, p. 211.
27. Mijail Koltsov, *op. cit.*, p. 9 y ss.
28. Pietro Nenni, *España*, Plaza y Janés, Barcelona, 1976, p. 141.
29. Gregorio Gallego, *op. cit.*, p. 99.
30. Ricardo de la Cierva, *op. cit.*, vol. 3, p. 18.
31. *Ibid.*, p. 19.
32. *Ibid.*, p. 20.
33. Arturo Barea, *La forja de un rebelde*, Debate, Madrid, 2000, p. 674.
34. Ministerio de Justicia, Causa General, Madrid, 1943, p. 37.
35. Antonio Gil, testimonio de noviembre de 2003.
36. *La Vanguardia*, Barcelona, 2 de agosto de 1936.
37. *La Gaceta de Madrid*, 7 de octubre de 1936.
38. Olegario Trapero, conversación con el autor, octubre de 2003.
39. Familia Ferro, conversación con el autor.
40. Jaime Renart, conversación con el autor, noviembre de 2003.
41. Juan de Mata López-Ayllón, *op. cit.*, p. 272.
42. Daniel Kowalsky, *La Unión Soviética y la guerra civil española*, Crítica, Barcelona, 2003, p. 21 y ss.
43. Francisco Olaya, *La intervención extranjera en la guerra civil*, Madre Tierra, Móstoles, Madrid, 1990, p. 136.
44. Francisco Olaya, *op. cit.*, p. 156, nota 17.
45. *El Liberal*, Madrid, 10 de octubre de 1936.
46. Emilio González López, *Memorias de un diputado republicano en la guerra civil española*, Ediciós do Castro, A Coruña, 1990, p. 174.
47. Santiago Álvarez, *Las milicias populares gallegas*, Ediciós do Castro, A Coruña, 1989, p. 31 y ss.
48. Javier Tusell, *La Junta Técnica de Estado. La guerra civil española*, Folio, Barcelona, 1997, vol. 7, p. 73 y ss.
49. Juan Pablo Fusi, *Franco, jefe de gobierno. La guerra civil española*, Folio, Barcelona, 1997, vol. 7, p. 89.
50. Jesús Salas Larrazábal, *No intervención extranjera en la guerra de España*, Editora Nacional, Madrid, 1974, p. 161.
51. George Hills, *Franco*, San Martín, Madrid, 1968, p. 268.

52. Morten Heiberg, *Emperadores del Mediterráneo*, Crítica, Barcelona, 2004, p. 28, 43 y 65.

53. Gregorio Gallego, *op. cit.*, p. 183. Estas notas parecen ser las únicas existentes que hacen referencia a las reuniones de la Junta de Defensa.

54. José Manuel Martínez Bande, *La guerra en el norte*, San Martín, Madrid, 1969, p. 212.

55. *Ibid.*, p. 217 y ss.

56. Gregorio Gallego, *op. cit.*, p. 186 y ss.

57. José Manuel Martínez Bande, *op. cit.*, p. 230.

58. Jesús Izcaray, *op. cit.*, p. 74.

59. Mónica Carbajosa y Pablo Carbajosa, *La corte literaria de José Antonio*, Crítica, Barcelona, 2003, p. 135.

60. Jesús de Galíndez, *Los vascos en el Madrid sitiado*, Ekin, Buenos Aires, 1945, p. 24 y ss.

61. Jesús Izcaray, *op. cit.*, p. 84.

62. *Ibid.*, p. 88.

63. Luigi Longo, *Las brigadas internacionales en España*, ERA, México, 1956, p. 46.

64. Robert H. Whealey, *Hitler and Spain*, Kentucky University Press, Kentucky, 1989, p. 47.

65. Robert H. Whealey, *op. cit.*, vol. II, p. 47.

66. *Ibid.*, p. 48.

67. Miguel Hernández, *Vientos del pueblo*.

68. Pedro Montoliu, *Madrid en la guerra civil (II)*, Sílex, Madrid, 1999, p. 61 y ss.

69. Santiago Álvarez, *op. cit.*, vol. II, p. 107.

70. J. M. Martínez Bande, *op. cit.*, p. 210.

71. Leopoldo de Luis, conversación con el autor, marzo de 2004.

72. Luis Enrique Délano, *Cuatro meses de guerra civil en Madrid*, Panorama, Santiago de Chile, 1937, p. 37.

73. L. E. Délano, *op. cit.*, p. 36.

74. Daniel Kowalsky, *op. cit.*, p. 308.

75. AA. VV., *Guerra y revolución en España*, Progreso, Moscú, 1974, p. 107 y ss.

76. Ricardo de la Cierva, *op. cit.*, p. 41.

77. Manuel Hedilla, *Testimonio de Manuel Hedilla*, Acervo, Madrid, 1976.

78. Manuel Sánchez del Arco, *ABC*, Sevilla, 19 de noviembre de 1936.

79. Mohammad Ibn Azzuz Hakin, «La oposición de los dirigentes nacionalistas marroquíes a la participación de sus compatriotas en la guerra civil española», en *Marroquíes en la guerra civil española*, Anthropos, Barcelona, 2003, p. 37.

80. Abdeladjib Benjeloum, *op. cit.*, p. 55. Véase también María Rosa de Madariaga, *Los moros que trajo Franco*, Martínez Roca, Barcelona, 2002, p. 86 y ss.

81. Luigi Longo, *op. cit.*, p. 48.

82. J. M. Martínez Bande, *op. cit.*, pp. 220-221.

83. *ABC*, Madrid, 14 de octubre de 1936.
84. Citado por Andrés Trapiello, *Las armas y las letras*, Península, Barcelona, 2002.
85. Luis Cernuda, *Elegía a un poeta muerto*.
86. *ABC*, Sevilla, 13 de octubre de 1936.
87. Andrés Trapiello, *op. cit.*, p. 98 y ss.
88. *Ibid.*, p. 102 y ss.
89. Rafael Alberti, *De un momento a otro*, Ediciones Europa-América, Madrid, 1937.
90. J. R. Jiménez, citado por Andrés Trapiello, *op. cit.*, p. 100.
91. Luis Enrique Délano, *op. cit.*, p. 29.
92. *ABC*, Madrid, 15 de octubre de 1936.
93. Lorenzo Portero, conversación con el autor, noviembre de 2003.
94. Ricardo de la Cierva, *op. cit.*, p. 33.
95. Jorge M. Reverte, *La batalla del Ebro*, Crítica, Barcelona, 2003, p. 162 y ss.
96. Joan M. Thomás, *Falange, guerra civil i franquisme*, Publicacions de l'Abadia de Montserrat, Barcelona, 1992.
97. Véase el artículo de Marcelino Pascua en *Cuadernos para el diálogo*, julio de 1970. Además, Ángel Viñas, *El oro de Moscú*, Grijalbo, Barcelona, 1979, p. 288.
98. Fernando Díaz Plaja, *España en sus documentos. El siglo XX, la guerra*, Gráficas Faro, Madrid, 1963, p. 290.
99. Pablo Martín Aceña, *El oro de Moscú, el oro de Berlín*, Taurus, Madrid, 2001, p. 92 y ss.
100. Gregorio Gallego, conversación con el autor, 12 de mayo de 2004.
101. Gregorio Gallego, *op. cit.*, p. 171.
102. *La Gaceta de Madrid*, 16 de octubre de 1936.
103. Indalecio Prieto, *El Sol*, Madrid, 27 de agosto de 1936.
104. *Claridad*, Madrid, 27 de agosto de 1936.
105. Michael Alpert, *El ejército republicano en la guerra civil*, Ruedo Ibérico, París, 1977, p. 78.
106. *La Gaceta de Madrid*, 16 de octubre de 1936.
107. Testimonio de Máximo Huete, archivos del PCE.
108. Joaquín García Morato, *Guerra en el aire*, Editora Nacional, Madrid, 1940, p. 42.
109. Giovanni Massimello, *GianLino Baschirotto*, www.asso4stormo.it
110. Para todo lo relacionado con las cuestiones organizativas, véase Ramón Salas, *Historia del ejército popular de la República*, Editora Nacional, Madrid, 1973, p. 505 y ss.
111. José María Marco, *Manuel Azaña*, Planeta, Barcelona, 1998, p. 281.
112. César M. Lorenzo, *Les anarchistes espagnols et le pouvoir*, citado por Gregorio Gallego, *op. cit.*, p. 203.
113. Marcelino Domingo, *España ante el mundo*, México Nuevo, México, 1937.
114. Ignacio Hidalgo de Cisneros, *op. cit.*, p. 221.
115. *Milicia Popular*, órgano del Quinto Regimiento.

116. Ramón Salas, *op. cit.*, p. 507.
117. Jaime Renart, conversación con el autor, noviembre de 2003.
118. *ABC*, Madrid, 21 de octubre de 1936.
119. SHM, legajo 462, carpeta 18, armario 10.
120. Jesús de Galíndez, *op. cit.*, p. 37 y ss.
121. Arturo Barea, *op. cit.*
122. María Rosa de Madariaga, *op. cit.*, p. 312.
123. Luigi Longo, *op. cit.*, p. 50.
124. Boletín Oficial del 27 de septiembre de 1937. Decreto firmado por Indalecio Prieto.
125. Pierre Broué y Émile Témime, *La revolution et la guerre d'Espagne*, Minuit, París, 1961, p. 223.
126. *Ibid.*, p. 223.
127. *Ibid.*
128. AA. VV., *Guerra y revolución en España*, *op. cit.*, p. 113.
129. Jacques Dupré, *La legion tricolore en Espagne*, París, 1942, citado también por Jacques Delperrie, *Las brigadas internacionales*, Júcar, Madrid, 1978, p. 159.
130. Michel Lefebvre y Rémi Skoutelsky, *Las brigadas internacionales*, Lunwerg, Barcelona-Madrid, 2003, p. 86. Véase también Jacques Delperrie, *op. cit.*, p. 158 y ss.
131. Luigi Longo, *op. cit.*, p. 57.
132. Eduardo Mangada, conversación con el autor, 2001.
133. Diego Abad de Santillán, *Por qué perdimos la guerra*, México, 1940, p. 174.
134. Pietro Nenni, *op. cit.*, p. 166.
135. Manuel Rubio Cabeza, *Diccionario de la guerra civil*, Planeta, Barcelona, 1987, p. 629.
136. Robert H. Whealey, *op. cit.*, p. 55.
137. Morten Heiberg, *op. cit.*, p. 107.
138. Alfredo Kindelán, *La verdad de mis relaciones con Franco*, Planeta, Barcelona, 1981.
139. Cabo Montes, testimonio, archivo del PCE.
140. Olegario Trapero, testimonio citado.
141. Luis Enrique Délano, *op. cit.*, p. 75.
142. Lorenzo Portero, testimonio citado.
143. Luis Enrique Délano, *op. cit.*, p. 78.
144. José Manuel Martínez Bande, *op. cit.*, p. 225.
145. *ABC*, Sevilla, 23 de octubre de 1936.
146. Rafael Casas de la Vega, *Las milicias nacionales*, Editora Nacional, Madrid, 1977, vol. I, p. 303.
147. Véase, por ejemplo, Carlos Blanco Escolá, *General Mola*, La Esfera de los libros, Madrid, 2002.
148. Decreto 131 de 25 de septiembre de 1936.
149. Dolores González, conversación con el autor, mayo de 2004.

150. Hans Magnus Enzensberger, *El corto verano de la anarquía*, Anagrama, Barcelona, 1972, p. 220.

151. Gregorio Gallego, *op. cit.*, pp. 168 y 169.

152. Juan Modesto, *Soy del Quinto Regimiento*, Éditions du Globe, París, 1969, p. 48. Además, partes del ministro de Obras Públicas, Julio Just. Archivo Histórico Militar, legajo 479, carpetas 1, 2 y 3.

153. Manuel Hedilla, *op. cit.*, p. 262 y ss.

154. Juan Urra, *En las trincheras del frente de Madrid*, Fermín Uriarte, Pamplona, 1966, p. 92 y ss.

155. Jesús N. Núñez Calvo, *Diario de operaciones del general Varela*, Almena, 2004, p. 65.

156. Emilio González López, *op. cit.*, p. 66.

157. D. Kowalsky, *op. cit.*, p. 308.

158. Juan Modesto, *op. cit.*, p. 63.

159. Ramón Salas, *op. cit.*, p. 512.

160. Servicio Histórico Militar, legajo 367, carpeta 12, armario 7. Ávila.

161. Francisco Largo Caballero, *Arenga al pueblo de Madrid*, 28 de octubre de 1936, prensa del día.

162. Francisco Largo Caballero, *Arenga a las fuerzas armadas*, 28 de octubre de 1936, prensa del día.

163. Ricardo de la Cierva, *op. cit.*, p. 50.

164. Diario de Operaciones Mehal-la jalifiana de Melilla núm. 4, SHM, legajo 463, carpeta 17, armario 10.

165. Mijail Koltsov, *op. cit.*, p. 162.

166. Jorge Ozores Arráiz, testimonio en Ricardo de la Cierva, *op. cit.*, p. 51.

167. Fernando Fernández de Córdoba, *Memorias de un soldado-locutor*, Ediciones Españolas, Madrid, 1939, p. 106.

168. D. Kowalsky, *op. cit.*, p. 309.

169. *Ibid.*, p. 310.

170. Enrique Líster, *Nuestra guerra*, Éditions du Globe, París, 1966.

171. Jesús Izcaray, *op. cit.*, p. 92 y ss.

172. José Luis de Mesa, *El regreso de las legiones*, García Ispahán, Granada, 1994, p. 21.

173. José Manuel Martínez Bande, *op. cit.*, p. 234.

174. George Hills, *op. cit.*, p. 267.

175. Andreu Castells, *Las brigadas internacionales de la guerra de España*, Ariel, Barcelona, 1974, p. 53.

176. Francisco Olaya, *op. cit.*, p. 160, n. 38.

177. *La Gaceta de Madrid*, 30 de octubre de 1936. Firma el presidente de la República desde Barcelona.

178. Nota del gobierno en respuesta a la propuesta de 4 de diciembre del Comité de Londres sobre control de puertos. Véase Fernando Díaz Plaja, *op. cit.*, p. 355.

179. «They are laid out in ranks / Like paper lanterns that have fallen / After a night of riot / Extinct in the dry morning air.» Herbert Read, *Bombing ca-*

sualties in Spain, 1916, citado en Murray A. Sperber, *And I remember Spain*, McMillan, Nueva York, 1974, p. 190.

180. Robert H. Whealey, *op. cit.*, p. 155.

181. Documentos de Política Exterior Alemana (DGFP) citados por George Hills, *op. cit.*, p. 267 y ss.

182. Pierre Broué, *op. cit.*, p. 206. Burnett Bolloten, *op. cit.*, p. 525 y ss.

183. David Alfaro Siqueiros, *Me llamaban el coronelazo*, Grijalbo, México, 1977, p. 322.

184. Gregorio Gallego, *op. cit.*, p. 147 y ss.

185. Eduardo de Guzmán, *Madrid rojo y negro*, citado por José Peirats en *La CNT en la revolución española*, Ediciones Madre Tierra, Cali (Colombia), 1988, vol. II, p. 14.

186. Pablo de Azcárate, *Mi embajada en Londres*, Ariel, Barcelona, 1976, p. 61 y ss.

187. Basil Liddell Hart, *The Memories of captain Liddell Hart*, Cassell, Londres, 1965, vol. II, p. 127.

188. Eduardo de Guzmán, en Jose Peirats, *op. cit.*, p. 15.

189. Archivo General Militar de Ávila.

190. George Hills, *Franco*, San Martín, Madrid, 1968, p. 265.

191. Antonio Cordón, *Trayectoria*, Ebro, París, 1971, p. 274.

192. Jacques Delperrie, *op. cit.*, p. 83.

193. *Ibid.*, p. 88.

194. Andrés Trapiello, *op. cit.*, p. 209.

195. Pedro Montoliu, *op. cit.*, p. 106.

196. Manuel Tagüeña, *Testimonio de dos guerras*, Planeta, Barcelona, 1978, p. 42 y ss.

197. Pedro Montoliu, *op. cit.*, p. 106.

198. Juan Modesto, *op. cit.*, p. 67.

199. Santiago Álvarez, *op. cit.*, p. 60.

200. Enrique Líster, *op. cit.*, p. 82 y ss.

201. José Luis de Mesa, *op. cit.*, p. 20.

202. *Ibid.*, p. 23.

203. Mijail Koltsov, *op. cit.*, p. 168.

204. Dolores González, testimonio citado.

205. Joan Llarch, *La muerte de Durruti*, Plaza y Janés, Barcelona, 1976, p. 40.

206. Gregorio Gallego, *op. cit.*, p. 199.

207. *Ibid.*, p. 201.

208. Michael Alpert, *op. cit.*, p. 83.

209. Véase Líster, *op. cit.*, Koltsov, *op. cit.*, y Martínez Bande, *op. cit.*

210. SHM, legajo 463, carpeta 19, armario 10.

211. George Santayana, Roma, 3 de noviembre de 1936, citado por Murray Sperber, *op. cit.*, p. 228.

212. Mijail Koltsov, *op. cit.*, p. 176.

213. Gregorio Gallego, *op. cit.*, p. 151 y ss.

214. Juan Lario, *Habla un aviador de la República*, G. del Toro, Madrid, 1973, p. 32 y ss.

215. El Tebib Arrumi, *El cerco de Madrid*, Librería Santarén, Valladolid, 1938, p. 49 y ss.

216. Iñaki Anasagasti y Josu Erkoreka, *Dos familias vascas: Areilza-Aznar*, Foca, Madrid, 2003.

217. J. M. Figueras, *Madrid en guerra*, Destino, Barcelona, 2004, p. 695.

218. *ABC*, Sevilla, 4 de noviembre de 1936.

219. Emilio González López, *op. cit.*, p. 92.

220. Domingo Malagón, conversación con Diana Plaza, diciembre de 2003.

221. Olegario Trapero, testimonio citado.

222. Mariano Lara, conversación con el autor.

223. Olegario Trapero, conversación con el autor.

224. Domingo Malagón, testimonio citado.

225. Cabo Montes, testimonio citado.

226. Julián Zugazagoitia, *Guerra y vicisitudes de los españoles*, Tusquets, Barcelona, 2001, p. 178.

227. José María Marco, *op. cit.*, p. 281.

228. Santos Martínez Saura, *Memorias del secretario de Azaña*, Planeta, Barcelona, 1999, p. 479.

229. *La Gaceta de Madrid*, 5 de noviembre de 1936.

230. José María Gárate, *Mil días de fuego*, Luis de Caralt, Barcelona, 1972.

231. Francisco Javier Mariñas, *General Varela*, AHR, Barcelona, 1956, p. 129. Véase también Juan José Calleja, *op. cit.*, p. 122.

232. Juan Lario, *op. cit.*, p. 49.

NO PASARÁN

1. Lázaro Somoza, *El general Miaja*, Tyris, México, 1944, p. 135.

2. SHM, legajo 462, carpeta 18, armario 10.

3. Antonio Gil, testimonio, noviembre de 2003.

4. Gregorio Gallego, *op. cit.*, p. 208.

5. Testimonios de Mila Ramos (conversación con el autor, 2001) y Francisco Martorell (memorias inéditas, familia de Francisco Martorell).

6. Jaime Renart, entrevista con el autor, noviembre de 2003.

7. Javier Figuero, *Memoria de una locura*, Planeta, Barcelona, 1986, p. 160.

8. Leopoldo de Luis, testimonio citado.

9. Largo Caballero, *Mis recuerdos*, Ediciones Reunidas, México, 1976, p. 188. Indalecio Prieto, *Convulsiones de España*, Oasis, México, 1967, p. 192.

10. Lázaro Somoza, *op. cit.*, p. 134.

11. *Ibid.*, p. 138.

12. Jesús de Galíndez, *op. cit.*, p. 47 y ss.

13. Jaime Renart, conversación con el autor, noviembre de 2003.

14. Domingo Malagón, testimonio citado.

15. Jacques Delperrie, *op. cit.*, p. 95.
16. Ricardo de la Cierva, *op. cit.*, vol. III, p. 60.
17. Hay discrepancias sobre su procedencia. Pero está comprobado por varias fuentes que eran de la columna de Del Rosal.
18. Gregorio Gallego, *op. cit.*, p. 212.
19. Indalecio Prieto, *El Socialista*, 19 de abril de 1951. Eduardo de Guzmán, *Madrid rojo y negro*, Tierra y Libertad, Barcelona, 1938, p. 155.
20. Gregorio Gallego, *op. cit.*, p. 213.
21. Eduardo Guzmán, *op. cit.*, vol. II, p. 20.
22. *Ibid.*
23. *Milicia Popular*, 17 de octubre de 1936, p. 5.
24. Patricio de Blas y Eva de Blas, *Julián Besteiro*, Algaba, Madrid, 2002, p. 354.
25. Patricio de Blas y Eva de Blas, *op. cit.*, p. 368.
26. Juan Simeón Vidarte, *Todos fuimos culpables*, FCE, México, 1973, p. 758.
27. Julián Zugazagoitia, *op. cit.*, p. 181.
28. Pierre Broué y Émile Témime, *op. cit.*, p. 206.
29. J. Delperrie, *op. cit.*, p. 94.
30. Judith Keene, *Luchando por Franco*, Salvat, Barcelona, 2001, p. 111.
31. Arturo Barea, *op. cit.*, p. 679 y ss.
32. Lázaro Somoza, *op. cit.*, p. 142.
33. Andreu Castells, *op. cit.*, p. 601.
34. Lázaro Somoza, *op. cit.*, p. 146.
35. Max Aub, *Campo Abierto*, Suma de Letras, Madrid, 2003, p. 356.
36. Eduardo Guzmán, *op. cit.*, vol. II, p. 16.
37. Mijail Koltsov, *op. cit.*, p. 185.
38. Eligio de Mateo, «La batalla de Madrid», *Historia16*, 167, marzo de 1990.
39. Vicente Rojo, *Así fue la defensa de Madrid*, Comunidad de Madrid, Madrid, 1987, p. 63 y ss.
40. Enrique Líster, *op. cit.*, p. 84.
41. Eduardo Guzmán, *op. cit.*, vol. II, p. 17.
42. Testimonio de la familia de Manuel Reverte.
43. Entrevista con Ricardo Aresté. Javier Cervera, *Madrid en guerra*, Alianza, Madrid, 1998, p. 93.
44. Javier Cervera, *op. cit.*, p. 87 y ss.
45. Robert Colodny, *The struggle for Madrid*, Nueva York, 1957, p. 138. Véase también Mijail Koltsov, *op. cit.*, y Enrique Castro Delgado, *Hombres made in Moscú*, Luis de Caralt, Barcelona, 1963. Burnett Bolloten (*La guerra civil española. Revolución y contrarrevolución*, Alianza, Madrid, 1989) confunde a Martínez con el comandante Carlos. Todos los datos indican que se trata de su «confidente», Mijail Koltsov.
46. Stoyan Minev, *Las causas de la derrota de la República Española*, Miraguano, Madrid, 2003, p. 93.
47. Mijail Koltsov, *op. cit.*, p. 192.

48. Santos Juliá, ed., *op.cit.*, p. 161 y ss.
49. Rosario Queipo de Llano, *De la checa de Atadell a la prisión de Alacuás*, Librería Santarén, Valladolid, 1939.
50. Ministerio de Justicia, Causa general, *op. cit.*, p. 95 y ss.
51. Lázaro Somoza, *op. cit.*, p. 148.
52. Jaime Renart, conversación con el autor, noviembre de 2003.
53. *Política*, Madrid, 7 de noviembre de 1936.
54. Diario de la 8 bandera, citado por J. M. Martínez Bande, *op. cit.*, p. 293.
55. Antonio Machado, *Hora de España*, 8 (agosto de 1937), p. 11 y ss.
56. Javier Cervera, *op. cit.*, p. 62.
57. J. Aróstegui y Jesús A. Martínez, *La Junta de Defensa de Madrid*, Comunidad de Madrid, Madrid, 1984, p. 66 y ss.
58. Ministerio de Justicia, Causa General, *op. cit.*, p. 52.
59. Javier Figuero, *op. cit.*, p. 78.
60. Cabo Montes, testimonio citado.
61. Emilio González López, *op. cit.*, p. 96.
62. Eduardo Guzmán, *op. cit.*, vol. II, p. 17.
63. Santiago Álvarez, *op. cit.*, p. 112 y ss.
64. Javier Figuero, *op. cit.*, p. 119.
65. Paul Preston, *Franco*, Grijalbo, Barcelona, 1994, p. 260.
66. Max Aub, *op. cit.*, p. 416 y ss.
67. Fernando Fernández de Córdoba, *op. cit.*, p. 117 y ss.
68. Testimonio de Benjamín Lafarga en *Cuba y la defensa de la República española*, Editorial Política, La Habana, 1981, p. 83.
69. Mónica Carabias, *Rosario Sánchez Mora*, Ediciones del Orto, Madrid, 2001, p. 36.
70. José Luis de Mesa, *op. cit.*, p. 22.
71. Lázaro Somoza, *op. cit.*, p. 163. Existen varias narraciones sobre este hecho. Ésta parece la más ajustada a la realidad.
72. Ritama Muñoz Rojas, entrevista con Francisca Rubio, *El País*, Madrid, 30 de enero de 2003, p. 10.
73. Lorenzo Portero, conversación con el autor, noviembre de 2003.
74. José Luis Ferris, *Miguel Hernández*, Temas de Hoy, Madrid, 2000, p. 346.
75. Mijail Koltsov, *op. cit.*, p. 197.
76. José María Gárate, *op. cit.*, p. 108.
77. José María Gárate, *op. cit.*, p. 110 y ss.
78. Antonio Machado, «Miaja».
79. Antonio Machado, «Madrid».
80. W. H. Auden, *Trabajos de amor dispersos*, Crítica, Barcelona, 2003, p. 99.
81. Leopoldo de Luis, testimonio citado.
82. Julio Aróstegui y Jesús A. Martínez, *op. cit.*, p. 75. En adelante, todas las notas referidas a las actas de las reuniones de la JDM se referirán siempre a este libro rotundo, donde se encuentra el material definitivo sobre esas reuniones.

NOTAS 593

83. J. Aróstegui y J. A. Martínez, *op. cit.*, p. 292.
84. Borrador del acta de la reunión del Comité Nacional de la CNT. Archivo de la CNT, Madrid, 8 de noviembre de 1936.
85. Cabo Montes, *op. cit.*
86. Lázaro Somoza, *op. cit.*, p. 164. Otras versiones atribuyen al coronel Prada la responsabilidad de la entrega del documento. Creo que ésta es la más ajustada a la realidad, puesto que proviene directamente de Miaja.
87. Vicente Rojo, *op. cit.*, p. 67.
88. Enrique Líster, *op. cit.*, p. 85.
89. Lázaro Somoza, *op. cit.*, p. 201.
90. Bernard Knox, *Premature antifascists*, The Abraham Lincoln Brigade Archives, New York University, Nueva York, 1988.
91. Mijail Koltsov, *op. cit.*, p. 207.
92. Vicente Rojo, *op. cit.*, p. 70 y ss.
93. Mijail Koltsov, *op. cit.*, p. 195.
94. Eduardo Guzmán, *op. cit.*, vol. II, p. 18.
95. Cabo Montes, testimonio citado.
96. Ministerio de Justicia, Causa General, *op. cit.*, p. 36.
97. Jesús de Galíndez, *op. cit.*, p. 56 y ss.
98. Pablo Neruda, *Tercera residencia*, Buenos Aires, 1961.
99. Ronald Fraser, *Recuérdalo tú, recuérdalo a otros*, Crítica, Barcelona, 1979, p. 363.
100. John Sommerfield, *Volunteer in Spain*, Knopf, Nueva York, 1937, citado por Peter Wyde, *La guerra apasionada*, Martínez Roca, Barcelona, 1997, p. 207.
101. Olegario Trapero, testimonio citado.
102. Cabo Montes, testimonio citado.
103. Vicente Rojo, *op. cit.*, p. 82.
104. Gregorio Gallego, *op. cit.*, p. 211.
105. Gregorio Gallego, conversación citada, y borrador del acta de la reunión del Comité Nacional de la CNT, archivo de la CNT. El texto de la reunión, celebrada en Madrid el 8 de noviembre de 1936, se reproduce íntegramente en el Apéndice incluido más arriba (pp. 577-581).
106. Gregorio Gallego, conversación con el autor, 12 de noviembre de 2004.
107. Hans Magnus Enzensberger, *El corto verano de la anarquía*, Anagrama, Barcelona, 1972, p. 223.
108. José María Gárate, *op. cit.*, p. 112.
109. Elena Poniatowska, *Tinísima*, Era, México, 1992, p. 471 y ss.
110. María Luisa Lafita en *Cuba y la defensa de la República española*, *op. cit.*, p. 88.
111. Luis Enrique Délano, *op. cit.*, p. 84.
112. Borrador del acta de la reunión del Comité Nacional de la CNT. Archivo de la CNT, Madrid, 8 de noviembre de 1936.
113. Vicente Rojo, *op. cit.*, p. 74.

114. Manuel Aznar, *Historia militar de la guerra de España*, Editora Nacional, Madrid, 1940, p. 283.
115. *Milicia Popular*, 12 de agosto de 1936, p. 6.
116. Vicente Rojo, *op. cit.*, p. 83 y ss.
117. J. Aróstegui y J. A. Martínez, *op. cit.*, p. 293.
118. Víctor Alba, *Historia del POUM*, Pòrtic, Barcelona, 1974, p. 140.
119. El Tebib Arrumi, *op. cit.*, p. 55 y ss.
120. Federico Bravo Morata, *Historia de Madrid*, Fenicia, Madrid, 1968, p. 275.
121. Federico Bravo, *op. cit.*, p. 276.
122. *Milicia Popular*, 10 de noviembre de 1936.
123. Causa General incluida en el Archivo Histórico Nacional, citada por Javier Cervera, *op. cit.*, p. 87.
124. Juan B., conversación con el autor, enero de 2004.
125. *Milicia Popular*, 10 de noviembre de 1936, p. 6.
126. Cabo Montes, testimonio citado.
127. Vicente Rojo, *op. cit.*, p. 86.
128. José Luis Ferris, *op. cit.*, p. 338.
129. Gabriel Morelli, «Aleixandre-Hernández, una amistad ejemplar», citado por Ferris, *op. cit.*, p. 344.
130. Andrés Trapiello, *op. cit.*, p. 391.
131. Gregorio Martínez, *op. cit.*
132. Jacques Delperrie, *op. cit.*, p. 96.
133. El Tebib Arrumi, *op. cit.*, p. 59.
134. Jules Dumont, entrevista en *Le volontaire de la Liberté*, octubre de 1937, citada por Jacques Delperrie, *op. cit.*, p. 389.
135. Abdelatif Ben Salem, «La participación de los voluntarios árabes en las brigadas internacionales», en *Marroquíes en la guerra civil española*, *op. cit.*, p. 119.
136. *Milicia Popular,* Madrid, 9 de noviembre de 1936.
137. Vicente Rojo, *op. cit.*, p. 89.
138. Francisco Fernández Urraca, conversación con el autor, octubre de 2003.
139. Mariano Lara, conversación con el autor, noviembre de 2003.
140. Jesús Izcaray, *op. cit.*, p. 103.
141. J. M. Martínez Bande, *op. cit.*, p. 308.
142. Vicente Rojo, *op. cit.*, p. 92.
143. *ABC*, Sevilla, 12 de noviembre de 1936.
144. Robert H. Whealey, *op. cit.*, p. 49.
145. «Die Jungfrau ist unsere Legion.» / Franco über Azaña. / ¡*Arriba España!* / Es ist so schoen / in der Condor A.G. / Jetze sind wir legionäre. / RLM ade "good bye"... / Es kommt kein Feind uns in die Quer / Wo unser Bannerweht. / Wir sind Condor Legion, / Der niemand wiedersteht.» (traducción castellana de Ruth Zauner).
146. Robert Whealey, *op. cit.*, p. 50.
147. Gregorio Gallego, *op. cit.*, p. 229 y ss.

148. Juan B., conversación con el autor, enero de 2004.
149. Existen discrepancias sobre la fecha de llegada de Durruti a Madrid. Pero en este día coinciden Gregorio Gallego y, sobre todo, su amigo y sucesor Ricardo Sanz. Las fuentes son concluyentes. Joan Llarch escribe que se adelanta a la llegada de sus tropas.
150. Salas Larrazábal, *op. cit.*, p. 591.
151. J. Aróstegui y J. A. Martínez, *op. cit.*, p. 295.
152. Javier Cervera, *op. cit.*, p. 284.
153. *Milicia Popular*, 13 de noviembre de 1936, p. 5.
154. *Ibid.*
155. Comunicación del comandante Romero, *op. cit.*, citada por José Manuel Martínez Bande, *op. cit.*, p. 315.
156. J. Aróstegui y J. A. Martínez, *op. cit.*, p. 298 y ss.
157. Luigi Longo, *op. cit.*, p. 76 y ss.
158. AA. VV., *Luis Cernuda, entre la realidad y el deseo,* Edición de la Residencia de Estudiantes, Madrid, 2002, p. 258.
159. *Milicia popular*, 15 de noviembre de 1936, p. 5.
160. Joan Llarch, *op. cit.*, p. 36 y ss.
161. José María Caparrós, *El cine republicano español*, Dopesa, Barcelona, 1977. Véase también Carlos Fernández Cuenca, *La guerra de España en el cine*, Editora Nacional, Madrid, 1972.
162. Jesús de Galíndez, *op. cit.*, p. 71 y ss.
163. Manuel Chaves Nogales, *Obra periodística,* edición a cargo de María Isabel Cintas, Diputación de Sevilla, Sevilla, 2000.
164. J. Aróstegui y J. M. Martínez, *op. cit.*, p. 301 y ss.
165. Gregorio Gallego, *op. cit.*
166. *Ibid.*, p. 303.
167. Juan José Calleja, *op. cit.*, p. 122.
168. J. M. Martínez Bande, *op. cit.*, p. 326.
169. *El Liberal,* Madrid, 14 de noviembre de 1936.
170. Josefina Ferro, testimonio citado.
171. Vicente Rojo, *op. cit.*, p. 93.
172. J. M. Martínez Bande, *op. cit.*, p. 327.
173. SHM, legajo 462, carpeta 18, armario 10.
174. J. Aróstegui y J. A. Martínez, *op. cit.*, p. 304.
175. *Ibid.*, p. 306.
176. Vicente Rojo, *op. cit.*, p. 89.
177. Vicente Rojo, *op.cit.*, p. 95.
178. *ABC*, Madrid, 17 de noviembre de 1936.
179. *Claridad*, 16 de noviembre de 1936.
180. J. Aróstegui y J. A. Martínez, *op. cit.*, p. 307.
181. Louis Delaprée, citado por J. M. Solé i Sabaté y Joan Villarroya, *España en llamas*, Temas de Hoy, Madrid, 2003, p. 47.
182. Ronald Fraser, *op. cit.*, p. 373.

183. Gloria Fuertes, en Pedro Montoliu, *op. cit.*, p. 121.

184. Juan Urra, *op. cit.*, p. 119 y ss.

185. Actas JDM del 16 de noviembre de 1936, en Julio Aróstegui y J. A. Martínez, *op. cit.*, pp. 308 y 309.

186. Ramón Salas Larrazábal, *Los datos exactos de la guerra civil*, Editora Nacional, Madrid, 1980, p. 207.

187. Mijail Koltsov, *op. cit.*, p. 235.

188. J. M. Martínez Bande, *op. cit.*, p. 334.

189. Vicente Rojo, *op. cit.*, p. 101 y ss.

190. AA. VV., *Historia de la Cruzada española*, Ediciones Españolas, Madrid, 1943, vol. 7, p. 91.

191. Gregorio Gallego, conversación con el autor, 12 de mayo de 2004.

192. Javier Cervera, *op. cit.*, p. 89.

193. Luigi Longo, *op. cit.*, p. 84.

194. Juan Urra, *op. cit.*, p. 129.

195. John Cornford, carta a Margot Heinemann, *op. cit.*, citado por Murray A. Sperber, *op. cit.*, p. 29.

196. Bernard Knox, «Premature antifascists», *op. cit.*

197. Actas JDM del 17 de noviembre de 1936, en J. Aróstegui y J. A. Martínez, *op. cit.*, p. 310 y ss.

198. *Ibid.*, p. 310.

199. Leopoldo de Luis, *op. cit.*

200. SHM, legajo 463, carpeta 19, armario 10.

201. José Peirats, *op. cit.*, vol. II, p. 228.

202. Josep María Solé i Sabaté y Joan Villarroya, *op. cit.*, p. 50.

203. J. Aróstegui y J. A. Martínez, *op. cit.*, p. 316.

204. Luis Enrique Délano, *op. cit.*, p. 93.

205. Juan Urra, *op. cit.*, p. 131.

206. *Mundo Obrero*, noviembre de 1936; Jesús Izcaray, *op. cit.*, p. 105.

207. John Cornford, carta a Margot Heinemann, citado por Murray A. Sperber, *op. cit.*, p. 29.

208. Leopoldo de Luis, *op. cit.*

209. Louis Delaprée, «El martirio de Madrid», citado por Solé y Villarroya, *op. cit.*, p. 50.

210. *Ibid.*

211. Citado por Solé y Villarroya, *op. cit.*, pp. 50 y 51.

212. Es la cifra que da Delaprée, *op. cit.* Nunca se llegará a conocer la suma real debida a los bombardeos de aviación. Véanse las variaciones en Solé y Villarroya, *op. cit.*, p. 55.

213. Luis Enrique Délano, *op. cit.*, p. 95.

214. Lorenzo Portero, conversación con el autor, noviembre de 2003.

215. Arno Lustiger, *¡Shalom libertad!*, Flor del viento, Barcelona, 2001, p. 161 y ss.

216. Olegario Trapero, *op. cit.*

217. Diario de Galeazzo Ciano, *Europa hacia la catástrofe*, Barcelona, 1949, p. 50.
218. Robert H. Whealey, *op. cit.*, p. 51.
219. Ricardo de la Cierva, *op. cit.*, vol. III, p. 23.
220. Juan Urra, *op. cit.*, p. 135.
221. Luigi Longo, *op. cit.*, p. 93.
222. Luigi Longo, *op. cit.*, p. 94.
223. SHM, legajo 460, carpeta 18, armario 10.
224. Orden de Vicente Rojo, citada por Martínez Bande, *op. cit.*, p. 337.
225. El Tebib Arrumi, *op. cit.*, p. 148.
226. Julián Zugazagoitia, *op. cit.*, p. 226.
227. *Milicia Popular*, 3 de diciembre de 1936, p. 3.
228. Javier Cervera, *op. cit.*, p. 63.
229. El Tebib Arrumi, *op. cit.*, p. 73 y ss.
230. J. Aróstegui y J. A. Martínez, *op. cit.*, p. 318.
231. Julián Zugazagoitia, *op. cit.*, p. 229.
232. Julián Zugazagoitia, *op.cit.*, p. 224.
233. Joan Llarch, *op. cit.*, p. 216 y ss.
234. Hans Magnus Enzensberger, *op. cit.*, p. 240.
235. Julián Zugazagoitia, *op. cit.*, p. 227.
236. Ricardo Sanz, *Los que fuimos a Madrid*, Imprimerie Dulaurier, Toulouse, 1969, p. 123.
237. Joan Llarch, *op. cit.*, p. 55 y ss.
238. Mijail Koltsov, *op. cit.*
239. *Milicia Popular*, 22 de noviembre de 1936, p. 1.
240. Carlos Rojas, *Diez figuras ante la guerra civil*, Nauta, Madrid, 1973, p. 570.
241. Manuel Hedilla, *op. cit.*, p. 297 y ss.
242. Manuel Hedilla, *op. cit.*, p. 339.
243. Josefina Ferro, testimonio citado.
244. *Heraldo de Madrid*, 6 de noviembre de 1936.
245. Luis Enrique Délano, *op. cit.*, p. 99.
246. Juan Urra, *op. cit.*, p. 136.
247. Luigi Longo, *op. cit.*, p. 95.
248. J. Aróstegui y J. A. Martínez, *op. cit.*, p. 320.
249. J. Aróstegui y J. A. Martínez, *op. cit.*, p. 319.
250. *Política*, Madrid, 22 de noviembre de 1936.
251. *Mundo Obrero*, noviembre de 1936, citado por Jesús Izcaray, *op. cit.*, p. 107.
252. Alex Kershaw, *Sangre y champán*, Debate, Barcelona, 2003, p. 83 y ss.
253. Michel Lefebvre y Rémi Skoutelski, *op. cit.*, p. 80.
254. Alex Kershaw, *op. cit.*, p. 91 y ss.
255. *Life*, 19 de abril de 1997.
256. Luigi Longo, *op. cit.*, p. 96.
257. J. Aróstegui y J. A. Martínez, *op. cit.*, p. 321.
258. Rafael Abella, *La vida cotidiana durante la guerra civil*, Planeta, Barcelona, 1975, p. 168.

259. Dolores González, *op. cit.*
260. Hans Magnus Enzensberger, *op. cit.*, p. 242 y ss.
261. Conversación con la familia de la Llave Alas, agosto de 2003.
262. Francisco Martorell, *Mi vida*, inédito.
263. Pedro Montoliu, *op. cit.*, p. 121.
264. *Mundo Obrero*, noviembre de 1936, Jesús Izcaray, *op. cit.*, p. 108.
265. J. Aróstegui y J. A. Martínez, *op. cit.*, p. 323.
266. J. Aróstegui y J. A. Martínez, *op. cit.*, p. 325.
267. José María Gárate, *op. cit.*, p. 119.
268. Luigi Longo, *op. cit.*, p. 100.
269. Luis Enrique Délano, *op. cit.*, p. 103 y ss.
270. Javier Figuero, *op. cit.*, p. 81.
271. Francisco Largo Caballero, citado en Aróstegui y Martínez, *op. cit.*, p. 109.
272. J. Aróstegui y J. A. Martínez, *op. cit.*, p. 323 y ss.

AISLAR A LA CIUDAD TRAIDORA

1. José Luis de Mesa, *Los otros internacionales*, Barbarroja, Madrid, 1998, p. 138.
2. José Luis de Mesa, *op. cit.*, p. 146.
3. *Mundo Obrero*, noviembre-diciembre de 1936. Jesús Izcaray, *op. cit.*, p. 110.
4. El Tebib Arrumi, *op. cit.*, p. 84.
5. Antonio Machado, agosto de 1936, *Hora de España*, 8 (agosto de 1937), p. 11 y ss.
6. El Tebib Arrumi, *op. cit.*, p. 87.
7. Jesús N. Núñez Calvo, *op. cit.*, p. 91.
8. SHM, legajo 463, carpeta 19, armario 10.
9. AA. VV., *Luis Cernuda, entre la realidad y el deseo*, *op. cit.*, p. 259.
10. Juan Urra, *op. cit.*, p. 167.
11. Alfredo Kindelán, *op. cit.*
12. Joaquín Leguina y Asunción Núñez, *Ramón Franco*, Temas de Hoy, Madrid, 2002.
13. J. M. Martínez Bande, *La lucha en torno a Madrid*, San Martín, Madrid, 1984, p. 45.
14. *Política*, Madrid, 26 de noviembre de 1936.
15. Luis Buñuel, *Mi último suspiro*, Plaza y Janés, Barcelona, 1982, p. 164.
16. Arthur Koestler, *Autobiografía*, Alianza, Madrid, 1973.
17. José Peirats, *op. cit.*, p. 234.
18. Michael Alpert, *op. cit.*, p. 85.
19. Michel Lefebvre y Rémi Skoutelsky, *op. cit.*, p. 58.
20. Jacques Delperrie, *op. cit.*, pp. 96 y 111.
21. Longo, *op. cit.*, p. 101.
22. SHM, legajo 463, carpeta 19, armario 10.

23. D. Kowalsky, *op. cit.*, p. 312.
24. Carta de Jean Herbette a Ybon Delbos, 28 de noviembre de 1936. Archivo del ministerio francés de Asuntos Exteriores, tomo 205, citado por Francisco Olaya, *op. cit.*, 1990, p. 186.
25. José María Marco, *op. cit.*, p. 289.
26. J. M. Martínez Bande, *op. cit.*, p. 47.
27. José Peirats, *op. cit.*, p. 235.
28. Arturo Barea, *op. cit.*, p. 718.
29. El Tebib Arrumi, *op. cit.*, p. 93.
30. Francisco Olaya, *op. cit.*, p. 190.
31. Gonzalo Queipo de Llano, Radio Sevilla, 22 de noviembre de 1936.
32. Luis Fabián Blázquez, *Riesgo y ventura de los tercios de requetés*, Actas, Madrid, 1995, p. 63.
33. Luis Fabián Blázquez, *op. cit.*, p. 120.
34. Julio Aróstegui, *Los combatientes carlistas en la guerra civil española*, Aportes, Madrid, 1991, p. 278.
35. SHM, legajo 463, carpeta 19, armario 10.
36. Jacques Delperrie, *op. cit.*, p. 122.
37. «Seine Heimat musst er lassen / Weil er Freiheitskämpfer war / Auf Spanien blut'gen Strassen / Für das Recht der armen Klassen / Starb Hans der Komissar...»
38. Andreu Castells, *op. cit.*, p. 138.
39. *Milicia Popular*, 23 de diciembre de 1936, p. 4.
40. SHM, legajo 462, carpeta 18, armario 10.
41. *Mundo Obrero*, diciembre de 1936. Jesús Izcaray, *op. cit.*, p. 119.
42. Gregorio Martínez, *op. cit.*
43. Matilde Vázquez y Javier Valero, *La guerra civil en Madrid*, Tebas, Madrid, 1978, p. 244.
44. Telegrama oficial de la Secretaría General del Jefe del Estado, 8 de noviembre de 1937.
45. Matilde Vázquez y Javier Valero, *op. cit.*, p. 244.
46. Lorenzo Portero, conversación con el autor, noviembre de 2003.
47. Federico Bravo Morata, *op. cit.*, p. 295.
48. *Ibid.*
49. Lorenzo Portero, *op. cit.*
50. Javier Cervera, *op. cit.*, p. 100 y ss.
51. Julián Zugazagoitia, *op. cit.*, p. 232.
52. Causa General, citada por Javier Cervera, *op. cit.*, p. 308.
53. DGF, citado por George Hills, *op. cit.*, p. 274.
54. J. M. Martínez Bande, *op. cit.*, p. 50 y ss.
55. Manuel Hedilla, *op. cit.*, p. 342.
56. Sobre estos aspectos, véanse Michael Alpert, *op. cit.*, y José Manuel Martínez Bande, *La guerra en el norte*, *op. cit.*
57. Michael Alpert, *op. cit.*, p. 91.
58. Arturo Barea, *op. cit.*, p. 737.

59. Louis Delaprée, *op. cit.*, p. 52.
60. Arturo Barea, *op. cit.*, p. 675.
61. Ministerio de la Marina y el Aire, parte del 8 de diciembre de 1936.
62. Testimonio de Rolando Fernández, en *Cuba y la defensa de la República española*, *op. cit.*, p. 67.
63. Pedro Montoliu, *op. cit.*, p. 166.
64. Antonio Gibello, *José Antonio*, Doncel, Madrid, 1974, p. 208.
65. Ricardo de la Cierva, *op. cit.*, p. 34.
66. Rafael Casas de la Vega, *op. cit.*, p. 305 y ss.
67. «Heart of the heartless world, / Dear Heart, the thought of you / Is the pain at my side. / The shadow that chills my view. / The wind rises in the evening, / Reminds that autumm is near. / I am afraid to lose you, / I am afraid of my fear.» (Escrito en septiembre, en el frente de Huesca.)
68. John Cornford, carta a Margot, 18 de diciembre de 1936, citado por Murray A. Sperber, *op. cit.*, p. 28.
69. Federico Bravo, *op. cit.*, p. 296.
70. Federico Bravo, *op. cit.*, p. 298.
71. Juan Urra, *op. cit.*, p. 161.
72. Luis Enrique Délano, *op. cit.*, p. 5.
73. Aurora Moya, *Metro de Madrid 1919-1989*, Metro de Madrid, Madrid, 1990.
74. Anónimo, *Guerra de minas en España (1936-1939)*, Servicio Histórico Militar, Madrid, 1948, p. 60.
75. Peter Wyden, *op. cit.*, p. 218 y ss.
76. Aurora Moya, *op. cit.*
77. El Tebib Arrumi, *op. cit.*, p. 113.
78. El Tebib Arrumi, *op. cit.*, p. 120.
79. Francisco Martorell, *Ésta es mi vida*, inédito.
80. Francisco Grande (nieto de Catalina), conversación personal, noviembre de 2003.
81. Olegario Trapero, testimonio citado.
82. Luis Enrique Délano, *op cit.*, Panorama, Santiago de Chile, 1937, p. 89.
83. Bernard Knox, *op. cit.*
84. José María Pemán, *ABC*, Sevilla, 16 de diciembre de 1936.
85. Bernard Knox, *op. cit.*
86. En torno a Torres véase Bruno Vargas, *Rodolfo Llopis*, Planeta, Barcelona, 1999, p. 100 y ss. El episodio de Manuel Flores se relata a través del testimonio de su familia (octubre de 2004).
87. Domingo Malagón, testimonio citado.
88. *Solidaridad Obrera*, Barcelona, 17 de diciembre de 1936.
89. Santos Juliá, *Un siglo de España*, Marcial Pons, Madrid, 1999.
90. Domingo Malagón, *op. cit.*
91. Robert H. Whealey, *op. cit.*, p. 56 y ss.
92. Galeazzo Ciano, *Diarios*, Crítica, Barcelona, 2004, p. 15 (nota sobre el 26 de agosto). Véase también Javier Tusell y Genoveva García Queipo de Llano, *Franco y Mussolini*, Planeta, Barcelona, 1985.

93. Ciano, *op. cit.*, p. 71.
94. Justino Frutos Redondo, *España Republicana*, La Habana, 1977, citado en *Cuba y la defensa de la República española*, *op. cit.*, p. 226 y ss.
95. Testimonio de Julio Cuevas en *Cuba y la defensa de la República española*, *op. cit.*, p. 51.
96. Miguel Hernández, *Poesía*, Editorial Arte y Literatura, La Habana, 1976, p. 272.
97. Pietro Nenni, «Por qué luchan en España los voluntarios italianos», en *España*, *op. cit.*, p. 172.
98. A. Granados, *El cardenal Gomá*, Espasa-Calpe, Madrid, 1969, p. 98 y ss.
99. Decreto 112, de 20 de diciembre de 1936.
100. Peter Wyden, *op. cit.*, p. 95.
101. Causa General, *op. cit.*
102. Gregorio Gallego, *op. cit.*
103. Ricardo de la Cierva, *op. cit.*, vol. III, pp. 81 y 82.
104. Manuel Hedilla, *op. cit.*, p. 344.
105. Documentos del Foreign Office, citados por E. Moradiellos, *El reñidero de Europa*, Península, Barcelona, 2001, p. 126.
106. Morten Heiberg, *op. cit.*, p. 192.
107. José Díaz, *Tres años de lucha*, Editions du Globe, París, 1969, p. 133.
108. José Antonio González Alcantud en *Marroquíes en la guerra civil española*, *op. cit.*, p. 147.
109. María Rosa de Madariaga, «La guerra colonial llevada a España», en *Marroquíes en la guerra civil española*, *op. cit.*, p. 90.
110. Francisco Olaya, *op. cit.*, p. 185, notas 18 y 19.
111. María Rosa de Madariaga, *op. cit.*, p. 91.
112. Francisco Olaya, *op. cit.*, p. 189, n. 50.
113. Mohammad Ibn Azzuz Hakim, «La oposición de los dirigentes nacionalistas marroquíes a la participación de sus compatriotas en la guerra civil española», en *Marroquíes en la guerra civil española*, *op. cit.*, p. 37 y ss.
114. Bernard Knox, *op. cit.*
115. Edwin Rolfe, «First Love».
116. Juan de Mata López-Ayllón, *op. cit.*, p. 276 y ss.
117. DGFP, citado por George Hills, *op. cit.*, p. 274.
118. Máximo Huete, comisario del ejército del centro, *Memoria*, archivo del PCE.
119. Javier Figuero, *op. cit.*, p. 140.
120. Actas de la Junta de Defensa de Madrid, *op. cit.*, p. 343.
121. Gregorio Gallego, conversación con el autor.
122. Javier Cervera, *op. cit.*
123. José Peirats, *op. cit.*, vol. I, p. 215.
124. Pleno de la AIT, 15 al 17 de noviembre de 1936, citado por Peirats, *op. cit.*, vol. II, p. 27.
125. Hans Magnus Enzensberger, *op. cit.*, p. 220 y ss.
126. Peter Wyden, *op. cit.*, p. 220 y ss.

127. Luigi Longo, *op. cit.*, p. 151.
128. Jacques Delperrie, *op. cit.*, p. 386.
129. Véase Jorge M. Reverte, *op. cit.*, p. 148.
130. *Milicia Popular*, 25 de diciembre de 1936.
131. Fernando Fernández de Córdoba, *op. cit.*, p. 124 y ss.
132. *Milicia Popular*, 26 de diciembre de 1936, p. 1.
133. Ramón Serrano Súñer, *op. cit.*, p. 32.
134. Dionisio Ridruejo, *Casi unas memorias*, Planeta, Barcelona, 1976, p. 150.
135. Josefina Ferro, testimonio citado.
136. Jaime Renart, conversación con el autor, noviembre de 2003.
137. José María Gárate, *op. cit.*, p. 126.
138. Carles Pi i Sunyer, *La República y la guerra*, Oasis, México, 1975, p. 425 y ss.
139. *ABC*, Sevilla, 22 de noviembre de 1936.
140. Jesús N. Núñez Calvo, *op. cit.*, p. 106.
141. El Tebib Arrumi, *op. cit.*, p. 135.
142. El Tebib Arrumi, *op. cit.*, p. 126 y ss.
143. Jaime Renart, conversación con el autor, noviembre de 2003.
144. SHM, legajo 463, carpeta 19, armario 10.
145. José Sabín, Memorias inéditas, cortesía de su familia.
146. Peter Wyden, *op. cit.*, p. 246.
147. Véase Wyden y Delperrie, *op. cit.*
148. Rafael Abella, *op. cit.*
149. Peter Wyden, *op. cit.*, p. 426.
150. Véase el acta de la JDM de 30 de diciembre en J. Aróstegui y J. A. Martínez, *op. cit.*, p. 350 y ss.
151. María Rosa de Madariaga, *op. cit.*, p. 284 y ss.
152. José Ortega y Gasset, 1 de enero de 1937, citado en www.//jaserrano.com/unamuno
153. Antonio Machado, *Prosas completas*, Espasa-Calpe, Barcelona, 1989, p. 2.181.
154. Antonio Machado, *Hora de España*, 8 (agosto de 1937), p. 19.
155. Dioniso Ridruejo, *op. cit.*, p. 74.
156. Rafael Casas de la Vega, *op. cit.*, p. 311.
157. Lorenzo Portero, *op. cit.*
158. J. M. Martínez Bande, *op. cit.*, p. 62.
159. Federico Bravo Morata, *op. cit.*, p. 307.
160. J. M. Martínez Bande, *op. cit.*, p. 74.
161. Vicente Rojo, *op. cit.*, p. 253 y ss.
162. *Ibid.*
163. Al respecto, véanse las actas de la Junta de Defensa de Madrid hasta su disolución en abril de 1937, en J. Aróstegui y J. A. Martínez, *op. cit.*
164. Ernesto Giménez Caballero, *El Adelanto*, Salamanca, 2 de enero de 1937.
165. Federico Bravo Morata, *op. cit.*, p. 320.

166. *El Liberal*, Madrid, 3 de enero de 1936.
167. Enrique Moradiellos, *op. cit.*, p. 93.
168. Enrique Moradiellos, *op. cit.*, p. 123.
169. CNT, Madrid, 2 de enero de 1936.
170. Peter Kemp, *Legionario en España*, Luis de Caralt, Barcelona, 1959.
171. Miguel Urmeneta, «A Peter Kemp y el cabo "chato"», en *Cuentos de la guerra de España*, San Martín, Madrid, 1970, p. 419. y ss.
172. Domingo Malagón, *op. cit.*
173. Mijail Koltsov, *op. cit.*, p. 300.
174. J. M. Martínez Bande, *op. cit.*, p. 78.
175. Antony Beevor, *El misterio de Olga Chejova*, Crítica, Barcelona, 2004.
176. J. M. Martínez Bande, *op. cit.*, p. 80, nota 133.
177. Vicente Rojo, carta a Indalecio Prieto, 5 de enero de 1937, en «Papeles de Vicente Rojo», Archivo Histórico Nacional, caja 6/3.
178. Familia Vicente Rojo, conversación con el autor, octubre de 2003.
179. Federico Bravo Morata, *op. cit.*, vol. III, p. 302.
180. Olegario Trapero, testimonio citado.
181. Claude Bowers, *op. cit.*
182. Luis Bolín, *España, los años vitales*, Espasa-Calpe, Madrid, 1967, p. 166.
183. Ricardo de la Cierva, *op. cit.*, p. 45.
184. Jesús Izcaray, *op. cit.*, p. 137 y ss.
185. Andreu Castells, *op. cit.*, p. 138.
186. Juan Lario, *op. cit.*, p. 59 y ss.
187. Niceto Alcalá Zamora, *Diario de Noticias*, Lisboa, 27 de diciembre de 1936.
188. Santiago Álvarez, *op. cit.*, p. 124.
189. Rafael Alberti, *Romancero de la guerra civil*, Hispamerca, Madrid, 1977, p. 71.
190. *Milicia Popular*, 7 de enero de 1936.
191. Olegario Trapero, testimonio citado.
192. SHM, legajo 462, carpeta 18, armario 10.
193. J. M. Martínez Bande, *op. cit.*, p. 81.
194. Juan de Córdoba, *Estampas y reportajes de retaguardia*, Ediciones Españolas, Sevilla, 1938, prólogo de Juan Pujol.
195. Rafael Casas de la Vega, *op. cit.*, p. 302.
196. Dionisio Ridruejo, *op. cit.*, p. 76.
197. J. Aróstegui y J. A. Martínez, *op. cit.*, p. 358.
198. Juan García Oliver, *Boletín de Información CNT-FAI*, Barcelona, 20 de enero de 1937.
199. José Peirats, *op. cit.*, vol. II, p. 125.
200. Javier Cervera, *op. cit.*, p. 369.
201. Jesús de Galíndez, *op. cit.*, p. 60 y ss.
202. Antonio López Fernández, *El general Miaja, defensor de Madrid*, G. del Toro, Madrid, 1975, p. 197.
203. Enrique Líster, *op. cit.*, p. 93.
204. J. M. Martínez Bande, *op. cit.*, p. 481.

Dos ejércitos para una guerra larga

1. Andreu Castells, *op. cit.*, p. 139.
2. José Luis Mesa, *op. cit.*, p. 167 y ss.
3. Matilde Vázquez y Javier Valero, *op. cit.*, p. 259 y ss.
4. Anónimo, *Guerra de minas en España (1936-1939)*, *op. cit.*, p. 100.
5. Ricardo de la Cierva, *op. cit.*, p. 48.
6. J. Aróstegui y J. A. Martínez, *op. cit.*, p. 360.
7. *Ibid.*
8. Ángel Osorio, carta a Pascual Tomás, 15 de enero de 1937, archivo del PCE.
9. Santos Juliá, «Partido contra sindicato: una interpretación de la crisis de mayo de 1937», en *Anales de Historia*, Fundación Pablo Iglesias, Madrid, 1987, vol. II, p. 328 y ss.
10. *Ibid.*
11. *Ibid*, p. 333 y ss.
12. «Nuestras reservas de oro en el extranjero», *Solidaridad Obrera*, Barcelona, 15 de enero de 1937.
13. José Peirats, *op. cit.*, p. 239.
14. Pablo Martín Aceña, *op. cit.*
15. AA. VV., *Historia de la Cruzada española*, *op. cit.*, vol. 7, p. 381.
16. *Ibid.*
17. Manuel Hedilla, *op. cit.*, p. 346.
18. Fernando Claudín, *Santiago Carrillo*, Planeta, Barcelona, 1983, p. 29 y ss.
19. Fernando Claudín, *op. cit.*, p. 31.
20. Juan Modesto, *op. cit.*, p. 76.
21. José María Gárate, *op. cit.*, p. 136.
22. Santiago Álvarez, *op. cit.*, p. 127.
23. Miguel Alonso Baquer, conversación con el autor, diciembre de 2003.
24. Juan Modesto, *op. cit.*, p. 76.
25. SHM, legajo 463, carpeta 19, armario 10.
26. José María Gárate, *op. cit.*, p. 135 y ss.
27. Jaime Renart, testimonio citado.
28. Véase Adriano Gómez Molina y Joan Thomás, *Serrano Súñer*, Ediciones B, Barcelona, 2003.
29. Ramón Serrano Súñer, *Entre Hendaya y Gibraltar*, Ediciones y Publicaciones Españolas, Madrid, 1947, p. 23.
30. *Ahora*, 22 de enero de 1936.
31. *Estampa*, enero de 1937. Jesús Izcaray, *op. cit.*, p. 143 y ss.
32. Josep Llordés Badia, *Al dejar el fusil*, Ariel, Barcelona, 1968.
33. Arturo B., *Valor y miedo*, Publicaciones Antifascistas de Cataluña, Barcelona, 1938, p. 27 y ss.
34. Juan B., *op. cit.*
35. *Diario Avance*, Gijón, 21 de enero de 1937.
36. Actas del juicio, 21 de enero de 1937.

37. Juan Ambou, *Historia de Asturias*, Silverio Cañada, Gijón, 1987.
38. CNT, «Ante el proceso de Moscú», 26 de enero de 1937.
39. *Le Populaire*, 1 de septiembre de 1936, citado por Pierre Broué, *Los procesos de Moscú*, Anagrama, Barcelona, 1969, p. 9.
40. Pierre Broué, *op. cit.*, p. 10.
41. *Ibid.*
42. Andrés Trapiello, *op. cit.*, p. 195.
43. Leopoldo de Luis, *op. cit.*
44. *Hora de España*, 1 (enero de 1937), p. 33.
45. Francisco Martorell, *Mi vida,* inédito.
46. Servicio Histórico Militar, *op. cit.* Javier Cervera, *op. cit.*, p. 289.
47. Familia Manuel Reverte, conversación con el autor.
48. Eligio de Mateo, comandante de E. M. de Pozas, «La batalla de Madrid», *Historia16* (marzo de 1990), p. 114 y ss.
49. Enrique Moradiellos, *op. cit.*, p. 125 y ss.
50. Morten Heiberg, *op. cit.*, p. 158 y ss.
51. Mónica Carbajosa y Pablo Carbajosa, *op. cit.*, p. 138.
52. Ricardo de la Cierva, *op. cit.*, p. 96.
53. Lorenzo Portero, *op. cit.*
54. Josefina Ferro, *op. cit.*
55. Manuel Azaña, discurso en el Ayuntamiento de Valencia, 21 de enero de 1937, en *Los españoles en guerra*, Crítica, Barcelona, 1999, p. 15 y ss.
56. Manuel Portela Valladares, *Dietario de dos guerras,* Ediciós do Castro, A Coruña, 1988, p. 71.
57. Enrique Moradiellos, «El gobierno británico y Cataluña durante la República y la guerra civil», *El basilisco,* 27 (2003), p. 29.
58. Dolores González, *op. cit.*
59. Luis Cernuda, *op. cit.*, p. 259.

Bibliografía consultada

AA. VV., *Guerra y revolución en España*, Progreso, Moscú, 1974.

AA. VV., *Historia de la Cruzada española*, Ediciones Españolas, Madrid, 1943.

AA. VV., *Luis Cernuda, entre la realidad y el deseo*, Edición de la Residencia de Estudiantes, Madrid, 2002.

Abad de Santillán, Diego, *Por qué perdimos la guerra*, México, 1940.

Abella, Rafael, *La vida cotidiana durante la guerra civil*, Planeta, Barcelona, 1975.

Alba, Víctor, *Historia del POUM*, Pòrtic, Barcelona, 1974.

Alberti, Rafael, *Romancero de la guerra civil*, Hispamerca, Madrid, 1977.

Alpert, Michael, *El ejército republicano en la guerra civil*, Ruedo Ibérico, París, 1977.

Álvarez, Santiago, *Memorias*, Ediciós do Castro, A Coruña, 1986.

—, *Las milicias populares gallegas*, Ediciós do Castro, A Coruña, 1989.

Ambou, Juan, *Historia de Asturias*, Silverio Cañada, Gijón, 1987.

Anasagasti, Iñaki y Josu Erkoreka, *Dos familias vascas: Areilza-Aznar*, Foca, Madrid, 2003.

Anónimo, *Guerra de minas en España (1936-1939)*, Servicio Histórico Militar, Madrid, 1948.

Aróstegui, Julio, *Los combatientes carlistas en la guerra civil española*, Aportes, Madrid, 1991.

Aróstegui, Julio y Jesús A. Martínez, *La Junta de Defensa de Madrid*, Comunidad de Madrid, Madrid, 1984.

Arrumi, El Tebib, *El cerco de Madrid*, Librería Santarén, Valladolid, 1938.

Aub, Max, *Campo Abierto*, Suma de Letras, Madrid, 2003.

Azaña, Manuel, *Los españoles en guerra*, Crítica, Barcelona, 1999.

Azcárate, Pablo de, *Mi embajada en Londres*, Ariel, Barcelona, 1976.

Aznar, Manuel, *Historia militar de la guerra de España*, Editora Nacional, Madrid, 1940.

Barea, Arturo, *La forja de un rebelde*, Debate, Madrid, 2000.

—, *Valor y miedo*, Publicaciones Antifascistas de Cataluña, Barcelona, 1938.

Beevor, Antony, *El misterio de Olga Chejova*, Crítica, Barcelona, 2004.

Blanco Escolá, Carlos, *General Mola*, La Esfera de los libros, Madrid, 2002.

Blas, Patricio de, y Eva de Blas, *Julián Besteiro*, Algaba, Madrid, 2002.

Blázquez, Luis Fabián, *Riesgo y ventura de los tercios de requetés*, Actas, Madrid, 1995.

Bolín, Luis, *España, Los años vitales*, Espasa-Calpe, Madrid, 1967.

Bolloten, Burnett, *La guerra civil española. Revolución y contrarrevolución*, Alianza, Madrid, 1989.

Bowers, Claude, *Misión en España*, México, 1966.

Bravo Morata, Federico, *Historia de Madrid*, Fenicia, Madrid, 1968.

Broué, Pierre y Émile Témime, *La revolution et la guerre d'Espagne*, Minuit, París, 1961.

Broué, Pierre, *Los procesos de Moscú*, Anagrama, Barcelona, 1969.

Buñuel, Luis, *Mi último suspiro*, Plaza y Janés, Barcelona, 1982.

Caballero, Largo, *Mis recuerdos*, Ediciones Reunidas, México, 1976.

Cabanellas, Guillermo, *La guerra de los mil días*, Grijalbo, Buenos Aires, 1973.

Calleja, Juan José, *Yagüe, un corazón al rojo*, Juventud, Barcelona, 1963.

Caparrós, José María, *El cine republicano español*, Dopesa, Barcelona, 1977.

Carabias, Mónica, *Rosario Sánchez Mora*, Ediciones del Orto, Madrid, 2001.

Carbajosa, Mónica y Pablo Carbajosa, *La corte literaria de José Antonio*, Crítica, Barcelona, 2003.

Casas de la Vega, Rafael, *Las milicias nacionales*, Editora Nacional, Madrid, 1977.

Casas de Vega, Pedro, *El Alcázar*, G. del Toro, Madrid, 1976.

Castells, Andreu, *Las brigadas internacionales de la guerra de España*, Ariel, Barcelona, 1974.

Castro Delgado, Enrique, *Hombres made in Moscú*, Luis de Caralt, Barcelona, 1963.

Cervera, Javier, *Madrid en guerra. La ciudad clandestina*, Alianza, Madrid, 1998.

Chaves Nogales, Manuel, *Obra periodística*, edición de María Isabel Cintas, Diputación de Sevilla, Sevilla, 2000.

Ciano, Galeazzo, *Europa hacia la catástrofe*, Barcelona, 1949.

—, *Diarios*, Crítica, Barcelona, 2004.

Cierva, Ricardo de la, *Francisco Franco. Biografía histórica*, Planeta, Madrid, 1982.

Claudín, Fernando, *Santiago Carrillo*, Planeta, Barcelona, 1983.

Colodny, Robert, *The struggle for Madrid*, Nueva York, 1957.

Córdoba, Juan de, *Estampas y reportajes de retaguardia*, Prólogo de Juan Pujol, Ediciones españolas, Sevilla, 1938.

Cordón, Antonio, *Trayectoria*, Ebro, París, 1971.

Cuba y la defensa de la República española: 1936-1939, Editorial Política, La Habana, 1981.

Délano, Luis Enrique, *Cuatro meses de guerra civil en Madrid*, Panorama, Santiago de Chile, 1937.

Delperrie, Jacques, *Las brigadas internacionales*, Júcar, Madrid, 1978.

Díaz, José, *Tres años de lucha*, Éditions du Globe, París, 1969.

Díaz Plaja, Fernando, *España en sus documentos. El siglo XX, la guerra*, Gráficas Faro, Madrid, 1963.

Domingo, Marcelino, *España ante el mundo*, México Nuevo, México, 1937.

Dupré, Jacques, *La legion tricolore en Espagne*, París, 1942.

Enzensberger, Hans Magnus, *El corto verano de la anarquía*, Anagrama, Barcelona, 1972.

Fernández Cuenca, Carlos, *La guerra de España en el cine*, Editora Nacional, Madrid, 1972.

Fernández de Córdoba, Fernando, *Memorias de un soldado-locutor*, Ediciones Españolas, Madrid, 1939.

Ferris, José Luis, *Miguel Hernández*, Temas de Hoy, Madrid, 2000.

Figueres, Josep Maria, *Madrid en guerra*, Destino, Barcelona, 2004.

Figuero, Javier, *Memoria de una locura*, Planeta, Barcelona, 1986.

Fraser, Ronald, *Recuérdalo tú, recuérdalo a otros*, Crítica, Barcelona, 1979.

Fusi, Juan Pablo, *Franco, jefe de gobierno. La guerra civil española*, Folio, Barcelona, 1997.

Galíndez, Jesús de, *Los vascos en el Madrid sitiado*, Ekin, Buenos Aires, 1945.

Gallego, Gregorio, *Madrid, corazón que se desangra*, G. del Toro editor, Madrid, 1976.

Gárate, José María, *Mil días de fuego*, Luis de Caralt, Barcelona, 1972.

García Morato, Joaquín, *Guerra en el aire*, Editora Nacional, Madrid, 1940.

Gibello, Antonio, *José Antonio*, Doncel, Madrid, 1974.

Gómez Molina, Adriano, y Joan Thomás, *Serrano Súñer*, Ediciones B, Barcelona, 2003.

Gómez Oliveros, Benito, *General Moscardó*, A. H. R., Barcelona, 1956.

González López, Emilio, *Memorias de un diputado republicano en la guerra civil española*, Ediciós do Castro, A Coruña, 1990.

Granados, Anastasio, *El cardenal Gomá*, Espasa-Calpe, Madrid, 1969.

Guzmán, Eduardo de, *Madrid rojo y negro*, Tierra y Libertad, Barcelona, 1938.

Hedilla, Manuel, *Testimonio de Manuel Hedilla*, Acervo, Madrid, 1976.

Heiberg, Morten, *Emperadores del Mediterráneo*, Crítica, Barcelona, 2004.

Hidalgo de Cisneros, Ignacio, *Cambio de rumbo*, Laia, Barcelona, 1977.

Hills, George, *Franco*, San Martín, Madrid, 1968.

Izcaray, Jesús, *La guerra que yo viví*, Cuadernos para el Diálogo, Madrid, 1978.

Juliá, Santos, «Partido contra sindicato: una interpretación de la crisis de mayo de 1937», *Anales de Historia*, Fundación Pablo Iglesias, Madrid, 1987, vol. II, pp. 328 y ss.

—, ed., *Víctimas de la guerra civil*, Temas de Hoy, Madrid, 1999.

—, *Un siglo de España. Política y sociedad*, Marcial Pons, Madrid, 1999.

Keene, Judith, *Luchando por Franco*, Salvat, Barcelona, 2001.

Kemp, Peter, *Legionario en España*, Luis de Caralt, Barcelona, 1959.

Kershaw, Alex, *Sangre y champán*, Debate, Barcelona, 2003.

Kindelán, Alfredo, *La verdad de mis relaciones con Franco*, Planeta, Barcelona, 1981.

Knox, Bernard, *Premature antifascists*, The Abraham Lincoln Brigade Archives, New York University, Nueva York, 1988.

Koestler, Arthur, *Autobiografía*, Alianza, Madrid, 1973.

Koltsov, Mijail, *Diario de la guerra de España*, Ruedo Ibérico, París, 1963.

Kowalsky, Daniel, *La Unión Soviética y la guerra civil española*, Crítica, Barcelona, 2003.

Lario, Juan, *Habla un aviador de la República*, G. Del Toro, Madrid, 1973.

Lefebvre, Michel y Rémi Skoutelski, *Las brigadas internacionales*, Lunwerg, Barcelona-Madrid, 2003.

Leguina, Joaquín y Asunción Núñez, *Ramón Franco*, Temas de Hoy, Madrid, 2002.

Liddell Hart, Basil, *The memories of captain Liddell Hart*, Cassell, Londres, 1965.

Líster, Enrique, *Nuestra guerra*, Éditions du Globe, París, 1966.

Llarch, Joan, *La muerte de Durruti*, Plaza y Janés, Barcelona, 1976.

Llordés Badia, Josep, *Al dejar el fusil*, Ariel, Barcelona, 1968.

Longo, Luigi, *Las brigadas internacionales en España*, ERA, México, 1956.

López-Ayllón, Juan de Mata, *Algunas cosas de los veinticinco primeros años de mi vida*, inédito, Valencia, octubre de 2000.

Lustiger, Arno, *¡Shalom libertad!*, Flor del viento, Barcelona, 2001.

Machado, Antonio, «Hora de España», núm. 8 (agosto de 1937), pp. 11 y ss.

—, *Prosas completas*, Espasa-Calpe, Barcelona, 1989.

Madariaga, María Rosa de, *Los moros que trajo Franco*, Martínez Roca, Barcelona, 2002.

Marco, José María, *Manuel Azaña*, Planeta, Barcelona, 1998.

Mariñas, Francisco Javier, *General Varela*, AHR, Barcelona, 1956.

Marroquíes en la guerra civil española, Anthropos, Barcelona, 2003.

Martín Aceña, Pablo, *El oro de Moscú, el oro de Berlín*, Taurus, Madrid, 2001.

Martínez Bande, José Manuel, *La guerra en el norte*, Editorial San Martín, Madrid, 1969.

—, *La marcha sobre Madrid*, San Martín, Madrid, 1982.

—, *La lucha en torno a Madrid*, San Martín, Madrid, 1984.

Martínez Saura, Santos, *Memorias del secretario de Azaña*, Planeta, Barcelona, 1999.

Martorell, Francisco, *Ésta es mi vida*, inédito.

Massimello, Giovanni, *GianLino Baschirotto*, www.asso4stormo.it

Mateo, Eligio de, «La batalla de Madrid», *Historia16*, núm. 167 (marzo de 1990), pp. 114 y ss.

Mesa, José Luis de, *El regreso de las legiones*, García Ispahán, Granada, 1994.

—, *Los otros internacionales*, Barbarroja, Madrid, 1998.

Minev, Stoyan, *Las causas de la derrota de la República Española*, Miraguano, Madrid, 2003.

Modesto, Juan, *Soy del Quinto Regimiento*, Éditions du Globe, París, 1969.

Montoliu, Pedro, *Madrid en la guerra civil*, Sílex, Madrid, 1998-1999.

Moradiellos, Enrique, *El reñidero de Europa*, Península, Barcelona, 2001.

—, «El gobierno británico y Cataluña durante la República y la guerra civil», *El basilisco*, núm. 27 (2003), p. 29.

Moya, Aurora, *Metro de Madrid 1919-1989*, Metro de Madrid, Madrid, 1990.

Nenni, Pietro, *España*, Plaza y Janés, Barcelona, 1976.

Núñez Calvo, Jesús N., *Diario de operaciones del general Varela*, Almena, Madrid, 2004.

Olaya, Francisco, *La intervención extranjera en la guerra civil*, Madre Tierra, Móstoles, Madrid, 1990.

Ortega y Gasset, José, «1 de enero de 1937», en www.//jaserrano.com/unamuno.

Payne, Stanley G., *Falange*, Ruedo Ibérico, París, 1965.

Peirats, José, *La CNT en la revolución española*, Ediciones Madre Tierra, Cali (Colombia), 1988.

Pi i Sunyer, Carles, *La República y la guerra*, Oasis, México, 1975.

Poniatowska, Elena, *Tinísima*, ERA, México, 1992.

Portela Valladares, Manuel, *Dietario de dos guerras*, Ediciós do Castro, A Coruña, 1988.

Preston, Paul, *Franco*, Grijalbo, Barcelona, 1994.

Prieto, Indalecio, *Convulsiones de España*, Oasis, México, 1967.

Queipo de Llano, Rosario, *De la checa de Atadell a la prisión de Alacuás*, Librería Santarén, Valladolid, 1939.

Reverte, Jorge M., *La batalla del Ebro*, Crítica, Barcelona, 2003.

Ridruejo, Dionisio, *Casi unas memorias*, Planeta, Barcelona, 1976.

Rojas, Carlos, *Diez figuras ante la guerra civil*, Nauta, Madrid, 1973.

Rojo, Vicente, *Así fue la defensa de Madrid*, Comunidad de Madrid, Madrid, 1987.

Rubio Cabeza, Manuel, *Diccionario de la guerra civil*, Planeta, Barcelona, 1987.

Salas Larrazábal, Jesús, *No intervención extranjera en la guerra de España*, Editora Nacional, Madrid, 1974.

Salas Larrazábal, Ramón, *Historia del ejército popular de la República*, Editora Nacional, Madrid, 1973.

—, *Los datos exactos de la guerra civil*, Editora Nacional, Madrid, 1980.

Sanz, Ricardo, *Los que fuimos a Madrid*, Imprimerie Dulaurier, Toulouse, 1969.

Serrano Súñer, Ramón, *Entre Hendaya y Gibraltar*, Ediciones y Publicaciones Españolas, Madrid, 1947.

Simeón Vidarte, Juan, *Todos fuimos culpables*, FCE, México, 1973.

Siqueiros, D. A., *Me llamaban el coronelazo*, Grijalbo, México, 1977.

Solé i Sabaté, Josep Maria y Joan Villarroya, *España en llamas*, Temas de Hoy, Madrid, 2003.

Sommerfield, John, *Volunteer in Spain*, Knopf, Nueva York, 1937.

Somoza, Lázaro, *El general Miaja*, Tyris, México, 1944.

Sperber, Murray A., *And I remember Spain*, McMillan, Nueva York, 1974.

Tagüeña, Manuel, *Testimonio de dos guerras*, Planeta, Barcelona, 1978.

Thomás, Joan M., *Falange, guerra civil i franquisme*, Publicacions de l'Abadia de Montserrat, Barcelona, 1992.

Trapiello, Andrés, *Las armas y las letras*, Península, Barcelona, 2002.

Tusell, Javier, *La Junta Técnica de Estado. La guerra civil española*, Ediciones Folio, Barcelona, 1997.

Tusell, Javier y Genoveva García Queipo de Llano, *Franco y Mussolini*, Planeta, Barcelona, 1985.

Urmeneta, Miguel, *Cuentos de la guerra de España*, San Martín, Madrid, 1970.

Urra, Juan, *En las trincheras del frente de Madrid*, Fermín Uriarte, Pamplona, 1966.

Vargas, Bruno, *Rodolfo Llopis*, Planeta, Barcelona, 1999.

Vázquez, Matilde y Javier Valero, *La guerra civil en Madrid*, Tebas, Madrid, 1978.

Viñas, Ángel, *El oro de Moscú*, Grijalbo, Barcelona, 1979.

Whealey, Robert H., *Hitler and Spain*, Kentucky University Press, Kentucky, 1989.

Wyden, Peter, *La guerra apasionada*, Martínez Roca, Barcelona, 1977.

Zugazagoitia, Julián, *Guerra y vicisitudes de los españoles*, Tusquets, Barcelona, 2001.

ARCHIVOS Y PUBLICACIONES PERIÓDICAS

ABC
Ahora
Archivo CNT
Archivo PCE
Archivo General Militar de Ávila
Archivo Histórico Militar
Archivo Histórico Nacional
Boletín de Información CNT-FAI
Boletín Oficial del Estado
Claridad
Diario Avance
Diario de Noticias (Lisboa)
El Adelanto
El Liberal
El Sol
Estampa
Fundación Pablo Iglesias
Hora de España
La Gaceta de Madrid
La Vanguardia
Life
Milicia Popular
Ministerio de Justicia. *Decretos*

Ministerio de la Marina y el Aire. *Partes*
Mundo Obrero
Política
Servicio Histórico Militar
Solidaridad Obrera
The Abraham Lincoln Brigade Archives, New York University

ENTREVISTAS Y TESTIMONIOS INÉDITOS

Antonio Gil, testimonio, noviembre de 2003.
Cabo Montes, testimonio, archivos del PCE.
Dolores González, conversación con el autor, mayo de 2004.
Domingo Malagón, conversación con Diana Plaza, diciembre de 2003.
Dumont, Jules, entrevista en *Le volontaire de la Liberté*, octubre de 1937.
Eduardo Mangada, conversación con el autor, 2001.
Ferro, familia, conversación con el autor, 2004.
Gregorio Gallego, conversación con el autor, 12 de mayo de 2004.
Gregorio Martínez, conversación con el autor, 1994.
Jaime Renart, conversación con el autor, noviembre de 2003.
José Sabin, memorias inéditas.
Juan B., conversación con el autor, enero de 2004.
Leopoldo de Luis, conversación con el autor, marzo de 2004.
Llave Alas, conversación con la familia, agosto de 2003.
Lorenzo Portero, conversación con el autor, noviembre de 2003.
Manuel Reverte, testimonio de la familia, conversación con el autor.
Mariano Lara, conversación con el autor, agosto de 2001.
Máximo Huete, testimonio, archivos del PCE.
Miguel Alonso Baquer, conversación con el autor, diciembre de 2003.
Olegario Trapero Prado, conversación con el autor, agosto de 2003.
Ritama Muñoz Rojas, entrevista con Francisca Rubio: *El País*, 30 de enero de 2003.

Índice alfabético

Índice de mapas

Créditos
fotográficos

SEGUNDO PLIEGO

Página	1	*Arriba.* Sisito Espiga, Archivo Fernández Larrondo.
		Abajo. Autor desconocido, Archivo Fernández Larrondo.
Página	2	*Arriba y abajo.* Sisito Espiga, Archivo Fernández Larrondo.
Página	3	*Arriba.* Sisito Espiga, Archivo Fernández Larrondo.
		Abajo. Autor desconocido, Archivo Fernández Larrondo.
Página	4	*Arriba y abajo.* Sisito Espiga, Archivo Fernández Larrondo.
Página	5	Sisito Espiga, Archivo Fernández Larrondo.
Página	6	*Arriba.* Autor desconocido, Archivo Fernández Larrondo.
		En medio. Sisito Espiga, Archivo Fernández Larrondo.
		Abajo. Autor desconocido, Archivo Fernández Larrondo.
Página	7	Sisito Espiga, Archivo Fernández Larrondo.
Página	8	*Arriba y abajo.* Sisito Espiga, Archivo Fernández Larrondo.
Página	9	*Arriba, izquierda.* Agencia EFE.
		Arriba, derecha. Sisito Espiga, Archivo Fernández Larrondo.
		Abajo. Sisito Espiga, Archivo Fernández Larrondo.
Página	10	*Arriba.* Autor desconocido, Archivo Fernández Larrondo.
		En medio. Autor desconocido, Archivo Fernández Larrondo.
		Abajo. Sisito Espiga, Archivo Fernández Larrondo.
Página	11	*Arriba.* Agencia EFE.
		Abajo. Sisito Espiga, Archivo Fernández Larrondo.
Página	12	*Arriba.* Autor desconocido, Archivo Fernández Larrondo.
		En medio. Sisito Espiga, Archivo Fernández Larrondo.
		Abajo. Autor desconocido, Archivo Fernández Larrondo.
Página	13	*Arriba.* Sisito Espiga, Archivo Fernández Larrondo.
		En medio. Autor desconocido, Archivo Fernández Larrondo
		Abajo. Autor desconocido, Archivo Fernández Larrondo.
Página	14	*Arriba.* Sisito Espiga, Archivo Fernández Larrondo.
		Abajo. Sisito Espiga, Archivo Fernández Larrondo.
Página	15.	*Arriba.* Sisito Espiga, Archivo Fernández Larrondo.
		En medio. Autor desconocido, Archivo Fernández Larrondo.
		Abajo. Autor desconocido, Archivo Fernández Larrondo.

Índice

Dos Ejércitos para una guerra larga